中国远洋海运发展史

COSCO SHIPPING HISTORY OF DEVELOPMENT

第②卷

《中国远洋海运发展史》编委会·编

中远发展史
1979—1992

人民交通出版社股份有限公司
北 京

内 容 提 要

本书为《中国远洋海运发展史 第2卷》，记录了中远集团在1979—1992年的发展史。在此期间，中远坚决贯彻党的十一届三中全会精神，解放思想，转变观念，抢抓机遇，奋力拼搏，航运主业快速发展，陆地产业初具规模，境外事业逐步拓展，科技教育兴旺发达，党的建设坚强有力，两个文明建设卓有成效。经过30多年的发展，中远已经成为拥有中国最大的远洋运输船队、国内最完善的国际船舶代理体系和国际船舶燃料供应体系的大型国际海洋运输联合企业。

本书不仅是一部体大思精、包罗丰富的历史著作，更是一套宣贯爱国主义和社会主义教育的优秀读本。

图书在版编目（CIP）数据

中国远洋海运发展史. 第2卷/《中国远洋海运发展史》编委会编. — 北京：人民交通出版社股份有限公司，2020.6
　　ISBN 978-7-114-16411-8

Ⅰ.①中… Ⅱ.①中… Ⅲ.①海上运输—交通运输史—上海—1979–1992 Ⅳ.①F552.9

中国版本图书馆CIP数据核字（2020）第044856号

ZHONGGUO YUANYANG HAIYUN FAZHANSHI DI 2 JUAN

书　　名：	中国远洋海运发展史　第2卷
著　作　者：	《中国远洋海运发展史》编委会
责任编辑：	陈　鹏
责任校对：	孙国靖　魏佳宁
责任印制：	刘高彤
出版发行：	人民交通出版社股份有限公司
地　　址：	（100011）北京市朝阳区安定门外外馆斜街3号
网　　址：	http://www.ccpress.com.cn
销售电话：	（010）59757973
总　经　销：	人民交通出版社股份有限公司发行部
经　　销：	各地新华书店
印　　刷：	北京印匠彩色印刷有限公司
开　　本：	787×1092　1/16
印　　张：	37.75
字　　数：	872千
版　　次：	2020年6月　第1版
印　　次：	2020年6月　第1次印刷
书　　号：	ISBN 978-7-114-16411-8
定　　价：	300.00元

（有印刷、装订质量问题的图书由本公司负责调换）

1991年4月27日,中国远洋运输总公司举行成立三十周年庆典活动,原交通部部长彭德清出席。

原交通部部长李清(右二)参加中远成立三十周年庆典活动。

1986年9月5日,中波轮船股份公司举行成立35周年庆典活动。图为交通部部长钱永昌(前排左一)、波兰海洋经济部副部长波斯彼辛斯基(左二)、中远总公司副总经理卓东明(左三)等领导同中波公司代表座谈。

1987年3月20日,中远总公司召开远洋外代工作会议,对新年度外代工作进行部署。交通部部长钱永昌、副部长林祖乙参加会议并讲话。

交通部黄镇东部长（右二）到"南通"号视察，香港远洋总经理高志明（右三）介绍浮船坞有关情况。

1990年5月，中远系统政治工作会议暨政研会第四届年会在北京召开，总经理刘松金（右一）在会上讲话。交通部部长钱永昌（右二）、副部长林祖乙（左一）出席会议。

1992年8月5日，中远总公司新一届领导班子成立，新任总经理陈忠表（左一）代表新班子作表态发言。

1990年3月28日，中远总公司第一届管委会第二次扩大会议在北京召开，党委副书记（主持党委工作）刘世文（左一）在大会上讲话。

严力宾烈士纪念室被山东省、青岛市确定为首批爱国主义教育基地。

"中远亚洲"轮举行庄严的升旗仪式。

1991年5月10日,"十大标兵"代表在"中远系统十大标兵先进事迹巡回报告会"上作报告。

1978年底加入中波公司船队的"绍兴"轮,是中国出口的第一艘万吨货轮,也是中波公司拥有的第一艘中国建造的船舶。

1979年4月18日,"柳林海"轮抵达美国西雅图港,成为有史以来第一艘悬挂五星红旗抵美港口的中国船舶。

1981年2月,滚装船"张家口"轮首航美国旧金山港,为第一艘行驶在中美航线上的集装箱运输班轮。

1984—1992年,广州远洋长期出租船"华铜海"轮在航行中。

中国第一艘国际旅游船"明华"轮,首开中国国际海上旅游业务。

"耀华"轮作为"中日友好之船",多次靠泊日本码头,受到日本友好人士的热烈欢迎。

1700TEU全集装箱船"青云河"轮在码头靠泊。

灯火通明的明华轮游乐中心。

20世纪90年代,中汽总公司积极拓展集装箱运输业务。

《中国远洋海运发展史》编纂机构

《中国远洋海运发展史》编审委员会
主　任：许立荣
副主任：付刚峰　孙家康
委　员：（以姓氏笔画为序）
　　　　丁　农　万　敏　王宇航　王海民　叶伟龙　孙云飞　刘鸿炜
　　　　张　为　俞曾港　黄小文

《中国远洋海运发展史》顾问委员会
主　任：钱永昌
委　员：（以姓氏笔画为序）
　　　　马贵川　马泽华　王云茂　王富田　毛永芳　白金泉　邬　丹
　　　　朱超刚　江　波　刘国元　刘松金　刘锐祥　孙月英　孙治堂
　　　　李　伟　李建红　李绍德　李云鹏　吴子恒　吴中校　肖亮涌
　　　　闵希候　陈忠表　陈洪生　陈德诚　林祖乙　林建清　杨　斌
　　　　张　良　张际庆　张国发　张建华　张富生　卓东明　金瑞升
　　　　周祺芳　宫尚竺　骆九连　徐祖远　徐晓杰　高伟杰　高志明
　　　　寇来起　傅　伟　董　明　雷　海　虞国伟　魏　卿　魏家福
　　　　戴金象　戴淇泉

《中国远洋海运发展史》编纂工作委员会
主　任：刘海涛
副主任：海　峡　徐永上
委　员：朱雪峰　吴　腾　郭庆东　吴彦红

《中国远洋海运发展史》编纂工作组
组　长：佟成权
副组长：相熔钢　桑史良
本卷参编人员：相熔钢　肖烈
第一执笔人：相熔钢

总　序

2019 年，是新中国成立 70 周年，是中国海运事业发展 70 周年。沿着新中国"站起来、富起来、强起来"的历史主轴线，中国远洋海运集团也走过了屡领风潮、慨然前行的非凡历程，创造了一个壮阔的"云帆远征"之传奇，书写了一部煌煌的"家国天下"之史诗。在这个特殊的历史时刻，追溯企业发展源头，回望企业发展道路，对于我们重温当年初心，勇担历史使命，积极助力"一带一路"及海运强国建设，赓续薪火相传的企业精神，凝聚改革再出发的磅礴力量，具有十分重要的意义。

一

海运与国运从来都是息息相关的。海运的引领性和保障性，决定了它不是一般的服务业，而是关系国家安全与经济命脉的特殊性产业。一道"海运与国运"的历史命题，既蕴含了人类社会发展的普遍规律，也是中远海运集团所肩负的历史使命。

2018 年 11 月，习近平总书记在上海考察时指出，"经济强国必定是海洋强国、航运强国"[①]。习近平总书记的重要论述，深刻阐明了海运与经济、海运与国家战略的关系，为我们建设海洋强国、航运强国指明了方向，也让我们在实现中华民族伟大复兴中国梦的历史征程中，更加深刻认识到建设海运强国的责任与担当。

海运强国的演变实际就是国家强盛的发展过程。纵观世界发展史与世界航海史，一系列国家兴衰及大国崛起的历程，都充分证明了这一点。公元前 1000 年之前，地中海东岸的腓尼基人就凭借出色的航海技术，控制了地中海地区；古希腊人通过帆船和发达的航海技术，将文明散播到整个地中海沿岸，使之成为西方文明的摇篮。15 世纪末，葡萄牙、西班牙、荷兰引领了以季风帆船为特征的大航海时代，通过发展海运成为欧洲三强。近代的英国开启了蒸汽船时代，通过海运成为"日不落帝国"，主导世界格局三百年。之后，美国取代英国，凭借强大的海权控制实力，成为当今世界霸主。此外，当代日本、韩国、新加坡等国的快速崛起，也都离不开海运的发展。

中国历史上曾经是一个海运大国和海运强国，特别是在东西方"海上丝绸之路"的开辟与发展方面，中国人的航海活动贡献巨大，在人类文明发展史上写下了不朽篇章。明朝

---

① 《习近平在上海考察》，《人民日报海外版》，2018 年 11 月 08 日第 02 版。

是我国古代海运发展的高峰，郑和七下西洋，航行距离、规模和技术均遥遥领先于世界；与之相对应，七下西洋所处的永乐年间，中国的综合国力和总人口均排名世界第一。而明朝中后期和清朝的海禁，令我国海运业落后于西方，国力也快速衰落。从1840年鸦片战争到1949年中华人民共和国成立的109年间，中国遭受了帝国主义列强的侵略。外国资本经营的轮船公司垄断了中国的海上运输业务，国家海运业日益衰败；而一场甲午海战，更把国家拖入深渊。面对"千年未有之大变局"，近代仁人志士都把振兴民族海运作为毕生追求的梦想。为了这个振兴之梦，多少次旗竖旗倒，多少人人聚人散，多少英雄饮恨苍天，多少豪杰壮志未酬。孙中山认为"自世界大势变迁，国力之盛衰强弱，常在海而不在陆，其海上权力优胜者，其国力常占优胜"，并在《建国方略》中对发展海运和海港作了专门论述。然而，这些梦想在旧中国都没有实现。

新中国成立后，中国海运事业在一穷二白中开始建设。经过70年发展，特别是自1978年中国实行改革开放，海运业进入了"由小到大"的发展轨道。目前中国已经是名副其实的海运大国：年造船产能达到6000万载重吨，全球第一；海运量世界占比达到26%，全球第一；注册运力1.8亿载重吨，全球第二；全球前二十大货物吞吐量的港口，中国占15个；全球前十大集装箱港口，中国占7个。

翻阅厚重的世界史与中国史，研读世界强国的发展历程，都印证了英国探险家沃尔特·雷利（Walter Raleigh）的看法——"谁控制了海洋，谁就控制了贸易；谁控制了世界贸易，谁就控制了世界的财富，最终也就控制了世界本身。"海运作为强国背后的重要动力，是其他产业所难以比拟的。

在中华民族"站起来、富起来、强起来"的历史进程中，中远海运集团始终与中华民族伟大复兴之路同向同行，始终与新中国现代化建设共进共赢。1949年新中国成立，1978年中国改革开放，2001年中国加入WTO，2018年中国开启改革再出发新时代……这一系列重大历史时刻，成为中国经济发展的关键节点，也恰是中远海运发展的关键节点。一方面，中国经济发展给中远海运带来无限商机；另一方面，中远海运也用自身不断增长的业绩，助推中国经济不断飞跃。

由此可见，中远海运的发展历程，是国家富强与民族振兴伟大征程中的重要组成部分，是我国航运业由弱到强的生动写照和具体体现。在海运与国运的同步变化之中，伴随新中国的发展，中远海运从孤帆远影，到百舸争流，历经风雨，高歌猛进。1949–1950年，"招商起义"的17艘船舶中，返回新中国的共计15艘、3.37万载重吨；而今天，中远海运共有船舶运力1200余艘、1亿载重吨。当年15艘船舶载重吨的总和，只相当于今天1200艘船舶中的1艘小型船。如今，由中远、中海重组而成的中国远洋海运集团的船队规模位居世界第一，综合运力大约是海运大国德国全国运力规模的总和。中远海运集团数十年的发展实践，不仅印证了全世界海运与国运的"普遍规律"，还印证了中国特色社会主义的"特色规律"，那就是：国企强，国家强；海运央企强，则国家海运强，国家经济强。

二

中远海运集团是新中国航运事业的开创者，参与了中国航运 70 年从近海到远洋、从追随到领跑的历史进程，亲历了改革开放 40 年波澜壮阔的伟大变革。回望 1949 年以来走过的航路，梳理一代代远洋海运人的创业历程，贯穿始终的，是不变的初心和海运强国的使命。

中远海运集团发展史是一部艰苦卓绝的革命斗争史。

很难想象，中远海运这支商船队，竟然是在新中国遭到经济封锁和海上禁运的围堵中起步的。而一条条航线的开辟，竟然是我们的船员出生入死、浴血奋战拼杀出来的。

追溯中国远洋海运集团的发展源头，自招商局海轮起义开始，中远海运人就以大无畏的英雄气概，书写了一部惊心动魄、扣人心弦的革命斗争史。一次次冲破海上封锁，一次次抵御敌机轰炸，一次次开展护船护航的殊死搏斗，一次次战胜国际敌对势力的突然袭击……中远海运人的使命，不仅体现在与狂风搏斗，与恶浪搏斗，更体现在与敌对势力搏斗；中远海运人的担当，不仅是要流汗，要流泪，更要流血。所有这些，都彰显了中远海运人的拳拳报国心、殷殷航海情，谱写了一曲惊天地泣鬼神的壮丽史诗。

招商局海轮起义掀开了新中国海运事业的崭新篇章，也是中远海运的重要源头之一。1949 年 9 月 19 日，"海辽"轮在从香港赴汕头的航行途中，船长方枕流率领全体船员庄严起义，历经九天九夜惊险航程，胜利到达大连。1949 年 10 月 24 日，毛泽东主席发电报给方枕流船长和全体船员，表示祝贺和嘉勉。在"海辽"轮的感召下，新中国成立之前及成立初期，国民党当局控制下的香港招商局和 17 艘海轮、近 700 名海员，先后分别在东海、南海海面和中国香港、新加坡等地宣布起义，投入新中国怀抱。

抗美援朝战争期间，上海海运的船员积极投入"抗美援朝、保家卫国"运动。在鸭绿江运送志愿军渡江和运输物资的任务中，船员们不顾生命安危，提出"鸭绿江水炸不干，运输线就炸不断"的口号，不分昼夜，有时一夜往返横渡四次，为抗美援朝战争的胜利做出了贡献。

在反封锁、反围剿斗争中，从欧洲承运进口成品油的"工作"轮于 1953 年被劫持到台湾高雄，17 名中国船员遭到关押。政委刘学勇被关押在台湾火烧岛（绿岛），几经拷打，始终坚贞不屈，最后被秘密杀害；二副姚淼周临刑前高呼"新中国万岁""中国共产党万岁"，在国民党当局的枪口下英勇就义，年仅 29 岁。

20 世纪 60—70 年代，广州海运在援越抗美斗争的运输中，被炸沉船舶 1 艘、救生艇 1 艘，炸伤船舶 14 艘次，共有 36 名船员负伤，12 名船员献出了他们宝贵的生命。"红旗 151"轮船长周茂臣长眠在越南荣市的海边，在越南广宁省锦普市和义安省荣市烈士陵园纪念碑上，刻下了广州海运英烈们不朽的名字。他们用鲜血和生命，谱写了一曲"英雄赞歌"，耸起了中远海运的精神桅杆，挺起了共和国的坚强脊梁。

南北航线是我国沿海最长的海上航线，途经沿海 10 余个省、自治区、直辖市，是关乎国计民生的重要运输通道。为了冲破封锁禁运，1968 年 4 月 25 日，"黎明"轮由湛江港起航,航行12个昼夜,完成了新中国成立后首次南北航行。1968—1979年,广州海运和广州远洋运输公司恢复了中断十多年的南北海上交通线。

"银河"号是一艘从事正常国际商业航运的远洋集装箱班轮,1993年7月,在执行第81航次由天津、上海至海湾的定期班轮运输任务中,被美国无端指责载有制造化学武器的前体硫二甘醇和亚硫酰氯。美国派遣军舰监视、飞机骚扰,致使该轮被迫在公海上中止正常航运33天之久,全体船员不畏强权和围追堵截,敢于斗争,维护了国家利益,树立了良好形象。

中远海运集团发展史是一部风雨砥砺的不懈奋斗史。

中远海运从初始创业到不断壮大,是几代人艰苦奋斗、顽强拼搏的结果。几十年来,广大船岸干部职工为企业发展做出了不懈努力,经受了各种考验,取得了辉煌业绩,创造了许许多多工程的奇迹、运输的伟业、发展的壮举。这其中,既有步入"贷款买船、负债经营"壮大之路的成功探索,也有"文化大革命"时期"风庆轮事件"给运输生产带来的种种干扰;既有抓住中国加入WTO以及航运市场空前繁荣带来的发展机遇,也有面对后金融危机时期国际航运市场大萧条的严峻挑战;既有打造世界一流航运企业的憧憬和志向,也有"做大"后何去何从的深刻思考。

一条漫长的企业发展之路,犹如一条波涛汹涌的大江,一路跌跌撞撞,曲曲折折,浩浩荡荡。无论遇到多少艰难险阻,却总是能在逆境中找到新路,在纷扰中坚定方向,在跌宕中保持前行。一部中远海运企业发展史,就是一部波澜壮阔、惊天动地的奋斗史。

"席卷神州解放风,雄师百万下江东。"1949年5月27日,中国人民解放军宣告上海解放。5月28日,人民解放军上海市军事管制委员会主任陈毅、副主任粟裕签署军事接管招商局的命令。这些被接管的招商局留沪船舶及人员,在新中国航运事业建设中发挥了重要的积极作用,而经过招商局改组成立的国营轮船总公司,则成为新中国最早的国有航运企业,也成为中远海运集团重要的发展源头之一。经过数十年的发展,今天的中远海运已是世界最大的航运企业。从百废待兴中艰难起步,到成为"世界之最",漫长的发展道路上,留下了中远海运几代人艰苦创业的汗水和闻鸡起舞的足迹。

第一艘悬挂中华人民共和国国旗航行国外的"光华"轮投入运营,标志着新中国远洋运输事业的开端。该轮源于国务院总理周恩来的亲切关怀。当时周总理十分关心远洋海运事业,提出建立中国自己的远洋运输船队,并从国库中特批26.5万英镑,从国外购买了这艘船,改名"光华"轮,意为"光我中华"。1961年4月28日,伴随"光华"轮起锚登程,一条从广州到印度尼西亚的新航线艰难起步。时隔半个多世纪的今天,中远海运集团已成长为一家具有强劲国际竞争力的跨国航运企业,其远洋航线覆盖全球160多个国家和地区的1500多个港口;其境外机构覆盖全球10大区域、50多个国家和地区,共计1055家企业。现已成为全球航运业的重要引领者,成为平衡东西方航运格局的重要力量。

中远海运集团发展史是一部敢为天下先的开拓创新史。

新中国成立以来,特别是改革开放以来,远洋海运人勇立时代潮头,创造了一个又一个"时代第一",书写了一个又一个先行者传奇。

"平乡城"轮开辟了中国第一条国际集装箱班轮航线。1978年9月26日,该轮装载162个集装箱从上海港起航,先后于10月12日、15日抵达澳大利亚悉尼港、墨尔本港,11月12日返回上海,结束了中国没有海运集装箱运输航线的历史,翻开了中国现代海运史新的一页。

"柳林海"轮是抵达美国本土的第一艘悬挂五星红旗的船舶。1979年3月25日,该轮由上海起航,横跨太平洋,于4月18日首次抵达美国西雅图港。从此,中美海上航线正式开通。2015年9月22日,习近平主席在访美时指出:中美建交刚刚3个多月,中国"柳林海"号货轮就抵达西雅图港,结束两国几十年不曾通航的历史[①]。23日参观美国微软公司总部期间,习近平主席接受了微软赠送的3D打印"柳林海"号船模。

"新金洋"轮是首艘悬挂五星红旗的VLCC。2004年12月,该轮正式投入使用,实现了真正意义上的"国油国运",也填补了五星红旗大型油轮在国家进口原油运输市场上的空白。2015年2月,随着中缅原油管道工程正式投运,"新润洋"轮靠泊中缅项目装货港缅甸马德岛港,成为首艘靠泊该港的VLCC,并奏响了"准班轮"服务新模式的号角。

比雷埃夫斯港投资经营是"一带一路"建设的经典项目。2009年4月,希腊国会以149票对139票,通过了中远集团与希腊比雷埃夫斯港务局签署的码头专营协议。这是中国企业首次在国外获得港口的特许经营权。2016年8月,中远海运再次收购比港67%股权,正式成为比港经营者。作为中希合作的典范,比港正按照习近平主席的指示,致力"将比雷埃夫斯港建设为地中海最大的集装箱转运港、海陆联运的桥头堡,成为'一带一路'合作的重要支点,并带动两国广泛领域务实合作"[②]。

"永盛"轮开创了中国商船首次经北极东北航道抵达欧洲的历史。该轮于2013年8—9月,圆满完成北极东北航道首航任务。此后,2015年,"永盛"轮成功完成"再航北极、双向通行"任务;2016年,中远海运5艘船舶航行北极;2017年,中远海运航行北极实现项目化、常态化。目前,中远海运是全球唯一一家穿越南北极、运营南北极航线的航运企业。

"紫荆松"轮是停靠瓜达尔港的第一艘商业货轮。2015年5月,该轮停靠巴基斯坦瓜达尔港,承载了装有当地渔业产品的7个冷藏集装箱,驶向中东地区,开启了瓜达尔港历史上首次货物出口记录。而瓜达尔港杂货班轮航线的开辟,不仅极大降低了当地进出口货物的物流运输成本,更为"中巴经济走廊"的建设,提供了坚实可靠的支持。

实际上,这样的中国第一、亚洲第一和世界第一,还有许多许多。一桩桩、一件件,都彰显了中远海运人上下求索、开拓进取、敢为人先的创新精神。

中远海运集团发展史是一部精忠报国的爱国奉献史。

如果说,战争年代的爱国精神体现为英勇献身;那么,在和平年代,爱国精神则体现

---

① 《习主席的"西雅图不眠夜"》,新华网,2015年09月24日,http://www.xinhuanet.com/world/2015-09/24/c_128264518.htm。
② 《书写新世纪海上丝绸之路新篇章——习近平总书记关心港口发展纪实》,《人民日报》,2017年07月06日01版。

为无私奉献以及社会责任。

长期以来，中远海运人始终怀揣着精忠报国的"长子"情结，承载着铁肩担道义的央企责任，忠诚服务于国家，积极贡献于国家，全心全意为了国家。在煤电生产濒临断档危机的紧要关头，总是中远海运的船舶冲在运输第一线；在国际政治动乱危及华人华侨及中国籍员工的焦急时刻，总是中远海运海外接侨的船舶送去温暖；上海世博会、金砖国家工商理事会、国际航运中心发展、"一带一路"建设项目，到处都有中远海运人辛勤的汗水；地震灾害、冰雪灾害、支援新疆、支援西藏，到处都留下中远海运志愿者忙碌的足迹。

20 世纪 80 年代末，我国电力供应主要靠火力发电，华东、华南等地因电力需求变化，出现煤炭运输供应不足的情况。上海海运担负上海地区 80% 的煤炭运输任务，公司树立"多运煤就是保上海，保上海就是保全国"的大局意识，发扬"以苦为荣，无私奉献"的精神，1989 年完成煤运量 3340 万吨，为改变上海煤炭紧缺局面做出了重要贡献。时任上海市市长朱镕基同志亲笔书写嘉奖信给予充分肯定："你们作了大贡献，创造了历史的业绩。"

"服从外交，服务外贸"，是中远海运的企业宗旨。中远海运坚持履行企业的社会责任，在浮动国土上完成了一系列国家外交任务，在历次海外撤侨接侨工作中都扮演着重要的角色。20 世纪 60 年代，"光华"轮、"新华"轮等一直活跃在新中国撤侨战线上；20 世纪 70 年代，"明华"轮等赴越南、柬埔寨撤侨；20 世纪 90 年代，"富清山"轮赴刚果撤侨；2011 年 2 月，在新中国历史上最大规模的利比亚撤侨行动中，"天福河"轮等 16 艘商船待命，其中"天福河"轮成功撤离 559 名同胞。

如果说，一个船队，构成了中远海运精忠报国的物质基础；那么，一个团队，则构成了中远海运爱国奉献的精神载体。船队与团队，不仅成为企业腾飞之两翼，前进之两轮，更成为我们建设海运强国的物质与精神财富。而这一代又一代航海家、一辈又一辈管理者，总是用他们的奋力拼搏和无私奉献，打造了中远海运积极向上的团队精神，凝聚成建设海运大国、海运强国的磅礴力量。在这个团队中，有一大批英雄人物、模范人物和优秀人物，贝汉廷和杨怀远，就是其中的杰出代表。

新中国培养的第一代远洋船长贝汉廷，先后驾驶 15 艘远洋轮船，到过 40 多个国家、80 多个港口，为发展祖国的远洋运输事业，倾注了一生心血。他说："为了发展祖国的航海事业，我一辈子不离开船，不离开海洋！"在 59 岁生日时，因为劳累过度，不幸去世，在挚爱的远洋船上，工作到生命的最后一刻。

杨怀远同志在 38 年的船舶生涯中，始终以雷锋为榜样，甘当人民的"挑夫"。他挑着一根为人民服务的小扁担，从青年、中年一直挑到老年，始终不计报酬、不求职务，全心全意为人民服务，创造了让全国人民，乃至国际友人都为之敬佩的"小扁担"精神，于 1985 年被授予"全国劳模"称号，2019 年被评为新中国成立 70 周年的"最美奋斗者"，受到历代党和国家领导人的接见。

三

历史,是人类记忆的年轮,是人类繁衍的根脉。历史,连接着昨天与今天,定义着过去和现在,昭示着当下与未来。历史,既能激发人们情感的力量,也能赋予人们理念的启迪。

站在一个承前启后、继往开来的时空交汇点,我们需要扪心自问:我们从哪里来,要向哪里去?

我们从百年沧桑的历史深处走来,要向强国梦、强企梦的指引方向走去。回望历史,从 1919 年孙中山发表《建国方略》并提出海洋兴国与东方大港的战略构想,到 1949 年新中国成立以及上海、广州、大连海运局的艰难起步;从招商局的 17 艘海轮、700 名船员举起义旗,到援越抗美斗争中 12 名中远海运船员血祭大海、浩气长存;从"光华"轮在广州港拉响的第一声远航汽笛,到"平乡城"轮开辟的第一条国际班轮航线……百年风起云涌,百年沧海桑田。在百年的崎岖道路上,一批又一批、一代又一代中国海运业的"逐梦人",前赴后继,艰辛探索,苦苦追寻,孜孜以求。前瞻未来,我们怀揣着中华民族的伟大复兴"中国梦",也怀揣着打造航运翘楚的"中远海运梦"。所思所想,所寻所觅,乃是百年一脉,百年同系。

1405 年 7 月 11 日,一支由 200 余艘海船、上千面风帆组成的世界最大船队,从长江入海口的太仓浏河港出发,开启了郑和下西洋的壮举。7 月 11 日,遂成为"中国航海日"。611 年后的 2016 年 2 月 18 日,一家世界最大的航运企业,在长江入海口的上海挂牌成立。这一漫长的"历史轮回",演绎了中华民族航海史上自强不息的传奇,成为古老民族从辉煌到衰落再到复兴的历史注脚。今天,经中远、中海两大集团重组整合而成的中国远洋海运集团,正站在新的起点,开启了新的航程。新集团构筑了"6+1"产业结构(航运、物流、金融、装备制造、航运服务、社会化服务,互联网+),确立了"四个一"(一个文化、一个团队、一个目标、一个梦想)的企业理念。如果说"6+1"是新集团这艘巨轮的船体结构,那么,"四个一"则是新集团的船舶动力。在走向未来的征途中,我们应坚持不忘初心,不忘历史,传承企业优秀的历史文化,以前辈打造出的企业文化与航海精神,推进新集团的"四个一"理念。

以同舟共济的合作精神打造"一个文化"。同舟共济精神,是古老的航海文化中的精髓,也是中远、中海几十年积淀的企业文化留给新集团的精神财富。现在,它理应成为我们新集团的文化基因。在加强文化融合的过程中,我们每一名员工都应积极传递正能量,努力为企业创造稳定和谐的良好氛围。石墨和钻石都是由碳元素组成,但由于两者的碳原子排列不同,结构不同,结果是一个变成石墨,一个变成钻石。今天,我们就是要凭借同舟共济的企业精神,通过新的排列,新的组合,打造"高效、协同、融合、智慧"的钻石团队,打造"美美与共、天下大同"的企业文化;心往一处想,汗往一处流,劲往一处使,同舟共济,众志成城,汇聚千里奔涌、万壑归流的洪荒伟力,驶向世界一流、领航全球的光辉彼岸。

以精益求精的工匠精神建设"一个团队"。在中远海运的历史长卷中,民族精神的养育,精忠报国的志向,敬业精业的示范,造就了一代又一代"大国工匠":方枕流、贝汉廷、杨怀远、严力宾……这一串串闪亮的名字,构成了中远海运人的历史文化底蕴;他们的精神,就是我们的海之魂、企之魂、国之魂。今天,我们应借助这样的历史文化底蕴,继承发扬老一辈航海人坚守星辰大海的工匠精神和劳模精神,一丝不苟,呕心沥血,恪尽职守,精益求精,努力打造一支精业敬业、脚踏实地的务实型团队,打造一支攻坚克难、敢于突破的开拓型团队,打造一支见贤思齐、不断进取的学习型团队,一棒接一棒地做好事业接力,一步一个脚印地走好发展之路。

以开拓进取的创新精神追求"一个目标"。过去数十年来,敢于第一个吃螃蟹的中远海运人,创造了一个又一个中国第一、亚洲第一和世界第一。今天,我们依然需要继承和发扬敢于第一个吃螃蟹的精神,以创新为引擎,驱动企业向"做强做优做大"和"世界一流供应链服务商"的愿景目标不断前行。应继续探索创新领先的"无人区",继续拓展新兴市场的"开发区",继续打造全球航运的"生态区"。鸡蛋从外部打破是食品,从内部打破是生命。我们应以创新为内生动力,大力推进体制机制创新、商业模式创新、经营管理创新、航运科技创新;以高质量的发展创造企业新业绩,以革故鼎新的魄力建设航运新业态,以抓铁有痕的韧劲构建产业新布局,以不断增强的国际竞争力打造COSCOSHIPPING的市场新形象。

以坚忍不拔的执着精神构筑"一个梦想"。我们的梦想就是"海运强国梦",它是"中国梦"的重要组成部分,是新时代赋予我们的新使命。回顾企业漫长的发展史,我们看到,一代又一代中远海运人就是一代又一代"海运强国"的"逐梦人"。在新的历史方位中,中远海运人应以梦为马,不负韶华,把实现"两个一百年"奋斗目标作为企业发展的着眼点,真正承担起"一带一路"、海运强国先锋队的历史使命,真正扮演好全球航运舞台上彰显中国力量、平衡东西方格局的时代新角色,真正发挥好国家经济建设与经济安全的重要保障作用。应在新时代与大变局中,校准中远海运前进的方位,准确把握大国新博弈、世界新变局下的国家之需,准确把握全球航运竞争新模式、新业态下的立足之基,准确把握科技变革新潮流冲击之下的发展之路。

不忘初心,方能承前启后;致知力行,旨在继往开来。我们正是本着"不忘初心、牢记使命"的宗旨,组织力量编写了《中国远洋海运发展史》丛书(共8卷),回顾总结企业1949—2015年66年来的发展历程。该丛书不仅是一套信息丰富、内容详实的历史资料书,还是一套爱国主义和社会主义教育的有益教材,更是一套具有海运特色的企业战略、经营管理与企业文化的"企业全书"。

"路漫漫其修远兮,吾将上下而求索。"一代人有一代人的使命,一代人有一代人的责任。历史意识的深度有多深,前瞻意识的高度就有多高。正是这深厚的历史意识和高远的前瞻意识,成为我们不懈努力、不息奋斗的前进动力。今天,我们驾驭着"中远海运"号超大型巨轮,开始了新的整队、新的集结、新的航程、新的升华。置身扬鞭催马、奋力奔跑的新时代,站在承接历史、对接未来的新起点,我们要高举习近平新时代中国特色社会主义思想伟大旗帜,弘扬"三舱精神":理想信念坚定"压舱",坚守海运强国的初心使命,坚如磐石,矢志不渝,推动事业行稳致远、破浪前行;工作责任落实"满舱",聚焦世界一流的愿景目标，全力担当，实干兴企，促进企业提质增效、做强做优；精神状态迸发"爆舱"，砥砺领航全球的壮志豪情，只争朝夕，砥砺奋进，引领企业跑赢未来、驶向卓越。要把稳舵，坚守航运强国的理想信念；要定好锚，坚守脚踏实地的实干精神；要扬起帆，坚守战风斗浪的奋斗精神；要拧成绳，坚守同舟共济的团队精神。团结拼搏、砥砺奋进，让初心照亮航程，让使命激励未来，为建设卓越中远海运而努力奋斗！

凡是过往，皆为序章。

中国远洋海运集团有限公司
党组书记、董事长

2019 年 10 月 1 日

前　言

新中国的历史脚步，在这里不再徘徊。

公元 1978 年 12 月 18 日，中国共产党第十一届中央委员会第三次全体会议在北京举行。

这次会议对中国、对世界、对人类的进步与发展，都具有里程碑意义。中国共产党十一届三中全会之后走过的历史性道路、创造的历史性成就、发生的历史性变革、完成的历史性壮举，无不昭示出其划时代的作用与价值。

这次会议的重大意义在于，在思想上确立了解放思想、实事求是的正确思想路线，全国人民的思想从"左"的桎梏中解放出来；在政治上果断停用"以阶级斗争为纲"的错误口号，旗帜鲜明地把党和国家的工作重心转移到社会主义经济建设上来；在组织上审查和解决了党内一批重大冤假错案，党中央形成了以邓小平为核心的党的第二代中央领导集体。自此，中华人民共和国拉开了改革开放的序幕，实现了新中国成立以来党的历史上具有深远意义的伟大转折，进而推动全国进入到以改革开放和社会主义现代化建设为主要任务的新时期。

随着国家"对外开放、对内搞活"指导方针的实行，中远总公司广大干部、船员和职工在党的路线方针政策指引下，坚持拨乱反正，推进企业整顿，扭转混乱局面，恢复正常秩序，重塑发展格局。其中一项重大举措，就是整顿企业，逐步走上以生产经营为中心的轨道。正是在这样一个历史时期，国家经济体制改革全面深入发展，船货管理统得过死的局面被逐步打破。为了使远洋运输事业更快更好地适应国际、国内形势的发展，更有效率和更有质量地为对外贸易服务，中国的国际海洋运输管理工作实行了较为彻底的改革。外贸和交通体制逐步实行政企分开，简政放权，撤销远洋运输局，明确把中国远洋运输总公司办成不兼行政职能的独立经营的经济实体。交通部对中远总公司（外轮代理总公司）只实行行政领导和管理，不干预企业经营。自此，中远总公司顺应国家改革发展大势，开始了企业内部的全面调整与改革，一个崭新的自主发展时期轰轰烈烈地拉开了序幕。

时代潮流，浩浩荡荡，唯有弄潮儿勇立潮头；历史车轮，滚滚向前，唯有奋斗者乘势而上。中远总公司紧紧把握国有企业体制机制改革的机遇，新建公司先后揭牌，新增运力大批下水，新接船员踊跃加盟……中远的发展势头蒸蒸日上，欣欣向荣。20 世纪 70 年代末，中国远洋运输总公司大连分公司成立，之后，又成立了连云港远洋运输公司。这一时期，国家对水运经济政策进行了重大的改革和调整，其中的重要举措之一，就是积极扶持地方发展远洋运输事业。为加强企业间的横向联合,以充分发挥中央和地方的两个积极性,根据不同情况,分别采取自营、联营等方式组建远洋运输企业,相继与相关省市交通部门合营组建了远洋运输公司,形成远洋运输多家经营的局面,中远总公司船队规模和经营实力不断发展壮大。

这一时期,中远总公司在国际、国内航运市场的激烈竞争中,以提高经济效益为中心,改革管理机构,推行各种承包经营责任制和实行经理、船长负责制,将企业由单一的生产经营型向生产经营服务型转变;加强企业管理,转换经营机制,改革和完善各项管理制度,逐步提高现代企业管理水平;坚决贯彻"贷款买船、负债经营、赢利还贷、滚动发展"的十六字方针,硬是闯出了一条利用国外低息贷款发展船队的新路子,创造出在短短几年里不花国家一分钱投资就净赚六七百万吨船的奇迹;开拓远洋运输业务,开展集装箱运输和开辟重要航线的定期班轮,大力开展揽货和多式联运;扩大船队,加速提高船舶设备、通信等方面的科学技术水平;增设驻外机构,加强国内外航运合作,努力开发多种经营;在发展运输生产的同时,重视和加强职工文化技术教育,坚持物质文明建设和精神文明建设一起抓。经过10多年的扎实工作,企业的运输生产和船员、职工的精神面貌发生了深刻变化,中远总公司在改革开放中迅速发展。

这一时期,中远人以革命的大无畏精神,冲破帝国主义的封锁禁运,先后打开中国通往亚、非、欧、美、大洋等各大洲的国际航路,成为中国开辟全球新航线最多的远洋运输企业。在这些艰难的开拓征程中,中远人一步一个脚印,用智慧和心血绘制出一幅幅激动人心的远洋运输全景图:1979年3月18日,美国莱克斯兄弟轮船公司的"利·莱克斯"轮抵达上海港,4月18日,中远总公司的"柳林海"轮胜利抵达美国西雅图港,中美海上航线正式开通;1979年5月27日,"眉山"轮首航台湾海峡,南北航线正式开通,开辟了新中国航运史上一个又一个新的里程碑,为推动中国对外贸易和远洋运输事业发展,发挥出重大的历史作用。

这一时期,航运市场经历了一场严峻的危机和挑战,西方国家的许多船公司纷纷倒闭,其中包括日本三光汽船这样实力雄厚的船公司宣布破产。面对市场形势日趋复杂,竞争环境日趋激烈的国际航运形势,世界各有关海运国家纷纷加强了宏观方面的调节,制定了一系列的政策和法律,保护本国航运业的利益,扶植本国商船队的发展。其中最有效的办法就是控制货载,尤其是高档货载。对此,不论是西方还是苏联(俄罗斯)和东欧海运国家,均以各种公开的或变相的方式为本国船队控制货载,争夺承运权。甚至有的国家领导人亲自出马,参与航运市场抢夺货载的竞争,方式各种各样,不一而足。在这种形势下,中远总公司决策层纵览国际、国内航运市场大势,坚持从积极改善经营管理、增强企业活力入手,来适应国际航运竞争的形势。其中下大力气抢抓国轮班轮这个"牛鼻子",就是一项抓根本、管长远的重要举措。从1984年开始,中远总公司领导把开辟班轮航线作为重中之重的压倒性工作进行部署、落实,千方百计为开辟国轮班轮创造条件,硬是在竞争激烈的市场形势下,闯出了一片班轮运输新天地。

一个前进的时代,必有一种勇往直前的力量;一个卓越的企业,必有一种锐意进取的精神。这一时期,中远总公司把党的建设、思想政治工作、纪检监察工作、工会和共青团组织建设等纳入精神文明建设范畴，在这些方面得到了全面的巩固和提高。尤其是实施经理负责制后，中远系统把精神文明建设任务全部纳入经理任期目标之中，与承包经营责任制挂钩，在研究、布置、落实以及总结工作时，坚持两个文明一起抓的自觉性大大提高，精神文明建设使党政工团共同的任务更加明确，中央和地方组织开展的创建精神文明先进单位的活动，在企业和职工中更受重视，各种形式的精神文明创建活动更加活跃，更加富有成效。

　　中远总公司就是在这样一个关键性历史时期，一步一个脚印，稳步向前发展；一步一个台阶，坚定向上攀升。

2020 年 2 月 18 日

目　录

第一章　远洋运输格局的深刻变革　/ 001

第一节　中远总公司机构的调整 …………………………………………… 003
一、1980 年的机构调整 ……………………………………………………003
二、1987 年的机构调整 ……………………………………………………004
三、1989 年的机构调整 ……………………………………………………004

第二节　成立中远大连分公司 ………………………………………………… 005
一、公司成立的背景 ………………………………………………………005
二、多方协力开展筹建工作 ………………………………………………005
三、召开"分家"专题会议 ………………………………………………006

第三节　改革船队经营管理体制 ……………………………………………… 007
一、远洋分公司名称的更改 ………………………………………………007
二、远洋运输现代化目标的提出 …………………………………………007
三、船队专业化经营的改革 ………………………………………………008

第四节　成立连云港远洋运输公司 …………………………………………… 012
一、中远总公司驻连云港办事处的成立 …………………………………012
二、连云港远洋实业等公司的成立 ………………………………………013
三、合作成立连云港海洋运输公司 ………………………………………013
四、康华连云港划归中远总公司 …………………………………………014
五、连云港远洋船务更名为连云港远洋运输公司 ………………………014

第五节　组建与地方合营的远洋运输公司 …………………………………… 015
一、成立中国远洋运输总公司江苏省公司 ………………………………015
二、成立中国远洋运输总公司浙江省公司 ………………………………016
三、成立中国远洋运输总公司河北省公司 ………………………………016
四、成立中国远洋运输总公司安徽省公司 ………………………………017
五、成立中国远洋运输总公司江西省公司 ………………………………017
六、成立中国远洋运输总公司湖南省公司 ………………………………018
七、组建南京远洋运输公司 ………………………………………………019

　　　　八、成立华海石油运销有限公司 …………………………………………………… 019

第六节　"柳林海"轮成功首航美国 ………………………………………………………… 020
　　　　一、"柳林海"轮首航美国的背景 …………………………………………………… 020
　　　　二、"柳林海"轮首航过程 …………………………………………………………… 022
　　　　三、"柳林海"轮成功首航美国重大意义 …………………………………………… 023

第七节　台湾海峡恢复正常通航 ……………………………………………………………… 024
　　　　一、恢复正常通航的条件已经具备 ………………………………………………… 024
　　　　二、恢复正常通航的过程 …………………………………………………………… 025
　　　　三、积极开展对台运输 ……………………………………………………………… 026

第八节　中国外轮理货在改革中发展 ………………………………………………………… 027
　　　　一、外轮理货总公司的历史变迁 …………………………………………………… 027
　　　　二、协助海关对集装箱实行监管 …………………………………………………… 028
　　　　三、中远船舶国内运输理货与委托代理 …………………………………………… 030
　　　　四、开展国际理货业务的合作与交流 ……………………………………………… 031

第九节　中国外轮代理在改革中发展 ………………………………………………………… 033
　　　　一、总部机构的反复调整 …………………………………………………………… 033
　　　　二、分支机构的迅速扩建 …………………………………………………………… 034
　　　　三、揽货网点的广泛布局 …………………………………………………………… 036
　　　　四、多式联运的逐步形成 …………………………………………………………… 038
　　　　五、货运业务的深入拓展 …………………………………………………………… 040
　　　　六、代理格局的深刻变革 …………………………………………………………… 043
　　　　七、代理业务的平稳发展 …………………………………………………………… 047

第十节　中国船舶燃供在改革中发展 ………………………………………………………… 049
　　　　一、体制改革逐步深化 ……………………………………………………………… 049
　　　　二、隶属中远归口管理 ……………………………………………………………… 050
　　　　三、燃供业务逐步扩张 ……………………………………………………………… 051
　　　　四、企业管理稳步提升 ……………………………………………………………… 056
　　　　五、基础建设得到加强 ……………………………………………………………… 057

第十一节　中国汽车运输总公司在改革中发展 ……………………………………………… 057
　　　　一、中汽总公司经营情况 …………………………………………………………… 058
　　　　二、参与国家晋煤外运项目 ………………………………………………………… 059
　　　　三、开拓公路集装箱运输市场 ……………………………………………………… 060
　　　　四、向高难度公路运输迈进 ………………………………………………………… 061
　　　　五、中汽总公司并入中远集团系统 ………………………………………………… 064

第十二节　成立集团的时代背景及先期准备 ………………………………………………… 064
　　　　一、组建企业集团上升为国家战略 ………………………………………………… 064
　　　　二、组建中远集团的综合论证 ……………………………………………………… 066

三、中远已具备成立集团的基本条件 ··· 067
　　四、积极做好成立集团各项准备工作 ··· 070
　　五、相关请示报告的批复 ·· 070

第二章　远洋运输船队的发展壮大　/ 073

第一节　**加快集装箱船队发展** ·· 075
　　一、远洋集装箱运输的兴起 ·· 075
　　二、加强集装箱航线建设 ··· 076
　　三、购造新型集装箱船 ·· 081
　　四、集装箱运输在竞争中发展 ··· 082
　　五、开展西欧集装箱联营办公 ··· 085
　　六、集装箱统一经营 ·· 086

第二节　**推进散杂船队建设** ··· 087
　　一、五大远洋公司散杂船队建设情况 ·· 088
　　二、散杂货船生产经营情况 ··· 089
　　三、开辟散货班轮航线 ·· 090
　　四、加强散杂货船队建设 ··· 091

第三节　**油轮船队集中管理** ··· 093
　　一、新中国原油运输基本状况 ··· 093
　　二、中远原油运输业务的开展 ··· 094
　　三、建立专业化油运公司 ··· 095
　　四、新造油轮在大连诞生 ··· 096
　　五、新造双壳体油轮 ·· 097
　　六、油轮运输航线的确立与管理 ·· 097

第四节　**稳步开展客轮运输** ··· 101
　　一、老旧客轮发挥余热 ·· 101
　　二、中日航线再添新军 ·· 102
　　三、客运班轮经营稳定 ·· 103

第五节　**积极经营多型船舶** ··· 103
　　一、发展滚装船 ··· 104
　　二、开发多用途船 ·· 105
　　三、发展半潜船 ··· 105
　　四、经营重吊船 ··· 106

第六节　**打造香港第二船队** ··· 106
　　一、建立香港第二船队的历史背景 ·· 107

	二、船队的经营状况	107
	三、第二船队经营情况	108
	四、两家公司体制改革	109
	五、利亚公司的变革	110
第七节	中远总公司与香港招商局	110
	一、中远总公司代管香港招商局	110
	二、中远与招商局的深度合作	112
	三、"明华"轮在蛇口实现"华丽转身"	115
第八节	统筹国轮班轮运输	117
	一、班轮运输发展的时代背景	117
	二、早期开展的国轮班轮运输	118
	三、紧盯格局变化，调整航线布局	118
	四、班轮运输船队稳步增长	121
第九节	买造船事业的兴起	123
	一、"十六字方针"的确立	123
	二、买造船体系的构建	125
	三、买造船标准的确立与修订	127
	四、贷款买造船的全面展开	129
	五、组建门类齐全的综合型船队	139
	六、买造船工作的做法与体会	140
第十节	境外事业的快速拓展	143
	一、增设航运代表处	143
	二、扩建境外合营公司	144
	三、成立境外独资公司	145

第三章　陆上产业的兴办和发展　/ 147

第一节	扩建中远工业	149
	一、扩大修船业务规模	149
	二、建造15万吨级浮船坞	150
	三、创办集装箱制造业务	154
第二节	开展船员劳务输出	154
	一、创办船员外派业务	155
	二、加强外派船员管理	157
	三、发挥船员外派作用	158
	四、开发多种经营	159

第三节	创办海上国际旅游	160
	一、包租承运友好访问团体	160
	二、租给外商开展旅游客运	160
	三、合资经营中日客货运输	160

第四节	积极拓展航空运输市场	161
	一、时代发展酿出空运历史性机遇	161
	二、中远兴办航空运输的独特优势	162
	三、初步形成陆、海、空多元发展战略构想	163

第五节	筹建中国国际运输总公司	164
	一、中远、外运合并意向的提出	165
	二、体制弊端引发多种矛盾	166
	三、国务院决定成立中国国际运输总公司	167
	四、筹备组全力开展组建工作	169
	五、组建新公司再度搁浅	170
	六、一盘更大的棋局	170
	七、中远轻装阔步走向国际航运市场	171

第四章　转换经营机制中的企业管理 / 173

第一节	全面开展企业整顿	175
	一、企业整顿的主要背景	175
	二、企业整顿工作的全面展开	176
	三、企业整顿的主要内容	177
	四、企业整顿取得的主要成效	183

第二节	推行承包经营责任制	185
	一、实行经理负责制的历史背景	185
	二、实行经理负责制	185
	三、区分层次实施承包责任制	186
	四、第一承包期内指标完成情况	187
	五、3年承包期主要做法与体会	192
	六、交通部对中远第一承包期的考核评价	194
	七、实施第二轮经营承包期	196
	八、各公司同步推进承包责任制	200
	九、中远"四化"目标的谋划与确立	202

第三节	实行船员定船承包责任制	204
	一、船员定船工作的先期开展	204

二、船员定船的基本原则和做法 ……………………………………………… 206
　　三、船员定船取得的阶段性成效与存在的问题 ………………………… 207
　　四、通过多种形式推进定船工作落实 …………………………………… 208
　　五、保持船员定船工作的连续性 ………………………………………… 211

第四节　转换企业经营机制 ……………………………………………………… 211
　　一、深入贯彻中央文件精神 ……………………………………………… 212
　　二、转换经营机制的基本思路 …………………………………………… 213
　　三、"三项制度"改革的先期准备 ………………………………………… 214
　　四、完善承包经营责任制 ………………………………………………… 215
　　五、加强股份制改革的研究 ……………………………………………… 215

第五节　航运综合管理 …………………………………………………………… 216
　　一、船舶调度管理 ………………………………………………………… 216
　　二、市场运价管理 ………………………………………………………… 217
　　三、港口使费管理 ………………………………………………………… 219
　　四、保险理赔管理 ………………………………………………………… 222

第六节　船舶机务管理 …………………………………………………………… 227
　　一、机务管理概况 ………………………………………………………… 227
　　二、船队总体现状 ………………………………………………………… 228
　　三、推进制度建设 ………………………………………………………… 229
　　四、强化机务监督 ………………………………………………………… 232
　　五、机务安全管理 ………………………………………………………… 233
　　六、老旧船、重点船的管理与维修 ……………………………………… 235
　　七、运用新技术提升机务管理水平 ……………………………………… 237
　　八、开辟境外机务网点 …………………………………………………… 237

第七节　全面质量管理 …………………………………………………………… 238
　　一、开展"质量月"活动 ………………………………………………… 238
　　二、推进QC小组活动 …………………………………………………… 240
　　三、实施全面质量管理 …………………………………………………… 243

第八节　安全运输生产 …………………………………………………………… 245
　　一、完善安全规章制度 …………………………………………………… 245
　　二、建立安全管理体系 …………………………………………………… 246
　　三、开展"安全月"活动 ………………………………………………… 247
　　四、持续开展安全大检查 ………………………………………………… 249
　　五、油轮运输安全体系的建立与完善 …………………………………… 251

第九节　建立内部审计 …………………………………………………………… 254
　　一、内部审计基础建设 …………………………………………………… 254
　　二、逐步提高审计标准和质量 …………………………………………… 256

第十节　计划统计与财务管理 258
　　一、理顺计划管理体制 258
　　二、推进全面计划管理 259
　　三、构建综合管理计划体系 259
　　四、建立健全财务管理制度 260
　　五、夯实财务核算基础 261
　　六、加强预算外资金管理 261
　　七、开展财务大检查 262
　　八、开展经济活动分析 262

第十一节　保密工作与档案管理 265
　　一、中远系统保密工作 265
　　二、中远系统档案管理 268

第五章　船员队伍建设 / 275

第一节　加强"四有"船员队伍建设 277
　　一、重视船员队伍思想建设 277
　　二、加强了干部船员队伍建设 278
　　三、推进船员培训工作 278
　　四、实施船员职改工作 278

第二节　船员队伍管理面临挑战 279
　　一、船员违法违规事件频发 279
　　二、多种因素导致船员思想滑坡 280

第三节　开展船员队伍纪律作风整顿 281
　　一、制定系列规章制度 281
　　二、及时颁布、修订"双十六条" 282
　　三、狠刹违法违纪违章违规歪风 283
　　四、实施层级管理与综合治理 283
　　五、加大船舶遵纪守法检查力度 283

第四节　制度建设与工资改革 284
　　一、劳动制度改革 285
　　二、工资制度改革 286
　　三、社会保障制度改革 289

第五节　保卫治安与法律工作 289
　　一、船舶保卫工作 290
　　二、船舶禁毒工作 293

　　　　三、综合治理工作 ··· 295
　　　　四、船岸法律工作 ··· 297
　　　　五、对船舶相关问题的重新定性 ··· 300

　第六节　劳动保护与医疗卫生 ··· 301
　　　　一、劳动保护 ·· 302
　　　　二、医疗卫生 ·· 306

　第七节　服务船员的基础性工作 ·· 310
　　　　一、船舶伙食管理得到加强 ·· 310
　　　　二、为船员服务的基础设施得到发展 ······································· 311
　　　　三、为船员职工提供精神产品 ·· 311
　　　　四、各级工会为船员职工提供多种形式的服务 ························· 312
　　　　五、后勤管理基础得到加强 ·· 312

　第八节　开展形式多样的船员家属工作 ·· 313
　　　　一、为船员家属办理"农转非" ·· 313
　　　　二、船员家属联络站逐年增多 ·· 313
　　　　三、定期开展慰问船员及家属活动 ··· 314
　　　　四、针对农村籍船员家庭困境开展走访调研 ··························· 314
　　　　五、召开优秀船员家属表彰会 ·· 315

第六章　教育体系的形成与现代科技应用 / 319

　第一节　院校教育的发展 ·· 322
　　　　一、调整院校结构，扩大办学规模 ··· 322
　　　　二、改革院校管理，提高教学质量 ··· 325
　　　　三、加强对外合作，频出人才成果 ··· 327

　第二节　职工教育的深化 ·· 328
　　　　一、开展职工文化、技术补课 ·· 328
　　　　二、加强专业技术培训 ·· 329

　第三节　运用计算机实施企业管理 ·· 330
　　　　一、引进计算机 ··· 330
　　　　二、开发应用软件 ·· 331
　　　　三、扩展计算机应用范围 ·· 333

　第四节　推广先进的船岸通导技术 ·· 333
　　　　一、通信导航管理机构的变革 ·· 333
　　　　二、船岸通信导航的发展 ·· 335
　　　　三、建立通信导航专业队伍 ·· 337

四、专业化队伍不断壮大⋯⋯⋯⋯⋯⋯⋯⋯⋯⋯⋯⋯⋯⋯⋯⋯⋯⋯⋯⋯⋯⋯⋯⋯⋯⋯338

第五节　船舶自动化建设⋯⋯⋯⋯⋯⋯⋯⋯⋯⋯⋯⋯⋯⋯⋯⋯⋯⋯⋯⋯⋯⋯⋯⋯⋯⋯⋯339
　　一、船舶自动化建设的早期尝试⋯⋯⋯⋯⋯⋯⋯⋯⋯⋯⋯⋯⋯⋯⋯⋯⋯⋯⋯⋯⋯339
　　二、船舶自动化建设存在的薄弱环节⋯⋯⋯⋯⋯⋯⋯⋯⋯⋯⋯⋯⋯⋯⋯⋯⋯⋯⋯340
　　三、成立广州希云自动化有限公司⋯⋯⋯⋯⋯⋯⋯⋯⋯⋯⋯⋯⋯⋯⋯⋯⋯⋯⋯⋯340
　　四、多管齐下推进船舶自动化建设⋯⋯⋯⋯⋯⋯⋯⋯⋯⋯⋯⋯⋯⋯⋯⋯⋯⋯⋯⋯341

第六节　开展科技研究工作⋯⋯⋯⋯⋯⋯⋯⋯⋯⋯⋯⋯⋯⋯⋯⋯⋯⋯⋯⋯⋯⋯⋯⋯⋯343
　　一、研究机构的变革⋯⋯⋯⋯⋯⋯⋯⋯⋯⋯⋯⋯⋯⋯⋯⋯⋯⋯⋯⋯⋯⋯⋯⋯⋯⋯343
　　二、科研工作的开展⋯⋯⋯⋯⋯⋯⋯⋯⋯⋯⋯⋯⋯⋯⋯⋯⋯⋯⋯⋯⋯⋯⋯⋯⋯⋯344
　　三、科研成果的应用⋯⋯⋯⋯⋯⋯⋯⋯⋯⋯⋯⋯⋯⋯⋯⋯⋯⋯⋯⋯⋯⋯⋯⋯⋯⋯344

第七章　国家间合作经营的公司　/ 347

第一节　稳步发展的中波轮船股份公司⋯⋯⋯⋯⋯⋯⋯⋯⋯⋯⋯⋯⋯⋯⋯⋯⋯⋯⋯⋯349
　　一、公司的基本概况⋯⋯⋯⋯⋯⋯⋯⋯⋯⋯⋯⋯⋯⋯⋯⋯⋯⋯⋯⋯⋯⋯⋯⋯⋯⋯349
　　二、主营业务发展⋯⋯⋯⋯⋯⋯⋯⋯⋯⋯⋯⋯⋯⋯⋯⋯⋯⋯⋯⋯⋯⋯⋯⋯⋯⋯⋯350
　　三、拓展新的利润增长点⋯⋯⋯⋯⋯⋯⋯⋯⋯⋯⋯⋯⋯⋯⋯⋯⋯⋯⋯⋯⋯⋯⋯⋯355
　　四、中波双方友好合作⋯⋯⋯⋯⋯⋯⋯⋯⋯⋯⋯⋯⋯⋯⋯⋯⋯⋯⋯⋯⋯⋯⋯⋯⋯356
　　五、党建工作独具特色⋯⋯⋯⋯⋯⋯⋯⋯⋯⋯⋯⋯⋯⋯⋯⋯⋯⋯⋯⋯⋯⋯⋯⋯⋯358

第二节　中坦联合海运公司的发展⋯⋯⋯⋯⋯⋯⋯⋯⋯⋯⋯⋯⋯⋯⋯⋯⋯⋯⋯⋯⋯⋯361
　　一、中坦公司的运营与发展⋯⋯⋯⋯⋯⋯⋯⋯⋯⋯⋯⋯⋯⋯⋯⋯⋯⋯⋯⋯⋯⋯⋯361
　　二、多方协力解决经营难题⋯⋯⋯⋯⋯⋯⋯⋯⋯⋯⋯⋯⋯⋯⋯⋯⋯⋯⋯⋯⋯⋯⋯361
　　三、两国高层领导支持合营合作⋯⋯⋯⋯⋯⋯⋯⋯⋯⋯⋯⋯⋯⋯⋯⋯⋯⋯⋯⋯⋯362
　　四、"支部建在船上"得到较好落实⋯⋯⋯⋯⋯⋯⋯⋯⋯⋯⋯⋯⋯⋯⋯⋯⋯⋯⋯363

第三节　重新组建中捷合营海运公司⋯⋯⋯⋯⋯⋯⋯⋯⋯⋯⋯⋯⋯⋯⋯⋯⋯⋯⋯⋯⋯363
　　一、中捷合营海运公司的建立⋯⋯⋯⋯⋯⋯⋯⋯⋯⋯⋯⋯⋯⋯⋯⋯⋯⋯⋯⋯⋯⋯363
　　二、中捷合营海运公司的解散⋯⋯⋯⋯⋯⋯⋯⋯⋯⋯⋯⋯⋯⋯⋯⋯⋯⋯⋯⋯⋯⋯364

第八章　党建思想政治工作　/ 365

第一节　在改革大潮中推进党的建设⋯⋯⋯⋯⋯⋯⋯⋯⋯⋯⋯⋯⋯⋯⋯⋯⋯⋯⋯⋯⋯368
　　一、贯彻落实党的十一届三中全会精神⋯⋯⋯⋯⋯⋯⋯⋯⋯⋯⋯⋯⋯⋯⋯⋯⋯368
　　二、加强领导班子建设⋯⋯⋯⋯⋯⋯⋯⋯⋯⋯⋯⋯⋯⋯⋯⋯⋯⋯⋯⋯⋯⋯⋯⋯⋯369
　　三、全面推进整党工作⋯⋯⋯⋯⋯⋯⋯⋯⋯⋯⋯⋯⋯⋯⋯⋯⋯⋯⋯⋯⋯⋯⋯⋯⋯373
　　四、颁发远洋船舶政治工作三个条例⋯⋯⋯⋯⋯⋯⋯⋯⋯⋯⋯⋯⋯⋯⋯⋯⋯⋯376

第二节　围绕中心任务开展思想政治工作……377
 一、开展四项基本原则教育……377
 二、开展主人翁责任感教育……377
 三、开展爱祖国、爱远洋教育……378
 四、开展"双基"教育……378
 五、利用反面典型抓船舶安全……379
 六、加强驻外人员的思想政治工作……379
 七、开展抵制精神污染教育引导工作……380
 八、开展思想政治工作研究……381

第三节　船舶党建在曲折中前行……384
 一、实施船舶领导体制改革……384
 二、新体制运行喜忧参半……386
 三、实事求是向上反映存在问题……387
 四、恢复船舶政委职能……387
 五、船舶党建逐步走向正轨……388
 六、坚持变与不变的辩证统一……389

第四节　开展"学雷锋、学严力宾，树立行业新风"活动……390
 一、英雄人物的出现与宣传……390
 二、党和国家领导人为严力宾题词……391
 三、严力宾同志先进事迹……391
 四、严力宾被评为全国交通系统"十大感动人物"……393
 五、严力宾烈士纪念室列为爱国主义教育基地……393
 六、"双学一树"活动硕果累累……394

第五节　深入开展精神文明创建活动……395
 一、开展"五讲四美三热爱"活动……395
 二、颁布精神文明建设系列文件……395
 三、船舶文明创建活动方兴未艾……396
 四、先进模范人物层出不穷……396
 五、树立全系统"十大标兵人物"……397
 六、隆重举行中远成立30周年庆典活动……398

第六节　中远企业文化建设……399
 一、中远名称的变化……399
 二、服务理念的提出……400
 三、中远精神的涵育……400
 四、中远的早期媒体……401

第七节　建立纪检机构，注重廉政建设……402
 一、建立健全组织机构……402

	二、持续推进制度建设	403
	三、深入开展反腐教育	404
	四、严肃查处违纪案件	405
	五、抓好建强纪检队伍	405
第八节	结合中心任务开展工会、共青团工作	407
	一、企业工会得到中央领导高度重视	407
	二、中国海员工会中远总公司工会成立	407
	三、坚持正确的工会工作方向	408
	四、丰富和活跃职工文化生活	411
	五、共青团建设在曲折中前行	411

附录 / 413

附录一	大事记	415
附录二	重要历史文献、重大历史事件、重要历史人物摘编	466
附录三	中国远洋运输总公司历届党政领导班子成员名录（1979—1992）	502
附录四	中远系统荣获国家表彰的劳动模范、全国五一劳动奖章、先进生产者	506
附录五	中远名称的演变	534
附录六	历史文件文号索引	537
附录七	航运业常见专业名词解释	543
附录八	重要国际规则及公约	549

跋	553
参考文献	555
结束语	558
编后语	563

中国远洋海运发展史
COSCO SHIPPING HISTORY OF DEVELOPMENT

第②卷
中远发展史
1979—1992

第一章
远洋运输格局的深刻变革

1972年，中远总公司重新组建后，交通部于1974年10月1日恢复远洋运输局。远洋运输局继续作为部的一个职能部门，行使对远洋运输行业的行政管理权，统一管理远洋运输发展建设和政策方针。远洋运输局一个机构三块牌子，即远洋运输局、中国远洋运输总公司、中国外轮代理总公司。远洋运输局具有行政和企业双重性质，既是交通部机关的一个职能部门，又是交通部所属全能性的企业机构，实际上是政企合一。

党的十一届三中全会后，随着经济体制改革全面深入发展，外贸、交通体制逐步实行政企分开，简政放权，交通部改革远洋运输管理体制，对远洋运输事业的管理实行政企职责分开，于1982年9月撤销远洋运输局。1984年11月，国务院发布《关于改革我国国际海洋管理工作的通知》，进一步明确了中远总公司"要办成独立经营的经济实体，不兼行政职能。交通部对中远（包括外代总公司），只实行行政领导和管理，不干预企业经营"。从此，中远总公司逐步发展成为独立经营的经济实体。

第一节　中远总公司机构的调整

为适应远洋运输事业发展的需要，中远在不断调整经营管理体制的同时，多次调整总公司机关机构。

一、1980年的机构调整

1980年，总公司机关共设24个处室，人员编制388人。1982年，新增造船处，编制调整为405人。

1985年，按照加强和完善党的领导的原则，在企业整顿中调整机构，更改部分处室名称。资料室改为政策法律处，以更好地掌握国际航运经济信息，加强远洋运输方针、政策的研究，从事法律事务工作；海务监督室改为安全监督室，加强安全生产的综合研究、指导工作；造船处改为船舶建造处；科技办公室改为科技处；国际处改为合作处，统一主办对外、对港澳台、对内合营工作的多种经营业务，广开门路；基建办公室改为基建处；计划统计处改为计划管理处，承担对企业经济效益的预测、综合经济分析和信息反馈等职能；总公司办公室改为经理办公室，新成立行政处，改善后勤工作，更好地为总公司机关和远洋运输生产服务；将原商务处的保险、理赔、货运质量、单证等业务划出，成立保险理赔处；商务处专门负责揽货、运价、代运、联运、仓储等业务工作；增设审计处。党群部门设政治部办公室、组织处、宣传处、保卫处、机关党委，以及中共中远总公司纪律检查委员会（简称纪委）、中国海员工会中远总公司委员会（简称系统工会），调整后机关编制为561人。

1986年，为贯彻国务院《关于加强工业企业管理若干问题的决定》，加强企业综合管理和企业上等级工作的领导，并进一步做好总公司各项专业管理的综合协调，成立了企业管理处。

二、1987 年的机构调整

总公司党委和总公司机关的机构设置及人员编制方案,在公司企业整顿时期就已确定,后经多次研究,在原编制方案不变的基础上,根据工作需要,在一些处室增设科级建制,这是此次机构调整的最突出的变化。

1987 年 4 月 6 日,总公司下发了《关于总公司党委、机关的机构设置和人员编制的通知》,经过一年多对初始方案的调整和完善,新的机构调整方案出炉。总公司机关共设 22 个处室、46 个科,人员编制为 502 人。

三、1989 年的机构调整

1988 年,中远总公司实行总经理负责制,为加强企业的经营管理,按照党中央关于经济体制改革"精简、统一、效能"的原则,贯彻党政分开、政企分开精神,又一次调整机关机构。在原有基础上调整成立航运部和代理部,将原来的计划处、企业管理处、政策法律处的信息调研部分,以及科技处的计算机部分组合成立企划部,共 3 个部 18 个处室。3 个部为副局级建制,由副总经理、总工程师兼任部门经理。科、处级干部全部实行聘任制。机关人员编制减为 440 人,调整后的新机构于 1989 年 2 月 15 日正式运行。

在这次机构调整中,中远总公司根据交通部政治部关于撤销部属企业政治部的精神,于 1988 年 10 月撤销了中远总公司政治部,并于 1989 年 2 月成立党委工作部。纪委和系统工会仍保持原建制。9 月 21 日,遵照中共中央有关文件指示精神,中远总公司党委撤销党委工作部和行政的政治工作处,恢复党委办公室、组织处和宣传处。此外,1989 年 5 月,经交通部批准成立监察室。1989 年,总公司机构设置再一次进行调整。这次机构调整,加强了宏观控制,使企业管理体制得到了强化,生产、业务和指挥系统得到进一步加强,现代企业所必需的企业管理、计划管理和信息调研被提到应有的位置。1989 年中国远洋运输总公司机关机构设置见图 1–1。

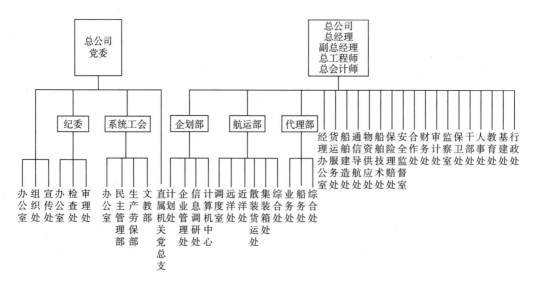

图 1–1 1989 年中国远洋运输总公司机关机构设置图。

第二节　成立中远大连分公司

一、公司成立的背景

大连地处辽东半岛南端，背靠东北三省、内蒙古东部，地域辽阔、资源丰富，是中国重要的粮食、石油、煤炭和重工业基地，与朝鲜毗邻，隔海与日本相望，地理位置十分优越，加上便捷的航空与陆路交通，是东北及内蒙古东部对内、对外贸易运输最便捷的海上门户。

大连港位居太平洋西北，自1899年开埠以来不断发展壮大。新中国成立后，年吞吐量在全国一直名列前茅，是北方的唯一不冻良港和重要交通枢纽。大连港港阔水深，自然条件优越，拥有原油、成品油、粮食、煤炭、散矿、化工产品装卸等专业化泊位。

随着新中国建设步伐的加快，国家的经济、外交形势发生了很大变化。在国际上，1971年，中华人民共和国恢复在联合国的一切合法权利，中国在国际事务中发挥着越来越大的作用。而以中美关系的缓和和中日建交为契机，出现了各国纷纷与中华人民共和国建交和发展贸易的高潮，中外经贸关系和人员往来活动日益增多；在国内，虽然受到"文化大革命"的影响，但经济冒进造成的危害到1973年下半年得到较大缓解，经济形势明显好转。大连作为东北最重要的港口城市，所担负的运输任务日趋繁重，在航运业中的地位也越来越突出。作为国家"四五"时期重点工程，在大连建成了当时国内规模最大、泊位水深最深、拥有10万吨级码头的原油外贸输出港——大连港鲇鱼湾新港。

为适应远洋运输形势的发展和战备的需要，在大连建立一个中国远洋运输船队迫在眉睫。交通部预先策划，提前布局，在大连先行筹建了"中远大连远洋船员基地"和"中远物资供应处大连物资供应站"，党的关系由大连海港党委代管；其干部除由交通部、中远总公司调任外，也由大连海港代为配备。

二、多方协力开展筹建工作

中远总公司为加强船队的运输管理和建设，统一管理外轮代理、物资供应、海运学校和船员基地等远洋所属单位，经请示交通部同意，组建中国远洋运输总公司大连分公司（简称中远大连分公司），于1975年7月派出筹建组到大连工作，筹建组组长由方枕流[①]担任。之后，由中共旅大市委和交通部商定，成立中远大连分公司与大连海运分局领导小组，陈新丰为组长。1977年10月7日，交通部发文通知将中远大连分公司（筹备组）和上海海运局大连分局合并，组建大连海运管理局。

[①] 方枕流（1916—1991），江苏无锡人，1938年毕业于上海海关总署税务专科学校，1949年5月参加革命工作，1950年7月加入中国共产党。全国解放前，历任船舶驾驶员、二副、大副、船长。1948年接受了中共地下党组织交给的任务，于1949年9月19日组织旧招商局"海辽"轮首举义旗，冒着生命危险，克服重重困难，于28日清晨胜利抵达解放区大连港。荣获毛泽东主席的嘉勉电。1950年被选为全国劳动模范，出席了第一届全国战斗英雄、劳动模范代表大会。

1978年1月1日，大连海运管理局正式成立，规定对内使用"交通部大连海运管理局"名称，对外称"中国远洋运输总公司大连分公司"，归口交通部远洋局领导。

1978年1月23日，远洋运输局下发通知，自1978年1月1日起，大连外轮代理分公司、大连物资供应站、大连远洋船员基地、大连海运学校归大连海运管理局领导与管理。

由于原上海海运管理局大连分局主要以内贸、客轮运输为主，没有真正的远洋运输船队。经中央批准，动用交通部银行外汇，贷款购买了6艘7500载重吨二手木材船，于1978年9月22日报请入关手续投入营运，这6艘船舶分别命名为"勤奋21""勤奋22""勤奋24""勤奋25""勤奋27""勤奋28"。除"勤奋24"投入国内航线外，其余5艘船全部投入宝钢的基建任务，主要承运由国内进口日本的钢材。到1979年8月，共承运了八载货物，盈利近200万元人民币。这5艘船也成为大连海运管理局成立以来，首批投入远洋运输的船队。

三、召开"分家"专题会议

大连海运管理局成立后，这种将远洋运输与沿海运输混为一体进行管理的模式，在实践中显示出其不合理性：因为沿海、远洋船员待遇制度不同，财务管理制度不同，所以对沿海、远洋船舶的统一管理难以实现。为此，大连海运管理局领导于1978年2月，以报告的形式向交通部远洋运输局反映了上述情况，并提出了对沿海、远洋船舶分开管理的设想，得到交通部党组的批复。

1979年8月21—23日，交通部在北京召开了关于改变大连海运管理局管理体制的专题会议，大连海运管理局王伟、杜庆芳、方枕流等负责人和部远洋、水运、人事、财务局和部政治部直工部有关单位负责人参加了会议，研究了如何具体贯彻落实部党组关于大连海运分局和大连远洋公司分开管理以及5艘木材船交由大连远洋公司经营决定等相关事宜。9月12日，交通部下发《关于调整大连海运管理局管理体制的通知》，决定将大连海运管理局按原建制分开，属于远洋部分的称大连远洋运输公司，由远洋运输总公司领导；属海运部分的仍称上海海运管理局大连分局。新的管理体制从1980年1月1日起实行。

根据这个决定，大连海运管理局对原由中远总公司贷款购买的5艘船进行了交接，人事、财务、基建等事项也都进行了相应的调整。机关工作人员除已办理正式调动手续外，原属海运分局的一律回海运分局。至此，中远大连分公司的筹建工作结束，公司正式成立。首任经理方枕流、党委书记王伟。公司设址大连市中山区友好广场7号，1984年迁入大连市七七街29号（图1-2）。

图1-2　大连市中山区七七街29号大连远洋运输公司办公楼。

1980年4月15日，交通部远洋运输局专门下发《关于发展大连远洋船队的讨论纪要》确定了主要经营方向，即"大连远洋运输公司以经营油轮为主，辅以一定数量的杂货船，以适应国家和东北三省外贸运输发展的需要"。决定中远今后除了新添置的油轮一律归大连远洋外，广州远洋和天津远洋已有的油轮，也全部调拨给大连远洋。这一重大历史性决策，不仅为国家建设一支强大的专业化油轮船队奠定了坚实的基础，也为后来建设专业化集装箱船队、专业化散货船队、专业化特种船队开了先河。

大连远洋成立后，其他公司给予了积极支援，广州远洋先后调拨油轮 13 艘、74.4 万载重吨，抽调 11 套船员班子，加上管理干部共 885 人。上海远洋、天津远洋各抽 1 套船员班子，青岛远洋抽调三副、三管轮以下的船员 30 名，中波公司（中方）抽调船长、大副、轮机长各 1 名。

自此，大连远洋的人员及船舶配置初步完成。

第三节　改革船队经营管理体制

一、远洋分公司名称的更改

1972 年 9 月，中国远洋运输总公司重新组建时，下辖广州、上海和天津 3 个分公司。1976 年 7 月，青岛分公司成立，1978 年 1 月，大连分公司（筹备组）与上海海运局大连分局合并，成立大连海运管理局。

中远总公司重新组建后，远洋运输事业得到迅速发展，船队规模不断扩大。1972 年底，中远船队已有船舶 184 艘；其中，悬挂五星红旗的自营船为 81 艘，93 万载重吨。到 1978 年末，中远总公司远洋运输船队拥有船舶 510 艘，载重量 855.5 万吨，当年货运量 3657 万吨，周转量 1342 亿吨海里；其中，悬挂五星红旗的自营船为 386 艘、682.23 万载重吨，货运量 2874.48 万吨，周转量 1058.01 亿吨海里，远洋运输业务发展迅猛。各远洋分公司拥有船舶数量日益增加，运输任务越来越重，与国外的业务关系也越来越多。

由于各远洋分公司进行业务联系时，都以中国远洋运输公司××分公司为名，经常发生账单寄错、业务联系差错等情况。为了适应远洋运输事业发展的需要，便于对内、对外更好地开展工作，交通部于 1979 年 3 月 7 日下发《关于更改各远洋分公司名称的通知》，决定自 1979 年 5 月 1 日起，各分公司更名如下：

"中国远洋运输公司广州分公司"更名为"广州远洋运输公司"（简称"广州远洋"）；

"中国远洋运输公司上海分公司"更名为"上海远洋运输公司"（简称"上海远洋"）；

"中国远洋运输公司天津分公司"更名为"天津远洋运输公司"（简称"天津远洋"）；

"中国远洋运输公司青岛分公司"更名为"青岛远洋运输公司"（简称"青岛远洋"）；

"中国远洋运输公司大连分公司"更名为"大连远洋运输公司"（简称"大连远洋"）。

更名后各远洋运输公司的管理体制不变，仍由中国远洋运输总公司统一领导。

二、远洋运输现代化目标的提出

1979 年 2 月 15—20 日，中远总公司在北京召开远洋运输工作会议。会上，交通部副部长彭德清①就加速水运工作重点转移,在思想、作风和管理上实现三大转变、加强经济管理和改变体制机构等问题作了讲话。会议围绕贯彻党的十一届三中全会精神,着重研究改善企业经营管理、提高经济效益和改变体制机构等问题,决定从1979年起,将工作重点转移到远洋运输现代化建设上来,要求各所属公司必须以运输生产为中心,以企业管理为重点,迅速学会管理,为提高企业经营管理水平而不懈努力。

总公司提出了远洋运输现代化建设的奋斗目标:建设一支技术装备先进、能够满足国家外贸运输需要的新型船队,成为活跃于国际航运市场,具有竞争能力的主力军;电子计算机普遍应用于船队经营管理的各个方面,通信手段和其他设备先进完善,形成自己的完整系统;船员技术素质接近先进海运国家的水平,培养成为具有战斗作风和高度组织纪律性的半军事化的船员队伍,船舶定员不高于国内外同类船舶;普遍采用各种先进运输方式,集装箱运输、班轮运输有相当的发展;企业管理人员真正成为各种专业的内行,管理科学、机构精干、工作效率高;运输服务质量和利润、成本、消耗等各项指标优良。

同时对加强经济考核、改进定额管理、推行合同制、积极开展对外业务、改革远洋企业管理体制、加强船员技术培训、加强政治工作和转变工作作风进行了研究和部署。这次会议对指导和推进远洋运输现代化建设,起到了重要作用,具有深远的历史意义。

1979—1992年,中远总公司提出的远洋运输现代化建设奋斗目标与国家经济体制改革以及全面推进远洋运输体制改革的国家战略高度契合。中远的建设与发展,基本按照这一现代化远洋运输船队的建设目标向前推进。

三、船队专业化经营的改革

(一)改革的主要背景

党的十一届三中全会召开后,中国的国际海洋运输工作出现了新的形势,沿海14个港口城市进一步开放,经济体制改革正向全面、深入发展,外贸、交通体制逐步实行政企分开,简政放权,船货管理统得过死的局面正在逐步打破。

从外部市场环境看,国际航运市场形势十分严峻。20世纪70年代中期以来,受到石油危机冲击,世界经济进入不景气的滞胀阶段,航运运量增长缓慢,1973—1979年平均货物年增长率仅1.8%,而船队由于之前的订造高峰,年增长率高达6.1%,两者之间产生了严重的比例失调。据资料显示,1979年的运力过剩率为14.2%,1983年猛增至29.3%。运力过剩导致航运市场竞争空前加剧,从而造成运价不断下跌。据估计,1983年运价比1980—1982年下降超过一半,而营运成本从1974年以来,却增加了60%左右。在此背景下,世界各国大多数航运公司纷纷从盈利转为亏损,即使许多西

---

① 彭德清,生于1910年,福建人。1927年加入共青团,1930年加入中国共产党,参加过解放战争、抗美援朝战争,一生军功卓著。他所领导的一师三旅七团所向披靡,被誉为"一代劲旅"。彭德清从事革命工作70余年,曾担任过中国人民解放军第二十七军军长,海军东海舰队副司令员。1950年11月,彭德清率二十七军入朝作战,参加了第一、第二、第五次战役,获朝鲜二级国旗勋章两枚,一级自由独立勋章一枚。1955年被授予少将军衔。1965年,彭德清调任交通部副部长,1981年任交通部部长,中国航海学会理事长等职务。1983年退居二线,担任中共中央顾问委员会委员。

方国家历来实行以补贴、减税等措施保护本国的航运业,也未能扭转其航运业经营严重恶化的局面。

从货源组织形态看,国内经济体制改革改变了传统的货源组织体系。随着国内经济体制改革的推进,政企分开的步伐加快,地方船队及地方合营船队发展迅速,传统的货源组织体系发生了改变。中远船队的货源已从主要依靠国家计划分配变为部分分配,另有部分需在国内国际市场上揽取,并将进一步变为主要依靠份额分配及在国际、国内市场上揽取并重。地方船队大量承运转口的长航线出口货,直接影响了中远船队的远洋货载,对干线运输提出了新课题。

从中远自身情况看,20世纪70年代以来,中远"分散经营,分散管理"的经营管理方式,在远洋发展过程中渐渐形成。开始是进行航区航线的分工,后来随着船队的发展,公司数量的增加,船舶类型、结构的变化以及管理上的需要,又增加了专业化的分工。随着远洋运输业务的扩展、航线的开辟和船舶的增多,各公司在航线上相互交叉的现象越来越多,影响企业整体效益。特别是1983年,中远出现了亏损。根本原因在于经营管理方式不适应国际、国内市场形势的变化,改革船队经营管理体制,提高企业自主创效能力被提到了议事日程。

海运事业如何适应形势的变化和发展,更好地为对外贸易服务,海洋运输管理体制改革已势在必行。

(二)国务院指导改革的主要精神

1982年9月,党的十二次全国代表大会在北京召开,中国的经济体制改革迅速在全国范围内全面展开。海运管理体制的改革也在十二大方针政策的指引下,开始稳步推进。1984年11月3日,国务院颁发《关于改革我国国际海洋运输管理工作的通知》(以下简称《通知》),以此为标志,全国国际海洋运输管理体制改革进入到实质性推进阶段。《通知》被海运界通称为"152号文件",其中提出的方针、原则、规定,成为海洋运输管理体制改革的纲领,被全国远洋运输企业长期遵循和执行。

《通知》明确提出了中国国际海洋运输工作所面临的新形势并规定了五项措施:

1. 实行政企职责分开,简政放权,扩大企业自主权,并对船货实行行业归口管理。中国远洋运输总公司与中国对外贸易运输总公司不再合并为中国国际运输总公司,2个公司都要办成独立经营的经济实体,不兼行政职能。交通部对中远及外轮代理总公司、经贸部对外运及租船公司只实行行政领导和管理,不干预企业经营。

2. 发展海运事业的几项政策:①为充分发挥国轮的经济效益,发展中国的海运事业,对外经济贸易部门和企业在对外签订贸易协议、合同时,要尽量争取我方派船。在航线、船期和运价水平同等条件下,要优先使用国轮。今后在进出口海运量总额中,我方派船的份额应保持60%—65%。进口、出口和主要大宗货物的份额要有具体规定,在我方派船的进出口运量中,国轮承运的份额应不低于80%。②凡经注册的国轮在从事国际海洋运输时,支付国内港口的装卸等费用,仍按现行的优惠办法,费用标准不变,燃油价格按统一标准结算。③中国国际海洋运输的统一运价由中远、外运会同有关部门共同协商制定,各船舶公司可以按照市场情况，随行就市，在一定幅度内上下浮动。鼓励国轮积极承揽外国货载以及向外出租，打入国际航运市场，其收入可免征营业税。④为了鼓励发展中国的海运事业，保证船舶的不断更新，银行对造船、买船可给予优先贷款，并适当延长还款期限和减免关税。⑤各开放港口对国际海洋运输船舶的靠泊作业，要严格执行先计划内、后计划外，先重点、后一般的原则。同是计划内船舶，除特殊情况外，应按到港先后顺序排队。

3. 鼓励国际海洋运输的企业在合理分工的范围内，积极发展经济合作和开展竞争。文件明确：①各公司的主要分工：中远公司经营船队，其所属外代公司经营船舶代理业务，外运公司经营货运代理业务和租船。为了搞活经营，允许一定程度的交叉，中远、外代可以承揽部分货物和少量租船，与货主建立直接的承运关系；外运可以经营部分船队和少量船舶代理业务。②外运公司和各专业外贸公司要积极为中远公司组织货源，安排货载；中远公司要坚持为外贸服务的方针，提供优质、廉价、迅速、安全、方便的运输。③从事国际海洋运输的各企业之间以及与各外贸企业之间可签订业务合同，相互承担经济责任。并可在自愿互利的基础上，开展各种经济合作，实行合营、联营，开展竞争。④要在内地港口积极发展班轮运输，合理利用香港中转基地。

4. 加强国际运输的计划管理，实行中央和省、市"两级平衡、集中管理"制度。在当前港口综合能力严重不足的情况下，为了保证外贸运输任务的完成，要继续加强计划管理，通过两级平衡，尽可能做到均衡运输，防止发生船舶集中到港，严重堵塞。

5. 统一协调船货矛盾，加强监督检查。各船舶公司之间的矛盾由交通部负责协调，各货主之间的矛盾由经贸部负责协调；提倡成立船舶公司协会和货主协会一类民间组织，采用经济和协商的办法，解决工作中出现的问题。

国务院颁布的第152号文件，从上述五个方面确立了中国远洋运输企业的改革方向，既有宏观规划，又有细节规范；既有原则指导，又有具体要求，成为推动中国远洋运输企业及相关行业实施改革的行动指南。

（三）改革的基本原则

在1984年8月召开的远洋直属单位工作会议上，确定了远洋船队经营管理体制改革的宗旨和原则：远洋船队的管理体制改革，必须以能充分调动各船公司的积极性，发挥运输潜力，增强竞争力，提高经济效益为目的。船队管理的体制改革主要把握了三个原则：①整体性原则。把远洋总公司的船队作为一个不可分割的整体进行改革；②一致性原则。对各船公司进行合理分工，互相支持，团结协作，形成合力，对外开展竞争；③可行性原则，坚持从实际出发，客观、科学地提出和制定改革方案，具有可操作性。

从上述宗旨和原则出发，中远总公司按照改革后的新体制运作，使各公司在经营管理上有了更多的自主权，便于建立以承包为主的多种形式的经济责任制，充分发挥各公司广大职工的生产经营积极性、主动性和创造性，同时考虑到各公司船队的特点和已形成的经营范围和业务传统，尽可能分清各公司之间的经营管理范围，减少内部矛盾而有利于对外统一竞争，提高中远的经营管理水平和运输服务质量，逐步提高经济效益。

（四）改革的主要内容

1. 划分专业性公司和综合性公司

1984年11月，中远总公司根据各公司船队的特点和以往的经营范围、业务传统，将各船公司划分为专业性公司和综合性公司。

专业性公司主要经营专业化船队，不受航区和港口分工的限制，根据外贸进出口货源和国际市场的需求，承运石油、粮食、矿砂、化肥、钢材等大宗货物；综合性公司拥有多种类型船舶，根据各自船队特点和地理位置，分别对远洋航区按照国外地理位置分航线经营；近洋航区按国内港口地理位置分航线经营。综合性公司的散装船和油轮按专业性公司的办法安排。

拥有杂货船的综合性公司和拥有油轮、散装船的专业化公司，在总公司统一领导和协调下，可相互进行船舶调整和增减。

按照上述原则，青岛远洋经营散装船，大连远洋以经营油轮为主，天津远洋、上海远洋、广州远洋为综合性公司。

2. 划分航区和航线

根据船队性质明确划分航区、航线。①天津远洋经营中国各港至东西非、红海（杂货）、地中海（包括黑海）的远洋航线，经营天津、河北港口及山东烟台港至日本、东南亚的近洋航线。②上海远洋经营中国各港至美洲、澳新航线及上海、天津两港至西北欧的航线；经营上海、江苏、浙江及沿长江各省等港口至日本、东南亚的近洋航线，青岛至日本的航线，以及大连、天津、青岛、上海、张家港至香港的集装箱支线。③广州远洋经营中国各港至波斯湾、红海以及中国各港口（不含天津、上海两港）至西北欧航线；经营广东、福建、广西各港至日本、东南亚的近洋航线和华南各港至香港的集装箱支线。④大连远洋除经营油轮船队外，还经营大连、营口至日本的近洋航线。⑤青岛远洋专营散装船，承运远洋航区的进出口散装大宗货物，以及进口的钢材、化肥、硫黄等货物运输，同时积极在国际市场揽取货源和开展本公司船舶出租业务。

3. 总公司制定经营管理办法

中远总公司在管理办法中，明确对出口货运以及各公司分工的航线和港口可自为主安排，包括揽货、派船与货主联系等工作，总公司只制定运价和必要的平衡协调及揽货工作；进口货运以总公司为主统筹安排，进口杂货根据各公司分工的航区和港口，安排其船舶货载；强调各公司可根据所分工的航线和港口货源情况，开辟和发展集装箱或半集装箱班轮运输以及散植物油、冷冻货等运输，并根据外贸运输的需要积极开辟杂货班轮航线，在统一运价的前提下，积极揽取大宗货；集装箱货源及设备管理必须由总公司统一协调和平衡；各港口至中国香港的集装箱支线运输将为各干线集装箱船服务，凡国轮直达航线承运的货载支线船不应再运至中国香港或日本转船；各公司应注重中小港口的集装箱发展，在本公司船无条件直达的情况下，可支持和配合省远洋公司承运本公司所负责航线的货箱至中国香港接转；加强对国外港口使费和代理工作的管理，总公司只负责国外代理、装卸、理货及港口使费率协议的制定和管理，各公司应全面负责分工航区的国外代理、港口装卸等有关具体业务、费用的检查和洽谈。

船队经营体制的改革，进一步调动了企业内部各方面的生产经营积极性，较充分地发挥了各公司船舶的潜力，提高了中远船队在国际航运市场的竞争力和企业经济效益。据统计，1985年，完成货运量5895万吨，比1984年增长19.3%。截至1985年底，中远船队已航行于150个国家和地区的600多个港口。

第四节　成立连云港远洋运输公司

连云港位于中国沿海中部，地理位置优越，战略地位重要，是横贯中国中部地区的陇海—兰新铁路的东起端。陆路距徐州224千米，水路距上海398海里，距青岛100海里；与日本隔海相望，与中国香港、中国台湾、韩国的运距也较短，是一个天然的优良港湾。连云港是西北、中原地区经陆路运距最短的出海港口，扩大和发展连云港的海运事业，对陇海、兰新铁路沿线各省物资运输具有十分重要的意义。它与沿海其他口岸相比，最大的优势是国内运输距离短，成本低，货物中转快。连云港还是中国最早的对外开放的14个沿海开放城市之一。

一、中远总公司驻连云港办事处的成立

为加强中远在连云港的船舶现场管理、物资供应以及做好接待来港船员和探亲家属等方面的工作，早在1978年5月13日，交通部就批准中远总公司在连云港成立连云港物资供应站和船员基地。改革开放后，连云港港口建设发展迅速，来港船舶增多。1980年11月27日和1981年2月3日，远洋运输局两次向交通部呈送《关于成立连云港远洋办事处的报告》的签报，其中指出："连云港经常停靠的船舶约20条左右，国轮和外轮各占一半，为适用远洋运输事业发展的需要，除在该港已有外轮代理公司外，并正在筹建远洋船员物资供应站和远洋船员基地。同时，在该港新建供上述3个单位使用的基地大楼，在1981年上半年即可交付使用。我们还将利用基地大楼不断进行船员培训。为了归口统一领导，便于管理远洋公司设在连云港地区的上述3个单位，经过党委研究拟成立远洋总公司连云港办事处，统管外轮代理、物资供应站和船员基地业务。"1981年9月7日，交通部下发《关于同意你公司成立连云港办事处的回复》。后来，连云港办事处的成立时间被确定为1981年9月1日。办事处成立后，成为中远总公司驻连云港的派出机构。1982年9月7日，中远总公司发文《关于连云港办事处有关问题的通知》（以下简称《通知》），《通知》明确了中远总公司连云港办事处的任务、编制和党政关系，其中办事处的任务有八项，分别是加强到港远洋船舶的管理；接待外地来港远洋船员及探亲家属，组织本地远洋船员学习，做好船员家属工作；组织船用物料供应，旧废料回收加工、利用、处理，管好、用好仓库；办理远洋在连云港的基本建设；办好远洋船员俱乐部、小卖部；为在办事处召开的会议服务；为在办事处开办的短期训练班服务；为在办事处疗养的远洋职工服务。《通知》中明确办事处编制为：办事处下设办公

室、船员接待科、行政科和供应科,暂定正式职工30人。《通知》中明确办事处的行政业务、会计、劳资、统计、财务等由中远总公司直接领导;党的关系归连云港港务局党委领导,干部管理实行远洋运输总公司与连云港港务局双重领导,以中远总公司为主的管理体制。

二、连云港远洋实业等公司的成立

中远总公司连云港办事处成立以后,随着改革开放和当地经济的不断发展,办事处的业务得到迅速扩大,范围拓展到船舶供应、货运服务、商业贸易、远洋宾馆经营等。因工作需要,连云港办事处先后成立了连云港远洋船舶物料供应公司、连云港远洋宾馆、远洋商店和货运服务部(货物储运储存和货运代理)等经济实体。为了便于经营和统一管理,1988年7月7日,连云港办事处向中远总公司提交了《关于远洋办事处起名注册的报告》,请求将连云港办事处注册为企业,注册名称为"中国远洋运输总公司连云港远洋实业公司"。1988年10月29日,中远总公司向交通部提交了《关于改变连云港办事处机制的报告》,请求将连云港办事处由中远总公司的派出机构改变为总公司下属一级企业单位,公司名称为"中国远洋运输总公司连云港实业公司",并申请登记注册,为独立核算单位。同时将供应、货运、宾馆和商店由外部独立核算改为内部独立核算单位。交通部体改办在呈文中批示,由远洋总公司下文,在连云港市注册登记,照章办理,不需部批。据此,1989年1月25日,中远总公司下发《关于同意连云港办事处改为企业单位的批复》,同意连云港办事处由派出机构改变为中国远洋运输总公司所属一级企业单位,名称为"中国远洋运输总公司连云港实业公司",对连云港船舶物料供应公司、连云港远洋宾馆、远洋商店和货运服务部(货运储运储存和货运代理)在经营上实行集中统一管理。

连云港办事处在接到中远总公司的批复后,开始了相关工作。但是在与连云港工商局联系注册的过程中,由于工商管理总局要求新成立企业不再使用实业、开发、发展等字样,因此发文《关于连云港远洋实业公司名称的报告》,请求另换企业名称注册。1989年2月17日,中远总公司下发《关于改变连云港远洋实业公司名称的批复》,将原名称改为"连云港远洋船舶服务公司"。

1989年3月10日,连云港办事处传电给中远总公司,要求将"连云港远洋船舶服务公司"改为"连云港远洋船务企业公司"。3月15日,中远总公司发文《关于更改连云港远洋船舶服务公司名称的批复》,同意改名。至此,连云港办事处注册为企业的工作告一段落。

连云港远洋船务企业公司主要经营货运货代、船舶物料伙食供应、宾馆、商贸、仓储和汽车出租等业务。

三、合作成立连云港海洋运输公司

为了促进连云港的开发建设,发展连云港海运事业,适应连云港出口和中转货物运输的需要,根据国务院关于支持地方办船队的指示精神,1989年2月26日,上海远洋运输公司受中国远洋运输总公司委托与康华连云港开发公司签订《关于组建"连云港海洋运输公司"的协议书》，1989年4月14日，中远总公司发文《关于同意成立合营轮船公司的批复》。1989年4月17日，连云港市人民政府向交通部呈递《关于要求批准成立连云港海洋运输公司的请示》，要求成立连云港海洋运输公司。1989年7月7日，交通部下发《关于同意组建连云港海洋运输公司的批复》。连云港海洋运输公司于1989年下半年开始营业，上海远洋运输公司投入1艘万吨级"阳城"轮参与运营。

四、康华连云港划归中远总公司

1989年7月，国务院在全国进行清理整顿公司工作中，决定撤销"中国康华发展总公司"。8月，其所属康华连云港开发公司根据上级指示，向中远表示愿意并入中远总公司，并得到连云港市人民政府同意。为此，中远总公司于1989年8月18日上报交通部《关于将康华连云港开发公司归属中远总公司领导的请示》。9月16日，交通部下发《关于同意将康华连云港开发公司划归中国远洋运输总公司的批复》。10月9日，中国康华发展总公司与中国远洋运输总公司签订《交接协议书》，协议双方同意自1989年10月1日起，康华连云港开发公司的行政隶属关系和资产所有权，划归中远总公司管理。11月3日，康华连云港开发公司与连云港远洋船务企业公司合署办公。

五、连云港远洋船务更名为连云港远洋运输公司

1990年12月26日，为进一步理顺在连云港地区的公司管理体制，交通部下发《关于调整连云港远洋船务企业公司机构编制、经营范围的批复》，同意将原康华连云港开发公司（含其与上海远洋运输公司合营的原连云港海洋运输公司）划归中远连云港远洋船务企业公司（图1–3）。

图1–3　1990年12月26日，连云港远洋船务企业公司正式挂牌营业。

连云港远洋船务企业公司为副局级单位，公司设经理办公室、企划处、运输处、综合业务处、人事处、财务处和审计处、党委设党委办公室。人员编制调整为268人；公司经营范围调整为主要经营国际近洋运输、货运代理（含仓储、联运、代运、报关、保险）、国内贸易（为外贸组织货源）、船舶物料伙食供应、宾馆、汽车客货运输、工业投资、咨询服务等。连云港远洋船务企业公司仍实行独立核算，自负盈亏。1991年4月8日，重新注册登记的连云港远洋船务企业公司正式成立。马元文任总经理、徐衍奎任党委书记。12月，公司第一批34名船员在大连港登上"阳城"轮，开始了中远第六大远洋运输公司的创业。

由于连云港远洋船务企业公司名称与中远总公司所属其他远洋运输公司的名称不同，给业务联系带来了许多不便。为了有利于公司经营活动的开展，1992年10月22日，中国远洋运输总公司呈文交通部《关于连云港远洋船务企业公司更名的请示》，将连云港远洋船务企业公司更名为连云港远洋运输公司。1992年11月21日，交通部下发《关于同意连云港远洋船务企业公司更名为连云港远洋运输公司的批复》。自此，连云港远洋运输公司（简称中远连云港公司或连云港远洋）与其他远洋公司并称为中远六大远洋公司。图1-4为连云港远洋船舶"汇平"轮。

图1-4 连云港远洋船舶"汇平"轮。

第五节 组建与地方合营的远洋运输公司

1979年，中国实行"对内搞活经济，对外实行开放"的方针后，各省、自治区和直辖市以及部门和企业纷纷开展直接对外贸易。国家为了加强对外贸易管理，协调各地、各部门的商品对外成交和出口，于1980年6月3日公布实施《出口许可制度的暂行办法》。交通部对水运经济政策进行了重大的改革和调整，其中包括积极扶持地方发展远洋运输事业。根据不同情况，各地分别采取自营、联营等方式组建远洋运输企业，加强企业间的横向经济联合，以充分发挥中央和地方的两个积极性，形成远洋运输多层次、多家经营的局面。从1980年起，中国远洋运输总公司相继与相关省市交通部门合营组建了远洋运输公司。

组建与地方合营的远洋运输公司，均由中远总公司和各省交通厅（局）协商，经交通部和当地省政府批准成立。合营形式一般有两种：一是由中远总公司投资直接经营；二是由中远总公司投资，委托直属远洋运输公司经营。合营公司实行以省为主的省交通厅（局）和中远总公司双重领导，公司建制与人员配备由地方负责，采取合股投资经营，其投资比例多数为双方各50%，实行独立经济核算。公司最高领导机构管委会由中远总公司和各省交通厅（局）派员组成，设主任委员2人（双方各1人）、委员4—6人。管委会决定公司的经营方针、政策、投资利润分配、订造或租赁船舶、工资福利、人员任免等事项。

1980年，中远总公司先后与江苏、浙江、河北三省合营成立远洋运输公司。江苏省远洋运输公司于2月在南京成立；浙江省远洋运输公司于3月在杭州成立；河北省远洋运输公司于6月在秦皇岛成立。1982年4月，在合肥成立安徽省远洋运输公司；9月，又在南昌成立江西省远洋运输公司。1987年4月，在长沙成立湖南省远洋运输公司。1988年，中远总公司与南京市交通局合营组建了南京远洋运输公司。

一、成立中国远洋运输总公司江苏省公司

根据中央关于发展中国远洋运输事业，以更好地为对外贸易服务的指示精神，为支持

和扶植地方发展远洋运输业务，中国远洋运输总公司与江苏省交通厅决定组建合营轮船公司——中国远洋运输总公司江苏省公司（简称江苏远洋运输公司），并同意外代总公司在江苏省的南京、张家港、南通分别设立分公司。

图 1-5 中远江苏远洋公司。

1980年2月6日，江苏省人民政府和交通部联合发文《关于同意组织合营轮船公司的批复》，同意组织合营轮船公司，标志着中国远洋运输总公司江苏省公司（图1-5）正式在南京成立。2月17日，"雨花"轮满载水泥首航香港仪式在南京港举行。公司成立时，合营双方各投入2艘船舶营运，江苏省交通厅投入"玄武"和"雨花"轮，中远总公司委托上海远洋运输公司投入"淮安"和"江安"轮。合营公司主要承担江苏省棉花和集装箱等外贸及对香港物资的运输任务。公司成立后，运力得到迅速发展，到1991年末，公司已经拥有14艘船舶、11.8万载重吨，船员893名。

二、成立中国远洋运输总公司浙江省公司

1980年3月19日，交通部和浙江省人民政府联合发文《关于同意组织合营轮船公司的批复》，同意组建合营轮船公司，标志着中国远洋运输总公司浙江省公司的正式成立，公司设在杭州的梅花碑。

中国远洋运输总公司浙江省公司刚成立时，主要负责经营浙江至香港航线的干货运输、浙江到日本的油运、上海到浙江沿海的货物运输，间或承担日本和东南亚等地区的外贸货物进出口的运输。公司成立之初，合营双方共投入5艘船舶营运，分别是"姚江""瓯江""灵江""鳌江""兰江"轮，运力共计7516总吨。

随着公司的发展，经营的范围和运力也逐步扩大。到20世纪90年代，公司主要经营宁波、海门和温州至香港全集装箱和杂货定期班轮，宁波至神户、横滨全集装箱定期班轮及境内各港口至日本、朝鲜、中国香港和东南亚的杂货和大宗货进出口运输。随着业务量的扩展，公司的运力也相应扩张，截至1992年底，浙江远洋运输公司共有9艘船舶、6.6万载重吨，其中集装箱船占7艘，箱位数达1708TEU。1992年，完成货运量50.5万吨，货物周转量4.3亿吨海里。

三、成立中国远洋运输总公司河北省公司

1980年6月19日，交通部和河北省人民政府联合发文《关于同意组织合营轮船公司的批复》，同意组建合营轮船公司，标志着中国远洋运输总公司河北省公司（图1-6）的正式成立。公司设在河北秦皇岛市。合营公司实行由河北省交通局和中远总公司双重领导，

以河北省交通局为主的模式。

中国远洋运输总公司河北省公司成立之初，合营公司管理的船舶主要承运河北省至香港之间的货物。根据河北省对外贸易发展的需要，逐步扩大为日本及东南亚地区。公司成立时只有"兴隆"轮1艘船舶，到1981年，又相继购置了"丰宁"轮和"新乐"轮，运力得到增加。到1990年，公司拥有远洋船舶6艘，运力5.7万吨，运输的货物主要是杂货和集装箱。1991年全年完成运量43.7万吨，货物周转量7.8亿吨海里。

四、成立中国远洋运输总公司安徽省公司

1982年4月2日，交通部和安徽省人民政府联合发文《关于同意组织合营轮船公司的批复》，同意组建合营轮船公司，标志着中国远洋运输总公司安徽省公司（图1-7）的正式成立。公司地址设在合肥。

图1-6　中远河北远洋公司。

图1-7　中远安徽远洋公司。

公司经营管理的船舶，以承运当地向日本、中国香港、东南亚等地区的外贸物资为主。根据组建工作会议的决定，前期中远总公司和安徽省交通厅各先投入2艘船舶。安徽省交通厅投入载重量6725吨的杂货船"皖平"轮和载重量6047吨的散装船"皖安"轮，中远总公司从香港调入"白鹭""粤江"2艘油轮。交合营公司后，"白鹭"轮改名为"皖泰"轮，"粤江"轮改名为"皖顺"轮。"皖泰"和"皖顺"轮均为散装油轮，载重量分别是5290吨和6520吨。到1983年6月1日，中国远洋运输总公司安徽省公司所属4艘船舶全部到位并投入生产。运力为24582载重吨。公司成立后，不断拓展业务。1991年下半年，开辟了安徽省内港口到日本的班轮运输航线，营运船舶逐步得到更新，1991年末，公司拥有营运船舶4艘，运力为3.63万载重吨，完成货运量30万吨，货物周转量4.18亿吨海里。

五、成立中国远洋运输总公司江西省公司

1982年9月27日，交通部和江西省人民政府联合发文《关于同意组织合营轮船公司的批复》，同意组建合营轮船公司，标志着中国远洋运输总公司江西省公司（图1-8）正式成立，公司地址设在南昌。公司经营管理的船舶，以承运当地向日本、中国香港、新

加坡、东南亚等地区的外贸物资为主。

1982年,江西省公司成立时,只有中远总公司投入的1艘4000载重吨的杂货船"新安"轮在营运,"新安"轮1983年完成3.9万吨货运量,货物周转量0.04亿吨海里。为了满足公司发展的需要,合营双方分别增加了"浔阳"轮和"新康"轮,提高了货运能力。1990年完成货运量13.71万吨,货物周转量1.5亿吨海里。

六、成立中国远洋运输总公司湖南省公司

湖南省物产丰富。1985年,外贸进出口物资达181万吨,但是,由于受到铁路运输等有关因素的影响,外贸物资运输一直比较紧张,制约了外贸的进一步发展。经过论证,组织江海联运或直接从城陵矶港安排近洋船队从事进出口运输是非常必要的,也是可行的。为更好地适应湖南省外贸发展的需要,根据交通部和湖南省领导"关于湘江开发建设问题"会谈的精神,中国远洋运输总公司和湖南省交通厅决定成立中国远洋运输总公司湖南省公司。

1987年4月22日,交通部和湖南省人民政府联合发文《关于同意组建中远湖南省公司的批复》,同意组建合营轮船公司,标志着中国远洋运输总公司湖南省公司(图1-9)正式成立,公司地址设在长沙。

图1-8 中远江西远洋公司。

图1-9 中远湖南远洋公司。

湖南省公司成立时,主要从事沿海与内河船舶的运输生产经营,公司拥有1艘简易沿海货轮"潇湘"号,载重量为450吨;600HP钢质顶推轮1艘;钢质槽盖驳船4艘,载货量为2720吨。1988年,又增加2艘钢质槽盖驳船,驳船运力增加到4080载重吨。为了打开远洋运输生产的局面,1989年7月,湖南省公司与江苏省公司合营从联邦德国购进1艘适应性较强的7600载重吨的多用途远洋船,定名为"岳麓山"轮,并投入营运。

1990年,湖南省公司完成货运量8.8万吨,货物周转量2.8亿吨海里。从1990年5

月 20 日起，湖南省公司正式接管"岳麓山"轮的生产经营，为公司下一步拓展远洋运输业务奠定了基础。

七、组建南京远洋运输公司

1988 年 10 月，交通部发文《关于同意成立南京远洋运输公司的批复》，同意组建合营轮船公司，标志着南京远洋运输公司正式成立。公司地址设在南京。

南京远洋运输公司由中国远洋运输总公司和南京市交通局签署协议，责成上海远洋和南京江海航运公司［改为南京江海航运（集团）公司］同投资（各占50%）组建、合作经营的合营公司，主要经营国际、国内海上船舶运输和海运船舶、货物代理业务，实行董事会领导下的总经理负责制。公司开办之初，上海远洋运输公司将"永城"轮改名为"南京"轮投入营运。在中国远洋运输总公司和南京市交通局及双方投资股东的支持下，合营公司的运力不断扩大。到 1992 年末，合营公司已经拥有"南京""紫金""中山门"轮 3 艘船舶，24000 多载重吨。

1987 年 8 月 31 日，中国远洋运输总公司决定，各省合营公司名称，不再冠以中国远洋运输总公司××省公司，而直接用××省远洋运输公司。

上述公司经营业务以航运为主，主要承担本地区向日本、中国香港、新加坡、东南亚等地区的外贸及对香港物资运输。公司人员以地方为主，中远总公司派 5—7 名业务干部（其中副经理 1 名）参与生产经营工作。为迅速打开局面和提高经济效益，中国远洋运输总公司在经营管理、物资供应、船务代理、招揽货源和调剂航线等方面都予以照顾。对实力较弱的公司，则联合经营，统一调度，年终分红。

八、成立华海石油运销有限公司

华海石油运销有限公司（简称华海公司）是中远总公司与企业间的合营公司。1985 年 7 月，交通部和石油部联营成立华海公司，经营原油中转运输。1990 年 9 月，国务院全国清理整顿公司领导小组批准交通部华海石油运销公司改由中远总公司与中国石油天然气总公司投资联营。

1991 年，交通部将其股权正式转给中远总公司。华海公司主要经营原油成品油的沿海及国际运输、散装货物运输、对外租船揽货、货物仓储、船舶技术咨询等。公司设董事会，双方轮流担任董事长和总经理，3 年一换。1992 年 12 月，中国远洋运输总公司和中国石油天然气销售公司联合发文，根据交通部关于改变华海石油运销有限公司管理体制的通知精神，中国远洋运输总公司与中国石油天然气销售公司经过协商，就华海公司新的合营协议达成一致意见。1993 年 3 月 18 日，华海公司上报国家工商管理局重新登记注册，注册资金扩大到 2753 万元。公司的经营范围除从事国内外原油、成品油的运输外，还可以从事散杂货船的国内外运输及租船、揽货、仓储业务，兼营建材、木材、化工原料、五金及家用电器等国内贸易。1993 年 6 月，中远集团委托大连远洋将"华海 1 号""华海 2 号""华海 3 号"3 艘油轮陆续从上海海运局手中接收，委托大连远洋代管。

第六节 "柳林海"轮成功首航美国

"柳林海"轮是中国远洋运输公司旗下的一艘 3.7 万余载重吨的散货船。1979 年 4 月 18 日,"柳林海"轮挂靠美国西雅图港,这是 1979 年中美建交后,也是自 1949 年新中国成立后 30 年来第一艘悬挂五星红旗、从中国大陆抵达美国本土的远洋货轮,成为中国航运发展史上的大事件。

一、"柳林海"轮首航美国的背景

(一)中美两国关系陷入"冰点"

中华人民共和国成立后,美国政府采取敌视政策,不承认新中国的人民政权。1950 年 6 月,朝鲜战争爆发。10 月,中国人民志愿军跨过鸭绿江,投入抗美援朝战争。从此,中美两国处于严峻的敌对状态。美国对新中国实行海上封锁,两国间的所有交流——人员、物资、贸易以及运输全部中断,中美两国相互冻结或没收了对方的资产。20 世纪 60 年代后期,中美两国政府面对发生巨大变化的国际形势,都重新调整了外交政策,包括中美两国间双边关系的调整。为了打开中美关系大门,双方开始试探性接触。

(二)尼克松总统的"破冰"之旅

1972 年 2 月 21 日,美国总统尼克松访华。2 月 28 日,中美双方在上海签署《中美联合公报》。在公报中,双方声明:"中美两国关系走向正常化是符合所有国家的利益的。"在台湾问题上中方重申了一个中国的原则,全部美国武装力量和军事设施必须从台湾撤走。美方声明:"对这一立场不提出异议",并"确认从台湾撤出全部美国武装力量和军事设施的最终目标"。《中美联合公报》是中美两国签署的第一个指导双边关系的文件,标志着中美隔绝状态的结束和关系正常化进程的开始。关闭的大门终于被打开。1978 年 12 月 16 日,中美两国政府同时发表了《中华人民共和国和美利坚合众国关于建立外交关系的联合公报》,从 1979 年 1 月 1 日起正式建立外交关系。这是具有历史意义的重大转折,中美关系从此进入了一个新阶段。

(三)"苏禄海"轮为国轮首航美港探索航路

尼克松访华之后,中远公司[①]即开始策划首航美国港口事宜。1973 年 5 月 20 日,

[①] 1972 年 10 月 1 日前,中远公司的全称为中国远洋运输公司。1972 年 9 月,交通部发出《关于重新组建中国远洋运输总公司的通知》:经国务院批准,组建中国远洋运输总公司,作为交通部直属企业单位,同时亦作为中国外轮代理总公司。从 1972 年 10 月 1 日起正式办公,张公忱任经理。中国远洋运输总公司(以下简称中远总公司)总部设在北京东长安街 6 号,1973 年 1 月 13 日正式迁入。

中远总公司报交通部并经交通部和外交部批准后，委派正在秦皇岛港卸进口粮的"苏禄海"轮首航美国（图1-10）。"苏禄海"轮是"中远租船"香港益丰船务公司所属的船舶，挂索马里旗。根据中远总公司的安排，1973年6月20日，"苏禄海"轮由秦皇岛港起航首航美国，这是经交通部、外交部批准，由中远总公司组织的具有一定意义的航行，为中国国轮悬挂中国国旗的"柳林海"轮首航美国探索了航路。

图1-10　1973年5月20日，"苏禄海"轮从秦皇岛港起航首航美国。

（四）中远与美国航运公司深入交流

在中美建交酝酿期间，中远总公司通过有关方面开始和美国有关方面就两国船舶分别靠泊中美对方港口一事进行了磋商。1975年，美国律师斯坦利·巴利先生趁参加广州交易会的机会来北京，与中远总公司商谈了悬挂中华人民共和国国旗和美国国旗船舶相互开辟中、美航线的问题。1978年，巴利先生又致函中国远洋运输公司，要求我方派人去美进一步商讨中、美通航问题。1978年12月，中远总公司邀请美国莱克斯兄弟轮船公司总裁阿姆斯及该公司法律顾问巴利于1979年2月6—9日来北京，就悬挂中华人民共和国国旗和悬挂美国国旗船舶挂靠中国、美国的港口问题进行商谈，并达成了协议。双方一致同意在中美两国冻结财产问题未获解决，中美两国政府间的海运协定尚未签订前，要尽快分别安排挂靠中国和美国对外开放的贸易港口。

1979年3月9日，交通部、外交部向国务院上报了《关于国轮挂靠美国港口并拟派代表团赴美参加首航仪式的请示》，提出为发展中美建交后的关系，从多渠道开展工作，应美国莱克斯兄弟公司的邀请，在3月份派出中国第一艘散装船去美国西海岸装运小麦，并派交通部副部长彭德清为团长的6人海运代表团（其中3人随船去美），参加美方为我轮举行的欢迎仪式。同时对美国挂靠中国港口的第一艘船，也拟举行欢迎仪式，并发消息见报。此请示很快得到了国家领导人的批准。

3月4日，美国莱克斯兄弟轮船公司安排该公司停泊在马来西亚丹戎马尼港的"利·莱克斯"轮前往上海，并于3月18日抵达上海港。交通部副部长王西萍、上海市革命委员会副主任杨恺、市外办副主任林德明及有关单位负责人参加了欢迎仪式。美国驻华大使伍德科克夫妇、美国利提威财团主席保·泰耶尔、美国莱克斯兄弟轮船公司主席约·莱克斯、总裁瓦·阿姆斯等人专程来沪参加了庆祝活动。美国代表团中还有来自西雅图的电台评论员和电视摄像记者、《巴尔的摩太阳时报》记者。王西萍副部长、伍德科克大使、美国利提威公司主席保·泰耶尔在仪式上相继讲话。仪式进行情况当晚由东京通过电视卫星向美国等地转播。

二、"柳林海"轮首航过程

1979年3月25日,"柳林海"轮由上海起航,横跨太平洋,于4月18日抵达美国西雅图港。从此,中美海上航线正式开通。由交通部副部长彭德清率领的"中国交通部海运代表团"同日飞抵西雅图,出席了有美国政府高级官员、工商界人士、爱国华侨等300余人参加的欢迎仪式。码头上悬挂了"庆祝柳林海号首航美国成功抵西雅图""中美人民友谊万岁""热烈欢迎我们中国朋友""热烈欢迎中国第一艘轮船访美"等横幅,美国海军军乐队演奏乐曲。"柳林海"轮船员在船长贝汉廷率领下,列队下船参加庆祝大会,受到美国朋友和华侨热烈而隆重的欢迎(见图1-11、图1-12)。

图1-11 "柳林海"轮船长贝汉廷率领船员走下舷梯。

美方运输部长、参议员、海运局长、州长、LTV财团主席、西雅图港务委员会主席均在欢迎会上发表了热情友好的讲话,一致认为中美两国在中断交往30年后的今天,再度恢复了通航,这是一件十分有意义的大事,是两国友好关系进一步发展的表现,必将促进两国航运和贸易的发展。彭德清副部长、柴泽民大使也在会上发表了讲话(图1-13)。

图1-12 1979年4月18日,西雅图港举行"柳林海"轮访美欢迎仪式。

图1-13 中国驻美国第一任大使柴泽民(前排左二)在欢迎仪式上致辞。

当晚,美方举行了有50人参加的欢迎宴会,欢迎"柳林海"轮及代表团,双方在宴会上互致问候,并互赠纪念品。中国代表团在海军俱乐部举行了答谢宴会,有150人参加。美国电视台当日即播放了庆祝仪式及宴会的盛况,各大报纸发表了消息和照片。"柳林海"轮在停靠期间,为了进一步增进友好关系,在船上举行了招待会,邀请港口当局官员及代表出席。另外还在船上同当地爱国华侨代表召开了联欢会,并放映电影,介绍祖国社会主义建设的情况。

4月27日,"柳林海"轮满载30000多吨粮食和美国人民对中国人民的友好情谊,从西雅图港回国。

三、"柳林海"轮成功首航美国重大意义

中远总公司借"柳林海"首航的难得机会,还就中美航运事业的进一步发展问题,与美方有关单位进行了前瞻性探讨。

(一)开辟中美间的班轮运输

中远公司与莱克斯兄弟轮船公司双方就这个问题交换了看法,并表示各自继续进行积极准备,待条件成熟后进行商谈,拟订具体办法或协议。

(二)建立中美联合航线

关于建立联合航线问题,中远公司与美方有关航运公司交换了意见。原则是平等互利,有利于两国航运和贸易事业的发展。同时,中美双方还探讨了共同成立合营公司的可能性,拟成立集装箱运输合营公司,由对方投资建设集装箱码头,将来以营运收入偿还。

(三)达成多项合作意向

双方认为,只要各自有货载,船舶可以正常来往。此外,还进一步探讨了发展中美航运事业所涉及的有关货源、运价、互派航运代表、互相交流经验等问题,双方均表示,有关航运方面的未来发展,双方均可进行预先准备,待中美海运协定签订后,即可进入实质性推进阶段。

(四)打开欧美航运市场

"柳林海"轮首航美国的成功,不仅架起了中美航运、贸易的桥梁,同时也为打开美洲市场和欧洲市场奠定了基础。1999年4月19日,《中国远洋报》以《架起中美航运的桥梁》为题,报道了"柳林海"轮首航美国西雅图港20年来中美航运事业的发展。

(五)构建国际航运大国的序幕徐徐拉开

畅通全球航线、实现航运大国梦想、确立不可撼动的国际航运强国地位,是全体航运人的初心和梦想。而"柳林海"轮成功首航西雅图港,恰恰是实现海运强国梦迈出的坚实一步。

1999年4月19日,中远集团与美国西雅图港务局、SSA装卸公司、加维舒伯特贝尔律师行在美国西雅图市举办了系列活动,庆祝"柳林海"轮首航美国西雅图港20周年,在当地引起了广泛关注和积极反响。这次纪念活动在位于中远集装箱船舶挂靠的P18码头附近的贝尔港湾国际会议中心举行,内容包括中午举办的150多人参加的贵宾午餐会、下午的记者招待会和晚上举办的400余人参加的大型招待会。庆祝活动取得了圆满成功,西雅图邮报、侨报、商务日报、纽约中文电视台、人民日报等媒体参与了采访和报道。《商务日报》以整版的篇幅,登载了"柳林海"轮的历史照片和祝贺广告。参加活动的贵宾普遍反映这次活动气氛热烈,演讲精彩,对中远的业务开展将会起到一定的促进作用。江泽民

主席亲自为庆祝活动题词："庆祝柳林海首航美国二十周年。"外经贸部部长石广生也为活动题词："为经贸发展服务，发展远洋运输。"交通部部长黄镇东①的贺词是："值此中远集团'柳林海'轮首航美国西雅图港20周年之际，我谨表示热烈祝贺！愿中美两国航运界继续加强交流与合作，为促进两国经贸发展作出新贡献！"中国驻美大使李肇星的题词是"航运合作，天涯友邻"。华盛顿州参议员帕蒂穆瑞和华盛顿州州长骆家辉特地为活动发来了贺信。

20年后的1999年4月23日，中远集团向交通部呈送了《关于庆祝"柳林海"轮首航西雅图港二十周年活动的报告》，用20年的沧桑巨变，为"柳林海"轮成功首航美国西雅图港的历史作用与价值作了扎实的注脚②。

第七节　台湾海峡恢复正常通航

美丽富饶的台湾岛，是中国神圣领土的一部分。它东临太平洋西隔台湾海峡，与福建省隔海相望。台湾海峡长约160多海里，宽80多海里，是沟通东海和南海的航运要道。1949年，国民党盘踞台湾后，海峡水道被美国和台湾当局封锁。1968年，中远广州分公司"黎明"轮作为首航船，绕道台湾以东，贯通南北航线。1973年，中远天津分公司"祁门"轮又一次试航，开辟南北海上新航线。不过，上述航线都不是直接通过台湾海峡，而是绕航700余海里，经济效益不佳。

一、恢复正常通航的条件已经具备

党的十一届三中全会以后，随着国家经济形势的好转，对外贸易的增长，通过南北海上航线的货物运输量迅猛上升。如果还靠悬挂五星红旗的国轮绕道航行，或利用租船通过台湾海峡，都不能适应国民经济发展的需要，也不利于提高船公司的经营效益。1979年，中美关系正常化后，台湾海峡的形势日趋缓和。在此形势下，正式恢复台湾海峡正常通航被提上议事日程。

1978年12月18日，交通部远洋运输局向交通部领导提交了《关于南下、北上船舶拟改按正常国际航线行驶的请示》，其中阐述："现在，中美已经宣布建交，我对蒋占领岛屿

---

① 黄镇东，1941年生，江苏大丰人。1981年6月加入中国共产党。研究员级高级工程师。1962年，毕业于江苏省南京航务工程专科学校数学物理专业。后在上海海运学院学习航运。大学学历。1963年5月起，在秦皇岛港务局工作。1982年后，任秦皇岛港务管理局财务科计划员、计划处副处长、副局长、局长。1985年至1988年，任交通部副部长。1988年，任国家交通投资公司总经理。1991年后，任交通部部长、党组书记，招商局集团有限公司董事长。1993年3月至2002年10月，任交通部部长。2002年10月至2005年12月，任中共重庆市委书记。2003年1月，在重庆市第二届人民代表大会第一次会议上当选为重庆市人大常委会主任。2005年12月，任十届全国人大内务司法委员会副主任委员。2008年3月，任第十一届全国人大内务司法委员会主任委员。是中共第十四、十五届、十六届中央委员；第十一届全国人大常委会委员。

② 详见附录二：中远总公司呈交通部《关于庆祝"柳林海"轮首航美国西雅图港20周年活动的报告》。

将停止炮击,台湾海峡形势发生了重大变化,因此,我们认为,中国远洋船舶南下、北上改按正常国际航线行驶的条件已经具备。"彭德清副部长批示远洋运输局与总参、外交部等有关部门研商妥当,再报国务院。1979年5月17日,中远总公司和天津、上海、广州远洋公司参加了交通部为贯彻国务院关于悬挂五星红旗的商船,按国际航线通航台湾海峡的决定而召开的专门会议。会议分析了当时台湾海峡的形势,具体部署、研究制定了航行组织、安全保证、航线选定、通信联络、特殊情况处理及护卫等措施。会议决定先进行试航,再转为正常航运。在试航期间,使用5艘船舶,以广州远洋的万吨级货船"眉山"轮作为首航船,于5月27日前,在黄埔港转完货后启程北上,白天通过台湾海峡。接着再由上海、天津、广州远洋公司和广州海运局各选派1艘船南下或北上,完成后即总结试航经验。随后逐渐由少到多,正常通行台湾海峡。

二、恢复正常通航的过程

广州远洋接受首航任务后,从思想、组织、物质上做了充分准备,成立了由广州远洋副经理叶广威任组长的首航领导小组。交通部副部长贺崇陞、中远总公司副总经理袁之平等领导先后多次上船看望船员,检查备航工作。1979年5月27日,"眉山"轮(图1–14)从广州黄埔港装货起航北上,昼间安全通过了台湾海峡,试航成功[①]。5月30日上海远洋"江城"轮,6月7日广州远洋"富春江"轮,6月12日,天津远洋"天门"轮相继试航台湾海峡成功。与中远船舶同时试航台湾海峡,还有广州海运局"红旗121"轮和烟台救捞局"沪救101""德安"2艘拖船和"明华"客轮。试航船舶有南下北上,有昼间夜间,有快速慢速航行,均安全通过台湾海峡。1979年7月,交通部颁发了《我商船通行台湾海峡的有关规定》,确定通行台湾海峡走南彭高岛至东引岛的航线。自此,台湾海峡恢复正常通航。

图1–14 航行中的"眉山"轮。

台湾海峡南北通航恢复正常后,中远大部分船舶均按新的南北航线行驶,新航线比原绕道台湾以东航线可缩短航程744海里,不仅节省船期,而且节省燃油和其他直接、间接费用,经济效益显著。自试航开始到1980年1月,中远船舶通过台湾海峡船舶合计445艘次,节省船期564.1艘天,节油14943.3吨。

南北航线的开通,有着重大的意义,是我国航运史上一个新的里程碑。它缓和了两岸对峙的形势,洗刷了我国的领海外轮可以通行、国轮却要绕道航行的耻辱。一举结束了中国万里海疆南北分割的局面,实现了周恩来总理"一定要缩短南北航程"的夙愿,不仅对推动我国社会主义经济和远洋运输的发展有重大作用,甚至对国际政治格局也产

---

① 详情见附录二:《国旗下迸发铮铮誓言——"眉山"轮首航南北航线的英雄事迹》。

生了深远的影响。

三、积极开展对台运输

台湾海峡正常通航的恢复,为实现大陆与台湾的直接通航创造了条件。1980年5月23日,中远租船"欢庆"轮首航台湾基隆港,装载锦纶丝等货物1851吨,于6月3日返抵上海港卸货,这是新中国成立以来第一次由台湾直接装货抵达大陆的船舶。

"欢庆"轮隶属于香港远洋轮船有限公司,挂巴拿马旗,7500载重吨,船员29人,其中船长为英国籍,其余均是香港海员。此次运输任务的由来是,香港永胜兴置业公司、永兴贸易等10家公司的董事、总经理黄文士,于1980年5月由广州乘飞机来北京与中国纺织进出口公司洽谈业务时,在飞机上与邻座日本铃江组仓库株式会社齐辉先生偶遇,谈及拟从中国台湾购入尼龙纤维,正在物色船舶装运,齐辉答应予以协助。齐辉先生与中国外轮代理公司有多年的业务往来,来京后即与外轮代理公司洽谈此事。中远总公司请示远洋运输局党委同意后,决定派"欢庆"轮承担该航次任务。

在远洋局党委领导下,中远租船会同香港远洋轮船有限公司,针对"欢庆"轮本航次任务有关事项,如船舶与人身安全、调度指挥和通讯联系方法、在台湾发生事故或意外事件的处理、船舶在基隆港代理的委托以及借支和运费的收取、航线、海图、旗帜等问题,事先都作了十分慎重的研究,并派出专人向船长和船员作了详细布置。经过周密的准备,"欢庆"轮于1980年5月23日从烟台港起航,转租给日本铃江国际贸易有限公司,前往台湾基隆装运锦纶丝。由于当时不能直航台湾,故于5月25日挂靠日本那霸(冲绳),26日取得离港证后直驶基隆港,27日抵达基隆港外围。因港内无泊位,只能在港外10海里处停车漂泊,等待进港通知,28日上午进港装货,6月2日上午装货完毕,共装锦纶丝6539立方米,计1851吨。船舶在台湾的代理由日本铃江代为委托,6月3日,"欢庆"轮顺利返回上海港。

此次"欢庆"轮航行台湾基本顺利,对于完成祖国统一大业以及从经济角度看,都是有益的。然而,此次弯航那霸,多走了400海里,加上在那霸等待一天,损失船期两天半。且那霸外港风大浪急,如遇台风十分危险。此后,凡走这一航线的船舶,均从香港空放,在台湾装货后北上,降低了运输成本。

20世纪80年代,自国家作出对台开展"通邮、通商、通航"的决策后,中远总公司贯彻国家对台工作方针和政策,严格执行交通部对台工作的有关规定,积极开展对台运输工作。在1980—1982年,中远租船多艘次到达台湾基隆、高雄等港口,装运回大陆的台湾货物达12.6万吨。1988—1990年,外代总公司共代理和接待台湾通航船舶158艘次,台湾海员近1600人次。1991年1月18日,广州远洋"丽河"轮首航台湾基隆港,9月2日,交通部正式批复同意"丽河""幸河""平河""荣河""富河"轮等5艘中远船舶挂靠台湾港口,经营台湾港口至欧洲的集装箱班轮运输试运转。中远总公司副总经理接待台湾代表团一行见图1-15。

中远船舶还利用在国外港口和台湾船舶接触的机会,主动向台湾船员介绍祖国大陆的情况。遇到台轮有困难时,热情帮助解决,如为台湾船员治病送药,救助台湾船舶,赠送给养食物等,增进了台湾船员对大陆情况的了解和相互间的友谊。1992年11月13日,应台湾"中华国际文化交流会"和私立"中国海事专科学校"的邀请,以副总经理张大春为团长的中远总公司代表团一行4人访问了台湾,与台湾航运代理、港口、造船、学术界有关人士进行了广泛接触和交流。

图1-15　1991年4月5日,中远总公司副总经理陈忠表(右二)接待台湾代表团一行。

第八节　中国外轮理货在改革中发展

一、外轮理货总公司的历史变迁

中国外轮理货公司(以下简称中外理)成立于1961年,是经交通部批准、国家工商管理总局登记专门从事船舶理货业务的国有重要骨干企业。经营范围为:国际、国内航线船舶货物及集装箱的理货、理箱;集装箱装、拆箱理货;货物计量、丈量;船舶水尺计量;监装、监卸;货损、箱损检验与检定;出具理货单证及理货报告;理货信息咨询;易流态化固体散装货物取样监装等相关业务。1961年,交通部发布《关于统一外轮理货工作的通知》,要求"所有外轮理货工作统一交由港务局负责,对外以'外轮理货公司'名义接受理货业务,收取理货费用。"《通知》还明确:"9月1日起,由港务局负责外轮理货工作。"这一时间被中国外轮理货公司确定为诞生日。

"文化大革命"期间,由于受多种因素的影响,全国理货机构被陆续取缔。直至1971年,国务院副总理李先念做出"限期恢复理货"的批示,交通部随后发布《关于限期恢复外轮理货公司和加强外轮理货工作的通知》,各港口外轮理货业务迅速得以恢复。

1978年4月11日,交通部印发《关于加强外轮理货的通知》。明确外轮理货公司是港口的一个重要涉外单位,外轮理货工作是一项政策性强、时间紧迫、流动分散的涉外工作。交通部要求各港务局加强领导,解决好外轮理货分公司的机构、体制问题,建立健全名符其实的外轮理货分公司。

1987年5月6日,中国外轮理货总公司从原交通部海洋运输管理局划出,成为部属一级企业。

二、协助海关对集装箱实行监管

1979年12月22日,国家经委牵头,交通部水运局、外轮代理总公司、外贸部外贸运输总公司就天津港提箱手续问题进行了研究,进一步明确了集装箱理货工作由中外理公司负责。这一决定主要基于两个原因:其一,集装箱运输的进出口货物将逐步发展到未设海关的地区,而由口岸海关派员到这些地区进行监管,存在一定困难。其二,各地对出口集装箱施加的铅封不一致。为了适应集装箱运输发展的需要和货物监管工作,外贸部对《海关对进出口集装箱及所装货物监管试行办法》(以下简称《试行办法》)作了补充规定,明确在没有设立海关的地方进行拆、装集装箱进出口货物和物品,属于对外贸易公司经营的,由有关的外理分公司向有关的口岸海关推荐,并经双方商定,由政治可靠、工作认真、责任心强、有一定政策业务水平的人员,兼任该关的义务监管员,按照《试行办法》相关规定履行对集装箱的监管职责。

(一)明确国际集装箱装拆箱理货

中国港口开展国际集装箱运输已经有了一个良好开端,各方面的工作开始走上正轨。1982年,交通部印发了《关于明确对国际集装箱装拆箱理货问题的通知》,明确了相关问题。

1.对船方负责集装箱内货物的装/拆箱,应由外理公司代表船方办理理货业务。以海运提单为准,判断船方是否负责箱内货物。凡提单上未打印"门到门"①或"发货人装箱、计数"等内容的,即表明船方负责箱内货物。

2.对"门到门"的集装箱,收发货人在装拆箱时为取得货物的第三方证明,通常要委托理货。外理分公司应根据收发货人委托,代表货方理货,出具箱内货物数字和残损情况证明。明确船方负责箱内货的装、拆箱理货问题、费率问题。

3.关于向船公司计收拆箱理货费问题。外理分公司应在理货证明书上写明船方负责拆箱的个数,并按港内拆箱理货费标准开列账单,连同理货费一并通过外代分公司计收。在拆箱时,如部分集装箱在港外拆箱,外理分公司应派员前往理货,另开列账单,通过外代分公司补收市区、市区外拆箱理货费与港内拆箱理货费的差额。

4.关于北京地区装、拆箱理货问题。为适应北京地区装、拆箱理货的需要,交通部批准在北京成立外理总公司北京理货部,凡在北京地区装、拆箱理货业务,均由北京理货部负责。为简化手续,对代表船方理货的集装箱,由北京理货部开列账单,通过装卸集装箱的港口外理分公司,统一向当地外代分公司结算费用,然后转入北京理货部账户。

5.关于验封和重新施封问题。海关对进口集装箱货物进行检验时,外理分公司应派员进行验封、拆封和重新施封,并按《费收规则》计费。

---

① "门到门"运输指货物从出厂,通过水运、陆运等多种联运方式,使货物直接到达收货人手中的运输方式。

（二）明确装拆箱理货工作的范围及责任

1983年12月21—27日，中外理总公司在北京召开有关分公司参加的集装箱理货座谈会，交通部海洋运输管理局和外轮代理总公司到会。会议总结了中国开展国际集装箱运输发展以来的理货经验，研究了理货工作如何适应集装箱运输发展需要，如何提高理货服务质量等问题。会议形成了《集装箱理货座谈会纪要》，就集装箱理货工作达成共识：

1. 装拆箱理货工作属于理货公司的业务范围

国家经委发布的《关于到港口提取国际集装箱办理交接手续问题的会议纪要》，明确指出"集装箱理货工作由中外理公司负责"。这符合中国的现实情况和中国历史上形成的单位之间的分工原则，是开展集装箱理货工作的重要依据。

2. 集装箱内货物责任划分的依据

凡属杂货运输条款的装箱货物，即装货单上列明货物件数，须经船方签认大副收据；进口舱单上列明货物件数的装箱货物件数的装箱货物，均表明船方负责箱内货物的交接。因此，不论在何处装拆箱，皆须由理货公司代表船方理货（图1–16）。

3. 装拆箱理货依据及理货单证

装箱理货以装货单或装箱计划为依据，拆箱货物以装箱单或进口舱单为依据。当装货单与进口舱单上的货物情况不符合时，以进口舱单为准。

图1-16 外轮理货公司员工在现场理货作业。

4. 海关开箱验货时的理货

海关开箱验货时，收发货人或港口集装箱公司等有关单位，应在启封前通知理货人员到场。对理货人员不到场而启封的集装箱，当箱内货物发生溢短、残损时，理货公司不负责出具证明。

（三）颁发国内业务章程

为适应国内水路货物运输实行船港交接制的需要，1979年8月交通部颁发试行《中国外轮理货国内业务章程》（简称《国内业务章程》），自9月1日起试行。《国内业务章程》是根据《水路货物运输管理规则》的有关规则制订的，是船港交接的主要规章。《国内业务章程》主要规定以下内容：

1. 中外理公司承办国内水运船舶在港口装卸货物的理货业务。凡委托理货的海（航）运局或轮船公司，须与中外理公司有关分公司签订《委托理货协议书》；中国租用外轮参加国内运输，按国内水运船舶办理船港交接手续，使用国内票据单证，统一由中外理公司代船方理货（强制理货）。

2. 中外理公司是理货公证机构，在工作中贯彻"质量第一"方针，坚持实事求是原则，独立自主地理货，公平合理地处理各项业务。

3.国内理货业务范围：①根据货物交接清单上标明的与货物外包装上相符的运输标志，按票点清件数，分清残损（包括工、原残）；②代船方与港方办理货物交接手续，提供有关理货单证；③根据船方确定的货物配载图，绘制实际"货物积载图"；④集装箱运输的理箱、理货业务；⑤委托的其他理货业务。

《国内业务章程》同时对理货程序、相互责任、理货费用、经济责任、理货质量做了具体规定。

（四）明确经济责任及费率

1982年7月12日，交通部对国内运输船舶（不包括航行香港、澳门航线的船舶和租用外籍船舶、中外合营船舶、香港、澳门船舶参加的国内、内地运输）委托理货做了补充修订；在业已颁发的《水路货物运输规则》《中国外轮理货公司业务章程》《中国外轮理货公司理货规程》和《中国外轮理货公司费收规则》等有关规定的基础上，还对国内运输船舶承担的经济责任和理货费用做了补充规定，内容：

1.经济责任

对具备封舱条件并在装卸两港均委托本公司理货的船舶，由于装卸两港理货数字不一致而造成船方短少货物蒙受经济赔偿时，理货公司分担船方一半的赔偿金额，最高以装卸两港当航次的理货费用为限。理货公司的赔偿，由卸货港理货分公司根据船舶单位提供的对外赔款证明，统一向其赔偿，之后由装卸两港分公司平均分摊。

2.理货费用

免收分标志费、理货人员待时费、单证费、陆上交通费、节假日和夜班附加费；水上交通费按实计收；其他各项费用按《中国外轮理货公司费收规则》规定的费率减半计收。

三、中远船舶国内运输理货与委托代理

1978年2月15日，交通部印发《关于明确外理公司对中远公司船舶参加国内沿海运输不需理货的函》，明确根据颁发《水路货物运输规则》和《中国外轮理货公司业务章程》的规定精神，中远公司船舶参加国内沿海运输，应由船方自行与港口仓库办理货物交接手续，不需要外理公司代船方办理。

1979年9月1日，国内沿海运输实行新的《水路货物运输规则》《水路货物运输管理规则》和《中国外轮理货公司国内业务章程》，经中外理总公司与中国远洋运输总公司研究，决定参加国内沿海运输的各远洋公司船舶，统一委托各理货分公司代办理货业务，中外理公司、中国远洋运输公司联合印发《关于中远船舶参加国内沿海运输统一由外理公司代船方理货的通知》，明确双方不再签订理货委托协议。自此，中远总公司凡在国内沿海运输的船舶，均由中国外轮理货公司代为理货。

1985年，交通部批准中国外轮理货总公司关于提高理货费收标准的请示，自7月1日起开始新的理货费收标准。但中外理总公司同时印发《关于对我国远洋船舶予以优惠暂不提高理货费率的通知》，决定对中远总公司远洋船舶（中外合营船舶、租入的外轮、租给国外船舶）予以优惠，暂不提高理货费率。

四、开展国际理货业务的合作与交流

20世纪80年代初期,中国从欧洲等国家进口的货物,在港口卸货时,经常发生大量短少现象,造成了不应有的经济损失。为了解决这一问题,中外理通过加强合作与交流的形式,既解决了缺货问题,又加强了中外理理货队伍综合素质的提高。

(一)签订理货协议

1980年4月22日,通过多次交流与协商,在布加勒斯特正式签订了《中国外轮理货公司与罗马尼亚货物管制处签订理货协议书》,并商定自1980年6月1日起生效。

1981年3月,经友好协商,中外理与全日本检数协会和日本货物检数协会签订了《中国外轮理货公司全日本检数协会日本货物检数协会理货协议》。自此,双方在理货业务加强了深入的合作与交流。

开展合作与交流主要体现在以下七个方面:

1. 加强业务情报交流

双方互相提供各自的规章制度、收费标准及其修改情况;改善经营管理,采用新技术的情况和资料;其他国家的理货情况和资料。

2. 加强理货人员的交流

从1981年起,双方每年各派一次理货人员到对方国家的港口学习、交流理货工作经验,费用自理。对方应提供便利条件。

3. 加强装货船舶的单证交流

双方对装货船舶应绘制货物积载图,制作货物分舱单,于装船结束后5天内,航空邮寄对方总公司各1套,同时将制作的理货计数单委托船方待交对方1套。

4. 加强装货船舶的业务配合

一方对装货船舶的理货数字,如认为有必要到对方国家的卸货港进行复查时,应事先联系对方总公司,并在卸船时派人到场复查,费用自理。当复查数字与装船理货数字不一致时,以复查数字为准。

5. 加强卸货船舶的业务联系

双方应将卸货船舶的理货结果,包括货物件数的溢短情况和卸船前货物在船上的残损情况,于卸船结束后10天内,通知对方总公司。

6. 建立业务查询关系

一方需要向对方了解装船理货情况,或者需要提请对方注意卸船理货情况时,皆可向对方发出查询通知。对方应于收到查询通知后15天内答复。

7. 建立代办理货业务关系

一方对装货船舶的理货数字,可委托另一方在卸船时进行重新理货。被委托方应加派理货员进行重理,理货费用由委托方按自己的标准和规定,减半付给被委托方;一方承担的理货业务,可委托另一方代办。理货费用由委托方按自己的标准和规定对外计收,并将90%付给被委托方。如需到被委托方以外的国家代办理货业务,另按实加收交通费和在国

外的食宿费用。以上各项费用,以瑞典法郎支付。

(二)在合作中赢得理解与支持

经过长期的业务交流,中外理与合作方增加了相互了解,密切了业务合作关系,促进了理货工作的改进和理货质量的提高。

1. 提供理货资料

合作双方相互提供各自的规章制度、收费标准、教育培训教材等理货资料。

2. 建立业务查询联系

合作双方对理货现场发生的业务问题,可直接向对方进行业务查询;业务查询范围包括进口货物的溢短更正、出口货物的漏装、退关、错装、积载变化等业务问题;业务查询的答复期限,原则上不超过10天;双方对业务查询互不承担经济责任。

3. 交换理货单证

双方相互提供装货船舶的积载图、分舱图。如一方要求另一方提供卸货船舶的溢短单、残损单时,另一方给予理解并及时提供。

4. 指导装舱积载

合作双方对装货船舶的装舱积载工作,均给予积极指导;不同卸港的货物和相似的货物采取隔票清理;双方对装舱积载出现的问题,可用书面通知对方。

5. 协商解决问题

在执行协议过程中出现的问题,由双方通过友好协商解决。

(三)加强与美国理货业务的联系

随着中、美两国贸易的发展,从美国港口装货来中国港口的船舶数量有了较大增长。中外理在一段时期的理货过程中,发现美国港口装货比较混乱,货物标志不清、不符,货物件数差错等。在办理理货签证手续时,船方与中外理理货人员发生争执,造成中外理与船东一度关系紧张。为了解决上述问题,中外理公司通过中国驻美国使馆商务处,了解美国理货机构情况,摸清其理货业务特点,积极同美国太平洋货物联合公司、大西洋和海湾装卸联合公司、库波尔装卸公司、杨华尔士装卸公司了解美国港口理货情况,调整中外理理货常规作法,很快适应了来自美国货载的理货普遍做法,逐步减少了业务纠纷,提高了理货质量。

中外理是一家重视历史发展进程和善于总结历史经验的企业,每到公司成立5年、10年的整数时间节点,都要举行庆祝活动。如公司成立20周年、25周年、30周年等,都曾举行较为隆重的庆祝仪式。1991年9月6日,企业广大干部职工济济一堂,隆重举办中外理成立30周年庆典活动(图1-17)。

图1-17 1991年9月6日,中国外轮理货总公司举办成立30周年庆典活动。

交通部副部长林祖乙[①]和相关领导参加了庆祝活动，增进了企业的凝聚力、向心力。

1987年，按照国家政企分开的原则，中国外轮理货公司从交通部海洋局划出，成为交通部部属一级企业，并正式更名为中国外轮理货总公司。2005年，经国务院批准，中外理并入中远集团，成为中远的全资子公司。

第九节　中国外轮代理在改革中发展

20世纪80年代，中国政治体制和经济体制发生了前所未有的深刻变革。在此期间，外代系统从经营管理体制到各项业务内容，经历了自成立以来的重大变革。面对独家代理局面的结束，外代系统面向市场、面向客户，通过提高服务、改进管理，提升代理工作综合实力，使各项业务很快适应了海运管理体制的改革。面对新情况，外代总公司转变观念、改进服务、加强管理、发展自己的揽货队伍，以优质服务吸引货主和开拓货源，使中远货源从主要依靠国家分配，逐渐变为部分分配加自己揽取（图1-18）。

图1-18　20世纪80年代中国外轮代理总公司接待大厅。

一、总部机构的反复调整

1979年11月19日，交通部批复同意外代总公司业务本部的人员编制由12人增编至30人，以适应外轮代理工作迅速发展的需要。1982年9月，交通部对远洋运输管理体制进行了改革，宣布远洋运输局实行政企分开，撤销远洋局建制，中远总公司、外代总公司直接受交通部的行政领导，成为交通部领导下的直属企业。

1985—1986年，外代总公司就该司的隶属关系问题，通过交通部向国务院呈报专题报告，阐明代理机构有别于港口的职能，还应直属外代系统，由外代总公司归口领导，但因涉及局部与全局的发展关系问题未获批准。1986年8月29日，国务院决定继续延长实行"以港养港"的办法。至此，天津外代分公司的隶属关系未能恢复。

---

① 林祖乙，生于1931年4月。1951年2月考入集美水产商船专科学校驾驶专业，1953年并入大连海运学院，1954年2月毕业。在校期间曾担任学生会委员、团支部书记、团总支委员。毕业后，按当时规定在上海海运局船上工作。经过在船一年半的实习后，于1955年考取航海驾驶员三副证书，之后先后任了三副、二副、大副，并多次获得先进生产者称号。1960年任船长。1963年底奉调参与筹建成立上海远洋运输公司。1977年12月，调任上海远洋运输公司海监室主任，后历任副经理、经理兼党委副书记。1983年6月，调任中国远洋运输总公司总经理兼党委书记，1985年6月，调交通部任副部长，1992年9月届满离职。1995年9月退休。曾任中国航海学会理事长，中国水上消防协会理事长、中国科学技术协会全委会委员、中国国际贸易促进会特邀顾问、中国航海学会名誉理事长。

1988年,按照党中央关于经济体制改革的部署,外代总公司实行总经理负责制。为加强对全系统的经营管理,本着"精简、统一、效能"的原则,外代总公司将原设科室改为处室建制,设立了业务处、船务处和综合处。其后为便于指导和管理集装箱业务的开展,又增设了货箱处。

根据交通部政治部关于撤销部属企业政治部的精神,外代总公司于1988年10月撤销了政治部,并于1989年2月成立了党委工作部,行政部门设政治工作处。机关党群机构设置了党委工作部、纪委及系统工会。9月21日,遵照中共中央有关文件的指示精神,又撤销了党委工作部和政治工作处,恢复了党委办公室、组织处和宣传处。

1990年7月12日,外代总公司按照国家工商行政管理局的有关规定及交通部关于清理整顿公司工作会议的整体部署,向交通部呈送了《关于再次请部批准中国外轮代理总公司机构编制的报告》。

1991年2月21日,交通部在为外代总公司办理独立法人企业的工商登记的复函中,批复同意外代总公司内设6个处:业务处、船务处、货箱处、综合处、财务处、人事处;人员编制定为120人;设总经理1名,副总经理2名;并以此批复向国家工商行政管理局办理重新登记注册手续。3月18日,外代总公司为落实交通部的批复意见,下发通知并要求各外代分公司在外事活动中按批复内容办理。图1-19为外代总公司召开第六次全国外轮代理工作会议。

图1-19 1991年11月12日,外代总公司召开第六次全国外轮代理工作会议。

从1989年到1992年的4年间,外代总公司机关的机构设置经反复调整后,逐步适应了市场要求,基本得到稳定,在领导全系统各项工作中发挥了决策中心和指挥中心的作用。

二、分支机构的迅速扩建

党的十二大以后,全国范围内的经济体制改革、对外开放又迈出了几大步:

1983年4月,中共中央和国务院决定对海南岛实行经济特区的某些政策,给予较多的自主权,以加快海南岛的开发,并于1988年4月建立了海南省,全省作为经济特区。

1984年4月,国家进一步开放天津、上海、大连、秦皇岛、烟台、青岛、连云港、南通、宁波、温州、福州、广州、湛江和北海14个沿海港口城市。这是扩大对外开放的一个重大步骤。

1985年2月,长江三角洲、珠江三角洲和闽南厦门、泉州、漳州三角地区开辟为沿海经济开放区。从而使中国形成了"经济特区—沿海开放城市—沿海经济开放区—内地"这样一个多层次、有重点、点面结合的对外开放格局,在沿海形成了包括2个直辖市、25个省辖市、67个县,约计1.5亿人口的对外开放前沿地带。

众多的对外开放港口以及快速增长的对外经贸运输,需要更多的代理机构为之服务。为适应形势发展的需要,外代总公司在交通部的领导下,增设代理网点,为委托方提供更周到的服务。从20世纪70年代末到整个20世纪80年代,外代总公司在中国对外开放港口及内陆增设的10家直属分公司是:丹东、石臼所(石臼、日照)、张家港、江阴、南通、南京、镇江、宁波、漳州、安庆外代分公司;20家非直属外代分公司是:营口、锦州、龙口、威海、石岛、芜湖、武汉、黄石、沙市、九江、城陵矶(岳阳)、重庆、沈家门(舟山)、海门、泉州、蛇口、九洲(珠海)、防城、梧州、黑龙江外代分公司(表1–1)。

1979—1992年新建代理机构一览表　　　　　　　　　　　　　　　　表1–1

序号	公司名称	批准成立时间	隶属关系
1	黑龙江外代	1989年5月	非直属
2	丹东外代	1985年10月21日	直属
3	营口外代	1980年6月11日	非直属
4	龙口外代	1989年5月	非直属
5	威海外代	1985年4月	非直属
6	石臼所外代	1983年3月25日	直属
7	舟山外代	1981年4月15日	非直属
8	海门外代	1991年8月15日	非直属后改为直属
9	宁波外代	1979年8月26日	直属
10	张家港外代	1980年5月20日	直属
11	江阴外代	1986年7月2日	直属
12	南通外代	1980年5月20日	直属
13	南京外代	1980年5月20日	直属
14	镇江外代	1986年5月26日	直属
15	漳州外代	1987年8月5日	直属
16	安庆外代	1986年7月2日	直属
17	九江外代	1980年2月16日	非直属
18	武汉外代	1980年2月16日	非直属
19	黄石外代	1980年10月	非直属
20	芜湖外代	1980年4月16日	非直属
21	城陵矶外代	1980年4月16日	非直属
22	沙市外代	1988年7月15日	非直属
23	重庆外代	1980年4月16日	非直属
24	泉州外代	1982年4月6日	非直属

续上表

序号	公司名称	批准成立时间	隶属关系
25	珠海外代	1984年5月3日	非直属
26	防城外代	1983年5月26日	非直属
27	蛇口外代	1983年1月27日	非直属
28	锦州外代	1990年2月	非直属
29	梧州外代	1993年1月	非直属
30	石岛外代	1993年7月	非直属

这些分公司在相关地区还设立了代理网点或子公司，共40余处。形成了北起黑龙江、南至海南岛、东起舟山、西至重庆，覆盖全国沿海及内陆的广袤地区。在扩建代理网络的过程中，外代系统发扬了相互支持、协同作战的精神，充分体现了外代职工整体观念和大局意识。由于外代总公司适时在相关港口和地区建立了自己的代理机构，从根本上解决了发展代理业务所必备的条件，在改革开放时期进一步巩固和扩大了自己的阵地，为促进中国的对外经贸运输，加强与世界各国的友好交往做出了自己的贡献。

截至1988年底，外代系统共有43家分公司及驻香港代表处。1989—1992年，外代总公司在全国范围内新建分公司53家、办事处及营业网点73家，形成了覆盖全国经济发达和比较发达地区的业务网络。1992年8月25日至12月19日，外代总公司相继批复同意青岛、上海、大连、宁波、湛江外代分公司成立货运公司。港口代理机构及揽货机构、网点的扩建，使外代系统的业务得到迅速发展。在改革开放进一步深化的形势中，船舶代理市场占有率仍稳定保持在70%左右，成为中国代理行业的一支劲旅。

三、揽货网点的广泛布局

1982年，中远总公司成立揽货中心，由总公司、代理、商务、租船等部门及各远洋、外代公司人员组成专门班子，对揽货工作实行统一领导、协调平衡，并制定了《关于进一步开展揽货工作的暂行办法》，提出"热情主动、手续简便、服务货主、薄利多运、安全迅速、促进贸易、发展船队"的揽货原则，具体划分了各远洋、外代公司开展揽货业务的地区。

为加强揽货业务工作，1984年4月，远洋工作会议又提出，组织好统一的揽货代运网络是更好地为货主服务、提高竞争能力、开创远洋运输新局面的关键，并要求建立上下二级制的揽货代运网络。时隔1年，中远总公司在远洋运输工作会议上，再次提出迅速组建中远自上而下的揽货网，开展揽货及联运、代运业务，增强中远在国内外航运市场的竞争力。总公司对加强揽货、建立网点及各远洋运输公司的地区分工和有关要求作了全面部署。1985年4月，中远总公司成立货运处，并先后组建广州、上海、天津、青岛、大连远洋公司货运处。1987年4月，中远总公司和外代总公司将其所属的"北京货运服务部"和"北京营业部"合并组成"中远总公司、外代总公司北京营业部"。1988年，上海、天津、青岛、大连远洋公司在原货运部（处）基础上，成立远洋国际货运公司。广州远洋将1986年成立的"广州储运公司"，于1992年改为国际货运公司。

各远洋货运公司成立后，积极开辟沿海和内陆货运网点，加强对内陆网点的管理和建设，做到了船舶和陆地相结合，专业和兼职相结合，点面相配套，并力争做到"建立一个、巩固一个"。到 1989 年底，中远总公司已在国内哈尔滨、沈阳、大连、北京、天津、呼和浩特、包头、西安、洛阳、郑州、石家庄、济宁、济南、淄博、潍坊、青岛、连云港、芜湖、杭州、上海、福州、珠海、汕头、韶关、武汉、长沙、昆明、成都、重庆、广州、梧州、桂林等地开设了 32 个货运公司或货运部，拥有各种堆场 33 万平方米，仓库 1.3 万平方米及各种机械设备和专用车辆 200 余台，初步形成了一个基本上覆盖国内主要港口、内陆城市、经济发达地区的货运网络。

随着改革开放的深入和市场经济的发展，中远货运网点不断增多。1990 年，又新建济南、徐州、长春、唐山等地货运部，在国内 26 个省市和主要港口已建有 54 家货运公司或货运部。

1991 年 12 月，中远总公司又在北京成立了"北京国际远洋货运公司"。据统计，到 1992 年 6 月，中远在全国各大港口建有货运公司 16 家，在港口和内地建有货运网点 111 个；在境外，总公司依托驻外机构先后在西欧、北美、东南亚建立起揽货中心，形成了以北京为中心的国内外货代体系。

中远从事国际货代业务的机构名录（截至 1990 年）

（1）中国远洋运输总公司货运部
（2）中国外轮代理公司北京营业部
（3）大连远洋国际货运公司
（4）中远沈阳货运部
（5）中远哈尔滨货运部
（6）青岛远洋国际货运公司
（7）中远郑州货运部
（8）中远潍坊货运部
（9）中远淄博货运部
（10）中远济宁货运部
（11）天津远洋国际货运公司
（12）中远石家庄货运部
（13）中远太原货运部
（14）中远呼和浩特货运部
（15）中远成都货运部
（16）上海远洋国际货运公司
（17）中远芜湖货运部
（18）中远武汉货运部
（19）中远杭州货运部
（20）中远连云港货运部
（21）中远洛阳货运部

（22）中远西安货运部
（23）中远塘沽货运部
（24）中远长沙货运部
（25）中远桂林货运部
（26）中远贵阳货运部
（27）中远韶关货运部
（28）中远昆明货运部
（29）广州远洋运输公司货运部
（30）浙江远洋货运部
（31）浙江远洋宁波货运部
（32）浙江远洋温州货运部
（33）江苏远洋货运部
（34）南京江燕国际集装箱仓储运输公司
（35）张家港国际货运部
（36）南通国际货运部
（37）河北远洋货运部
（38）安徽远洋国际货运部
（39）江西远洋货运部
（40）湖北远洋国际货运部
（41）广州船务企业（股份）有限公司揽货部
（42）海南船务企业（集团）有限公司
（43）远达航运企业有限公司
（44）南京远洋国际货运部
（45）天津轮船货运服务公司
（46）青岛华青船务有限公司货运部
（47）大连扬帆船务有限公司国际货运部
（48）武汉市江海轮船公司
（49）连云港海洋运输公司货运部
（50）天津远洋综合服务公司货运部
（51）中远济南货运部
（52）中远徐州货运部
（53）中远长春货运部
（54）中远唐山货运部

四、多式联运的逐步形成

从1988年起，国家不再给中远总公司分配货载。在与众多船公司争揽货源的竞争中，中远各公司、货运部和国内外中远公司代理、航运代表、合营公司密切配合，为中远船队争揽货载，并努力改变经营作风，积极开展多式联运、"门到门"运输和代运、空运业务，为货主提供优质服务，促进了揽货业务的发展。

随着海运的日益集装箱化，联运业务越来越显示出其优越性。中远利用遍及国内外从事揽货、仓储、运输的货运部门、集装箱中转站及仓库、堆场等设施的优势，向货主提供海铁、海江、海陆等多种形式联运服务，将"及时、准确、安全、方便"运输作为开展联运业务的宗旨。

1986年10月11日，中远总公司与铁道部运输局签订国际集装箱海铁联运协定，正式开展业务。联运范围包括办理中国进出口货物、第三国货物的海运订舱及货物"门到门"运输。中远、外代口岸货运处和货运部承办海铁联运业务。1988年，中远完成了联运30130TEU，1989年增加到38901TEU。外代总公司也十分重视发展国际多式联运业务，到1989年，先后与日本的19家、中国香港和欧美地区的22家货运联运公司签订了长期代理协议，拓宽了中远揽货业务。到1989年底，中远已与20个省市的180家外贸工商企业建立了联运业务。1990年，中远共办理联运代运货物131.7万吨，为年度计划的315%。1992年，中远总公司还初步开通了上海至成都，青岛至成都，郑州、天津至西安等地的海铁联运线。为确保货量稳定的货源和长期可靠的货主，船公司主动与货主紧密合作，做到保证船期，安全优质服务，以赢得信誉，使货主满意。同时口岸货运公司也与内陆网点协调配合，加强内陆网点管理和建设，使联运网络四通八达，安全快捷，方便货主。

大连远洋国际货运公司在长春第一汽车制造厂、鞍山钢铁公司、吉林化工厂等几家有长期进口货物的单位及有关部门的协作下，开展火车专列运输，提供"门到门"服务，为货主降低了运费，缩短了运输时间，受到收货人的好评。这种大批量货物的联运成功，使广大货主增加了对中远船公司的信任。

海铁联运突出亮点是承运包头第二化工厂电石出口的全程运输。该厂的电石过去都是散装出口，环节多，周期长。中远总公司、天津港、铁路局和化工厂在包头共同投资建立了集装箱中转站，做到了"就地交货、就地结算、一次付清运费、一票到底、产运销一条龙"。电石从包头经铁路运至天津新港，从新港海运至日本横滨，再用汽车运输到新潟工厂。从1988年开始承运，年运输量达800—1000TEU。这项多式联运的成功，产生了非常大的社会效益和经济效益。包头钢铁厂、北方工业公司、内蒙古电力等企业进出口货，很大程度上也依赖这条运输线的开发。

进入20世纪90年代，中远的货代已不再局限于简单的揽货和订舱，开始向多功能、全方位的综合性运输服务体系发展。继开展海铁、海陆和江海联运之后，1990年，试办空运业务。8月，中远总公司货运处增设空运科。9月，中国民航总局正式批准中远经营国际航空运输货运销售代理业务后，迅即与中国民航部门合作培训空运业务人员，在北京、上海、天津、大连、青岛、广州、西安等地设立了空运服务部，开展海空联运业务。1992年，空运代理量1667.4吨，进入当年国内航空货运代理前十名的行列。

广大揽货人员的辛勤工作，各种货运业务的全面开展，以及中远多层次的货运网络和灵活多样的货运手段，拓宽了中远货源渠道，揽货量从1985年起每年以35%左右的速度递增。据不完全统计，1988年，国外各合营代理和揽货公司共为中远揽取集装箱货10万余箱，散杂货约86万吨，创收运费8800万元。1990年，货运生产被列入年度运输生产计划后，中远的揽货量由1989年占总运量的56%提高到1991年的90%以上。各远洋货运公司的货运量和揽货量也从1988年开始逐年增加（表1-2）。

1988—1992年中远各远洋公司货量/收入情况表　　表1-2

企业名称	1988年 货量(TEU)	1988年 收入(万元)	1989年 货量(TEU)	1989年 收入(万元)	1990年 货量(TEU)	1990年 收入(万元)	1991年 货量(TEU)	1991年 收入(万元)	1992年 货量(TEU)	1992年 收入(万元)
天津远洋国际货运公司	10250	1170	21530	2420	29970	3980	35280	5220	4850	5740
上海远洋国际货运公司	24083	439.4	27691	490.6	41360	1218	55710	2224.7	81294	3662
广州远洋国际货运公司	9925 拖运量	657.6	17287 拖运量	1188	13269	1620	22654	1852.9	273	2221.6
大连远洋国际货运公司	5554	337.3	6780	648.3	17202	750	19104	913	2768	1347.1
青岛远洋国际货运公司	506	83（利润）	5000	116	6096	169	10893	277.41	16146	584.42

这一时期，中远的货运网络和揽货，不仅为中远船队提供了货源，而且通过高效优质的服务，增强了中远船队在国内外航运市场的竞争力。1991年7月，中远总公司召开"首届货运工作会议"，表彰了3个先进货运公司，7个先进货运部和12名先进货运工作者，会上制定颁发了《中远货运守则》《中远货运工作服务标准》和《中远内陆货运网点工作规范》，为货运管理工作向制度化、正规化迈进打下了基础。

五、货运业务的深入拓展

外代公司作为船、货代理人的职责，早在公司成立之日所颁布的《代理守则》中就有记载。随着时间的推移，船、货代理业务的内容发生了巨大变革。在20世纪60—70年代期间，主要在国家计划经济体制下开展代理业务，外代虽曾有过订舱配载的业务，但货运代理业务并未得到应有的发展，由此形成了外代系统特有的船舶代理业务发展新格局。

（一）完善外轮代理业务体系

进入20世纪80年代，国家决定同步放开船舶代理和货运代理业务，从而为外代系统大力发展货运代理业务，更快地占领货运代理市场提供了大好时机。各外代分公司抓住机遇，从货运管理体制到货运制度，从资金投入到扩大联营，多方位、多层面地发展代理业务。

1979年初，外代总公司与中国汽车运输总公司合作成立了联合办公机构——"中国外轮代理总公司北京营业部"，其主要任务是：作为外代总公司在北京地区的一个对外窗口，开展北京地区的贸易和非贸易货物运输的代理业务。该机构在天津、大连和上海外代分公司的密切配合下,为北京地区的进出口公司、货主服务,成为全系统开展揽货业务的先导。

1986年12月21日,交通部批准外代北京营业部人员编制为45人,办公地点由东长安街6号移至朝阳区东大桥17号,成为独立经营核算的单位。1987年4月16日,为发展揽货业务,经中远总公司党委研究决定,将"中国外轮代理总公司北京营业部"改建为"中国远洋运输总公司、中国外轮代理总公司北京营业部"。

在外代总公司自身开拓货运代理业务的同时,各外代分公司按照总公司的统一工作部署,为保证货运业务的开展,积极抽调业务骨干,组建货运代理机构,成为外代系统拓展货运工作的主体。

1980年11月21日,上海外代分公司为加强揽货业务的开展,经外代总公司批准,成立了货运科,成为外代系统成立货运机构最早的公司。1981年,广州外代分公司增设货运科,开始办理货运代理业务。1982年,大连外代分公司在业务科内专设揽货组,开始直接从东北三省揽取货载;天津外代分公司成立了揽货租船组,为货主提供货运租船服务。1983年2月,厦门外代分公司接办了由港务局和平码头作业区业务组办理厦门至香港的小船货运业务,成立了"厦门外代码头工作组",开始办理香港航线的货运代理业务。1984年,青岛外代分公司经企业整顿后,为适应业务发展需要,调整了部分科室机构,并增设了货运科,以加强揽货工作;1988年6月1日,石臼(日照)外代分公司成立了货运经营部,对外开始办理货运代理业务;1989年1月1日,独立后的蛇口外代分公司成立了货运业务部,下设业务科、租船科、深圳办事处和赤湾办事处等机构。其余各外代分公司在此期间,为了适应改革发展的需要,在船、货代理同步放开后,均设立了相应的组织机构,以增强在竞争中求发展的实力。

20世纪80年代,外代系统在货运代理业务方面向前迈进了一大步。为开展揽货业务,各外代分公司主动走出公司,拜访客户,并深入到内地,广泛建立合作关系,不断扩大了揽货渠道。在内地的网点建设上逐步形成了北起黑龙江的佳木斯、南至海南岛、东起舟山群岛、西至云贵高原的揽货网络。截至20世纪80年代末期,全系统在24家分公司中共设立了45个子公司,其中直属外代分公司13家,共设子公司31个;非直属外代分公司11家,共设子公司14个。

(二)外代分公司创效能力大幅提升

从1980—1984年,各外代分公司加大货运代理业务的工作力度,外代系统的揽货能力逐步增强。1984年,青岛外代分公司共揽货8613吨,为公司增收30余万元;与河南省、山东菏泽地区的货主签订了出口玉米的协议,出口量达30万吨;揽取集装箱货值10万余吨,比1983年增长了20%。1984年,上海外代分公司立足揽取零票货,面向外省市,积极开展揽货工作。上海外代分公司为货主着想,树立信誉,努力做到对货主有求必应,既巩固了老货主,又争取了新客户。同时,在扩大货源、货值的工作环节中将业务做活,使揽货业务取得较好成绩。1984年共揽货21.5万吨,比1983年增长了两倍多,揽集装箱货载2700箱。与此同时,该公司还开展了运输信息服务、货物跟踪等工作,并主动与港口、货主签订联运合作、转运代客服务等多项协议合同,受到国内外货主的好评。

1985年3月,中远总公司提出了加强揽货业务、改变运输方式等一系列措施。同时还决定在揽货业务上要加强整体观念,将外代系统的揽货力量,交由中远各公司领导,并要求在本年度内完成人员及业务工作的交接。1985年4月,中远总公司成立货运处。外代系统5家大的分公司,也同时开始将本公司的货运人员进行调整,划归中远公司领导。

1985年9月,大连外代分公司抽调了10人到大连远洋组成货运部。1985年8月6日,天津外代分公司与天津远洋联合成立了"天津远洋外代货运服务部"。1985年9月,广州外代分公司揽货工作并入广州远洋,4名业务干部同时调归该公司。上海、青岛外代分公司同时于1985年完成了货运工作的划归工作。至此,外代系统主要分公司完成了揽货工作划归中远各公司领导的任务。在划归后的一段时间内,为继续保持原揽货渠道及与货主的联系,对外仍以"××远洋外代货运部(服务部)"的名义开展工作。图1-20为中远总公司召开远洋外代工作会议。

图1-20 1987年3月20日,中远总公司召开远洋外代工作会议,对新年度外代工作进行部署。交通部部长钱永昌(左五)、副部长林祖乙(左六)参加会议并讲话。

(三)颁发新规刺激经营业绩增长

1988年3月23日,国务院颁发了《关于沿海地区发展外向型经济的若干规定》,船代、货代业务从此不再受一定程度交叉的限制,将竞争机制全面引入了船代、货运业务。面对更加激烈的竞争形势,为肯定外代系统开展揽货业务工作所取得的成绩,进一步调动各外代分公司揽货的积极性,外代总公司决定恢复各外代分公司的货运代理机构,并在1988年9月10日召开的第五次全国外轮代理工作会议上,对货运代理业务的开展明确作出如下规定:

1. 为开展揽货和发展货运代理相应增加机构和充实业务人员,上海分公司设立了货运部、广州分公司成立广州国际货运公司,有的分公司组建货运科。其他分公司可以根据各自的情况,在有关规定允许的范围内健全机构、充实人员。

2. 各分公司都要根据需要与可能,建设和发展必要的货运设施,如场地、仓库、运输工具等。这些设施既可以自营,也可以合营、联营。所需要资金原则上由各分公司自行解决;个别直属分公司确有困难,由总公司视情协助解决。

3. 外代揽到的货物,必须优先向中远各公司提供。中远各公司应该优先满足外代舱位的需要,使货物能够按时出运。这就有利于发展本系统(中远、外代)的揽货能力。

4. 中远各公司不搞船代,也不把船交其他代理公司代理,中远船原由外代负责的各项业务工作,仍归外代。外代不搞船队,但为了防止他人乘虚而入,维持中远、外代统一的整体利益,必要时可入股于中远以外的轮船公司,但一般以占股不超过10%为宜,并须经总公司批准。

5. 上海、青岛、大连等地已明确中远、外代揽货机构分开的单位，应尽快划分清楚。已往以中远、外代两个公司名义挂了牌子却又不是一个经济实体的单位，既可以采取摘掉一块虚牌子的办法，也可由中远、外代共同组织一个合营的实体进行工商登记，联合揽货。

除以上五点外，还对中远、外代在内陆联合建立揽货网点及揽货受载先内后外的原则做了说明。外代总公司加大了对货运代理工作的管理力度，调查了新的货运市场情况；了解了国内外航运动态，并结合外代系统开展货运代理工作的实际，制定出《中国外轮代理公司货运工作条例（试行）》等一系列规定及措施。外代总公司协助各外代分公司解决了货运设施建设中所需资金的困难，推动了外代系统货运业务的开展。

在坚持确保船代、发展货代工作方针的过程中，各外代分公司充分利用各揽货机构，积极为船公司揽取集装箱货载，同时还大力组织开展散杂货船的揽货业务。1991年，已有30个口岸的外代分公司开展了集装箱出口的揽货业务，其业务连续3年年均增长58%，已占全国海运集装箱出口量的25%；35个口岸外代分公司开展了散杂货出口揽货代运业务，达到了以丰（揽货）补歉（船代）的目的。为了保证代理工作发展的后劲，外代总公司还争取到了1.2亿元人民币的货运设施资金投入指标，积极配合各外代分公司落实货运设施"八五"期间的投资计划，进一步做好了各项目推进前期的论证工作，选准投资方向，继续增加货运设施的投入。

六、代理格局的深刻变革

（一）从"独家代理"到"百家分羹"

外代公司自成立后，一直是国家指定的全国唯一一家船舶代理公司，在交通部的直接领导下，承担着国际船舶代理业务和货运代理业务。从1953年1月1日外代公司成立，到1984年11月3日，国务院颁发《关于改革中国国际海洋运输管理工作的通知》（以下简称《通知》），是中国外轮代理公司为国家经济建设做出重要贡献的历史时期。这一时期，从企业所处的运营业态来看，是"独家代理"的时期；从职工所处的工作状态讲，是"以我为主""一家独大"的时期。

国务院下发的《通知》，打破了外代公司的经营业态，同时也颠覆了职工的生存状态。《通知》的核心是第三条，即：企业经营要引入竞争机制。这标志着海洋运输企业的经营开始步入既分工合作又互相竞争的阶段。《通知》的颁布实行，无疑加速了中国海运事业的市场化步伐，也标志着外代公司独家代理运输船舶格局的结束。由于传统的海运管理体制被打破，竞争的形势迫在眉睫。在海运方面，不论是运输、船代，还是货代都曾一度出现过百舸争流、"百家分羹"的形势，各种生产关系及经营环节均处于碰撞与磨合之中，因此也不可避免地出现了混乱状态。针对这种情况，国务院颁发了《关于沿海地区发展外向型经济的若干补充规定》，明确规定了沿海省、自治区、直辖市和经济特区可以采取集资、联营、自营等方式，健全或扩大船队，发展近、远洋运输，发展铁路、公路、水运、航空多式联运；船舶代理、货运代理业务实行多家经营和互相兼营，船代、货代的使用，分别由船公司、货主自主选择，任何部门都不得进行行政干预与限制。外代广大干部职工从国家改革开放的重大社会变革中、从多家企业纷纷参与中国代理市场竞争的形势中、从代理业务一天比一天难做的生产实践中，清楚地认识到，历经30多年"独家代理"的经营局面已经一去不复返，只有放下国有企业的架子，到市场上竞争，在竞争中创效，才有可能争得生存的空间，掌握未来的命运。否则，就会被市场所淘汰，被时代所抛弃。习惯于传统经营模式的外代系统广大干部职工，尽管对生产实践中一哄而上的"百家分羹"形势感到有些别扭，难以适应，但大家的基本觉悟都在，大局观念都在，这是国家改革开放大局所决定的，是不以人的意志为转移的，服从大局是对国家建设和航运体制改革的最大支持。

计划经济时期，没人敢冒天下之大不韪，成立一个代理公司来抢外代的饭碗。而商品经济及市场经济时期，如果有人敢冒天下之大不韪，逆国家改革开放潮流而动，阻止多家公司参与船舶代理市场竞争，后果与受到法律的制裁几乎无异。这正应了古人所言，世事变幻，多有轮回；三十年河东，三十年河西。

外代公司广大职工尽管还带着"独家代理"的某种惯性或习性，但还是义无反顾走向了市场，走向了竞争，走向了"百家分羹"的时代大潮中。

（二）从"等客登门"到"服务上门"

在长期的计划经济体制下，外代企业的个别干部职工养成了一种"官商"作风，等客上门、服务态度不佳、对市场需求反应迟钝，缺乏全心全意为客户服务的思想。为了适应经营管理体制的变革，把广大职工凝聚到企业发展的大目标上来，外代总公司旗帜鲜明地提出了"向服务要效益，向竞争要实力"的口号，并采取了切实可行的四大举措：一是加强对职工进行竞争意识的教育，着力培养一支热爱本职工作、努力拼搏创效的职工队伍；二是调整组织机构，建立了适应竞争需要的业务处、船务处和综合处，实行与船舶、港口、码头业务相衔接的市场化管理模式；三是扩大业务范围，开展多种经营项目，千方百计地为国家多创收，多做贡献；四是建立以市场为导向的奖励机制，对在市场竞争和生产实践中端正经营思想，优化管理流程，创造经济效益、注重品牌效应的先进职工给予大力表彰和奖励，"等客登门"的生产习惯逐步得到纠正和改善（图1-21）。

图 1-21　外代总公司外勤人员登轮办理相关业务。

通过多种形式的思想教育和行为引导，广大职工逐步树立起为委托人竭诚服务的指导思想，其竞争意识、服务意识以及管理意识明显加强。竞争取胜的观念逐步深入人心，外代职工的积极性在各项工作中日益提高，许多单位的工作较代理放开前有了明显改观。上海、广州、汕头、天津、大连、湛江等分公司开展"满意服务活动"，设立客户监督电话，从多个环节改变工作作风，优化服务质量。烟台外代分公司坚持每日登轮两次，主动服务到船，年代理船舶服务满意率达到100%。上海外代分公司备用金收支管理和使费、运费结算严格，财务工作制度完善。汕头外代分公司急船东所急，航次结算做到船舶开航后 20 天内完成，并且计算正确、账目清楚、凭证齐全。秦皇岛外代分公司热情为船员及其家属服务，主动帮助他们排忧解难，受到中外船员和船公司的称赞。

面对代理放开经营的局面，外代系统通过提高服务、改进管理，提高代理工作的综合实力，使各项业务很快适应了海运管理体制的改革。船舶代理、货运代理的业务量，在对外贸易运输中的占有率始终保持在较高水平。从 1984—1987 年的 4 年间，外代系统的各项代理业务的完成情况逐年呈上升趋势。

（三）从"约法三章"到"自律百条"

1985 年初，外代总公司颁布了《现场管理的意见与要求》，之后又颁布了《班轮代理实施细则》和《服务守则》，被干部职工称为优化代理流程、提高服务质量、影响企业走向的"约法三章"。这意味着，外代系统 30 多年计划经济体制下形成的一切弊端，将在企业间激烈的市场竞争中被彻底摒弃。在推进"约法三章"的落实中，各外代分公司通过优化服务、改进管理，使各项业务很快适应了海运管理体制的改革。船舶代理、货运代理的业务量，在对外贸易运输中的占有率始终保持在较高水平。

"约法三章"推出后，各分公司进步明显，但也存在发展不平衡、基础管理粗糙、服务意识淡薄、工作效率较低等问题。原因虽然是多方面的，但外代总公司主动从自身找原因，如为船东、货主、港口三方进一步提高代理服务标准问题，有关制度原则要求多、具体规范少、缺乏可操作性等。如何逐步提高代理服务质量，稳步提升企业的市场核心竞争力，成为外代系统在全国船、货、港全面放开的新形势下面临的重大课题。

1989 年 5 月 22 日，外代总公司颁布了《中国外轮代理总公司服务质量检查标准》，这一标准后被称为《标准》100 条"，也被称为"自律百条"。外代总公司在颁布《标准》100 条的通知中指出："这个《标准》的制定，是继《服务守则》等制度颁布后的又一重要措施。各分公司要认真传达贯彻《标准》，确保人人皆知，在实际业务工作中切实做到把代理服务不断推向新的高水平。"《标准》100 条是外代总公司为客户提供优质服务的 100 条规范条款，同时又是便于检查验收的 100 条自律准则，条条都是硬标准，具有操作性，均可量化验收。以三个整数条款为例：第一条的内容是："是否明确了委托代理的船舶性质、委托关系、船舶规范、抵港吃水和来港任务？"第五十条的内容是："是否在货物卸船后及时向收货人发出了催提信？"第一百条内容是："接待客户是否热情礼貌并想方设法为他们解决业务上的问题？"

值得肯定的是，外代总公司不是把"自律百条"作为摆设，而是实实在在地当成为客户提供优质服务的行为宝典。总公司每年都要安排至少 6 个检查组，对照 100 条逐项进行检查验收。每到一个单位都会写检查报告，对存在问题的单位限期改正，并上报整改报告。这一时期，"自律百条"逐步成为全系统各级领导干部乃至每位职工开展业务的准绳，主要领导亲自抓，公司月度有评比，季度有检查，每半年还要全面检查，并把这项工作纳入每月的经济责任制三级考核体系中，与职工的工作业绩和经济收入直接挂钩，保证了"自律百条"的贯彻落实。

（四）从"客户至上"到"提质升级"

外代总公司在推进企业发展的道路上，不满足于自身已取得的成绩，而是不断提高服务标准，不断扩大经营范围，不断实现自我超越，这种始终保持旺盛的进取心理和持续的再攀高峰精神，成为企业发展壮大的不竭动力。这一时期，总公司提出了"客户至上，服务第一"的经营方针，并把这一方针贯穿到生产经营和企业管理的方方面面，在为委托人提供优质、高效的服务过程中，又有了新的目标和遵循。之后，外代总公司根据交通部颁发的《外轮代理行业国家二级企业标准》和《交通行业国家级企业管理工作基本要求》，结合"客户至上，服务第一"的方针及外代行业特点，制定了《外轮代理行业评审国家二级企业细则》，进一步明确了"安全、质量、经济效益"三大类五项等级指标，确定了各等级指标的指标水平和测定，对指导外代系统顺利开展企业升级工作起到了十分重要的作用。

各外代分公司以企业的经营方针为指导，以企业定级升级的有关规定为依据，以深化企业内部改革为动力，以提高经济效益为中心，以提高服务质量为主攻方向，扎实开展定级升级工作。各分公司上至领导成员、下至普通职工，态度认真，热情高涨，不分昼夜，按照外代企业升级标准，认真扎实地从各岗位的基础工作入手，大打基础工作界定标准的翻身仗，争当首批通过升级的公司。归纳各分公司的做法，主要有三个特点：一是电子计算机的广泛应用。各分公司开发了各种软件管理系统，主要生产业务、财务、通信岗位都应用计算机管理和操作，加速了企业管理现代化的进程。二是标准化管理的深入推动。各分公司根据企业升级要求，结合自身的实际情况，制定了各岗位的工作标准、各项工作的管理标准和特殊专业的技术标准，有力地推动了企业管理标准化的开展。三是服务指标的全面提升。交通部颁发的《外轮代理行业国家二级企业标准》中规定的责任死亡、重伤事故为 0，单证差错率 <6‰，航次结算准期率 >75%，船舶动态联系合格率 >92%，人均实现利税 92000 元五项指标均属外轮代理行业的高标准，体现了国家级企业的高质量、高标准。

通过"客户至上，服务第一"经营方针的贯彻执行和二级企业标准的组织落实，企业的"提质升级"工作全面展开，并依据这一细则，组织各外代分公司进行自查、申报，接受交通部国家级评审组的检查评审。经交通部批准，大连、上海、天津、烟台、连云港 5 家外代分公司被评为 1988 年度国家二级企业；青岛、广州、宁波 3 家外代分公司被评为 1989 年国家二级企业。到 1992 年底，全系统共有 11 家分公司完成企业升级工作，被评为国家二级企业。外代系统按国家标准进行企业升级工作，有力地促进了企业管理与服务水平的提高。

外代系统的干部职工从毫无后顾之忧的计划经济体制中走来，到牢固树立危机意识，在激烈的市场竞争中打拼，企业非但没有被残酷的市场所淘汰，反而一次次站稳脚跟，一步步发展壮大，其中最重要的原因，就是企业每每在发展的重要时间节点上，都采取了正确的发展战略，实现了发展进程中的转折与升华。从"独家代理"到"市场打拼"的自我救赎，从"等客登门"到"服务上门"的华丽转身，从"约法三章"到"自律百条"的扎实推进，从"客户至上"到"提质升级"的自我超越，中国外轮代理总公司走出了一条独具外代特色的发展之路。这是其不断抢抓机遇加快发展的根本经验，也是其跻身于国际优秀代理企业之林的成功法宝。

七、代理业务的平稳发展

（一）深挖自身潜能，服务中远船队

上海港是中远船舶进出艘次最多的港口。为做好对中远船舶的管理工作，上海外代分公司加强对本公司船务部的领导，制定调度值班制度，对进出港口的中远船舶动态传递及时、准确、迅速。外勤业务员每日登轮两次，为船舶及船员解决问题，使中远船舶靠挂上海港的周转速度明显加快，保证了装卸任务的顺利完成。青岛外代的船务部将管理好中远船舶列为争创文明科室的标准之一，建立了以科室为单位的岗位责任制，努力为中远船舶搞好服务，得到靠港的中远船舶及船员家属的好评，1985年受到中远总公司的通报表扬。

船舶和货物是海运的两大核心要素，船公司和客户最为关心的，莫过于及时得到有关船、货的信息。作为中远船舶的代理人，为中远船舶揽取更多的货载，提高经营效益，是代理的又一重要职责。各外代分公司为此付出了艰苦的努力。1984年，国际航运市场萧条，货运处于低谷，不少船公司损失较重。中远总公司同样面临生产经营困难局面。为协助中远船队走出低谷，外代总公司同各分公司携起手来，积极开展货源组织工作，齐心协力多揽货、揽好货，为中远公司摆脱困境做出了贡献。上海外代分公司在货源配载上，始终坚持国轮优先的原则，对不合理的配载坚持按"平衡会议"决定执行。为此虽然受到外籍船公司的指责，但各分公司仍然坚持采用与货主直接联系的方法，承揽定期定航线的货源，优先配载中远船舶，为中远船舶获得良好的经济效益做出了贡献。

这一时期，外代总公司在实行中远总公司所制定的"统一定价，分头揽货，互通信息，一致对外"的原则中，各外代分公司与各远洋公司形成了一个整体，每年揽货都在1000万吨以上，毛收入均在2亿元以上，有时还能出租几十万吨的剩余船舶运力，连续几年都取得了较好的经济效益。多年来，各外代分公司在代理费用方面一直以扶持国家船队，保护其利益为原则。在历次调整代理费用的时候，首先考虑的是船队的效益，而不是代理本身的收益，对中远船舶的收费标准或维持原有水平或有所下调。

这一时期，为保证中远船队的周转率，各外代分公司千方百计地为中远到港船舶预付港口使费，并多方联系催收运费。为尽早收取运费，各外代分公司均成立了"运费催收小组"，在外代总公司的直接领导下，开展此项工作，有力地保证了中远船舶资金的周转。

（二）优化班轮流程，提高营运效率

1984年5月至1985年2月，中远总公司为适应在国际航运市场上的竞争，提高船舶的利用率，试开了中国至欧洲的集装箱班轮。1985年11月，交通部召开了班轮工作会议，正式确定了中远船队在31条航线上的89个航班为正规化班轮。

中远总公司在落实交通部班轮工作专题会议精神时，研究制定了《班轮管理实施办法》（以下简称《办法》），下发至各有关单位。外代总公司在落实交通部班轮工作专题会议时，把中远制定的《办法》作为重要的参考依据，从组织、人员和具体业务方面，制定了可行性很强的措施，要求各外代分公司把班轮代理工作具体化、程序化、表格化、责任化。各外代分公司普遍提高了对班轮工作的重视，把做好班轮代理工作当成为中远船队服务的一项重要工作,确保船舶按时装卸和开航,为中远班轮,特别是核心班轮的正点率做了大量有效的工作。

天津外代分公司专门制订了搞好服务的四项十一条措施和制单、送单、取图、现场、信息等保证责任制,使核心班轮的准班率在1987年达到了95.24%,1988年又提高到了97.62%。青岛外代分公司为确保中远总公司青岛—地中海、青岛—西北欧航线的班轮准班准点,专门成立了班轮工作领导小组,制定了《关于贯彻落实班轮会议的实施细则》,每月初在《青岛日报》上刊登班轮船期公告,以满足班轮的货源要求。蛇口外代分公司在蛇口港货源极不稳定的情况下,抽调专门人员,紧密配合蛇口港务公司,建立了中远班轮进口物资中转业务。

为加强对各外代分公司开展班轮代理工作的领导,外代总公司除定期检查各外代分公司的工作情况外,于1988年7月作出在《人民日报》上定期刊登《船期公告》的决定。《船期公告》旨在刊登中远公司各条航线的班轮,其中包括船名、航线、挂靠港口、开航时间、抵港时间以及受载能力等,为广大货主、船公司提供了更加便捷信息咨询平台。这一栏目开办后,引起了国内外客户的高度关注,起到了船、货、港之间的桥梁作用。

(三)开辟租船业务,增强创效能力

20世纪80年代初,国际、国内航运形势发生了很大变化,运价大幅度下跌,成本持续增加,整个船队的经营面临前所未有的困难,租船的经营状况更不容乐观。为适应国家航运体制改革及市场竞争的需要,中远总公司采取了一系列措施,在逆境中扭转了局面。1985年,经营状况开始好转,包括租船在内的各条航线的效益有明显提升。20世纪80年代末,在国务院、交通部的正确领导下,中远系统全体职工经过奋斗拼搏,排除干扰,努力工作,全面超额完成了各项生产任务,完成了对交通部的承包经营指标。在中远各项工作所取得的成绩中,作为代理人的各外代分公司付出了艰苦的努力。中远总公司副总经理、外代总公司总经理陈忠表①在第五次全国代理工作会议上指出:

中远、外代是一个整体,要相互依靠、相互支持、相互帮助。这个整体中的代理机构遍及全国,在现场为自己的船队做了许多工作,同时又代理着其他许多船公司,以便了解和掌握更多的信息和情况,可以说外代是中远的重要帮手和信息渠道。当时适逢国际航运不景气,国内船舶运输放开,中远的船队经营受到冲击,外代各公司千方百计支持远洋船队抗风险、渡难关。从这个意义上讲,外代和中远又是患难与共的同志加兄弟。

由于各外代分公司在一心一意为中远船舶、中远租船服务的同时,也加强了对其他船公司的服务,发挥出在国家对外贸易运输中的主体作用。外代公司也在这个过程中不断发

---

① 陈忠表,生于1937年12月,福建省宁化县曹坊镇人。1962年8月毕业于大连海运学院(本科)。1962—1973年先后在中捷海运公司、广州远洋运输公司、中波轮船公司、中坦海运公司任三副、二副、大副、船长;高级经济师。1973—1992年中国远洋运输总公司副总经理、中国外轮代理公司总经理;1992年7月任中国远洋运输总公司总经理兼中国船东协会会长;1993年中国远洋运输(集团)总公司总裁;1998—2000年任中远集团董事长。1998年3月,当选为第九届全国人民代表大会代表。

展、壮大，成为国际航运界知名度较高的企业。

第十节　中国船舶燃供在改革中发展

　　1979—1992年，是中国船舶燃料供应总公司（以下简称中燃总公司）发展的关键时期。1986年，中燃总公司的管理体制发生变化，从交通部海洋运输管理局划出，作为部属一级企业（副局级），实行独立核算，自主经营；对各分公司实行统一领导，业务上归口交通部物资局，中燃总公司成为经济实体。1988年2月，为适应国家物资体制改革的需要，进一步理顺中燃总公司的供应服务关系，交通部决定将中燃总公司成建制划归中远总公司领导，中燃总公司及其所属各分公司的业务得以迅速发展，中国船舶燃料供应事业取得了新的进步。

一、体制改革逐步深化

　　中国船舶燃料供应公司作为具有法人地位的独立法人，早在1982年9月22日，即向国家工商行政管理局登记注册。

　　1982年，中燃总公司体制改革开始，在庆祝中燃总公司成立10周年之际，中燃总公司正式向交通部提出了体制改革的报告。中燃总公司体制改革的目的是建立一个人、财、物统一，供、产、销结合，领导关系单一，有独立经营权利的专业公司。中燃总公司是部属一级企业，下设各地分公司，为二级企业。在国家计划指导下，中燃总公司具有独立的经营管理权限。

　　1986年11月18日，交通部下发《关于改革中国船舶燃料供应公司管理体制的通知》，确定了中燃总公司的体制。《通知》明确：中燃总公司从交通部海洋运输管理局划出，作为部属一级企业（副局级），实行独立核算，自主经营，为责权利统一的经济实体，对各分公司实行统一领导。中燃总公司业务归口交通部物资局。该公司承担外轮、远洋、沿海及内河船舶的燃油、润滑油及淡水的供销任务。对外进出口业务，按对外经济贸易部有关规定办理。

　　体制改革后的中燃总公司，设总经理1人，副总经理1人，总工程师1人（或总会计师1人）；下设综合、业务、安全技术、人事教育、计划财务5个部；编制35人，其中工人编制5人。各分公司的正副经理和书记，由中燃总公司与所在港航党委共同考核后，由中燃总公司报交通部政治部任免。

　　中燃总公司和港务局（海运局）对各分公司实行双重领导，以总公司为主，并对主要职责进行了分工。《通知》还对财务管理、职工工资奖金及福利待遇，生产、生活设施管理等问题做了规定。至此中燃总公司体制改革问题暂时告一段落。

　　1987年6月2日，中燃总公司经国家工商行政管理局审核，重新发给营业证书，规定经营的业务范围为：外贸和沿海船舶的燃油、润滑油及淡水供销；并经营进口船用燃油和为外商代销燃油、润滑油；兼营沿海港口陆上燃油、润滑油供销业务。营业证书上开列的分支机构，除大连、秦皇岛、天津、青岛、连云港、上海、黄埔、湛江等原有的8个分公司外，又增列了宁波、厦门、福建、福州、九洲、防城等沿海分公司及南京、南通等沿长江下游的燃供公司。

随着对外开放的扩大，福建省相继开放了泉州、湄洲、东山、霞浦、秀屿等港口。为适应对外开放的需要，更好地为到港外贸船舶服务，确保到港船舶及时加装燃料、淡水，并为国家多创外汇，1987年，交通部同意中燃总公司与福建省轮船总公司联营成立中国船舶燃料供应公司福建分公司，统一经营福建省各港口（厦门除外）船舶燃油、润滑油、淡水的供销业务。

对上海燃料分公司的体制改革，则采取另外一种模式。1988年2月12日，交通部下达了《关于中国船舶燃料供应总公司上海燃料供应机构管理体制问题的通知》，其中指出：按照交通部《关于改革中国船舶燃料供应总公司管理体制问题的通知》精神，考虑到历史的沿革和上海海运局运输生产的需要，把更多的自主权放给基层，对中国船舶燃料供应总公司上海燃料供应机构和上海海运局的燃料管理体制问题，确定按以下原则办理：

（一）在建制上，实行一个机构，一套班子

由于两种业务性质不同，挂中国船舶燃料供应公司上海分公司和上海海运局船舶燃料供应站两个牌子（以下简称分公司、供应站）。分公司是自主经营，独立核算，自负盈亏的供销企业，向工商行政管理部门注册登记，依法经营。供应站是上海海运局燃料供应部门，实行内部核算。分公司、供应站都可以实行经济承包制。

（二）在分工上，实行公司内部层级管理

分公司、供应站的主要职能，是根据中国船舶燃料供应总公司（以下简称总公司）下达的年度销售计划和上海海运局（以下简称海运局）下达的年度供应计划，负责海运局船舶、远洋船舶和外轮所需要的燃、润油料和淡水的提运、储存、调度、销售；负责对部属单位及航运企业委托的代提、代储、代供业务；还可以依法进行多种经营。分公司、供应站按规定的任务，对总公司和海运局负责。

（三）在职责上，实行经理（站长）负责制

经理（站长）、副经理（副站长）征得总公司同意，由海运局任命和管理。企业已有经营权限范围不变。时有国家投资建设的油库和船舶、码头等船用燃料的配套设施，内供外供不能分开。所有设施均由分公司、供应站共同负责使用、管理和维修。分公司按时有固定资产账面总金额的50%，进行工商登记。分公司、供应站的发展规划、基本建设和更新改造计划，分别报送总公司和海运局，属于内供部分，由海运局征求总公司意见后上报；属于外供部分，由总公司征求海运局意见后上报。

根据上述精神，中燃总公司和上海海运局联合成立管委会，对上海分公司的重大问题进行协调管理。

二、隶属中远归口管理

1988年2月23日，交通部下发《关于将中国船舶燃料供应总公司划归中国远洋运输总公司的通知》，将中燃总公司原归口单位交通部物资局划归中远总公司领导。通知指出，为适应国家物资体制改革的需要，进一步理顺中国船舶燃料供应总公司的供应、服务关系，将中国船舶燃料供应总公司成建制地划归中国远洋运输总公司领导。

1. 中国船舶燃料供应总公司划归中国远洋运输总公司领导后，仍为副局级单位。对内对外保持中国船舶燃料总公司的名称，是具有法人资格的独立核算经济实体。
2. 中国船舶燃料供应总公司对各分公司的领导关系不变。
3. 中远总公司供应处与中燃总公司的业务关系，由中远总公司拟定方案确定。
4. 中国船舶燃料供应总公司的供油申请计划、财务、劳资、物资、人事等业务，均由中国远洋运输总公司决定。

三、燃供业务逐步扩张

中燃总公司为国家授权的对外独家经营燃油和润滑油的专业公司。当时，国家计划调拨的船用燃油和润滑油，很难满足随外贸发展而增加的到港船舶的需求。为了保证供应油源，维护国家信誉，只有采取进口或为外商寄销等方式。为此，中燃总公司考虑到在各港的油库和码头接卸能力较低的特点，根据国际市场的变化，不失时机地批量进口和采用寄销等方式，既保证了供油，又为国家多创外汇，同时也积累了一定的经验。交通部函文指出："为了进一步适应对外开放，对内搞活经济和燃油供应业务的需要，特申请你部批准将中燃总公司列入外贸公司，专门从事经营船用燃油的进出口和寄销，及船用润滑油的进出口、寄销、来料加工等业务。"接到函文及所附章程后，对外经济贸易部于12月7日复函交通部，同时抄送国家计委、国家经委等有关部门，提出：①根据清理整顿各类外贸企业的规定和要求，同意中国船舶燃料供应总公司的章程。②公司仅限经营中国沿海各港口国内外船舶所需船用燃料油和润滑油的进口和换油业务，并接受海关监督。

（一）获准进口船用燃油营销权

1979年2月4日，交通部呈文国务院："随着我国工农业生产和外贸任务的增长，港口船舶供油量也有显著增加，根据港口外贸吞吐量的推算，今年外轮和远洋船舶最低需油量约为170万吨。但由于中国目前石油生产所限，还不能满足要求。今年国家计划只安排了127万吨，缺口43万吨……经与国家计委、国家经委等有关部门商量，拟采取进口部分船用燃料油的办法解决。"此请示报告经国家副主席李先念及国务院副总理余秋里、谷牧、康世恩、陈慕华等批示后，很快得到落实。中国人民银行会同交通部下达了《关于进口船用燃料油的通知》，同意交通部从时有供油外汇收入中划拨500万美元作为周转金，并同意在中国银行总行营业部开设"燃油美元"专户。同时，对外贸易部海关管理局也下发了《关于交通部进口船用燃料油的通知》：经国务院领导同志批准，交通部1979年进口40万吨燃料油，以解决我港口国际航行船舶的供油问题，由中国船舶燃料供应公司直接办理国外进口和供油业务。交通部进一步明确，进口船用燃料油只在上海、大连、黄埔3个口岸对中外国际航行船舶供应，并收取外汇。上述船用燃料油，特准免税进口。

这一时期，由于中东产油国家战争不断，石油市场油价上扬，中燃总公司一直未能找到有利油源。1979年，仅试进口约1万吨，增收外汇约21.4万美元。年内虽未完成船用进口燃料的计划，但这种新的尝试，为开辟油源开拓了新渠道。1980年5月17日，交通部将《关于继续进口船用燃料油和为外商代销船用燃料油的请示》上报国务院，很快经国务院领导同志批示同意，海关总署随即下发通知，批准上述船用燃料油免税进口。为了广开油源，保证外轮用油需要，除经国务院两次批准进口船用燃料油外，1982年4月15日，又由国家经济委员会、石油工业部和交通部联名向国务院提出《关于增加安排外轮加油资源问题的请示报告》，指出为了解决外轮加油油源不足问题，避免外贸船舶在港口停航待油，造成不必要的政治影响和经济损失，经多方研究商定，决定将石油部增产和节约下来的油源用作出口换取差价，作为补助石油勘探开发资金的石油产品，安排10万吨或再多一些的重柴油，转供交通部船舶燃料供应公司，用作给外轮加油。

对于由出口转供外轮的这部分油源，由交通部中国船舶燃料供应公司按国际价格代理石油部销售。所得外汇归国家，人民币由中燃总公司扣除、垫付油款和手续费以后，转拨给石油部，作为补助石油勘探开发资金。这个报告经国务院批示同意。国家计委、国家经委于1983年7月9日通知石油部和交通部，规定由石油部增拨交通部船用燃料油10万吨。

为了发展供油业务，加强与国外有业务来往的公司沟通，按照国际惯例，中燃总公司先后与日本安宅产业株式会社、日本伊藤忠商事株式会社、日本丸红株式会社、意大利阿吉普石油产品公司（AGIP）、法国MORY公司及日本伊藤万株式会社签订过供油协议，规定了供油港口、供油种类、结算方式等。

（二）公司被定位为外贸企业

1979年，经国家计委批准，中燃总公司开始为国外石油公司代销船用润滑油业务，先后与25个国外石油公司和航运公司签订了润滑油寄销合同。1980年5月，经国务院批准，该公司经营进口和为外商寄销船用燃油业务，并设立了美元账户。1982年，经国家工商行政管理局审核，将该公司列入全国性外贸公司，确定了营业范围，颁发了营业执照。1984年经交通部批准，该公司又开展了对外来料加工船用润滑油业务，年加工量约3000吨。1987年4月15日，交通部致函对外经济贸易部，提出将中燃总公司列入外贸公司序列。对外经济贸易部于12月7日复函交通部，同时抄送国家计委、国家经委等有关部门，提出：①根据清理整顿各类外贸企业的规定和要求，同意中国船舶燃料供应总公司的章程。②公司仅限经营中国沿海各港口国内外船舶所需船用燃料油和润滑油的进口和换油业务，并接受海关监督。自此，中燃总公司成为国家授权的对外独家经营燃油和润滑油的专业公司。当时，国家计划调拨的船用燃油和润滑油，很难满足随外贸发展而增加的到港船舶的需求。为了保证供应油源，维护国家信誉，采取进口或为外商寄销等方式来解决。为此，中燃总公司考虑到在各港的油库和码头接卸能力较低的状况，根据国际市场的变化，不失时机地批量进口和采用寄销等方式，既保证了供油，又为国家创收了外汇，同时也积累了一定的经验。

（三）扩展生产经营范围

中燃总公司根据国家政策、企业现状，在20世纪90年代初采取了放开、搞活的一系列措施。主要包括：

1. 积极开辟油源

油源不足，是长期制约中燃总公司业务发展的重大难题。计划经济时期，主要是向国家计委申请国产油油源，但收效甚微。其后，经国务院和中央财经领导小组批准，中燃总公司可以从国际石油市场进口石油以解决油源，这就为油源开辟了另一条进货渠道。20世纪90年代初，中燃总公司一方面确保计划内油源及时到货；同时，花大力气组织进口油和保税油，以弥补国内油源的不足。

2. 扩建储油基地

为了适应进口石油大幅度增加的需要，中燃总公司重点新建和改建了南、中、北三处接卸进口油基地。南部是在珠海经济特区的桂山岛建成了中外合资的大型储油基地；共征地20万平方米，第一期工程建成5万吨级和5千吨级油码头各1座，储油罐9.8万立方米及相应的配套设施。中部扩建上海海滨油库，新建了4个油罐，共1.55万立方米；油码头加长后，乘潮可接卸3万吨级油轮。北部扩建青岛黄岛油库，已经建成了4万立方米新油库。其他一些分公司也采取多种方式筹集资金增加储油能力。这一时期，中燃总公司直属、联营及中外合资公司储油罐的保有量，由31万立方米，增加到80多万立方米，净增49万立方米。

3. 增设供油网点

为了适应港口改革开放的需要，许多沿海、沿江港口根据中国船舶燃料供应总公司已有20年的燃油供销经验和已经形成的企业形象和良好信誉，纷纷主动上门，谋求组建联营公司。到1994年底在国内已经形成了丹东、营口、烟台、石臼、南通、南京、舟山、宁波、温州、福建、厦门、汕头、茂名、防城、海南燕东、长江中燃等16家国内联营和业务归口公司。

另外，还参与组建了秦皇岛—东方石油有限公司、深圳华英公司、赤湾壳牌公司、连云港康云公司、珠海中燃—阿吉普公司、汕头中燃—丸红液化气公司等6家中外合资企业，连同原有8家直属公司，在中燃名下，包括合营、联营、归口公司共30家，实现了网络化目标。在1994年底前投产的各地企业中，只有丹东、燕东2家公司出现了亏损，其他各家的经济效益良好。

4. 开拓海外业务

为了实现经营国际化的目标，使中燃总公司进一步走向世界，首先于1988年与香港招商局仓码公司合作，在中国香港设立了连悦有限公司，主要任务是为中燃总公司提供信息、办理进口、代销燃油，兼做船舶代理及其他业务。其后，1992年，在新加坡组建了新峰石油有限公司；1993年，参股新加坡中远—东方石油有限公司。1992年，派员赴荷兰华联公司开展供油业务；1993年，又派员赴西非开展渔船供油业务。这是中燃事业发展壮大的重

图1-22 1989年12月21日，中远总公司副总经理董玖丰在"1989年新加坡国际燃油会"上代表中远发表题为"中远与新加坡燃油市场"的演讲。

大举措，也是中燃在全国范围知名度大大提高的重要标志。图1-22为中远副总经理董玖丰[①]在新加坡国际燃油会上演讲。

5. 勇于负债经营

中燃总公司长期工作在计划经济的环境里，头脑里一直存在"无债一身轻"的思想，在观念上认为欠债是一种耻辱。这实际上是把日常生活中的欠债与商业活动中的借贷经营混为一谈。通过对外开放，借鉴外企经验，中燃总公司的领导逐渐解放了思想，学会审时度势，把握市场长期、中短期发展形势和价格涨落脉搏，随机做出判断，在有利于自身发展的前提下，敢于负债经营。在整个20世纪80年代，中燃总公司利用国内外贷款，购进和新建了28艘供油供水船，大大增强了企业实力和后劲。

（四）经营效益保持稳定

进入20世纪80年代，随着中国经济体制改革的持续推进，中燃总公司的供销业务也有了新的发展，经济效益呈现上升趋势。1980年，全年燃油销售量225.9万吨，其中供应外贸船128.6万吨，供应淡水224万吨。其后的1981—1986年6年间，供油供水量大体保持在每年200—230万吨，供销情况基本稳定。1987年，燃油供应量为213万吨，其中供应外贸船124万吨，供应淡水200万吨。供水量比前几年略有下降的原因，是因为当时开始出现多家单位供水的情况。根据交通部《关于中国船舶燃料供应总公司实行总经理负责制的批复》，中燃总公司于1988年1月1日起，实行总经理负责制，较好地完成了生产经营任务。

1. 超额完成了对船舶的供油供水计划

1988—1992年上半年，中燃总公司对船舶供油油源以国家计划供应为主，营销差价较大，经济效益可观。但到了1992年下半年，计划油源由削减到取消。1993年，国内石油市场混乱，经营石油供销的企业如雨后春笋般发展，导致市场石油价格涨落不定。1994年，国家对石油供销体制进行整顿，实行导向配置，市场情况本应趋向规范化，但又因走私和进口石油大量冲击市场，石油供销情况依然十分严峻。当时，国家未给中燃总公司提供经

[①] 董玖丰，1939年5月30日出生于浙江绍兴。大学本科学历，1963年9月参加工作，先后在中波公司、广州远洋船舶任轮助、三管轮、二管轮、大管轮、轮机长。1977年3月，加入中国共产党。1980年2月，任香港招商局船舶经纪部机务总管，1982年9月，在中远总公司教育处、船技处、造船处工作，1985年6月，任中远总公司船技处副处长、处长。1986年12月，任中远总公司副总经理。1992年5月，任中华人民共和国船舶检验局局长。1997年9月，任中远美洲公司总裁兼党委书记。1998年12月9日，任中远香港集团总裁、党委书记。期间，先后担任国际船级社协会理事会主席、中国质量管理协会副会长、中国航海学会常务理事、中国海事仲裁委员会第十二、十三届委员会委员。1997年，出版《海上安全的最后防线》一书，记述了中国海运和远洋航行安全的典型案例和安全防控理念及举措。

营用油，所配置的少量油品，又因价格高于国际市场，使中远船舶难以接受。

中燃总公司能不能在市场经济大潮的冲击下站稳脚跟，这是一个新课题。面对当时的重重困难，中燃总公司的领导班子认真学习了党中央、国务院有关方针、政策，仔细分析了企业现状，提出了十六个字的工作方针，即：解放思想，实事求是，转变观念，真抓实干。主要把握了四个方面的经营重点：一是以经济体制转变为契机，以中燃系统 20 多年的行业经验、良好信誉、业务网点、人才与设备的实力为依托，发挥全系统整体优势；二是在突出供油这一主业的同时，积极开展贸易、运输、仓储等多种经营。三是积极建立国外公司，探索境外经营特点，开展代销油、进口油业务。四是着眼于企业的长远建设与发展，逐步加大基础设施的建设与改造力度，打牢企业发展基础。这一时期共增加了油库、油罐容量 2.25 万立方米，使中燃系统总罐容量达到 36 万立方米。青岛分公司油库扩建工程于 1993 年通过验收投产；广州中燃分公司新造 5000 吨级油轮也投入运营。

1993 年，中燃系统对上级的承包指标基本完成，直属公司和联营公司全共供油 214 万吨，其中对外贸船舶供油 36 万吨、供水 249 万吨。全系统直属和联营公司共实现利润 3198 万元。1988—1990 年，中燃企业升级的情况是：7 个直属公司中有 6 个由省级上升为国家二级企业，一个省级先进企业。

2. 7 年中有 6 年超额完成上缴利润

在 1985—1992 年的 7 年中，中燃总公司实现利润的情况是：前 4 年增长幅度都在两位数，后 2 年也完成了核定的承包上缴款额，只有 1992 年为负增长。其中，1990 年实现利润 1.4549 亿元，实际上缴财政 8324 万元；1991 年，实现利润 1.4366 亿元，实际上缴财政 9802 万元。实际上缴财政数均占核定承包上缴数的 123%，是财政收入状况最好的 2 年。

3. 完成了国有资产的保值增值

国有企业实行体制改革，实行总经理负责制的重要目的之一，就是要有人对企业财产的保值增值承担责任，避免国家财产流失。中燃系统在 1988 年承包前，核定的全系统固定资产原值为 2.1922 亿元，净值为 1.3933 亿元。7 年以后，到 1994 年底核定，中燃系统固定资产原值已达 3.2830 亿元，净值为 2.0344 亿元，分别比承包初期增长 49.8% 和 46%。到 1994 年底，中燃总公司投资于中燃南通、宁波、厦门、福建、汕头及海南燕东有限公司的金额，共达 1371.6 万元，投资于中外合资企业的金额为 2590 万元，购买债券共 1017.6 万元，合计 6067 万元。在设备方面，到 1994 年底，中燃全系统（不含中外合资企业）油罐保有量 68 万立方米，比 1988 年增加 12 万立方米。从 1988—1994 年 7 年间，新增供油供水船 28 艘、59870 载重吨，是中燃总公司成立以来，船舶增加量最多的时期。图 1-23 为中燃总公司的"中燃 21"轮在锚地等待航次任务。

图 1-23　中燃总公司"中燃 21"轮在锚地等待航次任务。

四、企业管理稳步提升

中燃总公司十分重视规章制度的建设，注意通过生产实践，积累劳动经验，建立、健全、补充、修订各种规章制度和管理细则，使各项生产活动都能有章可循，从而保证了供销业务的顺利完成和安全生产。中燃成立于"文化大革命"动乱年代，长期在计划经济体制下运作，企业管理活动习惯于手工操作方式，不适应现代化企业管理需要。为改变这一情况，公司投资400多万元，在全系统实行了计算机联网，借以推动各项管理工作的标准化、程序化，提高了工作效率，保证了工作质量。同时，在全系统推行全面质量管理和 ISO9002 质量认证。

（一）规章制度的建立与完善

1979年12月13日，中燃总公司颁发了《供销企业会计制度（草案）》。1980年1月13日，中燃总公司又下达《港口供油供水八项技术经济指标》。八项技术经济指标内容是：供油供水量、安全、质量、船舶完好率、五好船舶平均分数、燃料消耗、劳动生产率及流动资金周转天数。1982年9月，中燃总公司颁发《供油供水工作条例》并立即试行。这个工作条例既是中燃总公司成立10年来工作经验的结晶，又是规范全体职工生产实践的准则，具有鲜明的行业特点和时代气息，又有实用性和可操作性，是中燃系统重要的规章制度。1986年6月16日，中燃总公司下达《关于尽快成立审计机构和认真进行财务审计的通知》，要求各分公司尽快成立独立的审计机构或配备专职审计人员，培训专职审计干部。

各项规章的建立实施，有力地保障了各项业务活动的开展，明显地提高了企业的管理水平，为企业的各项任务的顺利完成，起到了保障作用。在规章制度初步建立的基础上，中燃总公司又进一步制订、修订和完善了部分规章制度，主要包括《船舶技术管理规章制度》，是对中燃总公司所有船舶的技术管理、技术操作、航行安全、机器检修、救生消防、水质处理等一系列生产活动的"管理大全"，各项规定都较详尽具体，操作性强。《油库管理细则》，主要包括油库内部的组织形式、油料质量与计量管理、设备管理、生产及安全管理等内容，是规范油库职工生产活动的重要规章。《船舶油料质量管理细则》，是保证燃油质量的重要规章制度。燃油质量好坏，对于船舶的航行安全、机械设备的维修和使用寿命关系重大。为此，中燃总公司一直对油料的质量给予足够重视。此外，《船员职务规则》也于1992年正式颁布施行。

（二）狠抓船舶安全管理

中燃总公司经营的是易爆易燃的石油产品，它的主要设施又是危险性极大的油轮、油库、油码头。因此，安全工作在中燃系统占据首要地位。中燃总公司自成立以来，始终坚持"安全第一，预防为主，从严管理，狠抓落实"的十六字方针，贯彻一把手抓安全的原则，建立安全综合治理责任制，广泛开展各种形式的群众性安全活动，如持续开展"五好船舶""五好班组""安全生产月""119消防安全周"等多种形式的安全活动，从而保证了安全生产。

1980年11月11—18日，中燃总公司在北京召开了港口供油供水会议，会议的议题之一，就是分析当时安全生产方面存在的问题，对发生的事故进行研究剖析，指导各分公司引以为戒，杜绝类似事故的发生。1982年6月30日—7月5日，为了抓好供油供水的安全生产，中燃总公司在北京专门召开了安全生产座谈会。会议座谈了当时中燃系统安全生产现状及存在问题，分析了事故发生的原因，以便从中吸取经验教训。这次会议，是中燃总公司自成立以来，第一次为安全生产工作召开的专题会议。

中燃总公司通过狠抓安全生产，取得良好的效果。据1980—1987年的统计资料表明，这一时期中燃总公司安全生产形势较为稳定，船舶的营运率最高达到88.6%（1987年），最低为82.3%（1982年）；船舶完好率大体保持在97%以上。1980—1987年8年间，重大责任事故的发生率为零。大的责任事故方面，1980年发生1起（湛江），1982年发生2起（上海、广州），1985年发生1起（上海），1987年发生2起（连云港、广州）。这些事故虽然没有上等级，还是引起中燃总公司领导的警惕，每次发生事故都会立即组织广大职工，吸取经验教训，查隐患，堵漏洞，加强督促检查，安全形势较长时间内保持在平稳状态。

五、基础建设得到加强

中国船舶燃料供应总公司在全体干部、职工的共同努力下，特别是1988年加入中远大家庭后，企业得到壮大，各项业务得到长足发展。截至1991年底，中燃系统共有职工近5000人，共拥有各类船舶101艘；其中供油轮55艘，5.3万载重吨。1992年底，中燃系统共有储油库6座，油罐94个，油罐的容量为38.15万立方米；油码头7座，火车装卸专用线3条；拥有以上设备的中燃系统，已经成为能储、能供、能运，设备结构齐全，可以进行水陆装卸作业，基础设施良好的综合性大型供油公司。

这一时期，中燃系统各公司累计供油量3525万吨，供水4328万吨，供应润滑油11.5万吨；累计完成营业额96.87亿元，为国家创汇收入64.26亿元，实现利润21.23亿元，相当于国家投资的10倍。20年来，中燃总公司本着保质、保量、及时、满意的服务精神，为中国远洋运输船队提供了优惠价格的燃油1700万吨，保证了中远班轮与核心航线船舶的准时开航，降低了成本，提高了远洋主力船队在全球航运业中的竞争能力。中燃总公司已与世界上30多个国家和地区的石油公司和航运公司发展了业务往来。同时，公司坚持不懈抓企业经营管理工作，使管理工作的整体水平有了较明显的提高；全系统认真落实"安全第一，预防为主"的方针，贯彻了一系列行之有效的安全管理办法，广泛深入地进行安全生产教育；公司从严管理，狠抓落实，保证了全系统未发生重大责任事故，安全生产形势长期保持稳定局面。

第十一节　中国汽车运输总公司在改革中发展

1965年10月，中国汽车运输总公司（简称中汽总公司或中汽总）在四川省渡口市（后更名为攀枝花市）成立，是中国最大的汽车运输企业。

中汽总公司应国家建设需要而诞生，与中国公路运输事业的发展共成长。从攀枝花钢铁基地建设到"三线建设"[①]，从抢险救灾到国防建设，从国家重点工程到集疏港运输，不论是热火朝天的建设时期，还是奋发进取的改革年代，总有一支国家重点建设的汽车运输主力驰骋在大江南北、长城内外，中国汽车运输总公司为新中国的建设与发展做出了重要的贡献，在共和国的运输史上书写出一曲华彩乐章。

一、中汽总公司经营情况

在1964—1980年的16年间，中汽总公司投入到支援国家"大三线"建设的光荣任务中，先后派出2500余辆车，9万多职工轮换参加运输，足迹遍及全国20多个省、自治区、直辖市，完成长短途物资运量2000多万吨，为国家重点建设做出了贡献。

1982年5月，中汽总公司承运葛洲坝水电站大件设备。1986年8月，承运首钢大件。此次运输规模之大、难度之高，在国内公路运输史上尚属首次，被国家经委誉称："为中国公路的超限大件运输开创了先例，积累了经验。"

图1-24　中汽总公司组织大件运输。

这一时期，中汽总公司大件、集装箱总运力在全国公路运输企业中居首位（图1-24）。拥有技术全面，经验丰富，专业配套的工程技术人员及驾驶熟练的操作人员；拥有技术先进，吨位大、效率高的100—750吨级超重型运输车组；拥有近千辆大、中型货运车和集装箱专用车辆及配套装卸机械；在沿海主要城市和内陆中心城市建有10多个集装箱中转站，集装箱堆场达10万多平方米，并设有保税仓库。多年来，公司为电力、化工、冶金、纺织和航天等部门运送超长、超限和集重设备几千件，全部实现完整无损、万无一失；高质量地完成了大亚湾核电站设备和长征三号运载火箭等大型高精尖设备运输。

这一时期，中汽总公司长期执行国家赋予的抢险救灾等艰巨任务，广大干部职工把祖国的召唤当成神圣的使命，充分发挥"招之即来，来之能战，战之能胜"的突击队作用，屡屡完成重大任务，多次受到国家有关部委的表彰和奖励。

[①] "三线建设"是中共中央和毛泽东主席于20世纪60年代中期作出的一项重大战略决策，它是在当时国际局势日趋紧张的情况下，为加强战备，逐步改变我国生产力布局的一次由东向西转移的战略大调整，建设的重点在西南、西北。在1964年至1980年，贯穿三个五年计划的16年中，国家在属于三线地区的13个省和自治区的中西部投入了占同期全国基本建设总投资的40%多的2052.68亿元巨资。400万工人、干部、知识分子、解放军官兵和成千万人次的民工，在"备战、备荒、为人民""好人好马上三线"的时代号召下，打起背包，跋山涉水，来到祖国大西南、大西北的深山峡谷、大漠荒野，风餐露宿、肩扛人挑，用血汗和生命，建起了1100多个大中型工矿企业、科研单位和大专院校。"三线建设"是中国经济史上一次极大规模的工业大迁移，为中国的国防建设和中西部地区工业化发展做出了巨大贡献。

二、参与国家晋煤外运项目

山西是"乌金之乡",有"北方煤海"之称,煤炭资源约占全国三分之一。为了减轻铁路货运压力,加快晋煤外运,1982年第四季度,交通部请示国家经委、计委同意,责成交通部汽车运输总公司、交通部公路科学研究所等单位组成试运小组,开展用大吨位汽车长途外运晋煤。1982年11月17日—12月29日,在阳泉、大同至北京的南北两条线路上,用载重10.6吨的10辆罗马尼亚产"罗曼"R12—215FD(6X4)重型柴油车试运。结果表明,采用重型柴油车外运晋煤,在技术上是可行的,如进一步改善道路条件,运输成本可大幅度降低。接着,国家计委决定,将济南汽车制造厂组装的500辆"罗曼",由交通部统一分配给山西、河北、山东等省、市交通部门,承担晋煤外运任务。

1983年6月19日,中央财经领导小组召集专门会议,研究晋煤外运问题,指出晋煤外运不能只靠铁路一家,必须充分发挥公路运输的作用。为落实中央财经领导小组扩大晋煤外运的指示精神,交通部决定由交通部汽车运输总公司组织北京、天津、山西、河北四省、市运输企业的3000多辆汽车,抢运晋煤50万吨,支援京、津两市工业生产用煤和生活用煤。从1983年10月到年底,每月平均出车3000多辆,共完成运量72万吨,超额完成了任务,基本保证了京津两市的生产和生活用煤。

鉴于晋煤外运任务逐年增加,铁路运输在短期内仍不能适应需要,经国家计委、经委批准,由国家物资局、交通部、山西省人民政府联合设立《晋煤公路外运联合经销公司》,并从日本、苏联进口3000辆大吨位汽车,用于晋煤外运。1984年初,中央财经领导小组确定外调晋煤300万吨,先用汽车从山西通过集装箱运至秦皇岛,然后海运南下到上海,由上海中转苏、浙、闽一带。参加这次晋煤外运的有内蒙古、山东、山西、河北、北京、天津、宁夏、辽宁等省、自治区、直辖市公路运输部门的汽车4000多辆,加上其他部门和农村个体运输户的汽车,总共达7000多辆。从1984年4月1日到7月底,累计运煤588673吨。这在山西铁路运力紧张、煤炭积压的情况下,是一次有益的尝试。由于缺乏组织大规模汽车长途集运煤炭至港口装船的经验,车辆到港时间过于集中,港口场地狭小,汽车首尾衔接,等待进港卸煤时间长,加以水陆联运中转环节多、开支大、成本高、用户负担过重。经国务院批准,1984年10月,暂时中止从山西往秦皇岛公路运煤的任务。

1985年,随着煤炭市场的开放搞活,晋煤外运的铁路运力增强,煤炭供应紧张状况日趋缓和,1986年7月,国家经委、国家计委批准,撤销晋煤公路外运联合经销公司,日常的晋煤公路运输纳入交通部正常业务。为保持一支汽车运煤力量,巩固和发展晋煤公路外运工作,交通部责成中国汽车运输总公司设立"晋煤外运办公室",接办晋煤公路外运联合经销公司工作,负责办理晋煤外运联营单位的车辆运输业务和交通安全管理,同时协助进口汽车配件的经销、油料指标的分配工作。

1986—1990年的"七五"期间,山西省新建改建了11条晋煤外运公路,使山西省公路外运煤炭的主要出口增加到31个,晋煤通过公路直接销往12个省、自治区、直辖市。在多开口子、疏通出省道路的同时,积极修建煤矿专用路、煤炭集运路与经济干线相联通,四通八达,配套成网。这对山西能源基地建设,特别是对乡镇煤矿的迅速发展,起了不可低估的作用。据统计，1989年山西省地方煤矿通过铁路调运的煤炭，有73.5%要靠公路集运，年运量为4244万吨；通过公路直接运往外省、自治区、直辖市的煤炭达3104万吨，占山西外运煤炭总数的23.7%。

三、开拓公路集装箱运输市场

集装箱运输是一种先进的现代化运输方式，具有效率高、减轻装卸劳动强度、节省包装、减少货损货差和节省商品流通费用等优点。

（一）积极投入公路集装箱运输

1980年7月，交通部根据北京市、天津市、河北省交通局，交通部汽车运输总公司，中国外轮代理总公司的联合报告，批准在北京联合成立京津冀集装箱运输公司。1980年，上海、天津、青岛、黄埔、大连5个港口开始办理国际集装箱运输业务，吞吐量共64305TEU[①]。这一年，公路运输部门营运汽车整箱疏运量为6866TEU，占港口吞吐量的10.7%。

（二）合资建设集装箱场站

1981年4月，合资成立"南方集装箱运输公司"，同时投资兴建广州国际集装箱中转站。该公司由交通部汽车运输总公司、广州外轮代理公司、黄埔港务局、广东省汽车运输公司按股份制投资组建，主要承担广东及华南地区与黄埔港、广州港之间的进出口国际集装箱内陆运输中转任务。公司总部设在广州。

1981年6月，合资成立"北方集装箱运输公司"，同时投资兴建大连国际集装箱中转站。该公司由交通部汽车运输总公司、辽宁省交通厅、大连市交通局、大连外轮代理公司、大连港务局按股份制投资组建，主要承担辽宁省及大连地区经由大连港进出口国际集装箱的内陆中转集疏运任务。总部初始设在沈阳，后迁至大连。

1985年1月，由交通部汽车运输总公司、河南省交通厅合资成立"中原集装箱运输公司"，同时兴建郑州、洛阳集装箱中转站。该公司主要承担中原地区进出口国际集装箱至港口间的内陆集疏运任务。公司下属的车队后来还派往上海支援疏港。

1985年7月由交通部汽车运输总公司、中国远洋运输总公司、北京市大型物资运输公司按股份制合资组建的"北京国际集装箱运输公司"正式成立，同时，由股份各方投资兴建的"北京国际集装箱中转站"也正式建成投产。该中转站系中国首座经专业设计部门正规设计建设的内陆型公路中转站，内部集装箱堆场、拆装箱仓库、维修车间、大型装卸机械以及业务办公楼等设施设备齐全，主要经营北京及周边地区进出口国际集装箱的集疏运、中转堆存、拆装箱、揽货代理、一关三检等业务，同时还作为船公司在北京地区的箱管站。

1987年12月，由中国汽车运输总公司和苏州市汽车货运公司合资成立"苏州集装箱运输公司"，同时投资兴建苏州国际集装箱中转站。该公司主要承担苏州地区及苏锡常一线至上海港的进出口国际集装箱的集疏运任务。

---

① 这一时期运输的集装箱均为20英尺箱作为1个TEU。

(三)拓展公路集装箱运输空间

1990年7月,由交通部标准计量研究所、中国汽车运输总公司、交通部运输管理司、北京交通管理干部学院、交通部水运研究所等单位共同制订的《集装箱公路中转站站级划分及设备配备》国家标准,经国家标准计量局批准后发布,1991年4月1日起实施。该标准的发布施行,对指导中国公路集装箱中转站的规划建设,发挥了重要作用。

1990年12月,中国道路运输协会在北京成立"集装箱运输专业委员会",该委员会挂靠中国汽车运输总公司,首批吸纳团体会员70余家企业。

1991年11月由交通部水运科学研究所、中国汽车运输总公司、海南省农业科研部门联合组织的海南—北京蔬菜水果冷藏集装箱海陆联运试点工作获得成功。该项任务为中国解决南菜北运、北菜南运问题填补了一项空白(图1-25)。

图1-25 进入20世纪90年代,中汽总公司积极拓展集装箱运输业务。

四、向高难度公路运输迈进

20世纪80年代,随着现代化工业生产设备向大型化和重型化发展,大件运输任务渐增,大件运输事业随之得到发展。中汽总公司为继续使用20世纪70年代引进的超重型车组,采取了许多改进措施,如结合10多年的实践,对威廉TG-300型牵引车的电器设备、尼古拉挂车用的30马力动力机组等,研制国产部件替代;有的零件也在国内研制加工。为适应特大货件运输的需要,对原来的2纵列挂车进行了4纵列拼接设计,加工制作了4纵列平板挂车转向机构和拼接构件,使最大载重扩大到754吨。

到1990年底,公路运输部门已拥有100—800吨级的车组65组,计13140个吨位。在运力布局上也作了调整,大件运输基地由原来的天津、武汉两个公司,增设了昆明、深圳公司和北方公司等大件运输企业。除交通部门外,化工、电力建筑等部门也都拥有实力雄厚的大件运输企业。在这些大件运输企业中,有的企业不仅能承运国内难度较高的特大特重和特殊要求的大型设备,而且在车辆设备、操作技术等方面都具备或接近工业发达国家的水平,有能力走出国门,参与国际大件运输市场竞争。

随着国家建设事业的蓬勃发展,大件运输无论从单位重量上,还是从单件体积上,或是从运输距离上,难度都在一步步加大。有的单位重量高达500吨以上;有的宽高在6米以上,甚至有的超过10米;运距也从几公里、几十公里延伸到1000多公里,个别的长达4800多公里。此外,还首次采取水陆滚装联运作业运输大型设备。这些高难度大件运输任务的完成,凝结着中国公路大件运输技术人员和工人的辛勤操劳,表现出他们在国家现代化建设中敢于拼搏、善于拼搏的精神和高超的技术水平。

（一）特重件运输

这一期间，单件最重的几件大件，当推上海石化总厂的加氢裂化反应器和南京化学工业公司的加氢裂解反应器（第一节），这在中国公路大件运输历史上是首创。

上海石化总厂的DC102加氢裂化反应器，由上海市大型物件汽车运输公司于1981年承运，件重523.7吨，长27.93米，宽4.85米，高5.65米，运距6公里。上海大型物件汽车运输公司用1辆200吨的9轴线挂车和1辆300吨的12轴线挂车横向拼接成双体车，2辆挂车自重120吨，加附件35吨，总重达679吨；双体车共有19根轴线，152个加重轮胎，在低速运行条件下，每个轮胎可负荷4.5吨。根据转向角度，设计了1套牵引转向机构和液压转向同步自动补偿装置，使内外两辆挂车的转向中心趋于重合，成功地完成了运输任务。

南京化学工业公司的加氢裂解反应器，是由交通部汽车运输总公司天津分公司于1981年承运的，件重484吨，长22.45米，宽5.96米，高5.4米。由于道路技术状况不适应，从南京江边到设备堆放场地的3公里运距，路面仅宽6米，原定用横拼双体车的方案无法通过。为此，天津分公司的技术员工，利用在就地运输的2辆4轴线平板挂车和2辆5轴线平板挂车，纵向拼接成4+5+5+4的18轴平板挂车来运载这一特重大件，顺利地完成了运输任务。

（二）特长件运输

1981年，由交通部汽车运输总公司天津分公司承运的南京化学工业公司的2件乙烯精馏塔，长65.06米，直径4.14米，重162吨，运距3公里，用200吨长货挂车，顺利完成了任务。1981年，由上海大型物件汽车运输公司承运的上海石化总厂的芳烃联合装置分离塔，长77米，宽6.83米，高6.93米，重338吨，采用国产200吨挂车和尼古拉100吨挂车各1辆，加装转盘，混合组成长货挂车，用液压控制转向机构进行遥控，安全完成任务。

（三）特大件运输

在特大件运输中，突出的有宝山钢铁总厂的苯加氢模块，重156吨，长18.7米，宽10.7米，高12.34米，重心高度达6.04米，运距7公里；另1件是转炉托圈，重291吨，长18米，宽1.3米，高3.8米。这2件特大件都是上海市大型物件汽车运输公司于1981年承运的。苯加氢模块又宽又高，就像1幢4层高的楼房。运输时模块仍用双体挂车载运，转炉托圈用300吨平板挂车载运，都顺利完成任务。

1986年，首都钢铁公司从比利时引进年产300万吨钢的转炉设备，有36件超高、超宽，需要从天津港经公路运至北京。运输难度较大的是2台大型转炉炉壳，长10.6米，宽9.36米，高8.24米，重193吨。从天津港抵首钢工地，穿越津京两市，途经20多个村镇县城，通过公路桥梁38座、公路与铁路平交道口13处。在中国汽车运输总公司及所属天津、武汉分公司，北京市大型物资运输公司、天津市集装箱运输场、沧州市大件运输场、渤海石油运输公司、天津市塘沽运输场等通力合作下，精心勘察运输线路，认真挑选和检修大型车辆，选派技术好的驾驶员精心驾驶，合理安排车辆的接卸、疏运，于8月14—20日、9月14—20日两次特别护送，安全及时地完成了大件运输任务，受到国务院副总理李鹏的高度称赞和国家经委、冶金部、交通部的通报表扬。

（四）特远件运输

公路大件运输大多属于短途，较长的运距也只有200多公里。20世纪80年代，有2项工程的大型设备因地处内陆腹地，铁路、水运难于运载，只得采用公路长距离运输。1980年11月26日—12月11日和1981年6月2—5日，山西潞城化肥厂的两批大型设备，第一批在天津新港分装20多辆重型汽车和超重型车组，途经津、京、冀、晋4个省、直辖市，行程1000多公里。车队主要由交通部汽车运输总公司天津分公司和天津市运输九场等组成，途中翻越太行山、五台山，经常在蜿蜒曲折、坡陡弯急的山区公路行进。在通过2处公路铁路立交时，因净空高度不够，还要用吊车将大件从平板挂车上吊卸落地，改用滚拖方式通过立交再装车前进。这样长的运距，这样多的重型和超重型车辆，行进中要分程封闭交通，保持集体行车，在运输组织工作上十分复杂，有赖于车辆技术状况完好和统一指挥，才能把对正常公路运输的影响减少到最低限度。这两次公路长途运输途中也遇到了一些困难，如一车发生故障，车队全部停车，造成交通阻塞；如遇到山区天气骤然降温，所用柴油标号不合低温要求，析离蜡质，造成车辆难于启动，因而打乱行车计划，只得夜间行车。在有关省市交通运输部门的统一指挥和车队人员的辛勤努力下，终于安全地将设备运到潞城建设工地。

1985年，新疆化肥厂的1件大型设备热交换炉，重80吨，长12米，宽4.1米，高4.1米，从南京经公路运往乌鲁木齐，途经苏、皖、豫、陕、甘、新六省（自治区），行程长达4800多公里，仍由交通部汽车运输总公司天津分公司承运。车组经过苏、皖水网多桥地区，横穿中州大地、关中平原，进入黄土高原，越黄河沿河西走廊西行，通过戈壁、沙漠等干旱、高温地区，最后翻越天山，抵达乌鲁木齐。这次大件运输，不计桥涵阻车时间，前后运行3个月，人员车组历尽艰辛，圆满完成了创纪录的公路长途大件运输任务。

（五）特难件运输

1987年，中国汽车运输总公司在大亚湾核电站设备运输项目招标中一举中标，成为核电设备的运输承包商。能够参与国家第一座核电站建设的运输任务，这是国家对中汽总公司的信任，广大干部职工既为此感到骄傲与自豪，同时也不无担心与忧虑，因为这项任务的难度实在太大，其艰巨性、复杂性、危险性，是中汽总公司的历史上从未有过的。为了顺利完成这项高难度的特殊运载任务，总公司从各分公司抽调力量，于1988年初成立了中国汽车运输总公司深圳公司，代表总公司承担大亚湾核电站全部大型设备和一般设备的运输。从1988年开始，公司进入施工现场，到1991年8月份完成核电站所有大型设备200多件次的运输作业，其中最大的设备为核岛蒸汽发生器，重361吨，创造了"完整无损，万无一失"的良好运载记录。

（六）特混件运输

车船滚装直达运输是在大件运输中采取水陆滚装联运作业方式，将大件装上超重型车组，车组重载驶上滚装船，运达目的港后，车组再重载驶上码头，直接送达目的地。1988

年 12 月，中国汽车运输总公司武汉分公司和湖北省武汉第六轮船公司合作，首次采用水陆滚装联运作业，将湖北省宜昌电力局的 178 吨大型变压器运过长江，送达枝城市郭家岗新建变电站。变电站距火车站较远，如交铁路运输，卸下火车后再由超重型车组运输，需经过两县一市几十公里的山区公路，沿途修整公路、加固桥梁、排除路障，投资很大；如用超重型车组和轮船接力运输，需要改造码头，装卸也十分困难。经过多次研究，确定用汽车轮渡码头代替滚装码头，以修船用的浮坞代替滚装船。大型变压器在宜昌市花艳火车站卸货后，即装上超重型车组运行 4 公里至汽车轮渡码头驶上浮船坞，船坞运行 18 公里至枝城红花套汽车轮渡码头靠岸，车组重载再从船上驶上码头，直达变电站工地。这次运输为国家节约了大量资金，也为在大江大河进行大型设备的滚装运输积累了经验。

五、中汽总公司并入中远集团系统

1993 年 2 月 16 日，作为国务院批准的 55 家国家试点企业集团之一，以中远（集团）总公司为母公司，以广州、上海、天津、青岛、大连、连云港等远洋公司，中国外轮代理公司、中国船舶燃料供应总公司、中国汽车运输总公司及其所属企业组成的中国远洋运输（集团）在京宣告成立。

2002 年 1 月 8 日，由中国汽车运输总公司更名而来的中国远洋物流公司在京宣告成立。

第十二节　成立集团的时代背景及先期准备

20 世纪 80 年代末期，国家经济体制改革进入深水区，一些影响企业经营效益的突出问题未能从根本上解决。比如在传统的计划经济体制下，国有企业普遍存在的"大而全，小而全"问题，严重制约着企业发展，企业办社会，辅助单位多，机构臃肿，人浮于事，重复低效投资、企业内部恶性竞争等，使得企业效率与效益低下，竞争力缺乏，企业难以轻装上阵。再比如，国有企业近年来经济增长速度放慢，国有经济在工业总产值中的比重逐步下降，以当下分散经营的方式，已难以适应现实条件的变化和市场竞争更加激烈的形势要求。在这种情况下，组建大型国有企业集团，成为国家深化经济体制改革的最优选项。从中远的情况看，所属各航运公司在航线设置上自成体系，在运力投放上各自为政，在营销上对市场变化反应迟钝，造成航线重复、运力浪费、内耗严重。中远同样需要通过集团化经营来突破企业发展的"瓶颈"，进而克服和化解企业快速发展中出现的矛盾和问题。

一、组建企业集团上升为国家战略

（一）组建企业集团是国家深化经济体制改革的必然选择

1987 年 10 月 25 日，中国共产党第十三次全国代表大会召开，十三大报告《沿着有中国特色的社会主义道路前进》中确立了中国经济建设"分三步走"的战略部署，并指出:"当前深化改革的任务主要是:围绕转变企业经营体制改革这个中心环节,分阶段地进行……体制的配套改革。"江泽民总书记在 1989 年国庆讲话中明确指出:"……我们应当抓住治理整顿的契机,以大中型企业为骨干,发展企业集团,加快国民经济的发展。"李鹏总理在七届人大三次会议上的政府工作报告中对大型国有企业组建企业集团进一步明确指出:"发展企业集团的主要目的是提高企业素质和经济效益,增加开发能力。"国家计委主要领导在中央媒体发表了题为《充分发挥现有企业的作用》的文章,提出"发展企业集团,可以形成现代化大生产所需要的企业组织结构,可以促进企业组织结构的合理化",同时强调发展企业集团,"可以使中国企业成为适应国际市场环境、能够与国际强手竞争的'国家队',从而更好地发挥社会主义制度优越性……"1991 年 12 月 14 日,国务院批转国家计委、国家体改委、国务院生产办公室(简称国务院"三委办")《关于选择一批大型企业集团进行试点的请示》,批文指出,企业集团是适应中国社会主义有计划商品经济和社会化大生产的客观需要而出现的一种新经济组织。为了促进企业集团的健康发展,国务院决定,选择一批大型企业集团分期分批进行试点。做好大型企业集团的试点工作,对于促进企业组织结构的调整,推动生产要素的合理流动,充分发挥国营大中型企业的主导作用,形成群体优势和综合功能,提高国际竞争能力,进一步增强国家宏观调控的有效性,具有重要作用。组织企业集团要有利于生产力的发展、新产品的开发、效益的提高、资源和技术力量的合理组合。发展企业集团是一项长期的任务,各地区、各有关部门要加强对这项工作的组织领导,通过实践认真总结经验,正确引导;并要坚持慎重稳妥、注意自愿原则,切忌一哄而起,以便使中国企业集团随着国民经济的发展逐步壮大。

(二)组建企业集团拟实现的预期目标

国务院"三委办"经过深入的市场调研及对深化改革目标值的预判,确定组建企业集团可初步达成的基本目的:

1. 促进企业组织结构的调整

主要是解决企业"大而全""小而全",专业化水平低和分散、重复生产,以及达不到经济规模的问题,并带动产业结构和产品结构的调整,从总体上提高经济效益。

2. 推动生产要素合理流动

特别是打破地区、行业、部门界限,实现企业之间的优势互补,充分发挥现有生产能力。

3. 形成群体优势和综合功能

充分发挥大企业的主导作用,集中资金实行统一规划,又调动成员企业的积极性,并促进科研、生产、流通、服务相结合,提高新产品、新技术开发能力,更好地适应市场需求的变化。

4. 提高国际竞争能力

稳定占领并逐步扩大国际市场,成为参加国际竞争的主力。

5. 提高宏观调控的有效性

国家通过调控一批以大型企业为核心的企业集团,可以更加有效地引导大中小型企业的经济活动。

（三）组建企业集团的"四条标准"和"六统一"原则

国务院"三委办"相继出台了组建大型国有企业集团的系列文件，对组建企业集团划出"硬杠杠"，主要是"四条标准"和"六统一"原则。

组建企业集团的"四条标准"：

1. 必须有一个实力强大、具有投资中心功能的集团核心。这个核心可以是一个大型生产流通企业，也可以是一个资本雄厚的控股公司。

2. 必须有多层次的组织结构。除核心企业外，必须有一定数量的紧密层企业；最好还要有半紧密层和松散层企业。

3. 企业集团的核心企业与其他成员企业之间，要通过资产和生产经营的纽带组成一个有机的整体。核心企业与紧密层企业之间应建立资产控股关系。核心企业、紧密层企业与半紧密层企业之间，要逐步发展资产的联结纽带。

4. 企业集团的核心企业和其他成员企业，各自都具有法人资格，这是企业集团与单个大型企业的重要区别。

组建企业集团的"六统一"原则：

1. 发展规划、年度计划，由集团的核心企业统一对计划主管部门。

2. 实行承包经营的，由集团的核心企业统一承包，紧密层企业再对核心企业承包。

3. 重大基建、技改项目的贷款，由集团的核心企业对银行统贷统还，这一时期实行有困难的要创造条件逐步实行。

4. 进出口贸易和相关商务活动，由集团的核心企业统一对外。

5. 紧密层企业中国有资产的保值、增值和资产交易，由集团的核心企业统一向国有资产管理部门负责。

6. 紧密层企业的主要领导干部，由集团的核心企业统一任免。

（四）国家将中远列入组建企业集团先行试点单位

为了促进企业集团顺利建成并健康发展，国务院决定选择一批大型企业集团分期分批进行试点。1991年8月28日，国务院"三委办"下发了《关于印发〈试点企业集团审批办法〉的通知》，将中国远洋运输总公司列入国家55个大型试点企业集团之列。这是中远总公司上下期盼已久的喜讯。早在1991年4月，中远总公司在下发的《中国远洋运输总公司经济活动分析工作管理规定》中指出："为实现'八五'计划的各项目标，把中远建成结构集团化、经营国际化、业务多元化、管理现代化的大型骨干运输企业，进一步提高企业的全面计划管理和经营管理水平。"这是中远总公司给中远的未来"量身订制"的集团化发展最具前瞻性、权威性的表述。中远总公司为企业长远发展确立的以集团化为主体内涵的"小四化"发展目标，为1993年中远集团的成立奠定了坚实的思想和理论基础。

二、组建中远集团的综合论证

（一）组建中远集团可促进企业组织结构的优化

组建中远集团可以推动企业组织结构调整，推动生产要素合理流动，形成群体优势和综合功能。中远虽然已经成为一家大型国际海洋运输联合企业,但与国际上先进的航运企业相比,在企业的内部经营管理方面,还有很大的距离,在建立和进一步完善自主经营、自我改造、自我发展、自我约束的经营管理机制方面,仍面临不少困难和问题,主要反映在企业整体的经营机制还不健全;船队发展所需资金的融通渠道和管理方面还有待进一步改善;企业的一些管理制度,如干部管理、劳动人事管理、外事人员审批、财务管理、固定资产投资等还不能适应广泛的国际化经营的行业特点的需要,企业的群体优势和综合功能尚未充分发挥出来。这些困难和问题,只有通过组建企业集团才能逐步加以解决。

(二)组建中远集团可增强中远在国际市场的竞争力

由于世界经济和贸易结构的变化,海运业科学技术的迅速发展,以及国际航运市场长期运力供过于求而形成的激烈竞争的局面,导致国际航运企业经营多角化、集团化的趋势日益明显。这一时期,在国际航运市场上具有强大竞争能力,基本上立足于不败之地的航运企业,几乎都是航运集团公司,开展以航运为中心的集团化、多角化经营,如中国台湾的长荣集团、韩国的韩进集团、日本的四大航运集团[①]、美国的APC集团、英国的P&O集团等。中远要参与国际竞争,如果不能真正以一个集团的形式进入国际航运市场,就无法同这些大航运集团相抗衡,就不可能保证其在国际航运竞争中的地位。另一方面,近年来,随着国家航运政策的调整和外贸运输市场的放开,国内出现了100多家从事国际海洋运输的企业,外国航运企业正在逐步地渗透到中国外贸运输市场,中国远洋航运业如果不能形成一个强有力的集团,作为国家外贸运输骨干的地位就会动摇,后果将会是十分严重的。

(三)组建中远集团是确保中国国际航运大国地位的需要

保持一支强大的国家骨干远洋船队,可以确保中国在国际上的航运大国地位,促进中国对外贸易的长足发展,保证外贸运输市场的稳定。中国的远洋商船队已经位居世界第九位,占其吨位76%的中远船队的竞争力的强弱会直接影响中国在国际上的航运大国地位,同时也会影响中国的外贸货运市场和经济建设。作为国家骨干远洋船队,中远的存在和强大,有助于摆脱中国外贸运输对外轮的依赖和稳定外贸货运市场的价格,有助于保证国家外贸重点物资、特殊物资和急需物资的运输,有利于国家节汇创汇,有利于巩固国防。

三、中远已具备成立集团的基本条件

对照国务院规定的成立企业集团应具备的条件,中远已基本具备。

(一)拥有实力强大、具有中心投资功能的集团核心

成立于20世纪60年代初期的中远,经过30多年的发展,已经成为拥有中国最大的远洋运输船队,国内最完善的国际船舶代理体系,国际船舶燃料供应体系完备的大型国际

---

① 日本四大航运公司:日本邮船、大阪商船三井船舶、川崎汽船、Navix Line。其中,商船三井的主要源流有二,分别是成立于1884年的大阪商船和成立于1942年的三井船舶,分属日本的两大财阀:住友财阀和三井财阀。1964年,大阪商船与三井船舶合并为大阪商船三井船舶株式会社,开创了日本跨财阀大公司合并的先例。之后,大阪商船三井船舶于1999年4月,与当时日本排名第四位的海运公司Navix Line合并,改名为商船三井。自此,日本航运界在相当长的历史时期,由原来的四大航运公司变为后期的三足鼎立格局。

海洋运输联合企业。

中远共有固定资产原值186亿人民币，总资产已近250亿人民币，拥有和经营各种类型的远洋运输船舶600多艘，1537万载重吨，约占全国远洋商船队吨位的76%，其中代表国际海洋运输先进方式的全集装箱船队，已名列世界第五位。如今中远船队航行于世界150多个国家和地区的1100个港口，开辟了中国至世界各地的班轮航线49条，每月开出160个航班。不定期航班根据需要，可通达世界所有主要港口。中远船队每年约承运中国对外贸易货物中方派船部分的60%以上。近年来由于航运市场的开放，多家竞争和外商渗入中国市场，中远船队承运中国外贸物资的比重有所下降，但仍然承运了全国外贸海运总量的30%货载，并从国际市场揽取了一定数量的货物。1991年，船队货运量达到9000余万吨，周转量达到4700亿吨海里。在国内沿海运输紧张时，还抽调运力支援沿海货运。中远船队曾多次冒着危险，进出战区，运送援外物资。在一些国家和地区发生动乱时，中远船舶接受上级指令，驶往出事港接运我外交人员和大批华侨。作为国家的骨干远洋船队，中远在确立中国在国际上的航运大国地位，摆脱中国外贸运输对外轮的依赖和稳定外贸货运市场的价格、保证国家外贸重点物资、特殊物资和急需物资的运输，减少国家外汇支出和创汇方面做出了一定贡献。中远所属的外代系统的船舶代理量，约占中国国际船舶代理总量的90%，中远所属的中燃总公司是国内唯一有权经营国际船舶燃料供应业务的企业。此外，中远近年来在货运仓储、多式联运、航空货运、劳务输出、金融保险等方面也有了稳步的发展，以航运为主的工业体系和专业人才培训体系已基本形成。中远已经发展成为世界上屈指可数的大型航运企业之一。

（二）拥有较大规模的紧密层、半紧密层及松散层组织结构

中远着力于充分利用自身大型联合企业的优势，适时调整和强化了企业的经营机制。中远总公司所属广州远洋、上海远洋、天津远洋、青岛远洋、大连远洋、连云港远洋等远洋运输公司以及若干个地方合营航运公司对所属的船队进行具体的经营，通过16家直属外轮代理公司和38家非直属外轮代理公司，控制国内90%以上的国际船舶代理业务；通过中国船舶燃料供应总公司及其直属的7家公司和8家合营公司，控制国际船舶燃料供应业务，形成了中远的经营主体和利润中心。船舶和直属服务性企业则以降低成本为目标，形成成本中心，进行微观管理。

中远总公司已拥有国内外独资及合营机构约300余家（包括下属公司所属的机构），在境内有：中国远洋运输总公司所属船公司13家（包括直属、合资、代管），中国外轮代理总公司所属分公司48家（包括直属、非直属），中国船舶燃料供应总公司所属公司18家（包括直属、合营），还有围绕着航运及其有关业务的各类合营公司65家；中远在境外有：独资公司7家（不包括在香港公司），航运代表处28个，合营公司18家（包括代管）。全系统拥有职工5.7万人，其中船员4万多人，陆地职工1.6万多人；共有正局级单位8个，副局级单位6个，另有配备副局级干部的单位4个。

中远除拥有较高经营能力的核心企业外，还拥有一定数量和优质资产的紧密层企业、半紧密层和松散层企业，所属企业均具有较好的创效能力和经营业绩。

（三）企业内部已建立起紧密的资产纽带关系

中远总公司与其他成员企业之间的关系，是通过资产和生产经营的纽带联结起来的。中远的船队、外轮代理、燃物料供应三大系统以及院校、厂站、货运、码头、金融、保险、宾馆等虽然各自的业务内容和范围不同，但作为一个整体，是相互依存、相互支持的。中远各部门的经营活动，都是紧紧围绕航运这个中心进行的，航运的发展带动了其他业务的发展，促进了企业业务的多元化；企业业务的多元化又保证了航运的稳定发展，增强了企业的市场应变能力，顺应了20世纪80年代中期以来国际海运业向多元化和综合物流业务发展的潮流。长期以来，中远总公司在组织结构和经营管理方面，实际上已采取了企业集团的管理形式，实行专业化分工，进行优势互补，并强化了总公司的核心作用和投资中心的功能，对人、财、物实行统一管理，使生产要素得到了合理配置，初步形成规模经营，提高了企业的经济效益。作为企业的核心，中远总公司在中远的整个经营活动中处于宏观管理、政策协调、监督检查的地位，它既是投资主体，又是生产经营活动的中心，其主要作用体现在：

1. 在资产管理上实行以总公司投资控制为主，辅以计划调节的做法。

2. 在船队管理上实行统一管理，总公司与下属各公司分级调度指挥。总公司对运价政策的制订、运输费率总水平的调控、航线的开设与调整及运力的调配、紧急特殊情况时的船舶统一调度等，实行集中管理。

3. 企业发展所需资金由总公司统一向外借贷，统一还本付息；内部实行资金集中统一管理使用以及资金有偿占用的办法。

4. 对所属各单位的劳动工资、人事调配实行宏观控制。

中远总公司的核心企业与所属成员企业之间，通过资产和生产经营的纽带组成了一个有机的整体。核心企业与紧密层企业之间已建立起资产控股关系。核心企业、紧密层企业与半紧密层企业之间均形成了比较稳固的资产联结纽带。

（四）企业始终坚持合法依规开展市场化经营

中远成立30年来，无论是计划经济时期，还是在有计划的商品经济时期，以及具有中国特色的社会主义市场经济时期，企业都恪守国家的法律法规，逐步建立和完善生产经营中的制度建设，确保企业严守"底线"，不越"红线"，始终走在合法依规从事生产经营的健康发展的轨道上。如国家在对中远预算外部分船队发展上采取放权政策，确保企业在对预算外部分船队的经营和管理上拥有了充分的自主权，可以根据市场的变化及时做出反应，而无需经过繁杂的行政性审批程序。中远在高度自主经营的条件下，把党和国家利益摆在至高无上的位置，制定相应的规章制度，提高自我约束、自我管理的自觉性，依法依规实施市场化经营。在上级为中远创造出的政企分开、两权分离的环境下，中远领导始终瞄准市场，精打细算，科学决策，谨慎从事，对非生产性项目的投资量力而行。这样，国家的宏观控制作用并没有被削弱，国家通过贷款额度对企业实行宏观控制仍具有严格的法律效应，体现出中远国家利益至高无上的高度的政治自觉和责任自觉。

四、积极做好成立集团各项准备工作

中远总公司接到国务院 71 号文件后,立即成立了以总经理为组长的中国远洋运输集团筹备领导小组,深入学习文件精神,组织开展调查研究,认真谋划与落实各项筹备工作。筹备小组经过 1 年多时间,学习理解上级文件精神,深入所属企业调查研究,并对各类数据统计、各种资料进行归纳整理,从集团组建原则,集团的性质、宗旨、责任和义务、业务范围,集团的组织结构、组织机构、管理体制,请求落实组建企业集团的有关政策、请求国家给予的其他政策措施等多个大的方面,形成了较为全面、系统、完备和规范的文件、报告,先后呈报国务院"三委办"等上级报备、审批机关或部门。

1. 完成了《中国远洋运输集团组建方案》。
2. 提出了《关于组建中国远洋运输集团的可行性分析报告》。
3. 制定出《中国远洋运输集团章程》。
4. 上报了《中远集团基本情况报表》。
5. 完成了《关于中远总公司更改名称的报告》。
6. 上报了《中远总公司关于中远集团实行国家计划单列的申请报告》。
7. 上报了《中远总公司关于组建中国远洋运输集团的申请报告》。

五、相关请示报告的批复

(一)交通部完成对中远总公司组建中远集团方案的审查

交通部接到中远总公司呈报的《中国远洋运输集团组建方案》后,组织力量进行了深入的调查研究和慎重认证,形成了审查意见。1992 年 12 月 7 日,交通部将《关于中远组建集团方案的审查意见的函》转国务院"三委办"。函文提出,遵照《国务院批转国家计委、国家体改委、国务院生产办公室关于选择一批大型企业集团进行试点请示的通知》精神,交通部结合中远总公司的实际情况,进行了反复调查、研究和慎重讨论,认为中远组建企业集团,对促进企业组织结构的优化,推动生产要素的合理流动,进一步搞好国营大中型企业,形成群体优势和综合功能,提高国际竞争能力,投身于国际航运市场和国内市场,增强国家宏观调控的有效性,具有重要作用。为了达到上述目的,我部认为,组建以中国远洋运输总公司为核心企业的中国远洋运输集团,是十分必要的。自国务院文件下达后开展了各项准备工作。按照十四大的精神,今后政府管理企业的职能,主要转变为统筹规划,掌握政策,信息引导,组织协调,提供服务和检查监督。行业主管部门和综合经济部门均应在建立和完善社会主义市场经济机制的过程中转变职能,对企业集团的管理由直接管理转变为间接的宏观调控,落实企业经营自主权,努力使企业真正成为自主经营、自负盈亏、自我发展、自我约束的法人实体和市场竞争的主体。

基于上述的思路,交通部对中远总公司成立集团的各项准备工作进行了全面、系统的审察,协助中远扎实做好各项基础工作。

（二）国务院"三委办"批复中远成立企业集团

1992年12月25日，国务院"三委办"批转《关于同意成立中国远洋运输集团的复函》。函文主要内容如下：

国务院有关部门，中国远洋运输总公司：

中国远洋运输总公司《关于组建中国远洋运输集团的申请报告》收悉。经研究并商交通部，现函复如下：

同意中国远洋运输总公司更名为中国远洋运输（集团）总公司。同意以中国远洋运输（集团）总公司为核心企业组建中国远洋运输集团（简称中远集团）。请中国远洋运输集团按照国务院国发〔1991〕71号文件的要求和有关部门实施办法的具体规定，抓紧研究制定试点方案，并办理其他专项审批手续。

希望中国远洋运输集团进一步完善组织结构和功能结构，认真做好试点工作，积极参与国际竞争，为发展中国远洋运输事业，促进国民经济发展，做出更大贡献。

中华人民共和国国家计划委员会
中华人民共和国国家经济体制改革委员会
国务院经济贸易办公室
1992年12月25日

（三）同步筹建中远集团财务公司

20世纪80年代，随着信息技术的飞速发展，国外企业集团开始对财务管理进行彻底改造与设计。特别是20世纪80年代末，全世界掀起了以业务流程重组①（BPR）为主要内容的管理革命，全球绝大多数企业集团都建立起了集约化的财务管理体系。随着中国改革开放的步伐逐步加大，企业财务成本过重、银行信贷支持不足等影响企业发展的"瓶颈"问题越来越明显。从企业内部情况看，一方面，资金盈余的公司将资金低息存放到银行；另一方面，资金短缺的公司却又不得不支付较高的利息从银行申请贷款。更为突出的是，中远总公司重大技术改造、运力调整、产业扶持等投资项目依然需要对外融资，造成集团资金总成本居高不下。大型企业对实现金融服务市场化、金融支持多样化的需求越来越强烈，成立企业自己的财务公司的呼声日益高涨。国务院明确提出，试点企业集团要逐步建立财务公司，其主要任务是在企业集团内部融通资金，包括建设资金。要适当扩大融资手

---

① 业务流程重组（Business Process Reengineering，BPR）是最早由美国人Michael Hammer和James Champy提出，在20世纪90年代达到全盛的一种管理思想。通常定义为通过对企业战略、增值运营流程以及支撑它们的系统、政策、组织和结构的重组与优化，达到工作流程和生产力最优化的目的。在这个定义中，包含四个关键特征："显著的（dramatic），根本的（Radical），流程（Process）和重新设计（Redesign）"。BPR追求的是一种彻底的重构，而不是追加式的改进。它要求人们在实施BPR时作这样的思考："我们为什么要做现在的事？为什么要以现在的方式做事？"这种对企业运营方式的根本性改变，目的是追求绩效的飞跃，而不是简单的改善。企业集团构建集约化的财务管理体系，就是在这种变革中出现的新的经济管理架构。

段,经批准可以发行债券和股票。

交通部高度重视中远筹建财务公司工作,在对中远组建集团方案的审查意见中,共在六个方面提出审查意见,其中第六条即是"同意中远集团设立财务公司",并明确进一步建立集团的金融机构、参与金融保险业务;赋予中远集团进出口贸易经营权;给予中远一定额度的外汇担保权;请求国家全部免征购置船舶的进口关税和增值税;集团在国内造船时,应享受中国船厂建造出口船完全相同的待遇和财政补贴;希望国家对中远船队的发展,继续给予低息贷款,实行利息补贴;继续支持并给予中远集团买二手船必要的便利,允许中远集团在国家批准的总额度内,自主安排使用,不必逐年逐项报批,以不失时机地适应航运市场瞬息多变的客观情况。

上述条款的明确表述及给予企业集团的多项优惠政策,均需通过集团财务公司进行操作与实施,可见,集团财务公司对于企业的集团化运作与发展具有举足轻重的地位。交通部把成立财务公司与建立企业集团放在同步推进的位置,协助中远总公司做了大量深入细致的筹建工作;中远总公司严格按照国务院文件要求,从基础工作开始,筹建财务公司各项工作紧锣密鼓地向前推进,各项准备工作逐步落实到位;中国人民银行积极创造条件,协助中远总公司按照申报程序组织报批[①]。

至此,成立中国远洋运输(集团)总公司的一切准备工作全部就绪,一个即将屹立于世界优秀企业之林的中远集团已跃跃欲试呼之欲出。

---

① 1988年5月,中国首家财务公司"东风汽车财务公司"成立,之后一批大型国有企业财务公司如雨后春笋,先后成立,助推大型国有企业在新的市场条件下大踏步向前发展。1993年10月27日,中国人民银行批准中国远洋运输(集团)总公司成立中远集团财务公司,标志着中远集团正式进军国内金融领域。

第二章
远洋运输船队的发展壮大

20世纪70年代末期，西方世界发生了严重的经济危机。这次危机由于经济、生产停滞与通货膨胀并行发生，不仅使世界的经济贸易长期不振，而且对国际航运业的打击尤为巨大；贸易的萧条加剧了市场竞争，并将成本压力向航运业转嫁；危机前世界各国盲目造船，危机期间又进行投机造船，进一步加剧了全球商船严重过剩局面，国际航运市场货源不足、运价下跌、市场竞争异常惨烈。

国际航运形势如此，国内形势更为严峻。随着国家"对外开放、对内搞活"政策的贯彻落实，国内地方船队及多种形式的合营船队如雨后春笋发展起来。这些船队想方设法同国有航运企业争抢"饭碗"，圈占"地盘"。发展地方外贸运输对活跃地方经济起到了积极的作用，一如总公司培植起来的中远江苏、浙江、南京等7家公司，在支持地方航运企业发展的同时，本来就"食不果腹"，还要从中远的大盘子里分出若干块"蛋糕"，支援地方兄弟公司。

不畏浮云遮望眼，风物长宜放眼量。中远总公司没有被国际国内不利局面所吓倒，而是登高望远，站在历史的新起点上，把握中远船队发展的前进方向；站在时代的背景下，谋划全面建设的长远战略；站在未来的格局中，落实中远发展的每一个细节，每一件小事。中远系统上上下下戮力同心，千方百计把中远的事业做得更扎实，更出色。

第一节　加快集装箱船队发展

集装箱运输是对传统散件运输方式的重大改革，是运输装卸一体化的重要标志。随着中国对外贸易不断扩大，国际集装箱运输日益发展。为满足对外经贸运输的需要，提高中国航运管理水平，交通部确定把开展集装箱运输作为远洋工作和港口建设的重点。1978年后，中远总公司开始大力兴办国际集装箱运输。

一、远洋集装箱运输的兴起

（一）早期对集装箱运输的探索

1956年4月26日，美国泛大西洋船公司用改装的油轮，装载当时美国卡车业使用的58个35英尺集装箱，由纽约驶往休斯敦，试运3个月，取得了良好的效益，每吨货物的装卸费仅为普通杂货船的1/37。1966年4月，美国海陆运输公司（原美国泛大西洋船公司）又以改装的能装载226个35英尺集装箱的全集装箱船航行于纽约—欧洲航线，这是国际远洋航线上第一次出现集装箱运输。至1971年末，世界上13条主要航线实现了集装箱化。

集装箱运输作为一种先进的现代化运输方式，其要求用现代化运输工具——集装箱船和港口装卸、陆上运输各个环节的有效合作，实现货物的安全快速转移和交接，具有运输货物简便、快捷、安全、质优的特点。为了适应对外贸易发展的需要，提高国家外贸商品的竞争能力，逐步实现交通运输的现代化，中国从20世纪70年代起，开始并加快发展国际集装箱运输的进程，先后在中国沿海和中日航线试行集装箱运输。

1973年9月，中远总公司、外运总公司、外代总公司与日本新和海运株式会社、日新运输仓库株式会社合作，使用5吨小型集装箱在上海、天津与日本的横滨、大阪、神户各港之间，进行国际航线上的集装箱试运。至1975年底，中日双方共派船89班次，载运2399箱，运货7503吨。与此同时，中远上海分公司"风雷"轮也在上海—日本航线上，以普通杂货船试运20英尺国际标准集装箱。1977年12月，杂货班轮"丰城""盐城"轮又在上海至日本航线上，试行装载20英尺集装箱运输。

（二）聘请丹麦专家开展业务培训

20世纪70年代末，集装箱运输对中国包括对中远来说，还是一个新生事物。尽管中远人都知道，集装箱运输是多环节的现代化运输方式，是远洋运输事业未来的发展方向，但与西方发达国家的航运公司和先进的港口管理方式相比，无论是在实际操作上，还是在认识上、理念上，都存在着较大差距。

1978年8月，为开展国际集装箱运输业务，学习国外集装箱运输的先进管理经验及先进技术，交通部向国务院报送了《为加速发展集装箱运输拟聘丹麦专家和引进新技术的请示》，获国务院领导的批准。9月11日，中远总公司与丹麦宝隆洋行签订了《丹麦宝隆洋行向中国远洋运输公司提供技术帮助的协议》。随后，丹麦宝隆洋行专家组到上海分公司，分货流业务、组织机构设置、船舶业务3个小组开展工作。丹麦专家组在对上海分公司的机构体制、经营管理、船队组织形式、技术状况、财务核算体制等方面作了调查后，就中远建立集装箱运输管理体制提出了一些建议，对中国—澳大利亚航线集装箱运输业务进行了具体指导和帮助，传授了集装箱运输有关技术，从货源流向调查开始，就航线设计、船舶选择、航次核算、船期计划、装拆箱指示手册、港口资料、集装箱调度跟踪、船长航次指示、集装箱维修保养等方面，都作了详尽的阐述。专家组还帮助拟订了与国外码头签订装卸合同的样本，设计了一整套集装箱运输单证、集装箱运费结构以及经营管理方面的策略，初步建立了集装箱运输的程序和体系，这对中远开展集装箱运输，起到一定的促进作用。

1979年初，上海远洋还派出部分船舶主要技术干部和机关管理人员10人，到丹麦哥本哈根宝隆洋行并上船学习和考察。1979年6月，丹麦专家离开上海回国。聘请外国航运专家指导，对中远公司管理集装箱船，设计开发新的集装箱运输航线，发展集装箱运输业务，起到了良好的启蒙作用。

二、加强集装箱航线建设

（一）开辟全球航线，抢占国际市场

中远兴办国际集装箱运输后，积极筹备开辟集装箱班轮运输航线。1978年初，中国天津、青岛、上海三港每月有近700个集装箱出口到美国、加拿大、澳大利亚，全部由日本船公司承运至日本港口，再转运到美国、加拿大、澳大利亚。因此，交通部向国家经委提

出建议，这3条航线的集装箱运输可改由国轮承运。

1978年9月26日，中远上海分公司"平乡城"轮装载着162个TEU驶离上海，于10月中旬抵达澳大利亚悉尼港，标志着中国远洋集装箱运输的正式开始。

中远"柳林海"轮首航美国实现中美通航后，1980年3月，"西江"轮首开香港至菲律宾的全集装箱定期班轮航线。1981年2月，滚装船"张家口"轮首航美国西海岸的旧金山港，开辟了中国至美国全集装箱班轮航线。之后，又开辟了从上海、天津、大连、青岛至日本主要港口的全集装箱定期班轮航线。1982年，中远又派出3艘1200箱位的全集装箱船"汾河"（图2-1）"青河""唐河"轮，开辟了中国至美国东海岸（美东）全集装箱直达班轮航线，以及中国至波斯湾、西非和西北欧各港的半集装箱班轮航线。

1981年6月4日，"抚顺城"轮由上海港装货首航日本神户港，开辟了中—日集装箱班轮运输航线。刚开始每月一班，可装177个TEU。不久即由稍大的"熊岳城"轮取代，每次可装载294个TEU。翌年起改为每月两班。

图2-1　1152箱位全集装箱船"汾河"轮在航行中。

1982年11月，中远总公司对中国—美国航线作出调整。前一年由"张家口"轮开辟的集装箱班轮航线，虽有交货快、货运质量好的优点，但由于船只停靠美国西海岸港口，而中国对美国出口货目的地大部分在美国东海岸、东南海岸和加拿大，需通过美国内陆转运，支付高额转运费，航线经营性亏损严重。加之两国间贸易量增长很快，上海远洋打算再增开1条集装箱班轮航线，并对原航线加以调整。经中远总公司报交通部批准后，增开天津新港、上海—美东航线，90天一个往返航次，由新造的载箱量为1200个TEU的全集装箱船"汾河"轮及"喜峰口""古北口"轮等3艘船承担。航线停靠天津新港、上海、长滩、纽约、查尔斯顿、休斯敦。同时对原来美西航线班轮靠港也加以调整，仍在天津新港、上海装货，卸货港改为温哥华、旧金山，由"张家口"和"太平口"等滚装船运行。这样，中国至美国的航线就分中国—美东、中国—美西、加西2条航线，每月各发1班，从而减少集装箱在美国内陆的转运。在此期间，上海远洋又开辟了大连—日本集装箱班轮航线。接收了原来由香港明华船务公司经营的上海、张家港、青岛、天津新港、大连—香港支线集装箱班轮航线，并将该公司使用的3艘小型集装箱船"顺江""临江""华江"轮一并接入。集装箱运输得到了迅速发展。1982年上海远洋运输集装箱60380个TEU，比1979年增长7.8倍。

这一时期，发展集装箱运输得到了国家的大力支持。1983年5月，交通部转发了国家经委、计委《关于发展我国集装箱运输若干问题的规定》，指出集装箱运输是对传统运输方式的重大改革，中国水陆集装箱运输目前尚处于发展初期阶段，为加快这一事业的发展，更好地为国民经济服务，各级领导必须高度重视，着力解决发展集装箱运输中遇到的许多实际问题，包括码头设施、集装箱货源、陆海和江海联运，并制定了一些发展集装箱运输的制度。国家的关心和支持,促进了集装箱运输业的发展。

1983年8月,中远船队又开辟了中国—地中海,天津、上海经香港、新加坡—西欧和北欧各港的集装箱班轮航线。

1983年12月,中远总公司已先后开辟了中澳、中美、中日、中欧及香港的全集装箱班轮,以及中国至波斯湾、西非、西北欧的半集装箱班轮航线共16条、24个班次,初步形成以中国港口为中心的到达世界主要港口的中远国际集装箱运输网络。

1986年以后,为发展集装箱班轮运输,中远总公司又开辟了中国—南非航线。1990年1月,广州远洋开辟了上海、青岛、新港、大连4个港口的沿海集装箱运输支线。从1978—1990年底,中远总公司经营着中国至美东、美西、地中海、欧洲、波斯湾、澳大利亚、新西兰、日本、东南亚等国家和地区的集装箱航线,集装箱运输干支线网络可连接世界各大洲的绝大多数的港口。

(二)剖析亏损原因,调整经营思路

1985年,上海远洋已初步建立了一支以全集装箱船为主,滚装船和半集装箱船为辅的集装箱运输船队,开辟了中国—澳大利亚、中国—美国、中国—日本、中国—西欧和中国—东南亚等集装箱班轮航线,开辟的班轮航线和运输量都较以前有很大增长。然而,虽有货量增长,但经营效益很不理想,特别是中—美航线,1981—1984年连续亏损,1985年又亏损3400多万元。中远总公司协同上海远洋进行市场调研、原因分析,最终确定中美航线经营亏损的主要成因有五个方面:

1. 航线设计不尽合理

国内港口不适应集装箱班轮高速运转的要求,造成船舶等泊时间长,班期不准,交货时间拖得太久。

2. 国内港口条件较差

特别是国内港口转运条件差距很大,有的转口货长期不能落实,货主不满意。

3. 地方船公司抢占市场

中国对美国出口货绝大多数被内地船公司的船运到日本和香港转运,上海远洋的直达班轮货源严重不足。

4. 交货港口过于分散

中国出口货在美国交货港口过于分散,美国东西岸间内陆转运货量多,费用开支巨大。

5. 集装箱运输经验不足

中国集装箱运输起步晚,法规未能同步跟上,集装箱的运输和装卸仍按散杂货的运输和装卸收费,船公司支付许多不必要的费用。只有对集装箱运输管理和航班组织动大手术,进行大的调整和改革,才能改变亏损状况。尤其应看到,环太平洋地区有15个国家和地区,40多个大港口,是当时世界经济最活跃的地区。因此对该地区航线调整,是一项重大决策,虽须慎重行事,但必须当机立断。

通过对上述五个亏损原因的深入剖析,中远总公司认识到,只有对集装箱运输管理和

航班组织动大手术，进行彻底的调整和改革，才能改变中远集装箱运输亏损状况。尤其应该看到，环太平洋地区有 15 个国家和地区，40 多个大港口，是时下世界经济最活跃的地区，对该地区航线调整，是一项重大决策，虽应慎重行事，但必须当机立断。

问题的症结找到后，广州远洋、上海远洋、天津远洋根据本公司情况进行针对性调整。1985 年 10 月，上海远洋向中远总公司呈送了《关于调整中美集装箱航线的请示报告》（以下简称《报告》）。《报告》提出，天津新港、上海—美东班轮和香港—美西班轮的船舶途经日本附近时，均湾靠日本神户港，以接转天津新港每月出口到美国、加拿大的 1000—1500 个 TEU，而原来这些货箱中，上海远洋的直达班轮只承运到 200—300 个 TEU，约占 20%，大部分都由中国境内的地方船公司及外国船公司运到日本或香港中转，由外国班轮运往美国；上海地区每月出口 2000 左右 TEU 去美国、加拿大，也有大部分内地船公司及外国班轮运至日本或香港后中转，由外国班轮运往美国。上海远洋直达班轮挂靠神户或香港后，可以把这部分货源基本截住，由该公司直达班轮运往美国。另一方面，日本与美国之间往返每月都有 500—1000TEU 零星货，上海远洋班轮湾靠神户后，基本可以全部揽过来装运。天津新港、上海—美国班轮仍为每月 2 班，国内挂港由原来每次靠两港改为轮流靠一港，即一次靠天津新港，一次靠上海，以缩减国内停港数和停泊时间。同时天津新港、上海各增加一次到神户的支线船，以弥补直达班轮少靠一次减少的运力。这样有利于保证班期，减少航班。往返周期也由 90 天压缩到 75 天，全线由 6 艘船改为 5 艘船，加速船舶周转，缩短交货期。从美国进口至大连、青岛、黄埔等港口的货物，也可以集中在神户由支线船接转，减少天津新港中转货的压力；形成上海远洋 2 条直达班轮在神户每月有 4 个班次的水平，先解决国内压港、支线中转和美国东西岸货物分流问题，减少在美国内陆的转运，节省高额转运费；进而准备进入日本的美国货源市场，揽运更多的第三国货。

中远总公司经反复研究后发文，同意上海远洋的调整方案，并责成该公司抓紧与天津新港和上海港洽谈中国—美国各航线的调整及保证船期事宜。

广州远洋和天津远洋同时发力，对原有经营思路和航线布局进行彻底改造，逐步扭转了亏损局面。经营思路的颠覆性调整和亏损班轮的市场化布局，使中远集装箱运输从"山重水复"到"柳岸花明"，实现了集装箱船队生产经营质的飞跃。

（三）遵循"四大原则"，构建环太网络

中远总公司在组建环太平洋干支线网络中，严格遵循管理现代化的"四大原则"，即：整体优化原则、开放性原则、战略性原则和效益最大化原则。将现代化管理思想、组织、方法和手段运用于航运管理和经营的全过程，积极调整航线结构，调度船舶运行，使网络工程逐步趋于完善。构建环太平洋集装箱运输网络工程有以下 3 条航线：

第一条主体环太平洋航线—东西向干线的调整。从 1986 年 4 月 1 日起，上海远洋对天津、上海—美东航线和香港—美西航线作正式调整，东西行都加挂日本神户港，使中国内地和美国东、西两岸间、香港和美国东岸间的货物均可在日本神户港进行倒载分流。利用中国—日本班轮航线同上述两大航线有机结合，缩短交货期，使得这条东西干线更富有商业活力。同年，天津新港、上海—美东航线进行了"6 改 5"调整计划，即将原来线上

的6艘船改为5艘船，班期从90天压缩到75天；将天津新港、上海两港受载改为一港受载，另一港由支线船替代在神户中转。1987年，对香港—美西航线实施"2改3"调整计划，将每月开出2班增加为3班；1988年4月又实施"3改4"调整计划，把每月3班增加为每月4班，即每10天1班改为每星期1班，在中国第一次实施远洋集装箱运输的"星期班"。同时每月4班船中有2班船延伸到广州黄埔港，并把原来的3艘大口字号船和2艘多用途船换成7艘全集装箱船，中途增挂横滨港。同年9月，又进行了"7改6"调整计划，即将原航线上的7艘船减为6艘船，往返周期由49天压缩到42天。黄埔—美国、加拿大支线由其他船替代，每月2班。从1989年10月起，在英国、德国建造的载箱量为2700TEU的第三代集装箱船"民河""泰河""高河""普河""东河"轮陆续投入香港—美西航线营运，效率均有较大提高。

第二条主体环太平洋航线—南北干线的调整与开辟。1978年9月，上海远洋开辟的第一条集装箱班轮航线就是中国—澳大利亚航线，经过多次调整，1983年形成上海—香港—澳大利亚—新西兰航线，由"白河口""枝江口""小石口""太平口"4艘滚装船投入营运，每月2班，往返周期60天。

1987年4月，实行"2改3"调整措施，即把每月发2班船改为3班船，投入5艘"小口字号"船，往返周期为50天。中远总公司将上述航线报请交通部核准为核心班轮航线。1988年4月20日，以天津新港为始发港，开辟了中—日—澳—新集装箱班轮航线，将香港—美西线调下的"大口字号"滚装船投入该航线，增加运力；1989年初，又进行调整，变成中—日—新航线和日—澳2条航线。

1992年初，至大洋洲的集装箱班轮航线调整为4条：一是上海—澳大利亚航线；二是天津新港—日本—澳大利亚东部航线；三是日本—澳大利亚东部航线；四是日本—新西兰航线。

第三条是支线网络的逐步形成与完善（图2-2）。为配合神户倒载分流方案的实施，确保主干线船的货源，对中日航线的班次密度进行了调整。上海出口每月增至14班，包括中日国际轮渡有限公司"鉴真"轮每月4班。天津新港—日本，每月3班。青岛—日本每月4班。大连—日本每月7班，其中1条线为周班。营口、烟台—日本航线，每月2班。南京—日本航线，每月4班。南通—日本航线，每月2班。连云港—日本航线，每月3班。1990年7月，经交通部批准，又开辟了宁波—日本航线，每月5班。其中，2班交替停靠浙江温州和浙江

图2-2　1990年1月16日，中远总公司召开"开辟沿海集装箱支线运输航线新闻发布会"。

海门港。1991年初，又开辟了菲律宾—日本航线，每月2班。开辟了泰国—日本航线，每月3班。3月，又开辟了新加坡—印度尼西亚—澳大利亚航线，每月2班。从而把中国—西欧集装箱班轮航线与中国—澳大利亚航线连接起来。

(四）强化经营管理，提高服务质量

1986年2月26日至3月1日，中远总公司召开远洋工作会议，交通部副部长林祖乙要求中远在保证班轮班期、提高服务质量、降低运价等三个方面多做工作，做细工作，充分发挥国轮的作用。中远总公司将强化经营管理、提高服务质量作为集装箱运输工作的重点，并抓了"四个强化"：

1. 强化服务理念

长期以来，各船公司主动与货主、船舶代理的联系还不够，货主至上的营销理念还没有在机关和船舶一线扎下根。想货主所想，急货主所需，主动配合货主工作，提前备货、装箱、进场等深入细致的工作做得还不到位。在强化服务理念方面，上海远洋走在了其他公司的前面：公司领导定期拜访大货主，同货主及货运公司签署运输协议以保证部分较稳定的货源；对一些重要货主，指派专人负责联系，及时做好货物装船和转运工作。总公司通过召开专题会、发通报等形式，肯定上海远洋的做法，货主至上的服务理念逐步得到强化，促进全系统服务质量的提升。

2. 强化系统指挥

强化各职能部门和工作人员的责任意识，对集装箱班轮实施跟踪问效、跟踪管理；强化调度工作程序化、制度化、规范化，一切工作以保证船舶安全和船期准点运行为中心，强化系统指挥的权威性；建立有效的船员调配制度，加强船员定船管理。在这方面，总公司推广了上海远洋坚持"三早""两先"原则。"三早"即：船上及早报公休人员名单；机关调配员及早通知接班船员；接班船员及早到指定地点报到。"两先"即：先远后近（住地）、先早后晚（公休时间）安排。建立调配人员岗位责任制，做到分船调配责任到人。

3. 强化机务管理

坚持以技术管理为主，船舶修理为辅；坚持船员自修为主，厂修为辅的原则。工作中坚持按船龄和船舶类型分类管理，根据各类型船的特点实行跟踪管理和目标管理，定期派人随船了解情况，对各种报表、记录和技术资料，在同类船中对比检查。通过对事故、故障及历史情况进行分析，从中找出发生事故的根本原因，对症下药，解决问题。重视备件管理工作，对船上重要备件的存储及消耗情况，做到心中有数，同类型船的通用备件在航线沿途重要港口设立备件库，以便应急时统一调度使用。充分做好修船前的准备工作，根据集装箱船周转快、班期紧的特点，修船前抓好"四个环节"，即：船舶提前6个月报修船工程单；机关提前3个月询价选厂；船技部门修船前一个航次会同厂方上船看工程，确保准时修妥出坞；航次开始时会同航运部门督促船上配合，尽可能缩短等泊和装卸时间，按时开船。

4. 强化单证管理

确保船舶单证文件正确无误，货运单证齐全，正常流转，单证检查工作落实到人。为确保船舶准班准点运行，公司与港口、外运等方面签订协议，共同保证船舶班期。

上述"四个强化"的推进与落实，促进了船队的经营管理，提高了船岸的服务质量。

三、购造新型集装箱船

中远总公司集装箱运输初期，营运的船舶多数是从国外购买的二手船，载箱能力低。

到了"六五"期间（1981—1985年），中远总公司为改变船队结构，增加运力，继续利用贷款购造新型的集装箱船舶。1980年起，上海远洋陆续接入"小石口"等5艘7374载重吨滚装船和"古北口"等3艘13996载重吨滚装船，前者称"小口字号"，可载箱位430个TEU，其中冷藏箱插座110个；后者称"大口字号"，可载箱位753个TEU，其中冷藏箱插座150个。1982年，中远总公司在联邦德国建造1200箱位的全集装箱船"汾河""青河""唐河"轮。1983—1985年又新造8艘全集装箱船，其中"洛河""沙河""辽河"轮各有1234 TEU；"春河""秋河""银河""星河""潮河"轮各有1328箱位。1985年又建造航速为16节，有1700 TEU的全集装箱船5艘，分别为"香河""冰河""庄河""玉河"和"松河"轮。到"六五"末期，中远总公司已有集装箱专用船51艘，其中全集装箱船38艘，滚装船13艘，载箱能力达4万多个TEU。

"七五"期间（1986—1990年），中远总公司本着"稳步发展、调整结构、更新改造、增加部分运力"发展船队的方针，重点发展集装箱运输和大宗散货运输。为此，努力采用大箱位的集装箱船舶，成为这一时期发展集装箱船队的主基调。中远总公司紧紧抓住这一时期国际航运市场萧条，船价低迷的有利时机，广泛争取贷款，积极组织建造技术先进的大船，进一步壮大集装箱船队，增加运力。

1986年5月，上海远洋提出建造2160个TEU的集装箱船，以加大中美航线集装箱班轮运输能力和增强竞争力的建议。中远总公司经过深入的市场调研，于1986年8月，在上海召开造船经济论证会。专家提出了新造船应将载箱量提升为2700个TEU的建议。中远总公司采纳了专家建议，随即用英国政府低息贷款和联邦德国贷款的8.5亿元人民币，建造了5艘第三代集装箱船。1989年9月—1990年11月，5艘2761箱位的"泰河""普河""东河"（图2-3）"高河"轮陆续交付，投入香港至北美航线。

图 2-3　投入香港至北美航线的第三代2700 TEU船"东河"轮在航行中。

四、集装箱运输在竞争中发展

20世纪80年代，国际航运市场船货供求失调，仅1983年全世界运力过剩就达29.3%，运价大幅度下降，国内外船公司纷纷挖掘货源，竞争异常激烈。因此，中远集装箱运输从兴办之日起就面临竞争，在航运萧条中起步，在市场竞争中发展。

中远兴办集装箱运输初期，经营方式是在总公司领导和协调下，由上海远洋、广州远洋和天津远洋3个直属公司按划定的航线经营集装箱运输。其中上海远洋经营中国至美东、美西、日本、澳大利亚、新西兰、中国至东南亚、西北欧、中国至南美以及中国内地至香港等诸多航线；广州远洋经营中国至日本、波斯湾、西北欧、东南亚以及国内沿海支线；天津远洋经营中国至日本、地中海、西非、南非、东南亚、韩国以及中国内地至香港等航线。

这一时期，中远集装箱运输除面临航运市场萧条、国内外船公司激烈竞争外，还受国内港口压船的影响。1980年3月至4月30日，广州远洋全集装箱船"西江"轮在香港至马尼拉航线，共航行了16个航次，因空箱运输量占全部运输量的44.6%，所以首期营运亏损。上海远洋的中美航线也是连年亏损。1982年，中远平均每天有60—70艘船在港口等装等卸，相当于一年有近百条船不能营运。1984年，中远船舶在港等泊时间长达36561艘天，其中集装箱船在国内港口有时也要停一两个月，加之船舶船型不配套、航线变动较大等原因，经营艰难，效益不好。针对这种情况，中远总公司立足改革，狠抓企业经营管理，提高服务质量，调整和新辟运输航线，选择以发展全集装箱船为主建立集装箱船队的道路，提高在国际航运市场的竞争实力。

广州远洋1985年投入8艘新集装箱船。1986年，又新增"星河"轮，并将"钱塘江""环江""连江"3艘船改为全集装箱船，投入营运。当年运往日本、波斯湾、东南亚的箱量明显增加，共承运69555TEU，76.94万载重吨。到1986年底，广州远洋已拥有全集箱船15艘，202699载重吨，10481个TEU位，使全集装箱船队初步形成一定的规模和营运能力。

经过短短几年的奋力拼搏，中远集装箱运输快速发展，从1981—1986年，承运外贸集装箱数量平均每年增加5.5万TEU。其中1985年增加最多，达10.3万TEU。中远公司1981—1986年集装箱运量完成情况见表2-1。

中远总公司1981—1986年集装箱运量统计表　　　　表2-1

年份	箱量（TEU）							货量（吨）						
	合计	外贸箱		外揽箱		沿海箱		合计	外贸箱		外揽箱		沿海箱	
		运量	%	运量	%	运量	%		运量	%	运量	%	运量	%
1981	40553	34075	84	6422	15.8	56	0.2	267522	238839	89.3	28240	10.6	443	0.1
1982	73607	70041	95.1	3193	4.4	373	0.5	594540	570935	96	23125	3.4	480	
1983	135227	120217	88.9	12035	8.9	2975	2.2	100745	929122	92.2	74232	7.4	4104	0.2
1984	225427	174963	77.6	44336	19.7	6128	2.7	1728058	1373369	79.5	320685	18.6	34004	1.9
1985	340370	277402	81.5	54459	16	8509	2.5	446607	1910987	78.1	472124	19.3	63496	2.5
1986	458065	310371	67.7	136960	30	10734	2.3	3554870	227625	64.1	121369	34.1	64930	1.8

上海远洋在开展集装箱运输中，不断调整航线、改善经营条件。特别是对中美航线的调整，取得显著成效。

1986年4月1日起，上海远洋中美集装箱班轮航线中国至美东航线由原来6艘船改为5艘船，国内挂港由原来的二港改为一港，班期从原来90天改为75天，将香港至美西航线的班期定为45天，美东、美西航线船均弯靠日本神户港，捎带美国东西海岸货，在神户进行倒载分流。这种调整，明显地增加了航次运量，提高了箱位利用率和经济效益。调整后的当年，美东线东行时箱位利用率从25%提高到38%，西行时从65%提高到75%；美西线东、西行时，箱位利用率由20%分别提高到64%和61%。并且以成本低、服务好的优势揽取了日本、美国等大量第三国货载。1986年，盈利198万元人民币，结束了中美航线连续几年的亏损。至1988年，集装箱运输利润已占上海远洋总利润的40%。1990年9月1

日,上海远洋"环太平洋集装箱运输网络工程"建成,获交通部科研成果奖和创造发明奖。

1992年底,上海远洋全年货运量2222.9万吨,其中,滚装船和集装箱船运量1161.7万吨,运量占总运量的52.3%;承运集装箱112.4万TEU,占总箱运量的61.3%;船舶承运的集装箱涉及亚洲、欧洲、南北美洲和大洋洲的20多个国家和地区;全年承运第三国货967.3万吨,占总运量的43.5%。这一时期,货运量与箱运量的发展非常快,尤其是箱运量,呈高速增长状态(见图2-4,图2-5)。

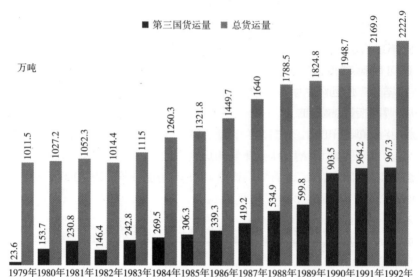

图2-4 1979—1992年上海远洋集装箱货运量图。

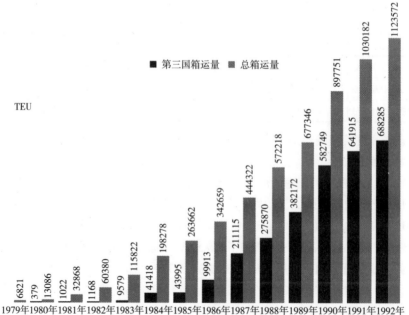

图2-5 1979—1992年上海远洋集装箱箱运量图。

五、开展西欧集装箱联营办公

为加强总公司和各公司船舶之间的联系,避免公司间在同一航线上相互争货、压价,一致对外开展竞争,中远总公司对集装箱运输作了从分散经营到联合经营的改革。1985年3月,中远总公司决定由上海远洋、广州远洋联合经营中国至西北欧集装箱班轮航线,待中国至地中海、波斯湾全集装箱航线开辟后,逐步纳入联营,组成中国西行集装箱联营体,再扩大到美国、澳大利亚、日本等集装箱航线,形成中远总公司整个集装箱航线的联营体。7月1日,西欧集装箱联营办公室(简称集联办)正式成立。联营双方投入对等数量船只和箱量进行集中经营,经营小组设在北京总公司航运处内。

1991年6月22日,中远总公司下发《关于集联办自有集装箱财务处理的暂行规定》,对中远系统自有集装箱的财务处理做出了具体规定,进一步加强了规范管理。

上海远洋、广州远洋两公司作为管理公司,仍然履行船东责任,经营小组对联营船舶实行一级调度指挥,负责揽货、制定费率、租箱及调运、各项费用谈判及签订等项工作。总公司将上海远洋的"银河""青河""唐河""汾河""星河"轮5艘集装箱船调拨给广州远洋。由于改善了经营管理,不仅提高了集装箱利用率和航线经济效益,而且提高了中远集装箱船队在国际航运界的声誉,增强了中远船队在远东到西欧这一航线的竞争力。

1992年,中远直属远洋运输公司全集装箱船增至89艘,占船舶总数的15.4%;载箱能力达9.2万多箱,比"六五"末期增长了1.41倍。其中广州远洋有全集装箱船25艘,拥有箱位27555TEU;上海远洋有43艘,拥有箱位50250TEU;天津远洋有21艘,拥有箱位13010TEU。中远集装箱船队在世界经营集装箱运输的船公司中名列第四位。

"七五"期间,中远各公司在加快深化企业改革,推行承包经营和船舶经济责任制的过程中,集装箱运输得到进一步巩固和发展。从1986年开始,中远总公司在国内各口岸外代公司、港务局等单位的支持下,逐步将各集装箱船舶纳入班轮运输。1990年,开展了大连至日本、青岛至日本的集装箱班轮周班服务,极大地方便了货主。20世纪90年代初,中远购入的12艘全集装箱船以及在欧洲建造的2700TEU第三代集装箱船也陆续交船投入运营,全集装箱船队从1980年时仅有1艘发展到83艘,8.2万TEU,仅次于中国台湾长荣公司、丹麦马士基公司和美国海陆公司,使中远集装箱运输跨入一个新的发展阶段。至1992年,已完成了中国连接美国、欧洲及地中海各主要干线的调整,实现了"小换大"(即用大箱位集装箱船换下较小型集装箱船)、"疏至密"(即在原有航线上增加航班密度)、"多变少"(即在保持航线原有班期、挂港的前提下,减少投入集装箱船舶数量)的调整。国内沿海集装箱支线的开辟,也改变了以往内船公司只能在国外港口从事支线运输的局面,支线船箱位利用率由开办初期的16%提高到80%。同时,中远总公司和上海远洋还参加了交通部组织的国际集装箱运输多式联运的试点工作。集装箱运量由1981年的40553TEU增加到1992年的1662612TEU,增长40倍(表2-2)。

1992年中远总公司集装箱运量统计表 表2-2

		箱数（个）			重量（吨）	
		合计	重箱	空箱	合计	其中：货重
合计（TEU）		1662612	1376548	286064	18365407	14870437
20英尺箱	合计	826160	708796	117364	11994476	10146590
	出口	232207	227212	4995	3652977	3131252
	进口	191379	128516	62863	2290844	1870562
	第三国	384588	340629	43959	5821564	4954871
	沿海	17986	12439	5547	229091	189905
40英尺箱	合计	418226	333876	84350	6370931	4723847
	出口	88232	82975	5257	1319515	971557
	进口	81059	60647	20412	1278751	962735
	第三国	241764	186806	54958	3693411	2738115
	沿海	7171	3448	3723	79254	51440

六、集装箱统一经营

20世纪80年代，中远总公司的集装箱由各船公司自行使用和管理。随着集装箱运输的迅速发展，集装箱量和租箱不断增加。1984年，每天在各航线上周转的租箱就有15000只，占整个中远箱运量的1/3左右。为加强对集装箱的管理，中远总公司制订了一系列有关集装箱的空箱调运、租箱使用、集装箱管理等规定。1984年8月，颁发《中远总公司集装箱管理责任划分》，明确了责任范围：总公司全面掌管各公司集装箱的使用和统计集装箱盘存、使用数量；协调各公司之间的自有箱和租箱转租工作。各远洋公司负责自有箱和租箱的调运、维修和费用审核结算，以及集装箱现场管理工作等。但由于当时中国整个集装箱运输行业的管理跟不上集装箱运输快速发展的需要，中远集装箱管理受到影响，有的航、港、中转站之间对集装箱的动态管理、交接手续不严，造成集装箱去向不明；有的远洋公司对自有集装箱使用管得过死，同样是中远的集装箱，却不能在国内外同一港区中远各公司船舶之间通用，致使集装箱不能统一调配、使用、合理周转，制约了集装箱运输经济效益的提高。

为了扭转集装箱管理各自为政、分散经营的局面，提高集装箱的利用率，中远总公司将全系统集装箱收归总公司统一管理经营。1991年1月，成立集装箱统一管理领导小组，全面负责集装箱统管的筹备工作。经过10个月的紧张筹备，11月，"中远集装箱管理中心"（简称"箱管中心"）正式成立。并相继成立上海、天津、广州、香港、欧洲和美洲集装箱管理分中心和代理集装箱管理机构，实现了中远集装箱管理的初步改革。

箱管中心实行"一级调度三级管理"。"一级调度"为总公司负责全部调度工作；"三级管理"为总公司宏观管理，分中心实施地区性管理和各地专职管理。为便于对中远集装箱实施全球跟踪和管理,中远总公司采用美国通用电气公司的集装箱管理系统(EMS)及全球通信网络,用先进的管理手段实施中远集装箱管理,并在世界范围内建立中远箱管系统。1992年9月1日,中远箱管进入全球集装箱盘存阶段。

中远集装箱的统一调度,统一使用,统一管理,使其充分发挥整体优势,降低运输成本,对改善内部管理机制,提高管理水平和经济效益,为进一步发展集装箱运输创造了良好条件。

集装箱船由中远总公司统一经营后,对原来由上海远洋、广州远洋和天津远洋经营的集装箱船班轮航线进行统一调整,把中国—西欧,中国—地中海,中国—海湾,中国—南非、南美航线与环太平洋干支线网络联接,组成了全球范围的集装箱运输干支线网络。经营的班轮航线和完成的运量又上了一个新台阶。

综观中远集装箱运输,在经历1978—1985年集装箱船队和航线的初步发展阶段和1986—1992年扩大集装箱航线及发展集装箱班轮运输的两个阶段后,集装箱运输已迅速成为中国远洋运输的发展方向,集装箱船队也成为中远的拳头产品,在国际航运市场中占有重要一席。但从其发展过程中,也不难看出经营初期由于船舶数量不足和船型不配套等客观因素的制约,航线变动较大,反映了中远在集装箱航线的策划与设计方面,基础性研究薄弱;同时集装箱运输分属几家公司经营,在航线或挂港交叉方面时有矛盾发生,一定程度上影响了集装箱船队在国际市场的竞争力(图2-6)。

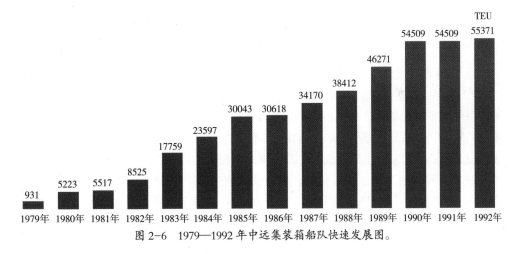

图2-6 1979—1992年中远集装箱船队快速发展图。

第二节 推进散杂船队建设

1979—1992年,虽然全集装箱船队异军突起,发展势头迅猛,但中远总公司的船队占绝对比重的依然是散杂货船队。到1992年底,中远散装船189艘,占船队总数的33.7%;杂货船178.4艘,占30.8%;全集装箱船91.9艘,占15.9%;多用途船75.8艘,占 13.1%；油轮 13 艘，占 2.2%；其他船型 30.5 艘，占 5.3%。除集装箱、油轮外，散杂和多用途等船舶占中远船舶总数的 81.9%。

从船型分布上看，广州、上海、天津、青岛、大连远洋五大公司均拥有不同数量的散杂船，且经营状况较为稳定；从经营趋势上看，世界各大船公司均朝着船队专业化、船型大型化方向发展。尤其在打造专业船队上，可谓大势所趋；从中远的发展走势看，全力以赴走专业化发展道路，势在必行；从发展的基础看，中远的专业化船队建设雏形已基本形成：大连远洋的专业化油轮船队建设逐步得到加强；上海远洋的专业化集装箱船队建设已初具规模；以广州远洋为主的特种船、多用途船队建设已初显端倪；以天津远洋、青岛远洋为主的散杂货船队建设，日益得到巩固。

一、五大远洋公司散杂船队建设情况

（一）广州远洋

广州远洋是中远总公司多种船型最齐全的公司。先后拥有以"光华"轮为代表的客轮船队，以"华铜海"轮为代表的散货船队，以"和平"轮为代表的杂货船队，以"丹湖"轮为代表的油轮船队，以"乐和"轮为代表的多用途船队，还有滚装船、半潜船、重吊船及已成较大规模的全集装箱船队。1983 年 6 月，广州远洋购进了中国第一艘半潜式子母船"沙河口"轮。同年 7 月，接进其姐妹船"红河口"轮。"沙河口""红河口"轮载重量均为 1.3 万多吨，一次可装运 570 吨标准驳船 18 艘。此后，着力发展特种船运输，成为广州远洋的鲜明特色。

（二）上海远洋

1979—1992 年，上海远洋紧紧抓住发展机遇期，在大力发展集装箱船队的同时，坚持发展散杂船和多用途船队。公司根据市场需求，在日本川崎重工坂出船厂先后建造了 8 艘滚装船。其中"小石口"等小口字号滚装船 5 艘、"古北口"大口字号滚装船 3 艘，丰富了船队建设。为适应国家进出口粮食、矿石和煤炭等货物运输的要求。1980 年，接进了"景洪海"轮和"石塘海"轮 2 艘散装船。1981 年，使用银行贷款在上海沪东船厂建造 2 艘 2.5 万吨级的散装船"宁海"和"通海"轮。1985—1986 年，上海远洋为配合宝山钢铁总厂大量运输进口矿石的需要，又买进 2 艘 14.8 万载重吨的"普安海"轮和"普宁海"轮，这是当时国内最大的散装船。之后，公司又接收 1 艘散装船"涟漪海"轮。到 1992 年底，上海远洋已有散装船 23 艘、103.1 万载重吨，具有一定规模，在国家进出口散装货物运输中发挥了重要作用。

（三）天津远洋

这一时期，按照中远总公司对各船公司营运和航线分工的安排，天津远洋将所属油轮于 1985 年之前陆续调给大连远洋经营。借此契机，公司建造和购买了一批新船。截至 1992 年底，天津远洋共拥有船舶 107 艘，总计 205.5 万载重吨。1979—1992 年，天津远洋共增加杂货船、多用途船、散货船、集装箱船、客货船 88 艘，结构日趋合理，船龄逐年减轻，具有较强的综合竞争实力。

（四）青岛远洋

进入20世纪80年代，一些西方国家的经济危机导致国际航运市场船舶运力过剩，货源不足、运价下跌、市场竞争激烈，国际航运市场长期在低谷徘徊。1984年11月，中远总公司进行了船队经营管理体制改革，青岛远洋被确定为经营散装船的专业性公司。这一时期，该公司船队不断发展壮大，在20艘老龄船相继退役后，仍保有50余艘船舶，200余万载重吨，成为当时国内最大的国际干散货远洋运输企业。

（五）大连远洋

公司自1978年成立后，虽一直朝着专业化油轮公司方向发展，但为适应国家和东北三省外贸运输发展的需要，大连远洋从未间断过散杂货船的经营和管理。1979年5月，经中央批准，动用交通部银行外汇贷款购买了6艘7500载重吨二手木材船，到1985年底，大连远洋已拥有船舶26艘，其中杂货船14艘，共有9万载重吨。

二、散杂货船生产经营情况

（一）散杂货运输市场受挤压

20世纪80年初期，由于集装箱运输业的不断发展壮大，使散杂货船队经营越来越困难，特别是中国到欧洲各主要港口的杂货船队长期面临困难局面。其主要原因是竞争对手众多，东西行货运量呈日趋下降态势，运价水平较以往也逐步下滑。在这种不利的市场背景下，中远系统内各船公司经营效益每况愈下。1982年，世界航运市场持续低迷，国外的竞争明显加剧，货源严重不足，各项成本费用上涨，而运价则步步走低，困难空前。再看国内市场，除各省市和外贸部门竞相自办船队、有的公司与外商合办船队，自运了部分外贸货物外，又有外轮公司挤进了国内市场，而租船和侨资班轮有增无减，致使中远系统的运力优势得不到充分发挥。在这一时期的调度平衡会上，每月有40—50条船无货安排，最多的时候达到70—80条船抛锚待货。再加上大量进口粮不能均衡到港，增加了港口压船，使中远散杂货船平均每天有60—70条船等装等卸。

（二）转变经营思路

为了提高中远散杂货船队的竞争能力，总公司决定从转变经营指导思想入手，克服经营思想上的"官办"意识，转变经营管理上的"官商"作风，改善经营管理，提高服务质量，积极投入竞争。用良好的信誉、周到的服务、准确的船期、低廉的运价来吸引货主，全心全意为货主提供优质服务，渐渐成为企业的经营理念。

1. 挖掘自身潜能

怎样面对现实，发挥自己的优势，在困难中提高竞争能力，是个必须解决的中心课题。总公司领导针对严峻的生产形势，提出了一手抓运量提升、一手抓效益增长、一手抓节支挖潜的经营思路。组织各远洋公司召开扭亏增盈财务会议，提出狠抓影响成本的几个重点环节，如燃油消耗、油价、轻重油比例；加大船舶技术管理力度，扩大多种形式的经济责任制，降低修船费用，开展多种经营弥补航运亏损；与外国港口谈判降低港口使费等。

2. 精心组织货源

总公司向各船公司反复明确了经营散杂货船"十六字方针",即:统一运价,分头揽货,互通信息,一致对外。在此基础上,总公司航运处还成立了开发部,除航运处加强揽货组织外,各外代分公司也一齐动手开展货源组织工作,多揽特资,如白银、危险品等高运价货,散杂货运输形势逐步好转。

3. 狠抓货运质量

中远总公司通过开展全面质量管理、优质货运竞赛、树立优质运输船舶典型等多种形式,促进货运质量的提升。通过开展活动,评出上海远洋的"盐城""凤鸣"轮,广州远洋的"松林""惠泉""龙山"轮,青岛远洋的"峥嵘海"轮,天津远洋的"宁都"轮,大连远洋的"金刚岭"轮,中波公司的"嘉兴"轮为安全优质运输先进船。总公司向上述先进船舶颁发了嘉奖令,同时给先进船舶颁发了奖金。其中,"丰城""盐城""松林""龙山""金刚岭"5艘船舶被评为交通部一级先进船,为中远船舶树立了标杆。

三、开辟散货班轮航线

(一)政府高度重视班轮运输

早在1974年4月6日,联合国在日内瓦制定了《班轮公会行动守则》,这是各大船公司在国际航线经营班轮必须遵循的规则。中国于1980年9月23日加入该公约。自此,中国正式成为联合国国际班轮公会会员国。中日两国是较早开辟班轮航线的国家,1982年7月15日,召开第五次中日间合作开办两国班轮航线专题会,研究解决了中日班轮航线推进中存在的问题,为全面开展班轮航线扫清了障碍。

1984年10月8日,交通部组织召开班轮运输专题座谈会,并形成纪要。指出:"开展班轮运输,对加强计划管理,提高经济效益,满足对外贸易的需要,树立我国航运信誉有着极为重要的意义。"交通部要求中远,在现有基础上把中远班轮办成正规化班轮,在国际上树立信誉,更好地为国家外贸运输服务。之后,交通部又提出班轮运输"五定"[①]原则,即:定航线,定船舶,定泊位,定货种,定时间,对远洋班轮运输的正规化操作做出明确的规范和具体的指导。

为了加强国际班轮运输的管理,鼓励、促进国际班轮运输的发展,保障供货、运输有计划地进行,1990年6月20日,交通部发布关于《国际班轮运输管理规定》(以下简称《规定》)的第15号令,《规定》依据联合国《班轮公会行动公约》的相关条文,对在中国经营国际班轮航线、应用现代化管理方法和手段、提高国际班轮运输的经营、管理水平和服务

---

① 班轮"五定"原则:①定航线。即确定班轮装卸港口和航线,使港口和货主预先知道班轮所挂靠的港口,以便于安排对外成交和装卸。②定船舶。即船方选择适应的船型,确定具体船舶并固定在航线上,以便于港口、货主根据班轮的特点安排货载和装卸。③定泊位。即港口根据航线和船舶的要求,确定班轮固定挂靠的码头泊位,为港口的安排、船舶的调度、货主发货、接货和代理工作提供方便。④定货种。即班轮根据航线、泊位和船舶情况,确定所能接受的货种,特别是危险品、大件和散装货,以便货主能根据要求配货。⑤定时间。即定货单日期、定送船图日期、定开装日期、定开航时间和抵港日期,便于货主、港口、代理根据班期安排工作,以使货主能按期发接货,按期交货,及时结汇。

质量等方面，进行了严格的规范，进一步促进了国家班轮运输行业与国际市场的深度融合。

国家对国际散杂货班轮运输的重视和对中远国际班轮航线的明确支持，给中远班轮运输指明了方向，提供了条件，奠定了基础。

（二）全力开展班轮航线运输

中远各船公司均有散杂货船，在开辟班轮运输航线方面，充分发挥自身的主观能动性，各显身手，各具特色。

天津远洋的散货船主要经营澳大利亚、阿根廷、加拿大、美国、欧洲散粮运输，部分粮、矿兼用船，还承运澳大利亚进口散矿。1979 年，"祁门"轮首开上海—香港—西非班轮航线；船队航行至世界 100 多个国家和地区的 400 多个开放港口，遍布五大洲三大洋。

进入 20 世纪 90 年代，天津远洋进一步加强班轮运输管理，提高航次满载量，狠抓船期，提高准班率。具体措施为：扩大租船业务，将船租出去，充分发挥运力优势；部分船舶改换方便旗（注册巴拿马籍），拓宽航区；航线经营方式随着船型的增加逐渐转变为定线运输和班轮运输，航线从欧洲和日本扩展到红海东非（图 2-7）、西非、美加、波斯湾、孟加拉湾、东南亚、大洋洲等航线；到 1991 年，中远又新开辟新加坡、印度尼西亚至澳大利亚班轮航线，印度尼西亚至欧洲杂货班轮航线，南美两岸至中国首次开通每月杂货定期班轮，共开辟班轮航线 49 条，193 个航班。

图 2-7　1990 年 6 月，天津远洋"龙门"轮满载 11000 吨援建阿尔及利亚物资，航行在中国至东非、红海航线上。

广州远洋、上海远洋、青岛远洋、大连远洋均根据本公司拥有散杂货船情况，积极经营班轮航线运输，促进了船队的发展，壮大了中远船队的综合实力。

四、加强散杂货船队建设

20 世纪 70—80 年代，中远船队无论在数量上还是在吨位，都有了突飞猛进的增长，对改善我国远洋运输落后的局面，起到了积极的作用。但与中国在国际上的地位和外贸发展的需要相比，还有很大差距，突出的问题是船舶"少""小""旧""慢"。在船队中，杂货船、散装船和半集装箱船过多，技术先进的集装箱船和新的散装船少。从船龄看，1985 年平均船龄已达 10.86 年，有的公司船龄高达 14 年多。上海远洋按规定超龄船已有 19 艘，其中杂货船 9 艘、散装船 8 艘、半集装箱船 2 艘。船队老化明显。这些船纳入主干航线营运，航速慢，竞争能力差。散装船中 5 万吨级粮矿船和 10 万吨级矿船数量不足，直接影响了外贸运输任务的完成和经济效益的提高。世界上大的船公司船速已达 22—25 节，而中远散杂船队的平均航速不足 15 节，难以满足远洋航线复杂环境和国内外货主快速交货的要求。对远洋船队调整，淘汰船龄老化、设备陈旧、吨位小的散、杂货船势在必行。

1980年1月4日，国务院11号文件批准中远10亿美元（称为老10亿）贷款指标。中远利用这笔资金，在国外购买了二手船62艘、128万载重吨，在国外新造船27艘、46.3万载重吨，在国内新造船12艘、9万载重吨，购买集装箱13260TEU。利用"老10亿"贷款购入的船型有杂货船（图2-8）、散货船、木材船、滚装船、滚吊船、多用途船、子母船、集装箱船和冷藏船。

这一时期，国家根据宝钢运输需要，批准贷款3亿美元买船。利用这笔贷款，中远在国外购买了灵便型和巴拿马型散货船共8艘、44万载重吨。"六五"期间（1981—1985年），中远主要从国外购买20世纪70年代初期建造的杂货船和少量散装船、油轮，同时也在国内造船。其中，国内造船37艘、49.1万载重吨，占14.3%；国外造船77艘，199.3万载重吨，占57.9%；国外买船45艘，95.7万载重吨，占27.8%。总计买造船159艘，344.1万载重吨。

1983年1月19日，交通部上报《关于抓住有利时机继续在国外买造船的请示》，经国务院副总理万里、姚依林批准，国家再为中远提供10亿美元贷款（称为新10亿）。中远利用这笔资金，在国外买造船70艘，172.5万载重吨。船型主要为散货船（图2-9）、多用途船和杂货船等。

图2-8　1981年5月，中远在英国国营造船厂建造的15200载重吨杂货船"江源"轮。

图2-9　1984年1月，中远在日本大阪船厂建造的42000载重吨散货船"沱海"轮。

图2-10　1992年9月，在日本佐世保船厂建造的15万载重吨散货船"天昌海"轮在航行中。

随着船队国际化经营的不断深入，中远总公司散杂货船队的建设逐年加大力度，买造船贷款融资形式也呈多样化变化，加快了中远船队建设的步伐。1992年9月，中远又利用租买融资方式，由总公司做担保，通过日商岩井成功获得贷款，在佐世保船厂订造了2艘15万吨散货船"天惠海""天昌海"轮（图2-10），这2艘船后划归青岛远洋经营。此后，由中远总公司做担保的融资方式得到国内多家公司广泛采用。

这一时期，中远总公司秉承均衡发展的原

则，集装箱、散杂船、油轮、特种船、客轮都得到快速发展，打造不同船种的专业化船队已指日可待。

第三节　油轮船队集中管理

原油运输业务是利用散装液货船将原油和成品油从一个港口运送至另一个港口，是海上运输的重要组成部分。海上原油运输始于19世纪中期。当时的运输方式是先将原油装入木桶中，然后再用船装运这些油桶，这就是后来原油计量单位桶的由来[①]。大批量运输桶装原油，既不能充分利用船舶载重量和舱容，也难以缩短装卸时间，因而运输成本不能进一步降低。加上当时船舶的消防设施非常简陋，导致不少运油船舶在海上发生失火事故。这些都要求改变桶装原油运输，于是出现了运输散装原油的船舶。起初，人们把普通货船的货舱改装成或装设圆筒形金属罐，用以盛装散装原油。经过不断改进，19世纪80年代成功地设计建造了第一艘装运散装液体的现代油轮，以船体作为装载原油的庞大容器。为解决分票与自由液面效应问题，又用纵向和横向隔壁将货舱分隔成许多专门的金属槽——油舱。自此，桶装原油运输逐渐为散装原油运输所取代。

一、新中国原油运输基本状况

新中国远洋原油运输经历了从原油进口到原油出口再到原油进口三个时期。

新中国成立初期，中国石油产量和供应量十分有限，基本是一个贫油国。除东北抚顺地区自制部分石油以外，国内油源主要在玉门、克拉玛依。由于生产力低下，供应不足，1963年以前，原油消费的绝大部分都从苏联进口，由于需求量不大，当时也不存在石油安全问题。进口的原油主要依靠租船运输。

1960年9月6日，大庆油田打出新中国第一口高产油井，自此，中国石油开采出现井喷式增长，先后勘探和开发了华北、中原、胜利等油田，中国开始改写"贫油"的历史，并迎来原油生产的辉煌时期。1975年中国开始向西方国家出口原油，1978年，中国石油产量突破了1亿吨大关。

随着原油产量的增加，运输方式也发生了变化。

1956年以前，玉门油供应北方沿海的大连炼油厂，全部由铁路运输。随着炼油厂能力的提升，供应量增加，铁路油运受到多种因素制约，传统油运格局被打破。1956年，连云港油库建成，玉门油开始从陇海路经连云港走海运。1960年以后，拆除连云港油码头及相

[①] 桶（barrel）和吨（ton）是常用的两个原油计量单位。欧佩克和欧美等西方国家原油计量单位用桶来表示，而中国与俄罗斯等国则常用吨（t）作为原油计量单位。吨与桶之间的换算关系是：1吨（原油）=7.35桶（原油）。在全世界的石油工业中，石油桶被定义为42美国加仑，158.98升。但由于吨是质量单位，桶是体积单位，而原油的密度变化范围又比较大（0.75~1），质量和体积之间并没有统一的转换。因此在原油交易中，如果按不同单位计算，会有不同的结果。

关设施，玉门油源不再东运，大连港由原来的只承担成品油运输，发展到既做成品油运输，又做原油运输。传统的油运码头在逐年递增的油运需求中也发生了变化，大连原有的寺儿沟油港无法满足油运市场需要，大连立即在鲇鱼湾新建了专业化油港，专门用于原油出海码头，扩大了原油通过能力。20世纪80年代的东北大庆、华北中原以及胜利等3个地区的原油，经过六路输油管道，集中输送到沿海4个专用油港，再经4个专用油港装船出海。

这三地、六路、四港的出海线路为：

大庆油：从林源过铁岭分两路出海，一路经鞍山到大连，在大连鲇鱼湾油港出海；另一路过锦州、锦西到秦皇岛，在秦皇岛油港出海。

华北中原油、胜利油分三路出海：第一路是华北中原油，从油田本部到石楼再到秦皇岛，在秦皇岛油港出海；第二路是胜利油，从胜利油田总部东营，直达黄岛，在青岛黄岛油港出海；第三路是中原、胜利油，从鲁宁管线到江苏仪征，通过江海直达出海。

尚有少量的辽河原油，自20世纪50年代开始由铁路到大连，在大连寺儿沟油港出海。

在"六五"（1981—1985年）初期，中国建成了大连、秦皇岛、青岛、南京4个原油装船港，基本形成了从油田经输油管线到装船港，再经油轮到炼油厂的卸船码头的一套完整的水上原油运输系统。"六五"期间，根据发展需要，又对上述4个油港进行了扩建改造。到1985年末，这4个港口原油装船能力可达6100万吨，1990年，又在青岛港建立了1个20万吨级的原油码头。国内原油主要靠上海、南京、宁波、黄埔、安庆、九江、武汉和长岭以及沿海新建炼油厂的自营码头接卸。通过以上四港出海的原油，其进出口业务根据安排由中远总公司承担其中的一部分，国内原油加工企业的原油运输任务则主要由海运局承担。

1993年，是中国石油工业的一个重大转折点。这一年，中国原油和成品油出口2399万吨，而进口原油和成品油达到3315万吨，净进口量为920万吨，这标志着中国已成为石油净进口国。

二、中远原油运输业务的开展

中远原油运输业务是从广州分公司开始的。1965年，中远广州分公司购进1艘2.05万载重吨的油轮"洪湖"轮[①]从事原油运输业务。发展到1976年，广州分公司共有16艘"湖"字号油轮，分别是"平湖""芜湖""秋湖""明湖""梁湖""春湖""龙湖""盐湖""太湖""巢湖""菱湖""青湖""高湖""丹湖""洪湖""凯湖"轮，合计86.2万载重吨。其中"丹湖"轮载重量为9.77万吨，是当时中国最大吨位的船舶。1976—1979年，中远总公司将"平湖""芜湖""秋湖"3艘油轮交广州海运局经营，其余13艘油轮调给刚组建的大连远洋。此后，广州分公司不再经营油轮业务。

1973年，为了解决中国向日本出口原油的运输问题，中远天津分公司购买"金湖"轮，由此开始了中日航线上的石油运输。原油运输业务发展到1978年，中远天津分公司拥有油轮8艘，39.9万载重吨；油轮除承运中—日航线出口原油运输外，还以程租和期租的

---

① 1971年交由广州海运局经营。

形式在东南亚、波斯湾和地中海航线上从事原油运输。

三、建立专业化油运公司

1978年1月1日，中远大连分公司成立，正式经营、管理远洋油轮船舶。5月13日，交通部远洋运输局专门下发《关于印发"关于发展大连远洋公司船队的讨论纪要"的通知》，文件明确："大连远洋以经营油轮为主，辅以一定数量的杂货船，以适应国家和东北三省外贸运输发展的需要。"决定中远今后除了新添置的油轮一律归大连远洋外，广州远洋和天津远洋当时拥有的油轮全部调拨给大连远洋。

根据交通部的统一部署和中远总公司的具体安排，中远广州分公司和大连分公司经过协商后确定，中远广州分公司时有的13条油轮分三期交给大连远洋，第一期为1980年6月前，交5艘成品油轮；第二期为1980年底前，交5艘原油轮；第三期为1981年4月前，交3艘原油轮。

自此，大连远洋船队进入了快速的发展时期。这期间大连远洋进行了大规模接收广州远洋、天津远洋转移过来的油轮和接收新造船的任务。由于从广州远洋、天津远洋接收的油轮多为船龄长、船况差的老旧船舶，接回后不久就退出现役，作价转卖或作报废处理。20世纪80年代中期以后，大连远洋成为中远总公司唯一一家从事油品运输的专业化公司。

（一）接收广州远洋5艘成品油轮

1980年5月下旬，大连远洋以方枕流经理为组长的工作组与广州远洋相关人员研究有关交接船事宜，共同签订5艘成品油轮的交接船协议书。同时，为接好船、管好船，根据中远总公司的安排，大连分公司向广州分公司学习了油轮的管理经验，并了解一些船舶的主要情况。

1980年6月4日，大连远洋和广州远洋签订5艘成品油轮"春湖""盐湖""梁湖""龙湖"和"明湖"轮交接议定书，明确了预计交接的时间、港口及办理相关手续的责任划分。

6月，"梁湖""春湖"轮在大连港正式移交大连远洋。由于船龄长、船况差，经中远总公司批准退役。1983年1月16日，在大连港价拨移交上海海运管理局。

1980年6月，"龙湖""盐湖""明湖"轮在大连港正式移交大连远洋，后投入运营。

（二）接收广州远洋8艘原油轮

1980年12月26日，大连远洋和广州远洋签订了"巢湖""太湖""高湖""菱湖""青湖""丹湖""凯湖""洪湖"轮8艘原油轮交接议定书。明确了预计交接的时间、港口和办理相关手续的责任划分。1981年，上述8艘原油轮先后移交大连远洋，由于船龄长、船况差，这些船舶分别光租、价拨或拆解，退出中远油运序列。

（三）接收天津远洋2艘油轮

1984年8月，中远总公司远洋直属工作会议确定，将天津远洋的"滨湖""新湖"轮2艘油轮交给大连远洋经营。1985年2月12日，总公司下发《关于将"滨湖""新湖"轮移交大连远洋经营的通知》，于1985年4月底完成移交工作。

1985年3—4月，"新湖""滨湖"轮在大连港正式移交大连远洋。1985年9月，"滨湖"轮在大连港鲇鱼湾锚地有价转让，移交长江轮船总公司。

中远总公司成立专业化油轮船队，是中远成立后所属船公司之间的船舶大调整。广州远洋、天津远洋作为船舶划拨方，从公司领导到广大船员均表现出了较高的政治素质、大局观念、执行能力和"中远一家亲"的团结协作精神。在第一轮次顺利交接船后，大连远洋即向中远总公司呈送了《关于广远五艘成品油轮接船工作的报告》，对广州远洋给予的"大力的支持、热情的帮助"表示真诚的感谢。中远总公司对历经4年时间、交接油轮15艘的复杂工作中，交接双方精心筹划，细致工作，"没有发生任何有争议的遗留问题"，给予充分肯定和表扬，认为这是中远优良传统、精神境界的真实写照，是热爱中远，无私奉献的又一曲颂歌。这次油轮船队大交接的成功，为中远后期进行大的战略调整和深化船队改革，奠定了坚实的基础。

四、新造油轮在大连诞生

从20世纪80年代初开始，中远总公司着力打造油轮运输船队，积极促成大连远洋多造船，造大吨位油轮和新款双层底油轮。大连远洋造船、接船工作持续不断，蒸蒸日上。

（一）新造原油轮

1982年11月，从日本名村船厂接回6万吨级"微山湖"轮并投入运营；1982年12月，从日本日立船厂接回6万吨级"昆明湖"轮并投入运营；1983年1月，从日本日立船厂接回6万吨级"武昌湖"轮并投入运营；1983年12月，从日本名村船厂接回6万吨级"洪泽湖"轮并投入运营（图2-11）；1986年9月14日，从大连造船厂接回6万级原油轮"兴凯湖"号并投入运营；1990年4月7日，大连远洋接入6万级原油轮"尼罗河"号并投入运营；1991年1月17日，大连远洋从波兰接入新造9万吨级原油轮"百灵湖"号；1月31日，从日本横须贺船厂接回新造9万吨级原油轮"鹦鹉湖"号；1992年4月23日，接入9.8万载重吨原油轮"春燕湖"号。

图2-11 1983年12月，大连远洋从日本名村船厂接回6万吨级"洪泽湖"轮。

上述油轮的持续接入，壮大了中远的油轮船队，提升了中远油轮运输的市场竞争力。

（二）新造成品油轮

1982年5—10月，先后从日本林兼船厂接回1.5万吨级姊妹船"阳澄湖""纳木湖"和"镜泊湖"3艘成品油轮。公司经营一段时间后发现，油运市场需求量较大的船型为2万吨级成品油轮，经请示交通部批准，于1984年初将这3条油轮加长，改装为1.9万吨级的成品油轮。

大连远洋根据市场需求及国际公约的要求，不断优化油轮船队的结构，截至1992年底，公司拥有原油轮9艘，成品油轮4艘，打造了一支结构合理的专业化、现代化油轮船队。

五、新造双壳体油轮

1989年3月24日，美国"埃克森·瓦尔迪兹"油轮发生触礁泄油事故，给周边海域造成严重的污染灾难[1]。国际海事组织[2]做出了1996年后建造的5000吨以上的油轮必须拥有双壳结构的规定。达尔豪西法律学院的海事法律专家奥尔多·查科普指出："如果你从长期的历史观点来看问题，从整体而言，'埃克森·瓦尔迪兹号'漏油事故推动了油轮安全标准的提升。"中远总公司积极响应国际海事组织的决定，提前4年按照新标准着手布局双壳体油轮船队。1991年10月30日，大连远洋与大连造船厂分别签订2艘6万吨级双壳体原油轮"鄱阳湖""洞庭湖"轮（图2-12）建造合同，中远油轮船队的双壳体油轮从此诞生。1992年12月，大连远洋又与大连造船厂签订3艘4万吨级成品油轮"雁水湖""明泽湖""映松湖"轮造船合同，专业化油轮船队的建设已初具规模。

图2-12　1991年10月30日，大连远洋建造的中国第一艘双壳体油轮"洞庭湖"号在锚地。

六、油轮运输航线的确立与管理

大连远洋经营的油运航线大致可以分为原油运输航线和成品油运输航线。

（一）原油轮航线

1. 中国—日本航线，即大连、秦皇岛、青岛到日本的航线，是大连远洋油运的主要航线；

2. 中国—泰国航线，即从青岛到泰国曼谷的原油运输航线；

---

[1] 1989年3月24日，美国埃克森公司的一艘巨型油轮在阿拉斯加州美、加交界的威廉王子湾附近触礁，原油泄出达800多万加仑，在海面上形成一条宽约1公里、长达800公里的漂油带。事故发生地点原来风景如画，盛产鱼类，海豚海豹成群。事故发生后，礁石上沾满一层黑乎乎的油污，不少鱼类死亡，附近海域的水产业受到很大损失，纯净的生态环境遭受巨大的破坏。最终漏油扩散污染面积达7700多平方千米，污染的海滩线长达1600多千米。1990年，美国国会通过了"石油污染法案"，要求到2010年在美国水域逐步淘汰单壳体油轮。法案还设立了一个责任基金，完善漏油事故应急预案，建立一套完整的监督机制，通过承运商来监督安全要求。从历史的角度来看，"埃克森·瓦尔迪兹"溢油事故，推动了油轮安全标准的提升。

[2] 国际海事组织（英文：International Maritime Organization，简称IMO）是联合国负责海上航行安全和防止船舶造成海洋污染的一个专门机构，总部设在英国伦敦。该组织最早成立于1959年1月6日，原名"政府间海事协商组织"。1982年5月，更名为国际海事组织。国际海事组织的作用是创建一个监管公平和有效的航运业框架，涵盖包括船舶设计、施工、设备、人员配备、操作和处理等方面，确保安全、环保、节能、安全。

3. 中国—罗马尼亚航线；

4. 苏联—中国航线；

5. 1981年开辟了波斯湾—卡拉奇航线。该航线对大连远洋年度任务的完成起到了很大的作用。为加强对该航线的运作，大连远洋向卡拉奇派出了航运代表，营运业绩突出，受到了总公司的通报表扬；

6. 临时性航次揽货。

（二）成品油轮航线

1. 中国—日本航线；

2. 中国内地—香港航线；

3. 中国—泰国曼谷航线；

4. 中国—菲律宾航线；

5. 1984年3艘1.5万载重吨成品油轮开辟了中美航线。

1992年，按照国际通行做法及《中华人民共和国政府和塞浦路斯共和国政府海运协定》要求，根据中远总公司的指示，大连远洋从1992年4月份开始着手对"洪泽湖""纳木湖"等8艘油轮进行改换船旗工作。1993年，大连远洋根据中远总公司指示，在大连成立香港泰利兰公司大连办事处，以加强对大连远洋方便旗油轮的经营管理。

（三）改变油轮调度管理制度

大连远洋成立后，中远总公司在油轮经营管理上一直采用总部一级管理模式，大连远洋为二级调度管理。1988年5月，中远总公司将油轮调度权下放，由大连远洋进行一级调度管理，包括直接对外租船定载。油轮管理的相关制度均由大连远洋自己制定，在总公司报备。大连远洋在油轮的全面管理上有了更多自主权后，主观能动性得到充分释放，取得了比较好的效果。1992年12月29日，总公司出台了《中远总公司关于油轮由大连远洋一级调度的管理办法》（以下简称《办法》），确认了这种管理模式。《办法》规定大连远洋的管理职能，如全部油轮的运输生产，确定运费和揽货定载，包括国际、国内航次租船，长期包运合同，期租业务，市场揽货租船等，共12条职责和权限。《办法》还明确规定了总公司的基本职责，如总公司根据国际市场的变化、发展情况及大连远洋的实际需要，制定和具体执行买造船计划和油轮船队发展规划；将国际航运界与中远油轮有关的生产、技术资料等信息及时通知大连远洋，有关港口限制、代理、港务局各项新规定、房屋税规章要求、港口使费及费率变化、港规调整等，共八条规定。总公司还在机关设1名油轮船队专职经营管理人员，除了负责上述八项重点工作外，还负责研究油轮船队的发展方向，研究国际组织对油轮船队的要求，参加制定有关规章制度，研究、分析油轮经营的经济效益情况，并向领导汇报油轮经营情况等。《办法》的出台，进一步规范了总部自身及大连远洋油轮调度工作，为科学经营，合理调度，实现效益最大化提供了制度保证。

（四）大连远洋经营效益的提高

20世纪80年代初，大连远洋成为中国第一个专业化远洋油轮公司，标志着中国在国际石油及油运市场中独立自主地位的确立,对加强中国石油出口贸易、排除国际市场波动对中国的影响,起到了积极作用。

1. 超额完成运输任务

大连远洋成立以后,即面临国际航运市场不景气,运力供大于求,市场运价低迷的困境。为此,大连远洋采取了多种措施,千方百计提高经营效益,抓紧船期,发挥运输潜力,提高生产效率;加强经济核算,制定船舶消耗定额,进行单船、单航次核算,节约费用;加强货源的调研,积极与货主联系,主动揽载,扩大货源,为提高船舶营运率打下了基础;大力开展国际市场租船业务,承揽第三国货,并适时地插进沿海运输。同时注意回程货的安排,适时跑三角航线。1980—1985年,大连远洋每年均超额完成总公司下达的货运量、周转量(表2-3)。

1980—1985年大连远洋货运量和周转量完成情况　　　　表2-3

年份	计划货运量（万吨）	完成货运量（万吨）	计划周转量（亿吨海里）	完成周转量（亿吨海里）
1980	46.4	52.5	7.1	7.9
1981	410	488	67	74
1982	320	348	45	49
1983	400	417	46	99
1984	415	489	58	113
1985	510	612	102	128

1982—1983年,大连远洋又接入4艘原油轮、3艘成品油轮。由于货源得不到充分保证,在经营上遇到较大困难。同时,从1981年开始,接入的8艘旧原油轮,到1983年全部报废或转价卖出,未产生多少经济效益,却付出了高额的维修费用。1983年,尽管任务计划超额完成,但在不含贷款利息的情况下,仍亏损940万元。1984—1985年,进行企业整顿和中远船队经营管理体制改革,建立健全经济承包责任制,给企业增添了活力。1985年,在港口使费和燃料费进一步提高、运价进一步下跌、竞争日趋激烈的情况下,货运量比1983年增长44%,运输收入增加一倍多,税金多上缴100万元,营运利润从亏损940万元转为盈利2347.2万元。理论上虽有盈利,但由于从1984年底扣除贷款船利息,大连远洋仍处于政策性亏损状态。在1985年所负担的年利息高达3962万元,即扣除贷款利息,1985年实际亏损1614.2万元。

2. 实现成立以来首次盈利

1986—1992年,大连远洋处于调整发展的重要时期。1986年,大连远洋第一次实现了盈利,开创了大连远洋历史崭新的一页。1987年2月7日,中央人民广播电台新闻联播节目报道了大连远洋1986年盈利的消息:

大连远洋挖掘内部潜力,去年不但消灭了国家允许的合理亏损,还盈利418万元,摘掉了六年亏损帽子。这家公司是全国唯一的远洋油轮专业运输企业,面对世界油轮运输业波动、货源不断减少的情况，中国远洋运输总公司派出工作组，到大连同这个公司职工一起，分析经济形势，制订增收节支措施。为了缩短船舶非生产停泊时间，减少空载，他们在保证外贸出口同时，把剩余运力投入到国际市场，光这一项就增加收入2000多万美元。在运输中，公司精打细算，确定合理的航线、航速，节约燃料油。同时船员们还自己动手维修船舶，减少修船费用近300多万元。

3. 提升经营管理水平

1988年6月，总公司把油轮运输调度及揽货配载权下放给大连远洋。该公司及时调整、加强航运处油轮调度指挥机构，直接对外揽货配载、调船，增强应变航运市场的能力，安排货载主动、灵活，货运量增加，经济效益进一步上升。

在运输生产中，大连远洋始终坚持"货主至上，信誉第一"的原则，以高质量的服务，赢得越来越多货主的信赖，扩大了货源市场。1988年，公司领导层走访化工总公司，得知这家公司由于担心大连远洋不能提供应急运力而大量向国外租船时，便主动放弃了高运价的第三国租船，同时提供8艘油轮的运力为化工公司运油，并以高质量的服务赢得了货主的信任。在生产经营的过程中，公司始终坚持"快优准服务，你我他共利"的原则，以信誉取胜。高质量服务获得了来自各方的好评，很多货主都坚持续签合同。

1989年底，鉴于航运市场激烈的竞争形势，特别是海湾局势恶化后，石油价格上涨，运价下跌，加上港口、燃油等费用逐步攀升的实际情况，总公司准确研判市场走势，得出结论：中日航线货源减少，国内货源也远远满足不了公司的运力。为了适应这种形势，大连远洋首次以期租形式打入国际航运市场，尤其是美国市场，将3艘大油轮先后出租到美国和地中海营运，另外4艘成品油轮也出租给国外租船人。根据期租合同的特点，公司先后制定了相关规章制度，特别是满足大石油公司检查一次性通过的要求，在美国市场赢得了良好的信誉。与此同时，公司还积极承运第三国货源，并以良好的信誉和周到的服务，赢得了货主的信赖，建立了长期合作关系。在强化苏—日—中三角航线的揽货工作的同时，又续签了中—日航线日方派船原油承运合同。

在油运市场形势持续低迷的情况下，中远总公司加大了市场研究力度，对油价、运费、租金、大石油公司检查等经营生产要素进行持续的跟踪研判，保证了这一时期经营决策的前瞻性和科学性。在抓船舶管理中，大连远洋加强船舶调度，抢抓船期，在确保安全前提下，多装快跑，提高船舶利用率和载货量利用率，加速了船舶周转。同时，充分利用3条长期租入船的有利条件，开辟了韩国、南美等航线，为增加经营效益起到了较好作用。

4. 经济效益持续攀升

1986—1991年，大连远洋在这6年时间里，共创净利1.8亿元人民币。经济效益以平均每年81.9%的速度激增，三次被评为"全国交通系统经济效益先进单位"。这个时期，良好经济效益的创造，既得益于外部油运市场行情转好，也得益于企业内部经营模式的改革与创新。主要体现在：一是适时调整经营方式。1988年6月，中远总公司将油轮的调度权下放，由大连远洋负责油运一级调度管理，直接对外租船定载，实现了从二级调度向一级调度的调整。根据国际油运的通行做法，经交通部批准，从1991年3月起，大连远洋8艘油轮挂方便旗，并在法律上分属于8个单船航运公司。1992年8月，交通部决定由大连远洋利用香港泰利兰公司作为在境外油轮的单船公司的管理公司。二是适时拓展集装箱业务。生产和贸易的现代化，使集装箱运输成了航运业发展的大趋势。1989年1—3月，大连远洋分别接入了"凌昌河"和"利达"2艘集装箱轮，为大连远洋船队增添了生力军，创造了较好的效益。三是不断开拓新的市场。1986年3月，悬挂五星红旗的"阳澄湖"轮（图2-13）首航高纬度的美国阿拉斯加港成功，成为靠泊该港的第一艘中国远洋油轮。

图2-13 荣获交通部1989年度"优质运输先进集体"荣誉称号的"阳澄湖"轮。

第四节　稳步开展客轮运输

在客轮经营方面，中远总公司一直秉承国家需要、市场需求、稳健经营、稳步发展的原则，掌控客轮发展的规模，新老客轮的衔接，在"光华""建华"轮相继退役、"新华"轮调出后，适时购入"明华"轮，新建"耀华"轮，广州远洋始终保持至少2艘客轮运营。

一、老旧客轮发挥余热

20世纪70年代末期，广州远洋以"耀华""建华""明华"3艘客轮为主力，不停地往返于中国广州与东非达累斯萨拉姆港之间，先后载运了由中国援助建设的坦桑尼亚—赞比亚铁路工程人员。其中，"明华"轮最大，"建华"轮最老，"耀华"轮最豪华。就连已经40岁高龄的"光华"轮曾跑过中国—非洲航线。"明华"轮曾载着"中日友好之船"访日代表团访问日本。1979年12月，"明华"轮出租给澳大利亚亚洲太平洋公司，后又租借给澳大利亚伯恩斯·菲利浦公司合作经营[①]。

"耀华"轮先后包租承运"日本友好东北、信越农民之船"和"日本友好神奈川县青年之船"访华团。至1981年，"耀华"轮共运送日本代表团35航次，1.13万人次，航泊东京、博多、下关、名古屋、新潟、北九州、大阪、神户、横滨和仙台等日本主要港口，所到之处受到当地政府和市民的热烈欢迎。1984年8月27日至9月13日，"耀华"轮又一次承运"北京青年友好之船"访日团282人到东京、大阪等地访问旅游，以一流的服务水

---

① 详见本章第六节。

图 2-14　20 世纪 70 年代末至 20 世纪 80 年代中期，"耀华"轮多次作为中日间"友好之船"靠泊两国码头。

平受到客人们的称赞（图 2-14）。

二、中日航线再添新军

中国改革开放的深入发展和中日两国之间人员交往及贸易的增长，使海上客流不断增加。中远总公司与日本日中国际轮渡株式会社商定，合资组建上海中日国际轮渡有限公司，委托上海远洋经营管理。1985 年 6 月 24 日，该公司的客货船"鉴真"轮从上海首航神户，正式开辟了上海—神户—大阪的中日客货班轮航线（图 2-15），每周 1 班。星期六从上海港开航，星期一到达神户、大阪，星期二返航，星期四抵达上海港。"鉴真"轮是日本 1974 年建造的 1 艘客货渡轮，营运航速 20 节。船上设有贵宾室、特等室、一等室、二等西式、二等和式等舱室，可搭乘 496 位旅客，同时可装载 130TEU，96 部汽车。该轮设施先进，设备齐全，为旅客、货主提供"一条龙"服务，服务质量高，受到旅客和货主好评。

随着中日两国交往的日益频繁，来往旅客增多，中远总公司开始着眼开辟客运航线。1982 年，天津市经济代表团出访日本神户市，就开辟两个城市间的客货轮航线提出了设想。1985 年 10 月，该项目筹备组正式成立，年底，由天津市委向交通部报送了《关于中日合营创办天津至日本神户客货轮项目的建议书》，1986 年 5 月，交通部同意立项。1988 年 3 月，往返天津与神户间的客货轮"燕京"轮正式在日本监造。1989 年 3 月，天津津神客货轮船有限公司成立。1990 年 3 月，"燕京"轮正式投入营运（图 2-16）。

图 2-15　1985 年 6 月 24 日，"鉴真"轮从上海起航，驶往日本神户、大阪港，恢复了中断 40 年的上海—日本的海上客运。

图 2-16　天津远洋"燕京"轮在航行中。

"燕京"轮是中国国际客货轮中第一艘在国外制造的船舶，船长 135 米，船宽 20.6 米，总吨位 9960 吨，航速 20.1 节，客床 442 个，分贵宾室、特一等、一等、二等舱室，并设有中式、日式餐厅和健身房、歌舞厅、游艺室等娱乐活动场所；货舱可容纳 161 只标准集装箱。班期为每周往返于天津、神户一次,为了旅客旅途舒适,"燕京"轮选择了经渤海、韩国、日本内海到达神户的较佳航线。

天津津神客货轮船有限公司组建后,连续多年被天津市交通系统评为先进单位,其所属的"燕京"轮也赢得了良好声誉。

三、客运班轮经营稳定

为适应中日两国人民友好交往的需要,1992年10月,由中远总公司与日本11家世界知名船公司联合成立的上海货客株式会社合资组建一家新的客运公司——上海国际轮渡有限公司。该公司从日本购入1艘新造的现代化客货轮"苏州号"(图2-17),于1993年1月投入中日航线运营。"苏州号"轮总吨14440吨,全长154.73米,营运航速22节,可载箱位229TEU,有冷藏箱插座78个,并可承运少量杂货。可载客332人,设有贵宾室、特等室、一等室、二等室等多种

图2-17 靠泊在上海高阳路码头的"苏州号"轮。

舱室。该轮也实行周班服务,每周二(12点)从上海开往大阪,周五(12点)从大阪返回,周日抵达上海。根据股东之间的协议,"苏州号"轮采用了船东/经营公司双重体制运营,国际轮渡公司作为船东公司,将"苏州号"轮租赁给相同股东在日本组建的另一家合资公司——上海轮渡株式会社经营,同时代理该轮在上海港的所有业务。

随着海上客流量不断增加,船龄偏高的"鉴真"轮难以满足航线营运的要求,1993年底,由中日国际轮渡有限公司增资1436万美元,建造"新鉴真"轮。至此,公司注册资本增加到1886万美元,投资总额5100万美元。1995年4月,"新鉴真"轮取代"鉴真"轮,投入中—日航线营运。该轮为14543总吨,全长156.69米,航速为21节,可载集装箱242TEU,其中冷藏箱插座80个,载客345人,每航次挂靠上海—神户、大阪。中日国际轮渡有限公司自成立起,坚持安全第一,准班准点,旅客至上,优质服务的宗旨,在中外旅客中树立了良好信誉。"新鉴真"轮不仅是首家获得并连续两次蝉联交通部"五星级"文明客船殊荣的先进船舶,还是多次获得上海市交通邮电系统服务最佳窗口、一级服务明星、中远系统"华铜海"式船舶、上海市卫生标兵单位等多项荣誉称号的涉外优质服务窗口。

第五节 积极经营多型船舶

中远总公司自承担起国家远洋运输这一历史责任开始,就把振兴新中国远洋运输事业作为神圣使命,把发展远洋船队作为振兴中华的重要组成部分,勇担使命,志存高远。为

打造国际一流的综合型、国际化远洋运输船队,在全力经营集装箱船队、散杂货船队、油轮船队、客船的同时,积极探索和尝试经营滚装船、多用途船、半潜船、重吊船等多种类型船舶,为中远做大做强奠定了坚实的基础。

一、发展滚装船

1977年8月,交通部部长叶飞到北欧考察。在丹麦参观了滚装船后,叶部长认为,滚装船经加强后,可以承载坦克进出,遂指示在日本订造一批,以作为平战两用。按照叶部长的部署,交通部从中远抽调8名技术人员组成"造船小组",开展首批滚装船的订造工作。

滚装船的概念起源于军用坦克或车辆登陆艇。世界上第一艘滚装船是1958年美国建造的"慧星"轮。船的两舷及船尾均有开口,用跳板将船岸连接,供车辆上下船。滚装船上甲板平整全通,上甲板下有多层甲板,各层甲板之间用斜坡道或升降平台连通,便于车辆通行。船岸均不需要起重设备,即使港口设备条件很差,滚装船也能高效率装卸。滚装船具有更大的适应性,除了装载集装箱外,它还能装运铁路机车、车辆和机械设备,以及混装多种物资及装甲车、坦克等可移动的所有军事装备。由此可见,滚装船具有广阔的应用前景。

图2-18 由日本川崎坂出船厂建造的滚装船"花园口"号在航行中。

作为开国上将的叶飞部长,正是看中了滚装船的军事设施运载优势,首批便订造了"花园口"(图2-18)等8艘滚装船。当时正值造船市场低潮期,这8艘滚装船的建造轰动了全球航运业,舆论称之为"空前庞大"的订单,是"世界上最大的滚装船订单"。中国香港的报刊在头版以《中远出手10亿港币订造滚装船队》为题,报道了这则新闻[①]。

这8艘滚装船建成后,全部交由上海远洋经营,其中"花园口""枝江口""小石口""太平口""白河口"5艘滚装船,因其载货量少,俗称"小口字号"。"古北口""喜峰口""张家口"轮3艘滚装船,因其载货量相对多一些,俗称"大口字号"。"小口字号"载重量7374吨,"大口字号"载重量13996吨。上海远洋经营滚装船是从1977年开始的,先后接入了"南口""阳方口""龙溪口"3艘滚装船,共计11艘、11.58万载重吨。

紧接着,中远总公司又订造了"赤峰口""三江口""关河口"等3艘1.38万载重吨的滚吊船,从1980年起陆续接回,全部交由于广州远洋经营。该公司从1978年11月开始经营滚装船,当时从丹麦购进了第一艘滚装船"嫩江"轮。1985年和1987年,中远总公司又先后为广州远洋购进2艘专运汽车的滚装船"康平口"和"康安口"轮。1990年底,广州远洋共有6艘滚装船、6.34万载重吨。

这一时期,中远总公司共经营17艘滚装船、17.92万载重吨,进一步丰富了中远总公

---

① 引自中远(集团)总公司编:《中远历史资料汇编》(第3册),内部印刷,1997年,第111页。

司的船队结构，增强了企业的竞争实力。

二、开发多用途船

多用途船是一种适用性比较强的船舶，它既可以装运普通杂货，又可以装运散装货，也可以载运部分集装箱，而船价则远低于集装箱船。上海远洋看准这类船的优势，利用较少投资，于1979年1—12月，陆续购买了5艘多用途船："荣城""运城""宣城""项城"和"晋城"轮。除"宣城"轮较小外，其余几艘都是1975—1977年由日本建造。船舶载重1.8万吨，满载吃水9.6米。营运航速15节。

1985年，中远总公司按照"七五"（1986—1990年）规划的安排批准投资5000万美元指标，为上海远洋在国内建造5艘2.1万吨的多用途船。因船舶造价原因，一直到1990年，才确定由广州船厂承接建造3艘，上海船厂建造2艘。到1992年8月，第一艘多用途船"永安城"轮建成交付。该船总吨16703吨，载重22778吨。满载吃水10.02米。营运航速16.2节。可载689个TEU。12月份，"静安城"和"泰安城"轮也交付使用。到1992年底，上海远洋共拥有多用途船14艘，25.3万载重吨。

广州、天津、青岛远洋从1980年起，逐渐增加多用途船在船队中的比例，并积极开辟多用途船班轮航线，逐步扩大营运范围，增强船队实力。图2-19为广远多用途船"安龙江"号。

图2-19 广州远洋的多用途船"安龙江"号在航行中。

三、发展半潜船

20世纪70年代后期，随着世界经济的发展，国际传统杂货海运完全打破常规，由常见的小包装件杂货向机械化工设备、大型车辆、大型工业结构件演变。进入20世纪90年代，又逐渐出现海上油田设备、挖泥船、超大型货物、整体构件、大型工业模块、大型工程船舶、大型海洋工程构件、海上风力发电设施、集装箱桥吊/RTG等。广州远洋顺应市场竞争的需要，建立起了包括半潜船在内的以特种船为主的多用途船队，船型配置齐全，而且在许多专业运输领域具有国际领先地位。

1983年6月，广州远洋购进了中国第一艘半潜式子母船"沙河口"轮（图2-20）。同年7月，又购进其姊妹船"红河口"轮。两轮载重量均为1.3万多吨，一次可装运570吨标准驳船18艘。1984年11月，"红河口"轮期租给原船东美国Centre-Gulf，航行于欧洲、地中海和波斯湾航线。

图2-20 广州远洋"沙河口"轮在运载码头集装箱平吊。

1991年4月8日,"红河口"轮更名为"发展之路"轮,改换成马耳他旗。该轮换旗后的第一个航次,由新西兰装运2艘大型疏浚船及其附属备件至香港。由于新西兰港口和代理均无装运此类船舶的经验,货主在港口又无技术人员配合。广州远洋应货主特邀,派出2名技术人员,对作业现场的锚地水深、水流、海况及海底地势等进行研究探测,协同船舶出色完成了此次运载任务,受到港口方、货主等多方赞誉。

之后,广州远洋又新造了5万吨级半潜船"祥瑞口"号等轮,直至拥有和管理2—10万吨级的8艘半潜船,实现了此类船舶载货范围的全覆盖。同时,广州远洋还积极开发汽车船、沥青船、重吊船、冷鲜船等特种船运输。进入21世纪,以"康盛口""泰安口"轮为标志的高端化、高附加值特种船运输船队在中国崛起,以中远特种船运输船队为代表的中国航运业,跨入世界海上特运优秀企业之林。

四、经营重吊船

1979年3月,交通部下发了《"六五"期间远洋运输船型机型表》,在交通部建议发展的船型中,排在第二位的就是重吊船。此种船型分为变通重吊船和专用重吊船2种,前者除装有通常的吊杆外,另设置重吊,以供装卸重件货物时使用;后者专用于运输重件及特大件货物运输。随着世界经济建设的发展,以及海上油田的开发,重件及特大件货物的水上运输日益加强,特别是中东等发展中国家,港口建设一时未能跟上,货物装卸主要依靠船上的主要设备。各国航运公司在20世纪70年代开始重视重货运输,一方面在一般的杂货船上增大起重能力,另一方面配备各种型号的专用于运输重货的重吊船,并出现了专门承运重件及成套设备的航运公司,在重货运输市场上开展竞争。

中远总公司经过深入的市场调研,重点考察了新造重吊船。此船于1980年4月由联邦德国制造完成,船长141米,型宽21.2米,5118载重吨。中远总公司完成购买手续后,命名为"安武江"轮(图2-21)。上海、天津远洋也相继发展重吊船运输,在市场上具有一定的竞争力。

图2-21 广州远洋重吊船"安武江"轮靠泊码头。

第六节 打造香港第二船队

党的十一届三中全会后,国家进入了一个新的历史发展时期,工农业生产得到了比较快的恢复。随着对外经济贸易的发展,担负外贸运输任务的远洋船队做出了与之相应的发展规划;当时国家经委提出每年进口粮食1500万吨且十年不变等发展举措,内地的货源情况也比较乐观,多重的市场环境,为香港成立第二船队提供了可能。

一、建立香港第二船队的历史背景

这一时期,远洋船队经营情况处于逐年上升期。1978—1980年的利润分别是5.6亿元、2.2亿元和6.8亿元。从国际航运市场形势看,20世纪70年代中期以来,市场较为活跃,无论货载还是运价都比较理想,船队经营都有较高的利润。基于上述情况,交通部党组提出了远洋船队1990年发展到2000万载重吨,2000年发展到3000万载重吨的远景目标。

鉴于国家财政经济比较困难,为了节约国家投资,加速船队的发展,根据中远多年来摸索的一些利用香港船公司自筹资金发展船舶的经验,遵照李先念副主席1978年10月12日对交通部党组《关于充分利用香港招商局问题的请示》的批示:"……手脚可以放开一些,眼光可放远些……"的精神,按照国务院批准交通部提出的招商局经营方针应"以航运为中心,立足港澳,背靠内地,面向海外,多种经营,买卖结合,工商结合"的原则,交通部着手研究如何利用香港阵地,发挥优势,积极打入国际航运市场,揽取第三国货载,逐步开展国际航运业务,为国家节约投资,多创外汇。为此,交通部领导于1979年、1980年先后听取了香港招商局及益丰公司、香港远洋的汇报,在上下看法一致的前提下,作出了益丰和香港远洋两家公司"利用自筹资金购买船舶发展船队"的决定,初步设想发展规模为:力争1985年远洋、益丰两公司的船队各发展到300万载重吨,香港招商局明华公司船队发展到200万载重吨,并明确规定这部分自行购买的船舶的经营方式,如揽货、出租、买卖,益丰、远洋有权自行决定。两公司均采取单独核算形式,实行利润加折旧还本的"滚雪球"方式经营。为使其区别于两公司原有的船队,新船队被称为"香港第二船队"。

1984年8月9日,中远总公司向国家经委交通局呈送了《关于建立香港第二船队的经过及当前第二船队经营情况的报告》,对第二船队经营管理情况进行了总结梳理,作了较为详尽的汇报。为了支持香港第二船队发展,在其经营比较困难情况下,中远总公司先后以原价11742万美元买回6条船,减轻了第二船队的经营负担。

二、船队的经营状况

(一)两家公司资产状况

截至1983年底,两家公司共有船舶49艘,其中益丰有24艘船舶(图2-22),远洋有25艘船舶;共197.2载重吨,其中益丰97.1万载重吨,远洋100.1万载重吨。在上述船舶中,除香港远洋有2艘2.5万吨为半集装箱船外,其余均为散装船。同时还有香港远洋与外商合资经营的3个合营公司,

图2-22 益丰公司"领先"轮在航行中。

益丰与外商合资经营的 1 个船舶修理厂；益丰在新加坡开办的 1 个船舶代理分公司等。

（二）资产、资金回收情况

香港两家公司的资产原值（包括合营投资）共计 6.59 亿美元。其中益丰 3.39 亿美元，远洋 3.20 亿美元。1980—1983 年的 4 年时间里，已回收资金共计 5256 万美元，其中益丰 3385 万美元，远洋 2335 万美元。尚未收回资金总数为 6.02 亿美元，其中益丰 3.05 亿美元。远洋 2.97 亿美元。

（三）结欠贷款情况

香港两家公司共结欠银行贷款 5.18 亿美元，其中益丰 2.33 亿美元，远洋 2.85 亿美元。

三、第二船队经营情况

1980 年，利润为 8129 万港元，连同折旧 5609 万港元，当年还本能力为 1.3828 亿港元。1981 年，2 家公司利润为 4628 万港元，连同折旧 1.55 亿港元，还本能力为 1.51 亿港元。1982 年，亏损 1.02 亿港元，折旧 1.35 亿港元，冲抵后尚有 3487 万港元的还本能力。1983 年，2 家公司亏损 2.47 亿港元，折旧 1.76 亿港元，冲抵后尚亏损 7036 万港元。

如上所述，第二船队的建立有其一定的历史条件和客观原因，当时更多地考虑了主观上发展船队的要求；而在客观上，对航运市场暂时的繁荣过分乐观，对即将出现的航运不景气状况估计不足，缺乏预见性。1981 年以后，国际航运市场情况发生了急剧变化，货源不足，竞争激烈，运价大幅度下降，港口使费大幅度上涨，原定第二船队主要向国际市场揽货的目的已不能达成，转而依靠内地提供货源，而内地货运市场也出现了四大变化：一是外贸进出口任务增长幅度不及预期；二是地方船队千方百计抢占部分出口货运份额；三是外轮抢滩中国进出口市场导致原有承运份额减少；四是中国远洋船队本身进入船多货少状态。上述四大因素，致使第二船队处境愈发艰难。

1981 年之后，随着第二船队经营情况不断恶化，中远总公司也感到靠贷款支付贷款利息，势必使债务越来越大。为改变这种被动局面，中远总公司采取果断措施，除已经订造的几艘新船外，从 1983 年 11 月起停止为第二船队买造船。

鉴于世界航运市场的复苏具有较大的不确定性，中远总公司对第二船队船舶及财产按国际市场船价变动水平进行测算，发现远不能偿还已结欠的债务。其中，香港远洋公司因旧船较多，只能变卖 1.5 亿美元左右，和该公司尚未收回的资金 2.97 亿元比较，有 1.5 亿元的缺口；益丰公司新船多一些，但根据该公司自行测算，也只能变卖 1.8 亿美元左右，偿还债务也还有 1.3 亿美元的缺口。此时，正是国际市场船价低落时期，采取卖船抵债的举措应对危机，显然对第二船队极为不利。图 2-23 为第二船队益丰公司下属

图 2-23　益丰公司"优良"轮在航行中。

船舶"优良"轮。

四、两家公司体制改革

根据 1984 年 8 月在京召开的远洋直属单位工作会议的决定,为改进香港远洋、益丰公司的管理体制,扭转长期亏损的局面,中远总公司于 1984 年 12 月经过与香港远洋、益丰公司和招商局领导交换意见,对两公司的企业性质、经营方针、管理体制、领导关系、船队定位等,取得了一致的看法,并得到了交通部领导的同意。

1985 年 1 月,中远总公司派出工作组,主要成员为:副总经理卓东明[①]、财务处长刘安禄、租船处长刘京生、计划处长王金华、航运处副处长刘祝等,分三批到香港处理两公司管理体制改革事。工作组在香港与远洋、益丰两公司的领导和有关人员,对改革问题进行了具体详细的讨论研究,提出了初步的改革设想。

(一)改革原则的执行

此次改革是改变过去两公司"船队在香港,调度指挥在北京;开支在香港,收入在北京"的不合理分工,并解决一、二船队分管的不正常状况,将第二船队的船舶按照现价核定并入一船队,差额挂在两公司账上,实行"经理负责制、独立经营、单独核算、自负盈亏"的原则,建立全面的经济核算制。两公司在建制上直属中远总公司领导,思想政治工作由航委领导,并根据香港的特点,享有比内地远洋公司更多的自主权。根据规定,干部任免、调整轮换、管理调配由远洋总公司负责并征求航委意见;两公司的生产计划、投资计划、经营方针、财务决算,以及建立分支机构、合营公司等重大事项由总公司审定;此外,有关生产经营管理安排均由两公司自行决定。

(二)经营方针的确立

根据国务院和交通部批准香港招商局的三十字方针精神,确定两公司的经营方针是:"充分利用香港地区的有利条件,保持时有灰色面貌,发挥国轮所不能起到的优势作用,以提高经济效益为中心,以航运为主,开展多种经营,建立经济责任制,自负盈亏,为我远洋运输事业的发展和香港的繁荣稳定做出贡献。"

(三)管理模式的调整

按照已确定的改革原则,将香港两公司一二船队合并后交两公司经营管理。首先在财务和计划统计上,从 1985 年 1 月 1 日起划清,业务和调度工作经过一段时间过度,从 1985 年 3 月 1 日起正式移交两公司。为保持两公司对外的灰色公司面貌,两公司船队名义上仍租给总公司并保留"中远租"名义,总公司租船部在香港两公司内分别虚设"中国远洋运输总公司租船部代表",全权负责办理中远租的一切租船业务,实际上由香港两

[①] 卓东明,1930 年出生,1950 年毕业于上海航务学院(原国立吴淞商船专科学校)。1950 年 9 月,在广州招商局、香港招商局任联络员。1951 年 6 月,在广州海运局任副科长、政委。1958 年 8 月起,历任交通部远洋运输局驻广州办事处党支部书记、业务资料科科长、广州远洋船技处科长、副处长、处长、副经理。1983 年 7 月,任中国远洋运输公司副总经理、总工程师,1990 年 12 月离休。先后被聘为大连海事大学兼职教授、武汉理工大学客座教授。其著作《往事》记述了中国海运和远洋航运 40 年的创建和发展历程。

公司业务人员兼办。虚设的中远驻香港两公司代表由中远总公司派驻香港招商局的代表处主任兼任。

（四）业务流程的重塑

香港两公司在北京总公司内设代表处。中远租船部对外名义仍保留，其经理、副经理由总公司航运处长和副处长兼，总公司租船处自 1985 年 3 月 1 日起撤销，改为香港远洋、益丰两公司分设的代表处。为便于工作，该两代表处作为航运处的内设 2 个科，分别按两公司为其制定的工作要求分头办公。

一、二船队合并后，仍以中远租船的名义，统由两公司分别对外进行经营管理，对两公司而言，将增加许多新的工作。因此，两公司均要求尽快增派干部，并希望在外派干部未落实以前，为使工作正常进行，能从租船处工作人员中分别为两公司选派负责调度、港口使费审核和计划统计工作的人员若干名作为临时出差，到两公司帮助工作，以解决其燃眉之急。

五、利亚公司的变革

利亚公司于 1982 年组建，当时根据交通会议的精神并征得原公司领导同意而成立。主要经营集装箱运输航行日本、韩国、中国台湾、印巴和澳大利亚航线，共有 4 艘船，其中 2 艘利用贷款购买，2 艘则为明华公司价拨并由中远总公司拨款购买列入第一船队，年租金 35 万美元交给该公司。从这条航线货载情况看，实际上有 3 条船就能满足货运需求。公司组建后，国际航运市场持续低迷，运价大幅下降。到 1983 年 4 月，公司已亏损了 100 多万美元。鉴于这种状况，公司决定停止航运业务，改变经营范围，转而主要经营贸易业务。

经过管理体制改革及进一步加强管理，香港两家公司开始良性发展轨道。与此同时，随着经济体制改革及对外开放事业的发展，中远总公司也逐步向国际化经营发展。经过多年的努力，中远在香港地区组建的香港远洋、益丰、友航等多家航运企业，截至 1990 年底，香港远洋公司已拥有船舶 52 艘，221 万载重吨，在中远系统列第四位。益丰公司拥有船舶 43 艘，185 万载重吨，略少于青岛远洋公司。友航公司成立时间不长，是时也已经营 10 余艘船舶。香港远洋、益丰公司 2 家完成的运量占中远总运量的 1/4，完成的周转量占中远总周转量的 34%。上述数据足以说明，香港船队在中远系统已占有举足轻重的地位。

第七节　中远总公司与香港招商局

一、中远总公司代管香港招商局

20 世纪 50—70 年代末，香港招商局在远洋运输局（中国远洋运输公司）的领导下，其经营范围包括远洋运输、船务代理、货物中转、租船、仓储、码头、驳运、船舶买卖、船舶维修、物资供应、水运工业以及船舶检验等，航运体系已经初步建成。

1979—1985 年，招商局的管理体制发生了变动，由原来的中国远洋运输总公司直接领导，改为交通部直接领导，并委托中远总公司代管。

（一）中央批准招商局扩大经营自主权

1978 年 6 月，交通部为了更好贯彻中央对港澳地区"长期打算、充分利用"的方针，并进一步办好招商局，叶飞部长特派外事局负责人袁庚赴香港检查招商局的工作，广泛开展调查研究。8 月，中共交通部党组听取了袁庚的汇报，根据国务院务虚会精神，联系实际，对招商局工作进行具体讨论，形成了一整套成熟的、切实可行的方针和措施。10 月 9 日，中共交通部党组草拟了一份《关于充分利用香港招商局问题的请示》，报送党中央和国务院。文件指出：招商局的经营方针是"立足港澳、背靠内地、面向海外、多种经营、买卖结合、工商结合"，要求招商局"争取五至八年内发展成为综合性大企业"。交通部进一步请示：

"应当冲破束缚，放手大干，争取时间，加快速度，适应国际市场的特点，走出门去搞调查、做买卖；凡是投资少、收效快、盈利多、适应性强的企业可以争取多办，以便发展一批中小型现代化交通工业和其他工业企业；兴办现代化建筑公司，承包港澳、内地基建工程与建港任务；抓住船价大跌时机，增添一批新船或半新船，开辟班轮航线，承办旅游联运；增设浮船坞，修造内地外船舶；兴建集装箱码头，购进与航运有关的港湾、房地产等……"。

党中央国务院批准了中共交通部党组的这个文件，将招商局从原国家计划经济体制的束缚中解放出来，大大地扩充了招商局的经营自主权。企业在新的机制下焕发出青春活力，招商局由此进入到一个崭新的历史发展时期。

（二）香港招商局远洋船队的重建

1979 年初，招商局成立船务部，作为职能部门，负责筹建远洋船队及开辟远洋运输业务的任务。这时，中国的远洋船队已有较大规模，中远总公司开始创办集装箱运输业务。但当时中远的集装箱业务处在初创阶段，运力薄弱，沿海大量的集装箱运输业务处于"真空地带"。中远总公司支持香港招商局抓住了这一时机，开始承办沿海集装箱支线业务。

1979 年 4 月，中远总公司为了支持招商局创办沿海集装箱支线业务，将广州远洋"临江"轮无偿调拨给香港招商局使用。6 月 6 日，"临江"轮交接仪式在香港举行，做到了"三个不变"，即船旗不变、船名不变、船员不变。6 月 8 日，在中远总公司、内地港口、外轮代理公司及有关单位的支持配合下，"临江"轮开辟了香港至广州的集装箱航线。8 月 15 日，"临江"轮开辟了香港至青岛的集装箱航线。11 月 1 日，"临江"轮开辟了香港至上海的集装箱航线。这一时期，"临江"轮共航行 43 个航次，运载集装箱 3178 个，载货 2 万吨，取得了较好的运输效益。

1980 年 1 月 8 日，招商局为了推动船队建设，将船务部改组为香港明华船务有限公司（以下简称明华公司），作为招商局的全资直属企业，具体经营船舶代理、船舶买卖、船舶租赁、船舶管理、货物运输、集装箱运输及油田后勤服务等业务。

1980 年起，随着与外轮公司协作关系的扩展及与更多货主和货运代理人订仓关系的建立，香港至黄埔、上海、青岛的集装箱运输业务及海外的航运业务与租船业务不断发展，明华公司的第二艘集装箱货船"顺江"轮于1月份投入营运,更多的船舶随后也投入国际航线。这一年,明华公司拥有各类型船舶共9艘,244373载重吨。1981年增至16艘,共409180载重吨。

明华公司把沿海集装箱支线运输置于重要地位,开辟了上海、张家港、大连、青岛、秦皇岛等北方沿海与长江港口的集装箱支线。当华北支线移交中远总公司经营后,明华公司又大力开辟、经营华南航线,其集装箱船舶日夜航行于香港至黄埔、汕头、海口、厦门、湛江、宁波等港口,基本上控制了华南主要港口的集装箱支线运输。

香港招商局的船队建设和航线开发,为中国远洋运输事业的配套发展,促进和扩大香港与内地之间的水上运输事业,起到了积极的作用。

(三)客运业务的恢复与扩展

这一时期,中国的对外开放政策逐步扩大,往来香港与内地之间的中外客商、旅游观光团体和返乡探亲的港澳台同胞及海外侨胞与日俱增。特别是毗邻香港的广东、福建两省和中国最大工业城市上海,同香港之间的人员往来日趋频繁,恢复直达客运业务已势在必行。1979年下半年,招商局配合上海海运局及福建、广东两省航运部门,着手恢复往来香港的客运班轮航线,积极进行通航前的准备工作。水路复航的筹办与实现,比火车、汽车和飞机的恢复直通更早一步。

在招商局与有关部门的通力合作下,香港至内地的水路客运业务在中断30年之后,开始逐渐恢复发展,1979年首先恢复广州—香港航线;1980年元月,往返于香港厦门之间的"鼓浪屿"轮和航行于香港、上海之间的"上海"轮也先后开航,港沪线和港厦线客运班轮业务得以恢复;1982年,香港至蛇口客运航线正式开办;1984年,香港至海南岛海口与三亚的客货班轮航线又成功开辟。上述客运班轮航线的恢复和开辟,以及广东省内各开放口岸与香港之间水路客运业务的陆续开办,对进一步密切香港同内地的联系,扩大贸易,方便旅行,促进两省一市的经济建设,均具有重大意义。1979年,水路客运量16万人次,之后逐年激增,到1985年达到207万人次,1985年客运量为1979年的12.9倍。

1985年的客运量相当于1980年的6.55倍,其中港沪线、港厦线客运量虽出现过波动,但1985年仍分别为1980年的1.41倍和2.24倍。而香港蛇口线的客运量1985年为1982年的3.05倍,港琼线1985年客运量相当于上年的6.68倍。各条航线的客运量均保持了相当高的增幅。

二、中远与招商局的深度合作

1985年5月,香港招商局获交通部报请国务院批准成立集团,升格为交通部直属一级企业,由交通部直接领导,中远总公司不再代管。1985—1992年,中远总公司与香港招商局虽然不再是代管关系,但仍与香港招商局保持特殊的政治、经济、商业方面的深度融合、互利互惠的良好关系。

(一)向招商局输送优秀业务干部

招商局集团成立后,随着企业的快速发展,人才短缺的矛盾随之凸显出来。根据交通部领导的指示精神，中远每年都要向招商局选派年龄在30—45岁之间年富力强的业务干部。这些干部由中远提供大名单，招商局派人进行政治表现、业务能力及综合素质考核，报交通部研究决定。经过一个时期的干部选用后，矛盾和问题随之产生。由于这些干部属于借调性质，其工资和行政关系均保留在原单位，从客观上造成这些干部在住房、工资、晋升、子女上学、就业安排等有关福利问题处于两不管状态。为了解决调出干部的后顾之忧，保持干部队伍稳定，1990年4月12日，中远总公司向交通部呈送《关于与招商局签订选调干部协议的请示》，经交通部同意后，中远总公司与招商局集团签署了《关于选调干部的协议书》。1990年11月7日，交通部下发了《关于同意中远总公司、香港招商局〈选调干部协议书〉的批复》，自此，香港招商局选调中远总公司业务技术干部有了新的准则，不仅解决了选调干部的后顾之忧，也保证了选调干部的健康成长。1990年3月8日，香港招商局向交通部呈报《关于拟借调马泽宗等18名同志来港工作的请示》，翌年，中远总公司又向交通部呈报《关于拟派李英文等24人赴香港招商局工作的请示》，均得到批准。中远总公司向招商局源源不断输送人才的常态化举措，不仅得到招商局上上下下的认可，也得到交通部领导的肯定和赞许。

同时，中远所派干部经过在香港招商局几年的锻炼成长后，其国际化视野、市场化思维、规范化经营等综合素质和能力得到了一定的提高，这些人回到原单位后，又成了中远不可多得的人才，许多同志得到了提拔和重用。

（二）中远修船需求与友联船厂扩建

这一时期，友联船厂得到了持续的发展。1979年3月20日，港英当局正式批准位于青衣岛南湾面积达11.6公顷的土地，用于青衣岛新厂的扩建。经过近2年的施工，到1981年底青衣岛新厂基本建成投产，占地面积11.6万平方米，除1、2号浮船坞已分别于1977年和1979年投产外，新建成的设施有：主码头，长380米，宽14米，水深9米；北码头，长167米，宽14米，水深7米，可用作造船的舾装码头和靠泊作业码头。码头装备有较为完善的修船设施，并有拖轮、工作趸船和交通艇等工作船舶。厂房、办公楼、仓库、食堂、宿舍建筑面积共达6万多平方米。另完成厂内道路长2000米，堆场、停车场计2.55万平方米。截至1981年底，青衣岛新厂建设总投资28906.7万港元。规模可观的青衣岛新厂与荔枝角老厂（占地7500平方米）以及油柑头船台车间（占地约2500平方米），形成了雄厚的船舶修造能力。1984年10月1日，友联机器修船厂有限公司改称友联船厂有限公司，资产总值超过5亿港元。

1985年5月，中远总公司与香港招商局脱离代管关系，但与友联船厂的业务关系不仅没有受到任何影响，中远的修船业务量与往年相比还有所增长。船厂修船能力每年达250艘次，坞修达200艘次，修船规模及业务量在香港稳居第一位。这一时期，友联船厂始终把中远各公司修船任务放在头号位置，将修好中远船舶列为办厂宗旨和生产方针，主动上门联系业务，从价格、质量、修期、安全、服务五个方面给予重点保证；服从中远各公司的调度计划，如遇计划外修船订单，都千方百计做出安排，全力以赴确保中远船舶受载与开航时间。

（三）在拓展市场中相互支持

这一时期，香港海通船舶机械用品公司，于1982年改名为香港海通有限公司（以下简称为海通公司）。中远为支持海通公司发展，将商业服务相关业务全部交由海通公司经营。海通公司的基本任务是为中国远洋船队、沿海船队、中国各港口提供全面性商业服务，以专责采购供应各种船用机电设备物料为主。1979年，海通公司利用各种渠道，扩大业务范围和开展对外业务；根据市场情况，自存备件，充当厂商产品代理；同时着手进行业务部门的内部调整和体制改革工作，成立通信导航部、储运部，加强总务部，在部门内部实行专业分工，以提高经营效益。机械部、通信导航部、物料部的业务均取得了重大进展，三个主要业务部门的营业额各有所长，形成了相互促进、争创效益的局面。1980年，海通公司加强了与交通部直属各单位及国内外有关单位的业务联系，扩大了服务面，到年底已争取到第六机械工业部成套设备进口承办权、日本TKC导航设备、丹麦B&W电子仪器、美国RAYTHEON雷达、挪威AVTRONICA船舶自动化设备、英国F.A.HUGHES油漆防爆和洗舱设备、镇江锚链厂各种锚链设备、上海船厂索具和锌铅板、大连钢丝绳及中国航海图书出版社和航海资料的代理权，为进一步向外扩展业务建立了初步的基础。这一时期，海通公司进一步为中国远洋船队服务，设立陆海发展公司，与中远总公司合营集装箱租赁业务；在联邦德国的汉堡设立汉远船舶服务公司，发展对外业务。1983年，海通公司又将服务对象扩大到中国船舶工业公司。1985年，成立远洋部，专门负责为中远系统服务。

1988年7月，2家公司召开第三届中远和招商（海通）合作业务管委会会议，研究决定中远和海通共同合资成立"香港海通通信导航有限公司"，12月28日，该公司在广州签订了协议和章程。1989年1月18日，公司召开了第一次董事会，明确了公司以为中远和交通系统提供优质服务为企业宗旨，从事通信导航、仪器仪表、家用电器及其他电子设备的进出口、通导设备的修理及相关业务。自此，中远船舶的通信导航业务得到了一流的服务保障，促进了中远船队全方位、高质量的发展。

（四）在业务交往中建立友谊

中远各船公司与友联船厂和海通公司的业务交往中，既讲商业原则，又讲兄弟感情；既维护各自利益，又尊重对方利益诉求，相互间逐步赢得了信任，加深了友谊。1992年10月20—22日，中远、招商（友联）合作委员会修理业务合作第七届管委会会议在蛇口举行，与会人员一致认为，长期以来双方的合作是愉快的、成功的。中远把友联船厂作为修船的主要依靠对象，友联船厂也坚持为中远船舶服务的宗旨不动摇，在安全、优质、快速修船、确保班期方面作出了很大努力，并取得了良好效果，保证了中远核心班轮的班期。1991年，修期达到15.5天/艘，比1990年缩短了4.5天/艘，为中远创造效益作出了贡献。

在双文明建设方面，双方对进一步合作达成如下共识：

友联方面：

1. 进一步强化安全意识，坚持"安全第一，预防为主"的方针。

2. 发挥自己的优势，扬长避短，广开门路，降低成本，薄利多修船。

3. 坚持对中远船不搞反包工的做法。

中远方面：

1. 继续坚持友联船厂是中远修船的主要依靠厂家，并充分认识到友联船厂的作用，充分依靠友联船厂，继续坚持先友联后其他船厂的修船原则。

2. 中远各公司在修船安排上出现一些不正常现象，中远总公司在深化改革中将逐步加以克服，在修船安排上做好宏观控制。

3. 继续加强双文明建设工作，对随船监修人员和船员加强思想教育工作。

4. 在安排船舶进友联船厂修船时，一定要提前与友联船厂联系，体谅厂方在坞修安排上的难处，尽可能减少不必要的损失。

会议期间，中远总公司副总经理周祺芳讲了一件令人感动的故事：上海远洋有一艘船在香港发生海事，船员落水后，友联船厂郝洪波总经理亲自组织本厂拖轮到现场施救，就像抢救自己本厂的员工一样，将落水船员全部救起，无一人遇难。中远此前已在多种场合以多种方式表示感谢，但在会议上，周祺芳还是饱含深情地再次表示感谢，充分表现出中远和友联船厂亲如一家的深厚情谊。

三、"明华"轮在蛇口实现"华丽转身"

20世纪80年代，中国处于拨乱反正、改革开放初期，是一个混沌初开、乾坤乃定的年代。身处改革开放最前沿的广州远洋"明华"轮，迎来了她新的历史性命运。

"明华"轮原名"昂塞维尔"（Ancerville）号，由法国Paquet航运公司向圣纳泽尔大西洋船厂订购，1962年4月5日，法国总统戴高乐亲自出席下水典礼并为她命名。"昂塞维尔"号长167.53米，宽21.81米，吃水21.9英尺，总吨位达到14224吨。动力为2台B&W柴油机，总功率26700马力，双轴，航速22.5节。"昂塞维尔"号共有9层，电梯上下，客舱分三个等级，一等、二等和三等舱的载客数量分别为171，342和243人，船员为147人。船上配备有空调和减摇鳍，设有游泳池、电影院、医院、商店、活动室等公共设施，乘坐舒适。建成后用于法国马赛—摩纳哥—加那利群岛—达喀尔航线。1973年，为经营中坦航线，中远从马耳他买下这艘船，改名"明华"。

"明华"轮加入中远序列后，完成了一系列重大客运任务。

1979年4月23日，"明华"轮执行一项特殊使命——"中日友好之船"访日代表团全程客载任务。以全国人大常委会副委员长、中日友好协会会长廖承志为团长，全国人大常委会委员粟裕为最高顾问，包括数十个民族代表共600余人的代表团，乘坐"明华"轮由上海港起航，到达日本下关、大阪、名古屋、东京、室兰、新潟、富山、境港、博多、长崎等港口，6月7日返抵青岛港，圆满完成任务。

1979年12月，"明华"轮被出租给澳大利亚亚洲太平洋公司（Asian Pacific Cruises），后又租借澳大利亚伯恩斯·菲利浦公司（Burns, Philp&Co., Ltd）合作经营。为此"明华"轮接受了大规模的改装，将客舱从三个等级合并为单一等级，成为一艘载客

590人的游轮。"明华"轮先后开辟澳大利亚、泰国、新加坡、马来西亚十几个国家和地区的旅游航线,成为新中国最早经营海上旅游的国际旅游船。从1979年12月到1983年6月租期结束,共航行69个航次,累计接待各国游客24247人次,"明华"轮成为中澳友谊的纽带。船上除了广州远洋船员外,还有澳方工作人员30多人,他们友好的合作、热情的服务和出色的工作,得到各国游客的好评。1980年5月,国家主席李先念在澳大利亚访问期间,接见了"明华"轮船员。

1983年7月21—25日,招商局郭玉骏副总经理与广州远洋李覃桂经理等8人,先后4次研究"明华"轮价拨给招商局在蛇口开办水上宾馆一事。双方达成4项共识:①"明华"轮停航后迁至蛇口建成水上宾馆,在技术上是可行的。只需对轮船的部分设施进行少量改装,即可投入使用;②"明华"轮上有比较齐全的住房、餐厅及娱乐设施,可一次形成较强的、具有特色的旅游能力,对于蛇口工业区旅游业的发展具有积极意义;③"明华"轮现值较大,且船上设备的耗油量、耗电量巨大,经营成本较高;④只有多方合作,搞好综合开发、合理利用、多种经营才有可能成功利用好"明华"轮。

1983年8月8日,中远总公司下发《关于"明华"轮价拨香港招商局的通知》,要求广州远洋按未提折旧的五折价拨给香港招商局,船上的一切物资设备均维持现状,不能动用。但属于宾馆利用不上的设备如通讯导航等,原则上可以卸下,调他船继续使用。广州远洋接到总公司通知后,立即组织落实。

1983年8月27日,深圳市蛇口工业区锚地,中远总公司与香港招商局完成了"明华"轮交接。中远总公司一代名船"明华"轮完成了她振兴祖国航运事业的光荣使命后,在国家改革开放的前沿窗口——蛇口工业区实现了世人瞩目的"华丽转身"。

"明华"轮经过修葺改造为游乐中心后,命名为"海上世界"。位于风景秀丽的蛇口六湾海滨,拥有高雅、舒适的套房239间,可同时接待600多位宾客。船上有金碧辉煌的中、西餐厅,英式酒吧,竹林酒吧,海鲜酒家,日本料理,舞厅酒吧,迪斯科舞厅,电影院,游泳池等,同时还可展示西南洞穴文化、塞北奶茶、京城庙会、江南风情等。这一以万吨游轮为主体的海上多功能娱乐中心营业后,风靡深圳,名噪全国,成为到广州、深圳旅游者的必游之处。

1984年1月26日,邓小平视察蛇口工业区,兴致勃勃地登上富丽堂皇的明华轮游乐中心,欣然提笔写下了"海上世界"四个大字,这里因此成为蛇口开发区一颗耀眼的明珠。1993年8月28日,第七届全运会的圣火,在"海上世界"上引燃,"明华"轮成为新时代文明、进步的象征(图2-24)。

图2-24 灯火通明的明华轮游乐中心。

第八节　统筹国轮班轮运输

一、班轮运输发展的时代背景

20世纪80年代初，各海运国家为保护本国航运业的利益，纷纷采取控制货载尤其是高价货载的手段，为本国船队争夺承运权。为保护中国的远洋运输事业，国务院领导和交通部多次指示要"保护国轮"和大力发展班轮运输。

（一）发展班轮乃大势所趋

从国际上看，西方国家的许多船公司纷纷倒闭，连日本三光汽船这样实力雄厚的船公司也已宣布破产。面对市场形势日趋复杂，竞争环境日趋激烈的国际航运形势，世界各有关海运国家纷纷加强了宏观方面的调控，制定了一系列的政策和法律，保护本国航运业的利益，扶植本国商船队的发展。其中最有效的办法就是控制货载，尤其是高档货载。这方面不论是西方还是苏联和东欧海运国家，均以各种公开的或变相的方式为本国船队控制货载，争夺承运权。有的国家由政府官员出面，甚至是国家领导人亲自出马争取货载。在这种形势下，作为航运企业就要从积极改善经营管理、增强企业活力入手，以适应国际航运市场竞争的新情况、新形势，其中开辟国轮班轮航线就是一项重要措施。从1984年开始，中远总公司领导在多次远洋工作会议上反复强调，为适应国际航运市场竞争激烈的需要，务必开辟班轮航线，开展班轮业务，并千方百计为开辟国轮班轮创造条件。1984年9月22日，交通部召开班轮工作座谈会，明确提出，在全国进一步"对外开放，对内搞活"的新形势下，积极发展国轮班轮运输具有特别重要的意义，有利于促进计划管理，提高经济效益和实现管理科学化。

（二）高层领导高度关注班轮发展

党和国家领导人非常重视维护国家航运权益，十分关心国轮船队的发展，对开展国轮班轮给予了极大的支持。各级领导均在各种会议和文件上明确指示，中远公司要积极开辟班轮航线，以满足中国外贸运输的需要。1986年5月30日，国务院口岸领导小组在汇报班轮工作时，国务院副总理李鹏指示："要下决心开办班轮，就是赔钱跑几次空船也要坚持下去，要创信誉。"

交通部高度重视班轮工作，先后召开班轮工作专题会议，深入研究和讨论发展国轮班轮运输有利条件、自身优势、存在问题及解决问题的多种方式方法。交通部副部长林祖乙始终支持中远开展班轮工作，反复强调搞好班轮是国家的需要，运输的需要，外贸的需要，"四化"建设的需要，并就如何加强这项工作，在多次重要会议上均作过具体指示，推动班轮工作向前发展。国务院口岸办领导对开辟国轮工作也极为重视，在货主专题会上，专门对中远开辟班轮工作提出了具体要求，并对船、港、货各部门互相支持和配合提出要求，做出部署。

(三) 主管部门纷纷出台制度、法规

1986年5月24日,国务院口岸领导小组下发了关于加强国际班轮运输工作的通知,对加强班轮工作起到极大的推动作用。交通部对开辟国轮班轮给予大力支持,先后两次颁发有关发展国际定期班轮的文件,提出了开展正规化班轮运输必须遵循的原则,并要求港航双方务必加强协作配合,建立必要的制度,签订经济协议,共同做好相关工作,保证物资的积载和疏运。同时对港口、船公司、外代公司分别提出具体要求,指导各方牢固树立一盘棋思想,相互协调配合,同心同德,做好国轮班轮各项工作。

国家的高度重视和上级部门的具体关心指导,给中远上下以极大的鼓舞。这一时期,如何更好地完成党和国家交给的运输任务,确保国轮班轮航线的顺利开辟,以准确的班期、合理的运价、优质的服务,树立国轮班轮可信可靠的形象,进一步提高中远船舶的营运效益,成为中远系统全体船岸员工为之努力的一项重要而迫切的任务。

二、早期开展的国轮班轮运输

为适应在国际航运市场的竞争,进一步提高、挖掘港口和船舶潜力,进一步打造中远在国际航运市场上的品牌形象,更好地为外贸进出口运输服务,中远总公司在已有班轮航线的基础上,开始组织正规化班轮运输。1984年5月至1985年2月,试开辟中国至欧洲集装箱班轮航线,后因国内一些港口一度压港严重,班期被打乱。1985年11月,交通部召开有关沿海各港口和中远总公司参加的班轮会议,确定中远37条航线89个航班正式纳入正规化班轮。各船公司严格按照交通部关于国际定期班轮务必遵守"定航线、定船舶、定货种、定泊位、定时间"的"五定"原则组织落实,重点是抓好5条航线共20个航班,即美加线(4班)、欧洲线(7班)、大洋洲线(2班)、地中海线(3班)、波斯湾线(4班),从6月1日起列入交通部考核。

按照交通部规定,由中远总公司在重要航线经营,实行"五定"的国际定期班轮(核心班轮)从1986年6月1日正式运行,每月从国内12个港口开出89个航班,其中集装箱班轮46班,杂货班轮43班。班轮的主要航线有:中国至西北欧全集装箱和杂货班轮航线;中国至地中海南、北岸各港的半集装箱和杂货班轮航线;中国至西非半集装箱航线;中国至东非、红海杂货班轮航线;中国至波斯湾全集装箱和杂货班轮航线;中国至澳、新全集装箱班轮航线;中国至美、加全集装箱班轮航线;中国至日本全集装箱和杂货班轮航线;中国至东南亚杂货和全集装箱班轮航线,以及中国内地至香港的杂货和集装箱支线班轮航线等。

三、紧盯格局变化,调整航线布局

(一) 新格局悄然形成

这一时期,国际班轮运输市场和航运格局发生了前所未有的变化,主要表现在:

1. 传统班轮公会内部结构出现大幅调整

以远东班轮公会为例,这个历史上最悠久的、以封闭著称于世的公会,自1989年起其所属的三联集团、冠航集团、北荷集团的内部成员结构相继做了调整,并做出决定,

从 1990 年起公会已有的管理体制一分为三,形成伦敦、东京、香港 3 个管理中心。

2. 公会与非公会船公司既竞争又携手

公会船公司与非公会船公司在激烈竞争的同时,相互间的协调对话也在日趋密切。1988 年秋,经营太平洋航线的 8 家公会船公司与 5 家非公会船公司经过多次磋商,建立了旨在稳定航线贸易服务、改善经营收益的"环太平洋航线协商协定"和"环太平洋航线稳定协定"2 个组织。

3. 班轮运输企业之间的联营形式日趋普遍

许多航运公司通过舱位互租、协调派船等形式开展联营,但这种联营与过去不同,联营各方并不是因为自身实力太弱被迫寻求倚靠,而是本身就实力雄厚,目的在于通过强强联营,实现优势互补和控制国际航运市场的目标。当时远东/欧洲航线上由 2 个以上船公司组成的大联营体有 8 个,远东/美西航线上大联营体有 4 个,亚洲区域内航线上联营活动也相当普遍。

(二)形成新格局的原因分析

市场格局的变化引起中远总公司领导的高度重视,立即组织力量进行纵向与横向、国内与国际、现实与未来全要素、多维度、深层次的研究与分析。

1. 集装箱运输的发展与完善

这一时期,随着世界经济的增长,制成品贸易的扩大,世界集装箱货运量每年以 7%的速度增长,从而促进了集装箱运输管理方式、运输工具和设备的发展。这是形成班轮运输新格局的基础所在。

2. 非公会船公司的发展壮大

这一时期,一些国家和地区的航运企业以独立船公司的身份,活跃于国际班轮运输市场上,给传统班轮公会的经营构成越来越大的威胁,这就迫使原有的经营格局必须做出相应的改变。

3. 航运市场持续萧条

20 世纪 80 年代以来,国际航运业由于盲目大量地订造船舶和科技进步带来的造船周期的缩短,导致运力供给过剩,运价低迷,航运市场长期不景气,相当多的航运企业处于惨淡经营的境地。

4. 航运投资和运营成本增加

一是船东为了在激烈的市场竞争中生存下来,无条件地满足货主日益复杂多样的要求,导致成本增加;二是航运企业纷纷把经营战略转向船舶大型化、派船频率密集化和多式联运一体化,资金投入节节攀升;三是船员工资、港口使费逐年增高,航运企业的成本负担日益加重。

5. 国际政治经济贸易格局的变化

这一时期,东西方关系出现缓和,政治多极化、贸易集团化的倾向日益突出。受此影响,一些传统的海运大国一方面积极倡导航运业的"对话""协调",另一方面则竭力谋求建立以自我为中心的海运圈,以实现垄断国际航运市场的战略。

国际班轮运输市场环境和航运格局变化的现实，必然改变海运发展中国家和海运发达国家之间、班轮公会船公司与非班轮公会船公司之间原有的相对平衡的关系，使国际班轮运输市场竞争更趋白热化，几条主要的班轮航线被一些超级组织所垄断，独立船公司很难与之抗争。比如远东/美西航线，经过大规模的重组，年运力超过50万TEU的集团（联营体）已达到4个，其中美国总统/东方海皇集团的年运力达到78万TEU，比世界头号的独立船公司长荣海运的年运力还高出一倍。面对复杂多变的国际班轮运输市场，中国航运企业采取相应的对策已刻不容缓。

（三）中远采取的应对策略

1. 面对竞争格局，调整经营思路

由于西方海运大国和班轮公会等航运组织曾对中国远洋船队的建立和发展进行过种种刁难封锁，以致过去30年来，中远一直坚持"独立自主"的原则，不与世界上任何海运组织和班轮公会发生联系。事实证明，在过去那种国内外航运市场环境中，坚持这一原则有助于远洋船队的稳步发展，是完全正确的。但是面对现实，不能继续对国际航运组织和班轮公会一概采取不接触的态度，有关的航运政策应做相应的调整。一是主要业务部门对过去生产经营的思路进行梳理，该摒弃的摒弃，该调整的调整，该完善的完善。二是成立国际班轮市场研究小组，有针对性研究班轮市场变化的新情况、新机遇、新挑战，为总公司领导决策提供可靠依据。三是确立"面向市场，主动出击，加强协作，联合经营"的新思路，以应对激烈的市场竞争。

2. 坚定经营信心，迎接市场挑战

面对国际班轮运输市场和航运格局发生的前所未有的变化，中远在为本国进出口贸易服务的同时，积极参与第三国运输，使承运的第三国货载已经占到中远总货运量的三分之一以上。由于这一时期发展迅速，中远的船队规模，尤其是集装箱船队规模，在太平洋、欧洲等世界主要班轮航线上已经显示出较大的实力。在总公司领导的引导和影响下，上上下下都憋足了一股劲，决心在市场上大有作为，为社会主义建设做出更大的贡献。

3. 扩大沟通交流，赢得理解支持

国际上有的航运公司一直对中远的船队有一种误解，常常以中远是国营船队，完全依靠国家投资，不计成本，亏本经营，所以一再要求中远参加相应组织，与国际市场经营保持一致。同时，又千方百计地限制和阻挠中远的发展。美国联邦海事委员会（FMC）曾以多种借口，对中远提出各种责难；澳大利亚要求中远班轮必须进行相关方面登记；美、英、日等国竭力反对给中远新造大型集装箱船提供贷款，等等。总公司调整思路后，把扩大沟通交流，赢得理解支持作为新的经营策略，利用国际航运舞台，宣传中国的航运政策，介绍中远的发展情况，深入地同国际航运组织和班轮公会增加接触，并表明愿意加强合作的态度，在一定程度上消除国际航运界对中远的某些误解，逐步赢得了更多的理解和支持。重点采取以下策略：一是有选择地加入其他一些国际民间航运组织，积极参加有关的国际民间航运会议，加强与国际海运调研机构的合作，为企业的经营决策提供更科学的依据。二是在有利的时机和有利的条件下，以舱位互租、协调派船或其他形式，与国外一些合适的航运伙伴在某些航线结成联营体,以此降低航运成本,改善经营管理,实现优势互补,提高企业的形象和参与国际事务的能力。三是在平等互利的基础上,多接触一些松散的、不受任何约束的稳定协定或班轮公会,如以观察员的身份参加太平洋航线稳定协定的相关会议等,再视中远在有关协定管辖航线上的运力发展情况来决定是否作为会员加入。

四、班轮运输船队稳步增长

由于中远思路正确,找准了前进的方向,使中远班轮运输船队开始走在稳步增长的正确轨道上。

(一)出台规章制度,推进规范发展

中远总公司在开办班轮运输中,不断加强对班轮的管理,千方百计抓班期和船舶准班率,要求船舶开装日前,准时抵达装货港,并做好受载的一切准备工作;抓实抓细船舶配载出图、准时开装和准时开航等各个环节。坚持一年两次的调班会,根据需要调整船舶、泊位和截单、出图、开装、开航日期。严格班轮管理,健全班轮管理机构,制订了《班轮管理实施办法》《班轮的调度跟踪制度》等规章。择优选配班轮船舶和船员。以"安全、优质、价廉、迅速"为宗旨,加强港、航、货三方的协作配合,提高班轮的载货率,并在《中国日报》刊登国内外班轮船期表,扩大中远班轮的影响。这些措施有力地推动了班轮的发展,从而使航线增加,班轮密度加大,班期准确,班轮的箱位、载重、舱容利用率有所提高。据统计,班轮正式运行后,班轮准班率为:核心班轮,集联办达到100%,上海远洋98%、天津远洋94%、广州远洋89%;普通班轮,广州远洋100%、上海远洋72%、天津远洋52%,集联办25%。开辟定期班轮航线,到1987年,每月已有37艘、93个航班;核心班轮航线21条,全年249个航班,准班率为98.39%。1988年5月,中远总公司提出增加班轮航线密度及中国港口至世界各地港口的班轮覆盖面。当年,定期班轮航线增加到41条,109个航班;核心班轮航线增加到33条,全年319个航班,准班率达98%以上。香港至美西集装箱航线调整,每月3班改为周班,开辟了中远总公司第一条正规周班航线。1989年,又新开辟了烟台至美国、加拿大,福州至香港,天津新港至南美,上海至南美4条班轮航线,并将上海至新加坡航线延伸至吉大港。

(二)稳步开辟新线,快速实现扩容

随着班轮运输的发展,航线覆盖面与班次密度不断增大。1990年,班轮航线发展到47艘,140个航班,并开辟上海、天津港为出口中转的沿海、长江集装箱运输支线。广州远洋开辟香港至马尼拉、黄埔至日本的周班服务。1992年1月,中远总公司再次调整班轮航线,定期班轮航线增至58艘,213个航班,即中远总公司每月从中国主要港口开往世界各国和地区的班轮,分别为:日本93班、香港59班、东南亚16班,印尼、波斯湾11班,澳大利亚、新加坡5班、非洲3班、地中海6班、西北欧13班、美国、加拿大6班、南美1班。此外,还有中国至日本航线的周双班轮,并首次开辟了大连到南非的多用途船的航班2个,填补了空白。1990年,中远定期班轮已航行于41个国家和地区的78个港口。

自1986年以来,中远班轮运输船队在改革开放中有了长足进步,提高了中远集装箱船队的竞争力,赢得了可观的经济效益。至 1992 年,班轮航线增长了 1.57 倍,每月航班增长了 2.39 倍,核心班轮准班率达 100%,非核心班轮准班率提高到 76%(表 2-4)。

1992 年上海远洋经营主要集装箱班轮一览表　　表 2-4

航　线	班/月	靠　港	船舶艘数
中国—美国	3	宁波、上海、神户、横滨、维多利亚、西雅图、纽约、查尔斯顿、休斯敦、横滨、神户、天津新港、青岛、大连	8
中国—东南亚	2	上海、香港、新加坡、曼谷、香港、上海	2
中国—西欧	3	上海(新港)(黄埔)、香港、新加坡、鹿特丹、汉堡、安特卫普、利哈佛、新加坡、中国香港、天津新港、上海、黄埔	8
日本—澳大利亚	4	横滨、大阪、神户、悉尼、墨尔本、布里斯班	5
日本—新西兰	3	神户、名古屋、横滨、奥克兰、利特尔顿	4
中国—澳大利亚	3	上海、香港、悉尼、墨尔本、布里斯班、马尼拉、香港、上海	4
中国—日本—澳大利亚	2	天津新港、横滨、神户、墨尔本、悉尼、布里斯班、神户、横滨	3
新加坡—印度尼西亚—澳大利亚	2	新加坡、雅加达、墨尔本、悉尼、布里斯班、雅加达、新加坡	2
香港—美、加西海岸	周班	香港、神户、横滨、长滩、旧金山、西雅图、维多利亚、横滨、神户、香港	6
上海—日本	3	上海、横滨、名古屋、门司、大阪、神户、上海	1
上海—日本	3	上海、神户	1
上海—日本	3	上海、横滨、名古屋、门司、大阪、神户、上海	1
大连—日本	周班	大连、横滨、名古屋、神户、大连	2
大连—日本	3	大连、门司、神户	1
青岛—日本	周班	青岛、神户、大阪、名古屋、横滨	1
营口、烟台—日本	2	营口、烟台、神户、大阪、名古屋、横滨	1
宁波—日本	3	宁波、神户	1
宁波—日本	2	宁波、横滨、温州、海门、宁波	1
天津新港—日本	3	天津新港、神户	1
张家港—上海	4	张家港、上海	1
菲律宾—日本	2	马尼拉、横滨、神户	1
南京—日本	4	南京、神户、名古屋	2
南通—日本	2	南通、神户、名古屋、横滨	1
泰国、蛇口—日本	3	曼谷、蛇口、门司、横滨、神户、马尼拉	3
连云港—日本	3	连云港、神户、名古屋	1

第九节　买造船事业的兴起

20 世纪 70 年代末，中远在日本订造的两批滚装船项目，是中远第一次通过"招商局船舶经纪部"这一境外买造船机构，开展的境外贷款造船业务。自此，境外贷款造船工作全面展开，买造船工作由过去以买二手船为主，转向"买造并举"，开创了中远买造船工作的新局面。

这一局面的开辟，得益于老一辈无产阶级革命家对远洋运输事业的鼎力支持，得益于交通部在买造船事业上的坚强领导，得益于中远造船人坚忍不拔的毅力和攻坚克难的精神。即便在"文化大革命"时期受到"左"的错误严重干扰和破坏，依然顶住压力，通过多种渠道、采取各种措施，发展壮大远洋运输船队。到 1979 年，中远船队已拥有船舶 521 艘，905 万载重吨，承担着中国外贸海运量中应由中方派船的 70% 运量。中国的商船船队在世界商船队排名中，在未含台湾的情况下，商船吨位的增幅为世界第三位，总吨位居世界第十七位。其中，贷款买造船在中国远洋运输发展史上，发挥了重要的历史作用。

进入 20 世纪 80 年代，中国经济进一步蓬勃发展，外贸进出口货物增加，为扩大远洋运输能力和适应国家经济建设的需要，中远总公司对船队的发展由过去主要增加船舶吨位，转向船队结构的完善与优化。在交通部的领导下，中远深入研究国际国内政治经济形势，准确把握航运动态，适时抢抓市场先机，低成本扩大了运力规模，高速度发展了远洋船队，不仅为国家创造了可观的经济效益，更是为新中国远洋运输事业的发展奠定了雄厚的物质基础，成为计划经济体制下企业自主投资经营的一个创举。在这期间，由于贷款买船造船带来的还本付息压力，中远开始关注企业的投资回报，在买造船投资中逐渐强化并拥有了更大的自主权，这无论在观念上还是行动上，都超越了计划经济体制时代的局限，为其他行业的对外开放和改革发展提供了鲜活的经验。

一、"十六字方针"的确立

中远早期开展的贷款买船工作，采取由多个部委联合操作的模式，即：挂五星红旗的船舶由中国机械进出口公司（以下简称"中机公司"）[1] 和远洋局共同负责，留在香港挂方便旗经营的船舶由远洋局负责购买，并须经过买船领导小组会签并呈报国务院批准后才能成交。在实际操作中，由于香港接近买船市场，购买、验船和接船都比较方便，所以远洋局通常安排招商局买进后，再进口报关改挂五星红旗。之后，这种形式的买船工作一直持续了很长一个时期。

1970 年 1 月，在国民经济第四个五年计划会议上，国务院总理周恩来批示：力争在 1975 年基本上改变主要依靠租用外轮的局面[2]。这一批示吹响了远洋船队大发展的号角。

---

[1] 中国机械进出口公司成立于 1950 年，是新中国最早的以经营机电产品进出口贸易和国际工程承包业务为主的大型国有外贸公司。

[2] 引自《中远总公司关于贷款买船和接船情况的报告》，1973 年 5 月 7 日，（73）中远船技字第 231 号。

1972年1月，交通部召开会议讨论如何落实周总理的指示及远洋船队发展问题，并向国务院汇报了远洋船队发展滞后，不能适应快速发展的外贸形势，希望中央能够采取有效措施，解决这一矛盾。当月，国家计委即传达了国务院副总理李先念关于积极购买远洋船舶的指示：由中远总公司按国际金融市场的美元贷款利率向中国银行贷款，用于购买船舶，并对中国远洋运输公司的船队建设批了十六字方针："贷款买船、负债经营、赢利还贷、滚动发展。"

李先念副总理关于贷款买船"十六字方针"的提出，不仅是对中远早期利用银行贷款发展远洋船队的一种支持和肯定，也为中远未来发展指明了方向。中远总公司以银行贷款方式，利用船舶营运利润向银行还本付息，在较短时间内使中国拥有了一支初具规模的远洋船队，不仅减轻了国家在租船上消耗外汇的负担，还创收了大量外汇，增加了国家外汇积累。这是一条依靠自力更生发展中国远洋运输船队的正确道路，对国有企业开动脑筋、充分利用各方资源扩大企业规模，有着重要的借鉴意义。

尽管1974年出现的"风庆轮事件"，对中远买船工作在一定程度形成了干扰，后来又因国内政治运动的影响，中远买船工作再次处于买买停停（实际上是"明停暗不停"）状态，但中远总公司在交通部的坚强领导下，一刻也没有辜负老一辈革命家对中远的支持与期望，一刻也没有忘记肩负的使命与责任，一刻也没有停止贷款买船、发展船队的前进步伐。

中远总公司坚决执行周总理的指示，坚决落实李先念副总理为中远贷款买船制定的"十六字方针"，1972—1975年共购进船舶183艘、347万载重吨，中国远洋船队规模从110万载重吨发展到500万载重吨，海上货运量的70%由中国远洋船队承运，提前结束了中国外贸海上运输主要依靠租用外轮的历史，实现了周总理的夙愿，同时也为新中国在1979年改革开放后远洋运输事业全面振兴打下了坚实的基础。

1980年3月11—17日，中远总公司在北京召开了买船接船工作会议。交通部彭德清、李清[①]副部长参加了会议，并传达了中央领导同志肯定中远的买船工作成绩。部领导在高度评价几年来买船工作的同时，要求各单位树立团结协作踏踏实实的好作风，同心同德完成好买造接船任务，为交通运输现代化做出更大的贡献。与会同志一致认为，"中远利用银行贷款发展远洋船队取得很大成绩，在短短几年里国家不花一分钱投资，就净赚了六七百万吨船。"[②] 特别近2年来，中远紧紧抓住西方国家经济危机，航运市场持续萧条的有利时机，买进了一批价格比较便宜、船龄比较轻的船，在国际航运市场和船舶买卖市场都产生了正面效应。

[①] 李清，生于1920年2月，河北宁河县（今天津宁河区）人。1937年10月赴延安参加革命，1938年3月加入中国共产党。在延安抗大第三期、延安马列学院一班学习，曾任马列学院教育干事、助教兼女大教员、教育科科长、党委宣传委员、指导处秘书、整风办公室主任。1944年11月后，任南下支队政治部秘书，湖北鄂东地委宣传部副部长、秘书长。1946年6月后，任东北工业部直属工厂管理科科长、干部处处长，长沙市委秘书长、统战部部长、副书记。1952年4月后，任交通部河运总局副局长，政务院第三、第六办公室交通组组长，交通部海运总局副局长、港航监督局局长，武汉水运工程学院党委书记兼副院长，交通部人事局、水运局、教育局局长，船检港监局局长，国家经委综合运输研究所党委书记兼所长。1979年6月后，任交通部副部长兼远洋运输局局长、中国远洋运输总公司总经理、党委书记，交通部部长、党组书记、顾问。1995年离休。

[②] 引自《中远总公司买船接船工作会议纪要》，参见中远（集团）总公司编：《中远历史资料汇编》（第3册），内部印刷，1997年版，第121页。

二、买造船体系的构建

(一)船舶基建处应运而生

1979年12月26日,中远总公司成立船舶基建处(后改名为造船处),王世桢任第一任处长。在中远总公司主管副总经理领导下,根据上级批准的买造船计划,具体布置并全面管理买造船工作。为了加强境外造船工作的管理,1981年7月,中远总公司在青岛召开远洋系统国外造船工作会议,制订了《关于国外造船工作的若干规定》和《关于国外造船有关财务问题的规定》,对远洋系统各机构在境外造船工作中的职责和分工进行了明确的规定:在总公司领导下,香港经纪部根据新造船计划对外询价,并组织在香港地区进行技术和商务谈判;在商务谈判中,代表总公司对技术谈判小组统一领导;根据总公司授权,代表远洋公司对外签署造船合同、组织贷款并处理合同执行过程中发生的有关商务问题。中远各分公司负责新造船的审图、技术谈判、监造和保修工作。各分公司原有的造船组在机构改革中改为造船科,隶属分公司船技处领导。从此,中远自上而下形成了一个完整的买造船体系,一直沿用到1993年中远集团成立。

经纪部成立后,由于交通部的重视,以及有关单位的大力支持,集中了一批当时交通系统内可以集中起来的优秀技术骨干,在买造船工作中,对每一种计划建造的船型都进行了多方面的调查研究,对新船建造和营运过程中的问题加以总结,钻研国外造船的新技术、新设备和发展方向,并在工作实践中择优选用。

(二)首次开展境外贷款造船

1978年11月2日,以招商局名义与日本川崎坂出船厂签署了"花园口"等8艘6000/12000载重吨滚装船建造合同,1979年3月12日,又与下关林兼船厂签署了13000载重吨的"赤峰口"轮等3艘滚吊船的建造合同。1979年10月15日,川崎造首制船"花园口"轮交船,全部8艘滚装船交上海远洋营运。1980年3月28日,林兼造首制船"赤峰口"轮交船,全部3艘滚吊船交广州远洋营运,这批新船是中远首次开展境外贷款所造的船舶。

由于立足香港,经纪部也因此成为交通部、中远总公司与国际航运、船舶市场对接的窗口机构。各类海事信息和情报,以及在谈判和监造当中汇集的技术问题,经过收集整理和研究总结后,通常以《造船简报》《买造船简报》《技术资料汇编》等形式,每周一期(后每月一期)送发国内各有关单位。对于远洋及部直属系统的一些较大的买船项目,经纪部负责撰写专题报告,以供决策参考。

中远利用香港特殊的政治经贸环境优势,以香港招商局的名义,直接面对国际船舶市场,从选厂、谈判到签署合同,最后从国外直接接进新船,各个环节直接操作、有序衔接,有效地提高了买造船工作效率。到1985年,经纪部先后在日本、联邦德国、丹麦、英国、西班牙5个国家19个船厂完成99艘新船的订造任务,计224.23万载重吨、23364TEU,船型包括滚装船、滚吊船、多用途船、原油轮、成品油轮、散货船、集装箱船、冷藏船等9大类,并购买二手船220艘,482.5万载重吨。

(三)与招商局合营船贸公司

随着中国改革开放的形势变化,经纪部发展成为由中远总公司与招商局合营的招商局国际船舶贸易有限公司。这一时期，国家财税政策做出调整，加之国际政治局势和航运市场风云变幻，给境外买造船工作带来新挑战。在中远总公司的领导下，中远境外买造船工作进行了新的开拓和尝试。

招商局船贸公司的业务范围：

1. 根据中远总公司船队发展规划，负责执行在国外的买造船工作；
2. 根据总公司更新退役计划，负责在国际市场上出售退役船；
3. 国际船舶及金融市场的调查研究，定期向总公司报告；
4. 负责买造船资金的运用，在总公司的授权下，执行商务贷款的具体手续；
5. 远洋船舶新技术的搜集、交流和咨询工作；
6. 协调香港远洋、益丰、明华公司的买造船工作并提供咨询；
7. 接受委托为内地及香港地区客户的船舶订造、买卖业务；
8. 开展多种经营。

招商局船贸成立后，着手梳理了船舶贸易工作的有关规章制度，加强了业务操作的程序化、制度化管理，并在工作中强调技术经济分析、船舶技术及市场研究、商务买卖、融资服务等方面相结合。1989年开始，又推行电脑化技术，公司业务的管理水平得到提高，并成为招商集团和中远系统内最早实现电脑化管理的下属公司。

以招商局船舶经纪部为开端，中远的买造船摆脱了原先只管技术的工作模式，这也促使专业技术干部在工作实践中逐步认识到技术与商务结合的必要性。买造船驻港机构的设立，为广大来自交通部和中远的买造船技术干部搭建了一个接触国际市场、提高业务水平的平台，同时，也正是得益于拥有一批业务骨干，使得招商局船贸在一定时期内，发挥了培养专业技术人才基地的作用。

（四）构建买造船责任体系

经过长期的对买造船体系建设的研究，总公司形成了买造船方面体系构建思路与设想，有的已形成完整的文件体系。1981年7月14日，中远总公司下发了《关于国外造船工作的若干规定》（简称《若干规定》）和《关于国外造船有关财务问题的规定》。《若干规定》对构建国外造船责任体系进行了如下规范：

1. 总公司：

（1）根据上级批准的买造船计划，会商各有关公司制订国外新造船的船型、数量计划及分配方案，并通知各有关公司及招商局。

（2）确定造船资金的筹集方针，如国内外贷款或船舶抵押等，并负责办理银行担保事宜。

（3）负责审批各公司提出的技术任务书。

2. 各公司：

（1）根据分配船舶，提出技术任务书。

（2）组织谈判、审图及监造班子。

（3）负责对各监造组的现场管理。

（4）负责保修工作。

3. 招商局：

（1）做好技术及商务情报工作，定期向总公司作书面汇报及专题报告。

（2）根据新造船计划对外询价，并组织在香港地区进行的技术和商务谈判。代表总公司对技术谈判小组的统一领导。技术谈判以各公司派出人员为主，商务谈判以招商局船舶经纪部为主。

（3）根据总公司授权，代表远洋公司对外签署造船合同。

（4）根据总公司授权，组织贷款款源。

（5）处理在合同执行过程中发生的有关商务问题。

此外，还对审图、监造、保修、营运期考察四个方面做出了二十三项具体规范，中远系统的造船工作有了新的准则。

三、买造船标准的确立与修订

中远早期由于基础薄弱、信息闭塞等历史原因，没有自己的船舶技术标准，新造船技术谈判基本上都是以船厂的标准为依据，谈判过程中往往较为被动。比如：在南斯拉夫造船，技术谈判只能从船员使用的角度出发提一些要求，不能抓住关键，真正重要的技术问题，如航速、马力等重点技术环节，只能听船厂安排。1981年，与日本林兼船厂谈"阳澄湖""纳木湖""镜泊湖"3艘15000吨级油轮的建造合同，按照行业惯例，在同一船厂的同系列船型设计，订造3艘及以上船舶的项目，可争取免费配备1只备用螺旋桨。但当时因对此惯例缺乏了解，谈判时未予考虑。

（一）颁布《远洋造船标准》

鉴于存在上述薄弱环节，中远总公司组织一批有经验的船长、轮机长、电机员，在上海船舶运输科学研究所、设计院及上海交通大学的协助下，针对多用途船，编写了"远洋船舶技术标准（草案）"，分船、机、电三个部分。这份草案汇集了国外新技术标准，并对一些在谈判、监造和使用方面出现的技术问题，做了注释和适用规定。

1987年6月，中远第一份关于造船技术的企业内部标准——《远洋造船标准》得到交通部批准执行。这份标准对提高远洋船队的技术水平、培养造船技术干部曾起到积极的作用。在"标准"制订的过程中，广大中远造船技术人员在学习国外造船的先进技术基础上，总结、实践、再总结、再实践，不断地修正提高，体现出技术工作者严谨的态度和踏实的作风。

改革开放后，在新的工作局面下，为统一买造船工作认识，从1978年12月到1979年夏，中远总公司又先后组织编写了《远洋船舶建造参考资料》（简称黄皮书）和《造船技术谈判说明书》（简称蓝皮书）。1979年12月，中远总公司要求8艘滚装船、3艘滚吊船的驻厂监造人员结合现场施工和试航交船情况，对黄皮书和蓝皮书提出修改意见。

由于经纪部集中了一批造船技术骨干，中远总公司对经纪部在造船技术工作中的作用给予了足够的重视。1980年，中远先后与5个国家的11个船厂进行了造船技术谈判。通过总结谈判及现场监造的经验，1981年4月初，在周延瑾总工程师的带领下，开始对黄皮书和蓝皮书进行修改和补充。

1981年6月,《远洋船舶建造参考资料》修订完稿(简称绿皮书),内容涵盖总体/船体/轮机/电气/通导/自控技术说明书、全集装箱船/油轮/散装船技术资料,并对若干技术问题作了中文注释。

1985年1月,招商局船贸成立后,中远总公司进一步加强了对买造船工作的组织和领导。招商局船贸在成立当年的第二次董事会上,把制订造船技术标准列为重要议事日程,并于1985年6—9月,派出技术调查小组,先后赴日本和欧洲,对船东公司、船厂及配套厂、设计公司,以及船级社进行调研。

1986年初,在总结中远自1961年成立以来在国内外订造200余艘新船的造船实践经验基础上,《远洋造船标准》终于修订成稿。2月15—16日,中远总公司在北京中央直属机关招待所召开了远洋造船标准(企业内部)会议。中远各公司的代表汇聚一堂,对"标准"进行了讨论和修订,系统内外领导对招商局船贸的工作成绩给予了充分的肯定。

1987年6月26日,中远总公司正式发文,批准《远洋造船标准》(简称红皮书)执行。红皮书分为新造船总体、船体、轮机、电气和通导5个分册。

红皮书制订的是中远的企业内部标准,并不是要彻底改变国外船厂的标准船型,也不是技术说明书,因此没有把强制执行的国际公约、法规,以及船级社规范的具体内容纳入其中,而是将中远新造船工作中经常遇到的、带有普遍性的重要技术问题和要求,以标准的形式加以规定,用来指导订造船舶的工作实践。为了有利于造船工作的开展,红皮书中的某些条文,是以建议而非限定的形式写入其中,以便结合实际情况灵活掌握。红皮书有效地统一了中远内部的造船标准,打破了一些旧有框架,使技术和商务结合,重视经济效益的原则明确起来。

(二)颁布新版《远洋造船标准》

红皮书的颁布,是中远几十年造船经验的总结,对促进中远船队技术构成的进步和船员素质的提高,起到了积极作用。但在几年的使用中,随着认识的不断提高也发现了一些问题。另外,由于造船技术的发展和造船理念正朝着系统化、最优化转变,要求中远的造船标准也应该随着时代的发展而进步。因此,修订中远《远洋造船标准》被提到了议事日程。1990年初,中远总公司组织各方面力量,对《远洋造船标准》进行了认真的修订,力求使其反映和采用当时造船业的新概念、新技术,以更加适应中远的经营管理水平。

12月2—11日,中远总公司在蛇口召开了"中远首届造船技术研讨会"和"远洋造船标准修订会"。"中远首届造船技术研讨会"是为了解决造船技术的迅速发展对中远造船提出的迫切要求而召开的,会议研讨的议题,由总公司造船处根据近年来中远造船在谈判、监造和营运中遇到的问题集中归纳。为了从更广泛的角度讨论问题,总公司造船处还有针对性地特邀上海交大、武汉水运工程学院、上海船研所、上海船舶设计院和大连造船厂的教授和高级工程师,到会作了专题报告,并同与会人员一同参加讨论。研讨会本着科学的态度,从理论计算、设计选型和实际使用等不同角度,讨论了船、机、桨最佳匹配问题;结合"桃源海""玫瑰海""江凌海"轮事故,讨论了大型船、老龄船的船体测厚、强度计算及合理配载问题;就船舶航行中航速修正、船模试验等问题展开了讨论,澄清了一些在中远造船中存有争议的重大技术问题,统一了看法,理清了思路,为中远造船标准的修订打下了良好的理论基础。

在研讨会取得成果的基础上,召开了"远洋新造船标准修订会"(图2-25)。修订的原则是,中远造船标准必须适合中国的国情,适应中远当前的财力、管理水平、船舶使用年限和船员技术素质。在修订过程中要坚持安全可靠、简单实用,有选择地采用新技术、新工艺、新设备,以取得最佳的投资效益。经过1年多努力,中远新版《远洋造船标准》修订完成。

图2-25　1990年2月10日,中远召开"《远洋新造船标准》修订会",对原标准进行了全面修订。中远总公司副总经理董玖丰(前排右五)同与会代表合影。

1993年2月2日,中远总公司下发了《关于颁布和实施〈远洋造船标准(1992)第二版〉的通知》,新版《远洋造船标准》正式实行。2月18日,《远洋造船标准(英文版)》(编号:JQ/ZY1101-93),正式向全球发布并实施。

至此,中远买造船责任与标准体系基本构建完成,中远系统买造船工作步入到科学化、系统化、标准化轨道。

四、贷款买造船的全面展开

在此时期,中远总公司继续从国内外买造船,增添现代化船舶,既增加船舶运力,又改变船队结构。继续采取向中国银行贷款,以及由中国银行担保和船舶抵押等方式,自行向西班牙、英国、德国、日本等国家贷款,以分期付款方式买造船舶。1988年后,经国家批准,中远开始利用政府间贷款,在国外建造第二、三代集装箱船。这是贷款买造船的一个新突破,为发展远洋船队闯出了一条新路。

(一)国内贷款买船

1979年8月,国务院批准了国家计委、国家建委、财政部《关于基本建设投资实行贷款办法的报告》和《基本建设贷款试行条例》,"拨改贷"政策开始实施,改变了原来基本建设由政府无偿拨款的计划经济模式,银行信贷资金逐渐成为企业投资资金的主要来源。对于船舶的购建,尤其是像中远这样的交通部直属单位,国家还给予了低息贷款的优惠政策。

改革开放的新形势,使中远船队的发展和建设得到进一步改观,实现了在交通部的直接领导下,开展贷款买造船工作。并且随着香港经纪部的设立,境外造船工作全面展开,贷款买造船工作也从过去的买二手船为主,转向"买造并举",开创了中远买造船工作的新局面。

根据资料统计:1980年5月14日,国务院批准交通部、中国银行《关于以银行担保或用船舶抵押方式取得贷款买造船的请示》,取得的贷款全部用于在国外买造船。利用这笔贷款,以及中远的营运结余,最终安排在西德、西班牙、丹麦、日本建造了集装箱船、多用途船、散货船和油轮27艘,97.07万载重吨。

这一年,是中远总公司利用贷款买船数量较多的一个年份(表2-5)。

1980年贷款买船成交船名一览表 表2-5

序号	旧船名	新船名	种类	载重吨	建造时间	建造国家	接船单位	接船地点
1	AMAXMACGREGOR	峥嵘海	散货船	38904	1966.03.28	瑞典	青岛远洋	马耳他
2	MAIR	永济海	散货船	35482	1965.08.28	希腊	青岛远洋	中国香港
3	NICOLAOS PATEYAS	武胜海	散货船	30401	1973.07.25	南斯拉夫	青岛远洋	日本
4	SUNRISE GLORY	固原海	散货船	35125	1975.08.01	日本	青岛远洋	日本
5	DORIC ARROW	金州海	散货船	30761	1970.10.15	南斯拉夫	青岛远洋	欧洲
6	KEYAKI	星宿海	散货船	34878	1977	日本	青岛远洋	日本
7	THALASSINI AVRA	绵竹海	散货船	78499	1973.07.29	联邦德国	青岛远洋	日本
8	KOYO VENTURE	胶州海	散货船	56490	1979.11.14	日本	青岛远洋	日本
9	PELOPIDAS	智慧海	散货船	38948	1968	荷兰	青岛远洋	日本
10	VINSTRA	华铜海	散货船	63400	1975.10.03	日本	广州远洋	欧洲
11	VESTEROY	康苏海	散货船	63400	1975.08.29	日本	广州远洋	欧洲
12	KALLIOPI	景洪海	散货船	28845	1976.09.23	日本	上海远洋	中国香港
13	DIMITRIS A.LEMOS	石塘海	散货船	74212	1973.12.04	南斯拉夫	上海远洋	日本
14	OINORSSIAN COURAGE	剑阁海	散货船	34574	1971	日本	上海远洋	欧洲
15	ALOHA	燕山	杂货船	16214	1976.08.15	日本	天津远洋	日本
16	AEGIS SAILOR	南屏山	杂货船	15780	1978.07.28	西班牙	天津远洋	日本
17	AEGIS PILOT	紫金山	杂货船	15780	1978.07.14	西班牙	天津远洋	中国香港
18	AEGIS CAPTAIN	太白山	杂货船	15780	1978.08.11	西班牙	天津远洋	日本
19	KEFALONIA SEA	伏牛山	杂货船	16597	1979.12.15	日本	天津远洋	希腊
20	CANADIAN EXPRESS	祁连山	杂货船	16475	1977.12.10	日本	天津远洋	卡拉奇
21	DLAUS SCHOKE	平顶山	杂货船	15245	1972.05.22	联邦德国	天津远洋	芬兰
22	HERAKLES	延河	杂货船	8627	1971.11.21	芬兰	上海远洋	荷兰
23	PETER SCHRODER	方城	杂货船	7670	1968.12.05	联邦德国	上海远洋	马赛
24	PAUL SCHRODER	永城	杂货船	7670	1968.12.05	联邦德国	上海远洋	马赛
25	JOERG KRUGER	抚顺城	杂货船	7047	1969.12.15	联邦德国	上海远洋	欧洲
26	AMALIA	交城	杂货船	16500	1978.12.16	日本	上海远洋	欧洲
27	SEA EAGLE	吴江	杂货船	15200	1977.12.23	日本	广州远洋	马耳他
28	SEA FALCON	桂江	杂货船	15200	1977.12.23	日本	广州远洋	马耳他
29	SEA SWAN	曲江	杂货船	15200	1977.12.18	日本	广州远洋	鹿特丹
30	HONESTY	居庸关	杂货船	17300	1976	日本	大连远洋	鹿特丹
31	INTEGRITY	山海关	杂货船	17300	1977	日本	大连远洋	鹿特丹

续上表

序号	旧 船 名	新船名	种类	载重吨	建造时间	建造国家	接船单位	接船地点
32	SIRARA	甘泉	冷藏船	3658	1970.06.03	法国	广州远洋	鹿特丹
33		太平口	滚装船	6000	1980.03.25	日本	上海远洋	日本
34		小石口			1980.01.29			
35		白河口			1980.05.23			
36		古北口		12000	1980.08.07			
37		喜峰口			1980.10.07			
38		张家口			1980.12.03			
39		赤峰口	滚吊船	13000	1980.03.31		广州远洋	
40		三江口			1980.06.12			
41		关河口			1980.09.17			

注：此表数据摘自中远（集团）总公司编：《中远历史资料汇编》（第3册），内部印刷，1997年版，第132页。

企业投资"拨改贷"之后，国家对利用中国银行资金发展船队的支持力度进一步提高。但需要指出的是，当时国内航运企业在贷款购置船舶时，必须先向政府有关部门提出申请，经严格审批后才能正式借贷。这对于中远根据市场时机来实施买造船计划，产生了一定的负面影响。

（二）境外贷款造船

受两次"石油危机"冲击，西方经济在20世纪70年代中后期到20世纪80年代中期经历了第二次世界大战以来最严重、持续时间最长的经济危机。

由于经济增长乏力，海运量明显减少，大量船舶闲置。全球新船订单成交量由1973年1.3亿载重吨降至1978年990万载重吨，而从1980—1988年，年均新接订单量不足2200万载重吨，船价下跌50%左右。世界船舶市场遭遇空前的危机。

由于订单锐减，船价猛跌，世界各国船厂纷纷陷入困境，平均开工率只有60%左右，西欧船厂更是面临巨额亏损，甚至破产倒闭。不少船厂愿以优惠条件分期付款承造新船，以求维持生计。为了扶持本国造船业，日本和欧洲各主要造船国政府还纷纷出台了优惠的造船补贴政策，由本国银行向国外船东提供长期、低息的出口信贷，这为中远在国际市场上融通资金，以发展境外造船提供了契机。

进入20世纪80年代，中远开始尝试新的资金渠道，在国外订购新船，逐步从原来单一的向中国银行贷款，现金交易买造船，发展为由中国银行担保和船舶抵押等方式，自行向外国银行贷款，按国际通行的分期付款方式在国外订购新船。

1.OECD贷款造船

中远最先拓展的境外融资渠道，是利用经济合作与发展组织（OECD）贷款，在国外订造新船。OECD贷款模式是发达国家为支持本国造船业，对发展中国家船东提供的一种优惠贷款。贷款额一般是船价80%—85%，贷款期可达8.5年。

1980年9月，中远在西班牙毕尔巴鄂船厂先后订造了4艘15000载重吨多用途船，之后又在日本订造了一批散货船和油轮。但OECD协定下的贷款条件并不是最优惠的贷款方案。当时，西班牙的贷款利率是7.75%，日本则要到8.5%—8.75%。

在OECD模式之后，中远又对丹麦模式作过探索和尝试。丹麦造船的船价很高，为了解决高船价问题，丹麦B&W船厂财务总监提出了一个解决办法：中远以OECD方式贷得美元，向丹麦银行购买丹麦克朗债券，利息为19.5%，这样与8%的造船贷款（八年半还清）利率产生利差，相当于丹麦方面对中方的一种补贴，以弥补高船价的缺陷。利用丹麦模式，中远在B&W船厂订造了4艘6万载重吨散货船。

2.联邦德国KfW银行软贷款造船

1980年底，中远在联邦德国首次订造全集装箱船，并开辟了利用国外低息软贷款发展集装箱船队的新路子。

对于这个项目，中远最初是打算利用OECD贷款来解决融资问题，但在谈判过程当中，发现原方案与弗兰斯堡造船厂的要求有分歧，导致谈判一度中断。船厂不甘心眼看到手的项目告吹，于是在中远的要求下，积极争取更为优惠的KfW银行软贷款。

KfW银行，即德国复兴信贷银行，是1948年为第二次世界大战后联邦德国紧急重建提供资金的国家政策性银行，除为联邦德国中小企业投资项目提供优惠的长期信贷外，还为联邦德国企业提供出口信贷和项目融资，为发展中国家的投资提供偿还期长、利息低或无息带有援助性质的优惠贷款，即软贷款。

由于受到冷战思维的影响，联邦德国政府对软贷款的发放有着明确的倾向性限定，只针对少数经过选择的发展中国家的某些出口订货，社会主义国家是被排除在外的。

不过，当时联邦德国造船业很不景气，为了扶持本国船厂，KfW银行最终搁置意识形态上的争执，打破"政治寒冰"，向中远的集装箱船项目提供了软贷款。这一结果不仅为中远的境外新造船项目提供了一条新的融资渠道，同时也开启了其在中国市场的船舶信贷业务。

1980年12月11日，中远与KfW银行和哈姆斯托夫集团在北京分别签署了首批3艘1152TEU全集装箱船"汾河""青河""唐河"轮的贷款及建造合同（图2-26）。KfW银行提供的贷款条件非常优惠。据资料显示，3艘1152TEU集装箱船按船价100%贷款，年息3.25%（后减为3.125%），分22期，10年偿还。1981年，中远以同等贷款条件在Seebeck（塞贝克）船厂续订了3艘1200TEU全集装箱船。

1983年，中远又继续利用KfW银行贷款，分别在联邦德国HDW（哈德威）、F.S.G.和Seebeck 3个船厂共订造了10艘集装箱船，并且经过设计优化，船舶的载箱量最后提高到1700TEU。这批船的贷款条件有所调整，贷款额为船价的95%，年息3.5%。经过对比测算，总体船价仍下降了17.7%，实际船价比日本和其他国家都低。这批联邦德国建造的集装箱船，交船后陆续投入中美、中欧航线营运，取得了很好的经济效益。到1988年10月止，中远利用KfW银行的软贷款，在联邦德国共订造集装箱船19艘，贷款金额达11.68亿马克。

图 2-26 "汾河""青河""唐河"轮造船合同签订后，交通部远洋局局长、中远总公司总经理钱永昌，远洋局局长、中远总公司副总经理江波①（前排左一）和中方代表同 KfW 银行及哈姆斯托夫集团代表合影。

联邦德国 KfW 银行提供的低息软贷款，对于中远发展全集装箱运力起到了积极的作用。到"六五"末期，中远的集装箱船已发展到 51 艘，其中全集装箱船 38 艘、滚装船 13 艘，载箱能力达 4 万多个 TEU。

（三）国家间软贷款② 造船

1. 英、联邦德国政府贷款造船

20 世纪 80 年代上半期，受第二次石油危机的冲击，世界航运和造船市场陷入萧条期，时间长达 7 年之久。历史数据显示，1983 年，国际航运市场跌至谷底，干散货、油轮和集装箱船三大市场同步萧条，全球船队运力过剩率达到 25%，造船产能过剩率超过 40%，不少航运公司经营亏损，负债累累，甚至倒闭，造船业也掀起了一股兼并、转行或倒闭的风潮。即便是占据世界第一造船大国位置多年的日本，也深受行业竞争和日元

---

① 江波，1925 年 4 月 10 日生，山东省乳山市人。1944 年 4 月，任牟平县（今烟台牟平区）工商管理局统计员。1945 年 4 月，加入中国共产党。同年 7 月，任牟平县政府及胶东支前司令部科员。1948 年 5 月，任山东省济南运输公司科员。1949 年 5 月，任上海招商局、上海海运局科长、调度室副主任。1952 年 3 月，任天津中波公司处长。1959 年 8 月，任捷克航运公司处长、副经理。1964 年 4 月，任中国远洋运输公司广州分公司副经理。1973 年 4 月，任中国远洋运输总公司副总经理。1974 年 10 月，任中远总公司副总经理（交通部远洋运输局副局长）。1983 年 9 月—1995 年 12 月，任香港招商局总经理、常务副董事长。1996 年离休。著有《江海波涛》一书，记录了新中国远洋海运的发展历程和个人工作学习的经历。

② 国家间软贷款，就是国家开发银行作为政策性银行，可以通过政府或国有公司的融资平台进行贷款，其贷款允许用于国家确定的重点建设项目的资本金或股本投入，这是软贷款与商业银行硬贷款的最大区别主要有三点：一是利率低于市场平均水平；二是偿还时间比一般银行贷款长；三是有的贷款设有宽限期，即在某段期间，只需支付利率或服务费。

升值等多重打击，大批中小船厂难于维持，当时规模较大的来岛集团、田中产业的造船厂都相继破产，像三菱、石川岛播磨重工（IHI）、三井等情况相对较好的船厂则力求降低成本，争取订单。

欧洲船厂的境况就更加糟糕。英国和当时的联邦德国政府为了防止因船厂倒闭，工人失业引发社会问题，加大了对本国造船工业的政策扶持。两国船厂都依靠政府订单、优惠的政府间出口信贷以及政府补贴来维持生产，争取订单。1981年开始，英国有关驻港机构就向中远表达了合作意向，如在英国船厂建造远洋船，可以向中远提供优惠的贷款。当时英国船厂可获得的政府补贴高达船价的28%。

面对这一有利局势，招商局船贸向总公司提出建议，尽量设法利用世界造船低潮的时机，利用境外资金，以长期低息贷款，建造大型集装箱船、大型散货船、大型原油轮和液化气船，为中远发展运输，扩大船队服务。

然而，受美国经济增长放缓的影响，1985年，国际航运市场出现更为严峻的局面。当时中远的船队经营也深受市场萧条的影响，中美集装箱航线连续出现亏损，加上"六五"期间所建造的一大批船舶正值还贷高峰。因此，对于是否继续投建新船一度出现很大分歧。但是，立足于发展集装箱运输的长远考虑，而且市场低潮期也是造船的大好时机，经过反复论证测算，内部最终统一了看法，决定投资订造5艘2700TEU第三代集装箱船。考虑到此前利用联邦德国KfW软贷款建造的一批集装箱船项目进展顺利，因此首批2700TEU集装箱船最初计划全部在联邦德国建造。

"六五"期间，中国的财税政策发生了较大的调整。为了扶持民族造船工业的发展，国家取消了进口远洋船免征进口税的优惠政策，改为从1982年1月1日起征税20%—25%。这对经营处于困境但又要积极发展远洋运力的中远来说，无疑增加了沉重的负担。经过交通部的多次争取，中远的远洋船进口关税被特例减为10%。1985年，国家对进口船舶又开征了6%的增值税，这样中远在国外贷款建造五星红旗船，需缴纳的进口税率达到16%，基本抵消了"六五"期间利用联邦德国低息贷款造船的好处。

1986年初，经中英双方领导人协商，由中方在英国安排五项建造项目，其中包括建造2艘船舶，由中远总公司组织实施。

接到任务后，中远总公司对项目原实施计划进行了调整。英国国营造船公司对这个项目非常积极，在得知船东是中国远洋运输总公司后，通过多种渠道与中远联系。国家计委、外经贸部、交通部也不断催促中远总公司尽快落实。

1986年3月19日，英国造船公司按照英国政府的要求，派代表到北京向中远介绍英国政府的特别造船贷款条件。对联邦德国的软贷款条件进行研究后，英方提出的贷款方案是：按船价的100%贷款，年息5%，还款期20年，5年宽限期；如果贷款期为10年，年利息可降为3%。贷款可由中国银行做担保。

根据英方报出的贷款和联邦德国提供的对比，联邦德国的政府间软贷款利息较低，还款期比英国的短，相对比一般商业贷款优惠31.05%—33.9%。而英国的同样是政府间贷款，利息稍高，期限长，它的优惠率为18.6%，明显比联邦德国的条件差。英国造船公司经过向政府申请，取得政府28%的补贴，综合计算下来，优惠率可达到41.4%，中远总公司认为这个贷款是可以接受的。

1986年11月20日，国家计委交通局、外经贸部贷款局、交通部计划局、船舶工业总公司贸易部和生产部、中远总公司、招商局船贸，以及上海远洋公司等单位组成代表团共9人，前往联邦德国和英国商谈2700TEU集装箱船的建造事宜。

除了贷款问题外，对于在英国建造新型集装箱船，当时中远还存有技术上的疑虑。

英国虽然是传统的航海大国，造船历史悠久，并曾长期占据世界造船第一的位置。但自20世纪上半叶开始，尤其在第二次世界大战后，其造船业逐渐衰退。当时英国船厂还没有造过像2700TEU这样的新型全集装箱船。来访的英国造船公司旗下虽有8个船厂，但英国最有实力的船厂，如在贝尔法斯特的Hartland&Wolff等，并不在其名下。因此英国造船公司的建造及配套能力，还需要做进一步的考察。

由于取得政府间低息免税贷款，经中远总公司造船处测算，总体船价下降额从原来的17.7%，增加到近33%左右。在对联邦德国的HDW、Seebeck、Bremen（不来梅）、Flender Werft等船厂提供的技术和商务条件进行了比较之后，最终确定由联邦德国HDW船厂建造"民河""东河""高河"轮。3艘船先后于1989年和1990年交付。

中远总公司最初计划安排使用这笔贷款，陆续订购12艘第三代集装箱船（2760TEU集装箱船），包括相应的集装箱，但到1990年由于形势的变化，实际只建造了3艘。

英国造船公司最初提供了一大一小2种船型方案供中远选择：大的2753TEU，总长270米；小的2290TEU，总长214.8米。1986年12月初，中远总公司、上海远洋与英国造船公司的代表在上海进行了详细讨论研究。年底，中远总公司确定，按照中远提出的技术要求，在Govan（戈万）船厂建造2艘总长为236米的2752TEU全集装箱船。

Govan船厂建造的2艘2700TEU集装箱船"泰河""普河"两轮，分别于1989年5月9日和1990年2月22日交船。在这之前的1987年，航运市场就开始复苏，运价上涨，船价也随之步入上行轨道。在英国和联邦德国订造的这5艘船在投入营运后，中美航线得到了巩固，并且当年就盈利。

利用政府间软贷款在国外建造第三代集装箱船，是在新的税收环境下，中远在境外造船融资上取得的新突破，为中远集装箱船队的扩大升级，起到了重要的作用。

2. 日本追随贷款造船

20世纪90年代前期，许多欧洲国家为了本国造船业的生存与发展，仍然实行直接的造船补贴政策。日本当时已占有世界造船市场最大的份额，船价与欧洲船厂相比，也有较强的竞争力，并且为保持本国造船业的竞争力，还出台了相应的造船补贴政策。但是为了避免他国的制裁和报复，日本政府软贷款采用的是"追随贷款"。

所谓"追随贷款"是指当一国的出口信贷机构按照国际经合组织程序提供给另一国优惠贷款时，第三国可以追随提供类似贷款。日本的追随贷款，同样是政府性质的贷款，由日本通产省、外务省、大藏省、经济企划厅共同策划，交由日本进出口银行贷出，条件比联邦德国更为优越，而且船价也低。因此，对于3500TEU集装箱船项目，中远决定以签署联邦德国政府软贷款为前提，进一步争取日本政府优惠的追随贷款。

中远总公司根据市场变化情况，立即责成广州远洋负责船型的技术调查论证，招商局船贸进行项目技术经济论证,并选择联邦德国的 HDW、Bremer Vulkan(不来梅·伏尔康)船厂,以及日本 IHI 船厂展开技术谈判。

1989 年 6 月 1 日,中远总公司与联邦德国 KfW 银行签署了联邦德国政府软贷款的意向书,并和 Bremer Vulkan 和 HDW 船厂签署了造船协议备忘录。依据与联邦德国政府的贷款意向书,通过日本的日商岩井与 IHI 船厂进行洽谈。凭借中远在国际航运界的良好信誉,经过努力,于 1989 年 9 月,分别签订了贷款与造船协议,贷款条件比联邦德国更为优越,船价也便宜近 25%。

1989 年,受春夏之交的政治风波影响,西方国家对中国实行制裁、封锁和孤立。从 10 月初开始,全面冻结了给中远造船的政府贷款,中远的境外造船工作陷入停顿状态。当时国际船价正处于上升通道,到了 1990 年,船价上涨再加上日元和马克升值,3500TEU 集装箱船的新船价与 1989 年 6 月相比,折合成美元,涨幅已达到了 20%—25%。

这期间,为了解决融资难题,尽快落实项目,减少船价上涨的损失,招商局船贸进行了多方努力。1991 年 4 月,中远总公司与两家德国船厂重签了协议书,并和 KfW 银行签署了贷款协议。

日本造船方面,由于原定在 IHI 船厂的订造工作无法进行下去,不得不从 1990 年 10 月开始,转而与三井物产接触。1991 年,中远与日立船厂进行项目技术谈判。7 月就船价达成协议,并在年底确定了贷款条件(图 2-27)。1992 年 1 月 15 日,中远总公司与日本三井物产/日立船厂签署了 3 艘 3801TEU 集装箱船合同。4 月 15 日,完成日本政府的审批手续。

图 2-27　1991 年 3 月 26 日,日立船厂举行 280000DWT 原油轮"青年湖"号命名及交船仪式,中远总公司副总经理董玖丰(前排右七)出席。

这一时期，在国家和交通部的大力支持下，中远加大了在日本造船的力度，双方相关部门频繁往来。虽然商业谈判异常艰苦，但合作的成功率不断提升。就在上述 3 艘 3801TEU 谈判期间，国务院副总理田纪云到日本访问，根据部领导在他出访前汇报的要求，田副总理亲自向日方提及此事，为促成该项目的签约，起到了十分关键的作用。

鉴于当时正值中日恢复邦交 20 周年之际，中远在日本大批量修、买、造船，对发展中日关系产生了正面影响，三井造船株式会社举办了百船纪念招待会，以答谢中远对他们的信任与支持（图 2-28）。

图 2-28　1992 年 4 月 20 日，交通部副部长兼中远总公司总经理刘松金（前排左三）率中远代表团参加三井造船株式会社为中远举办的"百船纪念招待会"。

1992 年 6 月，德国议会外交委员会宣布解除对中国贷款的禁令。1992 年 7 月 9、10 日，中远在德国分别与 Bremer Vulkan 船厂和 HDW 船厂签订了 3 艘和 1 艘 3765TEU 集装箱船建造合同。

20 世纪 90 年代，由于中远已开始跻身世界大型航运公司的行列，尤其是集装箱船队的快速发展壮大，引起了国际航运界的关注，德国国内航运界呼吁其政府停止支持中远，欧共体也反对德国向中远提供政府贷款。

受此变局的影响，已签署贷款协议的德国 4 艘 3800TEU 船再度产生变数，中远总公司最后不得不同意采纳替代方案，即按照 OECD 贷款方式，通过降低船价来补偿原贷款方案的优惠条件，故也称为"改善的 OECD 贷款"。1992 年 11 月 18 日，中远与 KfW 银行重新签署了贷款协议。此后，KfW 银行的软贷款转向中国地方航运公司。这批 3800TEU 集装箱船项目从 1988 年底启动到 1992 年底完成全部签约，前后耗时 4 年。

（四）商业融资买造船

从1989年第四季度起到1991年春，是中远境外买造船历史上最为困难的时期之一。除了政府贷款造船项目受政治因素的严重干扰而无法取得进展之外，中国银行的贷款资金也由于"七五"计划买船任务已经提前完成，而"八五"计划尚未获批复，处于"政策空窗期"。而在市场方面，由于航运市场复苏，带动船舶市场触底回升，到了1989年下半年，各大船厂1992年交船的船台均已订罄。

中远的买造船工作面临着资金和市场的双重"挤压"。从当时的市场行情看，三大主流船型的新造船以及5年船龄的二手船，船价涨势强劲，但一些合同转让船因船东急于回笼资金，比较起来，船价具有一定的竞争性，且交船期比新造船早。因此，寻机收购合同转让船是一个切实有效的选择。最大的难点还是融资问题，只能寄望于新的资金渠道。中远将目光转向了商业银行。

20世纪80年代的经济衰退重创了航运业，由于大量船舶闲置，船东不得不大规模削减船队，同时造船融资活动也遭遇前所未有的困境。有资料记载，1983—1987年，船东拖欠贷款达100亿美元之多，撤销的新船订单船价总额达30多亿美元。全球几家大的银行取消了航运投资，并切断了所有与航运业的联系，这期间曾发生过3家日本银行追回了发放给一家航运公司的7亿美元贷款的案例。这种衰退时期的行业调整，使得航运市场的运力供需关系发生逆转，也由此带动了市场复苏之后的投资热潮，此时商业银行也改变态度，积极介入船舶融资业务。

这一时期，国内的政策环境也出现了松动。当时中国银行对提供贷款担保出现了一定的困难，但由于国家继续推进改革开放政策，允许中远可以在境外成立方便旗船公司购船，以船舶作抵押或由中远总公司做贷款担保人来获得商业贷款，这为中远吸纳国外商业银行资金订购新船提供了前提条件。

在中远总公司的领导下，招商局船贸通过与日本商社、银行等金融机构的广泛接触，成功地开辟了融资租赁，以及抵押、担保贷款等新的融资渠道，完成了一系列的新船购、造任务。

1990年下半年，采用多种融资手段，筹集了3亿多美元的资金，结合部分自有资金，共购买了9艘合同转让船。其中，"百灵湖"轮由波兰船厂建造，是首次通过收购该轮所属的利比里亚注册公司而获得该轮的建造合同。从档案资料看，由于当时波兰船厂濒临倒闭，收购工作面临法律风险，招商局船贸为此聘请了Sinclair Roche（冼基利）律师行协助处理，最终完成了收购任务。

1991年8月，由中远总公司运作，以香港温德米尔公司为名义船东，利用台湾地区的优惠贷款，在台湾"中华船厂"订造2艘3500TEU集装箱船，后又追加了2艘。这成为两岸间最大的一笔经贸合作合同。

1992年9月，经船贸运作，中远又利用租买融资方式（BBHP，融资租赁），由中远总公司做担保，通过日商岩井成功获得贷款，在佐世保船厂订造2艘15万吨散货船"天惠海""天昌海"轮。这2艘船后划归青岛远洋经营。此后，由中远总公司做担保的融资方式得到广泛采用，并且发展到国内造船和国外购买二手船。

这一时期的中远造船人，为中远船队的建设与发展、为共和国的远洋运输事业做出了重要贡献（表2-6）。

1979—1992年中远总公司投资、贷款运输船舶年底拥有量表　　表2-6

年份	总计		贷款船		投资船		贷款船的比重（%）		投资船的比重（%）	
	艘数	总载重吨（万吨）	艘数	总载重吨（万吨）	艘数	总载重吨（万吨）	按艘数	按吨位	按艘数	按吨位
1979	521	905.83	409	785.70	112	120.13	78.50	86.74	21.50	13.26
1980	527.1	963.10	433	846.34	94.1	116.76	82.15	87.88	17.85	12.12
1981	536.9	984.83	444.3	868.88	92.6	115.95	82.75	88.23	17.25	11.77
1982	547.8	1005.08	455.2	888.04	92.6	117.04	83.10	88.36	16.90	11.64
1983	540.2	1009.50	448.6	893.52	91.6	115.98	83.04	88.51	16.96	11.49
1984	551.0	1045.96	458.4	929.35	92.6	116.61	83.19	88.85	16.81	11.15
1985	614.5	1332.55	523.8	1217.62	90.7	114.93	85.24	91.38	14.76	8.62
1986	599.3	1321.88	509.1	1206.28	90.2	115.60	84.95	91.25	15.05	8.75
1987	604.9	1338.13	516.7	1222.26	88.2	115.87	85.42	91.34	14.58	8.66
1988	610.3	1412.26	520.6	1296.12	89.7	116.14	85.30	91.78	14.70	8.22
1989	620.3	1454.13	529.6	1335.99	90.7	118.14	85.38	91.88	14.62	8.12
1990	619.7	1504.41	530.0	1374.30	89.7	130.11	85.50	91.35	14.50	8.65
1991	602.1	1537.9	513.9	1408.76	88.2	128.33	85.35	91.65	14.65	8.35
1992	578.60	1530.35	499.3	1409.91	79.3	120.44	86.29	92.13	13.71	7.87

注：表内船舶艘数出现小数点的数字系与国外合营按投资比例计算我方拥有的船数。

五、组建门类齐全的综合型船队

从最初完全依靠国家投资买造船，到1964年开始利用中国银行贷款买造船，而后又在20世纪80年代利用OECD贷款、联邦德国KfW银行软贷款，以及政府间软贷款在国外订造新船，再到20世纪90年代开辟商业贷款和融资租赁等渠道，中远几代造船人面对不同的形势和发展变化，不懈地探索和实践，买造船融资手段不断地取得开创性的突破，一直走在企业改革开放的前列，在完成中远船队发展的同时，也为中国的企业开展投融资活动提供了范例。

"七五"期间，中远以增添散货船、集装箱船、油轮为主，共买造船71艘，其中贷款买船28艘，181.38万载重吨。仅1989年新增现代化船舶20艘，其中集装箱船17艘，包括第三代2700TEU全集装箱船和12万吨级散货船。与此同时，更重视发展各种大型专用船舶，如大型散装矿石船、煤炭船、粮船、大型原油轮、成品油轮、专用集装箱船、客货兼用滚装船等。

在国家的支持下，中远船队持续发展。从1979—1992年，在处理一些老旧船退役的同时，添置了大吨位的船舶，船舶艘数虽然增加不多，但船舶总吨位却实现了大幅度的增长。中远总公司船舶艘数由521艘，更新发展到578.6艘，载重吨由905.83万吨增长到1530.35万吨。其中1990年船舶数量达619.7艘，船队运力为1504.41万载重吨，为1979年的1.66倍。利用各种贷款建造的船舶占船队总吨位的91%，船队货运量和货物周转量

10年间翻了一番。

船舶老龄化是中远船队较为突出的问题，一些20年以上船龄的老旧船超龄服役，船舶设施陈旧，技术状态差，营运效率低，而且存在安全隐患。为改善这种状况，进入20世纪80年代，中远公司逐步退役老旧船舶。1983年，中远总公司对所属船舶申请退役报废的使用年限做出明确规定：杂货船、客船、多用途船为25年，散货船、集装箱船、滚装船、木材船为20年，油轮为15年，国家投资船按交通部规定为30年。1981—1985年退役老旧船49艘，其中1982年退役量较大，先后退役、处理出售、拆解各类船舶24艘、74万余载重吨。1985年后老旧船淘汰加快，1992年退役船舶53.3艘、101.2万载重吨，退役船中老、旧杂货船居多，占退役船的67.86%。退役船舶中尚可营运的作价支援沿海运输，失去营运价值的退役报废船作拆解处理。随着船舶淘汰更新，船龄有所降低，20世纪90年代前2年平均船龄基本保持在14.8年左右，但投资船的船龄仍高于15年以上。

"八五"时期，中远制定船队发展的方针是：以补充、调整、巩固和发展集装箱船队为重点；为保持散货船队800万载重吨运力而进行必要的更新改造；适当发展大型油轮及特种船舶；调整和简化杂货船队结构。到1992年，中远船队已从单一船队发展成拥有全集装箱船、散装船、散货船、载驳船、杂货船、油轮、木材船、多用途船、客货船等综合型船队。这个时期，中远继续以"滚雪球"方式发展了船队，门类齐全的综合性船队已初具规模（图2–29）。

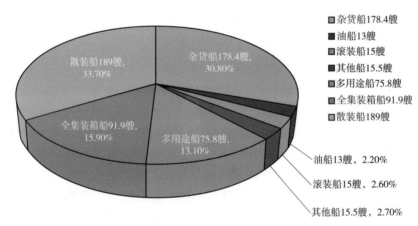

图2–29　1992年中远总公司运输船舶种类结构示意图

六、买造船工作的做法与体会

（一）领导重视，党组挂帅，是中国远洋运输事业发展的根本保证

毛泽东、周恩来、邓小平、李先念、陈毅等老一辈无产阶级革命家，高度重视新中国的远洋运输事业，他们在不同的历史时期，以坚定的革命意志同来自各方面的艰难困苦和干扰破坏进行坚决的斗争。在推进贷款买船"十六字方针"的贯彻落实上，在解决体制机制形成的内部矛盾上，在充分利用香港优势加强买船造船的决策上，无不体现出老一辈党和国家领导人的高瞻远瞩和政治智慧，从根本上保证了中远船队的不断发展和壮大。1978年6月26日交通部成立由部党组直接领导的买船领导小组，统揽交通部所属单位所有买船工作，这是在计划经济体制下的一次重大突破。党组挂帅，定向把关，排除一切阻力和障碍，推进新中国航运事业向前发展，这在中远多次买造船会议上，都是一个重要话题。从横向上看，平衡关系、化解矛盾、督促签报、资金划转、协调落实等，均按部就班，步步为营；从纵向上看，请示报告、计划审批、进度督导、人员调度、市场应对等，皆指挥有力，稳扎稳打。这一时期，在买造船上打的一个又一个胜仗，都是部党组挂帅指挥的结果。

（二）巧用外资，抢抓机遇，是中远船队不断发展壮大的关键所在

这一时期，中远高度重视买造船市场的调查与研究工作，及时掌握船舶买卖市场的动态，强化市场调研，勤于分析，善于比较，科学预测，正确处理买船任务和把握时机的关系。中远尤其高度重视对国内和国外银行进行贷款买造船的研究和使用工作，摸索内在规律，把握关键环节，厘清利弊得失。一旦时机成熟，立即抢抓先机，果断出手，不失时机地利用外资，大批买进适合中远需要的船舶。20世纪70年代，中远紧紧抓住石油危机引发的航运低潮的机遇，利用中国银行贷款在国际市场大举购买二手船[①]，使中国自有远洋船队获得了大发展；20世纪80年代，中远利用香港的独特地理优势，积极开发利用西方国家政策性银行软贷款，大力发展船队，创造性地开辟了境外造船的新路子；20世纪90年代，在国际政治局势和航运市场风云变幻的情况下，又进一步开辟商业融资渠道发展船队，并对资产经营和船舶贸易体制改革进行了探索和尝试，取得了引以为傲的突出业绩。

（三）审时度势，守正出奇，是高效开展买造船工作的突出方略

《孙子兵法·势篇》中说："凡战者，以正合，以奇胜。""奇正之变不可胜穷也。"一般而言，作战都是用"正"兵当敌，用"奇"兵取胜。而"奇""正"的变化是无穷无尽的。就企业发展而言，遵循基本的市场规则，为"守正"；利用谋略而获得主动，为"出奇"。中远在买造船实践中，一方面肯下大功夫，肯花大力气，吃透国家政策，研究市场规律，看准企业需求，再做具体决策；另一方面牢牢把握市场变化，摸准对方脉络，将主动权牢牢把握在自己手里，该"守正"时，大道无术，重剑无锋，凭实力说话；该"出奇"时，多谋善断，巧运玄机，用智慧经营。在世界航运市场跌宕起伏、复杂多变的形势下，中远的最高决策层和买造船精英们，在"守正出奇"中坚持了原则性与灵活性的辩证统一，做到了在有些情况下，"大张旗鼓，抢占先机"，在有些情况下"藏拙取势，臧否无形"；有

[①] 曾任交通部部长钱永昌对这段历史有过较为生动的描述："……20世纪70年代国际航运也正处于不景气的时期，这对于正在快速扩张的中国远洋船队来说无疑是一个极好的机遇。虽然国际航运市场运力大量过剩，因而船价跌了，但我国的外贸增长为自己的船队提供了充沛的货源，所以往往一条散货船用半年左右就能把船价赚回来。如上海远洋公司有一条船，名叫'江达海'轮，跑三个航次就将投资全部赚回来了。那个时候真是中国海运业发展的黄金季节。为了买到廉价的船，交通部派出了好几个买船小组，世界各地的船舶市场几乎都能看到我们中国人的身影，只要价格合适合使用需求，就立刻拍板购进，世界各地的船东们为中国人的胃口和气魄吃惊。总公司购进船舶后，立刻分配到各远洋公司，当时我正在上海管生产，总公司差不多隔几天就有电话来：我们这里又购进了一条船，你们上海要不要？"参见陈大鸣著：《历程——中远船贸纪事》，内部印刷，2012年，第34页。

的时候"先发制人,乘势而上",而有的时候又"引而不发,备而不取";有的形势下"锱铢必较,分毫不让",有的情况下"主动让利,力主双赢",等等(图2-30)。世界上的优秀企业,没有一个是单靠"出奇"而做大做强的,也没有一个仅凭"守正"而做优做久的。正如孙子兵法所说,奇正之术"无穷如天地,不竭如江河"。中远在买造船工作中演绎的审时度势、守正出奇的精彩表现,在企业每年召开的买造船专题会议上都有所展现,有所记载①。

图2-30　1980年9月30日,交通部远洋运输局副局长、中远总公司副总经理江波(右一)同广州远洋船技处处长卓东明(右二)、香港招商局经纪部经理孙旺(右三)在与联邦德国签订贷款造船遇阻后,连夜研究备选方案。

(四)国运兴盛,队伍过硬,是中远船队发展取得成就的重要保障

党的十一届三中全会果断做出了党和国家工作中心转移到经济建设上来的战略抉择,举国上下打破思想禁锢,破除体制樊篱,调整生产关系,推进改革开放,国家步入高速发展的快车道。正是在这国运兴盛的历史起点上,中远造船人的梦想和现实在这里转承,爱国与奉献的激情在这里展现:一张书桌绘图纸,一张木床挤二人,一副行囊走天下……正是这种艰苦环境的磨砺,造就出中远造船人刻苦钻研、淬火成钢的意志品质;

---

① 在远洋局副局长、中远总公司副总经理江波呈交通部党组的报告中有这样一段精彩文字:几年来的工作,已使我们充分认识到只有及时掌握船舶买卖市场的动态,勤于分析,善于比较,才能买进适合我方需要的船舶,而又不至于影响船舶市场的价格。虽然当前资本主义航运业经受着严重经济危机的打击,但受各方面因素影响船价时有波动,必须持慎重态度,因此,我们采取了内紧外松、不急于求成、见机行事、当机立断的方针,善于利用船舶经纪人和航运界朋友的消息掌握船东的处境,寻找时机压低船价,并且抓住一切有利时机,灵活机动地采取"你紧我松、你热我冷""散装船高涨时就找杂货船"等策略,使市场摸不着我方的重点和急需,适时地购进计划中的船舶,为胜利完成1978年购置250万吨的任务打下了良好的基础。——引自《远洋局江波副局长给交通部党组和曾部长的报告》,参见中远(集团)总公司编:《中远历史资料汇编》(第3册),内部印刷,1997年版,第110页。

总公司充分发挥香港"孵化器"的作用，组织一批又一批船舶技术干部到香港边实践、边培训，买造船队伍不断成长壮大；总公司为各船公司设置造船机构，增加人员编制，确保基层技术干部直接参与船舶监造、验收、试航等实践活动，从体制机制上为造就过硬的买造船队伍创造条件；中远还有一支专司国际买造船谈判的精英人才队伍，他们洞悉国内外政治经济形势，熟知全球买造船市场行情，深谙买造船谈判中取与舍、益与损、急与缓、实与虚的辩证关系，屡屡在买造船市场上传下段段佳话，创下不凡之功。

船舶是远洋企业发展的物质基础。船舶增长的快慢，决定着企业发展的速度，而船舶质量的优劣，则在很大程度上影响着航运企业的运营效率、安全状况、服务水平及信誉的好坏。中远总公司就是在全球航运市场激烈竞争的环境下，实现了船队建设的蒸蒸日上，节节攀升。

第十节　境外事业的快速拓展

为了扩大中远在国际航运市场上的占有份额，加强中远船队在国外港口的现场管理，中远总公司于 20 世纪 80 年代初，提出了坚持以航运为中心，以为船队服务为宗旨，充分利用中远、外代自身的优势，在保证国家、企业利益的前提下，采取多种形式与国外企业进行广泛的国际航运合作，并有重点地铺设、巩固、调整境外常设航运机构、网点，在适宜地区创办从事代理、揽货、供应、技术服务等业务的经营性独资、合资公司，为中远在境外的发展和实现国际化经营开创新局面。

一、增设航运代表处

航运代表处是中远总公司驻外管理机构，其主要工作职责是做好到港船舶的现场管理、监督检查代理工作、加强港口使费节支、揽货、调研，协助做好船员的思想政治工作等。

这一时期，伴随着船队的发展，中远总公司驻外航运代表处、外派和驻港工作人员相应增多。1982 年时，中远已在日本、澳大利亚、英国、埃及（图 2-31）、荷兰、巴基斯坦、联邦德国、阿尔及利亚、罗马尼亚、美国（洛杉矶）、科威特等国家派驻航运代表，设驻日本神户船舶监造组、香港友联船厂监修组，共计派航运代表 41 人。此后又增设叙利亚、新加坡、美国（纽约）、比利时代表处，至 1985 年，驻外航运代表处增设到 18 个。

从 1986 年开始，中远总公司加紧了国外市场的开拓。特别是 1988 年，利用国际航运市场略有回升的趋势，仅当年就在意大利、加拿大、孟加拉国和美国西岸、东岸（图 2-32）等地设代表处 5 个，充实和加强了日本东京和中国香港代表处，增派驻外及驻港人员 57 人，使中远总公司驻国外及香港地区网点达 49 处，其中航运代表处 22 个，派出航运代表 263 人。1986—1992 年，除在上述国家设点外，还先后在朝鲜、俄罗斯、法国、巴拿马、新西兰、泰国、西非、塞浦路斯、巴西、希腊、印度尼西亚、越南、韩国、中国香港等国家和地区设立了航运代表处。1991—1992 年，中远总公司还在中国香港、日本、美国、欧洲、泰国建立了 5 个集装箱管理分中心，在欧洲、日本、中国香港、美国建立 4 个集装箱预配中心。

图 2-31　中远驻埃及代表处。

图 2-32　中远驻美国代表处。

二、扩建境外合营公司

中远总公司的境外合营公司多数是 1980 年后中远业务拓展时期组建的。由于这些合营公司以中远船队为依托，业务发展很快，涉及范围广。主要有船务代理、船舶营运、揽货及货运代理、船舶物料备件供应、技术检验、技术服务以及贸易等。

1979—1992 年的 14 年间，中远总公司相继与荷兰、比利时、日本、新加坡、泰国、美国、挪威、澳大利亚、联邦德国（1990 年 10 月后为德国）、捷克斯洛伐克以及香港地区的企业合资成立了诸多合营公司。其中成立较早的有经营船舶代理的荷兰跨洋公司、比利时考斯菲尔航运代理公司及经营物料备件供应的荷兰远通海远服务公司、新加坡新远私人有限公司、日本中铃海远服务有限公司，经营船舶修理和技术服务的联邦德国汉远技术服务中心。此外，还有从事餐饮娱乐及旅游客运的合营公司，其中，中日国际轮渡有限公司是经营海上客（货）运输中经营效益和服务质量较好的公司。

荷兰跨洋公司是中远总公司在境外创建的第一家合营公司，也是中国与西方国家私人企业间建立的第一家合营公司。1979 年 6 月下旬和 10 月中旬，中远总公司的代表在北京和鹿特丹与荷兰派克船斯（Paktrans）集团的代表，就在荷兰共同组建合营公司的问题，进行了两次会谈，达成了一致意见。1979 年 10 月 23 日，中远总公司与荷兰"派克船斯"集团在鹿特丹签订协议，合营公司于 1980 年 1 月 1 日在鹿特丹正式成立，主营船务代理。新的合营公司在"派克船斯"集团所属的"海运"船务代理公司的基础上建立，该公司在合营公司成立之前的 20 年间，一直代理中远的自营船和租船，建立了良好的合作关系。该公司设中远部、亚非部、船东代理部、财务部，初建时有职工 56 人，其中中方职工 5 人。鹿特丹港是世界最大港口之一，也是中国同欧洲国家贸易运输的重要枢纽，中远平均每年挂靠该港船舶约 350 多艘次。荷兰跨洋公司在为中远维护船东利益，加强现场管理，降低成本开支方面做了大量工作。

三、成立境外独资公司

为拓展海外业务，中远总公司在20世纪80年代后期，有选择地将一些海外航运代表处发展成为独资经营公司。如联邦德国航运代表处于1989年2月15日组建成为中远欧洲有限公司。1991年10月1日，法国航运代表处也改建成中远法国公司，经营航运代理业务。此外，还适时收购合营公司的股份，将其转为中远的独资公司。如1988年11月29日，将英国的中好船务代理有限公司转为中远独资公司。荷兰海洋乐园于1991年1月转为中远独资。德国考斯瑞克公司和荷兰华联有限公司分别于1991年3月和8月先后转为中远独资公司。

中远欧洲有限公司（简称欧洲公司，见图2-33）是中远总公司在西北欧地区的独资经营子公司，代表总公司对该地区的中远驻外机构实施领导与管理。成立初期定员25人，公司地点设在联邦德国汉堡市。1990年3月16日，汉远技术服务中心并入欧洲公司，对内是技术部，对外仍是独立公司。欧洲公司成立后，加强了对西北欧中远驻外单位的监督、协调和现场管理，在揽取

图2-33 中远欧洲有限公司。

货载、中欧集装箱航线预配和舱位协调、洽谈代理装卸协议、现场管理等方面发挥了较好作用。由于欧洲公司在汉堡地区有近10年的业务基础，中远在汉堡的所有企业已基本实现独资经营，中远欧洲班轮航线逐渐步入正轨，驻外干部力量较为充足，依照中远总公司确立的"八五"期间实现"小四化"的战略目标，即"体制集团化、经营国际化、业务多元化、管理现代化"，欧洲公司成为中远总公司对外开拓的重要支撑之一。

中远英国有限公司是这个时期中远在境外合营公司中管理水平较高的一家公司，主要经营船舶代理、揽货、租船和集装箱运输等业务。1988年3月28日，中远总公司与英国好华德有限公司合资注册"中好船务代理有限公司"，中远占股55%，英方占股45%。11月29日，中远总公司收购英方股份，使其成为中远独资公司，翌年2月16日更名为"中远英国有限公司"。公司依照国际标准管理和经营企业，业务范围遍及英伦三岛，又以良好的管理和优质服务，获英国政府工贸部授予的"企业管理标准化证书"，标志着中远英国有限公司的管理已达到国际管理水平。

经过10多年发展，这些境外企业为中远总公司在国外揽取货载，加速船舶周转，以及解决船舶在国外航行作业中遇到的一些设备技术、物资供应、船员管理方面的问题，发挥了重要作用，不仅为中远增加了经济效益，而且提高了中远在国际航运界的知名度。

1992年底，中远在境外的代表处、独资、合资企业已发展到76个（不含香港地区公司），其中代表处33个；独资公司9家；合资公司24家；在境外员工聘用数量上，外派工作人员300余人，国外雇员780余人，香港地区外籍雇员1200人；驻外机构遍及亚、非、欧、美、大洋五大洲的29个国家和地区（表2-7）。

中远总公司 1979—1992 年境外合资公司概况表　　　表 2-7

公司名称	成立时间	经营范围	备注
跨洋代理公司（荷兰）	1980.1.1	船舶代理	
远通海运服务公司（荷兰）	1980.1.1	物料备件供应	
考斯菲尔航运代理公司（比利时）	1980.1.3	船舶代理	
新远私人有限公司（新加坡）	1980.4.1	物料备件供应	
五星航运代理公司（澳大利亚）	1980.10.1	船舶代理和租船	
中铃海远服务有限公司	1980.10.26	物料备件供应、贸易	与日本铃江组合资，注册在香港
汉远技术服务中心（联邦德国）	1981.12.28	技术检验、备件供应、船舶修理	
中远北美公司（美国）	1982.12.1	船舶代理	中远占股 70%
泰华船务公司（泰国）	1985.1.1	揽货代理	
考斯克拉夫公司（挪威）	1985.4.15	期租散货船	
中日国际轮渡有限公司	1985.6.1	中日客货船运输	与日中国际轮渡（株）合资，注册在上海
华美船务有限公司（中国香港）	1985.10.1	揽货代理	
海洋公园（荷兰）	1985.11.15	餐饮娱乐服务	1991 年 1 月转为中远独资
考斯瑞克公司（联邦德国）	1986.1.1	航运代理	1991 年 3 月转为中远独资
中捷海运公司（捷克斯洛伐克）	1986.1.1	租船	1991 年 1 月正式解散
远利船务有限公司（中国香港）	1986.4.18	船舶营运	
招商局货柜航运有限公司（中国香港）	1987.9.1	集装箱运输、代理	
中好船务代理有限公司（英国）	1988.3.28	船货代理、租船	1988 年 11 月 29 日转为中远独资公司
华联有限公司（荷兰）	1989.6.21	船舶燃油供应及贸易	与中化总公司合资在鹿特丹成立，1991 年 8 月 25 日转为中远独资
远星船务私人有限公司（新加坡）	1989.10.18	集装箱船舶代理	
远荣国际货运有限公司（泰国）	1990.5.26	集装箱堆场管理陆运	
京汉海运有限公司（韩国）	1991.8.1	集装箱船运输	
新峰石油（私人）有限公司（新加坡）	1991.9.8	燃油供应和贸易	
远华技术和供应公司（美国）	1992.4.22	船舶修理、供应	

第三章
陆上产业的兴办和发展

20世纪80年代以来，中远总公司坚持以航运为主业，积极开展横向经济联合和多种经营合作。1984年10月，党的十二届二中全会通过《关于经济体制改革的决定》，提出进一步贯彻执行对内搞活经济，对外实行开放的方针。改革的基本任务，就是从根本上改变束缚生产力发展的经济体制，建立起具有中国特色的充满生机的社会主义经济体制。中远在认真学习和深刻领会中央文件精神的基础上，认识到发展远洋船队，从事国际货运是中远的主业，而为促进远洋运输主业发展提供保障的揽货业务、船舶供应业务，船舶修造以及其他相关产业，也应得到相应的发展。同时，由于国际航运业务属高投入、高风险行业，且随着国际经济的发展变化，国际航运市场也有着明显的周期性特征。发展陆上产业，开展多种经营，在国际航运起伏变化时盈亏互补，在国际航运业不景气时则可以对于主业提供资金支持，可以有力地保证中远航运主业的健康发展。基于上述思考，中远及其所属公司大胆开拓、扩建和新建陆上产业，积极开展多种经营。

经过10多年的艰苦创业，中远初步建立了以船舶代理、货运代理、船舶修理、集装箱制造、燃油物料供应、码头、劳务输出、商业贸易、宾馆等陆上产业，逐步形成一个跨国家、跨地区、多层次、多元化的企业集团雏形。

第一节　扩建中远工业

一、扩大修船业务规模

中远的工业以修船为主。进入20世纪70年代，有些小型维修队和航修站，无法满足中远庞大船队的修船任务，只能以国外修船为主。20世纪80年代，中远加速了自身修船工业的建设，船舶修理逐渐转向国内，并从修理中远船舶发展到对外承揽业务。到1985年，远洋工业系统已有6个厂站和1个合资企业，职工1853人，年工业总产值1420.54万元，但人均产值仅0.77万元。"七五"期间，中远加大了对工业的投入，引进外资、先进技术、设备和管理经验，改造、扩建老企业，合资兴办新企业，工业资产和生产能力得到扩大和提高。1990年，已发展到拥有6个具有独立法人资格的修船厂、配件厂和11个中外合资企业，拥有职工3711人，年工业总产值达24348.53万元，人均产值6.65万元，年航修船舶1102艘次，岁修船舶70多艘。与1985年相比，职工人数增加1倍，年工业总产值提高了16.14倍，人均产值提高7.6倍。

在"七五"期间和"八五"初期，中远完成了南京中远航修配件厂的建设和搬迁工作，1990年6月，正式投入生产；接收了南通船厂，扩建了上海远洋、广州远洋的船舶修理厂修船码头。扩建后的码头可同时停靠4艘船舶，提高了修船能力。同时，中远着眼企业的长远发展，合资组建了以下多家公司，他们是：

1. 南通远洋船务工程有限公司
2. 大连中远船务工程有限公司
3. 大连联洋船舶工程公司

4. 天津天昌船务工程有限公司

5. 广州中兴海陆工程有限公司

6. 南京国际船舶设备配件有限公司

7. 南京船舶配件修造有限公司

8. 南京远东航运设备有限公司

9. 青岛兴远船务工程有限公司

10. 蛇口中国国际海运集装箱股份有限公司

11. 天津北津集装箱有限公司

12. 广州迪施有限公司

13. 南通迪施有限公司

14. 广州希云自动化有限公司

15. 大连希云自动化有限公司

16. 上海远东集装箱有限公司

17. 上海国际油漆公司

通过与上述17家公司合资组建新型企业，一个初具规模的工业体系开始形成。

这些修造企业大多数拥有先进的设备和一批高级技术人员，生产能力和产品不仅能够满足中远运输生产的需要，还可面向国内外承接各种修船、制造配件和集装箱等生产任务，其创造的效益为中远防抗周期性航运风险，做出了一定贡献。

南通中远船厂的前身——交通部南通船厂，1975年交通部在南通选址建厂，于1977年12月7日正式成立。其后几经周折，于1988年迎来发展的转机。同年9月，在交通部的协调下，中远与南通港务局签署南通船厂并入中远的协议。12月，中远总公司正式接收南通船厂，改建为当时国内最大的远洋船舶修理基地。1990年3月，该厂又与香港远洋轮船有限公司（简称香港远洋）合资成立了南通远洋船务工程有限公司，于1991年12月开业。公司总投资额3966万美元，中远占75%股份，香港远洋占25%股份。扩建后的南通中远船厂主要从事大型船舶修理，拥有长江岸线1120米，陆域面积21万平方米。

自1988年以来，南通中远船厂在经营生产中，对外积极开拓市场，对内狠抓企业经营管理和修船质量，改革用工、分配制度，有效地调动了广大职工的生产积极性，工业总产值逐年上升。从1988年的678.8万元，上升到1992年的6737.4万元，人均产值从0.91万元上升到9.95万元，利润总额由亏损到年盈利500多万元，尤其是1992年各项指标增长幅度较高，与1991年相比，工业总产值增长3.84倍，人均产值增长4.1倍。

二、建造15万吨级浮船坞

（一）建坞的时代背景

20世纪80年代中后期，中远总公司远洋船队快速发展，到1989年底，拥有各类船舶620艘，其中4—10万吨级船舶90余艘，平均船龄14年，面临船舶修理的巨大成本开支。由于世界航运市场复苏，运力需求增加，在新造船价格不断上涨的情况下，许多船东在修船上下功夫。于是,修船市场从过去"船厂拉船,船东择厂"的买方市场,转变为"船东寻坞,船厂择船"的卖方市场。4—10万吨级船舶的修理,在国内难以安排(当时国内只有山海关船厂有1座5万吨级修船干坞),国外修费十分昂贵。尤其是中远所拥有的近20艘10万吨级船舶,全部依赖国外修理,每年在国外修船费用高达1.5亿美元之巨,加之还有4万载重吨以上船舶70余艘,大型船舶的修理成本过高问题,已然成为中远发展的"瓶颈"。为了使大型船舶修理不受制于日本、韩国以及西方较发达的修船业,总公司按交通部的批示精神,抓紧时间进行南通船厂总体规划,决心把南通船厂建成国内最大的修理大型船舶的基地。就是在这样的背景下,购买或建造10万吨级浮船坞的计划,纳入中远重要议事日程。

(二)方案的最终确定

船坞是修船厂的关键性"龙头"设备,引进10万吨级大型浮船坞已是建设南通大型船舶修理基地的当务之急。中远总公司和香远公司从1988年10月开始,通过中远各驻外机构,广泛寻购旧浮船坞。在所收到的十几座浮船坞中,大都属于破旧不堪、接近报废的老龄浮船坞,只有2座尚有修理再用的价值,加上维修费、拖带费需2000万美元。

经过反复论证,否定了购买二手浮船坞的方案后,中远总公司全力以赴着手自建浮船坞。但这里又有一个突出问题,自建浮船坞的造价在4000万美元左右,按这个造价计算,南通船厂要在15年内付清浮船坞造价本息,每年将支付400万美元。而南通船厂第一期扩建工程经济效益分析中,每年(不包括浮船坞)只能支付208万美元,因此,这样的浮船坞造价对南通船厂支付外汇本息能力来说难以承担。对此,中远总公司1989年第四十次经理办公会讨论决定,由香港远洋轮船有限公司(以下简称香港远洋)投资,在国内组织建造10万级浮船坞一座,通过严格的市场化程序,租赁给南通船厂使用。

(三)精干的造坞团队

香港远洋总经理高志明[①]接受了中远总公司交给的投资建造浮船坞的任务后,以香港远洋自有船舶作抵押,从中银香港贷款2000万美元,立即展开建坞工作。

在国内建坞,特别是主要利用交通系统现有船厂的力量建造10万吨级浮船坞,在国内还是第一次。在技术、工艺、设备及措施上,每个环节都要有强有力的领导力量和技术力量作保证。经过论证、组织、协调,决定由上海东联船舶工程公司负责建造,所聘请的专家小组成员,都是原交通部所属单位已退休的具有造船、造坞丰富经验的一流工程技术人员。组长冷大章,原交通部上海船厂厂长,曾多年组织上海船厂建造出口船和钢质浮船坞,有丰富的造船、造坞的组织生产能力。副组长陈世雄,原交通部上海船研所所长,曾在船厂、设计院、船研所从事造船、造坞的设计、研究工作,有较强的组织生产能力。总工程师祝源均,原交通部上海船厂总工程师,毕业于上海交通大学船体专业,"黄山"号浮船坞和上海船厂建造的中国首座钻井平台"勘探三号",就是由他设计而成。曾在上海船厂负责

---

① 高志明,男,1927年4月27日生于南京,1943年10月参加革命,1949年上海解放前夕,进入上海接管上海招商总局。新中国成立前后历任上海招商总局人事部军代表,交通部海运总局人事科长、组织科长,上海海运局机务处长,交通部工业局造船处处长,交通部水运局副局长、水运工业局副局长,1983—1992年任香港远洋轮船有限公司总经理,1995年5月离休。

出口船和钢质浮船坞的设计、技术、工艺工作，有丰富的造船、造坞方面的技术工作经验。组员谢鸣华，原中国船舶设计院总工程师，是当时中国顶尖的船舶设计专家，其设计的3万吨级运煤船等几个船型，曾获得国家设计大奖。组员马烈勋，原交通部东海船厂设备、供应科科长，时任上海东联船舶工程公司总经理，熟知订货渠道，有丰富的材料、设备订货和管理经验。专家小组成立后，分别组织有多年设计经验、有安排生产调度经验、有熟知物资渠道和订货经验的数十人，全面开展造坞的各项工作。

这批老工程师以高度的事业心和责任感，投身到浮船坞的艰难建造中。当时的条件非常艰苦，没有办公室，大家就在祝源钧家里绘制图纸；没有足够的办公桌椅，大家就把图纸铺在地上。就是在这样艰苦的条件下，一群老当益壮的造船专家们，硬是设计出了当时国际一流的浮船坞。

（四）吨位的大幅提升

早在中远总公司呈交通部的《关于在国内建造十万吨级浮船坞的报告》中，将新建浮船坞定位为10万吨级，因为在当时的条件下，能造出10万吨级的浮船坞，已是一件很了不起的事情。但从中远总公司的战略发展及国际各大船公司新船建造日趋大型化的势头来看，10万吨级的浮船坞在近期内还可以应付市场需求，但中远很快就要建造10万吨级以上的船舶，到时船舶还是需要到国外维修，相当于又把主动权拱手交给了国外修船厂。经过反复考察、论证，中远总公司、香港远洋、东联船厂等相关单位达成共识：要建就建10年保先进、20年不落后的超大型浮船坞。就这样，浮船坞的吨位由原计划上报的10万吨级，一举提升为15万吨级。具体参数如下：

总长254.00米；

外宽58.00米；

内宽48.00米；

坞墙宽5.00米；

坞墙顶甲板高18.45米；

沉深16.70米；

工作吃水4.55米；

墩高1.50米；

举力36000公吨。

该坞设置8台每小时4750立方米大型水泵，从最大沉深浮起到工作吃水只需2小时。工程采用高压水清洗，高压空气喷砂除锈，高压喷漆，两侧坞墙上设置15吨高架吊机各1台。

1989年11月6日，以香港远洋为一方，以交通进出口公司和上海东联船舶工程公司为一方，在上海协商并签订了"36000MT举力浮船坞建造合同"。自此，中国最大的浮船坞建造工程正式拉开了序幕。

由于厂方没有建造15万吨浮船坞的巨大船台，建造者创造性地采取"分段建造、水下合拢"的办法。他们把大坞分解为8个分段，由江都、靖江两家船厂各造4个，分段制造完毕后，由拖轮拖到在黄浦江上一个租用的卸煤码头，由上凌船舶附件厂和深圳蛇口亿龙船舶工程有限公司、上海冶金金属结构厂的一批拥有船级社颁发证书的顶尖烧焊技术工人，负责将分段焊接起来。如此大规模的水下焊接，在中国前所未有。具有丰富造船经验的总设计师祝源钧设计出专供水下焊接的密封箱，在2个船体固定后，密封箱便将水下的接口完全包住，抽干里面的水，工人就可进入密封箱内进行烧焊工作。密封箱长达50多米，内里高1.5米，两壁成倾斜形，正好让工人倚着箱壁在头顶上烧焊。在这样一条几乎密封的长廊中工作，辛苦是可以想象的。把8个分段焊接起来，58米宽的分段允许误差是20毫米，而实际作业误差达到了10毫米的标准。工期原定29个月，实际只用了24个月，总投资1870万美元，与国际市场平均造价4000万美元相比，至少节约外汇2000万美元。

中国船级社为浮船坞做了全面的质量检验，验船师对所有大焊缝百分之百用手提式X光机检验，结果完全符合技术标准。

（五）"南通"号创造历史

南通船厂第一期改造扩建工程，围绕15万吨级浮船坞配套的浮船坞抱桩、15万吨级修船码头、动力站房、修船车间、高架吊机等配套设施，均于1991年5月1日前竣工，确保了与浮船坞同期（提前）建成。

在建造浮船坞的2年时间里，香港远洋高志明总经理一直担任总指挥，负责召开会议、讨论问题、研究方案、协调关系以及材料筹备、生产进度、资金保障等重大事项的决策与执行。这两年，每逢周末，高总都要从香港飞往上海，连夜开会研究解决船坞建造过程中遇到的问题，还特别邀请国画大师刘海粟亲笔为船坞题名。刘海粟当时已是95岁高龄，但听说中国建了一个这样大的浮船坞，非常高兴，欣然命笔，写下"南通"两个大字。

1991年12月30日，命名为"南通"号的浮船坞举行隆重的下水仪式（图3-1）。

中国第一座15万吨级浮船坞"南通"号的建成，填补了中国修船业的空白，结束了中国不能修理10万吨级以上大型船舶的历史。"南通"号建成投产，在境内外航运界引起了较大反响，从此以后，中国拥有了修理大吨位船舶的实力。很多媒体对此进行了报道（图3-2）。香港《文汇报》刊登了长篇通讯，并配发了题为《他们在创造历史》的评论。

"南通"号建成运营，恰逢海湾战争结束，美方通过经纪人出价3000万美元求购"南通"号，用来修理海湾参战舰船。卖掉

图3-1 "南通"号浮船坞举行下水仪式。

"南通"号后再造一座，可以进一步降低建设成本。但中远从长远利益以及自身修船需求出发，婉拒了买方的动议。

在中远领导下，南通船厂发展快速，尤其是"南通"号浮船坞投入生产后，每年进坞修理的国内外大型船舶达65艘之多，且进坞修船量年年饱和，其生产能力、技术水平更是

发生了较大变化，从一个单纯的修船厂，发展成修理、改装、海洋工程制造兼备的船舶企业。更难能可贵的是，作为母体，南通船务正在为中远船务集团孵化着另一大型海洋工程制造基地——中远启东海工基地。

图3-2 交通部黄镇东部长（右二）到"南通"号视察，香港远洋总经理高志明（右三）介绍浮船坞有关情况。

三、创办集装箱制造业务

1980年1月，中国国际海运集装箱有限公司在蛇口成立，由中远总公司、香港招商局、丹麦宝隆洋行各投资150万美元合资组建。1987年7月，公司成为三方合资企业。中远总公司和香港招商局各占股45%，丹麦宝隆洋行占股10%。1992年6月，公司进行内部股份制改造，成为中国国际海运集装箱股份有限公司。这个集装箱公司以生产20英尺和40英尺集装箱为主，1992年生产集装箱18748TEU，销售17770TEU。

天津北洋集装箱有限公司是天津远洋运输公司和香港惠航、友航、益丰、富达4家船务公司共同投资兴办的合资企业，成立于1989年。公司设于天津经济技术开发区内，占地27000平方米，专营生产和销售国内标准（ISO）的海运集装箱，公司全部生产设备从韩国引进。主要生产20英尺和40英尺钢质干货集装箱，产品90%远销国外。1990年生产能力约7200TEU，1992年工业总产值12167万元，其产品质量获得了中国船检局（ZC）、法国船级社（BV）、美国船级社（ABS）产品检验认可。

第二节　开展船员劳务输出

船员劳务输出是中远在改革开放后的一项新兴事业，随着船员外派业务的发展，逐渐成为中远提高企业经济效益的一条重要途径。

一、创办船员外派业务

中远总公司船员劳务输出始于1979年,此时经过20世纪70年代的大发展,中远船队已拥有船舶521艘,船员33669人。除在香港船公司雇佣当地及外籍船员的船舶外,由国内配船员的船舶有390艘。按当时船员技术水平计,每船需配备50人,另留足后备船员17人,共配备船员26130人,尚余7539人。中远为解决富余船员隐性失业、广开门路多为企业创收,进而增加企业的经济效益,一方面,对船员加强培训工作,作为轮换机动人员;另一方面,抽调船员外派到香港船公司和外国船公司工作。

1978年11月,希腊船东协会委员、希腊昌德瑞士轮船公司经理帕纳约特普洛斯来中国访问期间,提出雇佣中国普通船员的意向。1979年3月初,交通部上报国务院《关于我远洋船员受雇到外国船上工作的请示》(以下简称《请示》),其中阐述:"我现有远洋船员,配备所有船舶后尚有多余。我们认为,派出一批普通远洋船员受雇到外国船工作,既可解决我待派船员工作问题,又可作为船员实际培训,提高技术,并为国家增加外汇收入,是一件好事",决定"以中国外轮代理总公司的名义与希腊船东商签合同,提供一批技工、水手等普通船员,并应邀于4月份派3名代表赴希腊,与希腊船东具体商签合同等细节问题"。《请示》中还包括:选配一批技工、水手等普通船员,采用轮换的办法,作为劳务输出到香港远洋、益丰公司船上工作等。3月17日,国家领导人李先念、谷牧、余秋里等批示,同意交通部请示的具体事项。4月中旬,外代总公司会同中远总公司做出了外派船员的安排意见,中远所属各远洋运输公司开始组织船员外派。

船员外派工作初期,由外代总公司统一对外谈判,与外国船公司签订合同。中远总公司负责组织有关公司调配船员外派。1979年,外代总公司与日本饭野海运株式会社首次就船员外派业务谈判成功。6月25日,在京签订协议,由天津远洋派遣大副、大管轮等29名船员,到日本饭野海运株式会社所属6万吨级油轮"睦邦丸"轮工作,合同期1年,主要航线日本—中国—印度尼西亚,这是中远首次派船员到外国船舶工作。9月,广州远洋首次派出船员22名(半套班子)到香港益丰公司工作。至年底,中远共派出船员322人,在日本和香港地区的14艘轮船上工作,创汇150.6万美元。1980年1月,上海远洋首次外派船员26名,到联邦德国罗斯公司"约瑟夫罗斯"轮工作,当年净收益人民币30万元。

1982年前,中远船员主要派往香港远洋、益丰公司、明华公司,少量派往国外公司。为便于管理,适当分工,使外派单位相对集中,上海远洋主要对香港维明公司,天津远洋对联邦德国罗斯公司,青岛远洋对荷兰凡澳文伦公司,大连远洋承担外派油轮轮员任务。外派船员主要在外籍杂货船、散装船、集装箱船、滚装船、冷藏船以及油轮上服务。其配套形式主要有三种:①全套,即全部船员;②大半套,即部分高级船员和全部普通船员;③半套,即全部普通船员。此外还有一些零星的船员外派。中远船员在外派期间勤劳肯干,纪律严明,业务技术熟练,认真履行合同,获得许多外国公司的好评,促使船员外派工作较快发展。仅1988年,就有2000名船员在80多艘外轮上服务。年底,中远总公司已与美国、英国、挪威、希腊、联邦德国、新加坡、日本、中国香港等国家和地区的26家船公司签订了317份海员劳务技术合同,与12家外籍船东建立了长期稳固的合作关系,共派出船员15195人次。

随着外派业务的发展，船员外派数量逐年增多，从现职船员队伍中抽调，已不能满足雇佣船公司的要求。船员的频繁轮换，也使有经验的老船员缺乏，难以满足外国船东的需求，影响在国际船员劳务市场的竞争能力。1989年，交通部提出"要把海员外派当作一项事业来抓"，并下达交通部船员外派"八五"计划。1990年6月，中远总公司颁发《关于建立外派船员专业队伍的决定》，在保证中远船队营运和发展的前提下，抽调一定数量的在职船员，经培训后外派。规定在航的外派船员除特殊情况外，服务到期后一律留下；凡船东点名挽留的，仍派往原船东船上工作；现职船员外派和合同工船员外派，全部实行定向派调，以保持外派船员队伍的连续性和相对稳定性。此后中远船员外派工作，由初期解决富余船员，逐渐转向有计划地开展劳务输出，外派船员业务得到了快速发展（图3-3、图3-4）。

图3-3　1991年3月6日，中远总公司与香港中华航业（劳务）股份有限公司签订共同发展船员劳务输出协议书。

图3-4　中远总公司总经理刘松金（前排右四）同香港中华航业（劳务）股份有限公司代表合影。

1990年，中远各远洋公司开始组建外派船员专业队伍，大量招收和培训船员，逐步建立外派船员管理机构和健全规章制度。年底，中远外派船员专业骨干队伍基本形成。为增加船员外派数量和改革船员用工制度探索了一条新路子。同时为帮助贫困地区农民脱贫致富，解决农村富余劳动力的出路问题，1990年，中远以合同形式招收1237名农村青年，由培训基地进行为期6个月的普通船员职业培训。1991年，又招收611名。此外还招收367名青年送往海运院校，进行为期2年的高级船员培训。这些新招收的船员绝大多数在外派船上工作。

1979—1992年，中远外派船员人数逐年增多，同美国、新加坡、日本、中国香港、挪威、法国、英国、希腊、土耳其、塞浦路斯和巴拿马等十几个国家和地区的38家航运公司签订了船员劳务输出合同，截至1992年底，累计外派船员30175人次。其中，干部船员10424人，普通船员19751人，营业额达24134万美元，创汇可观（表3–1）。

1979—1992年中远总公司船员外派情况表　　　　表3–1

年份	干部船员（人）	普通船员（人）	人数合计（人）	营业额（万美元）	服务外轮艘数
1979	111	211	322	257	14
1980	279	534	813	650	27
1981	481	925	1406	1124	59
1982	514	987	1501	1200	61
1983	561	1077	1638	1310	67
1984	712	1371	2083	1666	89
1985	564	1083	1647	1317	75
1986	577	1108	1685	1348	78
1987	681	1307	1988	1590	83
1988	717	1376	2093	1674	84
1989	773	1484	2257	1805	—
1990	1041	1998	3039	2431	—
1991	1514	2756	4270	3416	166
1992	1899	3534	5433	4346	—
合计	10424	19751	30175	24134	—

二、加强外派船员管理

为提高外派船员质量，中远从管理、规章制度、船员培训等方面做了大量工作。外派船员一般都经过挑选，要求政治思想、业务技术和身体素质好。外派前进行1—2周的集训，组织学习外派有关文件和合同，进行爱国主义和涉外纪律教育，端正船员对外派工作的态度，增强外派工作的荣誉感，激发完成外派任务的信心和决心，外派回国后进行总结。中远还在全套外派船员内部建立党、团和工会组织，在半套外派班子中成立临时党支部，外派之前在干部船员党员中按船长、轮机长、大副、大管轮顺序,明确一人担任支部书记,公司组织部门找其谈话,明确任务,外派结束后向组织汇报支部工作开展情况。

1981年9月,中远总公司召开外派船员工作会议,责成船员管理部门具体负责统一制定或修改外派船员工作的有关规定,负责外派船员的审批、办理有关证件手续及组织对外谈判、起草条款、总结交流经验等工作;各远洋公司船员管理部门负责接待来访,进行洽谈、续约、修改条款,签订协议,履行合同,结算汇款,及时做好各种统计和情况反映。

为进一步加强外派船员工作的管理,1984年2月,中远总公司特别制定了《外派船员管理工作办法》。针对少数外派船员在外轮工作期间违反规定有章不循的情况。1985年9月,中远总公司又颁发外派船员管理补充规定,进一步重申外派船员及船员领导班子的选派、政治教育、证件管理、奖惩条例等规定,从制度上进一步加强了管理。

为有计划、有组织地做好外派船员工作,1990年5月,中远总公司设立船员外派部,广州、上海、青岛、天津、大连远洋均相应设立船员外派部。

到1992年底,中远已建立了较为完善的船员外派机构和管理制度,促进了船员外派工作的顺利开展。

三、发挥船员外派作用

中远外派船员在外轮工作时,努力克服在管理制度、工作要求、上下级关系、生活习惯方面与外轮的差异和外语水平低的困难,以出色的工作和良好的信誉,为国家创汇,为企业和船员增加收入,也使船员技术业务水平得到提高。特别是扩大了中远船员在国际航运界的影响,提高了声誉。

随着船员外派工作的发展,中远船员在外派中吃苦耐劳、安全生产、信誉第一、服务至上的工作意识,以及待人友好、相互尊重的作风,得到外国船公司的好评。

青岛远洋外派船员最早在国际航运界创出好名声。欧洲一家海运刊物曾刊文评论在希腊籍"多娜·玛格丽塔"轮上服务的22名青岛远洋船员:"这些中国海员毕业于航海学校,有2年以上航海经验,他们非常勤劳,熟悉业务,希腊高级船员用最美好的语言赞扬他们。"大连远洋派往美国海威公司"大复兴"轮是二副以下大半套班子,该轮船长称赞:"COSCO船员年轻、肯学、素质好,我跑了20多年船,第一次遇到这么好的船员。"1990年,上海远洋首次与美国海威公司签订船员劳务输出合同,中远第一位外派化学品专用船大副毕力伟服务于这个公司的"大宝华"轮。这是一艘专门装运低温、高纯度氨的化学品特种船,毕力伟尽管只有杂货船、散装船的工作经历,但其凭着刻苦钻研、认真学、努力干的忘我爱岗敬业精神,克服困难,圆满完成任务,为中远赢得良好的信誉。

经过10年的努力,中远外派船员业务发展较快。到20世纪90年代初,外派船员队伍已从抽调少量船员搭配班子到建立起一支较为稳定和具有一定规模的专业外派船员队伍,既解决了一部分富余船员的出路问题,又参与了世界船员劳务市场的激烈竞争,提高了中国海员在国际航运界的地位,同时培养出一批经验丰富的国际劳务输出管理人员。1991年,中远总公司经巴拿马海事局同意,取得代发海员证书权,方便了船员外派工作。为扩大劳务输出业务,拓宽国际劳务市场,1992年12月,"中远劳务输出服务总公司"成立,标志着中远劳务输出向着专业化方向进一步发展壮大。

四、开发多种经营

为规避航运风险,寻求新的经济增长点,1984年初,中远系统财务经理会议提出在搞好航运的前提下,积极开展多种经营。中远在8月召开的远洋直属工作会议,进一步确定了"以航运为主,在发挥航运优势的原则下积极开展多种经营"的方针,制定了《总公司关于多种经营工作的暂行办法》,明确了经营原则:"以自我服务为主,达到降低运输成本、增加经济收益为目的"。

这次会议之后,中远总公司及各远洋公司积极寻找合作伙伴,与地方开展了第三产业短期、中长期合作和船舶修理、集装箱制造、宾馆及餐饮服务等方面的合作。为解决、安置部分富余人员和职工子女,总公司及各公司成立了劳动服务公司。

20世纪80年代中期,中远的多种经营处于探索阶段,经营开发涉足行业广泛,既有与航运相关的货运代理、储运、船舶修理、物料供应等行业,又有诸如饭店宾馆、包装、纺织、洗衣、制衣、玩具制造、食品、粮食加工、发电站等其他行业的多方面合作经营。经营方式主要有三种:一是与地方联合经营,办内联企业。如广州远洋的"广州船务企业公司",上海远洋的"上远缩微技术服务公司";二是与外商合资经营,如广州远洋的"广州远洋宾馆"(图3-5)、上海远洋的"上海远洋宾馆"、天津远洋开办的"天昌船务有限公司";三是独资经营,如上海远洋、天津远洋和青岛远洋的劳动服务公司。

除此之外,有的公司还开展出租船业务,如上海远洋出租"金田海"轮,青岛远洋出租"登隆海"轮,广州远洋出租"华铜海"轮等。"华铜海"轮是一艘有着20多年船龄的老旧船。1984年以来,先后出租美国、日本、英国等国家。多年来,"华铜海"轮船员发扬中国远洋船员热爱祖国、艰苦奋斗的优良传统,同时转变思想观念,从"出租就是为资本家赚钱"转到"出租就是为国家创效益"的认识上来,优质服务创佳绩,年年超额完成出租任务。1984—1992年间,安全航行54万海里无事故,人均创利24万美元,节约修理费1300多万港元,节约修船期210天(折成租金178万美元),营运率达99%,劳动生产率达170%。"华铜海"轮培育了一支过硬的船员队伍,先后16次获得中远总公司、广州远洋授予的各种荣誉称号。

进入20世纪90年代,中远总公司多种经营进一步发展,并开始组建专业化公司。1992年,中远总公司、上海远洋、上海外代、中波公司和香港远洋合资筹建"上海联合远洋发展有限公司",从事上海浦东开发和自由贸易工业区进出口货运等业务;中燃总公司

图3-5 广州远洋宾馆夜景。

成立"中远船舶燃料合资公司";中远成立"远洋实业公司"等。多种经营的开发和探索,有力地促进了中远陆上产业的发展。

第三节 创办海上国际旅游

中远开办海上国际旅游业务始于20世纪70年代末,起初是广州远洋将20世纪60—70年代承运接侨和援外人员的"明华""耀华"两轮包租承运访问团体,后又期租给外商,以及合资经营开办国际旅游业务。

一、包租承运友好访问团体

1972年中日邦交正常化后,两国之间的友好往来日益频繁。1975年8月2日至9月18日,"耀华"轮先后包租承运"日本友好东北、信越农民之船"和"日本友好神奈川县青年之船"访华团,这是新中国远洋客船首次驶抵日本。1982年5月至1983年4月底,租给瑞典赛林(Salen)公司,主要航行于中国沿海城市南京、上海、厦门至香港,后改行香港至宿务、西各葛、被哈尔、马尼拉,是第一艘来往于香港至南京的客船。1983年7月至1985年8月,"耀华"轮又两次期租给日本国际旅游公司。1982—1985年3年多时间里,"耀华"轮在日本、菲律宾、关岛、中国香港、中国内地沿海的29个港口往返89个航次,安全航行74300多海里,运送旅客10300余人次,并以优质服务获得"五星级"国际旅游船徽号。"耀华"轮良好的服务受到旅客们好评,被誉为精神文明建设的窗口。

二、租给外商开展旅游客运

20世纪70年代末,广州远洋改变客船运输性质和经营方式,把客船租给外商,经营国际旅游业务。"明华"轮首次期租给澳大利亚伯恩斯·菲利浦公司合作经营。1979年12月17日,"明华"轮载着澳大利亚旅客93人首航悉尼,开辟了澳大利亚、泰国、新加坡、马来西亚十几个国家和地区的旅游航线,成为新中国最早经营海上旅游业务的国际旅游船。"明华"轮从1979年12月到1983年6月期租结束,共航行69个航次,接待来自澳大利亚、新西兰、美国、英国、意大利等国家游客24247人次。"明华"轮退役后价拨给招商局蛇口工业区,改作游览、娱乐的水上豪华设施,停泊在蛇口湾岸边,供游人参观。

三、合资经营中日客货运输

根据1985年3月23日《中日海运当局会谈纪要》的协定,6月1日,中远总公司和日中国际轮渡株式会社合资开办中日国际轮渡有限公司(简称"中日轮渡公司"),经营国际客货运输。公司总部设在上海,在日本东京、神户设代理店,中日双方各占50%股份。这个公司有1艘1974年日本建造的远洋客货渡轮"鉴真"号,"鉴真"轮设备先进,遇到较大风浪时,船体摇摆可控制在5度以内,最快航速可达25节。

中日轮渡公司自开业后,"鉴真"轮准班准点,安全航行,当年运送中日旅客 5889 人次,货运量平均每年 7.7 万吨以上。到 1992 年,共计运送旅客 150923 人次,经济效益较好,截至 1991 年底,已累计返还中远总公司投资额的 49.5%。中日轮渡公司在经营中极为重视服务质量。公司成立后,即与上海港、海关、外代等 10 个单位签订了共建同创"双文明"协议,为旅客提供车、船、机票、住宿、联检、验关、行李托运等"一条龙"包干服务,"鉴真"轮热情、周到、良好的服务作风,多次受到众多国内外旅客的赞扬。至 1992 年底的 7 年间,"鉴真"轮和船公司收到 3000 多封表扬信,多次荣获"全国交通系统先进集体""上海市交通邮电系统文明船舶""上海市旅游系统优质服务竞赛优胜单位",以及市劳模单位、全国旅游先进单位、文明服务窗口等荣誉称号。"鉴真"轮以其良好的精神风貌和优质的服务,传播了社会主义精神文明,进一步促进了中日两国人民之间的友谊。

1989 年 3 月,天津远洋参股的"天津船务联合开发有限公司"和"日中客货船株式会社"各出资 50%,合营成立"津神客货轮有限公司"。这个公司的客货轮"燕京"号(图 3-6)设有 442 个客位,货舱有 161 个箱位,可承运 20 英尺、40 英尺 TEU 及冷藏集装箱,从事中国天津至日本神户两港间的客货运输、货物转运和海陆联运业务,实行周班服务。

图 3-6 "燕京"轮船员举行升旗仪式。

第四节 积极拓展航空运输市场

一、时代发展酿出空运历史性机遇

(一)深度开展市场调研

20 世纪 80 年代中期,中远总公司将目光投向了航空运输这片广袤无垠的市场,并积极组织力量进行先期市场调研。其时,总公司领导和机关业务部门从日常决策、运力调度、安全营运、货源招揽、专业人才队伍建设等等,许多核心业务均与航空运输相近相通。一方面,总公司加强对空运市场进行深度调研;另一方面,领导与机关在业务往来中,对国家乃至国际航空运输市场格外加以关注。

随着国家现代经济的快速发展,物流业开始从传统经营方式向"门到门"的现代运输方式转化,运输业内出现了"海运—海港—空港—空运—陆运"的多式运输链。为了适应运输业的这场变革,世界各海运大国相继推出了以海运为主体的"登陆上天"的跨行业服务,欧美韩日等国的海运企业集团多年前已发展起海空联运业务;长荣集团虽然开展海运晚于中远,但发展空运业务却起步较早,到 1988 年,已初具规模,且雄心勃勃,计划到

1997年向美国波音和麦道公司订购28架飞机,总值约40亿美元。作为中国最大的海运企业,中远面对世界运输业发展的大趋势和中国经济迅猛发展的大环境,迫切需要完善自身的业务结构,在已有的海运、公路运输业务的基础上,尽早发展航空运输业务,以适应中国市场经济的新形势和世界经济国际化的新格局。中远货运系统成立后,发展十分迅速,但空运一直是中远货运的薄弱环节。越来越多的货主要求中远开展空运代理业务,以便组织海空联运,尽最大可能为他们节约时间成本、运价成本和其他多重关联成本。无论是为了适应现代国际物流的趋势,更好地满足国内外客户对多种运输方式的需求,还是从抢抓机遇,迅速提高企业的综合竞争力考虑,积极拓展航空运输业务,完善中远功能结构,逐步形成海、陆、空立体运输体系,成为中远多元化发展的不二选择。

(二)香港空货转运内陆消耗多重成本

经过广泛调研,中远掌握了大量的空运市场第一手资料。美国对外贸易服务署的资料显示,1987—1989年的3年间,中美之间的空运货物总计达45.8万吨,经香港中转的为30.9万吨,占总运量的67.5%。其中出口货36.3万吨,中转数量为23.3万吨,占64.2%;进口货9.5万吨,中转数量为7.6万吨,占80%。《中国交通年鉴》的统计数字显示,1986—1988年,中国民航国际和地区货邮运输总量为25.7万吨,而同期中美之间的贸易空运货量达47.8万吨。由此看出,中美之间的空运货物,不仅在香港转口较多,而且货主为此要消耗大量的资金、周转、安全、时间成本等,期盼着国家航空运输业尽快壮大,国有大型运输企业联营航空运输,以改变这种令人苦不堪言的物流业态。这也为国家逐步加大国际商业合作,迅速增加直航运输提供了充分的可能性与现实性。

(三)国内民航货机运输市场空间巨大

20世纪80年代后期到90年代初,中美之间空运货物总量的三分之二经香港中转,内地与香港联运公司将利用合资各方在国内外的网络,首先使用中国民航的货运飞机,开展北京和上海及其周围地区与美国之间的航空货物直达运输,并将揽货重点放在FOB出口货上,以改变当时中美之间大量货载到中国香港中转,而中国民航货机又难以组织起稳定货源的状况,使中国民航到美国的货机舱位得到充分的利用。中远总公司兴办航空运输,不仅有益于提高中远在国际、国内运输市场上的竞争能力,而且也有助于增加中国民航的运力。面对中国民航运力不足的较大缺口,中央领导同志在一次全国民航工作会议期间强调:要力争用3—5年的时间,打一个翻身仗,解决需求的增长与运力的增长不相适应的问题。中远总公司看到了中国空运市场的巨大空间,紧紧地盯住了发展航空运输的历史性机遇,决心一显身手,迅速扩大航空运力,成为国家民航运力不足的必要补充,在全球范围内创建以海运为主的空海、空陆和海陆多式联运业务,提升中远国际竞争力。

二、中远兴办航空运输的独特优势

其一,空运与海运行业在经营管理上有许多相似之处,中远具有30年经营国际远洋运输的经验,经国家民航局批准,又开拓了航空货代业务,这些是发展中远航空业的良好基础;

其二，中远拥有较大规模的资产，并在海内外金融界具有良好的资信，是中远发展航空的可靠保障；

其三，中远有遍及世界各地的货运业务网络，有庞大的船队做后盾，尤其中远在香港、釜山、东京等亚洲中转港有着相当的实力，在美国中远与多家港务局首脑建立了稳固的业务联系，为中远开辟国际航线发展奠定了有利条件；

其四，中远有着长期形成的艰苦奋斗、攻坚克难的光荣传统，有着一股子舍我其谁、敢打必胜的坚定信念，有着一支干一行爱一行、爱一行专一行的优秀员工队伍。同时，中远也清楚地看到兴办航空运输存在的不足方面，主要是缺乏专业技术力量、装备和设施，亟需在软硬件方面采取有效举措。

三、初步形成陆、海、空多元发展战略构想

（一）尝试开展航空运输业务

中远空运业务从 1990 年开始起步，经各公司空运业务人员的共同努力，仅半年时间，中远空运货量已达到 300 吨，从事空运的业务人员 25 人，显示出中远空运发展的良好势头。中远空运由总公司货运处空运科及五大远洋公司的空运科、中远北京营业部和西安货运站组成，承接国内外的进、出口航空货运代理业务。1991 年初，总公司在京召开了中远空运工作专题会议（图 3-7）。刘松金[①]总经理在会上明确指出：空运业务是中远完善自身服务体系的重要步骤，是中远货运的主要业务之一，是中远扩大全球代理网络的重大举措，是中远大力开拓海空联运的战略性选择。这次会议为中远发展航空运输业定了基调，也为加速发展空运事业奠定了基础。

图 3-7　1991 年 1 月 15—17 日，中远总公司在京召开首届空运会议。

（二）站在国家高度谋篇布局

①中远兴办航空运输，首先着眼于国家的建设与发展。中国民航尽管当时发展很快，但仍满足不了航空运输市场快速发展的需要。中远发展航空运输业不仅有益于提高中远在国际、国内运输市场上的竞争能力，而且也有助于增加中国的民航运力，成为国家民航运

---

① 刘松金，1935 年 10 月生，山东肥城人。1965 年 8 月，毕业于大连海事大学（原大连海运学院）远洋运输轮机专业，高级经济师。曾任广州远洋运输公司政治部副主任、主任、副经理、党委书记，中国远洋运输总公司党委副书记兼政治部主任、总经理。1991 年 9 月，出任交通部副部长；曾兼任中国航海学会副理事长、中国造船学会副理事长、中国船东协会名誉会长。1994 年 6 月，兼任招商局集团副董事长、常务副董事长。1998 年 6 月，赴香港出任招商局集团有限公司常务副董事长。1999 年 8 月至 2001 年 1 月，担任招商局集团有限公司董事长、招商局集团（香港）有限公司董事长、招商银行董事长、招商局中银漳州经济开发区有限公司董事长。

力的必要补充。②中远多年来为台湾海峡实现两岸"三通"①一直在作不懈的努力。中远开办航空业务,可率先为两岸通航做出贡献。③中远开展航空运输首先考虑使用中国民航的货机,开展北京和上海及其周围地区与美国之间的航空货物直达运输,并将揽货的重点放在 FOB 出口货上,以改变中美之间大量货载到其他地区中转,而中国民航货机又难以组织到货源的状况,使中国民航到美国的货机舱位得到充分的利用。中远总公司基于国家利益至上的理念和原则,精心谋划中远的航空运输事业。

(三)打造"航空联运"市场平台

由于国家对兴办航空企业的要求极为严格,完全达到国家要求需耗费很长时间。中远总公司决定在积极创造自身条件的同时,争取成建制地接受一家已有一定基础的航空企业,这样可以大大缩短筹建时间,使中远航空早日腾飞。经过考察论证,中远决定与香港一家国际空运公司合作。这家公司以经营航空货运为主的国际多式联运业务,与美国西北航空公司有着密切的合作关系,并在全球拥有一个完整的服务网络。经过充分讨论和协商,中国远洋运输总公司、中国外轮代理总公司和香港协调国际空运有限公司一致同意在北京建立联运公司,并按照有关规定,将合同章程、可行性分析报告及项目建议书上报交通部、国家民航总局等相关部门,至 1992 年初得到批复。

中远总公司在国家改革开放快速发展的关键性时期,策划出陆、海、空多元发展的战略性构想,积极抢抓推进企业可持续发展的关键性机遇,坚定地迈出了跨越式发展的决定性一步。

这一时期,中远总公司在推进航空运输发展上所做的努力和确立的多种经营的发展方向,为中远集团成立后确立的"下海、登陆、上天"的多元化发展战略提供了清晰的参照,也奠定了坚实的基础。

第五节 筹建中国国际运输总公司

在中远发展的历程中,不乏载入史册的重大历史事件,这些事件的发生,直接影响着中远前行的脚步,甚至决定中远前进的方向。其中,交通部所属的中国远洋运输总公司与外贸部所属中国外贸运输总公司(以下简称外运总公司或外运)拟合并建成中国国际运输

---

① 两岸"三通"是指台湾海峡两岸之间双向的直接通邮、通商与通航,而不是局部或间接的"三通"。两岸"三通"将增加两岸政治上的互信度,搁置争议,消减敌意,增强民族凝聚力;经贸和民间交流也将进一步加强。"三通"将带来更多投资,给客运与物流行业带来机遇。1981 年 9 月 30 日,全国人大常委会委员长叶剑英在新华社发表谈话时,阐述了党和政府对两岸统一与两岸往来的一系列重要的政策主张。这也是中国大陆第一次明确"三通"的内容,即由 1979 年的"通航通邮"与"经济交流"概括为"通邮、通商、通航"。台湾方面则将叶剑英委员长的主要主张概括为"三通四流",即:通邮、通商、通航与探亲、旅游以及学术、文化与体育交流。直至 2008 年 12 月 15 日,台湾海峡北线空中双向直达航路正式开通启用,民航上海区域管制中心与台北区域管制中心首次建立两岸空管部门的直接交接程序,标志着两岸同胞期盼已久的直接、双向、全面空中通航变成现实。

总公司，成为轰动一时又对中远后续发展产生一定影响的重大事件。

一、中远、外运合并意向的提出

中远公司和外运公司在经营业态上既有一定的互补性，又是一对不易调和的矛盾体。1974年，外贸部给国务院写报告，主动提出中远公司与外运公司合并的意向，国务院负责同志批示，两家公司合并后归交通部领导。这一批示还未组织落实，外贸部就搁置自己的提议，两家公司合并的意向便没了下文。

党的十一届三中全会召开后，全国各条战线纷纷提出多种形式的改革方案，国家经委作为国家经济建设的引领部委，会同国家进出口委[①]组成联合调查组，对中远和外运进行了深入的调查研究，形成了《关于改革现行对外海运体制的设想（讨论稿）》，这个设想的重要内容，就是将中远公司与外运公司合并成新的公司。两委联合召集交通部、外贸部一同讨论了这个改革设想，经过反复研究和讨论，外贸部和交通部先后向国家经委和进出口委呈送了各自的意见。

（一）外贸部呈送的报告内容有四点，全文如下：

"国家经委并郭洪涛[②]同志：

现将我部对海运体制改革的意见报告如下：

1. 我部赞同外贸部外运公司和交通部中远公司合并，脱离两部，直属国务院，由国家经委代管。
2. 为了不影响外贸海运工作，开始时在新的机构领导下原两个公司可暂时维持原建制。
3. 新机构要负责保证完成外贸进出口运输任务。
4. 外贸部运输公司的海运工作交出后，保留运输局，负责外贸运输方针、政策、综合

[①] 国家进出口委即中华人民共和国进出口管理委员会，是国务院设置过的一个部门。1979年7月30日，第五届全国人大常委会第10次会议，根据国务院总理华国锋提出的议案，为了加强对进出口、外汇平衡和引进新技术工作的管理，决定成立中华人民共和国进出口管理委员会，与中华人民共和国外国投资管理委员会是一个机构、两个名称。1980年5月1日，国务院办公室发出通知，为了便于行文，经国务院批准，"中华人民共和国进出口管理委员会"简称"国家进出口委"。1982年3月8日，第五届全国人大常委会第22次会议，根据国务院总理《关于国务院机构改革问题的报告》，决定将进出口管理委员会、对外贸易部、对外经济联络部和外国投资管理委员会合并，设立对外经济贸易部。

[②] 郭洪涛（1909—2004），陕西米脂人。早期参加革命，1935年2月，任中共西北工作委员会组织部部长、秘书长。1936年10月，调任中共中央组织部副部长。1938年5月，调任中共山东省委书记，不久山东省委扩大改称中共苏鲁豫皖边区省委，仍任书记。1945年4—6月，出席中国共产党第七次全国代表大会。抗日战争胜利后调任东北，先后任东满铁路管理局局长、东北铁路总局副局长，并先后兼牡丹江铁路局局长、吉林铁路局局长，参与领导东北的军事运输工作，支援东北解放战争。1949年2月，任北平铁路管理局局长。中华人民共和国成立后，历任天津铁路管理局局长、铁道部副部长、国务院第六办公室副主任、国家经济委员会副主任。"文化大革命"期间受到诬陷和迫害。1976年起，先后任国家计划委员会顾问、国家经济委员会副主任、国务院港口领导小组组长、国家经济委员会顾问、中国交通运输协会会长、国务院能源基地规划办公室主任、国家计划委员会经济研究中心顾问等职。被选为中共八大代表，第五届全国政协常务委员。在中共第十二大、十三大上连续被选为中央顾问委员会委员。

整个进出口运输计划和外贸运输行政管理工作以及陆、空运输工作。

以上供参考。

对外贸易部
1981 年 5 月 23 日"

（二）交通部呈送的报告内容有三点，全文如下：

"洪涛同志并谷牧副总理：

关于外运和中远公司合并问题，我部党组过去已有多次报告，现再将我们意见简报如下：

1.有关两公司合并的具体方案和实施步骤，建议由国家经委主持，会商有关部门，认真研究，妥善解决。

2.外贸部的外运公司和交通部的中远公司，是两个企业之间的合并，交通部保持远洋运输局的建制，作为交通部管理远洋运输的职能机构，负责加强远洋运输的行政管理，拟定远洋运输的发展规划、制定有关的方针、政策、法令，协调各有关方面的关系等。

3.在两公司合并建立新机构前，要按原有的职责分工，把当前工作抓好，保证安全生产，搞好协作，加强团结，同心同德，一致对外。

特此报告。

交通部
1981 年 5 月 24 日"

从上述两份报告内容看，外贸部、交通部对国家经委、国家进出口委提出的中远、外运两家公司合并的意见是赞同的。但由于两家公司情况复杂，在某些问题上未能达成一致意见，合并时机尚未成熟，故第二次合并意向未能进入实质性操作阶段。

二、体制弊端引发多种矛盾

（一）平衡会上难"平衡"

自中远船队建立以后，为了协调国轮与租船的船、货的运输计划，中远公司和外运公司按月定期召开货载和船舶的计划协调会议，简称"月度计划平衡会"。由外运拿出一部分货源，满足中远的货运需求。从某种意义上说，货物是运输企业的根本。没有货载，货运公司便成了无源之水、无本之木。可以想见，中远公司对货物的依赖是不言而喻的。所以大家对每月的"月度计划平衡会"都抱有很大的希望，每次平衡会，都期待外运尽可能多地满足中远船队的货运需求。但外贸运输情况较为复杂，进出口货物品种繁多，货物运价高低、货种运输难易、运输距离远近、经济效益大小等等，都直接关系运输公司的运营效率和经济效益。中远成立初期，船舶少、航线少、航班少，双方矛盾并不突出，外运给一部分货物就足够。但到了 20 世纪 70 年代后期，中远进入到大发展时期，新建公司先后揭牌，新增运力大批下水，新接船员踊跃加盟，中远船队在册船舶近 500 艘，总吨位近 1000 万吨，年货运量达 4000 多万吨。显然，外运划拨的货运量，越来越满足不了中远的货载需求。货量不足与运力过剩的矛盾越来越突出，货载质量不均与运营效益不高的问题越来越凸显，而这些矛盾和问题又都无一例外地被带到了"月度计划平衡会"，双方的调度人员都要对货物的数量、类型、装卸点、到达港、船型、船期、吨位等进行交流、交涉，以实现"计划"的"平衡"。因为情况复杂，平衡会往往不能达成共识。

（二）深层矛盾引"三争"

中远与外运"争"了这么多年，从深层次上讲，矛盾的焦点主要体现在"三争"上：

一是"货"之争。其中包括两个方面，一方面"货"给的多少，另一方面"货"给的好坏。交通部在呈送给国务院领导的《关于中远公司与外运公司合并的意见》中指出：当时构成运输对象的货，几乎全部抓在外贸部手中。至于"货"的好坏或者说一载货的效益多少，中远已不作计较了。在计划经济条件下，在国家分工对方对货载具有绝对分配权的情况下，在对方掌握货源的同时又拥有自己的运力（租船）的前提下，在"肥水不流外人田"的传统观念支配下，对于身为"外人"的中远公司而言，争的结局是不言而喻的。

二是"价"之争。货物运价是一个牵一发而动全身的极其复杂的系统，利益相关方众多。一般情况下，货物运价与企业效益是正相关关系，运价上调效益上升，运价下调效益下降。中远船舶的货载运价，一直由交通部和外贸部参照国际市场运价水平洽商制定，报国家物价总局批准后执行。当时，由于国际市场上大宗货运价格变动剧烈，出现时高时低的情况。在运价协商过程中，常常是当国际市场运价降低时随即调低，而国际市场运价上涨时，相关部门却拖延调整时间，有时比外商运价推迟调整达一年多之久。

三是"船"之争。也就是"发挥租船优势"还是"发展国轮船队"之争。交通部指出，这个问题已经不是部门和部门、企业和企业之间在业务上的矛盾，而是关系到要不要维护国家对外航运权益的问题。

这种情况下，从国家的利益出发，为更有利于进出口贸易的运输和有利于发展国轮船队，将两个运输公司合并的想法和呼声愈加强烈。

三、国务院决定成立中国国际运输总公司

（一）决心进行合并

1983年3月11日，国务院召开第十五次常务会议，其中一个重要议题就是研究中国远洋运输总公司和中国对外贸易运输总公司的合并，并最终通过。1983年11月10日，国家经济委员会向国务院呈送的《关于成立中国国际运输总公司的报告》中指出："我们会同交通部、经贸部和国务院其他有关部门共同研究，一致认为，国务院这个决定是正确的、适时的，这样有利于解决当前两个公司存在的矛盾，发挥优势，统一对外，以适应我国对外经济贸易和国际运输发展的需要。"

《报告》指出："成立中国国际运输总公司，有利于货船统一管理，有利于统一组织外贸运输。"文件要求，总公司成立后，应立即着手加强整顿企业的工作，改善经营管理，更好地为国家的四个现代化建设和对外经济贸易服务，提高经济效益，为国家积累更多

的财富。

（二）合并后的企业性质与经营方针

国务院文件决定，总公司要以改革的精神搞好企业整顿，改善经营管理，建立和健全各级经济责任制，提高服务质量，坚持优质、价廉、迅速、安全、方便的经营方针，努力提高经济效益，为国家多创造财富。

中国国际运输总公司的性质为社会主义全民所有制企业，是独立的经济实体，具有法人地位。总公司的主要任务是：负责组织我国对外经济贸易运输；领导和管理直属船舶；负责订舱配载；经营租船业务；负责中国远洋船舶和外籍船舶在我国港口的代理工作和利用各种运输方式从事国际运输。为了便于工作，总公司成立后，原"中国远洋运输总公司""中国对外贸易运输总公司""中国租船公司""中国外轮代理总公司"的名称继续使用。对外可作为总公司的4个子公司，保持独立的法人地位。

（三）总公司的功能定位与经营原则

批文决定，中国国际运输总公司为国务院领导下的部级企业，由交通部中国远洋运输总公司和经贸部中国对外贸易运输总公司所属的国内外机构、资产、业务划归总公司领导。设在香港的招商局轮船股份有限公司经营的船舶代理、货运代理、购船经纪和租船业务，归总公司经营，实行双重领导，以总公司为主。总公司实行总经理负责制，设总经理1人，副总经理暂设2人，以后视工作需要，再报请增加。总公司根据业务需要，本着精简的原则，设立若干职能部（局级）和处两级机构。

总公司受国务院委托，组织编制对外经济贸易运输计划和长期发展规划，并负责实施；负责地方和有关部门船舶对外运输业务的指导，货运计划的统一安排，代管我国政府间合营航运企业的业务；参与研究制订国际运输的方针、政策和法规。

总公司按照统一经营、统一核算的原则，实行总公司、分公司两级管理，两级核算。总公司要赋予分公司较大的经营管理自主权。根据国际运输点多、线长、人员流动、分散的特点，总公司设政治部，以加强政治思想工作。

（四）所属企业的职能划分

中国国际运输总公司由中国远洋运输总公司（含中国外轮代理总公司）和中国对外贸易运输总公司（含中国租船公司）合并组成。中国远洋运输总公司和中国对外贸易运输总公司原来所属的国内外机构、人员、船队、设施、资产和业务，划归总公司领导和管理。设在香港的益丰、远洋两个轮船公司的机构、人员、船舶、设施、资产和业务，划归总公司领导和管理。招商局轮船股份有限公司所掌管的船舶代理、货运代理、购船经纪业务与总公司合营，实行双重领导，以总公司为主。所得利润三七分成，分给招商局30%。这个方案，与交通部、港澳工委、招商局协商一致。益丰、远洋轮船公司和在香港合营的公司的政治工作，仍由招商局领导，对外牌子不变。设在香港的华夏企业有限公司属于华润集团所有。中国国际运输总公司成立后，华夏公司不再经营国内进出口货物的租船、货代、船代等运输业务。

总公司的生产、基建、财务、物资、劳动工资等计划，根据国家计划、财政管理体制，从经贸、交通两部中划出，单列户头。有"六五"规划指标的，按计划指标划出；没有"六五"规划指标的，原则上按1983年的基数划出。应上交国家财政的收入，仍应上交国家财政。总公司根据运输生产、科研、建设计划提出的需要配置部管物资和配套产品，由国家计委和有关主管理分配部门分配，属于地方平衡分配的物资仍按现行办法供应。根据国家的劳动工资政策、劳动工资计划和国际运输的特点，择优录用新职工，并提出本系统职工的工资形式、考核和晋级制度、福利标准和奖惩办法等实施细则。

四、筹备组全力开展组建工作

国务院决定，筹备组由国家经委副主任郭洪涛、交通部常务副部长钱永昌[①]、外贸部副部长王品清、外运总公司总经理李春田、中远总公司总经理林祖乙共5人组成，郭洪涛任顾问，钱永昌任组长。

1983年7月，合并筹备工作全面开展。按照国务院将中远、外运两家总公司成建制的总体合并及业务全部统一的原则进行组建。筹备工作首先从理清双方的业务范围、职责开始，然后进行全面的资产清查摸底，对中远、外运的机构、人员、资产、资金等全部登记造册。在摸清所有底数的基础上，筹备组就新组建国际运输总公司的宗旨、章程、业务范围等进行酝酿起草和讨论，并就相关工作开展了调查研究。仅一个汇总全面情况及资产统计就有很大的工作量。因为原有的业务、资产哪些留在部里，哪些并入新建的公司，各方都作了谨慎的研究，并报部决定。有关制订公司的章程、职责、组织条例、机构设置、各部处职责等，更是一项复杂的系统工程，筹备组精心筹划，逐项落实。钱永昌副部长定期将进展情况向国务院、国家经委、交通部、经贸部等有关部委汇报工作进展情况。

同时，中远总公司接到国务院184号文件后，立即组成了以总经理林祖乙为组长的中远筹备领导小组，在交通部副部长钱永昌为组长的领导下，深入学习文件精神、组织开展调查研究，认真谋划与落实各项筹备工作。筹备组经过近一段时间的筹建工作，对各类数据统计和多种资料进行了归纳整理，从总公司组建的基本任务、体制机构、经营管理、责任义务、业务范围等多个方面，形成了较为完备和规范的文件、报告。先后制定了《中国国际运输总公司章程》，完成了《中国国际运输总公司各部、室工作职责》等，做了大量细致的基础性工作。

[①] 钱永昌，1933年4月出生，上海市人。1950年，入上海航务学院（今上海海事大学前身）学习，1953年毕业于大连海运学院（今大连海事大学前身）航海系。同年10月，加入中国共产党并参加工作。大学学历。高级工程师。1953年在上海中兴轮船公司新康轮做实习生，任三副、见习二副，在上海海运局"中兴5号"轮任二副、大副。1960年在上海海运局"和平31号"轮、"中兴5号"轮、"和平37号"轮任船长。1964年在中国远洋运输总公司上海分公司任船长。1974年任中国远洋运输总公司上海分公司航运组负责人、党委常委、革命委员会副主任、副经理、党委副书记、经理。1980年任交通部党组成员、远洋局局长、党委书记兼中国远洋运输总公司总经理。1982年4月任交通部常务副部长、党组成员、党组副书记。1984年6月—1991年3月任交通部部长、党组书记。中共第十二、十三届中央委员，中国航海学会第一、二届理事长，中国造船工程学会第三届副理事长，中国交通运输协会第二届副会长。

五、组建新公司再度搁浅

经过长达 8 个月的筹备,各项筹建工作已基本就绪,公司章程、组织条例、职责任务均已拟就草案。对公司的机构设置,经过筹备组反复的讨论、协商,拟定了方案,一共设立九个部门,每个部门的负责人员的名单,在平衡两方面的基础上,也作出初步的推荐。"中国国际运输总公司"公章经过层层严格审批后已经刻制完成,准备启用。似乎万事俱备,只欠东风。

1984 年 3 月中旬,钱永昌副部长带领中国国际运输总公司筹备组的同志向国务院主管领导汇报筹建工作,国务院主管领导很认真地听完汇报后,宣布说,国务院决定,新公司停止组建,这件事到此为止①。

组建新公司的脚步虽然停止了,但国家深化海洋运输管理体制的步伐正大踏步地向前迈进。

六、一盘更大的棋局

(一) 国家一举开放 14 个沿海城市

1984 年 3 月 26 日至 4 月 6 日,也就是在钱永昌副部长得知停建新公司决定后的十几天,中共中央、国务院在北京召开了沿海部分城市座谈会。会后中央决定:扩大开放北自大连南至北海共 14 个沿海港口城市和海南岛,这标志着中国举办深圳等经济特区取得了巨大成功,也标志着国家对进一步扩大改革开放的决心与信心,更标志着 14 个沿海开放城市将肩负起快速发展并支援和带动广大内地经济发展的重任,进一步为国家现代化建设发挥先导作用。沿海港口城市由于其地理位置、经济基础、经营管理和技术开发等条件较好,在利用国外资金、技术和市场方面具有得天独厚的优势。这是带动内地经济全面发展,加快社会主义现代化建设步伐的重大战略决策。

(二) 沿海城市开放激发国轮船队加速发展

14 个沿海开放城市既有外贸条件,又有与广大腹地经济协作的网络。这些城市和 4 个经济特区以及海南岛,从南到北,联成一线,形成了我国对外开放的前沿地带。在这些城市制定改革开放规划中,无一例外地均提出要开发自身优势、挖掘内在潜能,高标准、高速度、高质量地推进港口码头建设。作为与城市港口码头休戚与共、命运相关的航运、代理等诸多企业来说,在这样一个最适于自身生存发展的大环境中,真正迎来了千载难逢的发展机遇。

(三) 国轮船队发展倒逼体制机制"破冰"

1984 年 11 月 3 日,国务院下发了《关于改革我国国际海洋运输管理工作的通知》,也就是对中国远洋运输业影响深远的国发(1984)152 号文件(图 3-8)。文件指出:

"我国国际海洋运输工作面临着新的形势,沿海 14 个港口城市进一步开放,经济体

---

① 时任交通部副部长钱永昌是此事件的亲历者,后任交通部部长,退休后曾著有《轻舟已过万重山》一书,其中第十八章《临产前流产的中国国际运输总公司》,对这一事件作了生动的记述。

制改革正向全面、深入发展，外贸、交通体制逐步实行政企职责分开、简政放权，船货管理统得过死的局面正在逐步打破。为了使海运事业适应形势的发展，更好地为对外贸易服务，我国的国际海洋运输管理工作必须进行改革。"

1956—1984年，外运公司一直作为各专业进出口公司的国际货运总代理，中国的国际货运代理业务基本上处于外运公司独家垄断经营的状态。国务院152号文件明确规定：

"为了搞活经营，允许一定程度的交叉，中远、外代可以承揽部分货物和少量租船，与货主建立直接的承托运关系；外运可以经营部分船队和少量船舶代理业务。"

允许中远总公司和外代总公司经营国际货运代理业务，一举打破了外运公司近30年独家经营国际货运代理业务的局面。

1992年11月10日，国务院公布《关于进一步改革我国国际海洋运输管理工作的补充通知》，重申：

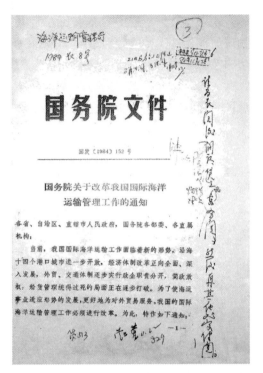

图3-8 对中国远洋运输事业影响深远的国务院（1984）152号文件。

"放开货代、船代，允许多家经营，鼓励竞争，以提高服务质量。凡符合开业条件的企业，经批准都可以从事货代、船代业务，货主和船公司有权自主选择货代、船代，承运人与货主可以建立直接的承托运关系，任何部门都不得进行行政干预。"

此后，中国国际货运代理市场逐渐对内、对外开放，形成了多家竞争的新格局。

七、中远轻装阔步走向国际航运市场

随着国家经济管理体制改革的不断深化，原来计划经济体制下的"坚冰"被逐步打破，允许非外贸系统企业到国际市场上揽取货源，实现真正意义上的市场化，对中远来说应该是更广领域、更高层面、更具深远意义的改革。

这是党的改革开放的大政方针给中远带来的挑战与机遇，这是党和国家打破计划经济的体制桎梏给中远带来的光明与前途，这是人类的文明与进步给中远带来的命运与新生。

打破计划经济体制的"坚冰"之后，中远一心想要的，国家都给了，如国家坚定不移地支持国轮发展；允许中远到国际航运市场承揽货载；支持企业开展各种经济合作、实行合营、联营，开展竞争等。中远想都不敢想的，国家也都给了，如实行政企职责分开，扩大企业自主权；鼓励国轮打入国际航运市场，其收入可免征营业税；国家为鼓励发展海运事业，要求银行对造船、买船给予低息贷款，并适当延长还款期限和减免关税，等等。

1984年11月至1993年2月,即中国远洋运输(集团)总公司成立之前,中远总公司在国家改革开放的大环境中,再无束缚手脚的羁绊,再无滞障前行的藩篱,再无解放思想的桎梏……这对中远来说不啻是再生意义的、解放意义的重大变革。

从此,中远人大大地张开双臂,坚定不移地拥抱市场;中远人大大地迈开双脚,义无反顾地踏上市场化、国际化、现代化的新的征程。

第四章
转换经营机制中的企业管理

中远总公司经过长期的建设与发展，上上下下基本达成了这样共识：中远要建成国际一流的航运企业，立足于全球优秀企业之林，必须具备国际一流的企业管理。

"文化大革命"期间，中远的企业管理受到一定程度的冲击，企业的一些规章制度被废除，生产秩序遭到破坏。中远人清醒地认识到，要建立现代化、国际化企业管理制度，首先必须对"文化大革命"期间被破坏的一些企业管理制度进行修复性整顿，建立必要的管理制度，完善和优化生产秩序。为此，在1982年，中远总公司根据中共中央、国务院《关于国营工业企业进行全面整顿的决定》和交通部的部署，开展以航运企业为重点，以提高企业素质和经济效益为目标的全面整顿工作。通过整顿，中远管理基础有所加强，经营管理水平、安全生产和货运质量逐步实现好转，经济效益明显提高。这期间，根据国务院《全民所有制企业承包经营责任制暂行条例》精神，中远在1988年开始实施总经理任期目标责任制，转换经营机制，增强了企业活力和生机。

全面质量管理也是这个时期的工作重点，中远总公司开展了质量和安全竞赛活动，开展了群众性的质量管理（QC小组）活动，提高了企业管理水平。在推进质量管理的过程中，中远总公司把运输生产安全作为重中之重的环节来抓，制定并完善了安全规章制度，开展了安全大检查，安全管理体系逐步得到优化。

中远总公司牢牢把握企业转换经营机制这一有利时机，针对船队常年在海上航行以及受国际航运市场周期性波动影响的特点，应用现代化管理理念，广泛采用新的技术手段，开展企业整顿，狠抓基础建设，突出现场检查，强化科学管理，逐步将企业引领到科学化、规范化、制度化发展轨道。

第一节 全面开展企业整顿

一、企业整顿的主要背景

20世纪70年代末到20世纪80年代初，国民经济中存在的比例关系严重失调问题，仍然未从根本上好转。从主观上看，对发展国民经济的有利条件看得较多，对存在的问题和困难估计不足，要求过急，步子迈得太大，这就使原来被掩盖着的比例关系严重失调的问题，日益凸显出来。原有的问题没能从根本上解决，前进过程中又有新的问题发生。因此，对国民经济进行调整就成了国家经济建设的当务之急。

1979年4月5—28日，党中央及时召开了中央经济工作会议。会议提出对国民经济实行"调整、改革、整顿、提高"的方针，决定采用3年时间，集中精力搞好调整，同时进行改革、整顿、提高各项工作。目的是进一步巩固和发展粉碎"四人帮"以后经济工作的成就，纠正前2年工作中的失误，消除经济工作中长期存在的"左"倾错误造成的影响，把整个国民经济推向健康发展的轨道。

这次会议之后虽然做了大量工作，经济工作中"左"倾错误的影响得到一定程度的清理，但由于党内认识尚未一致，贯彻不够得力，进展也很缓慢。为深入贯彻执行党的国民经济"调整、改革、整顿、提高"的方针，充分挖掘国营企业的潜力，提高经济效益，促进国民经济状况的根本好转，1982年1月2日，中共中央、国务院发出《关于国营工业企业进行全面整顿的决定》，要求从1982年起，用2—3年时间，有计划有步骤地、点面结合地、分期分批地对所有国营工业企业进行全面的整顿工作。

二、企业整顿工作的全面展开

1983年9月1—6日，交通部在山东烟台召开了全国交通系统企业整顿会议，就传达贯彻全国工业交通工作座谈会精神，如何以提高经济效益为目标，进一步搞好企业整顿，不断提高企业素质，把交通系统的企业整顿工作推进到一个新的阶段的问题进行了部署。根据交通部制订的1983—1985年企业整顿验收计划，中远5个分公司、中波公司（中方）和总公司机关均被列为1984年检查验收单位。根据中共中央、国务院的决定和交通部的部署，中远公司开展以航运企业为重点，提高企业素质和经济效益为目标的全面整顿工作。

上海远洋是全国交通系统第一批企业整顿的试点单位。1983年11月，中远总公司在上海召开远洋企业整顿工作座谈会。会议按照整顿工作必须与解决企业的主要问题结合起来的要求，从远洋实际出发，明确了整顿的重点，核心内容是：端正经营思想，改善服务态度，进一步树立远洋运输为对外经济贸易服务的思想，做到安全、优质、价廉、及时、方便；加强领导班子建设，加强思想政治工作；做好各项基础工作，推行各种形式的岗位经济责任制，认真搞好经济核算，提高经济效益，逐步建立一支有理想、有道德、有文化、守纪律的远洋船员队伍。要求通过整顿，企业工作真正转到提高经济效益的轨道上来，实现由单纯生产型向生产经营型的转变。

同时，会议在统一思想的基础上，根据交通部企业整顿五项工作验收标准，结合远洋实际，研究制订了《中远总公司企业整顿五项验收标准实施细则》（以下简称《细则》）。《细则》分五个方面，共30项，111条。五个方面是：①整顿建设领导班子，加强对职工的思想政治教育；②整顿和完善经济责任制，改进企业经营管理；③整顿劳动组织，加强劳动纪律，搞好文明生产；④整顿财经纪律，健全财务会计制度；⑤有计划地进行全员培训。会议强调各单位党政主要领导同志亲自动手抓整顿工作。这次会议实际上成为远洋运输系统全面开展企业整顿的动员会。自此，各远洋公司和中波公司（中方）的整顿工作全面铺开。

为搞好船舶整顿，1984年3月，总公司又下发了《中远总公司关于加强船舶整顿工作的通知》，要求船舶整顿必须坚持以提高经济效益为中心的指导思想，以完善各项基础工作，健全各项管理制度，认真试行经济责任制，严格劳动和涉外纪律，以及加强领导班子建设和船员队伍建设为主要内容，不断提高船队素质，确保安全生产，使船舶管理工作逐步走向正规化、科学化。

整顿工作分组织动员、整顿实施、自查自检、预验补课四个阶段。总公司及各单位均成立了整顿领导小组，设企业整顿办公室，建立逐级负责制。总公司企业整顿领导小组组长由总经理林祖乙担任。各远洋公司也由经理挂帅，副经理主持。整顿工作由各公司在自查、预验合格后，交通部及当地省市交通主管部门联合组织检查。1984年底，中远总公司所属6个航运单位全部验收合格。总公司机关的整顿工作于1984年10月初全面启动。具体分为组织动员、整顿实施和自查预验补课三个阶段。

第一阶段1984年10月5—31日，为组织动员阶段。在此阶段，为加强对整顿工作的领导，成立了以副总经理陈忠表为首的机关企业整顿领导小组，建立了整顿工作的逐级负责制。为做好思想发动，10月5日，召开机关全体职工大会，由党委书记、总经理林祖乙就机关企业整顿作部署动员。根据交通部批准的远洋系统企业整顿五项工作验收标准实施细则的要求，拟订了总公司机关验收实施细则，并正式上报生产调度局，作为整顿工作的依据。

第二阶段1984年11月至年底，为整顿实施阶段。这一阶段主要把握六个重点环节：一是从整顿机关劳动纪律入手，制定了关于加强总公司机关劳动纪律的十条暂行规定，建立严格的考勤制度，初步改变机关散、乱、脏的现象；二是将《总公司机关企业整顿五项工作验收标准实施细则》逐项逐条分解落实到处室和个人，提出时限和质量要求；三是调整了机关处室的设置，制定和完善了处室的工作职责，确定了机关新的编制定员；四是根据处室工作职责和基本分工，普遍制订了较为明确具体、便于考核的个人岗位责任制和研究了处室间横向联系制度、协作配合的工作内容要求，以减少扯皮，提高工作效率；五是拟订了《总公司机关职工岗位津贴实施办法》，改革奖金分配上的平均主义，使岗位责任与经济挂钩，调动职工积极性；六是从整顿开始就突出抓了各项基础建设。各处室通过清理文件和复查原有基础工作，整理建立基础工作439项，并将公司机关带有全局性的规章制度、规定、办法进行了修订整理，共汇编38件，确保各项工作有章可循。

第三阶段1985年1月3—26日，为自查预检补课阶段。为搞好此阶段工作，将总公司参加验收团的成员和机关企业整顿办人员统一组成16人的自查预检组，按五个方面分成5个小组，采取听、看、测、查、评的方法逐一进行检查，对于检查中提出的问题责令所在单位限期改正。

三、企业整顿的主要内容

1985年2月，总公司机关于经交通部检查验收全部达到企业整顿五项标准。整顿期间，主要抓了以下几方面整顿：

（一）整顿领导班子，加强党员干部队伍建设

在企业整顿中，整顿领导班子是关键。按照中央关于干部配备"革命化、年轻化、知识化、专业化"的要求，在交通部直接领导下，采取民意测验、群众推荐与组织考核的方法，对中远公司各级领导班子进行了必要的调整、充实和加强。1983年11月，完成广州远洋公司领导班子调整，1984年，完成中远总公司、大连、上海、青岛、天津远洋公司和中波公司领导班子的调整。经过调整，总公司领导班子由原来的11人调整为4人，尚缺3人。新班子平均年龄51.6岁，比老班子降低9.4岁，大专文化程度和专业技术职称均为100%，比老班子各上升82%；6个所属公司领导班子由原来的35人减为29人，平均年龄48.3岁，降低11.1岁，大专文化程度比重为72.4%，比原班子上升46.7%，有专业技术

职称的比重为75.8%，比原班子上升47.3%。各公司领导班子成员绝大多数来自远洋生产一线。基层领导的"四化"程度有了明显改善，为进一步提高企业管理水平，提高企业素质创造了条件。

总公司和6个公司新的领导班子产生后，首先抓了自身革命化建设。总公司新党委一成立，就按《准则》要求制订了《总公司党委工作守则（暂行）》，各公司的领导班子也都制订了各自的守则，并发至所属单位，接受群众监督。结合整党工作，班子成员坚持边整边改，注意端正党风。已开展整党的单位，党委成员都以普通党员身份参加整党学习，认真进行对照检查。未开展整党的单位，也都注意加强了党风建设。各级领导班子在整党和企业整顿中，围绕生产经营，端正了业务工作的指导思想和改进领导作风，经受了繁重工作任务的考验。

新的领导班子遵循党委集体领导、职工民主管理、厂长行使行政指挥的原则，实行党政分工，贯彻执行《中国共产党工业企业基层组织工作暂行条例》《国营工业企业职工代表大会暂行条例》《国营工厂厂长工作暂行条例》，初步改变了长期存在的党政不分、职责不明的状况。制定了《总公司党政分工的暂行规定》，建立党委会和经理办公会议制度，明确了各自的分工范围，以总经理为首的统一生产指挥系统已经初步建立，为实行经理负责制创造了条件。

结合全面整党工作的开展，中远系统各单位较为认真地推动了基层党组织的建设、党员思想教育。总公司机关党组织经过整党文件学习和对照检查，提高了对党的十一届三中全会以来路线、方针、政策的认识，增强了实现社会主义现代化建设总目标、总任务的信心。6个公司党的基层组织整顿结合整党和企业整顿进行，举办党员脱产轮训班，加强党员教育，同时整顿陆地基层组织和船舶党组织，评选先进支部和优秀党员活动形成了制度。此外，加强了党的纪律检查工作，充实了纪检办公室的力量，建立健全了各项制度。党风党纪情况有明显好转。

为了贯彻《国营企业职工思想政治工作纲要（试行）》，远洋系统各单位加强了政工部门、工会和共青团的协作配合，积极开展了以共产主义思想教育为主要内容的系统教育。各单位在干部教育方面安排了系统理论学习，在青年职工中组织了轮训。在日常教育工作中，船舶紧密结合运输生产，开展了思想政治工作，普遍狠抓了清除精神污染，建设社会主义精神文明。

（二）整顿和完善经济责任制，改进企业经营管理

提高经济效益是经济工作的中心任务，也是企业整顿工作的主要目标。针对远洋运输面临国际航运市场持续萧条、竞争激烈的局面，交通部在解决远洋运输经营思想方面作出指示，提出远洋要企业化。远洋公司作为一个经济实体，必须更好地改善经营，提高竞争能力。在企业整顿和整党工作中，中远总公司针对一些企业服务质量较差、官商作风严重、经济效益不高等问题，明确提出了远洋运输业务的指导思想、发展方向和经营方针："进一步解放思想，清除'左'的影响，按照企业化的要求，发展一支结构合理、技术先进、竞争力强的远洋船队，建设一支有理想、有道德、有文化、守纪律的船员职工队伍；一切为货主着想，全心全意为外贸服务；立足国内、面向国际，增强国际竞争能力，进一步打入国际航运市场；加强科学管理，提高经营水平，确保安全优质，开展多种经营，提高经济效益，创'六好'企业①，开创远洋运输事业新局面。"同时，明确了要用周到的服务、准确的船期、合理的运价吸引货主，提高企业竞争能力，把企业从"生产型"转变为"经营服务生产型"。

船舶经济责任制的推行，是调动职工生产积极性，提升船舶经济效益的一次重要探索。1978年底，党的十一届三中全会制定了党的工作重点转移以及经济体制改革一系列的方针政策之后，农村出现了各种形式的联产计酬的经济责任体系，农民的生产积极性空前高涨。面对这一形势，工业经济领域也想摸索出一条调动职工生产积极性，改变企业面貌的路子。

1979年11月，广州远洋的西欧班轮"玉林"轮返航后，公司机关了解到该船由于领导班子较强，敢抓敢管，在几个往返航次中，无论安全生产、维修保养，还是船舶经济效益的综合治理方面，都做了不少工作，成绩较为显著，受到了公司的表扬。船舶领导向公司机关提出建议，如果领导班子和船员能够固定下来，并给予一定的人事和财务管理的权限，船上的工作会好做一些。根据他们的意见，船舶和公司机关共同商定了一个船员定船、修船费、备件费和修船时间定额承包，节约提奖的办法。这就是船舶经济责任制的开端。

从1979年11月开始，广州远洋先后在"玉林""陆丰"两轮上试行"定船承包，节约提成有奖"的办法。为使船舶保持良好的技术状态，保证安全，节约开支，充分提供运力，公司采取的具体做法是，在抓好船舶定船定员时，先抓好船舶领导班子的配备，再参照船舶的实际情况，制定出既接近国内外的实际水平，又经船员努力可以达到的指标。"玉林"轮提出"五定一奖"的办法，其指标定额主要有修理费、备件费、修船期等，并明确责任，有奖有罚。有关规定经公司与船舶协商后，签订了3年合同。

"玉林""陆丰"两轮试行经济责任制后，充分调动了船员积极性。"玉林"轮包干第一年完成利润为年计划的178.16%，维修费用节约20万元。"陆丰"轮是1973年从民主德国接收的杂货船，主机故障多，非生产停泊检修时间长、修理费用高、油耗大。自从广州远洋接船投入营运至1979年，亏损约96万元，1980年试行包干后，不仅弥补了亏损，还盈余67万多元，初步实现责、权、利三者结合，收到了修船期缩短、营运率提升、技术管理改善、增收节支和安全运输生产率多项指标均大幅提高的较好效果。这一办法得到交通部、国家计委、国家经委的肯定，并在全国交通运输系统推广。

与此同时，随着中国经济管理体制改革的深入，工业领域继扩大企业自主权和实行利润留成之后，推行经济责任制成为一项重大的经济改革举措。到1981年，各种形式的经济责任制已经在国营工业企业中普遍得到推行②。继广州远洋"玉林""陆丰"两轮试行经济责任制后，根据国务院《关于国营工业企业实行经济责任制的决定》精神，从1982年下半年起，中远总公司在上海、广州、天津、青岛远洋的75艘船舶上进行定编定员，并实行以

---

① "六好"企业：指能够正确处理国家、企业、职工个人三者的经济关系，达到三者利益兼顾好、产品质量好、经济效益好、劳动纪律好、文明生产好、政治工作好，出色完成国家计划的企业。
② 摘自1982年11月《国家经济体制改革委员会、国家经济委员会、财政部关于当前完善工业经济责任制几个问题的报告》。

包、保、核为中心的经济责任制包干试点。试点包干的项目有九个，即：安全、质量、节油、船期、修理费、备件费、物料费、修理量、利润。由各公司根据同类船舶这一时期的平均水平确定各种定额，经协商签约后，按执行结果考核，节约提成，超耗计罚。包干项目，各船有所不同，有的包六项，有的包四项，但包修理、备件和物料费这三项是共通的。如上海远洋实行"两定"（船舶定编、船员定编）、"三保"（保安全、保质量、保船期）、"四包"（包修船费用、包修船期、包燃油消耗和包物料费）；青岛远洋对所属船舶均推行了费用节约提奖的经济责任制。结果表明，75艘包干船舶全部完成了货运任务，节约了修理、备件、物料等费用，增加了盈利，经济效益明显。同时，压缩了定员，节约了开支，提高了工作效率，增强了船员的主人翁责任感，船员们"以船为家"的思想在生产实践中得到了越来越明显的巩固和提增。

企业整顿中，把企业应建立对责、权、利三者相结合的内部经济责任制，作为企业整顿验收中的一项重要内容，推进了远洋船舶经济责任制的发展。多数船舶定船承包后，在单船经济效益提高的同时，更加促进了企业经济效益的不断提高。1984年，中远总公司航行率从1983年41.4%提高到43.8%，船舶载重量利用率由51%提高到54%，船舶修理费节约30%，修理天数节约40%。试行船舶定船经济责任制后的一年，青岛远洋即扭亏为盈，被评为交通系统经济效益先进企业。到1985年5月，中远已有269艘，占57%的船舶实行了各种形式的经济责任制，到1986年9月，实行承包的船舶总数上升到292艘，占船舶总数的60%。

同时，陆地基层单位和公司机关也试行了经济责任制。基层单位一般试行经济承包责任制，由公司领导与基层单位负责人签订承包合同，其内容主要为经济指标和奖罚条款，也有的以单位独立核算、自负盈亏全面考核后的提奖办法。从执行情况看，不少单位的管理工作加强，经济效益提高，个人的收入增多。如天津远洋的船舶服务公司，承包以前连年亏损，1983年承包以后，产值一年增长2倍，扭亏为盈，利润有很大增长。机关则采取指标承包和岗位职务津贴相结合的经济责任制。国家考核的十四项经济技术指标，根据职责范围分别将共同保证指标和专业保证指标分解到各主管部门、处室。共同指标多为运量、利润、安全三项内容，专业指标为其他上级考核的指标和对公司经营管理有重大影响的专业指标，有的单位还把处室协作或企业整顿的基本任务作为考核内容。经济责任制的实行，调动了广大船员职工的生产积极性，在一定程度上扭转了企业吃"大锅饭"的现象，带动加强了企业管理的基础工作。

船舶经济责任制，以船员定船为前提、以船舶维修等主要费用和营运时间包干为主要内容的节约提奖、超耗计罚的经济承包制度。就经济承包的条件、范围和内容而言，适应了远洋运输船舶特点，抓住了降低成本、改善技术状态，提高营运效率、保证安全等企业管理的主要矛盾，基本体现了责、权、利相结合的原则。绝大多数经济承包船舶的广大船员，增强了"我就是船舶的主人"的观念，进一步调动了船员职工的社会主义积极性，加强了船舶基层和船员队伍的建设，改善了船舶的生产秩序、工作秩序和生活秩序。加强了设备的维修保养，改善了船舶的技术状态，降低了运输成本，提高了船舶效率和经济效益。实行船舶经济责任制也促进了机构的工作，密切了船岸关系，提高了企业的管理水平。

然而，船舶经济责任制还没有完全围绕提高质量、降低消耗、增加效益等要求全面展开，绝大多数的包干费用还只属于成本控制，没有纳入营运收入、盈利水平等反映企业经营活力的指标，因而作为一个经济责任制的体系，是不够完善的。船舶经济责任制在推行中也存着一些问题，检查、监督和指导工作没有跟上，如出现个别船舶拼设备、吃老本的现象；有的船舶船员不能固定或相对稳定，临时观念严重；定额管理不很科学，定额数字有偏高或偏低的现象；奖金分配不很合理，有的船舶思想政治工作薄弱，出现单纯要奖金的现象等。在20世纪80年代后期，随着改革工作的逐步开展，船员定船、船舶运输生产、维修保养和奖励制度逐渐走向正规，以合同形式进行的"船舶定船包干"也逐步转为正常工作，船舶经济责任制完成了其历史任务。客观来说，船舶经济责任制的实行，对扭转受"文化大革命"影响，生产、人事管理制度不健全，人们思想混乱，吃"大锅饭"等现象，在一定的历史时期还是起到了积极的作用。

（三）整顿劳动组织，加强劳动纪律

为改善经营管理，增强企业活力，总公司对机构设置进行了调整和部分改革，下属各远洋公司合并或增设某些职能处室，适当调整了管理分工。各公司对所属陆地基层单位的生产劳动组织作了合理的调整。各单位在完成机构调整后，立即修订了处室工作职责和岗位责任制。在此基础上，本着把工作做细、提高效能以适应工作发展需要的原则，坚持按定额定员组织生产，解决了人浮于事，超编混岗的问题。总公司对船舶定员重新审核调整后，整个船队平均每条船舶定员38.03人，比原来单船平均减少5.07人，节省劳力（包括50%后备系数）3545人。对被裁减的人员，各单位成立了劳动服务公司，作了妥善安排。

在整顿劳动纪律中，总公司和各公司建立了严格的考勤制度及有关规章。在船员、职工中组织学习和贯彻《全国职工守则》《企业职工奖惩条例》《船员职务规则》，修订了奖惩办法，重视了重奖重罚。通过整顿，职工队伍的组织纪律性得到加强，各公司陆地职工的出勤率一般达到96%—98%。同时，加强了劳动保护工作。多数公司增设了劳保科或充实了专职工作人员，对船舶设备及劳动保护用品配备情况进行了检查，安全操作教育逐步形成了制度。

为搞好治安保卫综合治理，总公司和各公司以及所属船舶、陆上基层单位都建立了治保组织，加强法律常识和"四防"（防特、防火、防盗、防毒）的宣传教育，制定了有关治保安全规定和措施，对违法人员进行了查处，并有针对性地开展了帮教工作。

（四）整顿财经纪律，健全会计制度

此前，远洋运输系统的财务会计工作，多数单位存在着原始单据审核不严、记账凭证无人复核、结账不及时、总账和明细账不符等问题。1981年底，交通部召开整顿直属企业财务工作的会议之后，各单位拟订了具体整顿意见。1982年，按照国务院关于开展财经纪律大检查的通知和要求，开始了财经纪律的整顿，取得了一定的成效。全面、认真地进行财经纪律整顿则是从1984年企业整顿开始。经过整顿，财务会计制度逐步健全，基础工作得到改进。

1. 整顿完善财务基础工作

各单位认真清理了财务档案,将多年的会计凭证、各种账册、报表进行分类整理,制定制度,专人管理。同时,健全了账册管理和加强会计凭证复核工作,组织专人清理了往年的悬账。填制记账凭证,基本做到科目准确、字迹清楚、摘要简明、数据相符、借贷平衡、手续完善等,一系列基础工作得以完善与落实,全系统财务工作面貌为之一新。各单位除了按交通部颁发的有关财务会计制度执行并健全了财会工作规章制度之外,总公司机关还拟订了《远洋运输成本管理和核算办法》《机关经费报销办法》《财务档案管理办法》《资金管理规定》等规章制度。

2. 加强了成本管理和收入管理

根据上级下达的控制指标,在各公司按照经济预测和增收节支措施编制年度财务成本计划的基础上,通过综合平衡,由总公司核定审批下达。各公司将计划指标分解落实到主管部门,归口管理。随着经济责任制的推行,成本项目管理分工负责制已基本形成制度。在收入管理方面,加强了收入检查。同时,各公司还加强了分船分航次核算成本工作,减少了差错,挽回了损失。如上海远洋自1983年以来,在63笔运费中就发现少收107万元,还查出外单位算错外汇比价少付的20多万港元。在港口使费审查中发现仅美国代理在1983年错收多收公司集装箱港杂费就高达近100万美元,国内外代理错收多收的港杂费40多万元,款额均已索回。

3. 加强了货币资金、专用基金和外汇的管理

各单位在货币资金管理方面,严格执行核定库存现金定额管理制度和银行结汇制度。为加速资金运用,节约外汇利息,总公司拟订了《资金管理办法》对贷款船的统一管理,统一调拨,加速周转,提高了资金利用。为保护国家财产完整,各单位普遍加强了固定资产的管理和清查工作,健全了固定资产和低值易耗品管理办法。对固定资产的保管、转移、报废、更新制定了一套合理的程序。多数单位对清查核对固定资产发生的问题,认真解决处理,在弄清家底、查明情况的基础上,建立了管理手续、明确了责任。

按照国务院关于开展财经纪律大检查的通知精神,中远总公司对各公司财务工作进行了检查和整顿。各单位从整顿财务基础工作入手,进行大检查,对检查出来的问题及时做了纠正和处理。

(五)有计划地进行全员培训

根据中共中央、国务院《关于加强职工教育的决定》精神,结合远洋的实际情况,开展全员培训,把在职技术干部船员的培训和青壮年职工的文化、技术"双补"工作作为重点。

1. 加强领导,制定规划

为加强对职工教育工作的领导,各单位都建立了由公司主管领导为首,由有关部门负责同志组成的教育委员会,并建立了相应的工作制度,定期讨论研究培训工作中的问题。总公司对1979年成立的职工教育领导小组进行了调整和完善,在对远洋系统船员职工的年龄、文化程度和技术水平进行调查研究的基础上,制订了"七五"期间职工教育规划和具体实施计划。

2. 船岸结合，广开渠道

针对远洋船员流动分散、调动频繁的特点，各单位采用了船岸结合、脱产与在职相结合的办法，多形式、多渠道、多层次地开展培训工作。从 1983 年初起，以公司为单位，在船舶普遍开展了"统一计划进度、统一教材、统一登记考试"的"三统一"培训，绝大多数船舶的培训工作初步形成制度。至 1984 年底，共有 16693 人参加了"三统一"学习，占应参加学习人数的 70%。同时，有计划地抽调船员在主要专业科目方面进行半年到一年的岸上短期专门培训。自 1981 年以来，举办了近 20 种科目的培训班，共脱产培训船员职工 24447 人次，其中 1984 年培训了 5083 人次。

3. 健全制度，打牢基础

中远系统各公司创造条件，健全制度，确保职工教育工作的有效开展。培训基地、专职教师和教育经费是搞好职工教育的重要条件。为达到中央（81）8 号文件所要求的指标，各公司做了很大的努力。对职工教育用房的解决，除青岛远洋、中波公司和总公司机关之外，其他 4 个公司基本上达到了标准。为解决专职教师问题，各公司除了从大专毕业生中挑选适合做职工教育的专职教师外，还从外单位调进了部分骨干力量。截至 1985 年初，全远洋系统共配备了 50 名职工教育专职教师，占职工总数的 1.2%。各单位职工教育经费按职工工资总额的 1.5% 提取，专款专用。

四、企业整顿取得的主要成效

结合企业整顿工作的开展，中远系统的基础管理得到了加强，企业管理水平得到了一定的提升，体现在以下几个方面：

（一）基础建设和计划管理得到加强

远洋系统两级管理机构原来都不够健全，计划管理工作比较薄弱。经过整顿，多数单位重视了计划管理工作，成立了计划管理机构，充实了人员，初步建立健全了以专业计划为基础、综合计划平衡为指导的计划工作体系和计划指标体系。企业的运输生产、财务、技术、物资供应、基本建设、职工培训、劳动工作等方面的经济活动，逐步纳入计划管理的轨道。各项经济技术指标层层分解，落实到基层和船舶，实行分级管理。为制定企业的发展目标，各公司根据航线分工，进行了市场调查和货源预测，在此基础上进行测算和论证，制定了企业的中期发展计划或长远规划。在整顿过程中，各公司重新修订了统计工作制度，明确工作程序，完善了统计报表和各类统计资料，为实现数据管理的标准化、规范化以及电脑进入企业管理打下了基础。为搞好基础工作，总公司机关在时间紧、任务重的情况下，做了大量工作。如政策法律室，对 20 世纪 60 年代以后的 131 种报刊资料进行了彻底清理并装订成册，对清理的 4500 多种图书，重新编目登卡；总公司机关租船处清理了 1973 年以来的旧账，做到年编、分箱入册；安全监督室建立了驾驶技术情况登记表；船技处总结提出了 12 项节能措施等。各类统计资料得到完善，建立了必要的规章制度和工作程序，并改善了档案管理，总公司和各公司均建立了档案科，为进一步搞好基础工作的建设奠定了基础。

（二）经济核算和使费管理

为保证稳定的货源，各运输主管部门在企业内外增设了揽货机构，同时为合理组织运输，充分发挥各远洋公司在运输组织工作中的积极性，对各远洋公司的航区和航线重新分工。在经济核算上，1984年初，对500多艘船的固定成本进行了核算并印制成册，在期租、程租运营前，逐船逐航次核算盈亏。运费管理根据市场行情，分航线分货种进行调整，与国外代理、装卸公司、拖轮公司进行谈判，争取优惠费率，并加强了对运使费单证的审核，追回少付运费，拒付不合理收费。由于实行了指标管理和各项经济核算，经济分析活动逐步形成制度。天津远洋公司按照A、B、C的方法，分析了重点亏损航线——中日航线的经营状况，并将主要效益效率指标与兄弟公司对照比较，找出原因，采取船期包干、自引提成等措施，很快缩短了船期，降低了港口使费等运输成本。

（三）安全质量和监督管理

中远各两级企业都建立健全了安全委员会和各项专业管理相结合的安全管理体系和各级安全管理责任制，充实加强了安全监督室，作为安全委员会的归口管理工作机构。各公司通过企业整顿，加强了基础管理工作，不断完善了船、岸各级安全岗位责任制和危险品运输办法及货源要求。为提高货运质量，各公司在航运处普遍设立了货运监督机构，坚持执行总公司印发的船舶货运全面质量管理暂行办法。总公司还主持制订了远洋危险品货物运输全面质量管理办法（试行），加强了危险品运输的管理，落实了危险货物的监装、监卸和管理指导的具体措施。

（四）技术保障和效能管理得到加强

各公司普遍建立了各种设备的技术档案资料以及机务、无线电监督员制度。船岸对船舶各类设备进行核查，健全了设备的管理维修制度，按修理周期编制船舶和设备的维修计划，并组织实施，对各类备件物料进行了清查建账，制定了储备定额，处理了积压物资。同时，建立了进出库物资的计数、计量、量方和补油、存油的盘存制度。大力推广了燃、润油定额、主机限速运行、车叶削边、换装小孔径油嘴和节能油泵、以重油代替轻油、气象导航等措施，节能工作取得较好成绩。1984年，各公司实际油耗为每千吨海里7.91千克，比交通部规定指标下降了0.69千克，节约燃油13.6万吨，进一步加强了效能管理。

通过整顿，企业的经营管理水平、安全生产和货运质量逐步好转，经济效益明显提高。1983年，远洋运输扭亏为盈；1984年，又创有史以来最高水平，全年共完成货运量4936万吨，为年计划的115.6%；货物周转量2330亿吨海里、吨船产量2539吨海里，分别为年计划的113.66%和109.43%，比1983年分别提高9.52%和6.9%。超额实现全年利润计划，向国家上缴税金9500万元，分摊贷款利息26400万元。

多数公司在整顿验收后，既抓了验收时提出一些问题的整改、补课、落实，又注意坚持不懈地抓巩固提高，使管理工作不断向纵深发展。但也有个别单位和部门放松了持之以恒抓落实和进一步巩固提高的工作，企业的管理基础不够扎实。此外，企业整顿预、验收的间隔时间过密，给各单位增加了负担；在某些问题和环节上还存在着一定程度的形式主义。

第二节　推行承包经营责任制

一、实行经理负责制的历史背景

《中共中央关于经济体制改革的决定》指出:"三十五年来所发生的深刻变化,已经初步显示出社会主义制度优越性。但是必须指出,这种优越性还没有得到应有的发挥。就经济方面来说,一个重要的原因,就是在经济体制上形成了一种同社会生产力发展要求不相适应的僵化的模式。这种模式的主要弊端是:政企职责不分,条块分割,国家对企业统得过多过死,忽视商品生产、市场调节和价值规律的作用,分配中平均主义严重。"这种僵化模式带来的缺点,可以概括为三个字:死、懒、穷。死,就是计划经济把企业管死了;懒,就是平均主义大锅饭把人惯懒了;穷,就是前两者的非良性循环带来的结果——穷。面对现实,党和国家清醒地认识到,只有改革才有出路,只有建立充满生机和活力的社会主义经济体制,狠下决心,改掉那些同生产力发展要求不相适应的弊端,企业才能搞活,经济才能发展,社会才能进步。

1986年,《中国共产党全民所有制工业企业基层组织工作条例》《全民所有制工业企业厂长工作条例》《全民所有制企业职工代表大会条例》先后颁布。3个条例初步奠定了中国工业企业领导体制的目标模式,确立了厂长(经理)对企业生产经营和行政管理实行统一领导全面负责的厂长(经理)负责制。无疑,这个目标模式相对于由党委包揽企业种种事务的企业领导体制来说,是一个历史性的进步。

二、实行经理负责制

(一)首期3年任期的经理责任制

1987年3月,交通部召开全国交通厅局长会议,做出了深化企业改革、推行两个层次承包经营责任制的部署,会议确定中远总公司、上海、广州、大连海运局及长江轮船总公司将逐步实行对部的承包经营责任制。6月,中远总公司向交通部报送承包经营责任制方案。

根据国务院《全民所有制工业企业承包经营责任制暂行条例》规定,企业推行承包经营责任制必须先实行厂长(经理)负责制。1988年9月,交通部批准中远总公司正式实行总经理任期目标责任制,任期为1988—1990年。实行总经理负责制的中远第一任总经理为刘松金。

(二)任期的总体目标及具体内容

总体目标:以中远船队为中心,本着稳步发展、调整结构、更新改造的原则,重点发展班轮运输,注意抓好大宗散货和特殊物资的运输;并使中远的系统管理形成以北京为中心,国内五大港口为重点,以欧洲、北美、日本、东南亚和中国香港五大区域为辅设点的海内外经营管理网络。

具体内容共九个方面，合 24 个项目：①运输生产，包括上缴利税、偿还贷款能力、人均实现利税、资金利税率、全员劳动生产率；②经济效益，包括货运量、货物周转量、代理船舶净吨、代理船舶货运量；③安全质量，包括全损性责任事故、责任事故损失率、货物赔偿率、单证差错率、千人死亡率；④能源消耗，包括船舶综合燃油消耗比；⑤技术改造和设备管理，包括船舶完好率、船队规模、平均船龄；⑥职工教育培训，包括干部中等教育、职工岗位证书培训；⑦职工生活福利，包括住房建设、投入建房基金；⑧精神文明建设，包括文明单位数量；⑨企业升级，即参与国家级企业评级。

1988 年，中远总公司改革了领导体制，至年底中远所属单位基本上都实行了经理（厂长、校长）责任制。青岛船员学院实行党委领导下的院长负责制。

（三）改革船舶领导体制

由党支部领导下的船长政委分工负责制改为船长负责制。1988 年 11 月，中远总公司正式颁发《关于在远洋运输船舶实行船长负责制若干问题的规定》《中国共产党远洋运输船舶支部工作条例》，以及船舶民主管理、船长职务、船长、副船长职责等方面的规定。1989 年 3 月，青岛远洋"谷海"轮实行船长负责制，成为中远第一艘实行船长负责制的船舶。经过 1 年的试点推广，到 1989 年 3 月，中远 600 多艘船舶全部实行了船长负责制。船长负责制规定船长对船舶的整个运输生产经营拥有决策指挥权，处于船舶运输生产指挥系统的中心，对安全、优质、全面完成运输生产及其他各项任务负责。原来船舶政委改称副船长，负责船舶党的工作和思想政治工作，协助船长做好全船的管理工作。

船长负责制的实行，确立了船长在船舶的中心地位和作用，增强了船长的责任感，对加强船舶管理工作起了一定作用。但由于船长要把主要精力集中在抓好船舶的运输生产及安全航行，不可能有更多的时间参与有关行政管理和精神文明建设等方面的具体活动。而政委地位与作用也发生了较大变化，加之当时受社会上有关削弱思想政治工作的舆论影响，一些船舶在抓党建思想政治工作上出现了船长不到位、副船长怕越位的现象。根据中央关于加强与改进党的建设工作的指示，经交通部党组批准，于 1990 年 1 月，将副船长称谓又改为政委，在坚持实行船长负责制前提下，推进两个文明建设。

三、区分层次实施承包责任制

在领导体制改革的基础上，中远系统全面推行承包经营责任制，经营责任制分 3 个层次承包：

第一个层次为：中远总公司对交通部实行总承包，第一个承包期 3 年，从 1988 年始到 1990 年止。承包形式为"四包一挂"，即包上缴税利、包技术改造、包安全生产、包国家重点物资运输生产任务，实行工资总额同换算周转量和实现税利复合挂钩。第二个承包期 2 年，从 1991 年始至 1992 年止，实行"二包一挂"承包经营责任制，即包上缴利税、包技术改造，工资总额同换算周转量和实现利税复合挂钩。

第二个层次为：中远直属企业对中远总公司实行分包，承包形式有四种：第一种，对总公司实行"上缴利润基数包干、确保上缴、超收分成、歉收自补"的承包方式。第二种，对微利企业实行"上缴利税、定额包干"的办法。第三种，对亏损单位实行"亏损定额包干，减亏全留、盈利分成，超亏自补"的承包形式。第四种，实行"包上缴利润基数，包技术改造，实行工资总额同经济效益挂钩"即"二包一挂"的办法。此外，对中波公司实行内部收支节余基数包干，对所属院校实行行政费包干的办法。

第三个层次为：这一层次的承包，主要是各直属二级企业对下属企业的承包，通过各种形式的经济责任制，将其承包指标分解到各基层单位。有些单位对其处、科一级的职能部门也实行了不同形式的承包。各家船公司在前几年实行经济责任制的基础上，加强成本控制管理，对其管理的船舶实行以经济责任制为主的承包。如青岛远洋在单项承包的基础上，制定了《船舶责任制考核评分计奖办法》，指标分为货运量、燃油消耗、修船费用、物料消耗、港口使费、安全生产和综合管理七项，各业务处室对船舶进行跟踪管理。船舶试行两级管理办法，明确了船长的权力，强调安全对船舶责任制考核具有否决权。并进一步完善了考核制度、奖惩标准和分配办法。广州远洋在原来的六项承包的基础上推行了"二定七包"制，即：定船、定员；船员管理责任承包，航次船舶承包，安全质量责任承包，船舶维修费和物料备件费用责任承包，通信导航设备维修及物料备件费用责任承包，旅差费、卧具费、洗理费责任承包，管理基础工作责任承包。上海远洋实行以航次承包为基本形式的综合性承包，主要有安全、货运任务、维修保养、船舶管理四个方面。并且规定了四项必须完成的劳务，即：货运质量、特殊扫舱、危险品运输、货物绑扎。分配办法则采用计分制与确定系数等。

第一个承包期内，中远总公司 28 家直属企业，实行承包经营的企业 26 家。在承包期间，中远面临的形势是国家的外贸运输任务不断增长，而国际航运市场在长期萧条下已走到谷底，国内航运市场多家经营，竞争日趋激烈复杂。在这种机遇与挑战并存的经营环境中，中远坚持以改革统揽全局，以"抓管理上等级，全面提高企业素质"为目标，改善企业内部管理体制，调整企业的经营机制；坚持目标管理和岗位经济责任制，优化劳动组合，把生产任务和业务工作落实到每个部门和个人，层层负责，逐级承包；目标管理实现横包到边，纵包到底，把责、权、利同考核奖惩紧密结合起来，形成"经理承包、全员有责、风险共担、利益共享"的管理机制，充分调动了广大船员职工的生产工作积极性，增强了企业自我发展、自我改造、自我积累的能力。

四、第一承包期内指标完成情况

第一轮承包期内，中远面临的国内外经营环境十分严峻。国际航运市场在持续萧条情况下，1987 年下半年，虽呈止降回升的状态，但形势仍不容乐观。当时出现"四大"现象，即：国际、国内航运市场变化大、国家航运政策调整幅度大、航运相关企业（运输船队、船舶代理、货运代理、港口装卸）改革开放步子大、中远同国内外企业竞争压力大。在这种不利的条件下，中远总公司顶住多重压力，加大了企业内部的各项改革，为企业增强了活力和生机，船队规模有所扩大，安全运输生产、经济效益和还贷能力有了较大幅度的提高，使企业向自主经营、自负盈亏、自我发展、自我约束的经营机制前进了一大步。

（一）全面完成了承包经营任务

这一时期，总公司着力贯彻执行党的十一届三中全会以来的路线方针政策，始终牢记全心全意为外贸运输服务的宗旨，在国家不再为中远货运提供份额的情况下，保证了国家重点物资、急需物资和特殊物资的运输，全面完成了生产任务各项指标。

1. 运输生产

（1）货运量：总目标为 21350 万吨。3 年共完成 23932 万吨，为总目标的 112%。

（2）货物周转量：总目标为 10350 亿吨海里。3 年共完成 12143 亿吨海里，为总目标的 117%。

（3）代理净吨：总目标为 33571 万吨。3 年共完成 36332 万吨，为总目标的 108%。

（4）代理货运量：总目标为 28121 万吨。3 年共完成 30506 万吨，为总目标的 108%。

（5）供油量：总目标为 528 万吨。3 年共完成 581 万吨。为总目标的 110%。

（6）供水量：总目标为 550 万吨。3 年共完成 626 万吨，为总目标的 114%。

2. 经济效益

（1）上缴利税：总目标为 4.35 亿元。3 年共完成 5.28 亿元，为总目标的 121%。

（2）还贷能力：总目标为 6 亿美元。3 年还贷能力为 10.88 亿美元（不包括香港地区），为总目标的 181%。

（3）人均实现利税：总目标为 39005 元/人。3 年共实现 101278 元/人，为总目标的 259%。

（4）资金利税率：总目标为 11.15%。3 年的平均利税率 19%，为总目标的 170%。

（5）全员劳动生产率：总目标为 12166 千吨海里/人。3 年实现 17599 千吨海里/人，为总目标的 144%。

3. 安全质量

（1）全损性责任事故：总目标为 0。因"桃源海"轮事故性质未定尚无法结论[①]。

（2）责任事故损失率：总目标为 4‰。3 年事故损失率平均为 1.5‰。

（3）货物赔偿率：总目标为 6‰。3 年平均为 2.49‰。

（4）单证差错率：总目标为 6‰。年平均为 2.6‰。

（5）千人死亡率：总目标为 0.12‰。3 年平均为 0.023‰。

4. 能源消耗

船舶综合燃油消耗比总目标 ≤ 1。3 年均达到总目标 ≤ 1。

---

① 中远总公司期租给美国 NIVLOSGREENWICH 公司使用的青岛远洋"桃源海"轮，于 1990 年 4 月 23 日在委内瑞拉奥尔达斯港装 11.26 万多吨铁矿驶往东澳堪培拉港。5 月 22 日，在印度洋南部遇强温带气旋，风力 10 级以上，狂浪。当地时间 23 日 8 时，"桃源海"轮在狂风巨浪的打击下，右舷船壳板出现直径为 6 米和 3 米的两个大洞，第七舱进水。随后，左、右舷船壳板又撕开了裂缝。由于距岸都在 2000 海里以上，得不到及时的外援，船舶在涌浪中不断扩大裂缝，大量进水，于 5 月 27 日弃船沉没。32 名船员安全登上一艘赶来救援的日本油轮，未造成人员伤亡。此事故系不可抗力因素造成，在总经理经营业绩目标确定时虽没有定论，但事故定性后，仍按不影响总经理经营业绩目标核定。

5. 技术改造与设备管理

（1）船舶完好率：总目标为91%。3年平均率为96.62%。

（2）船队规模：总目标为1990年末达到1387.3万吨。1990年末，实际达到1504.4万吨，为总目标的108%。

（3）平均船龄：总目标为1990年末为12.9年。1990年底，达到14.8年，未完成总目标。

6. 职工教育

（1）干部中等教育：总目标3年共1052人。3年共完成中等教育1351人，为总目标的129%。

（2）职工岗位证书培训：总目标为3年共16370人。3年共完成证书培训25184人，为总目标的154%。

7. 职工生活福利

（1）住房建设：总目标为3年共建房10万平方米。3年共完成27.76万平方米，为总目标的277%。

（2）投入建房基金：总目标3年共投入为1.14亿元。3年实际共投入2.47亿元，为总目标的216%。

8. 精神文明建设

1990年末，总目标为精神文明建设先进单位占所属单位总数的25%。实际达到30%。

9. 企业升级

1990年末，总目标为总公司达到国家二级，鉴于交通部规定总公司暂不列入升级之列，故未参加评审。1990年末，直属企业共有9家达到国家二级。

其他任务完成情况：

（1）全系统3年总创汇6.13亿美元；

（2）资产增值情况：1990年底与1987年底比较，增值27亿美元；

（3）企业负债情况：1990年底与1987年底比较，减少1.2亿美元；

（4）机构增加情况：直属企事业单位境内部分：1987年底，有28家，1990年底有41家；

（5）境外企业部分：1987年底，有1家，1990年底，有4家；

（6）合营企业境内：1987年底，有46家，1990年底，有77家；

（7）合营企业境外：1987年底，有21家，1990年底，有34家；

（8）国外航运代理：1987年底，有14家，36人，1990年底，有24家，49人。

以上是3年承包生产经营总的指标完成情况。

（二）企业全面建设推进情况

1. 深度推进经营机制改革

面对国际航运市场竞争激烈、国内多家远洋运输企业参与竞争的形势，中远着力于充分利用自身大型联合企业的优势，适时调整和强化了企业的经营机制。承包经营3年来，在巩固和加强班轮工作方面下了功夫，重点抓班轮运输。已开辟了47条班轮航线，每月从国内外港口开出140个航班,航行于40个国家和地区的78个港口,其中在重点航线上实行"五定"的核心班轮共47个航班,准班率连续3年都在98%以上,非核心班轮的准班率也已达到了56%以上,深受国内外货主的欢迎和好评,为国际航运界所瞩目,已成为中远的拳头产品。3年来,总公司和各公司花了很大精力,做了大量的调整航线和船舶上线工作,使中远的集装箱船队的发展十分迅速,如今中远已拥有83艘全集装箱船,7.5艘集装箱船,16艘滚装船,载箱能力达8.2万TEU,自有箱量和租箱量达26万TEU,其中1988年以来,新增全集装箱船25艘,3.7万TEU,箱运量平均每年以30%的速度持续增长。

2. 企业进入多元化经营活跃期

改革开放的10年是中远向外开拓步子迈得最大的10年,而承包经营又是这10年改革中开展多元化经营最活跃的时期。3年来,中远坚持以航运为中心,对外业务开拓在承包前已有相当规模的基础上,又有了较大的进展。中远系统在国内外共有独资、合营企业及机构近200家,已初步形成以船队运输为中心、以船舶代理、货运代理、船舶技术、船舶修理及配件、集装箱制造、燃料物料供应、劳务出口、保险金融、大中专科院校、远洋宾馆及商业贸易为补充,跨国家、跨地区、多层次、多元化的大型综合运输企业;中远总公司以北京总部为核心、以三大系统——船队、外代、燃供为主体,形成了一个集团公司的雏形。其中:船公司18家、外代公司48家、中燃总公司15家;与之配套的有修船、船舶配件以及集装箱制造与修理、船舶燃物料厂站多家;直属院校5所;揽货网点82个;宾馆、金融、保险多家;境外独资公司4家;航运代表处25个;合营公司34家。同时还有众多的直属公司下属各类公司。

3. 安全管理逐步实现规范化

中远自1984年1月之后,在长达6年半的时间内,保持了未发生重大全损事故的良好记录。长期以来,中远将安全工作当成头等大事来抓,健全了安全监督机构,在实践中培养了一支具有一定理论和实践经验以及处理事故能力的安监队伍,通过实践总结,制订了一套行之有效的规章制度。截至1990年底,中远已坚持组织了九次船舶安全纪律大检查,制订和完善了《船舶安全纪律检查提纲》(即一千条)和《船员违章违规行为处理的规定》《船员违法违纪行为处理的规定》(即双十六条),安全纪律检查工作逐步走上经常化、规范化、制度化的道路,初步形成一个以自查与上级抽查相结合、专业对口检查与安全纪律综合检查相结合、检查与整改相结合的安全管理科学体系;同时引进了事故预测和控制技术,运用计算机建立了事故隐患跟踪系统,科学的安全管理体系开始建立,同时通过坚持不懈地抓全员安全教育,定时召开电话会议、年度安全会议、专题安全生产会议,各级干部和全体船岸职工安全意识普遍有所加强,上述系统工作,为3年来中远得以顺利进行改革和业务开拓,提供了一个良好的内部环境。

4. 引入科学技术,提升管理质量

在深化改革、完善承包经营的过程中,中远按照"抓管理、上等级、全面提高企业素质"的原则,从抓基础管理入手,建立各种形式的经济责任制,有计划有步骤地向企业管理现代化方向发展。如:在资金管理方面,制订了流动资金考核及利息分摊等办法,在企业内部实施资金有偿占用，克服企业经营中吃"大锅饭"的弊端，同时，采取各种手段加强成本预控；在质量管理方面，推行以安全为中心的全面质量管理，制订了一整套安全生产的规章制度，同时，引进先进的事故预测和控制技术，建立了事故隐患跟踪系统；在管理体制方面，强化了决策计划机构和信息调研、生产经营指挥系统。为满足中远船队的管理和迅速发展的需要，中远还特别重视科学技术的应用工作；依靠推广新技术，建立了船岸通信网络；计算机的应用已普及到中远系统的各个领域，形成了以计算机为主体的联结各公司的数据通信网，逐步向系统通用化和网络化方向过渡，大力推广采用船舶节能先进技术，中远的整体管理功能和应变能力得到进一步加强，服务质量不断提高；核心班轮驶离国内港口的准班率连续3年保持在98%以上，全系统计量管理已达到或接近国家级计量标准；9个直属大中型企业和4个非直属企业已进入国家二级企业行列，上海远洋还获得了全国企业管理优秀奖——"金马奖"；经过全面质量管理的培训，全系统已形成一支全面质量管理骨干队伍，群众性的质量管理小组活动正在向新的高度发展，已有国家级优秀质量管理小组5个，部级22个，总公司级63个。国家级企业技术进步奖评审委员会授予中远总公司1986—1990年度国家级企业技术进步奖称号。

5. 把人才培养摆上战略位置

中远坚持将人才培养作为一项对企业的发展具有战略意义的重要工作来抓。一是重视智力投资。着力抓正规院校、职校和培训中心建设，3年来，平均每年投入的资金2000万元，各远洋公司平均每年用于职工教育的经费投资也都在100万元以上，从而较好地改善了办学条件，提高了教学质量。二是扩大人才培训门类。3年来，共开设船舶驾驶、轮机管理、船舶电工、无线电通信、外轮代理、货运和政工等7个专业，共培训1351人，超额完成培训目标任务达28%。三是职工岗位证书培训紧抓不放。在干部船员的考证培训、普通船员岗位技术证书培训、海上四项专业技能培训、驾驶员三项专业技能培训都坚持扭住不放，常抓不懈，取得了较好效果，确保了从1991年开始的对技术岗位船员实行持证上岗制度的实行。四是加大安全岗位培训力度。针对安全生产的需要，及时组织驾驶员避碰培训、油轮安全证书培训等，创造了职工岗位证书培训超额53%完成总目标的好成绩。1990年6月，中远总公司被交通部评为"全国交通系统教育先进单位"。

6. 精神文明建设取得较好成果

3年来，在党委的统一部署下，中远各级行政领导积极支持和配合党群部门抓好企业精神文明建设。坚持对船岸职工特别是船员进行坚持四项基本原则的教育，马列主义毛泽东思想等基本理论教育、职业道德教育、优良传统教育、抗腐蚀教育，船岸职工政治素质普遍有所提高。3年来，各级党委结合推行企业承包经营责任制、船舶经济责任制和工效挂钩等各项具体的改革措施，注意做好改革开放新形势下的职工思想政治工作，激发广大职工的主人翁责任感，使广大船岸职工思想觉悟有了新的提高。3年来，涌现了一大批"忠于祖国、热爱远洋、开拓创新、积极奉献"的先进集体和个人。其中，以严力宾为代表的英模人物，在中远系统、交通系统乃至全国引起极大反响，鼓舞着中远广大职工热爱祖国、奉献远洋的热情不断高涨。3年来，总公司共评比出双文明建设先进船舶75艘/次，船舶先进生产（工作）者47人/次，中远成立30周年表彰的"中远系统十大标兵人物"

等,成为中远发展历史进程中的标杆和典范。

推进厂长(经理)负责制作为改革中的新生事物,不可避免地存在着这样或那样的不足。如承包合同不能根据运力增减及时调整货运量、货物周转量等指标,造成部分指标不合理;总公司对交通部承包合同实施"四包一挂",而总公司对6家船公司分包合同却是"两包一挂",存在"上包下不包"现象;有的奖励制度单项包干过多,相互制约,缺乏综合性的考核办法,出现了"以包代管"等现象。

五、3年承包期主要做法与体会

(一)全面推进深化改革,是企业逐步增加生机与活力的根本保证

3年来,中远推行以责任制为核心,责、权、利相结合的承包经营责任制,对克服经营环境和市场变化带来的各种困难,加强企业管理,调动广大职工的积极性,都起到了积极的推动作用。实践证明,承包经营责任制的执行,确实使企业向自主经营、自负盈亏、自我发展、自我约束的经营机制前进了一大步,进而加深了对党中央和国务院在企业继续实行承包经营责任制的理解。在推行承包经营责任制的基础上,加速了企业内部各项工作的配套改革。在体制改革方面,优化了决策机构、信息调研和经营指挥系统;在干部管理制度改革方面,全部实行了聘任制,彻底改变了终身制、铁交椅、铁饭碗;干部及船员的职称改革工作也在坚持标准的原则下抓得比较及时,调动了广大专业技术干部的积极性;在"积极、稳妥、扎实"的原则下,抓紧完成了船舶领导体制的改革及深化企业内部的配套改革,使企业的运行机制发生了根本的变化,船队规模有所扩大,运输生产、经济效益和还贷能力都有较大幅度的提高。

(二)经营机制的调整和强化,巩固了中远在国家远洋运输中的主力军地位

面对国际航运市场的竞争激烈、国内多家远洋运输企业的经营环境,中远着力于充分利用自身大型联合企业的优势,适时调整和强化了企业的经营机制,在巩固和加强班轮工作方面下了功夫,推动了班轮运输朝着健康、持续的方向发展。班轮运输的成功运作,成为中远在国际航运市场上的拳头产品。班轮的发展,使中远摘掉了个别企业强加给中远的船期不准、运价高和服务质量不好的"三顶帽子"。为了在激烈的竞争中巩固和加强主力船队的地位,中远及时将立足点转移到自己揽货和组织货源上来,先后在主要沿海城市成立了中远货运公司,在北京、沈阳等内陆城市设立货运公司或办事处,开展联运代运工作。在北京、石家庄、青岛等地与国内企业联合成立了国际集装箱运输公司,开展了海铁、江海、海陆联运和门到门运输服务,使中远从单纯经营海运业务的企业,发展为经营多种运输业务的多元化经营企业,初步形成了以北京为中心、五大远洋公司和外代分公司为支柱、联结内地主要城市,具有一定规模和实力的货运网络,确立了中远在国家远洋运输市场上的主力军地位。

(三)整体优势的充分发挥,保证了中远核心竞争力的不断提升

中远作为一个整体,包括船队、代理、燃供以及院校、厂站、货运、供应、金融、保险、宾馆等单位,相互支持依存,充分发挥了中远系统的整体优势。特别是在近年来,国家航运政策调整幅度大、航运形势复杂、竞争激烈的情况下,这种优势维护了中远的整体利益，使中远不断提高竞争力。例如，在国务院允许远洋船队放开经营后，中远船队面临重重困难的形势下，外代给予了极大的支持，以优惠的费率及充分利用其订舱配载权，维护了中远船队的利益；1988年，国家允许船舶代理放开经营时，船队又坚决维护了外代的利益；燃供为船队保证油水供应和良好服务，提高了船队的竞争力，而燃供又依靠中远的整体优势，解决了自身更新改造基金短缺等问题。3年中，中远利用多种机会、采取多种形式，对广大职工反复进行全局利益、整体利益、国家利益的教育。在推行承包经营的同时，不断强调维护国家、全局、整体利益的重要性，防止产生本位主义、分散主义和局部利益至上的不良倾向，确保了中远系统聚集优势、形成拳头，核心竞争力逐步得到提升。

（四）安全形势的持续稳定，是企业顺利推进改革和发展的可靠保障

中远总结和制订一整套行之有效的规章制度，坚持组织开展了九次船舶安全纪律大检查，制订和完善了《船舶安全纪律检查提纲》（即一千条）和《船员违章违规行为处理的规定》《船员违法违纪行为处理的规定》（即双十六条）；安全纪律检查工作逐步走上经常化、规范化、制度化的道路，初步形成一个以自查与上级抽查相结合的安全管理督导体系；同时引进了事故预测和控制技术，运用计算机建立了事故隐患跟踪系统，健全了科学的安全管理体系；中远领导班子成员尤其是分管安全工作的领导，无论是台风季度，或遇到重要事故，都是直接负责，现场指挥，轮流值班，多年以来持之以恒。同时，通过坚持不懈地抓全员安全教育，定时召开电话会议、年度安全会议、专题安全生产会议，结合远洋实际贯彻落实交通部关于安全生产的指示及季度安全例会精神，各级干部和全体船岸职工安全意识普遍有所加强，为3年承包期顺利推进改革提供了良好环境。

（五）建设坚强的领导班子，是确保企业稳步发展的关键所在

总公司党委始终本着"党政一条心，同心干革命"的原则办事。总经理刘松金和党委副书记刘世文①（主持党委工作）工作上相互支持，密切配合；生活上相互关心，团结互助，给班子成员带了好头。班子内部民主气氛好，每年的民主生活会均能按时举行，而且成员间能够开展有质量的批评和自我批评，坚持将意见摆在桌面上，通过开展批评和自我批评，达到新的团结。在坚持过双重组织生活方面，班子成员能够严格要求自己，为下面做出了好样子。中远领导班子在注意抓好自身建设的同时，高度重视各级领导班子建设，维护党政工一班人在政治上的团结一致。组织各公司领导班子开展正常的民主生活，每次班子召开民主生活会，总公司都要派一名班子成员带队参加，以便了解情况，有针对性地指导下面开好民主生活会。各级班子中未发生无原则纠纷，或内耗严重等现象。除个别单位外，中远系统的各级班子是团结向上的，这对稳定中远的政治局面和维护良好的生产形势起了重要的作用。3年来，总公司领导班子注意加强自身的廉政建设和强调遵守财经纪律。尽管中远具有外汇收支大进大出的条件，但各级班子基本上未发生严重违反财经纪律的情况，

---

① 刘世文，1931年10月17日出生于天津，1949年1月15日参加工作（薪金制），大专文化。1973年8月起，历任中远总公司经理办公室主任、计划统计处处长、系统工会主席等。1986年12月至1992年12月，任中共中远总公司党委副书记，主持党委工作。他积极配合总经理圆满完成第一轮（五年）承包生产任务，1989年先后被评为全国优秀党务工作者和交通部直属机关优秀党务工作者。1992年12月3日退休。

在历次财税大检查中未发现严重的违法案件。

六、交通部对中远第一承包期的考核评价

1990年12月20—21日，交通部体改、人劳、计划、财会、运管司、办公厅、机关党委等11人组成考核检查组，来到中远总公司了解刘松金总经理1988—1990年任期目标和承包任务的完成情况。考核组听取了刘松金总经理的述职报告、中远总公司党委副书记刘世文的发言；召开了四次有不同人员参加的座谈会（图4-1）；查阅了中远提供的有关资料；结合交通部内各部门、单位平时掌握的情况等。考核组对刘松金履行总经理负责制和任期目标责任制的情况进行了全面考核，并对任期终结目标完成情况做出评价（图4-2、图4-3）。

图4-1　1990年2月24日，中远系统承包经营工作座谈会在北京召开。

图4-2　1990年12月20—21日，交通部任期目标考核组进驻中远进行考核。

图4-3　交通部考核组向中远总公司反馈考核意见。

（一）部考核组对中远的总体评价

主要作出六个方面的评价：

1. 中远总公司坚决贯彻执行党和国家的方针政策，坚持了社会主义企业方向，企业实力增强，发展较快，"生产稳步发展，效益同步提高"

中远总公司的经理任期目标是在连续几年预算外部分亏损，航运市场变化大，航运政策调整幅度大的情况下进行的。中远总公司作为国家外贸运输主力船队，牢固树立为外贸运输服务的宗旨，千方百计改进服务，保证国家重点物资运输，对中国外贸事业的发展，对国家开放政策的贯彻落实，都做出了应有的贡献。在沿海运力不足的情况下，也能从大局出发，抽调船舶参加沿海运输，为稳定大局，促进国民经济发展做出贡献。同时实行任期目标责任制3年，船队增加120万吨运力，班轮运输有了较大的发展，

班轮航线增加到 140 多条，集装箱船队在世界船公司中列第四位，这也是对国家做出的贡献。

2. 加强社会主义精神文明建设，培养具有"四有"职工队伍取得较大成绩

涌现出一大批"忠于祖国，热爱远洋，开拓创新，积极奉献"的先进集体和个人。特别是出现了青远"武胜海"轮机工严力宾这样的先进人物，他的事迹传遍全国，感动了千千万万人的心。这样的先进人物出现在远洋，是远洋公司的光荣，也是交通系统的光荣，更是远洋公司对国家的一个贡献。

3. 出色地完成了各项经济技术指标

按预计统计，中远总公司承包 3 年货运量可超目标 11%；货物周转量可超 15%；上缴利税可超 6%；还贷 10.54 亿美元，可超目标 75.5%；资金利税率可超 70%；全员劳动生产率可超 42%。从这几项指标，可以看出中远对国家的贡献巨大，几年来更是不断增长。

4. 企业的经营管理水平有了进一步提高

3 年来中远在深化改革，完善承包经营的过程中，明确树立竞争思想、服务思想、整体思想，重视发挥企业整体优势，结合总经理任期目标的展开与分解，带动了企业方针目标管理工作和各种形式的经济责任制的建立。

5. 企业的经营机制得到进一步完善

在推行承包经营责任制的基础上，中远加速推行企业内部各项配套改革。在体制上，强化了决策计划机构和信息调研、生产经营指挥系统；在干部管理制度上，实行了聘任制；在船舶领导体制上，实行了船长负责制；在生产经营上，重点抓了班轮运输和发展集装箱船队，建立良好的信誉，加强了揽货和组织货源；在企业整体布局上，努力开拓对外业务。在国内外建立独资、合资企业和机构，初步形成了以船舶运输为中心，以货代、船舶技术、船舶修理、集装箱制造、燃物料供应、劳务出租、保险金融、大中专院校、宾馆、贸易等为补充，跨国家、跨地区、多层次、多元化的远洋运输体系，为今后的进一步发展奠定了良好的基础，使企业向着自主经营、自负盈亏、自我发展、自我约束的经营机制前进了一大步。

6. 加强领导班子自身建设，党政班子团结一致，有战斗力

中远总公司领导之间互相信任，互相支持，党政一把手协调一致，以身作则，形成领导核心。班子内部能够开展批评和自我批评，把问题摆到桌面上，这一点也是在京单位中做得比较突出的。领导班子在群众中有威信，企业的凝聚力不断增强。在四次不同层次的座谈会中，对领导班子的工作能力、决策能力、工作作风、民主作风普遍评价较好。尤其认为刘松金上任后，清理家底，脚踏实地，研究企业经营管理、战略决策和发展规划，制定管理目标、计划，建立规章制度、工作程序，重点明确，条理清楚，较好地发挥了总经理的中心地位和作用。对刘松金总经理在加强党政团结，调动一班人的积极性，加强各级领导班子建设，重视教育培训和人才开发，坚持两个文明一起抓，重视决策的科学化、民主化，建立健全决策程序、制度，成立系统职代会、机关职代会，加强职工民主管理，召开系统后勤工作会、管事会，关心职工、船员生活，以及加强廉政建设，密切党群关系等

方面，普遍给予了较高的评价。

（二）第一轮承包期中存在的问题

1. 管理工作还有待于继续加强

近几年，中远管理水平有了明显的提高和进步，但应看到目前的管理水平与世界先进船公司相比还有差距，基本还未摆脱粗放型管理的状况。刘松金总经理在述职报告中提到的集装箱统一管理问题，还有其他类似的问题，如运费结算、催收、船舶修理等许多单据处理不及时和出差错的情况时有发生，班轮航线船舶出故障、船舶日常维修保养管理得不细等问题。

2. 船队船龄偏大，后劲不足

由于多方原因，到1990年底，中远船队平均船龄将达到15年，这样大的船龄在国际航运市场竞争中是处于劣势的，老旧船不易揽到货，价格也上不去。这样大的船龄也给企业持续发展和下一期承包带来更大的困难，应引起总公司领导高度重视。同时公司领导还应看到这一任、这一轮承包之所以取得很好的成绩，也与外部环境相对较好有关，如国家给了一些优惠政策，造买船国家贴息、中美航线5条集装箱船的建造给了政府间的长期低息贷款。而下一期承包时，这些优惠政策有的要调整，有的还要积极去争取。新的情况和问题对中远是一个严峻的考验。

3. 职工队伍建设还应下大力气

目前船员队伍中仍存在走私倒卖违章违纪等问题，船员外逃屡刹不止。总公司机关也发生几起外出不归的案件。伪造证件外逃出境的案件，在机关中盖章十几次，竟能蒙混过关。这既反映了思想教育工作上的问题，也反映了管理上的漏洞。

4. 思想政治工作还要加强

由于前几年受资产阶级自由化思潮的影响，中远系统思想政治工作也受到冲击，政工机构缩小，人员减少，总公司党委系统干部没有配齐。这项工作应抓紧解决。

七、实施第二轮经营承包期

中远总公司在1991—1992年度第二轮承包经营中，全系统广大职员认真学习贯彻执行党和国家的方针政策，紧紧围绕深化企业改革，做好转换经营机制工作，坚持以经济效益为中心，克服航运市场竞争激烈和成本不断上涨诸多因素的不利影响，积极开拓经营，深入挖潜节支，狠抓安全生产，强化企业管理，完善经济责任制，搞好精神文明建设，调动了职工积极性和责任感，全面地完成了承包合同中规定的各项指标。

（一）各项指标完成情况

两年共上缴利税56359万元，超过合同中规定的50400万元的指标要求，为承包指标的111.82%。其中中燃总公司完成17102万元，为承包指标的106.88%。技术改造和技术进步分别完成8451万元和8890.3万元，各为承包指标的105.20%和653.61%。

货运量完成18697.8万吨，货物周转量完成9571.9亿吨海里，分别为承包指标的113.50%和112.30%；代理船舶净吨29203万吨，代理货运量22851万吨，分别为承包指标的 139.85% 和 138.60%；中燃公司完成供油量 379.9 万吨，供水量 412 万吨，分别为承包指标的 108.50% 和 111.35%。其他如吨船产量、资金利税率、全员劳动生产率、归还贷款能力指标完成情况以及重大货运责任事故、船舶重大交通责任事故、船舶重大油污事故、千人死亡率、重伤率等指标均已完成（表 4-1）。

中远总公司第二轮承包经营指标完成情况一览表　　　　表 4-1

序号	指标名称	计算单位	1991年 承包数	1991年 完成数	1991年 %	1992年 承包数	1992年 完成数	1992年 %
1	上缴利税	万元	25200	30467	121	25200	25892	102.75
2	中燃总公司	万元	8000	9806	122.6	8000	7296	91.2
3	技术改造	万元	4812	5119	106.4	3639	3771.3	103.6
4	货运量	万吨	7900	9224.8	116.8	8600	9473	110.2
5	货物周转量	亿吨海里	4050	4785.6	118.2	4500	4786.3	106.4
6	代理净吨	万吨	10440	13732	131.5	10440	15471	148.2
7	代理货运量	万吨	8240	11171	135.5	8240	11680	141.7
8	供油量	万吨	175	204.1	116.6	175	175.8	100.5
9	供水量	万吨	185	207.9	112.4	185	204.1	1103
10	货物赔偿率	‰	60	16.7	278	60	13.2	220
11	重大货运责任事故	案次	10	0	0	10	0	0
12	储供油量合格率	%	99.8	100	100.2	99.8	99.9	100.1
13	燃油综合率	千克/千吨海里	8.4	7.14	85.0	8.4	7.28	86.7
14	资金利税率	%	14.5	14.2	97.9	14.5	14.86	102.48
15	全员劳动生产率	千吨海里/人	5900	6913	117	5900	7175	121.6
16	归还贷款能力	亿美元	2.5	3.0	120	2.5	2.8	112.0
17	平均船龄	年	15.7	14.95	105.2	16.7	15.04	90.1
18	船舶重大交通责任事故	案次	4	2	50	4	2	50.0
19	船舶油污重大责任事故	案次	3	0	0	3	0	0
20	船舶机损重大责任事故	案次	3	0	0	3	0	0
21	每总吨经济损失	元/每总吨	5	1.57	31.4	5	2.55	51.0
22	船舶安全面	%	91	96.5	105.5	91	96.6	106.2
23	千人死亡率	‰	0.12	0.04	33.3	0.12	0	0
24	千人重伤率	‰	0.4	0.21	52.5	0.4	0.24	60.0
25	技术进步	万元	400	2212	553	400	3016.9	754.2
26	干部培训	人	3491	5210	149	3782	6575	173.8
27	工人培训	人	1427	3830	269	1697	4709	277.5
28	全员培训率	%	10.8	17	156	11.2	22.25	198.7

(二) 各项任务落实情况

在第二轮承包中航运市场形势严峻，不利因素多，承包形式有所变化，实行全员承包和指标基数增长的情况下，为确保任务的完成，总公司和各企业对承包经营工作都加强了领导和管理，各自成立工作领导小组和考核机构，党政工团齐抓共管，在职工中进行广泛的宣传教育，深入发动群众，增强职工的参与意识和责任感，形成人人关心承包，个个努力贡献的局面。

1. 提高揽货意识，积极拓展货运

一是充分发挥多层次、多部门和国内外揽货网点和机构的作用。二是领导亲自带队走访大货主和邀请货主座谈，密切关系，争取货源。三是加强揽货网点的建设，积极发展多式联运、门到门运输和代运、空运业务，为货主提供优质服务。四是对揽货工作施以灵活措施和人力、物力上的支持、扶植等。1992年，货运量中自揽货占95%，其中第三国的散杂货占36.5%；第三国集装箱货占40%。

2. 科学布局航线，提升经营效益

注重改善航线的科学经营与管理，增加中日集装箱航线派船密度；开辟新港—日本集装箱周双班服务和远东—欧洲集装箱班轮航线；充实和完善环太平洋集装箱干支线运输网络，抓住时机，用期租、程租和光租等办法把船舶推向市场，揽取第三国货载；随行就市及时调整航线运价，适应市场竞争的需求。

3. 加强多元合作，实现多方共赢

发挥外代、燃供和工业厂站的积极作用。在理顺外代管理体制的同时，调整和组建了若干外代公司，在各地建立了一批业务网点，积极开展货运、代运、联运、空运和仓储运输业务；支持中燃公司在国家平价油计划不断减少的情况下，积极推进经营国际化、业务多元化，在国外设立了多个船舶燃料公司，在国内建立了8家联营公司；着力发展工业厂站建设，南通船厂一期工程完工，大坞正式投产，接收南通拆船厂，大连修船基地的立项批准，上海远东集装箱制造有限公司的开业，以及蛇口箱厂、北洋箱厂大部分产品外销等等，使中远工业总产值和利润均有较大幅度增长。

4. 注重船队更新，加强技术改造

1992年底，中远总公司在国内外共签署新船合同25艘、148.2万载重吨。其中国外造船9艘、65万载重吨，国内造船16艘、83万载重吨；签订和转售二手船合同18艘、63.4万载重吨；退役老旧船34艘。使整个船队的平均船龄比1991年有所下降。注重科学技术的开发应用，特别是"八五"国家重点新技术开发项目船舶维修保养体系（CWBT），已在中远110多艘船舶上使用；在船舶推广全球海上遇险和安全系统，采用先进通信网络设备；大力开展节能技术改造和推广采用节能新技术；广泛开发应用计算机和网络建设等方面，均投入了大量的人力和财力，并取得了较好的成果。2年共完成技术改造和技术进步14119.2万元，为承包合同的152.6%。

5. 突出成本管理，推进增收节支

2年来，针对各项费用大幅度上涨、成本开支上升的情况，总公司组织各单位深入开展增收节支工作，主要体现在五个方面：①加强财务计划管理和经济活动分析。各单位实

施目标利润和固定成本控制,定期进行分部门、分航线、分项目的综合评估和经济活动分析。②实施利润和固定成本控制目标管理。一是各运输生产部门加强成本测算,严格按定额管理和计划开支,做好港口使费的控制和审核工作;二是机务部门在安排修船时立足国内、扩大自修,加强航修的监控和修费账单的审核;三是压缩物料、备件、通导费开支,严格管理和坚持外购报价比价制度;四是控制行政经费开支。③深入开展节油降耗工作。在充分利用各港油差价,合理安排、择优选择加油港的同时,推广节能新技术和使用低质油,使燃油综合单耗均达到要求。1992年,在增加高航速集装箱船的情况下,定额节油达446万吨,折合人民币约2.7亿元。④加大运费管理和催收力度。首先提高运费管理人员的责任心和业务水平,其次是制定运费收取管理办法,明确各个环节的工作要求,加强运费催收工作,组织催收小组进行蹲点清收,逐步提高了运费回收率。⑤增加外派船员收入。各单位都很重视企业的清理工作,及时撤掉一些效益差的合资、合营企业,以保证增收减亏。加强船员外派出租管理工作,壮大外派船员队伍,1992年,共外派船员5431人,增加了外派收入。

6. 优化企业管理,提高发展质量

①进一步理顺了企业内部管理机制。各船公司在调整内部管理机构时,不同程度地划小核算单位,实行生产调度、财务、修理和船员一条龙管理,提高了船舶安全生产和经济效益。②加强船舶建设和现场管理。各船公司普遍在船舶开展方针目标管理,建立健全船舶达标标准和管理办法,做好船舶现场检查和跟踪管理,促进船舶各项基础管理工作的全面发展,使安全生产、维修保养得到了加强,船风船貌有所提高。③完善了内部经济责任制检查考核办法。各单位都有一套比较完整的内部经济责任制和检查考核办法,对基层单位实行内部承包经营责任制;对船舶实行方针目标管理经济责任制和综合管理奖惩办法及单项指标承包经济责任制;机关实行岗位津贴经济责任制等,并不断进行修改和完善。④加强各项基础管理工作。在明确岗位工作职责的同时,修订工作程序;明确联系制度和工作关系;计量、标准化、制度建设和定额管理、信息管理等都得到进一步加强和提高。1992年,标准化管理工作重点抓好了ISO—9000国际标准和GB—T10300系列标准的宣贯工作,全面质量管理得到了广泛的普及。

7. 狠抓安全生产,确保形势稳定

2年来,中远总公司坚持"安全第一,预防为主"和"从严治理,狠抓落实"的方针不放松,结合各个时期安全生产的特点,制定针对性措施,完善规章制度,坚持安委会月度安全例会和安全活动日制度。1992年,召开两次全系统安全电话会议,5月份召开"中远系统1992年安全工作会议"和开展"安全生产周"活动,组织两次对在港107艘船舶进行严格的安全纪律大检查,对438名驾驶员和电机员进行避碰规则和"应变"考试,还评比表彰了1991—1992年度中远船舶安全生产优秀工作者796名。中远系统整体安全生产形势比较平稳,海损、机损事故有所下降,货损货差件数和赔偿金额下降幅度较大。各项安全质量指标均达到了承包合同的要求。

8. 坚持职工培训,提高业务素质

1992年,中远系统共培训干部6576人/次,工人4709人/次,超额完成了交通部下达的培训指标。在完成干部船员1年专业轮训和工人船员岗位技术培训任务的基础上,重点抓了干部船员英语学习、工人船员岗位练兵和持证上岗工作,同时组织开办了各种类型的专业培训班,培训各类人员 2000 多名,对提高职工队伍文化水平和业务素质起到积极的作用。

(三)存在的主要问题

(1)转换企业内部经营机制,理顺企业管理体制和三项制度改革刚刚推进,尚未全面展开,企业的经营决策和自主权还未得到充分发挥。

(2)航运市场竞争激烈,运输企业受外部条件制约风险大,成本上升快,对企业经济效益和承包任务产生较大影响。

(3)船舶老旧情况突出,船队结构和船型不尽合理,对市场需求不能完全适应;且资金紧缺,更新改造船队结构存在一定困难,严重地影响了企业的发展质量。

(4)安全生产仍不够稳定,事故时有发生,1992年就发生了"武夷山"轮和"隆林"轮两起海损重大责任事故,造成较大经济损失和不良影响,事故隐患还没有从根本上消除。

(5)企业的基础管理不够稳固,存在一定差距,尤其是思想观念和真抓实干的意识有待提高。

(6)承包指标项目太多,重点不突出,有的难以量化,应进一步科学设置,研究解决好承包和工挂指标统一标准问题。

八、各公司同步推进承包责任制

企业推行厂长(经理)负责制是 20 世纪 80 年代后期国家经济体制改革和企业领导体制改革的重要组成部分,也是经济领域中的一项重要改革任务。

实行经理负责制,是外代发展史上的一次重大改革,企业领导体制由党委领导下的分工负责制转换为经理负责制,企业经营机制由指令性计划转换为承包经营责任制。为积极、稳妥、有效地推进这项改革,外代总公司决定以青岛外代分公司为首家试点单位。经过各方面的充分准备,1988年3月10日,外代总公司总经理刘松金、青岛外代分公司经理陆仲平分别在承包经营责任书上签字(图4-4)。

中远总公司和外代总公司在取得试点经验的情况下,联合下发了《中远系统承包经营责任制实施办法(试行)》《承包经营责任制审计试行办法》,中远总公司和外代总公司对所属公司的承包经营进行了部署和安排。尤其对经济技术指标、安全质量指标、企业管理指标、精神文明建设指标等均进行量化,形成《承包经营合同》,按级向下承包。之后,外代总公司就所属6家直属外代分公司

图 4-4 1988年3月9日,青岛远洋召开实行经理负责制承包经营签字仪式大会,自上而下全面推进承包经营责任制。

实行经理负责制的有关问题又下发了补充通知，决定广州、上海、青岛、大连、汕头、湛江外代分公司为第一批实行经理负责制的企业，6家外代分公司的现任经理为实行经理负责制的第一任经理；各分公司实行经理负责制后，副经理和公司级经济技术负责人，由经理提出人选方案，征求党委意见，报外代总公司审批；各分公司行政、业务机构的设置以及中层行政业务干部人选方案，征求公司党委意见后，由经理聘任，并报外代总公司备案；各分公司现任党委书记、工会主席继续任职，待以后换届时，按规定程序民主选举。经理负责制的起止时间为1988年1月1日至1990年12月31日，任期为3年。

外代系统经理任期目标，体现了符合企业长远利益、总公司的整体利益和国家整体利益的原则，也体现了企业管理的先进性和科学性相统一的原则。承包方式为"包上缴利润基数，包技术改造、实行工资总额同经济效益挂钩"，即"二包一挂"的办法。具体责任目标涉及生产经营及精神文明建设等九个方面。在经营承包原则的指导下，各直属外代分公司在思想准备比较充分的基础上，分别制定了实行经理负责制的方法步骤、经理任期目标和干部管理办法，成立了管理委员会，完成了外代系统领导体制和经营机制的重大变革。

由于全面推行了经理负责制，国务院发布的《全民所有制工业企业厂长工作条例》《中国共产党全民所有制工业企业基层组织条例》《全民所有制工业企业职工代表大会条例》在外代系统得到有效的贯彻，各外代分公司依据这3个条例，分别制定了实施细则，理顺了党、政、工的关系，强化了生产决策的指挥系统，明确了企业行政负责人（经理）的企业法人代表地位和生产经营活动中的中心地位，保证了党委的监督职能及政治核心作用，建立健全了职工民主管理制度，使企业向自主经营、自负盈亏、自我发展、自我约束的经营机制前进了一大步。通过实施目标管理和岗位经济责任制，把生产任务和业务工作落实到了每个部门和每个员工，层层负责，逐级保证。目标管理指标横包到边，纵包到底，把责、权、利同考核奖惩紧密结合，形成了经理承包、全员有责、风险共担、利益共享的管理机制，增强了企业自我改造、自我积累的能力。在第一轮承包期间，全系统克服了经营环境和市场变化带来的各种困难，以逐年增长的态势完成了各项承包指标，3年间外代系统代理船舶净吨的总指标为33571万吨，实际共完成了36332万吨，为总指标的108.2%；代理货运量总指标为28121万吨，实际共完成30506万吨，为总指标的108.5%。1991年7月，外代总公司对第一轮承包工作进行了总结，为进一步完善经理负责制，实行第二轮承包经营积累了经验。

上海远洋在实行承包经营责任制后，实行所有权与经营权相分离，转变企业经营机制，增强了企业的活力。1988年4月13日，中远总公司总经理刘松金和上海远洋经理李克麟分别代表中远总公司和上远公司在承包经营合同上签字，为期3年。承包经营形式是"上交利润基数包干，确保上交，超收分成，欠收自补"。合同还就公司上交利润、留利比率、留利使用、运量与周转量、安全生产、货运质量及其他主要经济技术指标作了明确规定。上海远洋实施承包经营责任制后，将各项承包指标层层分解到相关部门和所属单位，将公司对总公司的大承包，变成了每个单位、每个部门的小承包，公司所承担的责任和压力，变成了13000多名职工的责任和压力。由于将公司的整体利益与职工的切身利益直接挂钩，激发了职工的工作积极性和创造性，减少了工作上的扯皮推诿现象，形成了个个重视安全工作，人人关心生产效益，为完成公司承包指标而共同奋斗的良好局面，企业的整体功能得到了充分发挥和体现。第一轮承包经营的基数是货运量1470万吨，周转量573亿吨海里，利润总和26375万元。1988年，完成货运量1790.9万吨，为计划数的121.8%；完成周转量729.3亿吨海里，为计划数的127.2%。1989年，完成货运量1824.8万吨，为计划数的124.1%；完成周转量793亿吨海里，为计划数的138.4%。1990年，完成货运量1950.5万吨，为计划数的132.7%；完成周转量886.6亿吨海里，为计划数的154.7%。3年均完成了与中远总公司签订的利润承包指标。以上数据说明，第一轮承包经营的任务全面超额完成。

广州、天津、青岛、大连远洋、中波公司、中燃公司等单位在推行承包责任制中，都能严格按照交通部、总公司下发的文件要求组织落实，完成了利润承包指标，企业建设稳步推进。

1991年初，中远总公司与签订第一批承包合同的所属企业均签订了第二轮（1991年1月1日至1992年12月31日）承包经营合同，承包指标较第一轮有一定调整，任务有所增加。经过全系统的不懈努力，第二轮承包任务均全面超额完成。

九、中远"四化"目标的谋划与确立

经过第一、第二承包责任期的企业经营与建设，中远总公司最高决策层对企业发展的方向更加明确，对体制机制上的优势与不足有了清醒的认识，尤其对新的历史时期中远长远发展的目标，有了新的思考和展望。

（一）中远的体制架构朝集团化方向发展

"八五"期间，应是中远向企业集团化方向发展的有利时期，当时中远已初步具备向企业集团发展的一些基本条件，组建企业集团后，确实有助于中远增强开发能力，以更强的实力去参与国际航运市场的竞争，为国家多创汇。中远如能按此方向发展，则可使集团总公司作为投资中心，形成投资主体，实行宏观管理；专业公司作为利润中心，形成经营主体，专业公司的下属公司及一些直属服务性企业则作为管理主体以降低成本为目的，形成成本中心，真正理顺企业集团内部成员之间的关系，从而发挥集团综合效益和规模经济效益；在船队管理上要逐步过渡到实行统一的专业化管理，对于集箱装船队要实行统一经营分散管理，而对集装箱则实行统一管理，避免运力浪费和费用损失，降低成本开支。如果能实行上述办法，即使在目前船队结构暂时得不到很大调整的情况下，也能够集中力量参与国际竞争，最大限度地发挥中远的整体优势。而且，还可利用中远资金大进大出的有利条件，成立财务公司，以强化集团核心层投资功能，并通过逐步拓宽业务，为建立企业集团的金融机构创造条件。同时，企业集团将利用国家赋予的经营活动中的自主权，逐步增强企业自主经营、自负盈亏、自我发展、自我约束的能力。将促使中远成为真正有实力的、中国远洋运输的"国家队"，自立于世界航运业林。

（二）中远的经营模式正向国际化方向发展

实现这一目标主要把握的重点环节是：①提高经营管理水平，适应国际化经营的需要；

②继续加强和完善中远在世界各地的经营管理网络和广大揽货网络以及开展国际多式联运，在已经建立中远欧洲地区性独资公司的基础上，在美国组建类似欧洲公司模式的地区公司；要充实和加强中远驻香港办事处的力量；力争在"八五"期间，使欧洲、美国、中国香港等地基本建立经营管理的区域性独资公司，这样中远在国际航运市场上的经营活动将会向前推进一大步。要增加驻外力量，增派驻外人员，"八五"期间人数至少要达到翻一番的水平，即从现在的 30 人发展到 60 人以上，使之有足够力量和较高的管理水平，以便有效地参与国际竞争，把业务经营扩展到世界各地，提高国际市场的占有率，真正为国内外货主提供全球性服务；③要实现以上两个目标，归根结底要加速人才培养工作，拥有人才优势是企业发展的基础，除研究实施脱产强化培训外，还可充分利用中远国外机构众多、培训场所充裕的有利条件，开展在职培训。

（三）中远的业务拓展正向多元化方向发展

中远应继续按照"以航运为中心，围绕着为发展船队服务"的方针，开拓多种业务，向多元化方向发展，以不断增强企业的实力，使企业在国际航运市场形势多变的情况下，有足够的应变能力。"八五"期间要在当前已形成一个综合性企业的基础上，利用中远资金大进大出的有利条件，重点开拓金融业务，组建财务公司；发挥中远船队大，可伸可缩的优势，开展船舶贸易及船舶租进租出业务，并围绕着船队的发展需要，开展码头、仓储等业务。"八五"期间，在大力发展油运的同时，要探讨买燃油期货的业务，研究和筹建油库。同时，要下力气搞好船员外派工作，力争"八五"期末中远外派船员达到 1 万人目标的实现。

（四）中远的管理方式正向现代化方向发展

党的十三大明确指出："现代科学技术和现代化管理是提高经济效益的决定性因素，是使中国经济走向新成长阶段的主要支柱。"同时还指出："科学技术的进步和管理水平的提高，将在根本上决定中国现代化建设的进程，是关系民族振兴的大事。"中远总公司正朝着管理现代化的目标稳步前进。重点把握住了六个环节：

（1）确立了正确的经营思想和能够适应企业内外环境变化、推动企业发展的经营战略；

（2）按照《企业法》规定，建立起集中与自主相结合，适应现代化生产要求的领导体制；

（3）培养一支德才兼备、熟练掌握现代管理知识与技能的企业管理干部队伍和有思想、有道德、有文化、有纪律的远洋职工队伍；

（4）建立起一整套适应远洋特点、保证生产经营活动高效率运行的组织机构和管理制度；

（5）生产经营各个环节普遍地有效地使用现代化管理方法和手段，并建立起比较完善的电子计算机管理信息系统；

（6）精神文明建设不断得到强化，社会主义企业的精神正在逐步培育，企业的市场号召力和良好信誉得到明显提升。

在此基础上，中远总公司提出的"结构集团化、经营国际化、业务多元化、管理现代化"的"四化"战略目标，通过长期的谋划与实践，正逐步成为中远人的共识。

第三节　实行船员定船承包责任制

1978年底,党的十一届三中全会把党和国家的工作重点转移到以经济建设为中心的轨道上来,并出台了全面推进改革开放等一系列方针政策,农村出现了多种形式的联产计酬、联产承包责任体系,农民的生产积极性空前高涨。在这一形势的感染和激发下,中远系统上上下下涌动着一股热情,力争找到一条适应远洋特点,充分调动船舶一线广大船员积极性、创造性,提高安全管理水平,为国家多创效益的路子。其中一项重要举措,就是多年来一直被普遍看好但又没有坚持下来的船员定船工作。

从1979年1月到1992年12月的14年间,船员定船工作成为这一时期中远船队生产经营和安全管理的主线,贯穿了这一时期中远发展的全过程。这项工作在14年间分为两个阶段,第一阶段是以船员定船包干制为主要特征的试行探索阶段,起止于1979—1985年,共7年;第二阶段是以经济承包责任制为主要特征的规范管理阶段,起止时间为1986年初到1992年底,同样为7年。

一、船员定船工作的先期开展

1974年,中远天津分公司在"金湖"轮开展了船员定船试点工作,这是一条旧油轮,船舶技术状况和船员生活条件比较差。全部人员定船后,船舶思想建设、组织建设、货运任务、安全航行、船员培训等工作,都比定船前取得了更显著的成绩,天津分公司及时总结该轮试点经验,并在全公司推广。到1976年底,已定船30艘,之后有所起伏。广州远洋早期也开展过不同形式的船员定船工作,取得了较好的效果,但均因各种复杂情况没有持续开展起来。1979年底,他们又重新启动了船员定船包干工作。

由于受多种因素影响,特别是后来船舶大量增加,干部船员严重不足,船员定船工作始终处于定定停停、断断续续的状态,既没有大面积铺开,也没有长时间定住。

1979年11月,广州远洋的西欧班轮"玉林"轮返航后,公司机关了解到这艘船由于领导班子较强,敢抓敢管,在几个往返航次中无论是安全生产、维修保养还是船舶经济效益等方面,都做了不少工作,成绩也比较显著,受到了公司的表扬。这时,船舶领导提出建议,如果领导班子和船员能够固定下来,同时再下放给船上一定的人事和财务管理的权限,船上的工作会做得更好。根据船舶领导的意见,公司机关和船舶共同商定了一个船员定船、修船费、备件费、修船时间定额承包、节约提奖的办法。这就是中远广泛推行船员定船承包责任制的开端。1980年,广州远洋又有"陆丰""同江""常德"3条船试行了定船承包。这几条船由于建立了经济责任制,管理水平明显提高,船舶技术状况有了改善,政治思想工作逐渐加强,经济效益十分明显。"陆丰"轮是1973年从民主德国接收的杂货船,主机故障多,非生产停泊检修时间长,修理费用高,油耗也高,一天消耗36吨油。自从广州远洋接船投入营运以后,连续7年亏损97万元,营运率只有 80% 左右；承包以后，第一年盈利 157 万元，营运率提高到 99%。而与"陆丰"轮同类船型没有承包的"新丰"轮，当年的营运率只有 85%。公司推行船员定船包干制的优越性，开始展现在人们的眼前。

中远总公司紧紧抓住全国开展的联产承包责任制这一历史性机遇，总结广州远洋、天津远洋近几年来探索船员定船包干的思路、做法与经验，在全系统推广普及，各公司相继开展了以船员定船为主要模式的承包责任制。

到了 1981 年，全国经济体制改革进一步深入发展，国营工商企业已经提出了建立责、权、利相结合的企业内部经济责任制体系，并且在一些重点企业进行试点。1982 年初，交通部领导在交通工作会议上肯定了广州远洋试行船员定船承包制的做法，这对中远船队推行船员定船包干制是一个很大的推动力量。此后，上海远洋开始在 6 条船上试行船员定船承包制，其他船公司也都尝试着开展了船员定船工作。1982 年底，广州远洋已经有 44 艘船舶实行了船员定船。

1983 年 6 月，全国六届人大一次会议上通过的政府工作报告，突出强调要把企业的全部工作转到以提高经济效益为中心的轨道上来。并且提出，企业要建立以责、权、利三者相结合为特征的各种经济责任制。与此同时开展的企业整顿工作，又以建立完善企业内部的经济责任体系为企业整顿验收的一条重要内容，进一步促进了远洋船舶经济责任制的深入发展。此后 5 家船公司全面推行了船舶经济责任制。广州远洋发展到 66 艘、上海远洋有 49 艘、天津远洋 19 艘、青岛远洋 4 艘、大连远洋 2 艘，总共 140 艘船舶实行了各种形式的船员定船承包制。

1984 年，各公司大力推行船舶经济责任制，当年已经有 269 艘船舶实行了定船经济承包制度。其中广州远洋 117 艘，占公司船舶的 79%；上海远洋 79 艘，占公司船舶的 54%；天津远洋 45 艘占公司船舶的 45%；青岛远洋 20 艘，占公司船舶的 42%；大连远洋 8 艘，占公司船舶的 31%。

由于推广了船员定船承包制，船舶和企业的管理水平逐渐上升，企业的经济效益不断提高。广州远洋全面检查验收合格的 108 条船，其中 90% 是定船承包船舶，1983—1984 年，被评为公司先进船舶的几乎全部是承包船舶。承包船舶普遍地加强了维修保养，扩大了自修项目。上海远洋的"风涛"轮，大吊多年失修，一直不能使用，厂修需要 7 万多元，承包后船员自己完成了绝大部分检修工作，厂修只花了 6500 多元。"熊岳城"轮副机汽缸腐蚀严重，1 个缸套只能使用 1000 多小时，船员们对其进行了技术改造，延长寿命 3—4 倍。1984 年各公司承包船舶的单船平均修费为 18.9 万元，为非承包船单船平均修费 30.5 万元的 61.97%；平均修期只用 11.78 天，为非承包船平均修期 27 天的 43.7%，接近国外轮船公司的水平。由于严格管理，船舶的效率和经济效益有了很大的提高。天津远洋的中日航线船舶一直亏损，最高亏损额达到 1400 多万元，承包前平均航次天数一般要 30—45 天，承包后缩短为 25—30 天，当年盈利 50 万元以上，摘掉了亏损航线的帽子。大连远洋 6 条承包的油轮，1984 年比 1983 年的货运量提高 32.7%，收入增加 35.5%，由亏损 541 万元转为盈利 210 万元。青岛远洋 1983 年预计全年亏损 2500 万元，该年 4 月份推行了承包制后，机关和船舶合力挖掘经营潜力，大幅度降低了运营成本，当年实现盈利 1076 万元,1984年,盈利7433万元,被评为交通系统经济效益先进企业。经济责任制的推广,不仅节约了开支、降低了成本,安全质量也明显提高。中远5家公司在1984年的货物赔偿金额比1983年减少37.2%,赔付率为万分之5.3,比1983年降低55.8%,海损事故率下降1.2%,直接经济损失下降74.5%。虽然这些成绩不能全部归功于经济责任制,但是经济责任制的推行肯定是一个极为重要的因素。

船舶承包责任制是以船员定船为前提的,各种费用包干,节约提成计奖,超耗按量计罚的经济承包制度。这个制度基本上体现了责、权、利相结合的原则,且现行做法基本适合远洋船舶特点。

在各级领导的重视和船员部门努力下,经过深入摸索、反复实践、适时改进,有力地推动了船员定船工作的发展,定船数量逐步增加,到1985年7月,实行单船定船的船舶达到270艘,占船舶总数的56.6%,另实行船组定船的船舶有70艘。实践证明,通过船员定船,对于改进船员管理、提高船员素质、保证船舶安全、增加企业经营效益以及提升船队管理质量等,都取得了明显的效果。

船员定船这一新的组织形式,越来越显示出它的优越性,在船员管理方面,也积累了不少有益的经验。各公司正积极创造条件,采取有效措施,努力改进工作,在现有基础上,进一步扩大定船数量,使定船工作健康顺利地向前发展。

二、船员定船的基本原则和做法

船员定船是对现行船员管理调配制度的一项改革,各公司在实践摸索中,结合本公司和船舶的具体情况,大体形成和采用了以下做法。

(一)定船人员的配备

①先确定船长、政委、轮机长3个主要负责人,以原船3位主要负责人为主,相互协商,自愿结合,或做个别的调整,由船员部门征求有关处室意见后,报主管领导批准;3位主要负责人确定后,再配备其他船员(包括后备人员)。②研究配备定船人员中,坚持政治力量、技术力量和其他各种结构合理搭配的原则。③船员定船名单确定后,由船长、政委代表船舶与船员部门签订合同。

(二)船员定船的形式

定船的基本形式是实行单船定船,其中绝大多数的船舶采取全部船员固定的办法,多数船员按40%—50%配备后备人员,少数干部船员不配备后备人员,在公休期间,由船员部门临时抽调定船以外的船员顶替,这是在干部船员不足的情况下,采取的权宜之计。这种定船形式也比较有利于船员稳定和定船优越性的发挥;有少数船舶,只定在船的全部船员,而不定后备人员;还有极少数船舶,只定8名主要船员,其余船员不定。后两种定船形式,船员的流动性较大。此外,上海远洋还有70艘船舶,采取按船型固定船组的形式,把同类型的船舶编成18个组,船员一般在本船组内调配。

（三）船员定船的期限

多数船舶船员定船的期限，是按照经济责任制的承包期和船舶的技术状况确定的，各公司在做法上不完全一致，可分以下几类：①根据船舶两次岁修和特检的周期，一定 3 年或 4 年半，期满后，保留部分骨干，重新组建定船班子，签订第二次合同。②根据船舶和人员的具体情况，对定船期限不做硬性规定，但最长不超过 5 年，最短不少于 3 年。③对确定近期内退役的船舶，采取船员一定到底的办法，定到船舶退役交出为止。④对普通船员不规定定船期限。

（四）保持船员相对稳定的措施

为了巩固定船成果，保持定船船员的相对稳定性，各公司对定船船员的变动采取了一定的控制措施。上海远洋规定，凡变动一个定船船员，不论是水手、机工，还是服务员，必须由调配科填写申请表，说明充分理由，逐级上报到主管经理审批。广州远洋除了船员部门的负责人把关，主要干部船员的变动要经领导批准外，公司还规定，每年变动率不准突破 20%。其他公司也相应采取了尽可能减少变动，包括外派归来、短训结束、短期病愈的船员仍回原船的措施。

（五）公休和接班船员的安排

对定船船员的公休和接班，越来越多的船舶，采取了由船舶领导安排确定，公司船员部门只负责代发电报的办法。这不仅扩大了船上的自主权，加强了船舶领导对船员的管理，也减轻了船员部门的日常调配工作和一些思想工作，更为合理和切合实际。但还有不少的船舶，对定船船员的轮休仍按老办法，主要由船员部门安排决定，也有的船两者兼用。

三、船员定船取得的阶段性成效与存在的问题

1985 年 10 月 13 日，中远总公司船舶经济责任制工作座谈会在北京召开。总公司副总经理卓东明代表总公司作了题为《不断完善船舶经济责任制，加强船舶基层管理，提高经济效益》的总结讲话，总公司党委副书记刘松金就如何进一步发展和完善经济责任制发表了意见。各公司的领导和主管部门的负责人在会上作了工作汇报和经验交流。总公司机关有关处室的人员也就各项专业管理作了专题发言。与会人员一致认为，普遍推广船员定船经济责任制已有 7 年，在这样一个特殊的时间节点召开总结会议，回顾走过的道路，研究工作中存在的问题和解决的办法，是非常必要的，也是适时的。会议认为船员定船承包，建立责、权、利相结合的企业内部的经济责任体系，是远洋运输企业经济体制改革的一个重要组成部分，是加强企业管理的一项重要措施。实行船员定船承包不是一项随意性的决策，而是完善远洋运输企业的经济责任体系，增强企业活力，提高企业经济效益，为发展远洋运输事业做更多贡献的长远举措。

（一）取得的成效

1.增强了船员的主人翁责任感

绝大多数承包船舶的船员增强了"我就是船舶的主人"的观念，进一步调动了船员职

工的社会主义积极性,加强了船舶基层和船员队伍的建设。改善了船舶的生产秩序、工作秩序和生活秩序。

2. 加强了设备的维修保养

改善了船舶的技术状态,降低了运输成本,提高了船舶效率和经济效益。

3. 降低了船舶维修成本

经统计,这一时期船舶修理费占总成本的比例:1981年为14%;1982年为12.1%;1983年为9.2%;1984年为7.6%;1985年为6.5%。其他费用也都大幅度降低。

4. 安全事故得到相应控制

近3年无毁灭性全损事故记录,防抗台风共887艘次无一受损。其他重大海损机损事故也处于可控状态。

5. 密切了船岸之间的关系

实行船舶经济责任制也促进了机关的工作,密切了船岸关系,提高了企业的管理水平,增加了企业的经济效益,收效是显著的。

6. 加强了精神文明建设

船舶领导班子建设得到了巩固,党支部的战斗堡垒作用和党员的先锋模范作用得到了加强,思想政治工作的针对性和连续性有所提升,党、团、工会建设有了组织形态上相对稳定的保证。

(二) *存在的问题*

船员定船承包责任制一直在动态中探索提高,存在的问题是在所难免的,有的问题还很突出。

1. 承包的内容还没有完全围绕提高质量、降低消耗、增加效益等要求全面展开,有的公司只抓了1—2个承包项目,产生了一些负面作用。

2. 承包中由于检查、监督和指导工作没有跟上,出现了个别船舶拼设备、吃老本的倾向。如船员减员提奖,虽然在促进船舶定员合理化方面有一定作用,但其弊病很大,发展下去会影响船舶的正常工作和安全生产。

3. 有的船舶船员不能固定或相对稳定,临时观念严重。

4. 分配上还存在不合理现象。

5. 定额管理不科学,定额指数存在偏高或偏低的现象。

6. 思想政治工作出现偏差,有的船舶发生单纯以奖金代替思想政治工作的倾向。

这些问题都说明实行船员定船包干制不够完善,还有大量的工作要做。

四、通过多种形式推进定船工作落实

1985年之后,总公司加大了船员定船工作的领导力度,主要做了以下重点工作。

(一) *着力解决思想认识问题*

前几年,船员定船工作之所以定定停停,思想认识不统一是重要因素之一。中远系统从领导机关到广大船员,对定船的必要性和紧迫性,在认识上虽然比过去有明显提高,但

也并非完全一致。在机关中还有少数干部，甚至有的船员调配部门的同志，对定船仍有一些不同意见，认为定船浪费了人力，不利于船员熟悉其他机型和设备，个别船员长时间处于"隐性下岗"状况，不利于队伍稳定；还有的船员存在"五怕"心理：怕定船是一阵风、瞎折腾，怕把自己定"死"了不自由，怕一旦定上一条不随心的船吃大亏，怕定船后承担不必要的责任，怕定船政策不兑现。很显然，"五怕"的心理状态多是出于个人得失考虑。总公司紧紧抓住这些思想问题，通过召开定船工作专题会议、下发中远船员定船工作指导意见、发布船员定船宣传教育提纲、通过多种宣传媒体开展讨论等多种形式，将定船的目的、意义向机关干部和广大船员进行深入宣传和教育引导，逐步扫清了在定船中出现的各种思想障碍。

（二）纳入经理任期目标考核

总公司按照国务院颁布的《全民所有制工业企业承包经营责任制暂行条例》有关规定及交通部《关于部属航运企业实行船员定船制度的通知》要求，把船员定船工作绩效纳入经理任期目标一并考核，鼓励各级领导集中精力抓船员定船工作落实，特别强调经理和主管副经理要把船员定船工作作为贯彻国务院和交通部关于改善领导、加强管理、确保安全运输生产的决定的一项重要基础工作来抓。同时，明确把对实行船员定船工作的业绩纳入经理任期目标内，其任期目标考核重点为：实行船员定船的责任是否明确，态度是否积极，计划是否具体，指标是否实际，工作是否扎实，绩效是否显著，以此激励各公司经理及相关人员全力以赴将船员定船工作落到实处。

（三）积极推广好的做法和经验

这一时期，总公司加大了对船员定船工作的指导推进力度，通过召开船舶经济承包责任制经验交流会、下发年度船舶经济责任制指导意见、年度船员管理工作会议等方式，推广各单位的好做法、好经验。广州远洋先期在船舶推行承包制，后又在"陆丰"轮等船舶抓"两级责权利相一致"承包法，取得了成功。船舶直接向公司承包的单级承包方式，解决的只是船舶向公司吃"大锅饭"问题，而"陆丰"等轮不但船舶向公司总承包，而且部门向船舶承包，从而解决了船上3个部门吃船舶"大锅饭"问题。试点船舶自从实行了两级承包后，显示出来的经济效益比原来单级承包制要高出一倍多。总公司及时推广了广州远洋"两级责权利相一致"承包法。同时，总公司还推广上海远洋"制度先行、规范操作、科学管控"推进法，使船员定船工作从一开始就强调抓基础台账的完善与落实。他们先后制订了《定船船员调动审批表》《定船人员变动记录表》《定船人员年度公休安排计划表》等十多种表格，之后又适时制订了《上海远洋公司实行船员定船制度的暂行办法》，使各项规章制度日趋完善，保证了船员定船工作健康稳步地向前发展（表4-2）。还推广了中波公司（中方）"三方合力协商配班子"的做法，即公司党组织、船员调配部门、船长政委轮机长三方背靠背协商认定后配班子的方法，确保了船舶领导班子的配备具有较高的成功率；推广了大连远洋"三定五包一保证"承包法，即"三定"：定船、定编、定员；"五包"：任务包干、物料费包干、修船费包干、航贴包干、综合奖包干；"一保证"：保证船舶安全运输生产。

中远各公司船员定船情况一览表　　　　　表4-2

单位	船舶总数	已定船数	百分比	其中大、老旧船			定船形式
				总数	已定船	占比	
广州远洋	126	45	36%	46	20	43%	两船3套4艘，其余均为单船单套
上海远洋	148	148	100%	58	58	100%	均为单船单套
天津远洋	117	48	41%	35	25	71%	只定主要干部船员和单船定单套两种形式
青岛远洋	50	24	48%	27	24	89%	单船双套2艘，其余均为单船单套
大连远洋	29	3	10%	5	2	40%	单船定单套，部分职务配后备系数
中波公司	8	4	50%	0	0	0	均为单船单套
合计	478	272	57%	171	129	75%	
备注	船舶总数内不含与地方合营的船舶，1991年6月30日制表						

其他单位在实践中总结出的好做法、好经验，也得到了总公司的肯定和推广，推动了船舶经济承包责任制的落实。

（四）定期组织定船情况通报

1985年，加大力度推进船舶经济承包责任制后，总公司每年都将各单位船员定船总体情况进行详细通报，推动工作落实。1992年3月17—19日，总公司召开中远系统船员定船工作经验交流会，对各单位船员定船情况再一次进行通报：

广州远洋共有船舶总数129艘，已定船126艘，占船舶总数的97.6%，大、老龄船的定船任务均如期完成。定船合格的船舶为103艘，占已定船总数的92.8%。

上海远洋共有船舶总数144艘，至1991年6月底率先实现了全部船舶定船，为中远系统第一家实现100%定船的公司，在全系统定船工作中，起了带头示范的作用。从检查和各管理处自查的情况看，该公司定船船员在船率在50%以上的船舶为121艘，占84%。

天津远洋共有船舶总数117艘，已定船舶54艘，占船舶总数的46.1%。在中远系统中，天津远洋的定船工作是后进单位。其自查的情况是，有4艘船船员在船率未能达到50%的要求，占已定船船舶总数的7%。

青岛远洋共有船舶总数50艘，到1991年底已全部实行定船，成为中远第三家100%定船的公司。从青岛远洋自查的情况看，有2艘船舶不合格，占4%。

大连远洋共有船舶总数27艘，已定船舶20艘，占74%，大连远洋第一季度的自查情况是，全部定船船员均符合定船考核要求，是唯一一家自查情况全部合格的公司。

中波公司（中方）现有船舶总数8艘，到1991年底全部实行定船，是中远第2家实现100%定船的公司。自查的情况是有1艘船舶不符合要求，占12.5%。

（五）盯住问题公开批评整改

中远总公司在抓船员定船承包经济责任制工作上，决心大、标准高、要求严，对存在的问题从不遮掩，而是单刀直入，一针见血，促进了工作落实。

在批评广州远洋存在问题时指出：

"1990年底青岛船员管理工作会议后，广州远洋对定船工作一度采取了观望的态度，行动不够迅速，造成了当年下半年定船任务过重的被动局面。为了保证完成总公司下达的指令性定船计划，他们不得不把主要精力放在完成计划上，而对定船方面的各项基础工作就顾及不上，带来基础工作还不够扎实的不足。"

在批评天津远洋存在问题时指出：

"天津远洋的定船工作较长一段时间步子相对较慢，存在着应付检查、搞'花架子'的现象。在接到总公司给天津远洋党政主要领导的传真电报以后，天津远洋领导接受了批评，及时召开了会议，对照问题找差距，采取了一些应急措施，使大、老龄船的定船计划在去年底匆匆完成。"[①]

中远总公司在推动船员定船工作中体现出来的坚持问题导向、敢于较真碰硬、善于严管细评的扎实作风，很好地解决了船员定船中存在的一些倾向性问题。

五、保持船员定船工作的连续性

这一时期，中远总公司克服船员定船中出现的各种矛盾和问题，发扬"咬定青山不放松"的精神，坚持不懈、一以贯之，船员定船承包经济责任制不断得到巩固和加强。在各级领导的高度重视和各公司的共同努力下，中远船员定船工作有了较大的进展。到1992年底，中远直属远洋公司、中波公司（中方）所属全部船舶已实行100%定船。经检查，除8艘船舶因"在船率"或"年变动率"不符合考核要求外，其余船舶均符合要求，合格率为98%。

1993年2月，中国远洋运输（集团）总公司成立。之后，在全系统第十四次船舶安全纪律大检查中，共抽查船舶45艘，船员定船的船舶合格44艘，占98%。这一成绩的取得，更加坚定了总公司和各船公司深入开展船员定船工作的决心和信心。5月17日，中远集团下发了《关于继续深入抓好船员定船工作的通知》，在成立定船工作机构、实行定船工作逐级负责制、统一奖罚兑现办法、保证定船船员"在船率"和"年变动率"等方面，做出了明确规定，确保了船员定船工作的连续性，为中远集团进一步统一组织船员定船奠定了坚实的基础。

第四节 转换企业经营机制

中远成立30年来，在国家的关怀、支持和交通部的直接领导、帮助下，已发展为拥有600多艘船舶、1500多万载重吨，机构遍及海内外的特大型企业，是国际航运业一支受人

---

① 摘自《中远系统船员定船工作经验交流会议纪要》（〔92〕中远人字第691号）。

瞩目的重要力量。但是，由于中国原有经济体制和管理模式的不完善，同时又受企业自身制约因素的影响，中远的经营机制还不够健全，存在着一定的局限性，束缚了企业的快速、健康发展。这种状况同中国经济正迅速由计划经济向社会主义市场经济转变而对企业提出的更高要求是不相适应的，同中远外向型国际化经营的特质也是不相称的。这就要求中远必须通过深化改革，改善内部环境，加速经营机制转换，增强自主经营、自负盈亏、自我发展和自我约束的能力，使中远在国内和国外两个市场的激烈竞争中，始终立于不败之地。

一、深入贯彻中央文件精神

1992年2月28日，中共中央下发了1992年2号文件[①]，3月28日，国务院下发了《关于当前加强企业管理工作的几点意见》。5月16日，中共中央政治局会议通过《中共中央关于加快改革，扩大开放，力争经济更好更快地上一个新台阶的意见》。7月，国务院又下发了《全民所有制工业企业转换经营机制条例》（以下简称《条例》）。党中央、国务院在短时间内接连下发关于加快改革，扩大开放的系列文件，足以说明大力推进改革开放在国家层面的重要性、紧迫性。尤其是国务院下发的直接关系企业发展的108号文件和《条例》，成为企业改革发展在这一历史时期的行动指南。文件指出，抓紧有利时机，加快改革开放步伐，力争经济更好更快地上一个新台阶，是当前全党的战略任务。为保证和促进企业经营机制的转换，必须加快配套改革的步伐：一是转变政府职能，二是建立和完善社会劳动保障体系，三是培育和发展市场体系。《条例》则更加开宗明义，对企业转换经营机制的目标、原则、方法等直接进行了明确，具有非常强的可操作性。尤其对企业实现转换经营机制后所享有的生产经营决策权、产品劳务定价权、投资决策权、留用资金支配权、人事管理权、内部机构设置权、工资、奖金分配权等14项权力悉数交给企业自己掌握，以确保企业依法实现自主经营、自负盈亏、自我发展、自我约束的生产经营新业态，成为独立享有民事权力和承揽民事义务的企业法人。

中远系统各级领导对国家改革开放的大政方针，既由衷地支持和拥护，又深切地感到担子的沉重和时间的紧迫。1992年5月30日—6月3日，中远总公司在上海召开了中远系统贯彻落实党中央、国务院系列文件暨企业管理工作座谈会，8月18—26日，总公司先后举办了三期转换企业经营机制专题培训班，处以上领导干部共103人参加了《条例》和交通部《意见》等有关文件的学习和培训。在处以上干部学习基础上，总公司机关还以处室为单位，进一步学习了党中央、国务院颁发的系列文件。11月4日至6日，总公司在京

[①] 1992年1月18日至2月21日，邓小平视察武汉、深圳、珠海、上海等地，发表"南方谈话"。主要内容是：坚定不移地贯彻执行党的"一个中心、两个基本点"的基本路线，基本路线要管一百年，动摇不得；要解放思想、勇于探索，以"三个有利于"为标准，大胆地进行试验；计划多一点还是市场多一点，不是社会主义与资本主义的本质区别，计划和市场都是经济手段；中国要警惕右，但主要是防止"左"；社会主义的本质是解放生产力，发展生产力，消灭剥削，消除两极分化，最终达到共同富裕；要抓住机会发展自己，关键是发展经济，发展才是硬道理等。邓小平南方谈话，是在国际国内政治风波严峻考验的重大历史关头，回答了长期束缚人们思想的许多重大认识问题，是把改革开放和现代化建设推进到新阶段的又一个解放思想、实事求是的宣言书。2月28日，中共中央将邓小平"南方谈话"作为中央1992年2号文件下发，要求尽快逐级传达到全体党员干部。

召开了中远系统经理、书记座谈会。陈忠表总经理、刘世文副书记就组建集团和企业转换经营机制，同与会代表进行了深入的讨论研究。

通过一系列紧锣密鼓的学习培训和研究讨论，各级领导和参训人员对如何理解、支持国家进一步加快改革、扩大开放，如何推动国民经济迅速由计划经济向社会主义市场经济转变，如何在改善企业外部环境的同时，加快转换企业经营机制，加强企业管理，推进技术进步，深挖市场潜力，增强内部活力，增强企业素质，提高经济效益等重大问题达成了广泛共识。

二、转换经营机制的基本思路

在 11 月份召开的中远系统经理、书记座谈会，重点研究讨论了中远系统如何深化改革、转换中远系统经营机制的问题。经过广泛深入征求意见和讨论研究，确立了中远系统转换企业经营机制基本思路，概括起来就是：一个加强、二个明确、三个方向、四个管住、五个放开。

一个加强：强化中远系统的整体观念。中远系统始终是一个不可分割的统一体，过去是这样，现在是这样，集团化以后仍然是这样，并且更应注重整体性建设。整体观念是中远总公司考虑一切问题的基本出发点，不能有任何偏离。

两个明确：一是明确中远总公司是未来实现集团化经营的核心企业，具有独立法人地位，由其行使对各成员企业的统一领导、管理和协调；二是明确中远系统紧密层成员企业的所有资产都属于中远总公司。经国家国有资产管理部门授权和委托，中远总公司对所辖资产拥有经营、管理、支配和处置权。

三个方向：中远系统在开拓国际化经营，以航运为中心、运输为主业、向多元化发展逐步形成支柱性产业中，朝着"下海、登陆、上天"三大方向的战略目标奋进。"下海"，就是搞好船队经营和管理，继续保持和发展以航运业为本的强大实力。"登陆"，就是大力开拓陆上实业，包括进出口贸易、仓储运输、工业、金融保险、房地产、旅游等。"上天"，就是积极从事航空货运和包括空运在内的国际多式联运业务，构成集团内强有力的综合运输体系。

四个管住：是指中远总公司在履行集团化核心企业的领导职能中，必须在资产资金管理和统贷统还上管住管好；在紧密层企业的领导班子和工资总额及重要的用工、分配政策上管住管好；在外事审批管理权和驻外机构上管住管好；在重大生产经营项目上管住管好。

五个放开：就是把安全生产、技术管理、保险理赔和燃物料供应的调度权放开；杂货船、油轮和部分散货船的经营权放开；货源组织的手段和方法，持有效证件签证的船员出入境的管理权放开；在不突破工资总额前提下，有关船员航行津贴、伙食标准的决定权放开；在有关政策条件下，有关内部工资、分配方式与用工形式的决定权放开。把这五个方面的权力下放给各远洋公司，大大增加了下属公司的主自权。

为推进企业转换经营机制，总公司下发了《关于进一步深化改革，转换中远经营机制的若干意见》；批准了青岛远洋船员工资改革的试点方案；同意上海远洋选择澳新航线实行股份制试点；对劳动用工制度、奖金分配和管理体制等问题进行了研究和改革。同时，还积极开拓与航运主业相关的经营业务，发展第三产业。

三、"三项制度"改革的先期准备

国家将"三项制度"改革作为推进企业转换经营机制的重要内容,要求各大型企业要着力解决好"三项制度"中矛盾与问题,真正实现社会主义市场经济体制下的企业经营机制的转换。"三项制度"改革主要是"劳动人事制度、工资分配制度和社会保障制度"的改革。这三项制度改革,关系到搞活企业,提高劳动生产率,改进管理、调动职工的积极性和创造性的重大变革,也是当前经济发展和转换企业机制的一项核心内容。

1992年4月17日,总公司下发了《关于在中远系统开展劳动人事制度、工资分配和社会保障制度改革工作的几点意见》(以下简称《意见》),《意见》着力推行全员劳动合同制、干部聘任制;实行定岗定员、择优上岗、优化劳动组合;坚持"先培训、后就业,先培训、后上岗"的原则,真正形成干部能上能下、职工能进能出、工资能升能降的机制;进一步贯彻按劳分配原则,改进并完善企业工资与效益挂钩,推行岗位工资制;卸掉企业对职工包揽一切的沉重负担,建立起完善的社会福利保障体系,包括劳动保险、医疗和住房分配制度等,实现保障机制的社会化。

劳动人事制度方面的改革,体现在两个方面:一是机关陆地员工的选聘与任用;二是远洋船员的选聘与任用①。机关人事制度的改革,首先是明确机构编制,确定各类人员结构比例,定岗定员。在此基础上,实行聘任制,择优上岗。为了抓好这项重要改革,总公司发出通知,征求关于远洋运输公司编制定员的意见。同时,总公司责成广州、上海、天津远洋3家公司先选择几个具备条件的基层单位,进行全员劳动合同制的试点,摸索经验,总公司再组织交流。

在工资分配制度改革方面,总公司责成大连海运学校和秦皇岛供应公司按照劳动人事和工资分配制度配套改革的总体设想,提出两项改革整体思考、配套设计、匹配运作的原则制定实施方案,两家可确定试点单位,先行一步。为了确保生产要素和资源的合理配置,逐步推行动态优化组合,改革后在用工和分配制度、劳动工资等方面实行新的管理办法。中远系统各公司也想方设法积极创造条件,制定试点方案和具体实施措施,先通过试点取得经验,然后逐步推广。

在劳动保险、医疗、住房制度方面,中远总公司紧跟国家改革进程和地方改革步伐,有步骤地进行探索、研究、试点和推广。社会保障制度改革是"八五"期间国家重点改革项目,国家已就养老保险制度和失业保险制度的构建,提前进行工伤、医疗保险的试点和准备工作。养老保险制度改革的中心,是实行退休费社会统筹。在改善船员职工的福利待遇方面,总公司坚持用好用足用活国家有关政策规定。在发展生产、提高企业经济效益和"两个不高于"②前提下,使全系统船员职工的工资福利待遇具有吸引力和凝聚力。由于社会统筹工作中存在大量尚未解决的问题,中远各单位暂时不宜参加,并争取参加部统筹或下一步成立集团后自行统筹。

截至1992年底,三项制度改革方案均已完成。

---

① 远洋船员方面的选聘与任用在《第五章 船员队伍建设》中表述。
② "两个不高于"是指"人均工资增长不得高于劳动生产率的增长,工资总额增长不得高于利润的增长"。

四、完善承包经营责任制

1992年，是中远系统实行承包经营责任制的第五个年头，也是总公司实施第二轮承包期的结算年。总公司对交通部的承包和各公司对总公司的承包到年底届满。按照国家关于在"八五"期间继续实行和进一步完善承包责任制、完善承包指标体系和工效挂钩办法，逐步由利润承包转向资产经营承包，解决好国有资产保值增值问题，进一步强化企业约束机制的原则，认真总结经验，主动与上级部门协商，调整和修订承包指标体系。

增强企业内部自我约束机制，是企业转换经营机制的重要内容，完善规章制度则是增强企业内部自我约束机制，强化企业管理的重要方法。中远总公司组织各级监察机关，针对企业深化改革中出现的新情况、新问题进行了大量的调查研究，制定出台了《中远纪检、监察工作为生产经营服务的若干意见》，各单位也先后研究制定了本单位纪检、监察工作为生产经营服务的具体措施和意见。进一步完善了承包经营责任制的监督体系。

五、加强股份制改革的研究

早在1989年5月，国家税务局就下发了《关于集体企业实行内部集资和股份制有关财务问题的规定》，1992年，国家体改委、国家计委、财政部、中国人民银行、国务院生产办五部委办印发了《股份制企业试点办法》，其中对企业财务、会计、国有资产管理、审计、劳动工资、人事、统计等方面进行了严格的规范。股份制企业试点是一项政策性强、涉及面广的重要改革，中远总公司通过学习研究国家有关股份制改革的政策和原则，首先在上海远洋开展了试点工作。上海远洋根据总公司提出的关于在进行股份制试点可考虑在封闭航线进行的意见，选择在澳新集装箱航线展开，经过一段时间的试点，加深了对企业实行股份制的认识。

股份制是企业发展的必然趋势，也是中国经济体制改革中出现的新事物，尚待不断探索和积累经验。中远总公司针对企业面临的国内外市场条件和自身的实际情况、积极探索用股份制方式改造现有企业，建立新的企业，从而加快经营机制的转变和整体优势及规模经济效益的加强。总公司确立了推进股份制改革的基本指导思想：

股份制的推行既要积极，又要稳妥，不求多，务求好，不能乱，通过进一步开展试点，由点到面，有计划有步骤地推广。

经过深入研究，总公司逐步理清了思路，明确了指导思想，即：推行股份制的主要目的是把企业推向市场、增强企业活力和提高"四个自我"能力，改进企业内部管理和提高经济效益及保障国有资产的保值增值。在推进股份制改革过程中，务必防止利用股份制形式，片面追求增加职工福利的倾向。职工收入的增长和福利的改善，必须建立在企业经济效益增长、利税指标完成和资产保值增值的基础上。

总公司根据中远的实际情况明确：经济效益连续3年较好的蛇口集装箱厂和其他陆上企业，可以先期进行股份制试点。上海远洋经营的澳新集装箱航线也可积极创造条件，提出完善的试点方案，再决定是否在可操作层面上推广。

鉴于当时的股份制改革尚处于试验阶段，国内股票市场还没有发育成熟，中远系统试行股份制宜以企业法人持股和内部职工持股形式为主。

第五节 航运综合管理

一、船舶调度管理

1974年12月26日，交通部远洋运输局召开远洋运输调度管理工作座谈会，这是中远成立以来第一次召开以远洋运输调度管理工作为主题的专题会议。会议对当前远洋运输工作中存在的问题，特别是对外贸提出的中远船期不准、变化大，冷藏舱不可靠，不愿装危险品等问题进行了分析研究，大家一致认为，在当前形势下，必须做好船、港、货的调度和管理工作。调度部门要把工作做深做细，必须要心中有数，加强与各单位的联系协作。为了搞好中远船舶的调度管理工作，就要踏踏实实地解决好当前在调度管理中出现的问题。会议共研究调度管理了五个方面的重点工作。自此，中远系统的调度管理工作纳入远洋运输公司航运综合管理的重要议程。

（一）调度工作逐步走向制度化

1971年12月，交通部下发了《关于颁发远洋运输船舶调度规程的通知》，为了适应远洋船舶发展的需要，改进生产调度工作，各分公司在生产部门配备海务、计划统计、保险理赔等人员。进入20世纪80年代，中远海洋运输调度工作进入到制度化建设时期。1989年5月9日，中远总公司下发《关于颁布执行〈杂货船队计划调度管理细则〉的通知》（以下简称《细则》），《细则》对出口船货安排、进口船货安排、计划的执行与变更、船舶日常动态和实际状况等均做了详尽的规范，成为船舶调度管理的应用指南。1989年11月8—10日，总公司在上海召开了中远通用船舶调度管理信息系统工作会议，肯定了上海远洋在船舶调度管理信息系统在整体开发、组织落实、系统实施等方面取得的成绩。

（二）推广上海远洋调度管理系统

由总公司和上海远洋共同组织开发的远洋船舶调度管理系统，于1984年5月2日正式投产试用，基本达到了设计要求。总公司决定将2个应用系统在COSCO内部移植推广，并下发了相关文件，各公司的计算机人员进行了充分的准备，船舶调度管理系统在中远系统内部推广应用的条件已经成熟。为了早日在远洋运输管理上应用计算机，中远总公司成立了船舶调度管理系统移植领导小组，总公司副总经理卓东明任领导小组组长。推广工作共分三个阶段。第一阶段，上海远洋有关负责同志向兄弟公司介绍了系统的结构与功能，经过讨论得出如下三个结论：①上海远洋的《船舶调度管理系统》的功能能够满足各兄弟单位航运调度业务的需要，具有移植的可行性；②上海远洋的《航运业务代码手册》原则上具有通用性，可供兄弟公司参照使用；③上海远洋的《关于试行电子计算机系统管理"船舶调度规程"的办法》基本上适用于其他公司，可以参照使用。第二阶段，移植工作具体实施。按照青岛、天津、大连和广州远洋的顺序组织实施；第三阶段，举办两个学习班。一是向各公司领导介绍船舶调度管理系统有关知识的学习班；二是系统移植学习班，组织四大远洋公司接受移植系统的计算机技术人员学习。之后，组织专家按照系统移植顺序进行现场指导，全系统推广了船舶调度管理系统后，提高了船舶调度管理的自动化水平。

船舶调度管理系统所处理的问题涉及远洋运输业务的各个部门，是远洋运输管理不可或缺的重要环节，总公司机关和各船公司组织得力人员熟练掌握、合理运用系统功能，为其他系统的开发应用奠定了基础。

（三）加强对航运调度人员的培养

这一时期，中远总公司逐步加大了对航运综合管理人员的培训力度，采取送出去学习进修、招进来定向培养、手把手师傅带徒弟等多种方式方法，促进了航运综合管理队伍整体素质的逐步增强。

二、市场运价管理

中远成立时，航运系统没有自己的运价表，当时使用中波公司的运价表。1965年3月至1966年4月，交通部从广州、上海分公司和外代调人，经过一年的努力，制订出了中国远洋运价本并试行。1971年7月—1973年11月，承运外贸进出口杂货的船舶使用中远和外运2家公司联合制定的运价本（通常称"黄本"）。从1973年1月开始，使用交通部颁发的第1号运价本，从这时起，中远杂货运价按略低于来华外国班轮的运价水平制定。按照这个原则，中远于1975年1月进行了调整，颁发了第2号运价本。在这次调整中，经过中远和外代两总公司反复商量，确定了17条航线国轮杂货运价与来华外资班轮运价的差数，国轮运价即按保持已商定的差数进行调整。

远洋货运价格是一个瞬息万变、错综复杂的动态系统，新的运价本刚刚颁布，新的市场矛盾迅即产生。遵照彭德清副部长指示精神，交通部于1979年3月29日至4月2日，集中了外代和中远总公司、分公司负责运价工作的13名同志，对国际市场班轮和程租、期租船情况以及国轮成本情况进行了测算比较。

（一）国际市场运价情况

1.班轮杂货市场情况

中远现行运价本为交通部2号本，以此为基础，分别与来华外国班轮，中国香港、日本班轮公会等运价本进行了测算比较，结果如下：①与中远有协议的来华外国班轮运价水平比较，共测算了16条航线，其中5条航线（中国香港、泰国、红海、加东、加西）比2号本低1%—19%，平均低7.7%。另11条航线（新、马、沙巴、沙捞越、孟加拉、波斯湾、澳新、东西非、欧洲、地中海）比2号本高2%—14%，平均高7.42%。②与日本11家来华船公司运价水平比较：比2号本高25%。③与香港班轮公会运价本水平比较：经对东南亚地区、东西非、大洋洲、欧洲、地中海、加拿大东西岸等13条航线进行了测算，结果是香港公会运价较中远2号本高17%—83%，平均高44%。④与日本班轮公会运价水平比较：按从日本到各航线和从中国到各相应航线为基础进行了测算，共测了21条航线，比2号本高43%—172%，平均高81%。

2. 大宗货市场水平情况

当前运价本上共订有 11 种大宗货，它们是原油、磷灰土、小麦、玉米、糖、矿砂、矾土、生铁、硫黄、大米等。为了使测算情况尽可能接近实际，此次共搜集了外贸 170 个程租、期租合同，进行测算，其测算结果如下：①外贸程租船运价水平：外贸程租船 108 艘次，16 条航线，8 种货种，测算结果，外贸程租船运价比中远现行大宗货运价低约 12%—64%，平均低 43.71%。②外贸期租船运价水平：共测算 6 条航线，62 个艘次，测算结果亦较中远大宗货运价低约 12%—44%，平均低 19% 左右。

（二）国轮经营情况

1. 国轮大宗货成本情况

共测算了 15 条航线，25 个艘次。其中 10 条主要航线的粮、糖、矿砂、硫黄、化肥均有盈余 6.5%—43.88%，平均盈余 26.54%。5 条航线有亏损，主要是油运航线。其中日本原油亏损 15.7%，香港成品油亏损 40%，等等。亏损原因很多，但主要的是航次时间太长。

2. 杂货情况

以广州分公司为例，据 9 条航线、474 艘次测算，除大洋洲收支平衡、沿海亏损 33% 以外，其余航线盈利 12%—54%，平均盈利 26%。

基于上述情况中远总公司推行了如下举措：

1. 杂货

根据上述多种运价水平比较，将 2 号本杂货运价平均调高 10%—15%，调整重点是日本和欧洲、地中海航线，日本航线建议调高 20%，并力争再多一些。欧洲、地中海航线西行已调高 12%，此次西行争取再调高一些，东行调高 12%。

2. 大宗货

第一方案平均降低 15%。如按此方案调整，初步测算 1979 年调整后大宗货约少收入 1.9 亿元。杂货运价平均调高 10%，可多收入约 1 亿元左右，两者相抵约少收入 9000 万元。第二方案是按略高于国际市场水平，平均降低 20%。按此方案调整，初步测算，1979 年大宗货约少收 2.5 亿元左右。杂货可多收入约 1 亿元左右，两者相抵约少收入 1.5 亿元左右。

3. 根据国家计委、经委的指示，国轮运价改按国际市场价格计价，1980 年 7 月 24 日，交通部采纳了中远和外代提出的部分建议方案，颁发了《关于执行第三号运价本有关问题的通知》，这一阶段，中远的运价工作有了新的遵循，处于相对稳定的一个时期。

为了进一步加强中远系统运价管理，统一对外，提高中远揽货竞争力，1986 年 4 月 1 日，中远总公司颁布了《中远系统运价统一管理暂行办法》，从六个大的方面对全系统运价工作进行了规范和管理。时至 20 世纪 80 年代末，航运市场发生了较大变化，外部船公司不规范竞争愈演愈烈，内部互压运价时有发生。为杜绝中远公司内部各自为政、价出多门、恶性竞争、肥水外流的现象，总公司及时颁发了《关于重申中远系统实行统一运价管理的通知》，对不顾中远整体利益、影响中远对外形象的不良倾向进行了严肃批评和明令禁止，强化了企业的运价管理，扼制了不良倾向的蔓延。

三、港口使费管理

降低运营成本，提高经营效益，是企业经营管理中的一项重要课题。成本构成的各个项目都有潜力可挖，尤其在港口使费方面潜力更大。港口使费主要是船舶需要港口提供各项服务而向港口当局和服务单位交纳的费用，它包括港务税、吨税、码头费、灯塔费、引拖费、装卸费、拖轮费、解缆费、代理费及其他如加装淡水、清理垃圾、船员交通车、用船等费用。1978 年，中远港口使费占总成本的 30.1%，占外汇支出的 36.5%。可见，港口使费能否实现科学、精细管理，直接关系到航运公司的经营效益和管理水平。长期以来，中远总公司高度重视港口使费的科学管理，适时组织各远洋公司根据不同航线的港口情况，研究并提出节约港口使费的具体措施，同一线船舶通力合作，确保了港口使费合理支出，节约开支。

这一时期，国家港口使费管理缺乏规范，港口码头随意涨价现象到处可见。1991 年，国轮在国内港口使费与外轮一样拉平，导致中远系统船舶营运成本大幅度上升。为适应这一新形势，1991 年 11 月 1 日，总公司航运部召集各远洋公司航运处长到北京研究对策，制定措施，以应对和化解企业发展中的不利因素。经过深入研讨，提出并推进了如下举措。

（一）跟踪市场变化，快速调整策略

这一时期，国际、国内航运市场形势瞬息万变，应接不暇。尤其在港口使费方面，发展中国家管理混乱，发达国家同样存在乱涨价、乱调整、乱收费现象。面对这一复杂情况，中远总公司坚持跟踪市场变化，第一时间调整应对策略。如，1991 年国务院做出了调整港口使费的政策性安排，据初步测算，1991 年国内港口使费调幅为：港口使费上涨 40%；杂货装卸费上涨 200%—260%；集装箱装卸费上涨 36%—40%；散货装卸费上涨 60%—67%。总公司立即做出策略调整。

1. 上调运输费用，弥补使费上涨缺口

为抵消上述上涨要素，对集装箱运输运价作适当上调。杂货船运输装卸费率上涨幅度较大，而运价上调的可能性又较小；散货船运输装卸费由货主承担。这三部分船队根据市场情况上调，以抵消一部分国内港口使费上涨的损失。

2. 申请财政补贴，避免效益大幅滑坡

远洋船队国内港口使费上涨后，中远及时报请政府有关部门给予一定数量的返还或适当的财政补贴，不致因港口使费上涨，使中远船队成本大量增加，减少盈利收入。

3. 调整货运策略，开辟第三国货源

进一步开拓第三国货源，把一部分运力打到国际市场去，尤其是杂货船。散装船在保证承包份额后，剩余运力在测算好效益和承运完国内货物的情况下，更多地承揽第三国货载。

4. 加快老龄船退役步伐，进一步压缩经营成本

总公司采取果断措施，加大了一直亏损的老、旧杂货船退役力度，同时积极购买一些急需的杂货船，保住稳定的货源，以适应航运市场的需要。在一时没有资金来源的情况下，各公司租赁了一部分船舶，改造后投放到班轮航线上，保持中远船队的运输实力。

5. 加强市场分析，提高航线管控能力

总公司组织各公司对其所经营的杂货班轮航线进行经营效益状况的梳理，经过对航线、航次经济效益状况的深度分析，对一些长期亏损的航线实施关、停、并、转，大大减少了

影响经营效益的各种不利因素。

6. 总公司要求各公司切实加强船舶的调度指挥，减少不必要的挂港，最大限度地节省港口使费的开支。

上述应对策略的有力实施，降低了因港口使费大幅上涨对企业经营效益的冲击，增强了企业的抗风险能力。

（二）加强制度建设，筑牢管理基础

这一时期，中远各公司加大了港口使费管理力度，开展了经常性的市场调研，加强了对港口使费的规范和管理。尤其是处于航运一线的船公司，密切结合港口使费的经验与教训，出台了切实可行的制度与办法，加强了港口使费的管理。如广州远洋制定的《船舶港口使费结算及管理暂行办法》《汇寄港口使费估算单》，青岛远洋制定的《船舶港口使费管理考核暂行办法》《港口使费反馈表》等都从制度层面对港口使费的管理增加了强度。

1987年9月29日，中远总公司颁发了《航运使费管理工作暂行条例》（以下简称《条例》），《条例》从航运使费管理的组织机构及人员设置、总公司和各船公司航运使费管理人员的职、权，到航运使费管理干部及人员的培训及考核，均做了明确的规范，从而使港口使费这项综合性管理工作从机构、人员设置、职权、培训、考核等方面，初步做到了有章可循。《条例》对各公司航运使费管理人员的职、权严格规范如下：

1. 认真审核单证、交涉、追索不合理的费用支出，是航运使费管理人员一项日常性的基本工作。为做好此项工作，各公司应制定基本工作程序，并严格按规定的程序认真审核单证，抓紧做好国内外溢收、错收费用的交涉、索退工作。

2. 为加强基础工作，在上述审核单证的基础上，每年第一季度做好对上年度按地区/港口，船舶港口使费实际平均数据的统计、汇总。该资料应提交本公司有关领导及调度等有关部门参考并报总公司。

3. 使费管理人员应加强对处在生产第一线的船舶的指导工作。有计划地定期深入船舶，调查了解港口使费中的问题，以预防为主，防审结合，检查、督促和指导船舶把好签单关，抓好典型，通过组织船舶总结、交流节省港口使费管理方面的经验、教训，在提高机关管理人员素质的正反两个方面的同时，提升港口使费管理水平。

4. 使费管理人员应密切与航运调度部门的联系。在认真审核单证，注意总结经验的基础上，对航线、挂港、中转、出租、运价、条款等及时提出参考意见，以便从多方面、从根本上节省船舶港口使费的开支。

5. 使费管理人员应加强与财务部门的联系和协作，对备用金的管理及支付等，及时提出合理意见，妥善做好与财务部门的单证交接工作。应做到自收到账单之日起，最迟2个月审核完毕，退还财务部门入库保存。凡属通过银行托收的账单，按规定时间审核、退还。

6. 在有派驻中远航运代表的地区/港口，使费管理人员应主动与外派代表取得直接联系，争取代表的协助，必要时应协助总公司具体指导代表做好船舶在港节支及对国外代理、装卸公司的监督、考核工作。

7. 通过审核单证，直接与代理交涉业务；加强对船长、代表的指导、考核等多种途径。协助总公司监督、检查、考核代理及装卸公司，促其改进工作，全面提高服务质量。

8. 使费管理人员应主动加强与总公司主管部门的业务联系及合作。对总公司交办的事宜应认真及时完成并随时向总公司提出有关加强使费管理工作意见、建议等。将各公司航运使费部门有关节约港口使费的重要发文、通知、有关计划、总结、有关刊物、报道抄告或转寄总公司，以便总公司全面了解情况，促成各公司之间的信息沟通及经验交流。

9. 使费管理干部及人员在调换工作时，应向主管领导及接替人员汇报/介绍工作简况，认真办理各种业务资料（如费规、船舶航次费用登记、使费工作通知、发文等）移交手续，以确保基础材料的完整性。

（三）注重协议签订，强化费率管理

中远总公司经过市场调研发现，长期以来，凡是中远与国外港口有关方签有协议的，费用均低于没有协议的使费支出。中远总公司紧紧把握这一环节，注重在搞好调查的基础上，与各港有关方签订代理、装卸、拖轮、物供等一揽子协议。中远总公司在签订新协议或续签协议后，积极与各船公司主管部门沟通、联系，以总公司为主，统一对外洽谈业务，争取有利条款。总公司将签好的协议及时寄送各公司审核人员手中，审核人员将执行中的问题和情况反馈总公司。总公司设立费率管理组，集中管理中远船舶挂靠的所有国家的基本港口的费率，并将费率集中管理的港口列出清单，每年分发各公司核对，所列港口的费率由管理组统一索要，并分发各公司，以保证费率的可靠与齐全。

总公司费率的集中管理，确保了中远系统尤其是各船公司更加全面地掌握了国际航运市场的动态，能够在谈判时争取主动，签订更有利的协议，费率得到一定程度的稳定和降低，同时也便于对代理的监督、考核和管理。

（四）针对油轮特点，细化管理流程

油轮有不同于杂货船的特点，它不发生货物费、装卸费以及与装卸有关的多种杂项费用，使费中的绝大部分是港口使费，占总数的90%以上，这项费用的管理如何直接关系经营效益的成色。①油轮使费中的重点是拖轮费，占总使费的40%左右，要求船舶尽量控制、安排好进出港时间，在不影响生产的前提下减少夜班作业，减少费用发生。②安排船员分批下船，无特殊情况，每航次只安排一批下地。③日本防污灾害费用高，根据船舶、航线情况加大防污工作力度，避免由于污染造成经济损失。④公司调度员在协议谈判时，对租家代理费和拖轮费提前谈妥具体数额，避免向船舶乱开价。⑤油轮程租所占比例较大，在与租方洽谈时，争取租方委用中远代理，以节省备用金和代理费。上述强化油轮港口使费用合理使用的基本原则，保证了油轮在港口使费用开支的合理性，最大限度地减少了浪费。

（五）加强队伍建设，提升管理质量

使费管理人员业务、外语水平的高低，关系到审核工作质量及对港口使费进行全面管理的质量。因此必须抓好培训工作，提高使费管理人员理性认识及感性认识。提高有关业务及外语水平，成为各级领导抓好港口使费管理工作的一个重要方面。为加强此项工作，总公司及各公司航运使费管理部门坚持做到有计划地分期、分批组织使费管理人员参加有

关航运知识及使费管理业务的培训班,开展经验交流会、外语短训班及有关学术活动。

1. 有计划地分期、分批组织,使费管理人员随船调查、学习、增加实践经验及感性知识,更好指导船上开展节支工作。

2. 对问题较多的主要港口,组织有关使费管理人员以长、中、短期不同方式,定期深入有关代理或装卸公司内部,进行使费账单的现场审理或交涉有关业务。

3. 长期坚持以老带新,手把手进行传、帮、带。

4. 加强对航运使费管理干部及人员进行业绩考核。各航运公司均结合年度工作,对港口使费管理干部及人员进行业绩考核。考核包括下列内容:工作干劲及责任心;工作能力及业务水平;工作效率及工作实绩;存在的不足及改进情况。并将上述考核结果作为对港口使费管理干部和人员晋级、评定职称及视贡献大小、失职程度分别进行奖、惩的主要依据。对不称职的使费管理干部及人员,实施有计划地调整、补充。

四、保险理赔管理

(一)船舶保险理赔工作的早期实践

船舶保险是一项艰巨复杂的工作,这项工作的效果不仅关系企业的经营效益,同时直接关系企业的生存与发展。船舶保险的目的,在于保证企业财政的稳定性和生产的不间断性。远洋船舶是价值巨大的活动财产,航行于各大洲和世界各国的港口和水域,经常处于自然界多种灾害的威胁之下,随时会遇到各种各样的风险责任。中远成立之初,就把船舶保险纳入企业发展的重要议事议程。1962 年,中远广州分公司邀请海商法专家魏文达[①]到公司举办培训班,联系船舶生产实际,学习有关提单、保险等海商法业务。同时,组织人员深入学习研究中波公司关于船舶保险成功经验和教训。

中波公司在 1952—1956 年期间,采取前述第一种方式,保险范围很广,有险即保。在险别上选择了船壳机器险、兵险、水雷险、费用险、保费险、时间损失险、船员意外事故险、船员行李险、船员兵险和保赔险等 10 种。船壳机器险所采用的条款也是保险范围最广的"一切险"条款。因此安全虽有保障,但支出保费也最大,5 年中合计支出保费 10159776 卢布,从保险公司索回的赔款,只占保费的 55.29%,即 5617340 卢布。也就是说,有 44.71% 的保费即 4542436 卢布,为保险公司所获取的利润,这是一笔相当可观的

[①] 魏文达(1905—1994 年),天津人,著名海商法学家,中国海商法学科奠基人之一,上海海运学院(上海海事大学)海商法教授、律师。1928 年毕业于苏州东吴大学法学院,后赴英国特许保险学院专攻海商法。1936 年起发表于东吴大学法学院《法学杂志》上的《海上保险法"三一"扣减的研究》《海上保险契约默示保证条件》《海上保险法主要原因之认定》《海上保险契约之种类及其应用》等一系列论文,堪称是中国早期海商法研究的经典。曾任苏州东吴比较法学院教授。新中国成立后历任上海港务监督长顾问、中国海商法起草委员会副主任委员、英国劳氏船级社理事。1979 年,获上海市劳动模范称号,并担任新成立的中国保险学会第一届理事。著有《共同海损规则条文解释》《海商法》《1906 年英国海上保险法条文解释》《共同海损理算规则解释:约克—安特华普规则》《海牙规则韦斯俾规则条文解释》《海商法教材》《海水污染法规》等著作,参加编写《中国大百科全书》有关海商法的条目。从 20 世纪 30 年代起,魏先生在海商法领域治学约 60 载,被誉为我国海商法学科的一代宗师。

数字。1957年以后，中波公司根据历年来各种海损事故的出险概率、公司的财政状况以及船队的技术营运条件和管理水平，并考虑到国际局势，本着既安全又经济的原则，缩小了保险的范围。在险别方面已不再投保时间损失险和保费险；船壳机器险也改保为"绝对不负损坏责任险"，该条款在实质上是投保人和承保人都担负着一定的风险。由此可见，中波公司的船舶保险将由全面投保的方式向自保与投保相结合的方式过渡。

经过研究，中波公司的历史经验和存在的不足，中远决策层充分认识到远洋船舶保险理赔工作不仅专业性强，涉及面广，出险情况复杂，经济利益斗争尖锐，同时也直接关系企业的对外形象和发展质量。因此，中远在初创时期，对船舶保险的险别实行了既安全又节约的方针。对可能威胁公司财产稳定性的风险都进行了投保；对风险不大、可保可不保的则选择不保，力争做到既安全又实惠。这一时期，中远共办理船舶投保877艘次，净支付保费15481756.86元，索回赔款8191219.51元，占支付保费的59.96%。处理了238起保险案件，其中碰撞事故案138起，占总案件59%；搁浅案51起，占总案件21%；救助案8起，占总案件的3%；油污案22起，占总案件的9%。

为了进一步实现船舶保险规范化、法制化，中远与中国人民保险公司共同研究出台了《中国人民保险公司、中远总公司关于国轮索赔暂行办法》，对中远船舶在八个方面出现的损失进行保赔，推动了船舶保险理赔工作向前迈进了一大步。

通过船舶保险理赔工作的长期实践，中远总公司及所属船公司达成以下共识：①船舶保险工作是商务工作的一部分，具有业务复杂、涉及面广、时间紧、涉外性强的特点。搞好保险工作，不仅有分散远洋船舶的海上风险，使船舶发生保险事故时得到补偿的积极意义，还有直接为安全生产提供经验教训，有利于对外斗争的重要任务。在这种情况下，教育引导保险工作人员必须政治挂帅，用政治统帅保险业务工作，牢固树立为安全生产服务的思想，把保险工作做得更好。②教育保险工作人员对工作要认真负责，仔细审核索赔账单，凡属不合理项目，要据理拒付，最大限度地维护国家和企业的经济利益。③引导保险人员明确保险工作的目的，不仅要办案，更要加强预防，树立为安全生产服务的思想，船岸配合，做好第一线工作，船岸拧成一股劲，协助公司各方面力量，一道做好船舶安全保险工作。

（二）加入国际船舶保赔协会

随着远洋运输事业的发展，船队迅速扩大更新，并逐步走向现代化，船东保赔责任风险也相应加大，特别是《汉堡规则》[①]生效后，将取消原来的海牙规则对船东的免责条款，赔偿限额也将提高。在这种情况下，为分散风险，减少损失，同时也为了扩大国际交往，有必要考虑中远船舶的保赔保险问题。1979年2月11日，中远总公司致函中国人民保险总公司《中远总公司关于参加保赔协会事》，阐述了四点意见：

---

① 《汉堡规则》（Hamburg Rules）全称《联合国海上货物运输公约》。联合国国际贸易法委员会受联合国贸易和发展会议的委托，对《海牙规则》和《维斯比规则》作全面的实质性修改，1978年在联邦德国汉堡通过。分七个部分，34条。废除了《海牙规则》的不合理条款，较为合理地规定了承运人、托运人双方对货物运输所承担的责任和义务。对货物装载、联合运输、承运人的责任、担保，以及索赔、诉讼时效、仲裁等均有规定。

1. 建立中国自己的保赔协会

从发展规划看，到1985年中远船队规模将达到2500万载重吨，对这样一支庞大的船队，应研究成立自己的保赔协会，主要承保自己的船舶，也适当吸收一些外国船东参加，与国外保赔协会建立分保关系，这样对我们经济上有利。但由于中远对保赔协会的组织机构和业务情况了解很少，业务工作人员队伍新，技术业务水平低，短期内成立还有困难。

2. 部分船舶先行先试，提前参加保赔协会

由有关中远分公司选择一部分杂货船参加1—2家保赔协会作为正式会员，目的是了解情况，积累经验。

3. 一致对外，开展好保赔工作

中远请人保公司作为入会介绍人，协助商谈费率和保赔条件等具体工作。

4. 采取积极姿态，对标国际一流协会

联合王国和西英保赔协会都曾表示，愿意邀请中远派业务人员前去学习，中远对此持积极主动态度。同时为了调查了解保赔协会情况，特派出业务人员赴英国和北欧，对几家保赔协会进行考查，了解并研究他们的组织机构、费率和条款的规定、海事案件和日常业务工作程序。

中国人民保险公司经过考察认证，立即作出回复：

1. 根据中国船队发展情况，无论从政治影响或经济核算方面考虑，均同意你司的看法，有必要创造条件建立自己的船舶保赔协会来处理一般船舶保险以外的索赔事宜，国际上的保赔协会多是由各船东联合参加的互助性质组织。但在具体的业务经营上与各国的保险、运输、贸易等关系很密切，因之有的保赔协会在经营管理机构中也吸收保险、运输、贸易和其他有关方面特别是熟悉国际法律的人士参加。因此，我们意见今后在中国建立保赔协会宜由你司为主来考虑筹建工作，我们愿积极协助并参加研究。

2. 目前你司决定选择一部分船舶参加国外的保赔协会，我们同意由人保代理居间介绍入会并协助处理赔案。至于选择协会对象，除"联合王国""西英"两家已开始商谈外，建议可否再增加北欧的协会一家，由广远、上远、天远分别参加一家，以通过实践经验，了解他们的不同做法。北欧保赔协会规模虽不如英国的集团，但北欧航运事业也比较发达，可能有其不同的特点，其经验或有借鉴之处，这只是我们的建议，仍请你司权衡利弊抉择。

3. 你司拟于今年下半年去英国及北欧考察保赔业务事。我们考虑可以参加。鉴于我公司承保的中远船舶目前在英国进行诉讼、仲裁的积案需要研究。对西德（即联邦德国）基尔运河与埃及苏伊士运河航区，中远船舶经常发生碰撞事故原因进行调查，因之具体任务待进一步研究。

1983年2月，大连、天津、上海、广州远洋共有74艘货船、15艘油轮、2艘客轮参加联合王国保赔协会。保险险别为：除船员在国内港口的人身伤亡、医药费用；四分之一碰撞责任及碰撞固定、浮动建筑物体三项风险未在协会投保外，其余风险均按协会章程投保，油轮还加保TOVALOP险。

（三）着力提升中远船舶货运质量

20世纪80年代末至20世纪90年代初，中远全系统密切结合保险理赔工作，推进货运质量提升。1989年7月19日，中远系统货运质量专题会议在大连召开，会议对1989年上半年中远系统货运质量情况做了总结，总提赔案1403件，比1988年同期增加76件；总提赔金额为1742万元，增加近300万元。其中天津远洋尤为突出，分别占42.3%和45.6%。会议交流了经验和教训，找出了问题，制订了措施。会议还肯定了各公司在抓货运质量方面所作的努力和取得的一些成绩。如广州远洋坚持每季度开展一次货运质量分析报告制度，通报货运质量情况，发现问题，提出解决意见；上海远洋持续狠抓TQC管理，各科室的工作关系协调良好，建立健全了各种保证体系、统计、分析、测算记录和危险货物跟踪记录等制度；有的公司坚持在港休假的船长、大副例会制度。这些工作对防止货损货差都起了积极的作用。会议既肯定了成绩，也看到问题存在的严重性，统一思想，着力狠抓了以下重点工作。

1. 推广上海远洋TQC管理法，推动货运质量上台阶

总公司实施精细化管理，对TQC管理法[①]开展得比较好的，鼓励其持之以恒，达到更高的水平；对开展效果一般，点名提出批评，限期改进，督导各公司脚踏实地开展TQC管理法；对尚未开展的，强调从思想认识上高度重视，引导所属公司认识到TQC管理方法在提高货运质量上的有效性，指导各船公司结合实际，抓好货运质量。

2. 加强对船员护货爱货的思想教育，严格奖罚制度

提高货运质量主要靠船长、大副和广大船员，调动他们的积极性，增强他们的责任感。对表现好的要进行表扬、奖励；对玩忽职守造成重大责任货运事故的处理上，坚持"三不放过"的原则，即：事故原因没有查清不放过，当事人和广大职工没有受到教育不放过，整改措施没有落实不放过。总公司总结广州远洋严格抓货损货差做法，推广广州远洋颁布的《关于责任性货损货差事故处理办法》，提倡各公司结合自身特点，制定相应的行之有效的处理办法，不断提高货运质量。

3. 加强货监部门的力量，强化货监工作实效性

企业上等级的九项指标中，两项（重大货运责任事故和货物赔偿率）具有单项否决权，因为其直接关系到公司每个职工的切身利益。总公司强化必须按《中远货运监督人员工作细则（试行）的通知》精神，配齐货运监督人员，充实力量，提高工作质量。凡是没有按《通知》精神执行的，要求立即补上，以改变发展不平衡的局面。

4. 重视统计分析工作，提高提赔报表的质量

这是货运质量管理工作一个重要环节，可为领导决策和采取有力措施提供可靠依据。但有的公司质量管理不好，时有差错和遗漏，造成统计工作混乱。总公司紧紧抓住这一关键性环节，组织各船公司突出抓好统计分析和提赔报表工作质量，推广先进单位的经验和

---

① 全面质量管理（简称TQC）法是一种科学的管理方法。它把企业中的技术、统计、经营等结合起来，建立起一整套产品质量管理体系，用科学的方法管理一系列生产活动，保证用最低的生产成本，生产出质量满足用户要求的产品。它以统计学方法为主，同时辅助以其他方法。实践证明，它在保证产品质量、提高生产效率及降低生产成本等方面，已取得了很好的效果。

作法，抓反复、抓细节、抓点滴，促进了统计分析工作提档次、上层次。

5.开展船舶评优工作，形成学先进、赶先进的良好氛围

利用评选"安全优质先进船、标兵船"和评选交通部"安全优质运输先进集体"的活动，大张旗鼓地开展学先进、赶先进的宣传，形成关心货运质量，争当先进船舶的新局面。

6.抓住薄弱环节不放，从根本上解决货运质量难题

①抓易出问题的货种。主要有化工品、服装纺织品、钢材、杂粮油料、饲料、仪器设备、蓖麻、毛皮、五金建材、罐头等。经过测算，近年来，这些货种的货损货差率越来越高，而且是重复发生。总公司组织各船公司从装船、卸船到运输保管，每个环节都严格控制，监装、监卸、监理，一点一滴提升货运质量。②抓发案率高的港口。经过测算，以天津新港、上海港为最高。凡有船到这2个港口的公司，均予以特别安排。③抓档案建立与制度规范。各公司货监部门均设立了30万元以上大案的专档，从发案、调查到处理完毕都有记录、跟踪报告等制度。④抓长期解决不好的"老大难"问题。某些货差问题往往是由于港口理货工作质量不高，差错频出而造成的。特别是在不正之风的影响下，货差问题时有发生。中远总公司紧紧抓住监装、监卸、监理工作不放松，发现问题，抓住不放，据理力争，货损货差问题逐步得到扭转。总公司还抓住几起典型案例，在全系统进行通报，组织相关部门举一反三，从多个侧面、多个角度、多种方式齐抓共管，货运质量上的薄弱环节初步得到克服。

截至1992年底，中远总公司深入贯彻国家"安全、质量、效益年"活动部署，进一步加强了货运质量管理，并把提高货运质量管理人员和全体船员的质量意识与责任心作为工作重点，取得一定成效。各船公司还采取了月度有统计、季度有总结、发放货运质量情况通报、深入船舶检查、举办大副例会、建立港航QC小组等办法来加强货运质量管理等。通过多方面努力，中远的货运质量逐步好转，涌现出许多先进船舶和个人。上海远洋的货运质量工作特点是领导重视，基础工作扎实，货运质量成绩显著。广州远洋的花生米运输、天津远洋的危险品运输、青岛远洋的散装饲料运输、大连远洋的油品运输，都积累了较丰富的经验。

（四）面对成绩查找问题

中远总公司在总结经验的同时，把着眼点放在正视和解决存在的问题上，主要有：

1.个别船舶管理人员和船员放松对货运质量的管理，造成重大货损货差；个别管理人员和部分船员仍存在着责任心不强，业务素质不高，对各项规章制度执行不严的问题；有的船舶领导在装卸货过程中不认真组织监装监卸，有的大副在配载过程中不知道对如何保证安全运输心中，部分船员出现在职不在岗、在岗不在位的现象，甚至个别船员参与走私倒卖活动，严重影响船舶安全和货运质量。

2.货运质量缺乏全方位的管理。各个部门疏于合作，在揽货、签订租约、配船、装载、途中保管、卸船交接、签单等各个环节上存在侥幸心理，缺乏主动配合，造成事故隐患。

3.理货与装卸质量问题较为突出。各公司万元案发案率起伏不定，货物大量短少仍是比较突出的问题。如"天目山"轮承运朝鲜至厦门、汕头港的水泥短少2138袋；"安顺江"轮承运印度杜蒂戈林港至印度尼西亚望加锡港的糖短少4271袋；"苏阳"轮承运印度尼西亚至青岛的木薯干短少6984袋；"固源海"轮第59航次承运联邦德国至上海港的袋装化肥

短少 298.8 吨；"苏风"轮在香港卸上海港装的花边床罩短少 45 箱，提赔 21.5 万元，后经公司派人查出，该批货在上海港未装船。

经过分析，带有规律性或确定性的因素主要有：

1. 欧洲一些港口收货人千方百计出具证明向船东索赔，特别是意大利的拉韦纳港经常发生散装饲料大量短少现象。

2. 南美一些港口卸完货，无货物交接单证；东南亚一些港口理货质量差，一些港口管理混乱，工作人员素质低，甚至欺诈船东。

3. 港口代理不负责任，办事效率低，个别代理与港口存在利益关系，联手欺骗船东。

4. 船公司在工作指导的科学性和全面管理的实效性上还存在薄弱环节。

5. 船员综合素质偏低与远洋运输行业标准和要求偏高存在一定程度的背离，船员素质亟待提高。

主客观因素理清之后，中远总公司有针对性地采取了相关措施。如有针对性地制定出台《船舶对货物装舱质量进行拍照的规定》等一系列制度规范；对于"安全优质先进船""标兵船"实行奖励，对屡屡发生"万元以上提赔大案"的船舶给予处罚等措施；每半年召开一次中远系统货运质量专题会议、港航理货公司联席会议，理顺关系，推广先进，解决问题，化解矛盾；建立船长、大副档案制，定期例会制，奖优罚劣，正本清源；对船员进行普遍教育和引导，表彰先进，树立正气等。

第六节　船舶机务管理

机务管理是船舶管理的核心，是确保船舶安全、防止海上污染的关键。船舶机务管理是一项系统工程，在整个安全管理链中，机务管理是一个非常重要的环节，它涉及人员、设备和环境的协调、契合。机务管理工作是船舶安全管理的基础，为船舶提供动力保障和技术支撑，核心职能是满足国际公约要求，保障船舶适航、适租、适货。

一、机务管理概况

中远成立后，对船舶机务工作是非常重视的。"文化大革命"之前，远洋局机务工作在下边，局本部只负责造船，那时船队规模不大，人员也不多，机务管理制度基本上沿袭各海运局的管理模式。中远总公司重新组建后，增设了机务管理职能，在历经了十年动乱后，中远的机务管理工作开始走向正规。

1974、1975、1978 年，中远先后召开了三次远洋机务工作专题会议，确定了统一的规章制度，实行了定额管理，明确了船舶使用年限、修船方针和修船周期，提出了中远机务工作要以技术管理为中心，实行机务监督管理的总体设想，建立了中远自修奖励制度和奖励标准，提出中远船舶开展循环检验，加强自动化船舶建设的设想和相关要求。

1982 年 10 月，第四次中远机务工作会议，讨论通过了《机务监督章程》，提出开展自动化船舶管理现状的调查，建立自动化船舶规章制度，编写典型机损事故汇编。时隔3年，中远召开第五次机务工作会议，制定了机务监督细则、标准，完善机务监督的检查报表，讨论通过了集装箱船、中速机船机务管理办法，油轮、化学品船机务管理办法，特资船机务管理办法和出租船机务管理办法。

这一时期，中远总公司坚持改善机务管理体系，夯实机务管理基础，理顺机务管理程序，优化机务管理流程，通过一系列制度建设，不断规范管理行为，量化管理目标，固化管理模式，推进规范管理；在全系统机务队伍中强化责任意识、成本意识、创新意识和服务意识，重视机务监督检查、设备维修保养、履行公约等基础性工作；突出老旧船管理和防污染工作，坚持以保船舶安全营运为主线，注重安全技术状况评估，保持了机务安全形势的总体平稳；创新机务管理理念，相互学习借鉴典型经验，积极推广上海远洋等公司机务管理经验，在继承中创新、在改进中加强，促进了全系统机务管理年年有进步，年年上台阶。

二、船队总体现状

（一）船队规模

中远以旧船起家，以老养新成为船舶经营管理的基本方针，特别是一段时间由于新船价格上涨，船舶更新困难。中远陆续购买了一些二手船，使得本来就偏老的船队，平均船龄已经超过13年。老龄船舶数为164艘，其中超龄船80艘。在既保持整个船队的竞争力，又维持安全生产的前提下，船队老化给机务管理工作带来了一定的困难。机务管理部门开动脑筋，给技术更新提供了良好的条件，增强了机务管理人员的责任感和使命感。从船种上看，中远船队拥有10种船型共610艘，以散装船、杂货船为主。集装箱船队作为一支新型的力量，正在中远船队中逐步发展壮大。随着技术的进步，船舶的自动化程度越来越高，中远具备自动化船级的船舶也越来越多，自动化船舶艘数已占整个船队的30%以上。

（二）人员素质

根据1987年底的统计资料显示，远洋船员的学历较低，业务素质也比较差，当时拥有轮（电）机员以上职务的轮机管理人员，大专以上学历的仅占24.4%，高中、中技、中专的人数占33.2%，初中和小学文化程度的占42.4%。这与现代化船舶的管理和先进技术的运用极不相适应。近年来，为适应现代化管理的需要，公司先后举办了不少专题培训班，陆续选送（报考）一批优秀船员，参加大专院校的轮（电）机人员培训班，人员的素质有所提高。随着一批又一批水运院校的毕业生步入远洋队伍的行列，给远洋运输事业增添了活力。但也要看到，由于他们的工作时间短，实际经验较欠缺，要成为远洋船队机务管理的骨干，还需一段时间的锻炼。总的说来，当时的远洋船员队伍，无论是知识结构或是文化程度都是比较低的。

（三）机务管理

尽管前几年世界航运业处于萧条期，市场竞争激烈，中远仍将营运率保持在93%以上，航行率在50%左右。1988年，中远总公司的船舶营运率为93.7%，航行率为48.4%。

由于世界航运业的局部复苏，原材料上涨，外汇比价上升，使得各国的船舶修理费用大幅度增长，1988年，单船计划修费为48.57万元，实际达52.7万元，超过计划指标的8.5%；备件费单船计划为12.2万元，实计为16.31万元，超过计划指标的33.6%。但从实际效益看，1988年，修船率达63.97%，高于前几年，船舶完好率为95.5%，也是近几年最高指标。在节能工作方面，由于坚持不懈地举办季度节能办公会议，及时分析节能形势，采取得力措施，对各公司的节能情况进行跟踪管理，取得了较好的成绩，自1980年以来，燃油单耗逐年降低，1988年，燃油单耗为7.52公斤/千吨海里，总节能量大幅度上升，与计划相比，1988年，节油为20.15万吨。

（四）设备管理

中远公司在上级领导下，认真学习贯彻执行国家颁布的《设备管理条例》，从实际出发，总结好的管理经验，找差距，找薄弱环节，加强对人员和设备的双重管理。几年来，中远各级管理部门一直以完善设备管理标准，落实经济责任制，采用先进技术，提高经济效益为宗旨，扎实开展各项船舶设备管理的基础性工作。同时，各船公司逐步完善各种记录和报表制度。不断开发推广各种节能技术，降低船舶油耗。更新设备管理的观念，逐步实现设备管理现代化。一方面，在陆地船舶技术管理部门，应用微机记录船舶主要设备的技术状况，建立船舶设备的历史记录，定期对船舶技术状况进行综合分析和诊断，提出改善和加强设备管理的措施和办法；另一方面，积极在船舶上试点采用插板管理和视情维修等新的维修保养技术，以加强中远船舶维修保养工作。对新船实行"循环检验"制，对老龄船、重点船，要求逐条采取针对性的措施，切实保证这些船舶的安全营运。青岛远洋曾连续获得第一届（1984—1985年度）和第二届（1986—1987年度）国家经委颁发的"全国设备管理优秀单位"荣誉称号，并在1984、1985、1987年三次获交通部设备管理优秀单位奖。广州远洋荣获交通部1987年设备管理优秀奖。

三、推进制度建设

为了进一步加强船舶机务管理工作，建立起机务工作的正常秩序，提高企业管理水平，1979年12月，交通部船舶机务工作会议讨论和制定了《交通部水运、工程船舶技术资料管理办法》等项船舶机务管理制度。1980年5月14日，交通部下发了《〈交通部水运、工程船舶预防检修制度〉等六项机务管理制度的通知》，这六项机务管理制度的推进落实，促进了中远机务管理制度建设的进一步加强。同时，中远总公司还对早期制定下发的一批机务管理规章制度作了修改和完善。

（一）完善各级职能部门及人员职责

总公司船技处职责：

①贯彻国家颁发的技术方针和政策，制定符合远洋运输特点的机务管理工作的方针和政策。②贯彻国家能源管理方针和政策，国家环境保护法和计量法。③贯彻执行国际公约、法规和船检规范中有关船舶设备的技术要求和规定。④负责制定、修改船舶机务管理、修船备件管理、计量管理和防污染的规章制度和管理办法，并指导、督促、检查各船公司贯彻执

行。⑤负责制定修船原则，编制修船计划，督促、检查修船计划的执行情况。⑥负责制定船舶备件费用计划，审核设备更新项目计划，制定船舶主要设备备件储备和消耗定额。⑦负责船舶燃、润油规格、品种的审定、选用。审定船舶燃、润油消耗定额和组织新油品试验。⑧组织实施、推广交流船舶技术管理，修船、备件管理、节能管理，船舶防污染等方面新技术、新工艺、新措施和好经验。⑨负责对外进行有关船舶技术管理、修船业务、备件业务和润滑油业务的谈判。签订修船、备件定购合同。⑩负责审定和组织实施重大恢复性修理、海损修理。组织船舶重大改装、改造的技术审核以及船舶进口设备的审定和办理有关事项。⑪负责机损事故、船舶防污染事故的统计、总结分析，提出指导意见，参与重大机损事故、污染事故的核定处理。⑫负责编制、修订船员自修奖奖励原则，燃、润油料节约奖奖励办法。⑬负责审定远洋航修厂、站，南京配件厂，南通船厂生产计划，督促、检查生产计划的执行情况和技术管理工作。⑭负责归口管理驻外监修组、机务代表和驻外机务机构的业务指导工作。⑮负责修船市场、备件市场的调研工作，修船费用、修船期，备件费用的统计分析。⑯负责节能技措项目的审定和组织实施，节能费用统计及节能奖金管理。⑰负责公司节能办公室日常管理工作。负责组织船舶技术、燃、润油及化学药品的技术交流。⑱负责船舶技术资料的管理及技术刊物编辑出版工作。⑲负责组织制定、修改船舶退役报废办法，以及退役报废船的技术审定、处理和出售。⑳负责本处室文书立卷归档。

各船公司船技处主要职能：

根据上级领导的要求和本公司的实际情况，制定工作计划和机务管理指标，制定实施船舶修理计划；下达单船修费指标和限制修天；下达单船备件费的定额；下达船舶燃、润油消耗定额；负责统计了解营运船舶的有关技术资料，掌握船队的技术状况，为领导的决策提供依据；负责新造船舶、新买船舶的技术把关，保证向公司提供充足的运力，并督促、指导、协助船员解决船舶存在的技术难题，订购备件等等。

图4-5 安全检查员严格按照规范标准检查船舶落实情况。

机务监督员（图4-5）主要责任：

①指导和监督检查船舶机务方面规章制度、技术标准，技术定额的贯彻执行，检查船员有关机务方面的劳动态度和劳动纪律。②指导和督促船舶落实预防检修计划，负责航修、岁修和检修等工作的有关事宜。③了解掌握船舶证书、国际公约和各国法规的情况。④处理机损、污染事故，调查原因，提出处理意见和改进措施，并注意检查安全工作，搞好安全生产。⑤处理船舶机务问题和来往电函，审阅各种机务报表并进行整理分析。⑥监督船舶的备件管理和热工管理，审查有关报表，加强与有关部门的联系。⑦抓好船舶的技术革新和改造，积极使用先进的管理方法。⑧掌握船舶有关的技术干部的工作情况。

（二）制定和完善各项制度

1979—1987年间，中远总公司制定下发了一批机务管理规章制度和规则办法，随着形势的深刻变化和船队建设的不断发展，其中的某些制度已不适用或需要补充完善。总公司领导高度重视制度建设工作，从1988年开始，组织专门力量，对当时有机务管理规章制度进行了汇总和核准，废除了已过时或不常用的制度，对有些制度的不适用部分作了修改和完善，又补充制定了新规章制度，汇总后共42项。它们是：

1. 机务监督细则
2. 班轮机务管理办法
3. 特资船舶机务管理办法
4. 中速机船舶机务管理办法
5. 长期出租船舶机务管理办法
6. 对贷款船的设备更新改造的管理办法
7. 老龄船的管理和修理办法
8. 超龄船使用暂行办法
9. 远洋船舶证书在国外遗失临时处理办法
10. 中远公司随船监修的暂行办法
11. 中远船舶退役报废办法
12. 良好、优秀机务监督人员考核评定条件
13. 远洋船舶指导轮机长职掌
14. 船舶机损事故月度统计报告制度
15. 远洋船舶机械设备损坏处理报告制度
16. 轮机部操作安全注意事项
17. 机炉舱规则
18. 焊接手则及注意事项
19. 油轮明火作业安全规则
20. 油轮运送备件及物料注意事项
21. 油轮安全技术参考细则
22. 船舶防油污规则
23. 轮机日志记载及保管规则
24. 远洋船舶航行运输管理规章制度选编
25. 船舶技术状况总结报告制度
26. 轮机部档案和技术资料管理办法
27. 修船工作制度
28. 船舶预防检查及养护自修工作制度
29. 老龄船舶检查报告
30. 轮机备件管理制度
31. 液压甲板机械使用维护的分工

32. 内燃机主机示功图测量制度
33. 炉水化验及控制规则
34. 燃、润油管理及添装注意事项
35. 润滑油定期化验规则
36. 远洋船舶主、副机备件消耗定额
37. 远洋船舶轮机部重要设备备件船存定额
38. 远洋船舶主机（四大机型）和副机船存备件定额
39. 在国外出售中远退役船舶的暂行规定
40. 在香港出售中远退役船舶的暂行规定
41. 船舶出售交船注意事项
42. 中远总公司统一机务报表制度

上述规章制度的修订完善和组织落实，从1979—1992年共14年，贯穿了中远集团成立之前的机务管理工作一个完整的发展时期。通过对制度建设的不断充实完善，中远系统的机务管理工作一步步走向正规，对于船舶机务管理的认识日益加深，制度的执行力度不断加大，机务的管理效率逐步提升。

四、强化机务监督

（一）出台《机务监督细则》

机务监督制已为国内外主要航运公司采用，被公认为当代行之有效的船舶机务管理办法，且在中远部分船队已试行数年，取得了较好的效果，被认为是改善中远船队机务管理的治本之策。1985年10月，中远总公司在北京召开第五次远洋机务会议，其中一项重要议题，就是各分公司合力制定机务监督细则。1986年10月，总公司在北京召开机务监督细则专题讨论会，经过反复修改讨论，形成了较为全面、可操作性强的《机务管理细则》（以下简称《细则》），并于12月颁发实施。《细则》内容全面、具体，包含有机务监督人员的配备、审定、任免、职责、权限、培训、待遇、工作检查周期和程序、考核、奖惩、检查验收项目标准、机务监督人员检查报告等共13章33条，另加3个附属文件。这是中远成立以来形成的较完整的技术责任制度，同时也是一个机务监督工作指导性手册。

《细则》下发后，各公司按照细则讨论会纪要的要求，充分认识机务监督制在中远船队推行的重要性和迫切性，布置有关处室和船舶进行学习和讨论。各公司船技部门管船的人员更是认真学习和熟悉自身的职责，在实践中以《细则》为开展工作依据，以《细则》为衡量工作质量标尺，机务监督工作逐步走向规范。

（二）机务监督员队伍建设

1. 充实机务监督员队伍

中远系统在推行机务监督制中，根据《机务监督章程》中有关机务监督员、副监督员经由主管公司审定后报总公司批准并颁发监督员证书的规定，1985年11月5日，总公司成立了以副总经理卓东明为组长、船技处副处长董玖丰为副组长的中远总公司机务监督员审定小组，开始履行批准并颁发监督员证书的职责。为深入贯彻落实机务监督制度，充实和提高机务监督人员的技术和业务素质，总公司任命了竺希望等 14 人，担任中国远洋运输总公司机务监督员，一方面积极培养年轻人在生产实践中锻炼成长，另一方面推进中远机务监督制不断走向正规，并持之以恒常抓不懈。

2. 实行船岸"双轨制"配置

总公司按 5—6 艘船配备 1 名机务监督人员的员额，组织建立机务监督员队伍。在机务人员普遍缺少的情况下，提倡实行双轨制，采取从船上调下来到机关任职或兼职的方式，从现任轮机长中聘任机务监督员，任期 2—3 年，聘任期满后回船工作，再轮换一批，补充到监督员队伍。

3. 加强机务监督员素质建设

各公司在提高机务监督人员的技术素质方面各显身手，根据监督人员技术状况，制订切实可行的培训计划，适时组织培训。总公司也坚持每年组织不同形式的培训班，多向发力提增监督员的综合素质。各公司还成立了以船技处长为组长的机务监督人员工作考核小组，对监督员进行考核。

4. 建立机务监督人员考核制度

中远总公司编制下发了《机务监督人员考核表》和《良好、优秀机务监督人员考核评定条件》，对工作责任心强，作风正派，技术和业务水平高，船舶管理工作有显著成绩的机务监督人员给予必要的奖励，对那些确实不胜任机务监督工作的人员另行安排工作。总公司经过多方面了解考察，共批准机务监督 53 人，各公司表彰奖励的优秀、良好机务监督人员 28 名，优秀、良好机务管理人员 38 名，激发了机务监督和管理人员的事业心和责任感。

五、机务安全管理

中远的安全工作重点在海上，海上航行安全的重点在船舶安全管理，船舶安全管理的核心之一是机务安全管理。

（一）机务安全方面存在的问题

1. "安全第一、预防为主"的思想在有些单位领导和职工的头脑中树立得还不够牢固，安全意识责任感仍需要加强。有些船舶安全活动流于形式，麻痹思想严重，规章制度执行也不够严格。1988 年责任事故占全年机损事故的四分之一，责任损失金额占总损失金额的 16%。其根源是对安全工作的重要性认识不足，不认真执行规章制度，缺乏主人翁责任感。

2. 劳动纪律松弛，制度执行不严，基础工作薄弱，人员素质不高的状况还未得到根本改善。由于现行船员工资制度的某些缺陷和社会上不良思潮的影响，一些船员工作不安心，缺乏责任心，没有积极性，对日常的维修保养工作敷衍了事、得过且过，给船舶的安全留下了隐患。

3. 奖金分配制度不尽合理。船员自修奖励办法等奖励偏少，总公司未结合船舶实际情况进行及时调整或提高，总公司提出的"五个倾斜"原则，在有的船公司没有得到充分落实，那些参加较脏、较累、技术要求较高工作的相关人员未能获得较好的报酬。

4. 根据国务院颁发的《国营工业交通企业设备管理条例》的要求，应施行设备的规划、选型、购置、设计、制造、安装调试与日常维修保养一条龙的综合管理方式，中远总公司在这方面未能完全做到，需要采取措施克服各环节之间的管理的脱节现象。

5. 船队老龄化突出问题。由此带来了修费、备件费增加，船员工作量增加，管理难度增加等一系列问题。

6. 国外机务网点设置不足。海外机务网点设置刚起步，还远不能满足船队发展的需要。

7. 船舶国内修理难度加大。随着我国的对外开放和国际航运市场有所复苏，国内各船厂修外轮艘数越来越多，中远船舶在国内安排修理越来越困难，修期越来越长。1988年，在国内修期最长的"大德"轮，共修了196天。

（二）规范事故标准与等级

为了进一步加强机务安全管理，有效地预防和减少事故的发生，中远总公司于1985年11月25日，下发了《远洋船舶机械设备损坏事故处理报告制度》，明确了不同机型、不同吨位、不同事故等级的处理标准，为查明事故原因、分清事故责任、吸取事故教训、提高管理水平奠定了基础。

这一制度的主要内容就是对事故进行了分类（表4-3）。按事故性质分类有两种，即：责任事故，非责任事故；按事故造成的损失分类有四种，即：重大事故、大事故、一般事故、小事故（见图表）。按事故形态分类有两种，即：显性事故，隐性事故。隐性事故虽未造成损失但可能酿成事故者，其性质和经过与事故一样，应视为事故。隐性事故分为两种，即：一般隐性事故：可能酿成不太严重后果的隐性事故；恶性隐性事故：可能酿成严重后果的隐性事故。如船舶机动操作操纵不灵，开错正、倒车，主副机中断滑油、冷却水，锅炉断水、满水等。

船舶机务事故等级划分 表4-3

主机动力	3001—5000马力		5001—10000马力		10000马力以上	
事故等级	直接损失（万元）	船期损失	直接损失（万元）	船期损失	直接损失（万元）	船期损失
重大事故	30以上	30天以上	40以上	30天以上	50以上	30天以上
大事故	5—30	10—30天	10—40	10—30天	15—50	10—30天
一般事故	0.3—5	1—10天	3.5—10	1—10天	1.0—15	1—10天
小事故	0.3以下	6—24小时	0.5以下	6—24小时	1.0以下	6—24小时
说明	1. 直接损失费用多少直接反映机械设备本身因事故被损坏的程度，是划分事故大小的主要标准。 2. 船期损失表示由于事故船舶营运率所受到的影响，为使船舶重视营运收入，也作为划分事故大小的标准。 3. 其他的间接损失不能反映机械设备本身的损坏程度，一般不作为划分事故大小的标准，但性质严重、情节恶劣、损失较大者，以事故的总损失（直接损失加间接损失费用）划定事故的级别。					

（三）明确事故处理原则与严格报告制度

此前，中远有关事故发生后的处理原则较散乱，虽有规定但不全面，有些方面甚至以各船公司自己制订的制度为准。这次总公司制订的事故处理及报告制度，站在总公司全局的高度，对机械事故的处理原则、方法、流程以及海事处理、保险理赔等均做了明确规定，尤其是事故的报告制度，从十三个大的方面提出了严格要求，为各船公司在处理事故上提供了统一的规范与遵循。如在事故报告制度中规定：

1. 凡发生机损事故，均应将事故概况、现场情况以及所采取的应急措施等扼要记入轮机日志。

2. 船舶发生机损事故均由部门领导填写事故报告表，对责任者提出处理意见，经船长、政委审核签署后，报告所属公司。

3. 小事故和一般隐性事故，由船舶领导自行处理。对事故责任者，船舶领导有权按实际情况处理，处理意见填入事故报告中，报所属公司。

4. 凡发生大事故和重大事故，船舶应立即以不同形式将简况及处理意见速报所属公司。需立即答复的，所属公司在得知情况后必须在 2 小时之内予以指示。船舶需立即组织力量采取措施积极抢救，并认真进行调查研究、分析原因、查明性质，提出处理意见和防范措施，并由轮机长填写事故报告表一式二份交船长、政委审核签署后，报所属公司船技处。由船技处会同有关部门进行核审，然后报告公司领导。十三条有关事故报告制度，规定得非常具体，具有很强的可操作性。

中远系统总公司在加强机务安全管理工作上想了不少具体办法，做了许多艰苦努力。如在充实机务干部、建立机务监督制度、强化技术管理、加强修船管控、船舶热工节能、建立安全监督员制度等多方面，都取得了一定的成绩。特别是在实行机务监督管船、船员定船包干、强化机务安全管理等方面，都收到了一定的效果。

（四）加强事故分析及通报

机损事故的突出特征，是重复性事故多。1992 年，连续发生机舱火灾事故，如"嫩江""黄龙山""寿安海"轮等；连续发生废气锅炉烧塌事故，如"玉兰海""寿安海""晶河"轮等。中远总公司紧紧把握重复性事故的特征，组织人力对发生事故的相互联系、相同船型、相同主、副机的关联性进行举一反三的分析和研究，按照客观规律指导船舶提前防范。

机损事故的发生不仅严重威胁船舶安全，造成经济损失，也间接地损失了运力，有的机损或管理不当还引发了海损，加大了经济损失。如 1991 年，"小石口"轮在航行中主机连杆伸腿，造成整台主机报损，被迫拖航，1992 年，"太行山"轮在航行中主机润滑油中断，曲轴重大损伤，被拖回港口后提前退役处理。总公司组织力量对 2 起事故进行现场调研，深挖细节、摸准脉络，总结出事故发生的主客观原因，下发事故分析通报，指导全系统吸取教训，从根本上防范类似事故的发生。

六、老旧船、重点船的管理与维修

（一）掌握老旧船的动态变化

中远船队船舶老龄化，是一个长期以来从未缓解的问题。这一时期，老龄船、超龄船的数量占船舶总数的三分之一已是常态。这些老龄船、超龄船上的设备陈旧，存在问题较多，维修费用高，修理难度大，稍一疏忽，就会对安全生产造成威胁。到了20世纪80年代末期，航运市场形势有所好转，运力的需求增加，许多老龄船、甚至超龄船都不能按期退役。为加强老龄船的管理和修理工作，提高船舶完好率，是新形势下机务管理工作的一项重要任务。

为了摸清老龄船的技术状况，了解存在的问题，找出解决的办法，中远总公司下发了《老龄船舶技术状态检查报表》和《船舶技术状况总结报告表》，要求各直属公司认真填报，逐一落实。根据实际情况，还制定下发了《老龄船的管理和修理办法》。有了上述基础性的工作，总公司掌握老旧船、重点船的情况既准确、又快捷（表4-4）。

中远船舶船龄统计表（单位：艘） 表4-4

船龄（年） \ 公司	广州	上海	天津	青岛	大连	合计
0—5	24	27	25	13	14	103
6—10	30	39	23	4	6	102
11—15	28	46	23	9	5	111
16—20	27	17	29	13	0	86
20以上	41	16	2	9	0	68
小计	150	145	102	48	25	470
平均船龄	14.01	11.36	10.71	12.56	5.59	10.86
备注	统计时间为1985年9月，此数据只统计中远五大远洋公司自营船舶，不包括合资及其他船队船舶。					

（二）探索老旧船修理新途径

对于一些新买的二手船，各公司也采取了许多具体措施来保证船舶的安全营运。如上海远洋接入5艘原Maersk公司的旧集装箱船后，立即投入中国—美西航线，充分利用公司航修厂的技术力量，建立快速维修队，对重大修理和设备改造项目采取随船出去、边走边修的方式，既加强了船舶的维修保养工作，也保证了班期正点。这是一种十分有效的维修管理方式，尤其是对班轮特别适用。总公司随即将这种修船方式进行推广。

1988年，中远总公司通过多种方式共修船311艘，修船率为63.97%。其中共安排了108艘老龄和超龄船的修理，占修船总数的35%，老龄船的单船平均修费为90万元，是平均修费的1.7倍。

（三）加大班轮修理力度

随着新的班轮航线的不断开辟，作为重点船舶的班轮也越来越多。这些船舶可供维修的时间短，一年可供安排修理的时间只有5—7天。保持船舶设备的良好技术状态，就需要加强日常的维修保养工作。为此，中远总公司下发了《班轮机务管理办法》，以加强管理。对于一些主机存在严重问题的船舶，中远总公司更是认真对待，决不掉以轻心（图4-6）。如对广州远洋和上海远洋所属6艘"河"字号集装箱定期班轮存在的主机缸套非正常损坏问题，积极与天津大学进行了横向联合，在派专人进行详细调查的基础上，通过试验、实船测试，最终找出了损坏的主要原因，拟定了改进的具体步骤和方法，将这一长期困扰企业的"老大难"问题彻底解决。

图4-6　轮机部船员检修汽缸。

七、运用新技术提升机务管理水平

中远总公司密切关注航运市场的技术进步与现代科学运用的成果发布，对于和船舶管理相关的新技术、新成果舍得投入成本，支持机务部门大胆尝试，以提高船舶的机务管理水平。为加快远洋船舶机务管理现代化的步伐，加强船舶设备的维修保养工作，总公司狠抓推行状态监测、故障诊断技术和插板管理技术的准备工作。公司成立了船舶旋转机械状态监测与故障诊断技术推广小组，对状态监测与故障诊断技术所需的仪器进行了选型和购置，并组织实施了实船测试工作，编写出了有关的操作规程和管理办法，收集了大量第一手资料和数据，为进一步在远洋船舶上推广该项技术取得了初步经验。上海远洋在吸收国外先进经验的基础上，与有关单位合作编制了插板式船舶维修保养系统，并在班轮上试用。该系统在远洋船舶推广应用后，使船舶机务管理工作的制度化、规范化、科学化，向前迈进了一大步。

1992年底，中远系统已初步完成了船舶主要图纸缩微化的工作和初步实现了船舶技术管理数据微机化的工作。

八、开辟境外机务网点

中远总公司的船舶航行于世界150多个国家和地区，在境外设置机务网点的却只有汉堡、东京、神户和香港，机务管理人员不超过15人，这无法满足中远这一庞大船队的技术保障需求。一旦船舶在海上发生事故，机务监督人员由于没有长期海员证，也难于及时上船处理问题。进入20世纪80年代中期，中远总公司已开辟了几十条班轮航线，尤其是核心班轮，班期要求准，靠港时间短，当事故发生时，需要迅速了解详细情况，提出应对举措以供领导决策。专业人员的到场，不仅可以帮助船员解决技术难题，还能起到稳定船员情绪的作用。例如"苏虹""皖祥"2艘船都是在苏伊士运河附近发生事故，由于船员技术水平较低，无法迅速解决问题，公司机务管理人员也不能到场，致使船舶滞航几十天，不仅船员的情绪受影响，公司也蒙受很大的经济损失。

中远作为逐步实现国际化的航运企业，高度重视在境外的发展。面对境外机务网点的设置远远不能满足船队发展需要的现实，中远总公司从1988年开始发力，先后在多个重要地区、主要港口设置了监修组、机务代表、技术服务中心、合营供应公司、合资修理厂等，在处理中远船舶海事、监督修理，协助船舶解决厂修、航修工程和处理技术故障、供应备件、物料等方面，发挥了很好的作用。这些组织和机务技术人员成为中远向境外发展的重要组成部分和中远船队技术保障的中坚力量。各公司在遇到船舶修理、航次修理时，首选中远自己的境外网点，如新加坡中远海事公司、香港合兴船厂、日本中铃工程部等。在给予船舶必要的技术咨询、协助船舶解决故障及其他问题时，各公司首先选择中远境外的机务代表、监修组、远华公司、汉远技术中心；在订购备件和物料时，大都与中远合资或独资单位开展业务联系，如海通远洋部、中铃公司、远华、汉远、新远、远通公司等。境外网点的优势得到了充分的发挥。

第七节　全面质量管理

货运质量是运输行业至关重要的环节，它直接反映企业的经营管理水平，影响企业声誉和在市场上的竞争力。从 1978 年起，中远系统着力推进企业的全面质量管理，企业管理逐步走向规范化轨道。

一、开展"质量月"活动

（一）加强教育引导，提高思想认识

1978 年 8 月，国务院国家经济委员会在全国开展了第一个"质量月"活动，交通部远洋局下发通知，要求中远总公司及各分公司要充分认识开展"质量月"活动是向四个现代化进军的一个重大步骤，是贯彻落实多快好省地建设社会主义总路线的重大举措，务必抓紧抓好。1979 年 9 月 8 日，国务院召开全国第二次"质量月"活动广播电视大会，国务院副总理兼国家经济委员会主任康世恩[①]在会上发表重要讲话，要求全国各条战线干部职工认真贯彻"百年大计，质量第一"的方针，广泛开展群众性的质量管理活动，积极推进全面质量管理。特别要求工业交通、基本建设战线的全体职工，要把工业产品质量、基建工程质量和交通运输质量稳稳地搞上去，大打全面质量管理的进攻仗，把各条战线上的质量管理提高到一个新水平。

为了在推进全面质量管理中统一思想，提高认识，牢固树立"质量第一"观念，中远

---

① 康世恩（1915—1995），久经考验的忠诚的共产主义战士、无产阶级革命家、我国工业战线杰出的领导人、新中国石油工业和化工战线卓越的开拓者。1936 年加入中国共产党。抗日战争时期，历任山西朔县战地动员委员会主任、县委统战部部长、牺盟决死队第四纵队团组织股股长、牺盟太原中心区组织部部长、晋绥八分区行政公署专员。解放战争时期，历任晋绥雁门军区政治部主任、第一野战军第九师政治部主任。中华人民共和国成立后，历任玉门油矿军事总代表、党委书记、西北石油管理局局长，北京石油管理总局局长，石油工业部副部长，江汉油田会战副总指挥，燃料化工部第一副部长，石油化工部部长，国务院副总理，国家经委主任，国务院财经委员，国家能源委员会副主任，石油工业部部长，国务委员等职。

总公司主要采取如下举措：

1. 通过总结事故教训看质量管理的重要性。20世纪80年代初，上海远洋接连发生了"和田"轮碰沉外轮、"红明"轮失控坐礁全损和"龙溪口"轮爆炸起火沉没等重大恶性事故。总公司组织各分公司引导广大船岸职工认清安全质量管理存在的漏洞给国家财产和船员人身安全造成的危害，进而明确加强船队安全质量管理的重要性。

2. 深入学习上级相关文件精神。总公司开办《远洋运输简报》，专题刊载开展"质量月"活动信息，搭建安全质量教育平台。各分公司还通过报刊、简报、橱窗等形式，加大宣传教育力度。

3. 召开开展"质量月"活动会议，布置任务，下达指标，制定标准，积极推进，在开展活动中逐步提高了船岸职工对安全生产、优质运输的认识，增强抓好全面质量管理的积极性、主动性和自觉性。

（二）制定规章制度，严格质量管理

中远总公司在贯彻国家经委颁发的《工业企业全面质量管理办法》，按照承担货物从受载前准备、配装、积载、途中保管，到卸货交接整个运输生产过程，制定了《船舶货运全面质量管理暂行办法》。"丰城"轮率先试行全面质量管理，货运质量取得明显成果，全年往返中日20个航次，共运输货物10.7万吨，101.6万件，没有发生货运事故，达到100%无差错，受到国内外货主的好评，被交通部评为安全优质标兵船。1981年7月25日，中远总公司正式颁发了《船舶货运全面质量管理暂行办法》，为在远洋运输船舶推行货运全面质量管理，贯彻落实"质量第一"的方针，确保货运质量，从而为货主提供良好的服务，提供了制度保障。到1984年，中远货损赔付率降低到4.04‰，低于交通部规定的标准。1985年，中远总公司和各直属公司相继成立全面质量管理委员会，并设质量管理办公室。1986年，按照交通部关于建立货运监督员制度的决定，中远总公司将各公司货监科工作职责统一规范，颁发了《中远系统货监科工作职责》，上海、广州、天津、青岛远洋公司相继成立货监科，配备货运质量监督员。1987年10月，又制定了《中远货运监督人员的工作职责》。同时，采取各种形式，提高全体职工全面质量管理的意识。

中远总公司适时开展了"安全优质航次竞赛"和"百日安全无事故竞赛"活动，重点推动船舶货运质量的提升。

（三）狠抓重点环节，提升货运质量

从总公司到各船公司都高度重视"质量月"活动，各单位均成立了"质量月"活动领导小组，召开职工大会，向船舶下发通知或通电，传达上级文件精神，提出开展活动的具体要求，派出各种形式的检查组到本港和外港检查船舶，推进质量月各项要求落到实处。上海远洋开展了以"防火防爆、防碰撞为中心的安全质量大检查"和"百日安全无事故竞赛"活动，先后参加竞赛船舶99艘，实现"六无"船舶达到78艘。上海远洋抓住挂靠上海港船舶多的特点，设立了货物监督小组抓现场管理，协助在港船舶落实"质量月"活动内容，在所有船舶推广实行填写"货运情况报告表"制度，记录装卸货作业过程，将货损

货差降到最低,提高了货运质量,其经验在总公司专题会上推广。上海远洋在方嘉德[①]和雷海[②]指导下的"丰城"轮,通过扎实开展活动,成为交通系统第一个开展QC小组活动的船舶,三次被评为国家级优秀小组。其在货运质量上狠下功夫,建立了一整套货运质量保证体系,并纳入标准化管理。"丰城"轮和上海港成立了联合小组,坚持请日本港口方填写质量信息反馈表,实行安全质量程序控制,在日本享有很高的信誉。"丰城"轮从1982—1989年连续8年被交通部评为优质标兵船。

这一时期,国家加大了企业质量管理力度,交通部下发了《交通部远洋运输行业国家二级企业标准》,在颁布的九项控制指标中,货运质量就占两项,即货物赔偿率和重大货运责任事故,而且每个指标都有单项否决权。各远洋公司在开展企业上等级工作中,认真贯彻交通部有关文件和企业评级标准,在降低货物赔偿率和重大货运责任事故方面花大力气加以解决。上海远洋经过长期实践与探索,在开展第二个"质量月"活动中颁发了《确保远洋货运质量,防止货损货差的四个环节》,为提高货运质量明确了新规则,四个环节是:"装货之前过细准备,装货之时严格把关,运输途中妥善保管,卸货之时谨慎交接",这"四个环节"成为确保货运质量的"四道保险",确保货运质量提高了一个档次。各远洋公司在加强货运质量的管理中,坚持有奖有罚和奖优罚劣的原则,把提高运输质量当成当前重中之重的任务来完成,中远系统运输质量管理各项工作逐一得以落实。

二、推进QC小组活动

中远在"七五"及"八五"的前2年,积极推行以全面质量管理为重点的现代化管理,深入开展群众性QC小组活动。中远依据自身特点,采取"统一部署、分级管理、结合实际、突出中心"的工作原则,有的放矢地推进质量小组工作。中远确定QC小组活动的基本原则为:群专结合、干群结合、船岸结合、齐抓共管;以全员质量教育为QC小组活动的基础;正确处理普及与提高的关系。各公司结合自身情况安排布置,群众性的质量管理小组活动全面推开。

---

① 方嘉德,1942年7月生,江苏无锡人。大学文化,高级工程师。1966年,毕业于大连海运学院航海系。1975年5月加入中国共产党。1966年7月,在大连海运学院待分配。1968年11月,任上海远洋船舶水手、教育组教员、调度员。1974年7月,任上海远洋运输公司远洋轮船驾驶员。1976年10月,任上海远洋运输公司远洋轮船船长。1984年1月,任上海远洋运输公司航运处副处长兼调度室主任。1984年9月,任中国海员工会全国委员会主席。1985年7月,任中华全国总工会书记处书记、党组成员,中国海员工会全国委员会主席。1988年10月,任中华全国总工会书记处书记。1993年10月,任中华全国总工会副主席、书记处书记。历任第七、八届、十届全国政协委员,中国航海学会第一至四届副理事长,中国共产党第十五次全国代表大会中央纪律检查委员会委员。
② 雷海,1941年7月,生于上海,祖籍浙江宁波。1965年,毕业于大连海运学院航海系并留校任教。1972年,在上海海运局大连分局任水手、三副、二副、大副、船舶监造负责人,驻上海工作组组长。1979年,在上海远洋运输公司任大副、船长。1985年,任上海远洋主管安全生产副经理。1992年,任中远总公司副总经理,1993年中远集团成立后,任副总裁。期间,以中国政府代表团首席法律顾问身份,处理"银河"轮事件。1996年,调任中波轮船股份公司(中方)经理,为公司扭亏为盈做出贡献。2014年,评为教授级高级工程师,中国航海学会授予"中国航海学会终身成就荣誉称号"。曾兼任联合国贸发组织航运法律专家会特约亚洲代表,参加编著《航海手册》《国际航运市场及策略》《现代航海应用技术》等11部著作。

（一）开办多种形式的培训班

各公司密切结合本单位质量管理的实际，有针对性地举办培训班，采用收看电视讲座、教学录像、函授、自学等形式，普及质量管理知识；举办师资班，摄制教学录像带，组织在船培训，扩展教育面。各公司充分发挥自身的教育培训资源，组织船长、大副进行货运业务知识培训，定期举办船长、大副例会及业务讲座，充分发挥中远院校的培训功能和作用。上海远洋选送船舶领导骨干参加短期轮训，弥补质量管理方面的短板，同时组织机关干部进行相关业务知识学习和培训，以保障其能有效地检查、指导船舶搞好货物运输中的质量管理。大连远洋利用两年时间为休假船员开办脱产学习班五十余期，参加学习班人员达2698人/次，公司船员中一半以上参加了培训。公司还根据交通部颁发的《油轮安全管理纲要》精神，编写了油轮安全管理教材，下发到所属船舶，组织船员进行在船培训。为加强安全防范教育，开展了义务消防员培训、消防演习、消防知识授课等多项活动，印发《消防法规常识》500余册，为船舶提供了多种培训教材和资料。各公司都本着"全面质量管理始于教育、重于创新、成于实践、强于坚持"的原则，采取多种形式，有组织、有计划地开展全面质量管理培训工作，并逐步使之制度化、规范化、标准化。为了克服船员流动性大、长期不回国内的困难，还额外培训了部分小教员，上船时再带上质量管理录像带进行在船培训。有的公司在"四小证"培训的同时，还会加上质量管理课程，来确保提升质量管理教育的普及面。

（二）QC小组活动多姿多彩

中远总公司在推行全面质量管理中，专门派雷海船长到广州、大连、上海、青岛、天津远洋五大公司进行宣讲，充分运用PDCA（即计划、实施、检查、总结）循环工作法，普遍建立QC小组，开展全面质量管理（简称TQC）活动，使全面质量管理程序化、系统化，以保证船舶运输达到了无海损、无机损、无火警、无工伤、无污染、无货损的"六无"标准。1986年，广州远洋货监科预控进口化肥无短缺；天津远洋开展船舶QC小组活动，加强现场管理，安全优质运送日本的"哼哈二佛"及"和平少女"大理石雕像受到货主好评。"洪泽湖"轮QC小组是大连远洋第一个QC小组，它以原油加温节油为课题开展攻关，2年共节约燃油3700多吨，折合人民币130余万元，被评为全国优秀QC成果奖。

为充分发挥广大职工的积极性和创造性，促进群众性质量管理小组活动的蓬勃开展，1987年，外代总公司联合颁发《企业质量管理小组暂行办法》和《优秀质量管理小组暂行评比办法》，明确了QC小组的性质、任务以及组织活动、成果审查、小组评优、奖励等规定，推动了质量评优工作和QC小组的迅速发展。到1989年，QC小组已从个别成立到成批涌现；其类型也由单一的管理型发展到攻关型、现场型、服务型等多种形式；课题内容从单一货运量扩大到安全质量、服务质量、降低能耗、节约港口使费、提高动态联系合格率、减少单证差错率等等，涉及运输生产、代理服务全过程的各个环节；少数小组的结合也由本部门、本行业发展到跨部门、跨行业的联合攻关型组织，QC小组活动已趋向于标准化、科学化、程序化，在企业管理中发挥了作用。广州远洋计管、航运、通导处联合对集装箱电传信息输入电脑进行技术攻关，克服了烦琐低效的人工输入，提高工效25倍。上海远洋经理李克麟组织公司QC小组开展经济活动分析，其发表的《运用QC方法，进行亏损船舶分析》成果，获1988年上海市交通邮电系统高层次领导干部QC成果一等奖。

大连远洋结合油运生产实际，全面开展TQC管理活动。1988年，实行了经理（船长）负责制后，该公司密切关注知名石油公司和知名油轮公司最新管理模式，最终选择了全面质量管理的TQC管理模式。其核心内容就是全面推进"三全""四个一切"的质量管理模式。"三全"即：全面质量、全部过程和全体人员参与的管理。"四个一切"即：一切为用户着想——牢固树立货主至上的思想，把优质服务的每一道流程贯穿于工作实际中；一切以预防为主——把影响生产过程中的风险因素逐一控制起来，变过去单纯以"事后检查"的消极"把关"，改变为以"预防为主"、防检结合、事前控制的积极"预防"；一切用数据说话——把日常管理中的内容图表化、数据化、台账化，通过对数据进行分析的方法，实施针对性很强的管理来提高管理的效率和质量；一切工作按PDCA循环进行——把安全工作中的"计划、实施、检查、处理"作为闭环管理系统进行管理，大连远洋的全面质量管理向前迈出了坚实的一步。

上海远洋人事处劳保科小组，坚持"多次出现的问题在规律上找原因，反复出现的问题在制度上查根源"的原则，针对同类事故重复发生、在多艘船舶均有发生的情况，综合分析了1966—1985年20年间所发生的各类工伤事故，找出了主要原因和多发性事故的特点，采取了有力措施，同时制订伤亡事故调查处理程序和安全劳动保护工作条例，并上船检查落实情况，收到了很好的效果。此外，公司在抓船员培训、增强全面质量管理意识、强化现场管理、做好安全质量管理基础工作方面，也做出一定成绩。

中波公司积极推行QC小组活动，加强货运质量的监督。公司针对生产经营中出现的问题，制定规章制度和操作规程，在日常管理过程中严格遵照执行，通过不断检查落实，完善工作中存在的问题，从而达到提升工作的稳定性和工作质量。1988年，公司在中旗船中开展了14艘次QC小组活动，取得了较好成效。其中，"德兴"轮51航次确保冻猪肉安全优质运输，"鲁班"轮27航次确保棉花安全优质运输，获得中远总公司和交通部的表彰。为保证货运质量，公司对重点工程设备和危险品的装运，给予了特别的重视，全面推行QC管理活动，这一年，公司装运了4.6万吨各类危险品，还有葛洲坝和上海南桥变电站的3台大型变压器，均未发生任何差错和事故，提升了安全质量管理水平，得到了客户的好评，也赢得了良好信誉。

（三）QC小组活动的普及与提高

各公司结合自身特点，在抓好试点的基础上，坚持把开展QC小组活动与搞好生产、提高效益、加强企业管理紧密地融合在一起，加强活动的普及与提高，做到了"六个确保"：

1. 确保活动内容丰富化

各公司在组织QC小组活动中，坚持把QC小组活动的有效形式扩大到安全、生产、经营的各个方面，定期组织小组成员学习与本小组课题有关的业务知识，结合企业的方针目标，在确保安全生产、优质运输、降低成本、开拓经营、设备维修保养、船舶调度管理、保证通信线路畅通、节约燃物料、搞好伙食供应、节约港口使费等方面开展多种多样、富有实效的活动。

2. 确保活动形式多样化

QC 小组活动内容丰富起来后，各公司主要抓了以下几个方面的工作：①以船舶现场、生产现场、服务现场的职工为主体，以安全生产优质运输、降低消耗、良好服务为目的的现场型质量管理小组开展活动；②以三结合为主，以攻克技术难关为目标，围绕安全运输生产过程中的难点问题或薄弱环节组织攻关型 QC 小组开展活动；③以职能处室管理人员为主体，以提高工作质量、工作效率和服务水平为目标的服务保障型质量管理小组开展活动；④公司内不同部门、公司之间乃至不同行业间为某一共同工作目标而建立的联合型 QC 小组开展活动。

3. 确保活动过程程序化

各公司通过实践已确认 PDCA 循环工作法，是一种科学有效的方法。多年来的 QC 小组活动一直沿用这一方法，提高了 QC 小组成员运用科学程序进行工作的能力。

4. 确保质量管理制度化

为保证 QC 小组活动深入持久开展，各单位不断改进和完善管理制度、管理办法或管理标准，包括 QC 小组注册登记办法；小组课题注册登记办法和内容；小组成果申报办法及内容；小组成果发表程序及内容；小组成果评价及奖励办法；小组日常活动有关要求，形成了一个有组织、有领导、有流程的 QC 小组管理系统。

5. 确保成果考核定量化

为了公正客观地评价 QC 小组活动成果，各公司均制定出 QC 小组活动评价的定量考核办法，把小组活动成果及活动水平用量化的方法进行优选，达到鼓励先进、鞭策后进的目的。考核定量分两个部分，一是活动评价，二是成果评价，按 30/70 的比例计算和考核，受到广大船岸职工的肯定和欢迎。

6. 确保选优评奖公开化

1978 年，开展 QC 小组活动以来，各单位大张旗鼓地奖励和表彰优秀 QC 小组，坚持物质奖励和精神鼓励并重的原则，在评选先进和提高福利待遇时，对积极参加 QC 小组活动的同志优先给予考虑，以激发全体职工的主人翁精神和人人为企业发展争做贡献的劳动热情。

中远系统将质量小组活动融合到企业当前重点工作之中，使其更具活力。从 1988 年开始，将其同"抓管理，上等级，全面提高企业素质"的中心任务紧密结合，以群众性的质量小组活动的形式，调动职工的积极性，参与企业升级达标工作，提高了职工队伍的素质。1991 年，在贯彻国务院关于开展"质量、品种、效益年"活动中，以安全质量和经济效益为课题，认真开展 QC 小组活动，并得到了稳步发展。1992 年 8 月，国务院颁布了《全民所有制工业企业转换经营机制条例》，把企业进一步推向市场。中远系统运用全面质量管理的群众性 QC 小组形式，助力企业职工队伍整体素质的提高，取得了一定的成效。

三、实施全面质量管理

（一）全面质量管理纳入"七五"计划

第七个五年计划时期，是中国经济发展战略和经济体制进一步由旧模式向新模式转换的关键时期。这一时期,国家在推进经济体制改革、加强治理整顿的同时,更加重视企业经营的效率和企业发展的质量。中远总公司在"七五"期间,加快了发展步伐,在快速增加运力的基础上,积极推进企业的发展质量,全面质量管理就是在这样的背景下深深地嵌入到企业大的发展格局中。

这一时期,中远系统的QC小组活动不断踏上新的台阶,5年中,QC小组类型已由原来单一的管理型逐步发展到攻关型、服务型和现场型。活动课题涉及运输生产和代理服务全过程的各个环节,并由原来单一行业,单一部门向跨行业、跨部门的联合方向发展。"七五"期间,中远系统在各级领导、广大职工的共同努力下,全面质量管理工作经历了学习引进、普及提高、深化发展三个阶段,群众性的QC小组活动从小到大,由少到多,逐渐趋于系统化和规范化。

(二)推进全面质量管理上等级

在推进全面质量管理的过程中,中远总公司按照"抓管理、上等级、全面提高企业素质"的原则,从抓管理基础工作入手,建立各种形式的经济责任制,有计划有步骤地向企业全面质量管理方向发展。积极推行以安全为中心的全面质量管理,制定了一整套安全生产的规章制度。同时,引进先进的事故预测和控制技术,建立了事故隐患跟踪系统;在管理体制方面,强化了决策计划机构和信息调研,生产经营指挥系统。为满足中远船队全面质量管理和快速发展的需要,中远总公司特别重视科学技术的应用工作,积极推广新技术,建立了船岸通信网络;计算机的应用已普及到中远系统的各个领域,形成了以IBM计算机为主体的联结各公司的数据通信网,并已逐步向系统通用化和网络化方向过渡;在加强企业管理、推进科学技术进步的基础上,中远的整体管理功能和应变能力得到进一步加强,服务质量不断提高。

(三)盯住"短板"抓提质升级

中远系统的QC小组活动虽然取得了长足的进步,但仍有许多不足之处:QC小组普及率和成果率不是很高;许多小组活动未坚持下来,存在形式主义,有先定成果、后补写活动记录的现象,在一定程度上损害了QC小组的声誉;部分QC小组成员的全面质量管理知识不够扎实,有些活动开展得还不规范;PDCA循环还不够完整,就急于追求形式的新颖等。针对存在的问题,各公司着力抓了四项重点工作:第一,像完成"七五"计划那样,全力以赴按照全面质量管理工作的计划抓落实,不断提高管理水平和经济效益。第二,积极宣贯GB/T10300系列标准,摸索出适合远洋企业特点的新路子。第三,在推进企业发展进程中,坚持以全面质量管理为主线,走质量效益型道路。第四,在更高层次上深入开展全面质量管理培训教育,提高职工质量意识、积极扩大QC小组活动空间。

(四)表彰推广优秀质量管理成果

自开展全面质量管理的QC小组活动以来,中远TQC成绩显著。据统计,截至1992年,中远历年注册登记质量管理小组累计1244个,创直接经济效益累计10477.13万元;荣获国家级优秀质量管理小组15个,部级优秀质量管理小组40个,省（市）级优秀质量管理小组 50 个，总公司级优秀质量管理小组 117 个。仅 1992 年全系统共登记注册 QC 小组 391 个，坚持开展活动的 360 个，取得成果 243 项，成果率为 67.5%。直接经济效益成果水平较高的 QC 小组，如"雅江""丰城""宝安""胶州海""丰顺山""洪泽湖"轮等船舶 QC 小组的成果，多次被评为国家级优秀 QC 成果，并多次荣获国家级优秀 QC 小组称号，成为各公司开展 QC 小组活动的排头兵。

中远系统的群众性质量活动开始于"六五"时期末、蓬勃发展于"七五"时期、成熟于"八五"前期。经过近 8 年的发展，对质量小组的认识从不甚了解到全面普及；质量小组的数量从寥寥无几到遍地开花；质量小组类型也由单一的管理型发展到攻关型、服务型等多种形式；质量小组课题涉及运输生产、代理服务全过程的各个环节；质量小组由单一部门、单一行业发展到跨部门、跨行业的联合攻关型质量小组。全系统已形成一支全面质量管理的骨干队伍，群众性的质量管理小组活动正在向新的高度发展，已有国家级优秀质量管理小组 5 个、部级 22 个、总公司级 63 个。由于中远积极推进技术进步，大力加强企业现代化管理，国家级企业技术进步奖评审委员会授予中远总公司 1986—1990 年度"国家级企业技术进步奖"称号，上海远洋还获得了全国企业管理优秀奖"金马奖"。

第八节　安全运输生产

为减少各类海运事故的发生，保障船舶运输安全和船员职工的生命安全，中远总公司在抓经营生产的同时，努力防止和克服重生产轻安全、重经营轻管理、重经济处罚轻思想教育的"三重三轻"倾向；组织全系统深入贯彻"安全第一、预防为主"的方针，广泛开展各种安全教育活动；推动所属各公司着力建立健全各级安全管理组织，完善各项规章制度；持续开展多种形式的安全大检查，运用先进的科学手段强化安全管理工作。

一、完善安全规章制度

20 世纪 80 年代，中远安全管理制度已渐趋完善。1983 年 4 月，中远总公司根据长期航海的实践经验，汇集了 45 种有关船舶安全管理的规章，作为安全管理工作的主要内容。

随着中远船舶驾驶、机舱设备与航海导航仪器的更新和运输条件的变化，中远总公司对一些不适合的规章制度作了修订，同时又出台了一些新的制度。如 1986 年 10 月，制定颁发《远洋船舶紧急处置程序（试行）》；1987 年，制定了包括海务、航运、机务、通信导航、货运质量、物料管理、安全保卫、政治工作、行政管理等十个方面五十四项内容的《中远系统船舶安全纪律检查提纲》（即"一千条"）；1988 年 5 月，颁发《海务监督人员职能实施细则》；1989 年 10 月修订、补充《远洋船舶航行运输管理制度》中的《中远船舶进出港制度》《中远船舶系泊安全制度》《中远船舶消防安全制度》等。为了保障船员、职工在生产中的安全与健康，加强劳动保护，1990 年 5 月，颁发了《中远总公司劳动安全监察制实施细则（试行）》；同年 9 月，中远总公司安委会又制定了《中远系统大型船、老龄船、出租船安全综合管理办法》，就中远船队"大、老、租"船的现状，在船员、航运、海务、通导、供应、机务管理及船舶设备等方面提出明确要求。为严格安全纪律，制定下发了《关于对中远系统船员违章违规行为处理的规定》和《关于对中远系统船员违法违纪行为处理的规定》（即"双十六条"）。

为便于各远洋公司贯彻执行各项安全规章，1992年，中远总公司重新修订汇集编制了《中远船舶安全规章制度》，其汇编内容分为四个方面：①安全法规、检查规则及"一千条""双十六条"；②事故统计、调查、处理法规及防台风细则；③驾驶台规则、航行注意事项及安全制度；④监督员实施细则，高频无线电话（VHF）规定，紧急遇险程度及油轮、危险品、物资管理规则。这本汇编内容广泛，除总公司制定的一些规章外，还包括国家及交通部颁布的规章制度。

中远船舶在航行安全中除执行总公司上述规定外，还严格执行国际海事公约和交通部的安全法规。如1984年1月施行的《中华人民共和国海上交通安全法》，1990年交通部制定的《中华人民共和国船舶安全检查规则》；国际海事组织制订的国际海上避碰规则公约，国际海上人命安全公约，国际船舶载重线公约，国际海事卫星组织公约及协定，国际海上搜寻救助公约，国际海员培训、发证和值班标准公约，国际船舶吨位丈量公约，国际集装箱安全公约，国际防止船舶造成污染公约，国际油污损害民事责任公约等有关法规，做到常抓不懈。

二、建立安全管理体系

1979年，中远总公司及各远洋运输公司均设有海务监督室。1985年，总公司海务监督室改为安全监督室（简称安监室）。总公司安监室负责领导、协调和监督全系统的安全工作，各公司安监室负责监督检查和指导本公司安全工作。具体工作职责主要是：贯彻执行国家有关安全生产的方针、政策、法令和上级有关指示与规定，督促检查船舶遵守、执行有关的国际公约、规则和地区性规定；经常深入船舶，进行安全教育，了解安全航行情况，审阅航海日志、海图作业、车钟自差记录、罗经自差记录、天文钟误差记录、船长命令、安全活动日记录簿以及其他有关记录簿，提出改进意见；布置、检查和协同调度部门指挥船舶防台、抗台；制订并督促检查船舶甲板部各项规章制度、操作规程的执行情况，提出改进措施；负责海损事故的调查，分析和统计上报工作，总结经验教训，提出处理意见，并协助航运部门做好海事理赔工作；按国际公约检查船舶救生消防、堵漏等安全设备和定期进行消防救生演习；及时向船舶介绍国内外航海科学新技术，指导安全航行；负责编制船舶普航仪器和气象仪器的更新添置计划，并指导船舶正确使用保管；了解和掌握船舶驾驶人员的技术状况，协助有关部门对驾驶人员进行业务技术培训，参与对驾驶人员的技术考核、转正、提升、奖惩等工作。

为加强船舶的安全监督工作，1983年3月，中远总公司重申了海务监督员职责，进一步明确"凡正式任命并有交通部监督证的海务监督人员，有权对在港的中远船舶进行海务监督检查；各远洋公司海务监督室之间加强联系协作，相互委托对所属船舶监督检查；监督员有权对船舶贯彻安全规章制度进行监督、了解，努力消除不安全因素，转告并督办检查中发现的问题"。从1984年起，中远总公司开始实施指导船长制度，每20艘船舶设置1

名指导船长,对所负责船舶实行业务技术指导。指导船长一般由富有航海资历和船舶安全管理经验的老船长担任,作为船舶航行安全的直接指导者,帮助和指导新船长工作,提高驾驶员技术业务水平和预防处理事故的能力。

1988年,根据交通部要求企业领导对安全生产"各单位第一把手负第一位的责任,主管安全的领导负主要责任,各单位各企业的领导都负有综合治理方面的责任"的精神,中远自上而下建立和健全了安全委员会。4月,总公司成立安全委员会,总经理任主任委员,安监室作为常设机构,安委会负责抓中远全系统的生产安全工作。此外,中远还先后实施了机务、劳动安全、货运质量、消防监督、无线电监督员制度,在运输生产实践中培养了一支安全监督队伍。这些安全管理机构、人员的设置和配备,形成了一个较好的安全管理体系,保障了安全工作的有效开展(图4-7)。

图4-7 船舶防偷渡重点部位设防及开航前加强值班和检查。

三、开展"安全月"活动

(一)成立组织,推进落实

为了提高国民安全生产意识和安全生产水平,普及安全生产知识,保护国民免受不必要的伤害,经国务院批准,由国家经委、国家建委、国防工办、国务院财贸小组、国家农委、公安部、卫生部、国家劳动总局、全国总工会和中央广播事业局等十个部门共同作出决定,于1980年5月在全国开展安全周活动,并确定今后每年5月都开展安全周活动,使之经常化、制度化。后来由安全生产周扩展到安全生产月,并确定每个安全生产月的主题,目的是做好安全宣传和教育活动,提高生产作业的安全效率。国务院在全国推行"安全月"活动,充分体现了党和国家对劳动者的亲切关怀。总公司成立了以主管安全工作的副总经理为组长,各相关部门和所属公司领导为副组长的"安全月"活动领导小组,各二级公司同时成立了相应的组织机构,全力以赴推进活动落实。这一时期,各级领导高度重视开展"安全月"活动,安排具体,工作扎实,宣传教育贯彻始终,效果较好,得到广大船岸职工的积极参与和支持。

(二)联系实际,确定主题

在每年开展"安全月"之前,总公司都密切结合企业安全生产形势,切合实际地提出活动主题。如1984年针对企业存在的安全意识不强、安全责任落实不够的问题,提出了"树立安全第一的思想,预防为主,落实责任,加强法制,实现安全生产、文明生产,提高经济效益"的活动主题,深入开展多种形式的安全生产活动,确保活动在开展中具有针对性和实效性。上海远洋在开展"安全月"活动中,各船公司密切联系近2年来"西江""龙溪口""惠泉"等轮发生的重大海损事故,深挖事故根源,认真吸取教训,严格按照交通部和总公司要求,坚持以"反违章,除隐患,堵漏洞,定措施,杜绝重大事故"为主题,并有针对性地制定了《安全检查提纲》,发动船员逐条开展自查,边查边改,逐项落实整改措施。

(三)落实制度,坚持经常

为进一步推进企业安全生产、文明生产,1982年3月27日,国家经济委员会、国家劳动总局、卫生部、公安部、中华全国总工会又联合下发了《关于开展"安全月"活动的通知》,要求在总结前2年经验的基础上,进一步搞好安全工作,确保通过开展"安全月"活动,促进劳动保护工作经常化、制度化。1984年4月27日,国务委员、国家经委主任、"全国安全月"领导小组组长张劲夫发表题为《狠抓安全生产,提高经济效益》的广播电视讲话,动员全国开展第五次全国"安全月"活动。为深入贯彻上级有关要求,总公司结合安全生产存在的薄弱环节,下发通知,就如何实现安全管理制度化、经常化,从十一个方面做出了部署和安排,并严格按照要求一级一级抓落实。

(四)加强检查,消除隐患

这一时期,中远总公司提出了"切实加强领导,进行综合治理,总结经验教训,大抓遵章守纪,杜绝重大事故,减少一般事故,确保安全生产"的总的指导思想,重点组织各船公司开展安全工作大检查,深挖事故隐患,消除安全短板,坚持把事故消灭在萌芽状态。天津远洋在开展"安全月"活动中,认真抓了"宣传、贯彻、检查"三个环节,引导广大船岸职工树立安全第一的思想,深入进行"查思想、查制度、查纪律、查设备、查事故隐患"的安全大检查活动,公司每年都要组织4—6个安全检查小组,深入船舶进行安全大检查,针对事故隐患和存在的不安全苗头,逐项予以解决。上海远洋组织机关处室按照各自分工,成立了六个安全检查小组,共35人,分别上船进行对口专项检查,长期坚持这一检查模式。各检查小组对照统一规范的检查提纲,逐条进行检查,并将优点、缺点、存在问题和解决措施详细记录,能当场解决的做到现场解决,一时不能解决的研究制订解决办法,安全工作落实力度不断得到强化。

(五)现场办公,解决难题

1991年是"八五"计划实施的第一年,也是中国开展治理整顿,深化改革的一年。为了保证"八五"计划的顺利实施,为经济建设创造一个良好的安全生产环境,全国安委会于6月17—23日,在全国范围内组织开展了以"安全就是效益和提高职工安全意识"为主要内容的"安全生产周"活动。自此,原开展的"安全月"活动改为"安全生产周"活动,长年坚持,再未间断。中远总公司根据不同时期出现安全工作重点难点问题,突出采取现场办公的办法,着力解决生产一线的安全问题。上海远洋、广州远洋、天津远洋、青岛远洋、大连远洋、中波公司等船公司,积极安排负责安全工作的领导和相关部门有计划、有针对性地在安全周前后,深入一线进行现场办公,解决长期遗留、反复出现、新近发生、未被重视的安全工作"老大难"问题。经统计，这一时期各公司深入船舶进行现场办公219艘/次，解决"老大难"问题1096个，推动了安全工作的落实（图4-8）。

四、持续开展安全大检查

1980年，国务院决定将每年5月定为"安全月"，交通运输企业以各种方式开展"安全月"活动。中远总公司配合每年的"安全月"活动，开展安全大检查，并使之成为经常性的工作。1987年，实施安全检查"一千条"后，检查工作更加系统化、规范化、标准化。

图4-8 船长、安全主任组织驾驶员查看船舶安全监控视频回放。

中远总公司每年召开年度安全生产会议，定时召开电话会议，根据情况召开专题紧急安全生产会议，以及针对发生的安全事故，及时召开现场会、小型座谈会等，进行经常性的安全检查工作。1981年，是总公司成立以来发生海损和人身伤亡事故比较严重的一年。"莲花城"轮在新加坡因发生火灾爆炸全损，"红明"轮在拉塔基亚港外触礁全损。为此，总公司于1982年3—4月间，分别在广州、上海、大连3个地区召开大规模安全工作现场会，参加会议的有50艘船舶的船员及机关人员700多人。会议总结了典型事故教训，介绍安全生产先进船舶经验，大张旗鼓地宣传和开展遵章守纪的教育和检查。总公司共组织了20多个检查组，检查停泊在国内港口的160多艘船舶，查岗位责任制、查责任心、查纪律、查设备、查技术状态。并重点检查油轮的防火、防爆、防污；客船和装载危险货物船舶的安全及救生、消防工作。

1977—1981年，中远发生的259起海损事故中，发生在国外港口115起，占事故的44.4%。根据这一情况，中远总公司规定驻外人员对到达当地港口的中远船舶加强安全检查，并协助布置指导当地船舶防抗台风等工作。

安全管理还根据不同季节气候，在每年浓雾易发季节重点检查雾航安全；在台风多发季节贯彻"预防为主，防抗结合，适时早避、留有余地"的防台抗台方针；根据船舶类型、航次特点，随时开展消防救生、危险品装运、防污染等专项安全检查活动。20世纪90年代初，针对中远老旧船比例增大的情况，加强了大型船、老旧船、老租船的安全管理；对发生的事故采取了"三不放过"[①]的原则。并引进先进的科学手段代替传统的管理方法，将电子计算机应用于安全管理工作，建立了事故和事故隐患的跟踪系统。对发生的事故进行调查研究，对安全生产存在的薄弱环节及危险因素，以及可能导致事故的原因，预先提出防范措施。

1983年9月20日，按照总公司紧急通知的要求，大连远洋成立了由各有关处室组成

---

① "三不放过"的原则，即：事故原因没有查清不放过，当事人和广大职工没有受到教育不放过，整改措施没有落实不放过。

的"巴黎备忘录"[1]联合检查组,并立即登船进行宣传、检查工作,抽查了"镜泊湖""纳木湖""盐湖""南关岭""梁湖""明湖"6艘船舶。由于各级领导的重视,整改比较及时,船员安全管理综合素质有所提高,所抽查的6艘船舶均处于较好的适航状态。船舶的舱室卫生、机电、消防设备、船舶证书、航海图书资料管理和船舶的岗位责任制的贯彻均有改进。在检查中,对照"巴黎备忘录"的十八项细则内容检查,对存在的应由船方解决的五十一项缺陷和不足进行了全面的整改,提高了船舶安全质量管理水平。

1987年5月,大兴安岭发生特大森林火灾,国务院发出《关于加强安全生产管理的紧急通知》。6月,交通部召开全国交通系统安全生产紧急电话会议。根据会议精神,中远总公司组织了由总公司、各远洋公司领导任组长的5个安全纪律检查组,分赴广州、上海、天津、青岛、大连,对照中远系统船舶《安全纪律检查提纲》,第一批次检查到港船舶95艘。检查结果显示,好的和比较好的占总数的70.5%,一般的占22.1%,较差的占7.4%。自这次安全大检查后,各公司对船舶安全检查常抓不懈,对检查出的不及格船舶限期整改,定期复查直至合格,并将船舶纪律检查逐步形成制度化、规范化。至1992年底,累计安全检查13次,检查船舶759艘(表4–5)。

1987—1992年中远总公司船舶安全检查情况统计表　　表4–5

时间	检查次序	检查艘数	分类				
			优秀船舶	良好船舶	及格船舶	不及格船舶	未评
1987年7月	第1次	95	14	53	21	7	—
1987年10月	第2次	57	18	27	11	1	—
1988年1月	第3次	60	17	32	10	1	—
1988年6月	第4次	41	14	21	4	2	—
1988年10月	第5次	50	13	23	11	3	—
1989年4月	第6次	38	17	17	2	2	—
1989年10月	第7次	74	12	37	21	4	—
1990年4月	第8次	58	16	27	10	5	—
1990年10月	第9次	62	18	26	8	10	—
1991年4月	第10次	51	16	20	11	4	—
1991年10月	第11次	57	14	12	22	9	—
1992年4月	第12次	62	8	29	18	7	—
1992年10月	第13次	54	13	27	8	4	2
合计	13	759	190	351	157	59	2

---

[1] 巴黎备忘录组织(PARISMOU)是由欧洲及北美的27个国家组成的港口国控制政府间组织,负责对挂靠其管辖水域的船舶进行港口国控制(PSO检查)。每年,巴黎备忘录根据其成员对船舶检查的情况发布分析数据,意在对高风险船舶采取更加集中有效的手段和更加深入频繁的检查,促进船公司及所属船舶实现安全生产和优质运输。

安全大检查强化了船舶安全管理，促进了船舶安全运输生产。上海远洋自1983年起，连续10年未发生重大责任事故；中远总公司自1984年2月发生广州远洋"惠泉"轮火灾全损事故后，连续6年杜绝了重大恶性事故。1992年，中远总公司无海损事故，船舶安全面达到96.6%。

五、油轮运输安全体系的建立与完善

油轮的运输安全主要是指防燃烧爆炸、防海洋污染、防船体变形、防货油损失和确保人身安全。散装液货运输船舶容易引起燃烧、爆炸，严重威胁船舶、货物和船员的安全。更为严重的是，原油污染严重威胁海洋生态环境，损害公众利益，容易造成波及全球的公众事件。因此原油及其制品的运输安全，特别是由于石油泄漏而污染环境的事件，在受到原油生产企业和运输企业的高度重视的同时，也受到公众的高度关注。现行的一些国际公约的出台，与原油运输安全有着密切的关系。

（一）灾难性石油污染事故与油轮管理规则的多次变更

1."托雷·卡尼翁"号触礁事故与《MARPOL73/78防污染公约》的诞生

1967年3月，载运12万吨原油的利比里亚籍油轮"托雷·卡尼翁"号（Torrey Canyon）从波斯湾驶往美国米尔福港，该轮航行到英吉利海峡触礁，造成船体破损，在其后的10天内溢油10万吨。当时英国、法国共出动42艘船只，使用了1万吨清洁剂，英国还出动轰炸机对部分溢出原油进行焚烧，全力清除溢油污染，但是溢油仍然造成附近海域和沿岸大面积严重的污染，使英、法两国蒙受了巨大损失。事件发生后，国际海事组织为此召开特别会议就安全技术和法律问题进行讨论，专门成立了一个常设的"立法委员会"，并且为了防止船舶污染海域出台了著名的国际船舶防污染公约——《MARPOL73/78防污染公约》。

2."阿莫克·卡迪兹"号触礁事故与港口国检查的强制施行

1978年3月16日，"阿莫克·卡迪兹"号（Amoco Cadiz）油轮由于操纵装置失灵，在距法国布列塔尼半岛3英里处的波尔塞尔（Portsall）暗礁上搁浅。当时该船正由阿拉伯海湾开往法国，装载的1619048桶原油泄漏入海，形成了长80英里、宽18英里的浮油带，污染了约200英里的布列塔尼（半岛）海岸线，还污染了法国布里多尼地区76个社区的海滩。在西北风的影响下，一条12英里长的油带夹杂着厚重的污油团，遍布了45英里的法国岸线。事故发生后的几个月里，受偏西风影响，浮油沿海岸线向东扩散了100英里。几处海滩上的油下渗达20英寸。受恶劣天气的影响，沙土翻卷，海滩溢油呈多层分布，港内突堤码头和泊位被溢油覆盖。据报道，这次溢油事故所造成的海洋生物的灭失，是有史以来最严重的一次。溢油发生后的2周，成千上万的软体动物、海胆和其他海床生物体被推上海岸。大多数动物在溢油发生后的2个月内死亡，其中有大约9000吨牡蛎，回收的20000只死鸟中大多数为潜水鸟。当地渔民捕捞上来的鱼虾都有溃疡面和瘤，鱼油味很浓。岩石上的清除作业如压力冲洗，也给生物栖息地造成一定影响。这次溢油事故是法国第一起造成河口水域污染的溢油事故，也是历史上人们研究最多的一起事故，许多研究项目至今仍在进行当中。据1979年所做的估算，溢油使渔业和旅游业损失2.5亿美元。法国政府向美国法院提出了总额为20亿美元的经济赔偿。该事故在欧洲公众和政界引起极大的震动，直接导致了港口国检查（PSC）的产生。

3."埃克森·瓦尔迪兹"号搁浅事故导致美国颁布防油污法

1989年3月24日，载有约17万吨原油的美国油轮"埃克森·瓦尔迪兹"（Exxon Valdez）号在从阿拉斯加瓦尔迪兹驶往加利福尼亚洛杉矶途中，为了避开冰块而航行至正常航道外，在阿拉斯加威廉王子湾布莱礁上搁浅，导致该轮的11个油舱中的8个破损。在搁浅后的6个小时内，从"埃克森·瓦尔迪兹"轮溢出了3万多吨货油。阿拉斯加1100公里的海岸线上布满石油，对当地造成了巨大的生态破坏，约4000头海獭和10万—30万只海鸟死亡，专家们认为生态系统恢复时间要长达20多年，单是清理外泄油一项的费用就高达22亿美元。事故引起公众极大的愤怒。

1990年7月12日，美国国会参众两院正式通过一项决议，要求对驶进美国水域的所有油轮、油驳必须具有双层底或双层舷侧结构。同年8月，美国政府紧接着又颁布了防油污染法（The Oil Pollution Act of 1990，即OPA'90）。

1992年3月，国际海事组织提出了双层壳体油轮结构，以及与其等效的油轮结构新规则。

以上几个典型的石油运输事故而引发的环境污染和生态灾难看出，石油及其制品的运输安全，不仅直接关系到船员与船舶的生命财产安全，而且与公众利益密切相关。因此石油及其制品的运输安全，引起世界范围的广泛关注。

（二）中远高度重视油品运输安全

从20世纪70年代开始，随着经济的发展，中国海域也不断受到海上污染的威胁。据统计，1976—2000年，中国沿海仅船舶溢油事故就发生了2363起，其中50吨以上的重大溢油事故58起，总溢油量超过3万吨，直接经济损失超过1.1亿元。

中远总公司高度重视对于石油及其制品的运输安全，早在20世纪60年代末到20世纪70年代初，就制定了相关石油运输的规章制度，以保证油运安全。

1973年7月19日，中远天津分公司制定了《远洋油轮防火、防爆安全规则（试行草案）》，《规则》共分总则、一般规则、装卸货作业中、停泊中、航行中、检修中以及消防规则七部分，共五十七条，对远洋油轮在不同的作业阶段防火、防爆的安全规则以及与此相关的规范要求进行了明确。

7月，中远天津分公司又制定了《远洋油轮运输及装卸作业操作规程（试行）》，操作规程分为总则、装船作业、运输途中、卸油作业和压舱及清舱五部分，共四十九条。为远洋油轮在运输及装卸作业操作上做了详细而具体的规定，确保在上述操作过程中油轮的安全。

1975年4月，中远广州分公司专门针对油轮运输的特殊性制定了《远洋油轮安全管理规则》，共分七部分五十八条，对于远洋油轮安全涉及的防燃烧爆炸、防海洋污染等五个特殊方面提出具体的要求，确保船舶、货物和船员的安全。

1976年3月，中远总公司组织翻译了国际航运工会（ICS）《油轮安全规则》，参照该规则，编写了《油轮安全技术参考资料》，资料分为十一章。其中第一章为"石油特性"，主要从"石油的易燃性""油气的扩散"和"油气的毒性"三个方面讲述石油的特性。第二章为"注意事项",从九个方面讲述在各种情况(包括气象条件)、场合和场所下,从事油轮作业应注意的事项;第三章到第十一章,从"预防火源""装卸货油、压舱水和燃油""排出油气与清洗油舱""在封闭的舱室工作""如何确保人身安全并防止作业过程中可能引起的燃爆事故的发生"等,到针对不同火灾的救火方法,消防器材的使用,训练与演习的意义和要求。上述规则和有关安全技术参考资料,具有一定的可操作性,对油轮船员安全作业有着不可多得的指导作用。

1976年9月,中远广州分公司编写了《油轮安全、防污制度汇编》,汇编分为三个部分,第一部分是"交通部、中国远洋运输总公司有关油轮安全生产、防污的规则、规定",由《交通部油船安全生产管理规则》《中华人民共和国防止沿海水域污染暂行规定》等5个文件组成;汇编的第二部分主要由《油轮装卸值班、交班制度(试行)》《油轮装卸操作规则》等14个文件组成;汇编的第三部分是由国内港务监督有关油轮安全、预防污染的规定及中国人民保险公司有关油污保险的条款。上述一系列有关油轮运输安全的制度和规范,对于中远系统油轮安全生产以及此后从事石油运输生产的其他公司,都具有重要的指导意义。

大连远洋作为中国石油及其产品运输的专业化油轮公司,在成立之初,就根据远洋油轮管理特点,制定了一系列安全规章制度,先后制定《船舶安全生产二十一条措施》《船舶海务安全跟踪管理检查提纲》《船长、驾驶员交接报告表制度》《原油洗舱操作设备手册》《油轮洗舱除气及舱内作业安全操作规程》《油轮防止静电技术要求》《油轮船员日常防火防爆守则》《油轮甲板除锈作业安全技术规则》等,使油轮的安全生产有法可依、有章可循,也为中国的油轮管理打下基础。随着油轮安全管理工作的深入,大连远洋不断进行油轮安全制度完善工作,先后编写了《油轮安全检查提纲》《油轮安全管理文献汇编》《防静电技术要求》等油轮安全管理文件。为提高公司油轮安全管理水平,专门召开研究会、座谈会,总结经验教训,查找存在问题,不断向国际要求迈进,向国际先进标准看齐,随着上述措施的实施,大连远洋油轮顺利通过国际油轮公司和其主管机关的严格检查,受检合格率不断升高。1992年三季度,公司应邀在交通部安全办公会议上介绍了"从严治理,争创一流油轮安全管理船队"的经验。

大连远洋在长期经营油轮的实践中深切地认识到,建设一支高素质的专业化油轮船员队伍,不仅是经营创效的需要,更是安全生产的需要。必须经过严格的专业知识培训,严谨的业务技能养成,并具有高度的事业心、责任感,使船员在实际操作中熟练掌握原油及其制品的特性,严格按照科学规律办事,才能确保原油及其制品的运输与过驳安全,完成运输任务。公司把员工的安全培训和素质教育,作为确保油轮安全的重点工作。公司针对油轮管理的特殊性和新船员较多且大都缺乏油轮工作知识的特点,在抓好各项技术业务培训工作中,特别注意油轮安全培训工作。除了专门举办油轮管理知识学习班,还在其他培训班中安排油轮安全管理的学习内容,重点学习新油轮新设备在安全方面的新要求及国际海协对油轮的规定等。1982年,组织专业人员赴日本学习油轮管理知识,为油轮安全工作培训骨干力量。对于新到油轮工作的船员,上船前必须经过培训考核合格。上船后在实际操作中掌握防火防爆防污染方面的知识,使其迅速适应油轮安全管理体系的要求。

（三）强化油轮安全培训

从1982年5月到1983年12月，大连远洋先后从日本接回3艘成品油轮和4艘原油轮，每批接新油轮的船员在派出前，都由公司进行培训，特别是6万吨级原油轮安全和专业技能操作培训中，除了在大连远洋培训外，还邀请日本厂方帮助培训，使船员能在短时间内掌握原油洗舱、惰性气体置换等各项设备的操作技能，确保新接船的运输安全。公司还不定期地邀请外单位、航海院校的专家学者对船员进行安全培训，由防火专家上船检查船员防火防爆等应变能力及消防器材情况，并进行实地操演等等。

为了提高船员的业务素质，大连远洋每年都会举办脱产学习班，仅以1989年为例，这一年共开办学习班五十期，参加学习班的人数达2698人次，占职工人数58.1%。由于重视了职工的专业技术教育，船岸职工业务技术水平有了普遍提高。1990年，公司继续狠抓业务培训和船员技能训练工作，加强职工学校的建设，全年分期分批举办新老船员培训班七期，劳动保护、防火培训三期。参加岗位培训班包括岗前、转岗培训、技术培训、自动化培训、避碰规则培训、驾驶员证件培训的员工计767人，其中岗位培训446人，占整个培训人数的60%。同时，还结合工作考核机工、水手176人。这些措施有利于干部职工业务能力和技术水平的提高，也增强了安全意识，促进了安全。根据总公司指示，1992年，公司千方百计克服工学矛盾，先后对213名船员进行了培训。其中将40名船长、驾驶员送青院进行避碰规则和GMDSS培训；自行举办了原油洗舱、大型油轮操纵、海事预防处理和船长业务培训班，计146人，证件培训27人。

"安全第一，预防为主"，是国家的安全方针，也是中远总公司抓安全工作的根本遵循。中远总公司自经营油运船队以来，扎实推进油轮防火防爆自查自检工作，杜绝了油轮火灾爆炸等恶性事故的发生。综观这一时期的安全工作，中远建立健全了安全监督机构，在实践中培养了一支安监队伍，完善了安全规章制度，1979—1992年的14年间，中远油轮船队在安全形势上基本保持稳定，没有发生大的污染事故。

第九节 建立内部审计

加强企业内部审计工作是企业现代化管理的需要。中远总公司自开展审计工作后，在严肃财经法纪、规范企业经济行为、搞好廉政建设、促进企业经营、提高经济效益等方面，发挥了重要作用。

一、内部审计基础建设

（一）健全各级审计机构

1984年6月15日，交通部下发《关于设立交通部审计局及部属单位设立审计机构的通知》，中远总公司及所属远洋公司在财务处内设审计室，配备专职审计人员。1985年10

月,总公司正式成立审计处。1986年,各远洋公司、直属公司陆续建立审计机构。1989年11月,总公司下发了《关于建立健全内部审计机构的通知》,再次明确局、处级建制单位设立审计处、科并配备审计员。截至1992年底,已建立审计机构34个,配备专职审计员58人,兼职审计员9人,从组织上保证了审计工作的正常开展。

(二)制定审计工作规则

中远总公司密切结合远洋实际和行业特点,把建立健全审计制度、确保有效开展审计工作作为重点环节来抓,根据国务院、国家审计署和交通部有关法规,先后制定了《远洋系统内审工作条例》《涉外经济合同审计试行办法》《中远投资企业审计办法》。1988年11月,制定《承包经营责任审计试行办法》《远洋系统内部审计工作评比标准》;1989年,制定《中远总公司审计人员为政清廉若干规定》等。所属各单位也相应制定了本单位的审计制度。如青岛远洋、天津远洋制定的《经理离任审计制度》,大连远洋制定的《基建维修项目审签制度》《承包经营审签制度》《投资企业审计监督制度》,外代总公司的《外轮港口使费备用金管理办法》等制度。上述各项审计制度完善了中远内部审计规章,使审计工作有章可循。1990年,审计署强调审计工作要实现"法制化、规范化、制度化",为适应这一要求,中远系统内各单位都着手抓基础建设、建立规章制度以及完善工作流程等。年内,总公司审计处完成了各项审计工作流程图,广州远洋、天津远洋等单位制定了项目审计程序标准,上海远洋建立了"审计项目工作标准""审计管理标准"和结合岗位责任制制定的"各类审计人员工作标准"。

(三)初步开展内审工作

针对远洋运输企业资产庞大、点多、财务收支数额巨大的特点,中远总公司开展了经常性的财务收支审计、财务决算表审计以及经济责任审计、基建审计、经济效益审计、财经法纪审计。各单位对日常财务收支、财务决算审计均比较重视。广州远洋审计处在对本公司船舶已完航次收入和未完航次成本核算审计时,及时查出漏估运费、漏缴税金、多列当年成本等造成违纪金额725万元,使错误很快得到纠正,确保在外部审计检查时免于追责和罚款,严肃了财经纪律,维护了本企业利益。

1988年,推行承包经营责任制和经理任期目标责任制后,审计工作坚持"先审计、后兑现""先审计、后离任"的原则,审计时既对承包者个人的业绩作出客观公正的评价,同时也纠正大量人为调节利润、账外账、乱发奖金等影响经营承包健康发展的问题。

1991年6月12日,中远系统首届审计工作会议在北京召开(图4-9)。

图4-9 1991年6月12日,中远系统首届审计工作会议全体代表合影。

二、逐步提高审计标准和质量

自从开展审计工作以来，中远系统内部审计积极发展，逐步提高，在交通部的领导和指导下以及各级领导的重视下，审计工作逐步向"法制化、制度化、规范化"发展，内部审计在贯彻治理整顿、深化改革、搞活企业、促进增收节支、改善经营管理、提高经济效益等方面，发挥着越来越重要的作用。审计通过强化对企业资金和有关经济活动的监督，严格财经纪律，维护经济秩序和加强廉政建设，在企业中的地位也日益提高。

（一）加大内审工作力度

1989年12月11日，国家审计署驻交通部审计局下发了《关于报送一九八九年审计工作总结的通知》（以下简称《通知》），《通知》指出，部属各企事业单位坚持实行"抓重点、打基础"的方针，围绕治理经济环境、整顿经济秩序、全面深化改革这一中心任务全面开展，充分发挥了审计监督在治理整顿中的作用，取得了一定成效。《通知》要求各单位要按照部1989年审计工作安排和交通行业内审工作考核评比办法，以年度审计工作完成情况进行总结，对下一年度内部审计重点工作做出部署。此后，中远系统各公司每年都进行年度工作总结、制定下年度审计工作计划，全年按照计划分阶段、按步骤、有节奏地开展各项内部审计工作。1990年，总公司计划审计项目644项，实际完成687项；审计决定落实率为98%。全系统共查出违纪金额4028.4万元，核实差错金额231.2万元；损失浪费金额4.9万元；促进增收节支金额55.2万元，违纪金额中已上缴财政金额为18.1万元，做调账处理金额达3994万元。同时，还进行了基本建设项目审计17项，查出计划外投资金额1704万元，均做出纠正和整改处理。

（二）开展经常性审计工作

从各公司完成审计工作计划情况看，普遍对日常财务收支和财务决算审计比较重视，并力求取得领导的支持，向规范化和制度化过渡。经过审计，不仅增强了有关部门遵守国家政策法规、财务规章制度的自觉性，而且审计部门还在审计过程帮助企业出点子、想办法，积极维护企业正当利益，使内部审计寓服务于监督之中。如广州远洋审计处在对该公司进行日常财务收支和财务决算审计时，及时查出了漏估运费、漏缴税金、多列当年成本等造成违纪金额共725万元，并很快得到纠正，以致外部审计再检查时免于追究和罚款，既严肃了财经纪律，又维护了本企业的利益；总公司审计处在进行行政财务定期审计中，查出各类违纪问题金额达20多万元，使行政财务及时作了账务调整和处理。这种查账仔细，执行财经纪律严格的良好作风，受到交通部审计部门的好评。

经常性审计工作的开展，在整顿经济秩序、严惩经济犯罪、端正企业风气和加强廉政建设中起到了积极作用。大连、青岛、上海等远洋公司都查出过违纪案件，其中上海远洋公司审计部门协助纪检、监察部门查处4起下属单位的受贿案件。

（三）开展经济效益审计

经济效益审计作为内部审计的一个方向性工作，在中远系统刚刚开展，发展也不平衡，有的公司经初步尝试，取得了一些经验和成果。由于审计部门普遍掌握本单位情况，熟悉行业特点，企业内审的针对性强、实效性突出，往往能取得较为理想的效果。青岛远洋在进行亏损航线审计中，调查了 12 个航次，做了大量工作，写出了很有价值的审计报告。亏损航次原报亏损 341 万元，经审计后确认亏损 108.6 万元，对亏损原因分析条理清晰、论据充分、数额确切，为公司和船舶改善经营管理及降低亏损风险，起到了良好的促进作用。南通船厂重视生产经营中的合同审计，严把经济活动关，并针对具体内容提出个性意见，重大经济合同经审计员审核后，还要交由厂长审定把关。在实践中，他们制定了《经济合同管理办法》，对签订合同的内容、程序、权限等作了具体规定。工程合同在竣工后还会进行工程决算审计，使审计监督贯穿于经济活动的全过程。如在对两项连工带料的外包工程决算进行审计时，发现这两项工程利用厂内的工号，在厂领取部分材料，而工程决算时不予扣除这部分费用。船厂及时就此问题与有关方进行交涉，追加了这部分材料费，避免了近 3 万元的损失。

（四）强化基本建设审计

随着陆上产业的发展，中远总公司加强了基本建设审计，严格把关。为解决和预防个别施工单位做工程决算时，增加工程造价的问题，1992 年 10 月，中远总公司制定了《中远基本建设竣工决算审计办法（试行）》。

20 世纪 80 年代中后期，正是中远系统大搞基本建设的起步时期，总公司紧紧盯住基本建设这个重点环节，全面开展基本建设审计工作，以确保工程不走弯路，发展不受影响，人员不犯错误。广州远洋在复核工程结算时，发现在税金、二次运费结算与价格等方面，存在多处错算、多计给施工单位款项问题，仅此一项就追回 27.79 万元，及时堵塞了漏洞，维护了公司利益；青岛船院在对院基建维修工程项目进行审计中，查出基建工程存在多种高估、冒算、高套定额等问题，审计部门对预算中的不合理付款都一丝不苟地加以剔除、调整，并及时通知预算单位更正。青岛远洋基建审计工作成绩显著，为公司节约了大量资金。1991 年，青岛远洋又将基建竣工决算列为必审项目，凡工程决算都要由有关部门送达审计，通过后才能办理结算，否则财务部门概不付款。1990 年 7 月，总公司审计处与财务处联合对系统内较大基建项目南京航修配件厂建厂工程进行了审计，对该厂违反财务制度搞计划外投资购置非基建性设备等问题涉及金额 158 万元，一一加以纠正，并责令该厂领导作了深刻检查，维护了总公司审计工作的严肃性和权威性。

（五）坚持公平公正审计

这一时期，中远总公司的内部审计不仅针对常规的财务收支、财务决算、财经法纪、经济效益等方面，还兼具审计签证的职能，包括企业上等级、评先进、产权转移签证和承包经营、经理任期目标终结审计。各公司在开展审计签证过程中，坚持公开、公平、公正原则，树立严格审计、公正审计的形象。天津远洋、青岛远洋、连云港船务企业公司、广州外轮代理公司都以不同形式为企业承包人和企业上等级等进行了审计签证。总公司审计处在开展承包经营、经理任期目标审计中，积极用好国家审计署赋予的权力，全面对承包指标、经理任期目标进行审计核实。在 3 年承包期内，每年都组织力量对下属承包单位的承包经营情况、完成任期目标情况实行审计，并在此基础上积极做好承包期满、经理任期终结审计准备工作,年内进行了大量的调查研究,搜集各种资料并建立了指标考核体系和考核办法。在具体做法上,坚持以审计部门牵头,采取组织其他部门共同参与审计的方法,对全部任期进行审计。由于采取了切实可行的形式和行之有效的办法,使审计力量得到保证,审计评议更加全面和客观公正,确保企业健康发展。

据统计,中远总公司自1985年开展审计到1991年底,审计项目共计1216项,查出违纪金额7649.9万元,损失浪费金额46万元,核实差错1241.4万元,促进增收节支99.1万元。中远内审部门多次受到上级的表彰。1988年的青岛远洋、天津远洋,以及1992年的广州远洋、天津远洋,均被交通部评为受表扬单位。中远总公司1988、1989年被交通部评为表扬单位,1990—1992年连续被交通部评为先进单位。

中远系统内部审计工作虽然取得了一定成绩,但也存在一些问题,主要表现在内审工作发展不平衡。个别单位审计工作比较薄弱,年初无计划,年终无考核。有的连审计统计报表尚不能及时报送。有的单位审计基础仍较弱,审计人员素质有待提高,专职审计人员业务培训还跟不上审计工作需要。

作为内部审计发展方向的经济效益审计,在这个时期未能普遍开展。

第十节 计划统计与财务管理

一、理顺计划管理体制

中远总公司组建初期,计划工作设在财务处内。尽管在编制、调整、平衡、实施运输生产计划、基本建设计划和远洋运输、外轮代理统计等方面做了大量工作,但由于负责计划统计工作的人员配备较少,与远洋运输工作的发展形势不相适应。尤其是对航运市场调查、重点建设项目的可行性研究以及经济活动分析工作未能深入开展,计划工作显得较为薄弱。1976年9月,中远总公司机构调整,单独设立计划统计处,中远的计划管理工作开始起步。特别是1984年企业整顿后,中远计划管理工作得到重视和加强,理顺了计划管理体制,充实了专业人员,初步建立健全了以专业计划为基础、综合计划平衡为指导的计划工作体系和计划指标体系。企业在运输生产、财务、技术、物资供应、基本建设、职工培训、劳动工资等方面的经济活动,逐步纳入计划管理的轨道。各项指标层层分解落实到基层和船舶,实行分级管理。

为了制定出企业切实可行的发展目标,中远各公司根据航线布局,组织市场调查及货源预测和论证,制定各级企业的中近期计划和长远规划。在企业发展过程中,各级计划部门重新修订计划和统计工作的有关规章制度,规范工作程序,调整数据传输流程,完善了一些报表和台账,统一了数据管理,为企业管理的标准化、规范化以及下一步推进计算机管理打下了基础。

二、推进全面计划管理

1986年,各级企业在贯彻国务院《关于加强工业企业管理若干问题的决定》和实施《企业管理现代化纲要》的过程中,计划管理被列为企业管理六项基础工作之一。中远总公司针对全面计划管理工作中存在的计划综合平衡、协调工作没有开展,编制中长期计划依据不足,经济分析活动缺少活的素材,各项指标缺少纵向、横向比较等问题,在1987年召开的计划管理工作座谈会上,明确提出:要实现全面计划管理,就要建立起以经理为首,以计划职能部门为中心,各个部门参加的企业计划编制、执行、检查、控制全过程的计划管理网络;建立一系列相互联系而又能独立的指标和指标体系;对不同期限、不同内容、不同范围和不同层次的计划进行全面的综合和有机的统一,形成企业的计划管理体系。

1989年10月30日,中远总公司在北京召开中远系统计划工作会议,总经理刘松金全程参加了会议(图4-10、图4-11)。这次会议在提高认识、更新观念、转变计划管理职能、增强企业综合经济管理水平等方面,起到了一定的推动作用,各级领导的"全面计划管理"意识有了一定的强化。计划管理在企业的方针目标管理、战略规划决策中得到了充分的体现;各公司在专业计划的综合平衡以及信息反馈等方面得到了加强,促进了企业生产组织的有序化。

图4-10 中远系统计划工作会议现场。

图4-11 总经理刘松金(右一)、总会计师卓东明(左一)参加会议并讲话。

为了适应企业由生产型向生产经营型转化的需要,计划部门经过调查和论证,又进一步完善了指标体系,使统计工作由单纯的效率型逐步向效率效益型的转化。中远各公司的经济分析水平也不断提高。

但这一阶段的计划工作,本质上看还没有建立起科学的计划管理体系和完整的反映远洋运输特点的指标体系。

三、构建综合管理计划体系

中远总公司召开首次计划管理工作会议后,经过反复论证,提出了"争取在两三年内建立起以企业主要领导为首,以计划部门为主轴,各职能业务部门和基层生产单位为基础的综合管理计划体系"。为此，中远总公司率先成立了企划部。按照企业管理要求，重新规定计划部门的主要职责，主要是：编制中长期发展计划、规划和年度运输生产计划；审核与综合平衡各项专业计划；综合平衡全系统的固定资产投资规模、速度和比例；编制和审查企业生产发展基金、更新改造基金等专项基金的使用计划；组织重大投资项目的经济论证和统一管理各种统计报表。

为提高计划管理工作的水平，从1990年起，中远总公司及各单位对企业各专业的年度计划开展了综合平衡工作。9月，中远总公司制定了《中远系统计划管理规章汇编》，收入了有关基本建设和技术改造项目管理、中长期规划、年度综合生产经营计划管理、统计工作制度及远洋运输生产统计填表说明、总公司经济活动分析工作管理规定等四个办法。其中基本建设和技术改造项目管理，是中远总公司成立以来首次拟定的项目管理办法。该办法明确划分了中远总公司和下属公司对项目的审批权限，以及从项目前期立项审批至竣工验收的全过程管理程序。1991年，中远总公司开始编制《年度综合生产经营计划》（以下简称《计划》），《计划》包括"运输生产""买造远洋船舶""船舶退役""固定资产报废""年度资金使用"等专项计划，从而确定了企业年度的发展目标。1992年，中远又编制了"九五"规划，确定了中远五年发展目标，并向国家有关部委申请落实了"九五"32亿美元贷款买造船额度。中远的计划管理在企业生产经营中逐步得到强化，计划管理工作部门不断加强，专职人员的素质有所提高，尤其是各级领导的高度重视和各有关部门的配合协作，为计划管理工作的进一步发展，创造了良好条件。

四、建立健全财务管理制度

1979—1992年，中远总公司和所属各单位的财务管理工作，主要是按照国家有关企业财务工作的法规和交通系统水运企业的有关规定执行的。中国第一部会计法——《中华人民共和国会计法》（以下简称《会计法》）于1985年1月21日由第六届全国人民代表大会常务委员会第九次会议通过。财务会计工作是企业经营管理工作的重要组成部分，贯彻实施《会计法》，是转换企业经营机制、建立现代企业制度、加强企业管理的重要举措。作为企业管理的一个重要方面，《会计法》的贯彻实施至关重要。但由于受多种因素的影响，企业财务会计工作没有得到应有的重视，未能充分发挥它在企业经营管理、提高经营效益中的作用。中远总公司积极组织各公司贯彻落实《会计法》，并结合企业生产经营和财务会计工作的实际，制定和完善财务会计工作规章制度，加快了建立现代企业制度的步伐。

这一时期，中远总公司逐步加强对各公司财务工作的管理，尤其在建立健全财务管理制度上，一步一个脚印，扎实向前推进。各公司密切结合自身生产经营特点，严格按照总公司、交通部和国家有关财经方面的法律法规，组织落实和管理，财务管理的制度化建设基础比较扎实。上海远洋先后下发了《关于费用审批权限的暂行规定》《重申加强经济合同管理的有关规定》《有关船舶管理处若干财务问题的实施细则》《重申加强基层单位财务管理的若干规定》等，这些财务制度的建立和健全，维护了公司的利益，保证了公司经营管理的健康发展。大连远洋虽是成立不久的航运公司，但公司领导高度重视企业的财务管理基础工作，先后制定和完善了《运输收入管理标准》《其他业务收入管理标准》《船舶航次成本管理标准》《专用基金管理标准》《流动资金管理标准》等。广州远洋、青岛远洋、天津远洋分别制定了《生产用外汇管理标准》《船舶伙食管理标准》《财务决算管理标准》《财务计划编制标准》《财务会计管理制度》《计划统计管理细则》等多项标准和规章制度，使中远系统的财务工作逐步走向标准化、制度化，有效加强了财务基础工作。

五、夯实财务核算基础

中远总公司为逐步提高会计核算的质量，提高会计核算的准确性和及时性，注重从会计核算及财务管理的基础工作抓起。针对各公司在预算内、外资产及自有资金划分不清，以及个别会计科目使用不规范、设置不合理，导致会计报表的数据不够真实的情况，1985年，建立健全了会计科目，强化各公司统一使用。注重结合实际规范会计人员记账、填制凭证等基础工作，严格按照《会计法》及《会计人员工作规则》建账、填制会计凭证、登记会计账簿，使企业会计核算工作逐步做到规范化、标准化。年度生产经营的好坏最终反映在一年一度的财务决算上，总公司高度关注年终财务决算的编制工作，力求做到报表编报及时、准确、完整。

按年度生产计划及时编制财务成本计划。在实际工作中，结合中远总公司的特点逐步完善，形成制度。在编制中，参照历年财务收支计划指标水平和各项数据进行可比性分析，使财务收支计划指标尽可能达到先进、合理。编制的财务收支计划，对实际执行情况起到了控制和监督的作用。

六、加强预算外资金管理

近几年来，随着经济体制的改革和航运事业的发展，预算外资金有了很大的增长。从国家层面看，1979—1984年，预算外资金平均每年增长22.8%，相当于预算内收入的81%。这部分资金对于搞活企业，发展横向经济联系，促进国民经济和社会发展，发挥了积极作用。但由于这是改革开放后出现的新情况，管理制度还没有跟上，在资金管理和使用方面出现了不少问题。中远方面，虽然总体状况略好一些，但各公司也存在着化预算内收入为预算外收入，用预算外资金乱上计划外项目，盲目扩大固定资产投资规模等倾向性问题。对此，中远总公司领导高度重视，积极采取措施，严格加以控制和管理。

1986年4月13日，国务院下发了《关于加强预算外资金管理的通知》（以下简称《通知》）。《通知》列举了改革开放后某些地方、部门和企业在预算外资金管理方面存在的各种问题，分析了发生问题的根源和危害，提出了十一个方面的治理整顿措施，严肃地要求各地方、部门尤其是国营企业严格按照要求，认真抓好预算外资金管理。中远总公司高度重视国家有关财务各项法律法规和政策制度，严格遵循国家规定的各项规范标准抓落实。在贯彻《通知》精神的同时，针对自身存在的问题对症下药，对预算外资金的收费标准、提留比例、开支范围和标准以及报批程序等，均做出严格规范。同时，总公司坚持言随法出、跟踪问效，发现问题便深挖根源、限期整改，表扬先进、督促后进，预算外资金管理一直处于平稳状态，全系统没有发生严重的违反财经纪律现象。

七、开展财务大检查

随着改革开放步伐的加快,国家税收工作逐步走向正规化、规范化。1983年10月6日,国务院批转了财政部关于开展财务大检查的报告,全国范围内开展了以促进增收节支,提高经济效益,严肃财经纪律,防止"跑、冒、滴、漏",确保国家财政收支的基本平衡为主要内容的财务大检查活动。检查的主要内容有:是否有偷税、漏税、欠税,是否有截留、挪用、拖欠国家重点建设资金,是否有超发奖金、滥发补贴,是否有把预算内收入划为预算外、化全民为集体、化大公为小公或收入不入账、私设"小钱柜"等。此后,国家每年都要组织开展税收财务大检查,检查项目和重点内容,均根据形势发展和企事业单位存在的实际问题进行调整。根据上级要求,总公司成立了财务大检查领导小组,由刘安禄副总会计师任组长,以财务处为主、审计处配合具体组织落实各项工作。各公司均成立了财务大检查领导小组,按照财政部、交通部和总公司要求开展检查工作。长期以来,中远总公司坚持采取自查、互查和派工作组重点检查相结合的办法,推进财务大检查工作。尤其在基层单位容易发生的超发补贴、滥发资金、请客送礼、铺张浪费、突击花钱、挥霍国家资财等情况,进行专项查、重点查、突击查、反复查。其中较为突出的方面汇总如下:①尚未发现有意偷税情况。个别单位对拖欠税款已足额补交。②个别单位有变相高价买卖外汇现象,各地外汇管理部门对自报的没收超价部分,没报的除全部没收外还追加罚款。③有以各种名义化全民为集体和收入不入账私立"小钱柜"现象。④个别单位存在一定程度的扩大范围提高标准,乱挤乱摊成本费用的情况。⑤不少单位存在不同程度违反财务规章制度的现象,如滥发奖金,未经批准私自购买社控商品,挪用公款请客送礼等问题。对于查出来的问题,总公司不遮不掩,实事求是上报并按规定要求纠正错误。如1985年财务大检查中查出的漏税欠税问题,经过分析主要是财务人员业务水平不高,对税收业务不熟造成的,经商得税务机关同意,缴营业税、城建税共328万元。各分公司及所属单位先后自查发现漏交税款85.57万元,及时进行了补交。

八、开展经济活动分析

经济活动分析是检查企业各项计划执行情况的方法,也是加强企业经营管理的重要手段。这一时期,中远总公司加大了经济活动分析工作的力度,认真总结年度经济计划执行情况,找出完成与未完成计划的重要因素,进一步总结经验,有重点、有节奏地推进工作落实。尤其是未完成经济计划部分,通过深入的调查研究,找准原因,制定措施,挖掘潜力,促进企业更好地完成发展计划。

(一)建立经济活动分析组织

1982年7月26日,中远总公司转发交通部《关于按季公布运输等企业主要经济效果指标和建立经济活动分析制度问题的通知》,要求各单位定期组织有关职能处室,对所管业务进行经济活动分析,着重对主要经济效果指标完成较好或较差的主、客观原因和行业、重点企业间的差距进行分析,以便及时推广提高经济效益的先进经验和有针对性地采取具体措施。此前,中远总公司在围绕提高经济效益方面,做了许多卓有成效的工作,特别是运用经济活动分析的方法，对各项经济工作进了定量的分析，找出存在的问题，采取相应改进措施，挖掘企业内部潜力，改善经营管理环境，增强企业内在活力，对提高企业经营效益起到了一定的积极作用。

加强企业经济活动分析已成为提高企业经济效益必不可少的一种手段，中远系统各级领导都很重视这项工作，并纳入重要议事日程。从总公司到下属各公司均成立了以公司主管领导为组长的经济活动分析小组，经常检查经济活动分析工作的开展情况，及时掌握和运用经济活动动态，建立健全了经济信息对口报送制度，把经济活动分析工作作为企业经营管理、控制成本、提高效益的重要手段，促进企业经济活动分析工作水平不断提高。上海远洋按照交通部和总公司要求，成立了经济活动分析工作领导小组，由公司经理任组长，由计划、财务和航运部门指定人员为小组成员。每月定期召开经济活动分析会议，对公司经济活动进行分析，会后编写分析资料，有选择地印发，很好地指导了公司生产经营各项工作。

（二）经济活动分析深入展开

1982 年 8 月 12 日，中远总公司下发了《对上半年经济活动分析的一些意见》，对公司完成年度产值、产量、利润情况进行了表扬，对企业结合增产增收、提高经济效益、加强经济活动分析提出了新的要求，明确了更高的标准，提出了更加具体的指导性意见。各公司落实总公司关于开展经济活动分析的部署，密切结合本单位实际，积极开展工作。1985 年 2 月 4 日，大连远洋制定下发了《经济活动分析规程》，要求有经济支出的部门进行定期和专项的经济活动分析，做到每季度一次。

同时，总公司组织各部门开展定期与不定期分析活动，提前确定经济活动分析的重点和内容，确保每一次活动都有较高的质量和指导实践的价值。由于经济活动分析工作涉及面广，总公司便采取"分口把关，分工负责，分题包干"的办法，与有关业务部门密切配合，有效推进。总公司还制定了经济活动分析岗位责任制、经济指标管理办法，使经济活动分析工作网络化、系统化、标准化。1985 年，上海远洋对中日航线进行专题分析，运用该航线的运量、成本和收入指标以及该航线上营运船舶的典型实例，深入剖析航线效益大幅下降的原因，找出经营方面存在的问题，提出扭亏建议，公司据此采取有效措施，遏止了效益下降的趋势，得到公司领导的肯定。以后小组又对季度、半年和年度营运亏损船舶、航线进行分析，提出改善经营管理的措施，实现公司整体效益的不断提高。1988 年，上海远洋除对营运亏损船舶和航线经营情况分析外，还对中国—南美航线的贸易、运输情况进行调研，到交通部、中远总公司搜集历史资料，到上海外代、外运分公司了解近期进出口船、货情况，与有关部门和人员座谈分析，提出开辟上海—中南美航线的建议，提供公司领导和有关部门研究决策。1990 年，经济活动分析小组还进行公司发展战略的研究，深入分析了"八五"期间世界经济发展趋向、贸易形势和海上运输的态势，根据公司船队的实力及在世界航运市场上竞争的优势和弱点，提出了发展战略：货源从立足于国内依靠国家统配为主，转变为以面向国际，自己揽货为主；船型从以杂货船为主，转变为以集装箱船为主；经营方向从主要依靠物资投入，转变为注重实效的经营模式，并将这一经济活动分析成果撰写成论文《简析"八五"航运发展形势和我们的经营战略》。这一研究成果得到了较好的应用,受到交通部和总公司的肯定和表扬。

(三) 开展活动的体会与收获

经过近10年经济活动分析的开展,中远总公司和各公司均取得了一定的收获,积累了一些宝贵的经验与体会。概括起来主要有如下几点:

1. 对企业经济效益发展变化及时作出灵敏反应是经济活动分析的价值所在

企业的社会环境和内部经营机制的任何变化,都会对自身的经营活动产生重大影响,企业经营效益的好坏,很大程度上取决于企业内部经营机制的应变能力。通过经济活动分析,及时、客观、准确、敏锐地为领导提供经营决策的依据,才能确保企业始终保持正确的发展方向和旺盛的前进动力。

2. 紧紧盯住生产经营中的难点问题开展研究分析,才能提高企业的经营效益

经济活动分析就像雷达一样,紧紧盯住企业经济活动的重点难点问题,进行全过程扫描诊断,判断出存在问题的"病因",进而提出针对性强、实效性好的具体措施。这些措施落实的过程,也正是企业排除生产经营障碍、不断提高生产经营效益的过程。

3. 电子计算机在经济分析活动中的应用,是深化经济活动分析的有效途径

现代化的企业经营管理,离不开管理手段的现代化。而现代化管理手段尤其是计算机的广泛应用,是经济活动分析不断向更高层次跨越的有效途径。中远系统在经济活动分析中积极开发和应用计算机,使经济分析活动如虎添翼,大大提升了经济活动分析的质量,为企业领导的科学决策,较好地发挥了参谋助手作用。

这一时期,是企业转换经营机制,强化规范管理的重要时期。从中远系统企业管理的情况看,企业机制开始向生产经营转化,活力逐步增强。国内航运市场的开放,加速了企业的转轨变型,促使企业转向主动开拓。市场观念、竞争观念和效益观念成为企业经营的主导思想。由于普遍实行了承包经营和各种形式的经济责任制,特别是企业的经营成果直接和职工的利益挂钩,调动了企业和职工的两个积极性,为企业的生产经营注入了新的生机和活力。企业领导体制由党委一元化领导转换为经理负责制,强化了生产经营的统一领导。职工民主管理制度的建立和完善,使企业的民主决策走上了法制的轨道。另一方面,企业的管理和基础性工作有了新的发展。伴随着现代化管理思想的不断深入和普及,传统的专业管理开始向综合性管理发展,企业的综合管理部门逐渐加强,企业整体功能的发挥开始得到重视。标准化工作的推行,加强了各项专业管理工作的相互协调,为下一步企业管理组织的优化和实现各项专业的有效管理提供了可靠的手段。标准化工作在"抓管理、上等级,全面提高企业素质"的推进中,发挥了重要的作用。再有,企业不断进行深化改革与创新、推进管理现代化和上等级等多项工作互相结合,使计划信息、财务会计、劳动人事以及设备管理等各项业务工作,都在传统管理的基础上有所突破,上升到一个新的水平。

中远系统的领导和广大职工也清醒地看到在企业经济管理上存在的一些问题与不足:一是在深化企业管理工作和提高企业素质的发展进程仍然存在不平衡现象;各级管理干

部现代化管理知识的普及教育还有待落实；不同层次人员的管理意识还有待进一步强化；企业管理的综合协调功能还不能有效发挥，单项管理或局部的优化功能还不协调；忽视扎扎实实做好基础工作以及不同程度的形式主义的思想和表现仍然存在[①]。

第十一节　保密工作与档案管理

这一时期，档案工作与保密管理在曲折中前进。由于受"文化大革命"动乱的干扰和破坏，中远系统的保密与档案管理工作和其他单位一样，受到了一定程度的削弱和破坏，原本比较薄弱的保密档案管理工作，沦落到专门机构撤销、专职人员调离、专业档案散失的地步。"文化大革命"结束后，保密和档案管理工作逐步恢复重建。

一、中远系统保密工作

（一）保密工作法规制度相继出台

1979—1992年，是国家保密工作的恢复重建时期。面对保密工作面临的严峻形势，党中央、国务院及交通部对加强企业保密工作提出了一系列要求，出台了一批保密工作的相关文件和法规制度。

1979年2月13日，财政部颁发《关于内部发行的财政制度请注意保密的通知》；1981年12月，国务院颁发《科学技术保密条例》；1985年12月，交通部下发《交通工作保密规定》；1988年9月5日，《中华人民共和国保守国家秘密法》（以下简称《保密法》）由七届全国人大三次会议通过；1990年10月6日，国家保密局发布《国家秘密文件、资料和其他物品标志的规定（第3号令）》；1991年11月2日，国家保密局印发《关于做好保密要害部门（部位）保密工作的意见》。这一时期，党中央、国务院相继出台了《中共中央关于加强保密工作的通知》《关于高级干部保守党和国家秘密的规定》《关于坚决制止电话泄密的通知》等一系列文件。

中远总公司在贯彻落实上级有关保密工作法律法规的同时，注重加强本系统保密规章制度的建立、健全工作，相继制定印发了《中远系统领导干部保密规定》《中远系统保密工作目标管理标准（试行）》《中远系统电子计算机应用保密规定》《中远系统涉外工作保密规定》《远洋运输工作中保守国家秘密实施细则》《中远总公司保密委员会工作职责》《保密委员会办公室及保密干部工作职责》等制度规定。总公司还根据形势和工作性质的变化，进一步修订和清理了复印机、明码电报、密码电报、电话、秘密文件、档案等项管理规定。总公司还根据交通部通知要求，及时转发了《交通工作中国家秘密及其密级划分具体范围的规定》等。中远各单位紧紧围绕以经济建设为中心，加强企业管理，从本单位的实际情况出发，根据《保密法》和交通部、总公司有关规定及要求，逐步建立健全了文件管

---

① 上述存在的问题引自中远总公司转发《直属运输企业企管处长座谈会会议纪要》。

理、通信、科技、涉外以及办公自动化等方面的保密规定和规章制度，使保密规章制度不断完善。

（二）中远系统层层建立保密组织

1980年5月21日，中远总公司召开党委会，研究决定成立中远总公司保密委员会。第一任保密委员会主任由总公司副总经理周秋岩担任，副主任由总公司政治部副主任詹尖锋担任，委员有陈忠表、顾文广、张传茂、边同凯、郭景颜。保密委员会成立后立即开展活动，做了大量基础性和建设性工作。之后，总公司根据工作需要，曾先后由陈忠表副总经理、陈学坤副总经理、刘国元总经济师、张大春副总经理分管保密工作。保密委员会多次要求各单位要健全保密组织机构，配备必要的专、兼职保密干部，中远各单位总体执行较好。但仍有极个别单位未能抓好落实，曾出现保密工作无人抓、无人管的现象。1986年，总公司要求全系统副局以上单位必须成立保密委员会，设置办公室，配备专职保密干部，其他单位也要配备兼职保密干部，负责本单位保密日常工作。凡是保密机构，保密人员不落实的，与年度评先进挂钩，以此督导各单位落实保密人员配置。各远洋公司根据总公司要求，注重抓保密办事机构和保密干部的落实，进一步健全和充实了保密委员会（领导小组）的力量。机关各处（科）室和基层单位均设置了兼职保密员，并根据人员变化，做到及时调整不留空当。船舶政委在船工作期间兼任船舶保密员，负责船舶的保密工作。为了做好新时期的保密工作，上海、青岛外代将原保密工作领导小组调整扩大为保密委员会，汕头、日照、宁波、扬州、镇江、丹东外代等单位都配备了专职或兼职保密员。中远系统初步建立起了各级保密工作人员联络网，为贯彻执行国家《保密法》及交通部、总公司颁布的保密制度规则，进一步做好本单位保密工作，提供了有力的组织保障。

（三）开展保密宣传教育

各单位在学习、宣传《保密法》的基础上，根据交通部保密委员会《关于交通部门在全国法制宣传教育第二个五年规划期间进一步开展保密法制宣传教育的安排意见》的有关要求和步骤，协同普法主管部门开展保密法制宣传教育计划和组织实施工作。围绕《保密法》及其《实施办法》，宣传各项配套法规以及交通部、总公司有关保密规章制度。在保密法制宣传教育过程中，各单位还根据不同业务、不同层次、不同人员的需要，明确应知应会的内容，把学法和用法很好地结合起来，以达到进一步提高干部、群众对保密工作重要性的认识，增加保密意识，增强保密观念，提高执行保密法规，做好保密工作的自觉性。

各单位采取开展保密宣传周活动，通过广播、快讯、板报、播放保密录像片以及利用各类失、泄密案例，《保密法》宣传挂图，组织参观保密展览等多种形式，进行保密教育活动，收到良好的效果。有的单位还组织了《保密法》、保密知识测验和竞赛活动。有的单位举办了各种类型的保密知识培训班，对重点人员进行重点培训。各远洋公司船舶及中燃公司针对船员教育时间少、工作多、人员分散的实际情况，采取把保密宣传教育与船舶航次任务、航次动员相结合的方法，确保保密教育落到实处。通过多层次、全方位、多种形式的保密教育活动，全系统保密教育面达90%以上，使绝大多数干部、职工充分认识到保守国家和企业秘密是自己的职责和义务，进一步增强了保密意识，提高了防范的能力和水平。

（四）加强保密基础设施建设

各远洋运输公司在办公用房拥挤的情况下，党政领导经认真研究，采取有效措施，解决了机要通信用房，并拨款购置了钢板屏蔽设备，还对机要室进行适当装修，按规定实行三室分开，改善了办公条件。有的单位还召开专题会议，专门研究加强保密基础设施建设和必要的防范技术措施，并拨出专款，逐项落实。对不符合要求的保密工作要害部门的办公用房进行了加固，购置了铁柜，安装了防盗门、铁窗、防盗报警器等。在基础设施建设方面，广州、湛江、大连外代，南京海校以及中燃公司、中汽总公司的一些单位做得都比较好。

随着办公现代化手段在机关逐步普及，为防止通信泄密，总公司经过调查研究和广泛征求意见，拟定了"八五"密码通信计划。各有关单位也根据总公司要求，相应拟定增设通信保密设施计划，并逐步加以落实。有些单位还根据计算机使用情况，安装了视频辐射干扰机等有效防护措施。

（五）加强保密检查和评先争优工作

为加强中远系统保密工作，使其实现规范化、标准化、制度化，总公司根据《保密法》第二十九条"机关、单位应当对工作人员进行保密教育，定期检查保密工作"的规定，经过深入调研，制定印发了《中远系统保密工作目标管理标准（试行）》（以下简称《标准》），《标准》共设立三十六项检查考核内容，涵盖了远洋运输及相关企业的所有保密指标。总公司组织有直属单位参加的检查考评小组，分别对广州远洋等24个单位的保密工作，进行了全面的检查，促进了保密工作的落实。

广州远洋对船舶实行不定期抽查保密工作制度，根据航线任务、出国时间长短等实际情况进行抽查，截至1992年底，共检查清退船舶文件112艘次，委托办事处检查43艘次，共清退处理秘密文件300多份。广州、上海、青岛、天津、大连、连云港远洋公司，以及青岛船院在每次保密检查后，都会向总公司递交检查报告，得到了总公司的肯定。

这一时期，总公司还注重保密先进人物评选、先进经验交流、先进事迹表彰。青岛远洋被评为全国保密工作先进单位，天津远洋、青岛外代、大连外代、中燃广州分公司先后被评为中远系统保密工作先进单位，同时还评出了32名保密先进工作者。推动了中远系统保密工作的开展和升级。

（六）严肃查处失泄密事件

尽管中远总公司在加强保密工作方面做了大量工作，但失、泄密问题还是没有从根本上杜绝。中远的失泄密问题主要表现在三个方面：①秘密信息明传泄密。总公司计划处、上海远洋计划处、南京远洋等单位先后发生了机密信息明码传递的泄密事件。②对外发放材料造成泄密。上海海运学院、上海远洋等单位在国际航运学术交流等场合，散发带有多项机密内容的材料。③船舶机密材料丢失造成泄密。1991年6月18日，广州远洋发生了"唐河"轮文件被盗，造成失泄密事故。对上述发生的失泄密事件，总公司及所属各公司都做到了发现一起，查处一起，严肃处理，决不手软。有的进行通报批评，有的给予纪律处分，有的做了降职降级处分，并从每次失泄密事故中举一反三，总结教训，坚持用正反两方面的典型案例教育和引导广大职工增强保密意识，收到了一定效果。

二、中远系统档案管理

企业的档案工作,是企业管理基础工作之一,也是一项为企业完成经营目标和管理职能提供各种资料依据和前提条件的工作。企业档案是在包括原始记录、凭证、台账、统计报表和用户信息在内的各项经济、生产、技术、管理活动中形成的档案的总和,是企业信息系统的重要组成部分,对企业经营决策、项目开发、技术改造以及为各项管理工作提供查询和依据,进而提高企业经营效率及建设质量,都具有重要作用。

(一)中远早期的档案管理

1961年,中远公司成立时,全系统共有档案管理部门3个,档案干部4人,(其中专职1人,兼职3人)收管档案402卷。在中远初创时期,由于多方面条件的限制,中远系统档案的保管和利用条件上还处在低标准状态。当时仅有档案用房4间,也未配备必要的设备。

1963年11月21日,交通部远洋运输局下发了《技术档案管理试行办法和技术档案保管期限表》,要求各远洋公司要改变档案管理分散、制度不够健全状态,逐步分批地把现有档案整理出来,特别要注意保管,以防遗失。

中远按照上级文件精神,开展了初步的档案管理工作。1964年12月,国家档案局颁布了《机关文书档案保管期限参考表》,进一步推进了文书档案管理工作。在新的参考表中,永久和长期两种管理期限的含义是,永久保管的档案都是需要向档案馆移交的档案,长期保管的档案是本企业需要长期使用,而不需要向档案馆移交的档案。在这一时期,中远文书档案工作有了初步的基础。到了"文化大革命"阶段,中远的档案管理工作受到冲击,许多单位撤销了档案机构,调走了档案干部,废弃了管理制度,档案散失严重。

1979年4月2日,交通部下发了《关于整顿档案管理工作的通知》,《通知》指出,交通档案是反映我国交通事业发展的历史记录,是党和国家档案的组成部分,对实现交通运输现代化具有重要作用。《通知》要求,各单位要加强对档案工作的领导,结合企业整顿,把档案工作恢复健全起来,为了使交通档案很好地为交通运输现代化建设服务,必须迅速恢复和加强档案管理工作。这次整顿要求突出解决的问题有两条,一是要设立必要的档案管理机构;二是必须为机构配备必要的档案工作人员。

1980年,交通部曾直[①]副部长和办公厅领导在全国交通档案会议上,点名批评了远洋

---

① 曾直(1919—1987),男,又名曾树根,四川省眉山市青神县城厢镇南街人。1938年,参加成都"战时学生出版社"(中共外围组织)活动。同年加入中国共产党。1939年,随成都协进中学迁到重庆,后担任北温泉小学校长。1941年5月,曾直赴苏北参加革命。抗日战争时期,历任江苏盐城中学教务主任、淮海区党委干部学校教导主任、淮海区青救会主任、中共淮海区泗阳县三庄区区委书记、中共浙江省武康县县委副书记、县长。解放战争时期,历任中共山东省烟台市委宣传部副部长、市教育局长,河南省宝丰县县委书记等职。新中国成立后,曾历任中共湖南省长沙市委宣传部副部长,长沙县委书记,长沙市委副书记、书记。后调交通部任办公厅主任,交通部副部长、党组成员,主管办公厅、公路局、中国公路桥梁工程公司和行政管理局等部门工作。1978年,因病离休,被聘为交通部顾问、中国交通运输协会常务理事等职。1987年9月9日,因心脏病突发逝世于北京,享年67岁。

公司不重视档案工作,指出远洋公司下边有 20 多家下属企、事业单位,档案工作很重要;曾副部长要求远洋公司加强对档案工作的领导[①]。之后,总公司机关档案管理工作虽有所加强,但仍离规定要求有一定差距。有的处室长期没有指定专人管理立卷归档工作,有的甚至根本不立卷。也有的处室虽然立卷归档,但质量很差。

这一年,中共中央 16 号文《中共中央国务院批转国家档案局关于在全国档案工作会议的报告》下发全国,文件明确提出了"恢复、整顿、总结、提高"的八字方针,要求档案工作也要进行"拨乱反正",并将这一基本原则贯穿整顿全过程。通过贯彻落实中央 16 号文、国务院和交通部有关进行档案工作整顿一系列安排部署,中远总公司和所属各单位档案管理工作有了起色。1981 年,经交通部批准,中远总公司正式成立档案管理处,确定编制 5 人,开始对外行文。但由于长时间一直未配备档案管理处处长,档案管理始终未能独立起来,只有 1 名档案员维持局面。

1981 年 6 月 30 日,交通部下发了《关于交通系统档案工作情况的通报》(以下简称《通报》),为了进一步推动交通系统深入贯彻落实中共中央 16 号文件和部档案工作会议精神,确保在年内完成交通部档案工作的恢复整顿任务。《通报》明确提出了完成恢复整顿任务的"五大标志":一是按照部的规定建立、健全了档案机构,充实配备了干部,恢复了管理体制;二是积存的零散文件都已清理立卷归档完毕,对科技档案和文书档案实行了集中统一管理;三是科技工作纳入了企业管理,归档和科技档案完整系统准确;四是文书档案的质量符合部颁发的八条标准,立卷归档制度健全;五是认真执行了部颁发的档案管理规章制度。

上述"五大标志"既是交通系统档案管理工作必须坚持的基本遵循,同时又是交通部检查落实档案工作恢复整顿是否落实的五条硬杠杠、硬标准。

到了 1984 年企业整顿时,总公司将档案管理处取消,改为档案管理科,隶属办公室领导。同时将科技档案从原档案处划出,由船技处负责管理[②]。

(二)档案管理工作一度处于落后状态

尽管党中央、国务院及交通部紧锣密鼓抓档案管理工作,但中远总公司的档案管理工作一直起色不大。尤其是科技档案管理,薄弱环节更多。

1984 年底,中远总部的科技档案机构调整后,各级的船技处接管了科技档案工作,但没有配备专职档案干部,还是由原来的技术资料员兼管。船技处是个技术业务处,本身业务繁忙,又没有配备专业档案干部,船技处只管本处室的科技文件,这就使本应归档的科技文件材料,分散在各个有关处室,船技处只负责保存一个总目录表,科技档案管理基本处于"空挡期"。另外,档案工作是一门专业性、原则性都很强的工作,要求标准又高,让一个技术业务处来负责管理一个国有大型企业所有的科技档案工作,确实存在困难。而技术资料员又没有经过专业培训和学习,对档案业务并不熟悉,使科技档案不能按规定的时间和标准立卷归档。下属公司船舶出了事故,总公司不能及时调出船舶档案,供领导决策

---

① 引自《关于档案工作情况和今后意见》,中远档案 1984-D-032 号。
② 引自《档案工作综合报告》,中远档案 1987-D-074 号。

参考。有的业务单位和个人为了平时使用方便，不愿把科技文件归档。由于以上原因，造成了中远总公司科技档案管理一直处于分散、混乱的状态，很难做到为其他处室提供优质的档案服务。

1987年1月，交通部办公厅档案管理处接到中远总公司报送的科技档案管理办法后，立即对中远的科技档案管理工作提出批评。信函内容摘录如下：

"中远公司办公室：

对档案实行集中统一管理，是档案工作的基本组织原则。早在1956年，国务院在《关于加强国家档案工作的决定》一文中，就对此作出了明确的规定。

……

但是，你们一直未将这个问题解决好。特别是近期，你们所颁发的〔86〕中远技字第1500号《中远总公司科技档案管理办法》，竟违背了这一基本原则，既没明确统一的领导，也没按要求建立起统一的科技档案管理机构，更没有对科技档案实行集中统一的管理，而是错误地规定将科技档案由"各处室分散保管"，这样做既不利于向各方面提供利用的需要，也无法对你公司所形成的全部科技档案进行全面的、系统的实体控制，更不符合现代化管理对档案工作提出的要求。其结果，势必影响档案的齐全、完整与安全。为此，请你们根据集中统一管理的原则，重新修改你们的科技档案管理办法，以利于今后档案工作的开展。

……

交通部办公厅档案管理处
1987年1月5日。"

下面是中远总公司经理办公室给交通部办公厅档案管理处的复函：

"部档案管理处：

1987年1月5日来信收悉。远洋公司领导对你们来信中提出的问题非常重视，责成经理办公室同船技处就科技档案的统一集中管理问题进行了研究并提出解决办法。

我们会同船技处认真研究了你们来信中提出的问题，觉得你们的批评是中肯的，很有针对性地指出了我们档案管理中的缺陷，这对我公司的档案管理工作是一个有力的促进。同时我们也检查了我们档案管理工作的现状，提出了逐步改进的计划。2月7日，由陈忠表副总经理主持经理办公室、船技处及其他拥有技术档案的处室参加，专门开会研究了技术档案的管理问题。我们认为，技术档案必须实行集中统一管理，我们准备向这个目标努力。只是在目前，鉴于我们尚缺乏能管理技术档案的专门人员，而且其他条件也不具备，所以还不能一下子把全部技术档案都集中起来，只能有步骤地逐步解决。现在，我们已指派档案室专学档案管理的小孟同志[①]到船技处去，帮助船技处管理技术档案，以此为起点，

---

① 小孟同志：即孟春，1984年从中远总公司经理办公室考入北京联合大学文法学院档案系，学习档案管理专业，1987年毕业，大专学历。毕业后直接被经理办公室派到船技处，协助其开展科技档案管理工作，2年后回到档案科。

逐步过渡到真正的集中统一管理。感谢你们的帮助并希望继续得到你们的领导和指教。

中国远洋运输总公司经理办
1987年2月11日。"

1987年4月,交通部档案评比检查团到中远总公司检查科技档案管理工作时,对总公司的评语是:"你们总公司科技档案不能算科技档案,只能叫零散的科技文件材料,你们远洋的科技档案工作还停留在恢复整顿前的水平。"[①]

从上述评语中,可见中远总公司总部档案管理工作基础薄弱之一斑。主管中远总公司档案工作的副经理陈忠表在上述档案管理工作检查情况报告中批示:"档案管理工作是一项重要的基础工作。部办公厅档案管理处对我司档案工作一直不太满意。我们也确实管得不太好。现已配了4位同志,有条件搞得好……"

1987年底,总公司给档案管理科配备了5名档案员,明确档案科负责人和副科长。中远档案管理工作掀开了新的一页。

(三)中远大打档案管理翻身仗

1. 深入宣传贯彻《档案法》,提高对档案工作重要性的认识

1988年9月5日,《中华人民共和国档案法》(以下简称《档案法》),于第六届全国人民代表大会常务委员会第二十二次会议通过,并于1989年1月1日起正式颁布实施。它标志着中国档案事业走向依法建设的新阶段。《档案法》的颁布,从法律上明确了档案与档案事业在国家和社会的地位和作用。使档案的保护、整理、开发、利用,以及档案事业的发展有了可靠的法律依据和保障。《档案法》颁布之前,中远系统的领导及广大职工对档案和档案工作均有不同的认识。有些同志认为,档案是在远洋事业中形成的具有重要查考价值的历史材料,档案管理工作是一项有作用、有意义、有价值的重要工作。还有一些同志认为,档案只不过是资料的积累,档案工作就是"看堆"的工作。由于在思想上存在着对档案的错误认识,给档案工作的开展造成了许多困难。

中远总公司各级档案科室在上级档案部门的领导下,认真学习,积极宣传,坚决贯彻执行《档案法》和《档案法实施办法》。各单位大力开展了学习宣传和贯彻落实《档案法》的活动。5家远洋公司和连云港远洋公司、湛江供应公司等单位均采取多种形式,开展《档案法》的学习与宣传活动。通过对《档案法》的广泛宣贯,大家对远洋档案的认识普遍有了提高,一致认为,档案工作不是可有可无,而是一项为子孙后代负责的千秋大业,也是远洋运输生产实践须臾不可离开的一项重要工作。《档案法》的宣传贯彻,对提高领导干部和职工群众的档案意识和法制观念,起到了积极的促进作用。

2. 健全档案管理机构,提高管理人员的素质

中远系统的档案管理机构和人员,均随着整个企业的发展壮大及国家在各时期对档案

---

① 此评语摘自《档案工作综合报告》,中远档案1987-D-074号。其中"你们远洋的科技档案工作还停留在恢复整顿前的水平",是指1979年4月2日,交通部下发《关于整顿档案管理工作的通知》文件之前的档案管理状况,也就是说还停留在8年前的档案管理水平。

工作的不同要求而在不断地调整和充实。截至1992年,中远系统共有档案机构15个,为了更好地贯彻集中统一管理档案的原则,各单位克服重重困难,不断扩大接收范围。在全系统收管的各类档案达20284卷,且多数单位已基本实现了集中统一管理本单位的档案。

各单位在调整、设置档案管理机构的同时,不断选派政治、业务和整体素质好的同志,充实到档案部门。整个中远系统已有档案干部62人,具有大专以上文化程度的27人,中专(高中)9人,高级技术职称1人,中级技术职称14人,初级技术职称16名。其中党团员31人,受过培训的档案干部35人,占档案干部总人数的56.5%;出国培训的2人,占档案干部总人数的3%。经过几年的培训和自学,中远系统档案干部的文化程度和业务素质有了很大的提高。从知识结构上看,在档案干部中,许多同志既掌握了档案专业知识,又掌握了一些相关专业知识,如外语、文秘、政工、企管、轮机、航管、建筑等。

3. 建立各项规章制度,提升档案管理质量

这一时期,国家的档案事业在不断地进步,远洋运输事业也在不断地发展,为了适应企业发展的需要,中远总公司也在不断地修改、完善和建立新的规章制度。截至1992年底,全系统正在执行的档案管理规章制度达26种。这些规章制度,从不同角度分别对中远系统档案的整体和不同门类的专业档案的管理进行了规范,确保中远的档案工作有章可循。

4. 加大投资力度,加强档案管理基础建设

进入20世纪90年代,中远总公司及所属各单位为达到国家和交通部关于档案部门"三室"分开、配备必要的设备及档案装具等要求和标准,克服财力、物力等方面的种种困难,加大了档案基础建设力度。全系统档案部门共拥有档案用房78间,设备24种,档案装具14种,用于购置设备和档案装具的资金达94.39万元。其中达到"三室"分开标准的单位有6个,分别是广州、上海、天津、大连、青岛远洋和青岛外代公司。档案管理的基础建设逐步得到加强。

此外,一些单位的领导和档案人员,为了缓解档案用房紧张状况,开动脑筋,想尽办法,充分利用现有库房面积。如:天津、青岛、广州、上海远洋4个单位,充分利用密集架容积大,空间利用率高的优点,共节省库房面积约300平方米。

5. 加强档案全面管理,提高档案开发利用效率

一是编制档案检索工具和各类汇编。由早期的需求者调用什么,档案部门就提供什么的低效率被动型档案服务模式,逐步改变为走出去了解各部门的业务特点和需要,有计划、有针对性地开发多种检索工具和各类汇编,逐步形成主动型优质档案服务模式。截至1992年底,全系统已有检索工具13种,汇编19种,大大提高调档速度和查准率、查全率,提高了工作效率。同时,采用现代化手段开发档案资源。全系统购入计算机6台、缩微机24台。为大面积、高质量地开发档案资源提供了便利条件。广州、上海、大连、天津、青岛远洋及青岛外代公司等单位在这方面做得较为突出。上述单位不但统管了文书档案和科技档案,而且还收管了财会档案、缩微档案、声像档案、船舶代理档案等。

6. 开展表彰先进活动

总公司在大打档案管理翻身仗阶段,还深入开展了表彰优秀档案管理工作者活动,1990年7月23日,中远总公司下发了《关于表彰中远系统优秀档案管理工作者的决定》,

授予广州远洋刘培兴、邱树荣，上海远洋沈建新，天津远洋古文兰，青岛远洋曹爱娣，大连远洋楚晓薇，上海外轮代理公司吴杏媛，青岛外轮代理公司梁爱平，南京海校林友芳"中远系统首批优秀档案管理工作者"荣誉称号。之后，陆续开展表彰档案管理先进集体和优秀工作者活动，促进了档案管理工作的进步与发展。

（四）全面推进档案管理升级，三个方面实现突破

1987年，中远总公司根据国务院《关于加强工业企业管理若干问题的决定》和国家档案局及交通部印发的《企业档案管理升级试行法》《交通企业档案管理升级试行办法》的要求，在全系统开展了档案管理升级工作。这是对全系统档案工作的一次全面检查，也是中远档案工作水平的一次再提高（图4-12）。

一是在基础建设上实现突破：

1. 按上级规定标准，建立了适应档案工作需要的专门档案管理机构。

2. 按编制配备了政治、业务及身体素质好的档案人员。并随着工作量的增加，及时地增配档案管理人员。

3. 全系统均落实了集中统一管理本单位档案的原则。

4. 建立健全了档案管理的各项规章制度。

5. 配备了必要的档案专用库房，做到了"三室"分开，全系统配齐了必需的设备及档案装具。

图4-12　中远档案保护性备份项目启动。

6. 能够积极地、较多方式地开发利用档案，较好地为档案使用者提供服务。

二是在工作数、质量上实现突破：

1. 库存档案数量对比：开展升级工作前存档90365卷，开展升级工作后存档197034卷。

2. 制定档案管理规章制度数量和标准对比：开展升级工作前有规章制度11种，管理标准1种；开展升级工作后有规章制度26种，管理标准10种。

3. 档案检查工具各类和汇编数量对比：开展升级工作前编制的档案检索工具5种，汇编5种；开展升级工作后编制的档案检索工作12种，汇编19种。

4. 档案管理所配设备和装具对比：开展升级工作前配备设备约75台，装具6种；开展升级工作后配备设备约174台，装具14种。

5. 案卷质量对比：升级前，多数单位的档案的案卷质量在接受检查时未达交通部颁布的标准；升级后，多数单位的档案的案卷质量达到部颁标准。

三是在创先争优上等级上实现突破：

自从开展档案管理升级工作后，全系统先后已有4个单位升入档案管理国家二级企业，分别是：大连远洋、广州远洋、上海远洋、天津远洋公司。之后，青岛远洋、青岛外代公

司等5个单位也升入档案管理国家二级企业行列。

1990年12月29日,国家档案局颁布《关于批准1990年度第四批国家一级档案管理企业的通报》,批准上海远洋、广州远洋公司为国家一级档案管理企业。

1991年11月19日,国家档案局再次下发了关于批准1991年度国家一级档案管理企业的通报,批准大连远洋为国家一级档案管理企业。至此,中远系统共有3家公司晋升为档案管理国家一级企业。

截至1992年12月,中远系统共有3家公司荣获国家一级档案管理企业称号,有9家公司晋升档案管理国家二级企业。中远总公司于1987年起,吸取教训,痛定思痛,经过几年的努力,打了一个漂亮的档案管理翻身仗(图4-13)。

图4-13　国家档案局毛福民(左)局长在参加国有企业档案工作座谈会期间,同中远总裁办档案科科长毛永芳合影。

第五章
船员队伍建设

船舶是"流动的国土",航海是艰苦的行业,船员是特殊的群体。中远总公司始终重视船员管理工作,针对船员队伍建设出现的新情况、新问题,不失时机召开船员管理工作会议,关注这一时期的船员动态,了解存在的突出问题,分析问题出现的主要原因,提出解决问题的有效方法。1981 年 9 月、1987 年 9 月、1990 年 12 月总公司先后召开较大规模的船员管理工作会议,交通部领导每次会议都到会并作讲话,具体指导中远总公司船员管理工作,中远船员队伍建设不断得到巩固和加强。

第一节　加强"四有"船员队伍建设

中远总公司一直把建设"有理想、有道德、有文化、有纪律"的"四有"船员队伍作为一项重要政治任务来抓,长期坚持,紧抓不放。各公司对船员管理工作也都付出不懈的努力,取得了明显的成效,为推进中远系统的双文明建设发挥了重要的作用。

一、重视船员队伍思想建设

多年来,中远总公司和各公司始终把提升船员队伍的素质特别是政治素质作为船员管理工作的首要任务来抓,始终把党的基本路线教育作为思想政治建设的主要内容,面对改革开放的形势和中远船队建设的实际,在船员队伍中深入地宣传贯彻十一届三中全会以来党的路线、方针和政策,先后进行了理想纪律教育、法制教育、船员职业道德教育等。各公司还针对远洋船员经常出入西方国家,易于受各种腐朽思想侵蚀的特点,结合船员的思想实际,理直气壮地进行坚持四项基本原则、反对资产阶级自由化的教育,并以此为主线,开展思想政治工作,这是保证中远船队经受住各种政治考验的思想基础。同时,总公司还结合船员队伍建设的实际情况,坚持开展形式多样内容丰富的经常性教育活动,如马列主义基本理论教育、优良传统教育、竞争观念教育,法制纪律教育和安全保卫教育等。这一时期,总公司还重点抓了加强社会主义精神文明建设,开展了创建文明船舶活动,制定了"87—90 年远洋系统社会主义精神文明建设实施规划"和"船舶两个文明建设标准",通过强有力的宣传教育和多种形式的创新活动(图 5-1),使广大船员的思想政治觉悟有了一定程度的提高,船员的工作责任感有了进一步的增强,确保了船员队伍的稳定和运输生产任务的完成,涌现出了一大批"忠于祖国、热爱远洋、开拓创新、积极奉献"的先进集体和个人。如青岛远洋的"双文明建设先进船舶""谷海"轮全体船员

图 5-1　船舶党支部注重船员的思想教育和行为引导工作。

以高度的主人翁责任感,狠抓营运效益,船舶有一句口号"一分钟要抢,一吨货要争,一分钱要省",船舶这"三个一"增收节支效益理念得到总公司领导和机关的肯定和表扬,在中远系统船队产生了很好的影响。"谷海"轮每航次平均只有35天,比公司规定时间缩短了7天,仅抢抓船期这一项,每年就为国家节约人民币7万多元。

二、加强了干部船员队伍建设

中远各船公司均重视船员管理工作,适时调整和充实船员管理部门的力量,健全组织机构,增设了船员管理科和外派科,为抓好船员队伍建设提供了组织保障。尤其在对干部船员的管理上,各公司普遍建立了考察制度和考察档案。根据船舶不同类型、航线、货运任务的特点和需要,重视配备合适的船员,在配备全套班子和领导班子时,重视了新、老、弱、强等方面的搭配;为配好配强船舶领导班子和技术力量,专门建立了主要干部船员调配由各有关部门和主管领导共同把关的制度。在干部船员的提拔使用上,既考虑到船舶需求,又重视了保证质量,除了坚持党支部讨论把关、船舶领导签署提职意见外,增加了相关部门考察和征求有关处室意见这一环节,然后按任免权限和流程进行审批。如1984—1986年底,共提升各级各类干部船员4003名,其中提升船长233名,政委副政委112名,轮机长194名,不仅主要干部船员紧缺状况得到缓解,同时又保证了所提干部船员的质量。

三、推进船员培训工作

中远的船员培训工作有着坚实的基础,无论船舶领导还是广大船员,都把加强培训提高职业素养作为一项根本任务来抓。从1966年各分公司上报的《公司"三五"(1966—1970年)期间远洋船舶发展和人员培训规划》开始,中远将船员培训工作同国家和企业的5年发展规划融为一体,扎实推进船员的培训工作。如1987年,中远总公司下发了《远洋系统"七五"职工教育规划》,成为这一时期职工培训所遵循的文件,指导各公司按规划精神组织落实。在总公司、各公司和各院校的共同努力下,以岗位技术培训为重点的职工培训工作进展顺利,取得了较大的成绩,其中干部船员一年的轮训,在青岛船院、广州海校办班的基础上,又扩大到在上海远洋培训中心办班,较好地落实了一年分期招生的办法,加快了培训的进度,缓解了一次抽调人员过多产生的工学矛盾。1989年,经交通部批准,在青岛船院开办了中专和大专专业证书班,这标志着中远干部船员培训工作提高到了一个新水平。工人船员岗位技术培训主要以船岸结合的方式进行,3年来共培训11435人,其中在岗培训已形成了一整套较为规范的培训模式,特别是对新工人的岗前培训,包括了思想政治教育、专业技术教育、技能训练和军事训练等内容,收到了较好的效果。此外,还完成船员职务证书培训2257人、"四小证"培训14764人,驾驶员"三小证"培训2560人、驾驶员避碰培训986人,以及其他各类培训如轮机自动化班,厨工班等共培训6010人。随着船员培训的工作的展开,船员队伍的知识结构和技术业务水平有了明显的提高。

四、实施船员职改工作

实施船舶技术职务任命制,是对船舶技术人员管理的重大改革,必将对提高船员的社会地位，增强船舶技术人员的责任感，调动其工作积极性，促进其钻研技术业务起到积极的作用。根据中央职改工作领导小组批转的《船舶技术人员职务试行条例》的要求和交通部的布置，中远总公司成立了职称改革领导小组，下发了《关于中远贯彻执行〈船舶技术人员职务试行条例〉的通知》，对中远系统船员职改工作进行了详细的安排，从 1988 年 5 月开始，中远各直属远洋公司、中波公司（中方）全面展开了船舶技术职务的评审和复查工作。总公司职改工作划分为准备、申报、总结验收和聘任四个阶段，一步接一步向前推进。在总公司和各公司的重视和领导下，全系统均建立了组织机构，深入分析摸底排队，准备申报材料和组织评审，做了大量的深入细致的工作。经统计，这一时期通过评审和复查的船舶中初级技术职务共 11483 人，评审通过的成绩优异的高级船长 199 人、高级轮机长 135 人、高级电机员 29 人、高级报务员 14 人、船舶副主任医师 6 人。同时，总公司还先后下发了《关于实行技师聘任制的实施意见》《中远系统实行技师聘任制工种范围（试行）》等有关文件，为全面开展工人技师的评审聘任工作奠定了基础。船员职改工作的展开，极大地激励了船员求学上进的积极性，对改善船舶技术人员的知识结构、提高船员的技术业务素质、保持一线船员队伍稳定、促进人才健康成长起到了重要的作用。

第二节　船员队伍管理面临挑战

一、船员违法违规事件频发

在中远发展的历程中，初创时期船员队伍建设的突出矛盾主要是船员短缺，船员队伍的增长速度跟不上船队快速发展的需求，这个矛盾一直困扰了中远多年，在中远总公司和所属各公司的共同努力下，通过向部队求援、向社会招聘、向院校招聘毕业生以及开办自己的专业院校和职业学校等多措并举，多渠道、多途径广揽航海专业人才，船员一度短缺问题逐步得到缓解，中远不失时机地实现了船队的快速发展。进入 20 世纪 80 年代中后期，由于各方面因素的影响，船员队伍建设的另外一些问题却凸现出来，具体表现在：

（一）船舶劳动纪律松弛

有的船舶违章违规行为时有发生，个别船员甚至到了渎职的程度，直接影响了船舶的安全运输生产。青岛远洋"绵竹海"轮和天津远洋"漫海"轮在视线良好、海域开阔的情况下相撞，造成重大恶性事故。全系统第 9 次船舶安全大检查竟有 12 艘船舶不及格。1987—1989 年 3 年间，共发生海损事故 103 起，其中大部分是由于船员违反劳动纪律、责任心不强等主观因素所造成。

（二）不良风气呈上升势头

个别船员在国外偷窃、偷拆零件、捡拾旧货、倒买倒卖、强买索要，甚至购买、收藏、传播淫秽物品，嫖娼宿妓等恶劣风气滋生，严重影响了中远船员队伍的声誉和中远企业的形象。经统计，1987—1989 年的 3 年间，因上述问题受处分的船员人数分别是 185 人、

224人、334人,其中干部船员受处分人数分别是70人、101人、152人,统计数据明显呈上升趋势。

(三)违法违纪由个案转为群发

严重的有以下几个案例:1989年3月,广州远洋"明城"轮在香港被海关抄出20千克大麻精,虽经调查认为船员参与此案的证据不足,但对内对外已造成不良影响。上海远洋一船舶厨工在海口市待派期间协助其妻开办带有色情活动的餐厅,受到当地执法部门处罚,但其不思悔过,伙同其妻诱发多名船员嫖娼;青岛远洋"矿海"轮全船37人竟有36人参与倒买倒卖活动被青岛海关查获;大连远洋"江西关"轮船员多人参与走私,金额达10万元之巨,5名船员被判刑。

(四)船员不辞而别问题突出

青岛远洋"泰安海"轮靠泊美国新奥尔良港口期间,该轮轮机长等5名船员结伙不辞而别,一度影响开船。外媒和台湾省电台报道了此情况,个别船员还在美国媒体发表反动诗词和言论,恶毒攻击党的领导和社会主义制度。据统计,1987—1989年3年间,中远系统船员不辞而别人数分别为9人、19人、54人,其中有1名船长和2名副船长,这在中远历史上是从未发生过的。

(五)船员调配难问题日益凸显

这一时期,船多人少、船员调配难的问题在各公司普遍存在,有的还很突出。如为了避免调船员上船落空,不止一家船公司出现调一名船员上船而给4—5名船员发调令的现象,正是由于各公司船员管理部门都把很大一部分精力放在船员调配上,一定程度上影响了整个船员管理工作的质量和效果。船员调配难问题日渐突出,除了与个别职务的船员紧缺有直接关系外,还与调配问题上的某些政策不尽合理有较大关系。

二、多种因素导致船员思想滑坡

(一)"一切向钱看"思想的滋生蔓延

这一时期,资产阶级自由化的思潮在船舶行业上反映越来越明显,社会上出现的"出国热""一切向钱看""拜金主义"的倾向严重腐蚀了船员队伍,其中一小部分人在动乱、暴乱和外电歪曲宣传国内形势的影响下,抵御不住西方资产阶级腐朽思想的侵蚀,各种错误思想滋长,少数船员目无法纪,违法违纪现象突出。逃往美国的青岛远洋"泰安海"轮轮机长等人平时就经常散布"这路线,那路线,只要抓到钱就是好路线"的不良言论。还说:"美国的一个老轨一个月赚3000多美元,我一年才赚300多美元。"表现出对职务待遇的不满和对西方国家物质生活的向往①。

(二)资产阶级生活方式的影响

远洋船舶靠泊西方国家的码头是常事,部分船员下地后耳濡目染西方放荡不羁的生活

---

① 以上案例摘自《中远档案资料》,文号1990-C-195。

方式和报纸杂志肆无忌惮的宣传和渲染，放松了思想防线，成了资产阶级的俘虏，个别船员由羡慕资产阶级生活方式，一步步滑入到追求腐朽的低级趣味；有的船员私买、私藏甚至传播淫秽物品，情节严重者受到了法律的制裁；有的船员对爱情、婚姻、家庭产生了扭曲甚至错误的观念，跌落到不能自拔的泥淖；有的船员把追求腐化堕落的糜烂生活当成是自己的人身自由，认为不应该受到任何组织的约束，等等。

（三）船舶党建、思想工作的日渐薄弱

毛泽东同志曾经说过，社会主义阵地，无产阶级不去占领，资产阶级就必然会去占领。受当时社会上一些错误思想的影响，四项基本原则的教育渐趋薄弱，资产阶级自由化乘虚而入，甚至一度泛滥；一些船员包括个别干部船员对坚持党的领导和社会主义制度发生了动摇，船员思想处于混乱状态。更为严重的是，在船舶最需要加强党的领导和思想政治工作的时期，船舶政委一职被取消，政委改任副船长，船舶党支部工作明显被削弱。有的同志痛心地说，在这样大背景、大环境下，船员不出事是偶然，出事是必然。还有的同志不无忧虑地说，船员出事成了"一阵风"，按下葫芦浮起瓢，就好像打开了"潘多拉魔盒"，怎么控制都杜绝不了。上述说法未免有些过头，但船员队伍管理难度加大，确是不争的事实。

（四）船员传统职业优势逐步下降

改革开放后，就业形势及人们的价值观念发生了变化，船员的职业优势已不明显，青年船员在社会上由原来的"香饽饽"，渐渐变得"不吃香"了，甚至出现了"找对象难"的情况；一些船员厌倦了在海上漂泊，向往陆地安稳生活；一部分船员假借各种理由，不愿意再上船，或上船后工作不负责任，做一天和尚撞一天钟，造成了各种责任事故的发生。

（五）船员管理工作未能适应国际化船队的管理要求

中远系统在船员管理方面虽然做了大量工作，在加强现场管理方面做出了一定的努力，但现行船舶管理模式仍不适应船员队伍建设的需要。①管理效率亟待提高。船员管理工作所处的被动忙乱的状况，未能从根本上得到改变，船员管理的理论、方法、模式远不适应一支庞大的国际化船队的管理要求；②船员定船工作开展不理想。许多船舶还组建不了一个坚强有力的领导班子，难以形成对每个船员及时、直接、持续和有效的管理，这也是造成少数船员违法违纪侥幸得手，由小过而至大错的又一个客观因素；③处理船员违纪情况不果断。有的公司在处理船员违法违纪、违章违规问题上软弱无力，个别公司甚至姑息迁就，一度出现少数船员搞违法违纪有恃无恐的不利局面。

第三节　开展船员队伍纪律作风整顿

一、制定系列规章制度

中远总公司在前一时期颁布的《远洋船员管理若干规定》的基础上，加大了船员管理

各项制度建设的力度。1981年9月22—28日，中远总公司在北京召开了为期7天的远洋船员管理工作会议，研究如何加强船员队伍的管理和建设问题。广州、上海、天津、青岛、大连远洋公司，中波公司（中方）、香港明华公司及河北远洋、江苏远洋、浙江远洋等公司主管领导参加会议，交通部彭德清部长到会并讲话。会议深入研究了"船员管理工作条例""远洋船员守则""船员管理部门工作人员十条规定"等3个文件。总公司坚持从制度建设入手，逐步夯实船员管理工作的基础。这期间，国务院颁布了《企业职工奖惩条例》，对企业职工的奖励和惩罚进行了明确与规范。中远总公司对这个条例认真组织了宣传和贯彻，成为此后制定船员职工管理规则的重要法律依据。1984年12月份，中远总公司通过深入基层调研，召开专题研讨会议等形式，掌握了船员队伍建设的薄弱环节，制定形成了《关于加强船员管理工作的若干意见》，有关船员管理的制度与规范得到进一步巩固和加强。后又颁布了修订版的《远洋船员职务规则（试行）》，《远洋船员管理工作条例》等多项规章制度，共印制了35000册，确保在船船员人手一册，初步形成船员管理较为完整的文件体系。

二、及时颁布、修订"双十六条"

为加强船员管理工作，提高广大船员遵纪守法，遵章守规的自觉性，促进船舶安全运输生产和船风船貌的好转，中远总公司分别于1987年9月22日和1988年5月29日先后下发了《关于对中远系统船员违章违规行为处理的暂行规定》和《关于中远系统船员违法违纪行为处理的暂行规定》（以下简称"双十六条"），在有关违法违纪行为的处理规定中，明确了严禁偷窃、严禁偷税漏税、严禁非法倒卖进口物品等16条；在有关违章违规的处理规定中，明确了严禁值班人员擅离工作岗位、严禁违反操作规程、严禁违反当地法规等16条。中远各级领导高度重视"双十六条"的贯彻落实工作，通过广泛宣传和开展法制纪律和遵章守纪的教育，并按照"双十六条"的有关规定严肃查处船员各类违法违纪、违章违规行为，在一定程度上扼制了违法违纪不良风气的蔓延。据不完全统计，1987和1988这2年，分别处理违法违纪船员135人和224人，分别比1986年处理人数增加了24%和50%。通过这一阶段的努力，广大船员的法纪观念有了增强，遵纪守法、遵章守规的自觉性有所提高，船风船貌也有了一定程度的好转，收效是明显的。

这一时期，中远总公司深刻认识到机关船员管理工作也存在薄弱环节，突出表现在有的中远和一些公司没有严格按照"双十六条"等规定宣传贯彻执行，在查处船员违法违纪行为时，有的处理偏轻；有的迟迟不做处理；有的公司甚至放松对船员的管理要求，对违法违纪行为姑息迁就，致使少数船员违法违纪有恃无恐。船员队伍中发生的一些问题，尽管是少数船员所为，但其性质和后果十分严重，极大地影响了中远船队的精神文明建设，损害了中国海员的形象和中远的声誉，使各项规章制度难以有效贯彻落实，直接威胁着船货和船员自身的生命安全，给国家和企业造成了不应有的经济损失。

由于"双十六条"是根据当时的实际情况而制定的暂行规定，随着国家治理整顿、深化改革形势的发展和中远船员管理情况的不断变化，原"双十六条"中的某些规定需要进一步修改、补充和完善，中远总公司在广泛征求各公司意见的基础上，经过深入讨论研究，对其作了修订。于1990年3月31日，再次颁布新修订的"双十六条"。

三、狠刹违法违纪违章违规歪风

这一时期，中远总公司接连召开船员管理工作会议，及时研究掌握船员管理方面出现的新情况新问题，提出解决问题的策略方法，推进船员管理工作各种决策落到实处。新修订的"双十六条"下发后，各公司党政领导都非常重视，迅速转发各轮，广泛宣传教育，使之家喻户晓，人人皆知，有章可依，有章必依，执章必严，违章必究。严肃查处每一起船员违法违纪并使之常态化，在维护法律和制度的尊严上形成一定的高压态势，逐步刹住了这一时期少数船员违法违纪，甚至丧失国格、人格的歪风，遏制了少数船员有章不循、违规渎职现象的滋长，并对中远船员队伍稳定和船舶安全运输生产的稳步发展起到了重要的作用。这一时期，中远总公司3年组织了9次船舶安全纪律大检查，由总公司领导亲自带队，深入到船舶的各个角落，仔细对照《船舶安全纪律检查提纲1000条》，当场讲评打分，对存在的问题限期整改，有效地改变了部分船舶的落后面貌，对促进整个中远船队逐步形成一个良好的生产、工作和生活秩序，起到了重要的作用。

四、实施层级管理与综合治理

（一）分层管理

中远总公司明确船员管理工作按照四个管理层级实施，即总公司、各公司、各公司船员管理部门、船舶领导的职责分工，贯彻逐级领导、逐级负责的原则，各司其职，各尽其责，特别强调了第一层级的管理——即船舶领导对船员的管理要尽职尽责，管理到位。上级机关除尽本级职责外，给予船舶更多的支持和一定的管理权限。

（二）齐抓共管

各公司的主管经理和政工部门建立了定期布置和检查船员管理工作的制度，定期研究船员管理工作，向相关处室分解任务，督促检查任务完成情况。多年来一直坚持的党政工团统一组织力量开展船舶安全纪律大检查的综合治理成功做法，得到交通部领导的肯定和推广。

（三）船岸合力

具体方法就是在船员管理的实践中实施"五个结合"，即上下结合，船岸结合，思想政治工作与贯彻落实各项规章制度相结合，奖励与惩罚相结合，一般调配与重点管理相结合，保证了形成合力抓船员管理工作。

五、加大船舶遵纪守法检查力度

（一）加大"四查"力度

在纠正行业不正之风中严格开展"四查"：一查领导是否重视，是否将率先垂范，敢抓敢管；二查教育是否广泛，是否开展了职业道德教育和职业纪律的教育和培训；三查制度是否落实，采取的整顿治理措施是否有效；四查监督机制是否有力，是否对违法违纪违章违规行为进行严肃认真地查处。在这一时期的工作中,均以严格"四查"为着力点,从总公司到各直属单位,检查工作都是先查领导是否在纠正行业不正之风上做到履职尽责,发现薄弱环节,直截了当地提出批评,限期改正。一级查给一级看,一级带着一级干,"四查"对于纠正行业不正之风,发挥了较好的示范带头作用。

(二) 强化现场管理

近几年来,各公司都重视深入船舶,检查了解情况,加强现场管理。青岛远洋为了切实掌握各轮对船员管理的真实情况,建立了"船舶航次船员管理工作情况跟踪表""船舶船员管理工作检查报告表""船员职务规则检查记录表""船员考勤表"等,由于对船员情况掌握的比较详实、及时、准确,在船员管理上实现了三个转变,即:变被动管理为主动管理;变处罚型管理为激励型管理,变经验管理为科学管理,并通过建立船员管理责任制,向船舶领导授权,制定对船员管理的工作标准,加强了现场指导帮助,较好地发挥了船舶领导的作用,增强了船舶领导的工作积极性、主动性,同时也提高了船舶领导的管理能力。上海远洋从管理体制上进行了改革,先后成立了3个集装箱船舶管理处,分别负责对所辖船舶和船员实施具体的领导和管理,缩小了管理幅度,加大了管理力度,增强了管理强度,提高了管理效能。其他各公司都根据所属船舶的航次情况,由公司领导带队,有计划地带领相关部门上船检查工作,调查研究,现场办公,帮助船舶解决船员管理中存在的问题,逐步掌握了船员管理工作的主动权。

第四节　制度建设与工资改革

这一时期,中远总公司不断加大劳动人事制度、工资分配制度和社会保障制度的改革力度。三项制度的改革,直接关系到搞活企业,提高劳动生产率,改进企业管理、调动职工的积极性和创造性,这是当下经济发展和转换企业经营机制的重要内容。总公司于1992年4月17日发出《关于在中远系统开展劳动人事制度、工资分配和社会保障制度改革工作的几点意见》后,各单位均自觉组织起来,根据上级有关部门的安排和政策规定,积极落实三项制度改革等各项具体工作。

总的来说,三项制度改革,就是推行全员劳动合同制、干部聘任制,实行定岗定员、择优上岗、优化劳动组合,坚持"先培训,后就业;先培训,后上岗"的原则,真正形成干部能上能下,职工能进能出,工资能升能降的机制;进一步贯彻按劳分配原则,改进并完善企业工资与效益挂钩,推行岗位工资制;卸掉当前企业对职工包揽一切的沉重负担,建立起完善的社会福利保障制度,包括劳动保险、医疗和住房分配制度等,实现保障机制的社会化。

中远系统有着5万多人的职工队伍,其中船员约占80%,改革的任务很重。根据国家关于三项制度改革的政策规定和总体部署,中远在用工制度方面,逐步扩大合同制用工比例,坚持管理人员聘用制,广开用人渠道,择优录用,向全员劳动合同制过渡。

在船员用工方面,中远坚持和继续完善船员定船制度,稳定干部船员队伍。对于一般船员,有计划地招收部队复员兵、农村合同工,对船医、厨工和服务人员则采取定向合同制办法,不断在实践中优化用工制度。

积极推行船员外派工作,扩大业务渠道,增加劳动输出人数,占有国际船员雇佣市场更大份额。为了生产要素和资源的合理配置,逐步推行动态优化组合,新组建的公司在用工和分配制度、劳动工资等方面实行新的管理办法。现有企业也积极创造条件,制定试点方案和具体实施措施,先通过试点取得经验,然后逐步推广。并且为消化富余人员寻求其他就业出路,包括培训转业、开办第三产业项目和新的经营业务、提早退休和辞退等。

在内部分配方面,根据"各尽所能、按劳分配、多劳多得"的原则完善工资和奖金与效益挂钩办法,推行岗位工资制,向生产一线和苦、脏、累、险工种倾斜,向专业技术性强的岗位倾斜,适当拉开等级档次。对现行各项奖励制度做出必要调整,总的原则是改变平均主义,减少奖金名目,提高工资比例。

在劳动保险、医疗、住房制度方面,跟上国家统一规定的进程和地方改革步伐,有步骤地进行探索、研究、试点和推广。

在改善船员职工的福利待遇方面,用好用足用活国家有关政策规定。公司在发展生产、提高企业经济效益和"两个不高于"前提下,使全系统船员职工的工资福利待遇具有吸引力和凝聚力。在这些问题上,本着少讲空话,多办实事,大小步结合,以小步为主的精神,积极努力地做好工作。

随着远洋运输事业的迅速发展,船队规模和船员队伍不断扩大,原有的船员管理体制已难适应。为加强对船舶的现场管理,1984年底,中远总公司在改革和调整船队经营管理体制的同时,各远洋公司逐步进行划小船队管理范围的改革。按照船型、船况和航线等不同特点,对船舶分类细化管理,成立船舶管理处,在船舶管理处内建立船员管理部门。

一、劳动制度改革

为加强船员队伍的管理工作,1980年6月,中远总公司改变由各部门分散管理船员的体制为统一管理船员,成立了船员管理处,把原来属于政治部组织处和人事处有关船员(包括船舶政工干部)的调配、升迁、考核、处理、外派、审核等工作,统归船员管理处办理,所属各远洋公司也相应成立了船员管理处。自此,总公司在船员管理上进一步理顺了关系,建成了上下对口、协调一致、职责清晰、分工明确的管理体系。

1986年3月,上海远洋首先进行集装箱船舶管理体制改革试点,将"花园口"轮等34艘集装箱船、滚装船及2000多名船员划出,成立集装箱管理处(简称集管处)。集管处下设政工科、船员管理科、安全技术管理科,分别负责船舶思想政治工作、船员管理、海务、机务、安全技术管理和后勤保障等工作。凡在集装箱船舶工作的船员统一由集管处掌管调配。在集管处船队管理取得经验后,1987年5月,上海远洋又相继成立管理一处、二处、三处,分别管理杂货船队、贷款杂货船队、散装船队,集管处改为管理四处。1989年

8月，从管理二处拨出15艘杂货班轮，成立管理五处。1990年2月，又从管理四处划出部分船舶成立管理六处，5月，建立船员外派部。

上海远洋船员管理体制改革，使船舶管理幅度缩小，管理相对集中，加强了对船舶的跟踪管理，促进了各项管理工作更加细化，工作效率提高。同时成立船管处后，相应成立了基层党委，使管人、管事、管思想统一起来，党的建设和思想政治工作也得到加强。

1988年，广州远洋也将船员管理处由1个划分为4个，分别为集装箱船队、班轮船队、杂货船队、散装船队管理处，管理人员由8人增加到27人。1988年5月，又将代管香港船员管理二、三处改为船员管理二处船员一部和船员二部。

天津远洋先后成立了5个船舶管理处。1990年6月，成立集装箱船舶管理处和远洋船舶管理处。8月，成立散装船舶管理处、近洋船舶管理处及远洋班轮管理处，并建立同级党委和工会组织。船员管理体制改革后，中远船员管理工作实行总公司、各公司、公司船员管理部门、船舶领导4个层次的职责分工负责制，逐级领导，逐级负责，各司其职，各尽其责。

在船员管理工作中，中远总公司还向国家主管部门争取远洋船员的优惠政策，主要有免税规定政策、家住农村船员的农转非政策、外汇航贴政策等，为稳定船员队伍起到良好作用。

二、工资制度改革

中远工资管理分为船员工资和陆上（机关）工资两部分，按照国家规定，中远总公司对所属企业计划内的工资总额进行宏观控制，并在国家政策允许范围内，根据企业特点调整改革工资制度，制定企业职工津贴、补贴标准。

（一）工资

20世纪70年代，远洋船员执行沿海运输船舶船员工资标准，船员工资水平过低，吃大锅饭现象严重，挫伤了船员的生产积极性。为此，中远总公司一方面向国务院和交通部反映，争取恢复"文化大革命"前的远洋船员工资标准[①]；另一方面通过多种途径逐步提高船员待遇。从1978年1月开始，对船员实行全外汇航贴标准，新航贴按美元计算，有了较大幅度的提高，并使船员航贴收入不致因人民币比值变化而受影响。船员的奖金，在1978年恢复奖励制度后，在国家政策允许范围内，逐年有所增加。1980年，远洋局根据国务院《中外合资经营企业劳动管理规定》，颁发《合资远洋船员职务津贴实施细则》和《中外合资企业机关职工职务津贴实施细则》，决定中波公司、中坦公司及与外资合营的企业实行职务津贴，自1981年1月1日起执行。

1981年10月，经交通部批准，中远总公司又利用船员外派劳务收入，在广州远洋试行在航船员岗位职务津贴制。凡在远洋船舶担任正式职务的船员，在船工作期间，其现行

---

① "文化大革命"期间，中远特别是船舶的奖励制度被全部废止。当时除工资外，只有一项"附加工资号"每人每月4元。

在航工资尚未达到 1964 年远洋船员标准下延职务起点工资等级线，均可享受职务津贴，但最多不得超下延职务等级线的工资。船员岗位职务津贴标准分为 7 个等级。广州远洋试行结果表明，实行岗位职务津贴初步体现了按劳分配原则，加强了船舶经营管理，效果是好的。1983 年 4 月，经交通部、劳动部批准，中远总公司在远洋船员中全面实行岗位职务津贴制，最高 65 元，最低 15 元，分为七档。船舶其他业务人员也实行不同的津贴标准。全国职工工资普调，远洋职工人均月增资 8.11 元，执行上海地区工资标准的船员船岸差由 20% 调整为 30%，船员增资不抵减岗位职务津贴，各职别船员的工资有所提高。

为解决船员工资中的职级不分，劳酬脱节，职薪倒置现象，中远从 1983 年开始在远洋船员中全面实行岗位职务津贴，使各职别的船员工资得到提高。1985 年 7 月，中远陆地职工按照国家劳动人事部制定的国营企业行政人员和企业工人的工资标准，进行了企业内部套改，按新标准统一和简化了原来执行的几十种工资标准，经多方努力获国务院批准。远洋船员实行职务工资，使中远直属单位船员（不包括中燃）每人每月平均增资达 43 元，总额为 1795 万元，还有人均 18 元的在船补贴（海龄在 18 年以下），体现了按劳分配，多劳多得的原则。

1986 年 9 月，远洋船员工资问题在国务院领导的关心下，根据交通部《交通部所属企业船员工资制度改革的实施方案》，中远恢复了远洋船员职务工资制，实行"提职提薪、变职变薪"，船员上船船岸工资差额提高到 40%。这次工资改革后，远洋船员实行船上职务工资、岸上职务工资、岸上基本工资 3 种，取消岗位职务津贴制。12 月，中远总公司颁发了《远洋系统船员工资制度改革的具体实施方案》及《船员工资支付办法》。据统计，列入这次工改的船员计 36690 人，月增资总额 166.5 万元，每人每月平均增加工资 45.39 元，在船船员人均月增资 61 元。这次船员工资改革，初步理顺了工资关系，解决了长期以来技术干部船员职薪不符、劳酬脱节的问题，在一定程度上改善了干部船员待遇。同时，从工资待遇上落实了党的知识分子政策，为部分评定技术业务职称的人员调整了工资。遵照国务院关于"按国营企业职工人均每月增加 1.8 元计算增加工资总额"的规定，中远各单位将 1.8 元与历年来的 3% 合并使用，进一步理顺了职工工资关系。到 1990 年又上升为 1163 元，1987—1990 年增加幅度为 66.14%。船员工资待遇的提高，对稳定船员队伍，调动职工生产积极性，保证远洋运输生产的发展起了重要作用。

1988 年，企业全面推行承包责任制，中远实行工资总额同经济效益挂钩，原则上以 1987 年工资总额为基数，与换算周转量、实现税利指标挂钩，挂钩浮动比例为 1∶0.8。实行工效挂钩后，工资采取总挂分提办法，企业增人不增工资，减人不减工资，并且建立了企业职工正常升级制度。

工效挂钩后，企业的生产效益与每个职工的切身利益紧密结合在一起，促使了职工人人关心企业生产经营管理。1988 年、1989 年，中远各项生产指标均达到较好水平，职工收入有较大提高。全员人均收入 1988 年比 1987 年增长 35.6%，1989 年比 1988 年增长 7.2%。1990 年，经交通部主管部门核批，中远总公司将 1978 年以来实际人均一级的浮动工资转为标准工资。1991 年，总公司调整船员工资标准，12 月颁发新的《中远总公司远洋船员工资等级标准表》。是年，中远船员年人均工资已由 1987 年的 1520 元上升到

2575.76元,增加69.46%;陆地职工的工资也由846元提高到1410元,增加66.67%。在深入企业内部分配制度改革中,1992年,总公司确定青岛远洋为船员工资改革试点单位。青岛远洋在对船员现行工资制度、工资标准、工资水平做调研、分析测算后,拟定了实施方案报中远总公司,为工资改革作准备。

(二)津贴补贴

津贴补贴是中远总公司工资总额中支付较大的一项,包括船员的航行补贴、伙食津贴、油轮津贴、海龄津贴等。船员航行补贴主要是为了解决船员航行国外实际生活的需要,以利于调动船员积极性。1978年,远洋局重新修订船员航行补贴标准,这次修订虽然按职务划分了等级,但船长的航贴仍比"文化大革命"前的标准低55.64%,一般船员低20.59%。为此,1980年,航行补贴改按原标准一半折发外汇人民币,1984年9月1日起,又改发全外汇人民币。1987年,继船员工资改革后,中远总公司调整了航行补贴,航贴等级由5级改为7级,由外汇人民币改为以美元为计发单位。最高等级每人每天3美元,最低0.8美元。新标准从1987年10月1日起执行,一直沿用至1992年。

船员伙食津贴是根据交通部规定执行,自1984—1992年调整了四次标准,远洋航线由每天3.8元先后调到5.4、7.2元、10元、14元;近洋航线由每天3.3元先后调到4.7元、6.2元、8.8元、12.5元。船员伙食标准中有30%的金额可以在国外购买食品。

油轮津贴是按油轮船员本人工资增加15%计发。1980年,改按绝对值发放,适当划分等级,按人均0.6元/日掌握,1987年7月1日起,油轮津贴又在原基础上每天增加1元。海龄津贴从1987年1月发放,按每年1元计发海龄津贴,最高不超过25元。

(三)奖金

"文化大革命"期间,中远特别是船舶的奖励制度被全部废止。当时除工资外,只有一项"附加工资号"每人每月4元。1978年,国家恢复奖励制度。7月22日,交通部远洋局根据国务院《关于实行奖励和计件工资制度的通知》精神,制订下发了《远洋运输船舶试行奖励制度办法》,确定在中远各分公司和中波公司30%的运输船舶中,选择领导班子强、政治思想好、运输任务饱满、规章制度健全,实行单船经济核算的先进船舶试点。《奖励办法》明确船舶集体奖励需在生产任务、安全、优质、节约、维修、保养、劳动生产率、船员生活等8个方面达到规定要求,奖金发放按分公司船员总数30%的人数、月标准工资总额的10%提取,取消附加工资。

1979年,中远总公司全面实行奖励制度,并重新制定奖励办法。4月1日,颁发了《远洋运输船舶综合奖励暂行办法》《陆地职工综合奖励暂行办法》和《船员绑扎车辆、大件报酬规定》《特殊扫舱报酬规定》。新颁发的奖励办法更符合远洋运输实际情况,基本统一了奖励制度。

20世纪80年代,企业实行经济责任制,各远洋公司实行奖金分配同经济责任制挂钩,船舶奖金种类增多,如节油奖、超产奖、理货奖、扫舱奖、装载危险品奖、安全奖,以及职工综合奖、年度奖、季度奖、先进奖、代管奖,等等。仅1984年,中远总公司共支出职工奖励基金503.9万元。其中,用于职工奖励350.3万元。船员奖金亦逐年增多,从

1984年起，人均192元，1986年为554元，1987年为700元，1990年增至1163元，是1984年的6.06倍。针对经济责任制中奖金种类的增多，中远总公司要求所属各单位根据各自公司特点设置奖金项目，并尽量简化项目。1992年，天津远洋把船舶部门和个人的工作业绩结合起来，将15项奖金和津贴合并考核，制定了船舶航次（季度）综合管理考核办法，并严密考核标准，避免了重复考核的弊病。7月1日，天津远洋正式实施这项制度。此后，各公司的奖金发放项目逐渐正规，奖罚分明，对调动船员职工的生产积极性起到较好的激励作用。

三、社会保障制度改革

社会保障（social security），是指国家和社会在通过立法对国民收入进行分配和再分配，对社会成员特别是生活有特殊困难的人们的基本生活权利给予保障的社会安全制度。社会保障的本质是维护社会公平进而促进社会稳定发展。《中华人民共和国宪法》规定："中华人民共和国公民在年老、疾病，或者丧失劳动能力的情况下，有从国家和社会获得物质帮助的权利。"一般来说，社会保障由社会保险、社会救济、社会福利、优抚安置等组成。其中，社会保险是社会保障的核心内容。

中国的社会保障制度改革，是"八五"期间国家重点工程。中远总公司的养老保险制度和失业保险制度，并进行工伤、医疗保险的试点已进入初步准备阶段。养老保险制度改革的中心是实行退休费社会统筹，由于社会统筹工作中存在大量尚未解决的问题，中远各单位只做前期准备工作，力争参加交通部统筹或集团成立后自行统筹。为了解决中远工伤保险和因病、非因工负伤保险工作存在的问题，规范劳动保险工作，总公司于1991年4月着手进行上述两项制度的调研和改革工作，并已制订出《职工工伤保险待遇的暂行办法》和《职工因病、非因工负伤保险待遇的暂行办法》，并结合国家《工伤保险条例》的待遇部分进行相应修改，中远总公司统一组织各下属单位具体推进落实[①]。

第五节　保卫治安与法律工作

1979—1992年，是中远总公司船舶保卫工作环境最复杂、形势最严峻、工作最繁重和工作业绩最难显现的一个时期。

随着改革开放的逐步深入，远洋运输事业发展越来越快，营运方式和船员队伍等许多方面都发生了深刻的变化。面对如此庞大的远洋船队，中远最高决策层清醒地认识到，船舶保卫工作已不同以往，过去的思想方法和工作方法已不能适应变化了的新形势和新任务的要求。

---

① 社会保障制度是一项纷繁复杂的系统工程，中远成立集团后，经过多年的准备，直到1999年才进入实质性推进阶段。

一、船舶保卫工作

（一）船舶保卫工作的传统

中远系统的船舶保卫工作，可以说是"与生俱来"的。1961年4月18日，也就是中远成立前9天，交通部远洋运输局下发关于同意广州办事处成立保卫科的批文，即中远成立之前，中远的船舶保卫工作便已开展。这一时期，船舶保卫工作的主要组织形式及任务：①党支部领导下的船舶保卫工作体系形成。支部内部设有组织委员、宣传委员、保卫委员等。保卫委员专司船舶保卫职责。②船舶配备政工干部，其中一项重要职能就是履行船舶治安保卫工作。③船舶建立治保会组织。这一组织对内公开，对外保密，主要是在船员中挑选政治可靠、有一定安全保卫工作经验的同志担任治保会委员，治保会主任一般由船舶政委担任或民主选举产生。④主要任务：制定反劫船、反破坏、反偷渡及防特、防盗、防爆炸等应对措施，组织船员定期开展战备演习等，船舶安全保卫工作的任务相当艰巨。

进入新时期，全国的治安形势也异常复杂和严峻，国际敌对势力亡我之心不死，千方百计制造混乱、动乱。尤其是在东欧剧变、苏联解体，社会主义阵营面临瓦解的非常时期，西方敌对国家集中力量对社会主义中国进行颠覆与破坏。在这样一个极其复杂险恶的形势下，远洋保卫工作围绕国家治理整顿大局，深入贯彻落实全国公安厅局长会议和交通部船舶保卫工作会议精神，持续开展严厉打击刑事犯罪的斗争。这一时期，船舶保卫工作集中抓了严防暴乱分子劫船、潜船外逃以及防船员外逃的工作。通过以上一系列工作，维护了正常的船岸治安秩序，保证了远洋船舶的安全生产。

针对各远洋公司依据船舶在运输生产中出现的新情况、新问题，中远总公司有针对性地开展船舶保卫工作，保证了船舶的安全运营。1979年11月14日，上海远洋召开在沪休假的船长、政委、政干参加的外事、保卫工作会议，会议研究了近一个时期以来，部分船员发生的一些倾向性问题，如有的船员个人主义、无政府主义滋长，违犯纪律现象屡有发生，个别船员在国外港口下地时，进入按摩院、酒吧间等场所，有的购买不健康画报甚至淫秽物品等。上海远洋提出了"三要""五抓"保卫工作准则。"五要"是针对不良倾向必须做到"要警惕、要抵制、要批判"；"五抓"是针对倾向性问题必须做到"抓苗头、抓细节、抓思想、抓整治、抓靶子（抓反面典型）"。1979年12月20日，中远总公司政治部以红头文件形式下发了《转发上海远洋运输公司外事、保卫工作会议情况的简报》，对上海远洋抓外事、保卫工作的思路、做法、经验给予了充分肯定，要求各船公司"参照上海的经验，经过准备，也开一次这样的会议，以便把船舶外事、保卫工作整顿一下"。后来，总公司领导还在不同场合表扬和肯定了上海远洋提出的"三要""五抓"保卫工作准则，并举一反三，引申到抓其他工作的落实上。

（二）船舶安全保卫形势日趋严峻

国家改革开放政策全面推开后，如同打开了一扇窗子，吹进来大量的新鲜空气，也飞进了大量的苍蝇蚊子，这是不可避免的自然现象。尤其是中远这样的远洋运输企业，每天都有上百艘船舶进出资本主义国家的港口，尽管中远总公司和各船公司提前抓教育、抓预防、抓苗头、抓惩戒,还是发生了一些问题。

1981年6月25日,国务院港口口岸工作领导小组办公室摘要转发了天津塘沽海关《关于中远船员走私情况》的简报。根据交通部和总公司领导的批示,总公司政治部和船员处派人去塘沽海关对中远船员走私情况做了进一步调查了解。据海关统计,1981年1—5月,查获中远船员走私案92起,走私物品估值28763元,其中干部船员19起,走私物品估值11463元,占查获走私案总价值的40%。同时,海关还为中远提供了18份情节比较重的案例。其中,广州远洋、天津远洋各9份。在这些案件中,干部船员占11起。从问题的性质看:走私进口色情淫秽书刊,图片及黄色剪报6起486件;私带外币、港元出境8起,其中港元3060元,日元5700元及其他外币;偷带船舶公用物品下船2起33件;倒卖进口自用物品3起;以上均属走私漏税①。

中远总公司依据政治部调查组及海关简报所反映的问题,举一反三,小题大做,立即将走私情况通报全系统,在海关部门依法处理的前提下,责成相关公司按情况轻重给予相应的纪律处分。虽然此类问题有所控制,但每年都会发生几起不同类型的违法违纪问题。

1989年政治风波后,远洋保卫工作面临的形势是相当严峻的,集中表现在:一是船员外逃增加,情况日趋严重。二是恶性案件不断发生。如广州远洋"济宁"轮的凶杀案件、中波公司"大禹"轮纵火案。三是严重违法犯罪事件不断发生。有的有失国格人格,给远洋船员的信誉造成极大危害。如大连远洋"江永关"轮一名机工在日本下地连续到6家商店盗窃,被日本警方抓获后,被日本移民局收去全体船员登陆证,并宣布该轮1年内到日本所有港口船员均不能下地。

(三)全力加强船舶保卫工作

1. 依法强化远洋船舶保卫工作

总公司依照国家法律、法规,结合中远船舶的实际情况,先后制定了一些船舶安全防范工作的规章制度。这些规章制度,是国家法律、法规的具体体现,是中远内部行政管理法规,对于震慑犯罪分子,约束违法人员,维护内部秩序,保障船舶安全,起到了比较好的作用,使船舶保卫工作做到了有法可依,有章可循,逐步走上了制度化、规范化的轨道。各公司保卫部门应当督促和指导船舶管理部门,把船舶安全防范作的各项规章制度纳入船舶管理工作中去,作为船舶管理工作的一项重要内容,与生产岗位责任制、经济承包责任制紧密结合起来,建立船员个人安全保卫责任区制度,做到与船舶运输生产任务共同计划、部署、检查、落实,并且与船舶和船员的政治荣誉、经济利益挂钩,建立奖惩制度,赏罚兑现。凡是严格执行船舶保卫工作各项规章制度,在船舶保卫工作中做出显著成绩的,均给予精神的或物质的奖励;凡是违反船舶保卫工作各项规章制度,玩忽职守,造成严重后果的,均给予经济制裁或行政处分,直至依法追究刑事责任,坚决做到有章必依,执章必严,违章必究,使船舶保卫工作各项规章制度切实得到严格执行和贯彻落实。

---

① 以上摘自《中远总公司政治部关于严肃处理走私行为的通知》。该通知指出:"……我们意见,在海关依法处理后,对于非法倒卖进口自用物品,私带外币出境,偷拿船舶设备、物料,进口色情书刊、图片等情节比较严重的,还应给予必要的行政纪律处分。请各单位把处理情况报总公司政治部。"

2. 扎实推进船舶保卫制度建设

交通部政治部及时颁布了有关保卫工作岗位责任制,对远洋运输系统保卫处处长、副处长、内勤工作、船舶保卫干部、治安工作干部、机关保卫干部等船岸共6个岗位明确了详尽的保卫工作职务规则。中远总公司及时颁布了《关于中远系统船员违法违纪行为处理的暂行规定》和《关于对中远系统船员违章违规行为处理的暂行规定》等规章制度。总公司把船舶安全防范工作的各项规章制度纳入船舶管理工作之中,与生产岗位责任制、经济承包责任制紧密结合起来,做到与运输生产共同计划、部署、检查、落实。同时,总公司建立健全了奖惩制度,凡是严格执行船舶安全防范工作的各项规章制度,在船舶保卫工作中做出显著成绩的,分别给予精神的或物质的奖励;凡是违反船舶安全防范工作的各项规章制度,玩忽职守,造成严重后果的,分别给予经济制裁或行政处分,坚决做到有章必依,执章必严,违章必究。

3. 确定船舶保卫工作3年奋斗目标

1985年12月,交通部公安局在烟台召开远洋船舶保卫工作会议,会上提出"为在3年从根本上改变远洋船舶保卫工作的薄弱状况而奋斗"的船舶保卫工作目标,讨论修改了《加强防劫船工作的若干规定》《防劫船实施方案》等规章制度。各船公司深入贯彻会议精神及总公司关于加强船舶保卫工作的任务部署,各公司均制定了3年改变船舶保卫工作薄弱状况的规划,并组织船长、政委、政干和陆地支部书记,传达上级精神,部署3年规划,强化贯彻落实。

1988年是落实"3年改变远洋船舶保卫工作薄弱状况"的最后一年,为了确保有效实现奋斗目标,总公司加大了船舶保卫工作综合治理力度。各公司密切结合船舶保卫工作实际,扎实推进船舶保卫工作。各船公司均召开了由党政领导、处室、船舶领导和全体保卫干部参加的保卫工作会议,着重研究远洋船舶出现的新情况、新问题。通过对远洋船舶面临形势和典型案例的客观分析,增强了各级领导做好船舶保卫工作的责任感和紧迫感。有的公司把保卫工作作为"安全、质量、效益年"活动的重要内容,纳入企业管理轨道,基本改变了船舶保卫工作的薄弱状况。

4. 实行三级安全保卫责任制

总公司组织各船公司按照各自职责分工,各司其职,各负其责,齐抓共管,实行综合治理。各单位均实行了公司、船舶管理部门、船舶三级安全保卫责任制。公司主管保卫工作的党政领导对全公司船舶保卫工作负责,公司保卫部门作为职能部门负责做好日常船舶保卫工作;船舶管理部门对本部门所管辖的船舶保卫工作负责,把船舶保卫工作纳入自己的职责范围,明确专人分管或兼管,对本部门所管辖的船舶保卫工作实行组织、实施、考核、奖惩;船长、政委对本船保卫工作负责,实行船长负责制,由政委负责组织实施,严格执行和切实落实船舶保卫工作的各项规章制度。各公司保卫部门要切实加强对船舶保卫工作的宏观管理和微观控制,所谓宏观管理就是不断完善船舶保卫工作的各项规章制度,做好超前防范工作,防患于未然,以取得船舶保卫工作的主动权。所谓微观控制就是对船舶发生的各类案件和问题,都以最快的速度,及时组织协调,争取尽快查处,防止耽误船期,造成经济损失,影响经济效益。

二、船舶禁毒工作

（一）突如其来的船舶禁毒工作

1989年前，中远总公司独立经营的船舶从未发生过与走私毒品有关的案件。但随着形势的发展，境内外贩毒分子利用中远船舶进行国际走私贩毒活动时有发生，不仅严重地扰乱了船舶的正常运输生产秩序，危及船舶的安全，而且已经在国际上造成了不良的影响，严重地损害了国家的声誉和中远的形象。据统计，自1989年至1993年，境内外贩毒集团和贩毒分子利用中远船舶进行国际走私贩毒案件多达11起，其中3起系境内外贩毒分子采取"人货分离"手段以及利用海关对集装箱监管不严所为，与中远船员无关。从发生案件的时间看，1989年1起，1990年1起，1991年2起，1992年5起，1993年2起。从毒品的流向看，日本7起，加拿大2起，澳大利亚1起，香港1起。从毒品的种类看，冰毒174.3公斤，海洛因52.258公斤，咖啡因46公斤，大麻精20公斤。从发生的公司看，广州远洋5起，4起系广远船员所为；上海远洋5起，3起系上远船员所为；江苏远洋公司1起。从作案的成员看，中远船员、职工与境内外贩毒分子内外勾结所为的有8起，涉及中远船员、职工12人，其中船长、实习三副、水手长、工人各1人，机工2人，水手6人。从打击的情况看，涉及中远内部船员、职工12人。其中：判处死刑1人，判处其他刑罚8人，免于起诉3人。

（二）与美国海关签订《共同反毒协议》

中远总公司党政领导对船舶禁毒工作十分重视，始终作为一件大事来抓，旗帜鲜明地与走私毒品做坚决的斗争，做了大量深入细致的工作。

1988年，总公司即应美国海关要求，责成各公司委托北美公司代表与美国海关签订了《共同反毒协议》，1992年，又组织各公司与美国海关再次签订了第二轮《协议》，承担共同反毒义务。5年来，各公司航行美国港口的船舶，认真遵守《协议》规定，切实落实各项反毒措施，历经美国海关的严格检查、抄查，没有发生任何问题。为了使船舶禁毒工作做到有法可依、有章可循，1991年4月12日，总公司制订颁发了《中远系统船舶防毒工作暂行规定》，从船舶禁毒工作的组织领导、具体措施、发现毒品如何处理及奖惩等均作了明确规定。根据全国人大常委会《关于禁毒的决定》和变化了的形势，又先后两次作了重新修订。同时，为了调动全体船员积极同境内外贩毒集团和贩毒分子利用中远船舶进行国际走私贩毒的犯罪行为作斗争，1992年，总公司又制订颁发了《中远系统船舶防毒奖励基金管理使用办法》(以下简称《办法》)，《办法》中规定了奖励范围、奖励金额、审批程序、保密措施等，凡发现、举报境内外贩毒集团和贩毒分子利用中远船舶进行国际走私贩毒案件线索、防止了走私贩毒案件的发生以及在查处走私贩毒案件中有突出贡献的，可给予人民币1000—10000元的奖励。自1988年以来，总公司还先后多次召开会议，下发文件，要求各公司党政领导对船舶禁毒工作务必给予高度重视，认真对待，充分认识船舶禁毒工作的长期性、艰巨性、复杂性，增强责任感、紧迫感、危机感，以对党、对国家、对人民高度负责的精神，加强对船舶禁毒工作的组织领导。在此基础上，中远系统上下齐心协力，采取一切必要措施，遏制不法分子利用中远船舶走私贩毒的势头，堵塞不法分子利用中远船舶走私贩毒的渠道，从根本上杜绝了不法分子利用中远船舶走私贩毒案件的发生。

（三）开展船舶禁毒教育活动

为了动员全体船员积极行动起来，自觉地同境内外贩毒集团和贩毒分子利用中远船舶进行国际走私贩毒的犯罪行为作斗争，中远总公司还采取多种形式，加强对全体船员的禁毒宣传教育。

1991年2月，总公司保卫处组织上海远洋保卫处将全国人大常委会《关于禁毒的决定》以及所收集的世界主要毒品产地、毒品种类、易藏部位、检查方法、防范措施、其他航运公司船舶发生走私贩毒案例等有关资料，编辑了《毒品识别与检查》资料下发船舶组织学习。1992年9月，总公司保卫处根据收集到的有关资料，以"动员起来，坚决防范走私毒品活动"为主题，分列"国际犯罪活动日趋严重""毒品又在中国蔓延""毒品的种类、产地及消费地""毒品犯罪的社会危害""各国加紧立法禁毒""贩毒分子利用船舶进行走私贩毒""积极开展禁毒斗争"等多个专题以及"走私毒品犯周清的忏悔"等，编辑成《防毒教育材料》小册子。保卫处还会同广告中心，根据收集到的有关材料，结合境内外贩毒集团和贩毒分子利用中远船舶进行国际走私贩毒案例，联系《中远系统船员防毒工作暂行规定》以及《中远系统船舶防毒奖励基金管理使用办法》，编辑、摄制了《船舶禁毒》录像片，并将这些禁毒视频资料发到中远系统每艘船舶，供船舶领导组织船员学习、观看。要求使每个船员都能够知道走私贩毒对个人、对家庭、对社会的危害性，知道我国和世界其他国家惩治走私贩毒犯罪行为的法律规定，自觉地做到知法、守法。动员全体船员积极行动起来，自觉地同境内外贩毒集团和贩毒分子利用中远船舶走私贩毒的犯罪行为作斗争。提倡爱国家、爱集体和奉献、敬业精神，反对拜金主义、极端个人主义，自觉地维护国家的声誉和中远形象。据了解，这些船舶禁毒小册子、录像片发到中远系统船舶之后，通过组织船员学习、观看，在船员中引起了强烈的反响，收到了比较好的效果。许多船员观看《船舶禁毒》录像片后，普遍认为"是一部难得的好教材"。有的船员表示："广远船员周清因贩毒而受到法律严惩是罪有应得。我们绝不能贪图不义之财，否则就会走上犯罪道路。"有的船员表示："贩毒是要掉脑袋的。违法的事，我们决不能干，不仅自己不干，还要监督船员兄弟也不能干。"

（四）逐级落实船舶禁毒岗位责任制

交通部《出国运输船舶安全保卫工作暂行规定》颁布之后，总公司结合中远系统船舶的实际情况，制订了船舶保卫工作实行船舶领导、部门长、船员三级岗位责任制的具体规定，即：船舶领导对本船舶保卫工作负责，实行船长负责制，由政委负责组织实施；船舶部门长对本部门所管辖的区域保卫工作负责；船员对本人所分工的区域保卫工作负责。明确了上至船舶领导下至每个船员的职责任务，分片包干，分工负责，责任到人，逐级建立了岗位责任制，并且与船舶和船员的政治荣誉、经济利益挂钩，做到奖惩分明，赏罚兑现。为了使船舶保卫工作在各公司真正形成"齐抓共管"的局面，总公司在中远系统又建立了船舶保卫工作实行公司、船舶管理部门、船舶三级岗位责任制的规定，即：船公司主管保卫工作的党政领导对本公司的船舶保卫工作负责，公司保卫部门作为职能部门负责做好日常船舶保卫工作;船舶管理部门对本部门所管辖船舶保卫工作负责,明确专人分管或兼管船舶保卫工作,实行组织、实施、考核、奖惩;船舶领导对本船舶保卫工作负责,实行船长负责制,由政委负责组织实施。这样,逐级建立岗位责任制,各司其职,各负其责,自上而下,一级抓一级,一级对一级负责,形成了层层有人抓,层层有人管,层层负责,层层落实,齐抓共管,真抓实管的局面。

(五)持续开展安全纪律大检查

总公司针对近几年来境内外贩毒集团和贩毒分子利用中远船舶进行国际的走私贩毒活动,多系采取利用船员从境内往境外捎带物品的形式,以掩盖其走私贩毒之目的这一动向,先后多次发出文件,明确要求各公司在船舶禁毒工作中,要重点解决少数船员违反规定,利用工作之便,为他人捎带物品之风,坚决堵塞这一漏洞。同时,总公司还利用每年两次开展船舶安全纪律大检查和组织机关干部随船工作之机,派保卫处干部深入各公司船舶,以船舶禁毒工作为重点,进行安全检查,狠抓船舶安全防范工作各项规章制度的严格执行和贯彻落实,发现漏洞、隐患,及时督促整改。

在检查中,对于船舶管理松弛,规章制度执行不严,安全防范措施不落实的船舶,该批评的批评,该处罚的处罚。对于造成严重后果的,严格纪律,严肃处理,逐级追究责任,分别给予经济制裁和行政处分。从近几年来所检查的船舶情况看,绝大多数船舶领导的安全防范意识明显增强,安全防范工作重点日益明确,船舶在国内外港口靠泊期间的防毒工作已引起了普遍重视,并且能够根据不同航线、港口情况,有针对性地采取有效措施,做好安全防范工作,禁毒形势呈明显好转态势[①],有效地保障了船舶运输生产安全。

三、综合治理工作

1991年2月19日,中共中央、国务院作出《关于加强社会治安综合治理的决定》(以下简称《决定》),交通部立即对交通系统社会治安综合治理工作做出部署。5月27日,中远总公司以党政联合行文的形式向所属各单位下发了《关于加强中远系统社会治安综合治理工作的通知》,为掌握有关单位的情况,总公司组织检查组深入到广州、上海、青岛、大连、天津远洋公司和中波公司(中方)等单位的治安综合治理工作情况进行调查研究。

(一)层层建立组织

各公司领导班子都及时组织学习了党中央、国务院的《决定》,中远所属22个单位均成立了以党委书记为组长,副经理、副书记为副组长,有关处室领导参加的社会治安综合治理领导小组。领导小组办公室均设在保卫处,日常工作有专人具体负责,并制定了职责和工作范围。各公司所属的基层单位也相应成立了领导机构和办事机构,有些基层单位的车间、班组也都相应成立了治保小组。各远洋公司基本形成了上、中、下三级社会治安综合治理领导机构和管理网络体系。天津远洋组织下属单位成立了12个治安综合治理领导小组,有固定成员71人;下设办公室12个,工作人员38人。机关处室除处室领导负责之

---

① 经统计,1989—1992年走私毒品呈上升趋势,到了1993年只发生2起,呈下降趋势,从1993年起至2015年止,中远系统再未发生船员走私毒品案件。

外，还选配了33名办事人员负责具体工作。

（二）明确职责分工

各单位为了掌握本公司治安综合治理工作进展情况，领导小组建立了每季度召开一次领导小组会、综合治理办公室主任例会和定期检查制度。同时，向各处室提出了具体要求，并规定了目标、职责、任务。有的单位将治安综合治理的总任务分解为"治安保卫、消防安全、宣传教育、管理检查"四项具体职责，将纪委、安监、保卫、工会、基建、行管、人事、宣传、党办等处室按以上四个方面内容对号入座，使之有章可循，确保落实到位。

（三）抓好宣传教育

各单位普遍召开经理书记、机关处室领导参加的专门会议，学习传达贯彻治安综合治理工作要求，从提高领导干部的认识入手，增强紧迫感和责任感，在此基础上，公司主要领导亲自主持召开全体职工大会，宣讲治安综合治理工作的重要意义和应尽的责任。同时，结合国务院在全国开展的安全周活动，大张旗鼓地进行深入思想发动，利用广播、板报、闭路电视、远洋杂志等进行宣传。对临时出国人员、外派船员、合同工及刚参加工作人员，利用集训学习等有利时机进行宣传教育，从而增强了他们的参与意识。

（四）消除责任盲区

本着"看好自己的门，管好自己的人，办好自己的事"基本要求和"谁主管、谁负责"的原则，各远洋公司与机关及下属单位均签订了治安综合治理责任书，责任书的签订大体分四个层次。即：公司领导与当地社会治安综合治理领导小组签订；陆地下属单位及机关处室领导与本公司领导签订；科以上领导与处室领导签订；班组与车间、科室签订。在签订的责任书中，均坚持了目标责任和领导任期责任制及经济责任制挂钩，实行一票否决权，并制定了表彰的标准和惩罚规定，使"谁主管、谁负责"的原则从制度上加以落实。

（五）开展群防群治

①几大公司对重点及要害部位重新进行了研究审定，明确规定要害部位24小时有专人轮流值班，在许多重要部位设置了安全技术防范装置，采取了人员与技术装备相结合的防范措施。②各公司均组织开展了群众性的治安综合治理宣传周活动。并充分发动群众搞好群防群治。如青岛远洋成立了49个群众性治安保卫小组，有安全骨干169人，在工作中发挥了应有的作用。③加强对重点人员的帮教工作。大连远洋对船舶3名、陆地6名缓刑人员列入帮教对象，成立了帮教小组，制定了帮教计划与具体措施。通过教育使这些人都有明显转变。广州远洋航修厂对先后接收的因各种原因受过组织处理的员工开展重点帮教工作，在生活上对其体贴，组织上给予温暖，这些人到厂后无一人掉队。在短短几年内就有13名员工被公司评为先进工作者，8名员工因有一定组织能力当了车间工段长和班组长，3名有领导能力的同志被任命为厂里副科级干部。由于治安和稳定工作突出，广州远洋航修厂受到广东省治安综合治理领导小组的表彰。

四、船岸法律工作

（一）建立政策法律部门

中远系统（包括远洋、外代、中燃）作为从事国际航运业务的大型企业，业务面广，涉外性强，法律顾问工作尤为重要。中远系统的法律工作起步比较早，有着较好的基础。早在中远成立之初，就在总经办资料室内开展了国际海运公约和其他航运法规的编译和研究工作。为适应外贸运输的发展需要和加强中远在国际航运市场的竞争，总公司于1986年在原资料室的基础上设立了政策法律处，1989年将该处的法律工作部分改建为法律室，负责总公司的法律顾问工作，指导协调系统内的法律工作。

随着国家治理整顿和深化改革的进一步发展，国家的法制工作的日益健全，中远系统的各级领导越来越体会到企业的一切经营管理活动无一不受到国家法律、法规的调整和约束。为了有效地保护自己和发展自己，各级部门必须把法制工作列入企业现代化管理体系之中。

为了推进交通企业的法制建设，交通部钱永昌部长签发了部令《交通企业法律顾问工作管理办法》，其中对企业必须建立法律部门、健全法律顾问机制、实现依法治企做出了明确的规范。中远总公司克服多种困难建立组织机构，广泛招揽人才，截止到1991年底，全系统法律机构与法律顾问体系构建已初具规模。各公司法律机构设置情况如下：

广州远洋设有专职法律机构，称"法律顾问室"，法律工作人员3人。

大连远洋设有专职法律机构，称"司法办公室"，法律工作人员4人。

天津远洋经理办综合科负责法律日常工作，法律专职人员3人。

青岛远洋法律专职人员1人，设在经理办。

上海远洋法律专职人员1人，设在经理办。

大连外代法律工作小组7人，兼职。

天津外代兼职法律顾问1人。

上海外代兼职法律工作人员1人，设在船务科。

青岛外代兼职法律工作人员1人，设在经理办。

广州外代兼管法律工作人员1人，设在经理办。

中远系统共有法律专职人员12人，兼职法律工作人员11人。

为了补充分各公司的法律人才，总公司于1990年制订了《聘任中远、外代系统法律工作者管理办法》，首批聘任52名中远、外代系统法律工作者，配合与协助法律顾问机构开展专职法律工作，初步形成了本系统法律工作者网络。

（二）定期召开法律工作专题会议

1989年7月，中远在北京召开中远、外代系统第一届法律工作会议。会议明确：中远、外代是国际性大企业，在开放搞活的形势下，法制观念必须加强，不仅业务上有法律问题，就是公司内部行政管理也有法律问题。全体工作人员都要做到有法必依，依法办事，而且要明确认识法律工作是中远系统开展业务活动的基础建设。

1990年12月，中远、外代系统在上海召开第二次法律工作专题会议，强调各公司要提高法律意识，重视法律工作，设立法律顾问，依法经营管理。会议在对各公司进一步认清形势、提高认识上取得了很好的效果，并开始探索建立合适的法律工作机构。

1991年12月，中远、外代系统召开第3次法律工作会议，明确要求建立法律顾问机构，发展法律工作者队伍。远洋企业中，广远、大远、青远、天远和总公司都设置了法律工作机构，专门从事法律事务工作，总公司法律处负责系统内法律工作的指导和协调；外代企业中，大连外代、青岛外代按要求在经理办公室内设专职法律工作人员，上海外代和天津外代组成了以公司兼职法律工作者为主和数名有关业务部门有一定法律和业务知识的人员为辅的工作小组。此次会议壮大了系统法律工作者队伍，为中远法律工作模式的初步形成打下了坚实的基础。

（三）构建适合中远特点的法律工作模式

1992年，总公司通过对前3次法律工作专题会议落实情况调研发现：任何工作都有一定的模式，建立一套好的、切合实际而富有成效的工作模式会大大促进工作的开展。经过近3年的探索和实践，中远总公司基本建立了符合中远实际情况的法律工作模式，这就是：专门法律机构、专职法律工作人员和广大兼职法律工作者相结合，三位一体，互为补充的模式。这一模式是随着法律工作的逐步展开，中远广大干部职工对其认识的逐渐深化而得以形成和发展，并在中远广大法律工作人员的共同努力下而基本确立的。一些公司特别是远洋运输公司，由于多种经营原因，法律事务和纠纷逐年增多，自成立专门法律工作机构后，涉及法律相关问题都能及时进行处理。如广州远洋的法律顾问室、连云港远洋的商业账追收事务所、武汉外代的法律事务室，为所在公司挽回了多项经济损失。取得的现实成绩使这些公司始终保留了专门法律工作机构。还有一些公司设立专门法律工作机构以后，因没有太多的法律事务，渐渐只保留一名专职法律工作人员，同时外聘律师事务所的律师做本公司的法律顾问，公司日常的法律事务由专职法律工作人员独立完成，出现纠纷则会同律师研究解决。还有另外一些公司，如天津外代、大连外代、深圳外代、宁波外代、上海外代、营口外代等外代公司考虑到法律事务与其业务密切相连，未设立专门法律工作机构和专职法律工作人员，而是采用由经理办公室牵头，各业务处室的骨干组成的法律工作小组处理法律事务，小组成员经过培训以后，既懂法律，又懂业务，整个小组采取集中与分散、定期和不定期相结合的方式活动，效果也很好。

总公司认为，中远系统各公司实际业务范围不一，发展阶段也不一致，由各公司根据自己的实际业务状况，参照上述三种方式，相应开展法律工作，是适合中远的实际需要的。

（四）为经营管理提供有效的法律支撑

1.加强经济合同管理

中远系统每年订有大量的经济合同，涉及运输合同、租船合同、买造船合同、物资燃油供应合同、融资贷款合同、保险合同、合资合营合同、劳务输出合同等。搞好企业的经济合同管理是中远法律顾问工作的一项重要职能。中远系统首次法律工作会议就对加强经济合同管理作了研究，强调建立由法律顾问工作人员参与谈判、审核重大经济合同的制度。各公司对一个时期内签订的重大经济合同进行了一次清理。在全面清理的基础上，各公司根据各自的实际情况相继建立了经济合同管理制度或工作程序，对合同的立项、审核、签署、批准、公证、立卷归档管理等作了明确的规定。

由于法律顾问工作人员积极参与公司重大经济合同的起草、签订、管理工作，有效地保证了经济合同的质量和正常履行。例如大连远洋法律室在公司与大连市两家单位联营建立养鸡场的过程中，积极参与谈判，认真审查合同，发现其中一方主体资格有问题，及时终止了这项合同的谈判，不久后这家单位被有关部门撤销，公司避免了60万元的损失。大连远洋根据经济合同管理办法，3年共审查各类合同80余件，总标的额达5000万元，未产生一份无效合同，履约率达100%。青岛远洋共清理合同10余件，金额达100余万元。上海远洋法律顾问3年来审核修改了50多份各类经济合同。天津远洋法律顾问室在审核一起30万美元的合同中，发现对方签约手续不全，有些合同条款不符合法律规定，及时做了补充、修改，避免了纠纷的产生。

2.开展法律咨询活动

参与企业重大经济活动和决策开展法律咨询工作，也是中远系统法律顾问的日常工作之一。广州远洋法律顾问室自成立后为本公司业务处室及下属单位提供各种咨询300多次，内容涉及基建、购销、经营承包、征用土地、房地产和海商、海事等。上海远洋法律顾问每周平均接待咨询10多次。青岛远洋法律顾问室在处理"青海""华海"轮买卖合同纠纷案的3起案件中公司获得胜诉，为公司挽回经济损失132.4万元。大连远洋法律室在参与的18件诉讼代理和非诉讼调解中，共为公司挽回150万元人民币和近百万美元的经济损失。青岛外代法律顾问参与公司从事集装箱运输的决策研究，及青岛港5号码头和黄岛建立集装箱堆场的可行性论证，并以代理人身份参与了部分海事案件处理。上海、大连、天津外代公司的专（兼）职法律顾问几年来也多次代表本公司处理有关经济纠纷案件，取得了较好的效果，维护了公司的权益和声誉。

总公司法律室自1989年2月成立以来，承担了大量的法律事务工作。其中，涉及中外合资、设备租赁、船舶融资租赁、船舶登记、银行贷款、外派船员、职工教育培训、燃物料供应、船舶买卖等各方面。随着中远船队的发展和日益进入国际航运市场，中远公司引起了一些国家的注意，有的国家还采取干预措施，使中远公司面临了更为错综复杂的法律事务。在这种情况下，总公司法律室在公司领导的指示下积极开展工作，在一系列重大经济活动和重大决策中发挥了法律保障作用。如参加对美国联邦海事委员会的调查令的答复工作，为交通部制定中美两国间海运政策等提出法律意见。研究美国1990年油污法生效后的对策，为公司买造船严把法律关，参与重大海损索赔案和租约纠纷案的处理。

3.组织法律专题调研

中远总公司注重在生产实践中探索和解决企业所面临的理论和实务的问题。自1989年中远系统第一次法律工作会议以来，公司在系统内开展了法律专题调研工作，针对本系统各单位开展业务所面临的迫切需要探索研究解决一些理论和实务问题。到1992年底，中远系统已连续举行了三次法律专题调研，写出了一批切合实际，具有一定深度和较高水平的论文。同时还进行了优秀论文的评选活动，评出优秀奖论文 5 篇，鼓励奖论文 10 篇。

4. 参与制定《海商法（草案）》及相关法规

几年来，总公司法律室一直参加《海商法（草案）》的起草、制订、修改工作，对《海商法》草案的相关内容积极向上级有关部门提出建议，为 1992 年 6 月 5 日国务院常务会议研究通过《海商法（草案）》作了相应的工作。同时，为全国人大常委会、国务院法制局提供了有关国际公约、国际惯例资料。总公司法律室还参与制订国家参加关贸总协定（乌拉圭回合）服务贸易谈判中海运部分相关内容。为使系统内部经营管理规范化和制度化，总公司法律室协助有关处室制定了一系列规章制度，例如《船员在国外发生交通事故的劳动保险问题处理暂行规定》《招收农村外派合同制高级船员的有关规定》等。

5. 深化普法教育

几年来，中远系统各公司法律部门一直把普法宣传工作当作法律顾问部门的一项基本任务来抓。各公司结合本单位的实际情况开展了不同层次、不同规模的普法宣传教育工作。广州远洋法律室派专人深入基层讲授《经济法》，选派公司业务骨干参加省经委与省普法办联合举办的企业法制骨干培训班学习。此外，广州远洋法律顾问室结合公司具体情况不定期向机关各处室和基层单位印发《法律顾问》读物，扩大了法律宣传的范围。大连远洋对普法工作常抓不懈，经常利用板报、专栏、报道等形式进行普法宣传。公司还开展多起普法图片展览、模拟法庭开庭等形式生动的普法活动。

中远系统各外代公司在地方有关部门的领导下，结合企业实际，积极开展了普法教育工作。如南京、青岛、湛江、大连外代在开展普法教育中，结合本单位的实际情况，组织有关部门学习专业法律知识。大连外代积极开办《法律与业务》刊物开展法律知识普及工作。总公司法律室通过编印《海运法规通讯》和《法律工作通讯》，举办专题讲座等多种形式，对总公司职工进行了多种普法宣传工作。

五、对船舶相关问题的重新定性

（一）关于船员在国外出走问题

总公司根据近年来对船员在国外出走情况的分析，以出外谋生为目的的占多数，以政治叛逃为目的的占少数。船员在国外出走，以出外谋生为目的，在国际上属于非法移民性质，在中国司法实践中不认为是犯罪，在企业内部属于自动离职行为。这个问题只有通过加强对船员的思想教育工作，提高船员的工资收入，改善船员的生活待遇，增强企业的凝聚力，才能逐步得到解决。因此，根据当时的实际情况，此后再发生船员在国外出走，凡以出外谋生为目的的，由船员管理部门按企业有关规定进行调查处理，保卫部门掌握情况即可，不再采取不准同船船员在国外下地或处罚同船船员和公司有关部门人员的株连办法，以免侵犯船员和职工的合法权益。如果是因为船舶领导严重失职、渎职，致使船员出走得逞，或船员知情不报，甚至协助、资助其他船员出走，仍要视情追究责任。船员在国外出走,如果是以政治叛逃为目的的,仍由保卫部门负责了解掌握情况,进行调查处理。

(二) 关于船员在国外违法犯罪问题

船员在国外违法犯罪,是国际、国内社会各种消极因素的综合反映,属于船员个人行为,应该根据国际惯例,按照我国和国外有关法律规定处理,今后一般不再请求我国驻外使、领馆出面与外国司法机关交涉保释;如被外国司法机关处以罚款或拘押后强制遣返,其费用一律由船员个人承担,企业不予负担。今后,各公司招收合同制船员,应在合同中增加风险抵押金条款,以约束合同制船员的行为,防止合同制船员因违法犯罪,给企业造成经济损失。对已招收录用的合同制船员也要设法增加此项内容条款。

(三) 关于外籍人员潜船偷渡问题

近几年来,随着东欧演变、苏联解体、非洲国家自然灾害严重,这些国家公民大量外流出走谋生,非法移民情况十分严重,其中利用我远洋船舶在该国港口停泊期间潜船偷渡事件时有发生,不仅影响了远洋船舶的正常运输生产秩序,而且给公司造成了一定的经济损失,更为严重的是外国籍偷渡者一旦潜入船舶,联系遣返十分困难,有的没有任何身份证件,又不肯说明国籍,无法安排遣返。有的虽有身份证件,但第三国不愿协助遣返,以致形成了外国籍偷渡者长时间滞留船舶的情况。为了防止发生这类问题:一是请各公司提醒船舶航行上述国家港口时,务必加强梯口值班和离港检查工作,防止外国籍偷渡者潜入;二是船舶航行中一旦发现外国籍偷渡者潜入,应立即查明其身份,想方设法将其送离船舶遣返,不能带回国内,并向所属公司报告。对投保保险的船舶,要充分利用保赔组织协助处理,以减少经济损失。

上述几个重大问题的重新定性,体现了党的实事求是的思想路线在远洋战线的恢复和确立,减轻了企业党委和行政领导背负的沉重政治压力,企业各级领导放下包袱、轻装上阵,焕发了革命干劲和创造热情,确保了企业全力以赴完成国家赋予的各项外贸任务和经济效益目标。①

第六节 劳动保护与医疗卫生

中远总公司是一个对职工劳动保护和医疗卫生有着良好传统的企业。公司成立之初,便克服多种困难,关心关爱船员因职业特点所造成的职业疾病、劳动风险等重大切身利益,并在生产生活中通过多种方式体现党和国家的温暖及企业的爱护。

---

① 摘自《中国远洋运输(集团)总公司船舶保卫工作会议纪要》(中远保〔1993〕第1227号)。上述几个重大问题的重新定性,从时间上看是在中远成立集团后做出的,但对于此类重大问题的酝酿与认识,则是在中远集团成立前便已形成。

一、劳动保护

(一) 早期船舶劳动保护形势

远洋运输行业因海上险情频发、劳动环境复杂、高危作业较多、船舶机械老化等因素,一直以来工伤事故不断,船舶安全生产和船员劳动保护形势不容乐观。1982年2月,总公司对1979—1981年近3年时间的劳动安全情况进行了总结,总体情况是:1979年,死亡6人,重伤24人;1980年,死亡3人,重伤12人;1981年,死亡11人,重伤22人,这一年是中远历史上最为沉痛的一年。从死亡事故的类型来看,高空作业(含坠落大舱)6人、物体打击4人、机器工具伤害3人、车辆伤害3人、其他4人。

通过对死亡、重伤事故深入分析,发生事故的主观原因有:

1. 船员安全意识淡薄,工作中麻痹大意,有的甚至违反操作规程。如船舶航行中发现船只避让措施不当而相撞,高空、舷外作业不系安全带、在大舱边或大舱盖上作业无安全防护措施等。

2. 有的船员缺乏安全生产常识,有的甚至不懂安全操作规程。如有的轮机人员换油头时不停车、锅炉点火不开鼓风机等。

3. 个别船员思想作风涣散、劳动纪律松懈。如有的船员擅离工作岗位,下水游泳溺亡;有的不按要求作业,对船舶领导批评不能虚心接受,一意孤行等。

4. 有的船员对公司或船舶组织的安全教育持抵触情绪,认为没有必要,多此一举等。

发生事故的组织因素有:

1. 各级领导"安全第一"和防范为主的思想不够明确,多数领导忙于伤亡事故的善后处理,未能及时总结经验、吸取教训,采取预防事故的措施不够得力。

2. 缺乏经常性的、系统性的安全教育,新员工入职教育、技术培训等工作没有跟上,新船员缺乏安全生产的知识,纪律松弛,不遵守安全操作规程,盲目蛮干,违章操作发生的事故占首位。

3. 机械设备年久失修,有的操作失灵,也是造成事故的重要原因。

4. 有的单位没有对过去发生的职工伤亡事故进行认真的分析研究,没有从事故中真正吸取教训,举一反三、亡羊补牢,以致一而再、再而三地发生重复性事故[①]。

中远总公司领导清醒地看到,一些领导包括各船公司的领导、船舶管理问题的领导、船舶一线的领导对劳动保护工作没有给予足够的重视,工作中存在着重生产轻安全的倾向。一些领导安全意识不强,安全工作形式化、表面化,很多规章制度没有得到贯彻执行,有的甚至盲目指挥、违章操作。

中远总公司虽然持续抓安全生产与劳动保护工作,但劳保安全工作基础仍很薄弱,机关管理还有不少漏洞。一些单位对船舶安全工作的考核检查还停留在是否有工伤事故这样简单粗放的管理水平上;对事故的处理还停留在写通报、扣奖金这样简单的层次上;对填写工伤事故报告和工伤事故报表仍存在大事化小小事化了、拖报虚报误报等不负责任的态度。这使得事故隐患长期得不到解决,以至同类事故重复发生,甚至在同一条船上重复发

---

① 摘自《1981年职工伤亡事故情况》(中远档案1981-D-196号),其中1、2、3、4序号为编者编注。

生。上述问题是中远系统一直摆脱不了被动局面的重要因素。中远系统 1979—1992 年职工伤亡事故情况见表 5-1。

中远系统 1979—1992 年职工伤亡事故统计表　　　　表 5-1

年　份	事 故 类 型		备　注
	死亡人数	重伤人数	
1979	6	24	
1980	3	12	
1981	11	25	
1982	8	22	
1983	1	18	
1984	3	24	
1985	2	8	
1986	3	19	
1987	5	4	
1988	0	8	
1989	2	7	
1990	4	9	
1991	2	12	
1992	0	13	
合计	50	205	

(二) 国务院着力整饬劳动安全秩序

党的十一届三中全会之后，全国各条战线抢抓机遇，大干快上，国家政治、经济形势均呈上升趋势。国营和集体企业均建立了相应的安全规则，连续 3 年开展了"安全月"活动，企业职工伤亡率略有下降。但安全生产形势依然没有从根本上好转。一是事故还很普遍，二是伤亡率还很高，三是职业病继续发展。国务院在《批转劳动人事部、国家经委、全国总工会关于加强安全生产和劳动安全监察工作的报告的通知》中严肃指出：我们绝不能用无谓的牺牲为代价来换取生产"成果"。今后，必须坚决贯彻"管生产的必须管安全"的原则，特别是当前在经济体制改革中要加强安全生产工作，讲效益，必须讲安全。那种人为地把安全与生产割裂开来的做法是完全错误的。对于不关心工人疾苦、劳动安全、卫生，玩忽职守的官僚主义者要进行坚决的斗争；对于单纯追求产量，强令工人冒险蛮干，不管人身安全者，要查明情况，绳之以法。如果谁再宽容这种恶劣行为，就是对党对人民渎职犯罪。

劳动人事部、国家经委、全国总工会着力抓了五个方面的重点工作：①强化"安全第一"的思想。②坚持"管生产的必须管安全"的原则。③组织生产经营必须体现"五同步"的内容和要求[①]。④加强群众性的监督检查工作。⑤加强责任追究,严肃处理重大伤亡事故中有关责任人。

这是这一时期国务院下达的有关加强劳动保护方面最具权威性和影响力的文件,有很强的指导性和可操作性。同一时间,国务院在全国范围内持续开展了"安全月"活动。在较长的时期内,全国企业单位都按照这个文件抓生产经营与职工安全保护工作,安全形势有了一定的好转。中远总公司按照国务院、交通部的具体安排和统一部署,结合远洋运输企业特点,有针对性地开展了劳动安全保护工作,安全形势逐步趋于稳定。

(三)围绕劳动保护开展宣传教育活动

这一时期,中远总公司在抓安全生产管理、积极落实各项劳动保护工作中,特别注重劳动保护宣传教育工作。各单位的劳动保护部门在人员少、任务重、宣教对象高度流动分散的情况下,因地制宜、生动活泼地进行了各种各样的劳动保护宣传教育工作,对于宣传国家的劳动保护方针、政策,认真贯彻落实各项法规、条例和规章制度,普及劳动保护知识,提高各级领导和劳动保护干部的管理水平,增强全体职工的安全意识和自我保护能力,确保安全生产的顺利进行起到了积极的作用。为了保证劳动保护宣传教育工作的顺利开展,总公司于1991年6月25日下发了《关于落实劳动保护措施经费的通知》,在规定了劳动保护技术措施经费的开支渠道的同时,特别明确了劳动保护经费中宣传教育费用的金额,使得各单位劳动保护宣传教育有了资金保证。

各公司均认识到安全生产和劳动保护宣传教育工作是一项具有长期性的任务,各家公司按照近期、中期、长期的计划,结合本单位的实际和生产一线的需要,把宣传教育工作安排成一个时间上贯穿始终、内容上由浅入深、形式上多种多样、群众喜闻乐见的教育活动,确保了宣传教育内容逐步深入人心。

(四)建立各项规章制度和安全操作规程

自总公司制定颁布《劳动安全监察制度实施细则》等系列文件后,各单位大都建立健全了安全生产、劳动保护各项规章制度,并督促船舶和基层单位不断完善各项安全操作规程以及安全生产奖惩办法。南通船厂利用2年时间,集中力量制订和完善了30多个安全生产、劳动保护的制度、规定。天津远洋整理、汇编了5万多字的《船舶作业安全技术操作规程》,在指导船舶安全生产上,具有很强的可操作性。

1991年,总公司针对中远系统劳动保护工作存在的薄弱环节,积极开展工作,制订下发了《船员在境外发生交通事故善后处理的规定(试行)》。1992年,又下发了《职工工伤保险待遇的暂行办法》《职工因病或非因工伤亡保险待遇的暂行办法》及《职工外伤、职业中毒医疗终结鉴定标准(草案)》3个文件。这几个文件同之前下发的规

[①] 《关于加强安全生产和劳动安全监察工作的报告》中明确要求国营和集体企业"在计划、布置、检查、总结、评比生产的时候,同步计划、布置、检查、总结、评比安全工作",这是各级领导和部门的本职工作,也是一项重要任务,一定要摆到议事日程上来。同时,所有企业都要建立和健全管理安全生产的专职机构,配备专业人员,把安全生产认真管好,管出成绩来。

定在内容上相互衔接,既符合国家有关文件规定的精神,又提高了广大远洋船员的保障水准,增强了政策的透明度,也抑制了某些职工的不合理要求,深受基层干部和广大船员的欢迎。

为使各级领导干部和广大船员更好地了解、掌握和执行劳动保护政策、法规和规章,适应中远系统安全和劳动保护工作的需要,经过广泛征求意见,认真筛选,总公司编纂了35万字的《劳动保护政策法规选编》,于1991年底下发。总公司还针对远洋劳保工作上的特点,紧密联系船舶生产一线的实际,制订《船舶主要作业和技术操作的安全规定》,这些规章制度的相继出台,进一步完善中远安全生产的管理制度,使中远系统的劳动保护管理朝规范化、制度化迈出可喜的一步。

(五)实施劳动保护检查员制度

20世纪80年代中后期,国家加大了安全生产和劳动保护工作的力度,先后下发了一系列文件,引领和督导企业实施劳动保护检查员制度的落实,比如1985年1月,又颁发的《工会劳动保护监督检查员暂行条例》《基层工会劳动保护监督检查委员会工作条例》《工会小组劳动保护检查员工作条例》等。1987年9月30日,中远总公司结合上级有关文件精神,联系中远实际下发了《关于设船舶工会小组劳动保护检查员的通知》,聘任的船舶水手长和机工长既是生产现场的指挥者,又是各种作业的直接参加者。各公司均指定聘请水手长担任甲板部检查员,机工长担任轮机部和业务部检查员。水手长或机工长因故不能担任本项兼职工作时,船舶领导临时指派适当人员兼职。交接班时此兼职工作也在交接之列。

建立检查员工作制度。规定检查员要按时向公司劳动保护部门写出工作报告,公司劳动保护部门要根据该船、该部门的劳动安全情况以及检查员的工作实绩对其作出评价。对检查员的工作,船舶领导和部门长均给予充分的支持和帮助,并把检查员当作安全生产管理的有力助手、尊重他们的意见。被指定聘请为检查员的水手长、机工长或其他人员要主动接受船舶领导和部门长的领导,积极争取群众的支持,把劳动保护方面的各项规章制度切实贯彻到本职工作中去。各公司劳动保护部门要采取交流经验、在港船舶联合检查或互相检查等多种形式对检查员进行工作指导,并利用各种条件和机会加强对他们的劳动保护培训。

在加强基础工作的同时,继续在中远系统推行船舶兼职劳动保护检查员制度和劳动安全监察制,积极开展劳动保护的宣传和教育工作。各公司同总公司密切配合,加强了对进出港船舶和外轮的安全检查及人员的培训工作。这期间,青岛远洋全年共检查船舶35艘,检查面达70%;对新分学生和新换工种的职工进行岗前安全教育,共计396人次;举办两次船舶兼职检查员培训班,共培训水手长42人、机工长12人。天津远洋坚持安全监察员登船检查制度,全年到新港和外港共检查船舶100余艘次;配合地方劳动部门对下属7个陆地基层单位进行了安全检查。大连远洋加强三级安全教育,举办各级劳动保护培训班,对新毕业的学生、农民合同工、外派船员进行安全教育,使船员们认识到安全工作的重要意义,增强安全意识。其他单位也在这方面做了大量工作。通过检查,查出了一些事故隐患，减少了工伤事故的发生。

（六）创造条件改善船员劳动安全环境

中远总公司领导在生产实践中逐步提高了思想认识，更加注重对安全生产进行科学研究，不断改善船员的劳动条件，提高船员的生命质量和劳动生产率。这一变化是根本性的，过去领导们对危害职工健康的工种多从生活待遇上去考虑，有的给予了适当营养补贴，这是应该的；现在在给船员适当补贴的同时，更注重从治本角度来考虑，加大资金投入力度，加强科技研究，有效地治理职业危害，改善劳动条件，把功夫下在了如何减少对船员身体健康的危害上。

几年来，各单位把改善职工的劳动条件作为一项重要的工作来抓，为改善船舶机舱高温高噪声的恶劣工作环境，上海远洋为部分船舶安装了机舱恒温隔声集控室，在船舶的一些危险部位和场所勘划安全警示标志，对促进船舶安全工作的规范化，增强船员的自我保护意识，具有重要的意义。天津远洋为船舶安装了机舱恒温隔声集控室，在29条船上安装了船舶饮用水净化矿化装置，提高了船舶饮用水的水质，改善了船员的劳动、生活条件，受到了广大船员的好评。大连远洋针对油轮危险性大，工作环境有毒有害的情况，投入专项经费，组织专家开展调查研究，先后制订了《测爆仪、测氧仪管理标准》《油轮洗舱、除气及舱内作业安全操作规程》《出口商品油舱清洁、密固检验规程》《封闭舱室作业人身安全管理标准》等重要标准和规程，为确保安全生产提供了科学依据和具体的操作标准。

二、医疗卫生

（一）排除多种困难落实船员体检

长期以来，由于受多种条件制约，没有对船员定期开展身体检查工作，使不少船员带病上船，有的在航行中病情加剧、恶化，也有的因诊治不及时而造成不良后果。为迅速改变这种不利情况，逐步提高船员的体质，总公司决定每年对上船的船员普遍进行体检一次。由于远洋船舶流动分散，船员数量较大，船员体检工作面临意想不到的困难。

为确保这一艰巨、复杂的工作真正落到实处，1978年3月3日，交通部远洋局专门下发了《关于对远洋船员普遍进行体格检查的通知》，并对中远总公司及所属分公司提出要求：

1. 各分公司领导要抓好这项工作，并指定专人负责，真正做到每年对船员进行一次体检。

2. 为了系统、全面地掌握船员身体状况，各分公司要印发"船员体格检查登记本"，以记载船员体质健康状况。

3. 组织分公司医务力量或商请港口医院协助，对船员进行体检。

此后，中远所属各公司把船员体检当作一件大事来抓，克服各种困难，陆续组织船员体检，并作为一项常态化工作，年复一年，坚持不懈。为了健全卫生工作的管理制度，减少上述现象的发生，各远洋公司医务、卫生部门的专业人员经过共同研究，拟订出《远洋船员若干疾病不适合在船工作的规定》(以下简称《规定》),对患有传染病、心血管系统疾病、呼吸系统疾病、消化系统疾病、泌尿系统疾病、五官科疾病、内分泌系统疾病、血液系统疾病、结缔组织疾病、新陈代谢疾病等10种疾病的船员进行了明确的界定。1985年4月,中远总公司根据中国政府已签字认可的国际海协巴黎备忘录要求,结合远洋船舶生产的实际情况,又对执行了5年的《规定》进行了修订,补充了多条为船员体检提供方便条件的条款,比如:"凡停靠远洋公司所在港的船舶和从这些港口上船的船员,需要体检的,如无特殊情况均由所在港远洋公司承担。""船舶在没有远洋公司的港口停靠或船员从这些港口上船需要进行检查时,由交通部安排部属医院检查。各公司也可根据情况自行约定医院解决。"交通部调动部属医疗机构为船员体检提供便捷服务,受到中远所属船舶公司和广大船员的欢迎。

(二)设置医疗卫生行政管理机构

随着国家远洋运输事业的发展,中远的职工队伍在快速、持续地扩大。为了加强远洋运输的后勤保障,提高卫生管理水平,保护职工和船员的健康,根据国务院批转卫生部《关于加强工业卫生工作的请示报告》中有关恢复和健全工业交通部门和各省市的工业卫生管理机构的精神,结合时下远洋系统医疗卫生工作的实际情况,决定在各远洋分公司中,设置卫生行政管理机构,成立卫生科(组),配备3名卫生行政专职人员,所需人员在现有编制内调剂解决,不增加编制。卫生科(组)的主要任务是,归口负责本单位的医疗卫生、预防保健和所属医院、门诊部、卫生所、医务室和船舶医生的业务指导工作,同时负责对各分公司到港船舶的船员体格检查的组织领导工作。①

通过一个时期的运行,各公司根据自身不同需求,进行了补充和调整,船岸的医疗机构与船舶医生的配置逐步得到了巩固和加强。各公司相继成立了卫生科后,围绕船员体验、职工保健、计划生育、爱国卫生、卫生防疫等方面做了大量工作,并协助船员调配部门妥善处理和安置了因病回国等有关生病船员相关事项,为船员解除了后顾之忧。

(三)油轮船员职业病科研普查及增加特殊工种待遇

1979年3月,交通部在南京召开了职业病普查工作会议,会后由广州远洋、大连远洋组织力量,根据部里的分工在全面普查的基础上,承担了"脑血流图"的深入性检查项目。普查的情况显示,油类气体对人体各个器官有不同程度的损害。按照当时条件,公司为油轮增加了相关保护性药物,如维生素C、保肝药等,并减少船员在船时间,完善提前休假制度,以及做好对船员防护常识的宣传教育。

此后,中远总公司一直高度关注油轮船员在船期间的身体状况,并责成相关船舶公司进行跟踪调研和科研普查,最终得出结论:"油轮船员在船工作期间,由于受油气污染,普遍出现血压偏低、脱发、皮肤瘙痒、心动过缓、失眠、白血球减少等症状。"②

1987年5月21日,中远总公司向交通部呈送了《关于提高油轮船员待遇的报告》(以

---

① 摘自交通部远洋局《关于建立卫生行政机构的通知》。
② 摘自中远总公司呈报交通部《关于提高油轮船员待遇的报告》(〔87〕中远人字第627号),报告中详细阐述了油类气体对人体造成的毒化与伤害。

下简称《报告》),《报告》除陈述油轮船员在船工作易患多种疾病外,还特别强调"油轮危险因素较大,装卸速度较快,船舶周转也快,船员神经经常处于紧张状态,船员的身体健康受到影响,体质普遍下降。过去对油轮船员在待遇上给予了一定的照顾,如休假、津贴、疗养等,但随着物价上涨,原来的油轮津贴显得过低。建议油轮船员津贴由原来的每人每天 0.60 元,提高到每人每天 1 元。"交通部很快批复了这个报告,后又随全系统船员普调几次上调,至 1994 年 12 月 17 日,总公司将已调至每人每天 5 元标准油轮津贴,一步调到每人每天 10 元标准。

1992 年 6 月 4 日,中远总公司再次向交通部呈送了《关于油轮船员特殊工种待遇几点意见的报告》,确定了油轮船员责任津贴、油轮航行津贴、油轮伙食补贴[①]、油轮洗掏舱劳务费、油轮船员定期疗养、油轮船员提前退休等 6 个方面的特殊工种待遇,受到油轮船员的拥护和欢迎。

(四) 中远卫生医疗系统发挥重要服务保障作用

中远的卫生医疗系统经过长期的建设和发展,已经建成系统完备、队伍精干、设施适用、服务优质的组织机构。

1. 拥有一支特别能吃苦的船医队伍

船员、职工的保健工作,有赖于一支具有一定医疗水平,全心全意为船岸职工服务的医疗队伍。截至 1990 年底,中远系统的船医队伍已达 697 人,加上地面卫生及保障人员共 1126 人。这些医务人员中有许多具有较好的业务水平,他们为船员、职工的卫生保健做了大量工作。特别是船舶医生,不仅肩负为船员治病问医、卫生保健、防病除害等工作,还要协助甲板部、轮机部、业务部完成相应的工作。有的船医说:"我首先是一名船员,其次才是医生;当不好船员,我就不配做船医。"船员们则说:"船上有了医生,我们的心里踏实多了。"中远系统卫生机构人员情况见表 5-2。

中远系统卫生机构人员情况汇总表(1990.12.31) 表 5-2

单位名称	机构名称	卫生人员(医、药、护、技)数						管理人员	备注
		机构	副主任医师	主治医师	医师	医士	护士		
总公司	医务室	1		2					
南京海校	医务室	1		1	1		1		
青岛海院	卫生所	1		5	1		3		
大连海校	卫生所	1		2	1		2		
大连远洋	门诊部	1		13					
	医务室	2							
	船医		1	14	15				30

[①] 1992 年 6 月 4 日,在原标准的基础上提高了 25%,即短航线油轮伙食费标准提高到每人每天 16 元,长航线油轮伙食费标准提高到每人每天 18 元。

续上表

单位名称	机构名称	卫生人员（医、药、护、技）数						管理人员	备注
		机构	副主任医师	主治医师	医师	医士	护士		
广州远洋	门诊部	1	3	30	10	3	20	8	
	卫生所	2		10	2	1	9		
	卫生防疫站	1	1	3	2	2			
	船医		2	92	136	14			244
青岛远洋	门诊部	1	2	10	9			4	
	医务室	6		5	1				
	船医			33	75	5			113
上海远洋	职工医院	1	3	32	72		23	65	
	医务室	2		4	1		3		
	防疫站	1		4	11			3	
	船医		1	47	67	31			146
天津远洋	门诊部	1	2	9	8	1		1	
	医务室	3		1	2				
	卫生所	1		1	4		1		
	船医		4	34	105	7			150
航修配件	医务室	1		1	1				
中波公司	门诊部	1		1					
	医务室	1		1					
	船医			9	5				14
南通船厂	保健站	1		3	3		1		
小计	船医		8	229	403	57			697
合计		11	138	129	7		63	81	429
总计			19	367	532	64			1126
说明	1. 中远系统医务及管理人员1126人，其中船舶医生697人。 2. 这一时期中远系统无主任医师。								

2. 承担船岸诸多重要职能

各船公司医疗机构的设置，为船岸职工解决了许多难以解决的问题。如船员体验、职工保健、计划生育、爱国卫生、卫生防疫等，并协助船员调配部门妥善处理和安置因病回国等有关病员船员等。卫生工作虽然是一项后勤工作，但是，它是直接关系到保护中远一线劳动大军的大事。多年来，各公司都组织医务力量开展了一年一度的船员体检工作，体检在了解和掌握船员的常见病、多发病和职业病方面积累了宝贵的第一手资料，为后期预防保健工作提供了依据。广大船员在贴身的医疗服务中,深切体会到了党的关怀和爱护,更积极地投入到工作中去。

第七节　服务船员的基础性工作

一、船舶伙食管理得到加强

(一) 为船舶伙食提供优质服务

过去船员伙食一直由外部供应,由于供货价格高、品种和质量不能满足要求,船员的伙食标准有限等因素,无法保证船员身体健康。1985年开始试点船舶伙食自供,中远总公司召开后勤工作会议肯定了伙食自供的方向,并提出各远洋公司要尽快解决伙食自供问题,向中远船舶提供低于外供价格10%—15%的伙食食品,实行保本供应。1987年底召开中远首届船舶伙食自供工作会议后,各远洋公司相继成立了伙食自供机构,具体时间为:上海远洋1985年1月1日,广州远洋1987年9月1日,青岛远洋1988年3月15日,天津远洋1988年3月24日,大连远洋1988年10月1日。作为伙食自供完善配套工作,各公司又逐步在各地建立指定供应点,专门供应中远的船队,广州远洋于1989年12月1日开始执行,其他公司也陆续开始实施。各自供单位在十分艰苦的条件下,克服困难,开展船舶伙食自供工作,1989年供应总额已达2152.6万元,比1987年增长3倍,已占国内上伙食金额的42.9%。伙食自供既完善供应环节,堵塞漏洞,又为船员提供了物美价廉的食品和优质的服务,维护了国家和企业的利益,使船员的生活水平得到提高,身体健康状况得到了改善。如上海远洋几年来仅食品差价一项就使船员得到450万元的实惠,各供应公司本着"宁肯自己麻烦千遍,不让船舶一时为难"的精神,对船舶有求必应,保证船期,船员大都比较满意。

(二) 业务部管理得到加强

中远首次后勤工作会议确定了要加强对船舶业务部工作的归口管理,提高船舶伙食管理水平。1988年,总公司主持召开了首届管事工作会议并下发《远洋船舶伙食管理细则》及《船舶管事职责》;广州远洋实行了副船长(政委)主管业务部和设立船舶小卖部及各种费用分开核算等制度;上海远洋确定业务部考核制度,编制业务部工作一览表;天津远洋提出了《船舶伙食账务管理实物出入库暂行办法》等3个规章制度;青岛远洋制订了"主要食品进销存记录""伙食发放清单"等制度;大连远洋建立了管事、大厨业务档案等。通过上述有效手段和措施,逐步完善了船舶管理制度,总公司先后组织召开管事工作座谈会,并通过对口检查、召开业务部现场会、家访业务部干部等形式,全面加强船员伙食的管理工作,并注意研究新情况,及时解决管理工作中出现的问题,使加强船舶伙食的管理工作有的放矢,落到实处。

同时,在提高人员业务素质上下功夫。一方面,加强对船舶业务部人员开展树立全心全意为船员服务思想的教育,另一方面抓紧组织业务部人员开展业务培训。1988—1990年,中远系统 3 年共举办各种培训班 20 期,培训管事人员 187 人,厨工、服务员 33 人,加上各公司管事科自己培训的人员近 600 人。总公司人事处编制下发了《船舶事务员培训暂行规定》《关于远洋船舶事务员任职条件的暂行规定》《关于远洋船舶事务员晋级考试的暂行办法》等,从制度上对船舶事务员的培训、任职、晋级等进行了系统的规范。总公司在青岛船院专门开设了管事大专、中专班,在上海海运学院设立了远洋船舶管事专业班,面向社会招收学员,逐步解决了管事素质低的问题。

二、为船员服务的基础设施得到发展

(一) 建设船员基地和招待所

为方便船员,解决船员公休上下船过往各港口及船员家属探亲住宿困难,中远在各大港口陆续修建了船员基地和招待所,1987 年,有船员基地 11 处,房间 770 个,床位 2121 张,1988 年,船员基地发展到 12 处,房间 1040 个,床位 2710 张。各基地和招待所通过采取多种措施方便船员上下船,及时安排好交通车、船,为船员解决各种疑难问题。

(二) 为船员上下船设交通车

为确保船员上下船的陆地交通方便,1988 年,总公司将 9 辆从伊朗进口作为偿还债务给中远的奔驰大客车分发给各远洋公司,作为各单位船员基地接送船员用车,并下发了《关于下达奔驰大客车分配方案的通知》,以红头文件的形式专门对奔驰大客车的用途进行明确。上海远洋分配的 2 辆大客车,均作为船员交通车,公司开辟两条行车线,直通码头;大连远洋分配的 1 辆大客车作为接送船员到码头的交通车,长年坚持不动摇。

(三) 设立船员外汇物品服务部

中远总公司从 1982 年起在各远洋公司及总公司所在地设立了船员外汇物品服务部,深得船员的欢迎。营业额和营业范围逐年增加,供应项目增加几十种。这一时期,由于海关出台新规定,限制大件商品的购买,船员回国购物趋向发生较大变化,各服务部积极组织小件商品货源满足船员需要,在大件物品销量减半的情况下,保持了销售总额上升的趋势。1987 年,销售额为 68.43 万美元,到了 1990 年,达 854.87 万美元,品种也逐年上升。

三、为船员职工提供精神产品

(一) 各远洋公司相继建立音像机构

中远全系统共有录像工作人员 50 人。天津远洋、上海远洋扩建为录像中心(新闻广告中心),1987 年,全系统各单位先后选送 12 人次参加了各种技术培训,8 人取得大专技术证书,为船员职工提供高质量的录像节目打下了技术基础。

(二) 为船舶配备音像设备

从 1987 年起,中远为丰富船舶业余文化生活,积极为船舶购买音像设备,共为全系统录像工作投资40万元,其中包括船舶录像带和各单位岸上添置设备等。5大远洋公司都有设备比较先进、功能比较齐全的摄制系统,具备了独立制片能力。

(三) 为船舶提供健康音像制品

中远系统的录像中心充分发挥主观能动性,不仅为船舶提供优质健康的影视成品,还录制船员喜闻乐见的节目下发船舶,受到船员的喜爱。广州远洋录像复制中心自1987年1月至1990年8月共复制发船录像节目带1000多个品种,12万多盘。其中思想教育片数十个品种,4000多盘,文娱节目片100多个品种,11万多盘。确保船员在海上异国他乡看到公司提供的丰富多彩、数量较为充足的录像节目。

(四) 为船舶制作新闻专题片

从1987年开始,中远全系统各单位共向中央和各省电视台投送和播出的电视新闻、专题片近20条(部),1989年有5条(部)新闻和专题片,在中央及各省市电视评比中获奖,既为船员职工提供了本系统的新闻信息,又为中远做了广告宣传,扩大了中远在全国的影响力。

四、各级工会为船员职工提供多种形式的服务

中远工会后勤工作主要是安排职工疗养和开展家属工作,慰问病号,为生活困难的船员职工家属提供困难补助。这一时期,中远各级工会紧紧围绕船员职工做了大量工作,如安排疗养等。中远各单位根据自身的条件和能力,努力安排好船员职工的疗养。广州远洋在广东西樵山设有自己的疗养点,供10年工龄以上的职工每人疗养一周。此外,它还在桂林包了10个床位供具有高级职称、50岁以上的船长、政委、轮机长疗养,每年还在从化、庐山为各职船员安排疗养。上海远洋在奉化溪口建立了自己的疗养点,每年还在桂林、黄山安排船员疗养,每年安排近450人为期一周的疗养。其他公司也积极创造条件组织船员定期、定点进行疗养,有的还组织船员就近进行旅游观光,每年都组织不同形式的疗养旅游等。

五、后勤管理基础得到加强

这一时期,中远总公司共召开了两次后勤工作会议。一次是在1987年,召开的以适应新的形势发展、密切关注改革体制变化、开拓性做好后勤工作管理为主题的后勤工作会议;第二次是在1990年,推行经理负责制后召开的以建立和完善各项规章制度,加强后勤基础工作为主要内容的后勤管理工作会议。全系统普遍做了大量的基础建设工作。如对企业固定资产开展了全面清查,做到了"五清楚""三一致",即:数量、质量、规格、价格和流向做到清清楚楚;账、卡、物三个方面保持一致。广州远洋共清理资产款项1193万元,秦皇岛供应公司通过清理,使其所购置的物品账物相符,连云港远洋船务公司制订了《固定资产管理暂行办法》等8个规章制度。各远洋公司均制订了多种后勤管理的规章制度,明确了各项管理标准、工作标准、工作流程等,后勤保障工作逐步走向规范化、标准化、制度化。

第八节　开展形式多样的船员家属工作

中国远洋运输公司的快速发展，为中国的社会主义革命和社会主义建设作出了重要贡献，这是全体船岸职工尤其是船员职工奋发努力的结果，其中也包含着广大船员家属的无私奉献。船员家属们不仅在各自的工作岗位上做好本职工作，还要克服种种困难，肩负起养育子女、赡养老人等比其他行业职工家属更为繁重、艰巨的家庭重担；为积极支持船员忠于航运事业，含辛茹苦、任劳任怨、当好后勤；坚贞于爱情，无怨于奉献，表现出崇高的献身精神。广大船员家属已经成为远洋运输事业发展中一支不可缺少的力量。

一、为船员家属办理"农转非"

船员家属"农转非"是常年工作在外的农村船员十分关心的一个问题，中远总公司及各公司根据国家有关政策，积极走访有关部门，解决船员及技术骨干的家属"农转非"问题，在各地政府的协助支持下，经过大量艰苦细致的公关努力和扎实有效的具体工作，安排船员家属"农转非"的基本情况为：1986年，办理手续288人，1987年，办理手续71人，1988年，办理手续188人，之后，逐年大幅递增，1993年全系统办理"农转非"手续6872户，合计20034人，完成"农转非"全部计划的80%，到1995年，办理"农转非"手续达到8917户、25618人。这项工作涉及了24个省、自治区、直辖市的800多个县市，仅审理的各种证明材料就达20多万份。这项任务的顺利完成，圆了千万个农村船员多年的梦，稳定了远洋船员的队伍，密切了党群关系、船员与机关的关系，解除了船员的后顾之忧，极大地鼓舞了广大船员，调动了广大船员的生产积极性和创造性。在之后召开的远洋船员家属"农转非"工作会议上，18名在"农转非"工作中表现突出的先进工作人员受到表彰。

二、船员家属联络站逐年增多

长期的生产实践使中远的各级领导充分认识到：中远运输生产的迅速发展，船队规模的不断壮大，经济效益和社会效益的不断提升，其中一个重要原因就是船员家属们给予的理解、支持、配合，以及他们做出的巨大牺牲和贡献。船员家属成为中远系统发展壮大的坚强后盾。这一时期，总公司和各公司对船员家属工作十分重视，注意选派工作责任心强，思想作风正派，待人接物热情，办事耐心细致的同志从事此项工作。通过工会、人事、船员等部门积极开展家属工作，在各地建立家属委员会或家属联络站，从政治上、生活上帮助家属解决各种家庭困难和问题，减少船员的后顾之忧。1987年，全系统建成79个家属联络站，到1990年发展到138个，初步形成了一个密布船员集中住地，联络全国各地家属的互助网络。

三、定期开展慰问船员及家属活动

各公司充分利用节假日召开多种形式的走访慰问活动,如春节茶话会、迎新春家属联谊会等,都深受家属们的欢迎。同时,遇有各种自然灾害,各单位领导带队对灾区船员家属及时慰问和安抚。如青岛远洋领导先后对福建,浙江,山东惠民、平度等受灾地区的船员家庭240余户进行了走访慰问;大连远洋船员居住地区遭受雹灾和旱灾的袭击,船员家庭受到较大损失,公司的工会和人事部门立即组成慰问组,用一周时间,乘车行程千余里,走访了偏僻灾区的20多户船员家庭,根据不同情况,给予经济上的补助和精神上的安慰,使家属很受感动。全系统还大力开展先进船员家属、文明楼院评选活动,涌现一批省市级和公司级家属工作的先进单位和个人。船员家庭及居民小区涌现一批"文明楼院""标兵楼院""五好家庭"等,受到表彰和奖励。

四、针对农村籍船员家庭困境开展走访调研

随着国家改革开放政策的深入推进,农业、农村、农民的生产生活状况发生了巨大变化,在中远4万多名船员中,有一半以上来自农村。他们的家庭生存状态直接关系到船员在船的工作状态。1985年9月14日,中远总公司党委下发了《关于调查船员家庭承包责任田情况的通知》,要求广州远洋、天津远洋分别组成工作组,分赴长江南北船员比较集中的地区进行调研;上海远洋、中波公司在附近郊县,青岛远洋到胶东地区,大连远洋到辽东地区开展农村籍船员的走访调研工作,了解船员的家庭困难,掌握船员上船前的各种状况,为有针对性地调度、调整船员上、下船时间,为上级决策机关出台相关政策等提供客观、准确的依据。如青岛远洋针对国家推行家庭联产承包责任制后,对农村籍船员家庭到底产生了哪些影响,怎样解决船员家庭生活困难等问题,政治部、工会负责同志组成5人调查组,于1985年10月3日开始,深入到山东荣成、文登等6个县,开展了为期18天的走访调研。调查组走访了22个乡、55个村,59户船员家庭。调查组通过深入村间邻里、田间地头、收割打场等实地,亲身体验、感受到了船员家庭生活的艰难,尤其是船员上船后,船员家属承受了巨大的生活压力和超强的农田劳动。6家船公司调研组根据调查的情况均向总公司呈送了《关于农村船员家属承包责任田情况的调查报告》,概括起来,要点如下:

(一)农村经济承包责任制给农村籍船员家庭带来的三个重大问题或隐患

1. 不能保质保量地完成经济承包责任,上缴不了规定的公粮指标;
2. 农忙季节务必招回船员回家务农;
3. 年复一年形成恶性循环——土地越种越薄,家庭成员生活越来越苦,船员在船越来越不安心。

(二)农村籍船员家属承包责任田面临的窘境

1. 上有老下有小无力经营;
2. 农忙季节无工可雇;
3. 不能承受繁重的体力劳动;

4. 收入微薄甚至倒贴；
5. 生活水平普遍下降。

（三）农村籍船员家属的期望

1. 盼望交出承包土地；
2. 期待子女户口迁出农村；
3. 强烈要求"农转非"；
4. 希望船员在农忙季节休假；
5. 实在解决不了相关问题，船员只好退职回家务农。

（四）船员家属种地难对船员带来的影响

船员家属面对被动承包土地的困难是多方面、全方位的；船员在船无时无刻不牵挂家属的难处。

（五）调研组的几点意见与建议

1. 船员家属以忘我的献身精神支持了远洋事业；
2. 承包责任田的困难是客观的、长期的存在；
3. 解决农村籍船员家属"农转非"问题迫在眉睫。

各船公司开展的调查研究及总公司的调研报告的作用和价值在于，客观地向国家决策机关反映了农村家庭联产承包责任制后农村籍船员的两难选择，助推了国家多个部委为农村籍船员办理"农转非"的决心和速度，为企业党政办事机关树立了深入实际、调查研究、敢说真话、建言有为的标杆。

五、召开优秀船员家属表彰会

（一）召开首届全国优秀船员家属代表表彰大会

1986年1月，交通部和中国海员工会全国委员会在北京联合召开了首届全国优秀船员家属代表表彰大会，对全国优秀船员家属进行了表彰（图5-2）。会上，全国劳动模范、"小扁担"精神的主人翁杨怀远[①]和其爱人佘秀英介绍了他们的典型事迹，曾受到周总理和邓大姐亲切看望和表扬的、被称为"船员的好妈妈"的龚炳英[②]和其他优秀船员家属代表也都介绍了她们的先进事迹。会议期间，全国政协副主席康克清大姐、中共中央书记处郝建秀同志亲切接见了会议代表，中远系统共有24名优秀船员家属代表参加了会议。大会组委

---

① 杨怀远，1937年生，1956年参加中国人民解放军，1958年加入中国共产党。1960年退伍，到上海海运局"和平14号"轮任生火工，后历任服务员、"长柳"轮副政委、政委，多次被评为上海市和交通部的劳动模范，曾任中共十三大代表。多年来，坚持用小扁担义务为旅客送行李，被誉为"小扁担"精神。为了提高服务质量，他还制定了120多项便民措施，1983年获全国劳动模范称号。著有《讲点服务学》。

② 龚炳英，上海海运局优秀船员家属，她把船员当成自己的亲兄弟，把船员家属当成亲姐妹，把船员的子女当成自己的亲子女，33年如一日，对船员新村的80多户船员职工的家属关怀备至，留下了无数的感人事迹。周总理和邓大姐在上海接见各界妇女先进分子代表时，曾紧握龚炳英的手说："我为海员有您这样坚强的母亲而感到高兴。"

会还组织参加会议的 68 位优秀船员家属代表瞻仰了毛主席遗容,参观了中南海毛主席办公的地方,游览了北京八达岭万里长城等。

图 5-2　1986 年 1 月 23 日,全国政协副主席康克清(前排左九)接见全国优秀船员家属代表并合影,其中有 24 名中远优秀船员家属获得表彰。

中华全国总工会书记处书记、全国海员工会主席方嘉德在闭幕会的讲话中,讲了这样一个生动的故事,他说:"大连远洋运输公司的优秀船员家属代表于淑珍,从吉林通榆县赶到大连,再乘飞机来北京,不巧有雾,飞机迟飞。机场听说是优秀船员家属代表,是到北京参加表彰会的,给她调整航班。航班抵京后,有位热心的乘客,在机场为她打电话,告诉远洋总公司,总公司立即派车,一位宣传处的领导到机场去接她,把她直接送到政协礼堂,赶上了康大姐接见,二人合影,留下了一张珍贵的照片。代表们普遍反映,参加这次表彰大会,有三个想不到:'想不到党和国家这么重视船员家属;想不到对船员家属评价这么高;想不到当好船员家属意义这么重大。'"

这次全国优秀船员家属代表表彰大会的召开,使船员家属真切地感受到了国家对远洋运输行业的高度重视,对远洋船员在社会主义建设中发挥出的巨大作用的高度重视,对远洋船员家属在全力以赴支持丈夫远洋事业中所付出辛劳和做出贡献的高度重视。大会更加激发出中远系统广大船员家属热爱国家、热爱远洋、支持丈夫工作、赡养老人、哺育子女的使命感和责任感,更加坚定了他们为祖国的社会主义革命和建设做出更大贡献的决心和意志。

(二)三年一届远洋系统优秀船员家属和家属工作者表彰会

1990 年 10 月 15 日,中远总公司在北京召开了中远系统首届优秀船员家属和家属工作者表彰大会(图 5-3)。这次大会受到了交通部、中华全国总工会、全国海员工会的高度重视。交通部钱永昌部长、全国总工会女工部王军副部长、中国海员工会张士辉副主席等领导到会并作了讲话。中远总公司总经理刘松金,副总经理陈忠表、戴淇泉和纪委书记宫尚竺[①]等在京的领导都出席了会议并作了讲话。

各位领导在讲话中高度赞扬了远洋系统广大船员家属长期以来为中国远洋运输事业的发达兴旺做出的卓越贡献；充分肯定了远洋系统家属的作用和取得的成绩；并对全体远洋船员和家属工作者寄予了殷切的期望。希望广大船员家属发扬无私奉献精神，自强不息，继续支持自己的亲人安心船舶工作，为祖国的繁荣富强、为远洋运输事业的发展共树丰碑。

会上，主持人宣读了总公司党政工联合下发的《关于表彰远洋系统优秀船员家属、优秀家属工作者的决定》，授予叶雪英等17名同志为远洋系统优秀船员家属荣誉称号；授予何结拂等11名同志为远洋系统优秀家属工作者荣誉称号（图5-4）。随后，10名优秀船员家属和家属工作者介绍了她们的先进事迹和工作经验。当这些同志用朴素的语言介绍她们的工作、生活情况时，全场同志无不深受感动，许多同志热泪盈眶。大连远洋船员家属冯桂清说："苦是苦了点，我也承认，但生活也同音乐一样，应该有高低调才成为一首动听的曲子，正因为甜有苦做基础，苦又有甜来做伴，再苦我们也觉得甜。我们追求的不是花前月下，我们追求的是事业的成功，同心奉献。"优秀船员家属的先进事迹道出了她们几十年如一日，无私奉献的精神动力，反映出船员家属们把热爱祖国、热爱事业、热爱生活、热爱亲人融为一体，用广博、真诚、高尚、热烈的爱心，默默地支持自己的亲人献身远洋，支持祖国的远洋运输事业，无愧为这个时代中国妇女的杰出代表，无愧为远洋船员和广大职工最可爱的人。

图5-3　1990年10月15日，中远召开首届远洋系统优秀船员家属和家属工作者表彰会。

图5-4　优秀船员家属和家属工作者代表在表彰大会上领奖。

这次表彰大会在四个方面达成了共识：

（1）优秀船员家属和家属工作者代表是远洋系统数万名船员家属和广大家属工作者的

[①] 宫尚竺，1938年11月27日生，山东乳山县（今乳山市）人。大学学历，高级政工师。1964年8月，任北京函授学院政治教育研究室教员。1966年3月，加入中国共产党。1972年7月，中共安徽省革命委员会政工组干事。1975年5月，任中远总公司党委宣传处科员。1984年2月，任中远总公司党委宣传处副处长。1985年4月，任中远总公司纪委副书记。1986年12月，任中远总公司纪委书记、党委委员。1989年11月，任中远总公司纪委书记、党委委员兼监察室主任。1992年7月，任中远总公司党委副书记，11月，主持党委工作。1995年9月，任中远集团党委书记。1998年11月，任中远集团副董事长、党委委员。1997年9月，当选中国共产党第十五次全国代表大会代表。

先进代表,其先进事迹和工作经验是广大船员家属的精神风貌和家属工作者工作状况的集中体现。

(2)船员家属是广大远洋职工最亲近、最信赖、最依靠的人,她们的思想、情绪时刻都会对船员职工的思想、情绪和工作产生极大的影响。因此,重视和加强家属工作是中远系统职工思想政治工作的重要任务。

(3)深入船员家庭,开展走访、慰问、安抚工作,关心船员家属生活,帮助她们解除后顾之忧,及时调解和处理船员家庭出现的各种矛盾是企业的重要职责;鼓励广大船员家属向优秀船员家属代表学习,争做自尊、自强、自信、自重的新时代的新女性。

(4)评选先进家属的工作要形成制度,每3—4年举行一次,把开展向优秀船员家属学习活动与学雷锋、学严力宾结合起来,每次表彰大会,都要选几名优秀船员家属和家属工作者代表做事迹报告,然后由他们组成优秀船员家属和家属工作者先进事迹报告团,到各单位巡回演讲作报告,使学习宣传优秀船员家属、理解支持船员家属成为一种时尚、一种氛围、一种传统,促进中国远洋运输事业持续发展,兴旺发达。

可喜的是,中远总公司领导和机关说到做到,上述四点共识全部得到落实。1993年2月16日,中远集团刚刚成立,便于10月15日下发了《关于表彰中远系统优秀船员家属和优秀家属工作者的决定》,11月2日,召开中远系统第二届优秀船员家属和优秀家属工作者表彰大会,并成立优秀船员家属和优秀家属工作者先进事迹巡回报告团,先后在北京、天津、大连、青岛、广州、上海、南通等地进行了八场巡回演讲,收到了良好效果。

1996年9月24日,中远集团召开第三届表彰大会,从这一届开始,在表彰优秀船员家属、优秀家属工作者的基础上,又增加了表彰优秀家属联络站奖项,之后,每3年一届,坚持不懈。这一奖励体系的形成、坚持和不断发扬光大,成为独具中远特色的优良传统,中远优秀文化的重要组成部分。

广州远洋、上海远洋、天津远洋、青岛远洋、大连远洋(图5-5)、中波公司等单位,均定期召开优秀船员家属和优秀船员家属工作者表彰大会,使中远这一优良传统得以持续传承,固化于制。

图5-5 1990年9月4日,大连远洋优秀船员家属及优秀船员家属工作者代表合影。

第六章
教育体系的形成与现代科技应用

中远的职业技术教育工作起步较早。20世纪60年代，中远公司已建有自己的海运（海员）学校，但在十年内乱中，这些学校均受到不同程度的干扰，正常的教学秩序被打乱。而这一时期，又恰恰是远洋船队迅猛发展、船员需求迅速增加、船员素质亟待提高的关键时期。这一时期，中远做了大量的卓有成效的工作，但真正从根本上开拓中远院校教育新局面的重要因素，得益于一次千载难逢的历史性机遇。

1978年3月18日至31日，中共中央在北京召开了全国科学大会。在有6000人参加的开幕会上，中共中央副主席、国务院副总理邓小平发表重要讲话，指出四个现代化建设的关键是科学技术的现代化，并着重阐述了科学技术是第一生产力这个马克思主义观点。这次全国科学大会最根本的意义在于解放思想。在当时党的思想路线遭到严重破坏、国家发展十分艰难的情况下，党中央面对现实，实事求是，在全国科学大会上发出了改革的先声，为科技体制改革，为科技第一生产力的解放和发展奠定了思想基础。全国科学大会的历史贡献还在于明确了"知识分子是工人阶级的一部分"，确立了尊重知识、尊重人才的根本方针。这为国家制定科教兴国战略、人才强国战略奠定了基础。

1985年5月27日，中共中央下发了《关于教育体制改革的决定》（以下简称《决定》）。《决定》指出，教育要面向现代化，面向世界，面向未来；教育体制改革的根本目的就是要提高民族素质，多出人才，出好人才；改革的主要内容是改革教育管理体制，调整同社会主义现代化建设不相适应的教育思想、教育内容、教育方法。《决定》尤其强调要大力推进职业技术教育的广泛普及和快速发展，并明确指出，社会主义现代化建设不但需要高级科学技术专家，而且迫切需要千百万受过良好职业技术教育的中、初级技术人员、管理人员、技工和其他受过良好职业培训的城乡劳动者。没有这样一支劳动技术大军，先进的科学技术和先进的设备就不能成为现实的社会生产力。中远总公司在学习贯彻《决定》过程中，深切地体会到，国家此次发起的教育体制改革，就像看准了中远职业教育的需求提出来的一样，职业技术教育恰恰是中远教育事业最需要补上的一块"短板"，也是中远总公司实现航运事业大发展的最薄弱环节。

中远总公司对企业职工素质教育的认识是明确而清晰的，决策是坚定而有力的。通过对《决定》的深入贯彻落实，中远的教育事业获得空前发展，初步形成院校教育专业化、教育形式多元化、职工培训多样化，逐步建立起一个从初级到高级、行业配套、结构合理又能与普通教育相衔接的、适应企业发展需求的职业技术教育体系，在创新实践中发现人才，在创新体制中培育人才，在创新事业中凝聚人才，使大批优秀人才脱颖而出。他们形成了独具特色的中远航运人才群体，不仅成为中远发展壮大的中坚力量，同时也成为建设中国特色社会主义事业的宝贵资源。

除了构建教育体系，中远总公司同样重视并着力推进的另一项重点工作就是现代科学技术在船岸生产实践中的应用，这是中远系统在这个发展时期的另一个重要特征。中远紧紧把握国际、国内科学技术的进步与生产实践的应用，坚持科学技术是第一生产力的方针，加大对现代科技应用的力度，不仅提升了远洋船队发展的速度，同时也大大提高了远洋船队发展的质量，为中远跻身世界优秀航运企业之林奠定了坚实的基础。

第一节 院校教育的发展

一、调整院校结构,扩大办学规模

这一时期,中远除原有的3所直属院校青岛、大连、南京海运学校和广州远洋、天津远洋所属的广州、天津海员学校外,又新建1所技校、2所职工学校和一个培训中心。青岛海运学校升格为大专,集美航海学校升格为大专并划归交通部直接管理。

(一)青岛海运学校升格为大专

为适用远洋运输事业的迅速发展,提高在职远洋技术干部技术业务水平,1980年6月21日交通部发出《将青岛海运学校改为青岛远洋船员进修学院的通知》,明确学院办学规模暂定为800人,培养对象主要是干部船员,设两类班级:一类是二年制大专班,学员入学时要具有相当于高中毕业或中专、技校毕业程度,结业时达到大专水平,专业设置为船舶驾驶、轮机管理、船舶电工、无线电通信基础4个专业;另一类是一年以内学制,根据提升职务的需要,达到某种职务所要求的水平,分别设置船长、轮机长、大副、大管轮、二副、二管轮等干部船员培训班。此外,还可举办新技术或外语进修班等。学校教职工编制暂定为385人(包括实习工厂、印刷厂、电教工厂及模拟器管理人员等),机构设置由远洋总公司确定。新校名启用时间为1980年9月1日。

1983年1月10日,交通部教育局转发教育部《关于职工大学备案的复函》,文中指出:青岛远洋船员进修学院按教育部的复函改名为"青岛远洋船员学院"(简称"青岛船院")。

1979年后,面对当时社会大量成人学生需要寻求高等教育机会和中远大量船舶在职工作人员急需进行职业再教育的形势,青岛船院停止中专招生,教育重点转向三年制成人大专班和船舶干部培训班。学校设3年制成人大专班和1年制干部船员轮训班。专业设置有船舶驾驶、轮机管理、船舶电工、船舶无线电,后又增设了远洋运输管理、远洋财会、船舶政工专业。1985年,已拥有7个专业。其间,青岛船院还先后成立了航海系、机电系、基础部、培训部,并开设了新技术新设备培训课程,使学院完全具备了成人大专教学能力,成为中远唯一一所成人高校(图6-1)。

图6-1 青岛船院每周一举行的升旗仪式。

（二）集美航海学校升格为大专并划归交通部直接管理

1979年1月，集美航海学校开办大专班，招收高中毕业生，开设驾驶、轮机、船电三个专业，学制均为三年。1979年7月，学校开始参加全国高校统一招生。1979年10月，根据远洋局的要求，交通部决定集美航海专科学校由交通部直接领导。

（三）南京海员学校更名为南京海运学校

1978年4月11日，南京海员学校根据交通部的批复由原技工学校改为中等专业学校，但是一直沿用南京海员学校这一技工学校的名称。为此，根据南京海员学校的请求，1990年2月17日，中远总公司向交通部呈送《关于南京海员学校使用"南京海运学校"校名的请示报告》，请求将南京海员学校更名为"南京海运学校"。1990年3月7日，交通部下发《关于同意将南京海员学校更名为"南京海运学校"》的批复，自此"南京海员学校"更名为"南京海运学校"（以下简称"南京海校"）。

（四）成立上海远洋教育中心

早在1978年3月1日，交通部批复建设上海海员学校，定为中等专业学校，在校学生规模为1200人，设航海、轮机、船电、船舶通信等专业。但由于在上海市征地困难等原因，一直没有得到落实。直到20世纪80年代末90年代初，在征地比较困难的情况下，首先采用租地办学的方式，相继建立了上海远洋培训中心、上海远洋职业技术学校和中共上海远洋运输公司党校等培训和学历教育机构，为上海远洋运输公司和中波公司提供培训和学历教育。

1. 组建上海培训中心

1983年9月，上海远洋分公司为培训船舶技术干部，向中远总公司呈报了关于建立船员培训中心的申请报告。12月，中远总公司批复同意上海远洋建立船员培训中心。1984年8月，上海远洋培训中心开始筹建，租借上海五角场空军政治学校校舍办学，1986年2月10日，位于龙吴路2600号的培训中心教学楼竣工。7月19日，培训中心迁至该教学楼办学，为上海远洋分公司提供各种类型的培训。截止到1993年，共为上海远洋分公司培训船舶技术干部20000多人次。

2. 组建职业技术学校

上海远洋为解决公司普通船员的来源问题，并使其达到先培训后上岗的要求，公司于1985年9月开始筹建上海远洋职业技术学校，获得中远总公司批准。1985年9月通过租借校舍开始招生，主要培养初中毕业生3年制和高中毕业生2年制驾驶、轮机、电工专业技工，每年计划招生200名。

3. 成立远洋教育中心

为应对海上运输业的发展和上海远洋船队迅速壮大的需要，1987年2月，上海远洋向中远总公司报告筹建"上海海员学校"。1987年6月，交通部批准同意筹建技工学校，并列入1988年交通部基建计划，学校规模暂定800人，设水手、技工、船舶电工等专业，招收初中毕业生，学制为3年。上海远洋成立筹建小组，积极进行筹建工作，该工程于1992年在上海浦东新区浦东大道2594号开工建设。1994年，上海远洋职业技术学校迁入新校址，边办学边建校。1996年11月，校区建设竣工。

为加强对公司教育培训工作的统一领导,上海远洋决定将原来分散在市区几个地区的上海远洋培训中心、技工学校和上海远洋党校合并,于1995年1月1日,成立上海远洋教育中心,开展职工再培训工作。

(五)大连远洋建立职工学校

大连远洋于1981年6月19日成立大连远洋船员职工学校,承担培训在职船员职工和训练青工等任务。校址在寺儿沟东海头,学校规模为250人,成立时职校共有教职工44人,是大连远洋正处级单位,承担大连远洋在职船员、干部的技术业务培训,职校开始时主要开设初中文化补课班和初级技术补习班。这一时期,学校校址几经变迁,先是迁到南关岭和龙王塘,1985年5月27日,搬迁到旅顺口区龙王塘镇小龙王塘村。

(六)广州远洋建立交通部电视中等专业学校广远分校

1985年7月8日,交通部电视中等专业学校同意广州远洋运输公司建立交通部电视中等专业学校广州远洋分校,行政上归广州远洋领导,业务上接受交通部电视中等专业学校总校领导。

(七)青岛远洋运输公司建立职工学校

为了不断提高全体职工的科学文化知识和专业技术水平,适应生产发展的需要,经中远总公司批准,1988年8月12日,青岛远洋成立职工培训中心,1989年1月4日,交通部教育司批准成立青岛远洋运输公司职工学校。3月28日,职工培训中心改为青岛远洋运输公司职工学校(以下简称职工学校),行政编制为副处级,隶属教育处,1989年4月3日,正式接收第一批上岗前培训的学员。职工学校的主要任务是承担青岛远洋在职职工的业务技术培训及新招职工上岗前的培训等。1994年1月6日,青岛远洋根据总体发展规划将职工学校迁到崂山区北宅乡大崂观原国家工商局干校,职工学校变为正处级单位。学校的主要任务是承担本公司在职船员、干部的技术业务培训,设置船舶水手、机工等专业。

中远总公司高度重视职工素质教育,舍得在办学方面投入人力、物力和资金。为改善办学条件,中远总公司仅在1986—1990年便投入了7700多万元(表6-1)。

"七五"期间中远总公司对院校投资情况(单位:万元)　　表6-1

类别＼年度	1986	1987	1988	1989	1990	总计
事业经费	564.8	575.5	719.6	806.2	867.4	3533.5
设备专项费	336.8	643.2	303.9	410.4	444.3	2138.6
基建投资	258.0	350.0	328.0	520.0	599.0	2055.0
合计	1159.6	1568.7	1351.5	1736.6	1910.7	7727.1

至"八五"规划初期,8所院校共占地近50万平方米,校舍建筑面积达22万余平方米,可容纳在校生6000人。学校除配有常规教学设备和仪器外,还拥有一批先进的专业教学实验设备、设施,如大型船舶操纵模拟器、轮机模拟器、自动化机舱、自动标绘(ARPA)雷达、GMDSS实验室等。1986年,青岛船院的教学设备已达到当时世界先进水

平。这些院校紧密结合远洋运输实际的需要设置专业，可承担初、中、高级的学历教育、继续教育和各类培训任务，初步形成一个较完整的企业内部院校教育体系（表6-2）。

中远院校主要教育培训分布情况　　　　表6-2

	主要班型	招收对象	招收方式	学制	专业、培训内容	培训目标	培养学校
学历教育	职工大专班	在职职工高中毕业	全国统考公司选送	三年（政工两年）	船舶驾驶、轮机、船电、通信、航管、财会、政工	干部船员管理干部	青岛船院
	高职班（大专）	社会青年高中毕业	全国统考学校招收	三年	船舶驾驶、轮机管理	干部船员	青岛船院、大连海运学校
	中专班	社会青年高中毕业	全国统考学校招收	两年	船舶驾驶、轮机管理、船舶电气、船舶通信	干部船员	大连海运学校、南京海运学校
	技工班	社会青年高中毕业	学校招收	一年半	船舶水手、船舶机工	中级工人船员	广州、天津海员学校，上海远洋技校
继续教育岗位培训	新知识新技术培训班	在职干部船员和管理干部	公司选送	一年以下短期	航海模拟器、轮机自动化GMDSS计算机、外语、海法	达到公司要求	青岛船院
	各类专业培训班	在职船员和职工	公司选送	一年以下短期	各类专业培训及岗位证书培训	达到公司及岗位证书要求	中远8所院校
	工人船员岗位培训班	社会青年高中毕业	统一考试公司招收	半年	船舶水手、机工、厨工	初级工人船员	青岛远洋、大连远洋职工学校
	外派干部船员培训班	社会青年高中毕业	统一考试公司招收	两年	船舶驾驶、轮机管理	干部船员	青岛船院，大连、南京海运学校
	外派普通船员培训班	社会青年高中毕业	统一考试公司招收	半年	船舶水手、船舶机工	普通船员	广州、天津海校，上海远洋技校，青岛、大连远洋职校

二、改革院校管理，提高教学质量

改革开放以来，中远院校教学和管理上了一个新台阶。各院校实行院长、校长负责制，建立和健全了岗位责任制和各项管理规章制度，严格教学管理，改革学生考试制度，开展教学研究，重视教学质量。

各院校在加强教学管理中，制订和完善教师听课制度，教师备课、教案、教学日志、作业批改检查制度，建立教学研究活动制度；开展观摩教学、评教评学、教学评估、教学督导活动；注重提高教师的理论和业务水平，加强师资队伍建设，充分调动广大教师积极性，促进教学质量的提高。青岛船院结合实际，于1981年9月颁发了包括三十一项内容的《教学组织管理工作规章制度汇编》。1983年，又相继颁发了《教研室工作暂行条例》《教师工作量实施办法》《岗位责任制考核办法》《教师职务试行条例实施细则》《院长负责制条例》《课堂教学质量评估试行办法》。这些规章制度的建立，对维护正常教学秩序，提高教学质量，规范教职工、学生的行为起到积极作用，使学院的各项管理工作做到了有章可循。1985年，南京海校开始实行专业教师双证制，即专业教师必须持有远洋船舶职务适任证书。1986年，开展专业师资上船实践培训，以提高教师教学水平。

突出远洋特色，加强学生的思想政治教育和日常管理工作，培养学生具有良好的政治素质和航海职业作风，培养合格的航海人才是中远院校学生教育管理的目标。为提高学生组织纪律性，建立良好的教学秩序和生活秩序，从1986年9月开始，中远总公司所属院校海上专业实行半军事化管理。各校建立半军事化管理机构，在教学计划中增设适量的军训内容和有关课程，聘请部队干部兼任教员，进行队列条令、内务条令和实弹射击为主要内容的训练。各校坚持半军事化管理之后，学生的组织纪律性、学习生活秩序和宿舍卫生等均有明显好转。青岛船院在青岛市各高校评比中，多次受到表彰，1987年，被山东省教育厅、省军区批准为山东省高校军训试点院校。

按照中远培养目标的要求，各院校在加强教学管理的同时重视教学改革，不断更新教学内容，调整课程结构、改进教学方法，使培养的学生更加适应企业的需要。英语是远洋船员的必修课，英语教学一度偏重于会看、会写，学生学完不能会话，难以适应远洋工作特点的要求。广州海员学校探索英语教学改革，加强英语口语教学，改英语考试由纯笔试为笔试、口试相结合，以提高学生口语能力。大连海校高职班试行强化英语教学，也获得较好效果。1991年，中远远洋教育培训工作会议决定，以英语教学为突破口，强化英语教学，改革教学内容和方法，在师资建设、教材选用、教学管理上采取配套措施，加速学校的改革步伐。1992年9月，中远院校英语教学改革研讨会在青岛召开。会议强调各院校应从岗位需要和实际出发，加强英语教学的针对性和实用性，冲破旧的教学模式，提倡教师与学生的双向交流，创造良好的学习环境，使学生较快适应岗位和事业的需要。

为培养合格的航海人才，中远院校除教授学生理论知识外，还强调学生的生产实习和技能训练的实操教学。为此，各校配备了供学生实习的船艺水手实验室、自动化实验室、动力实验室，设有先进的雷达、卫星导航设备和操舵仿真模拟器，以及供实操技能训练的大桅、舷外作业场地、模拟消防楼，车、钳、焊车间，打绳结、插钢丝训练场所、实习工厂和实习船。1992年10月8日，青岛船院与中远总公司、天津远洋在上海正式签订交接"天门"轮协议书。该轮正式划归青岛船院作为教学实习船使用，并更名为"育强"轮。1981—1991年，先后由中远总公司拨给南京海校"育海""龙山""新宁"（后改名"育航"）轮，作为教学实习船。1980年3月，大连海校实习船"育华"轮首航香港；1982年8月，实习船"育才"轮首航日本，不仅培训了船员，使船员在实践中掌握了理论知识，还为学校创造了经济效益。1983—1992年，"育才"轮总计获利润约1213.5万元。各院校在教学中想方设法增加实操教学课时，提高学生实际操作能力。上海远洋技工学校总结出了一套具有职校特点的强化工艺教育方法,该校水手班学生插钢丝最快速度为6分17秒,10种船舶常用绳打结不超过50秒,达到和超过港务监督局规定标准。广州海校与上海远洋职工学校在实操教学中发挥实习工场的作用,学生实习加工的零配件用于学校设备维修,并对外修理设备,既提高了技能,又为学校创收。

三、加强对外合作,频出人才成果

在开拓时期,中远院校教育事业取得很大成果。据统计,1980年以来各校共培养技校、中专、大专毕业生12857人。其中,"七五"期间培养毕业生4710人,培训职工28698人(表6-3)。一些专业培训效果成绩突出,如青岛船院验箱师培训班的学生,参加美国IICL世界验箱师考试,每年考试通过率均高达100%,其中1名学生获得历届考试成绩最高分,受到IICL的通报嘉奖;高级外派船员培训班学生参加港监组织的国家考试,一次合格率超过90%,得到多方好评。

"七五"期间中远院校培养学生情况　　　　表6-3

年度 类别	1986	1987	1988	1989	1990	总计
大专生(人)	132	123	116	97	172	640
中专生(人)	393	514	460	502	592	2461
机工生(人)	322	303	446	274	264	1609
各类培训(人)	3220	5360	7038	7648	5432	28698

改革开放后,中远各院校广泛加强同国际联系,组织和参加各类学校交流活动,选派人员出国访问,派遣优秀人员到国外院校、研究机构及大企业攻读学位和进修,邀请外籍教师、外国专家来校从教、讲学。青岛船院自1980年起,先后邀请美国、日本、挪威、加拿大等15个国家和地区的近60位航海专家和学者到院讲学,并派出10多名教师出国考察访问。1988年经交通部批准,青岛船院与联邦德国费伦斯堡工学院建立了校际联系。中远总公司组织各院校校长赴日考察日本海运职业技术教育情况。中远教育事业的发展受到国际组织和航运界的关注,联合国教科文组织、国际海事组织都曾组织官员和专家参观访问中远院校。

历年来,中远的院校工作得到上级部门的肯定和表彰。青岛船院从1986—1992年,连续7年获青岛市"精神文明先进单位"称号。大连海运学校获交通部"双文明先进单位"称号,获国家教委"职业技术教育先进单位"称号,1992年3月被交通部批准为首批规范化学校。南京海运学校教务副校长任锦泓[①],被联合国教科文组织列为中国10名中等专业

[①] 任锦泓,1929年1月生,福建福州市人。1948年毕业于福建省高级航空机械商船学校,1951年1月参加革命工作,1956年6月加入中国共产党。1952年6月前,在上海、香港中兴轮船公司任实习生、机匠、代三管轮。之后,长期从事航海教育,在创办南京海运学校和培养新中国海员的工作中颇多贡献,在编审全国交通系统水运技工、中专学校教学大纲、教材,编写德育纲要、学生管理办法、教学管理规章等方面有新建树。1979年被教育部推荐为联合国教科文组织中国10名中等专业教育专家之一,列入联合国专家名录。此外,在1962年获江苏省先进工作者称号。1989年12月光荣退休。

教育专家之一。1992年9月,广州海员学校和天津海员学校被交通部评为部级重点技工学校。天津海员学校和广州海员学校1992年通过交通部教育司评审,被交通部批准为部级重点技工学校。1994年,天津海员学校被国家劳动部批准为国家级重点技工学校。

第二节 职工教育的深化

职工教育是中远教育体系中最为重要的一环,对提高广大职工的政治、文化、科技素质,培养人才起着重要作用。

1981年,中共中央、国务院发布了《关于加强职工教育工作的决定》(以下简称《决定》)。中远总公司根据《决定》精神和交通部的指示,积极组织贯彻落实。成立了船员、职工教育领导小组,结合远洋实际,制订各个时期的教育培训规划,采取有效措施,广泛深入地开展职工教育,成效显著。

一、开展职工文化、技术补课

1981年,中远共有远洋船员34819人。其中,具有大专以上学历的占8.3%,中专占15.2%,技校占4.3%,高中占13.2%,初中占37%,小学占22%,文盲4人。技术干部船员有14742人,其中具有大专以上学历的占19.2%,中专占16.3%,技校占3.2%,高中占7.8%,初中占34.8%,小学占18.7%。干部船员初中文化程度以下的占53.5%,没有经过学校专业学习的占61.3%,这种状况极不适应远洋运输事业发展的需要。

根据《决定》精神,中远确定"六五"期间职工教育重点是对领导干部、业务骨干、三副、三管轮以上干部船员,以及1966年后参加工作的青壮年职工进行文化、技术补课。针对需培训人员多,远洋船员流动分散、调动频繁的特点,各远洋公司采用船岸结合、脱产与在职学习并举的办法,以在船在职培训为主,以及在岸培训,举办各类短训班等方式培训。

青壮年职工初中文化补课自1983年开始,各公司为青工文化补课配备了专职干部和文化教员,举办脱产文化补习班,组织职工参加当地的文化补习班或国家成人教育自学考试,组织船员在船自行补习,然后定期参加总公司在港考试。到1986年,大连远洋已完成应补人数的91.87%,青岛远洋完成86.1%,上海远洋完成80.85%。1987年底,中远8778人完成文化补课,占应补人数的98%以上,达到国家规定要求。

船员技术补课,从1981年开始,有计划地抽调船员,在岸参加半年到1年的近20种专业科目的短训班,先后举办了船长、轮机长培训班,脱产培训船员职工24400余人次。在船舶开展以老带新、边干边学、岗位练兵,使船员逐步达到应知应会技术标准。上海远洋12名新船长到"柳林海"和"汉川"轮,由老船长传帮带,授课教育,保驾护航,作技术指导,使他们很快能独立工作。

为提高在岗船员的专业技术水平,从1983年起,船舶普遍开展了"统一进度、统一教材、统一考试"的"三统一"培训。"三统一"培训对工人船员进行初级技术补课。重点培训没有经过院校系统学习培训的技术干部船员。"三统一"培训教材除统一选用人民交通出版社《海船船员考试复习参考题解》教材外,南京海校编印了水手、机工工艺教材;青岛远洋汇编了《技术干部船员考试复习题》。各远洋公司普遍组织各工种技术工人船员分别学习《水手工艺》《驾驶基础》《船舶柴油机》《船舶辅机》《电工原理》《电机学》《英语》等理论知识。至1986年底,中远应参加"三统一"培训的职工有22478人,共培训20952人,完成培训面93.2%。至此,中远完成"六五"教育规划的文化、技术"双补"工作。

二、加强专业技术培训

进入"七五"时期,中远职工教育根据国家教委《关于改革和发展成人教育的决定》,在完成"双补"教育的基础上,转向专业技术培训。

首先是干部船员的1年制轮训。总公司决定从1985年开始,"凡1940年1月1日以后出生的干部船员,未经海运院校系统培训的,在1990年底前分期分批到院校进行1年轮训"。主要学习中专水平的专业理论知识和专业技能训练,学习结束考试合格发结业证书,远洋内部承认其学历。对陆地干部的要求是1940年1月1日以后出生的干部,文化程度必须达到相当中专(高中)水平。

其次是工人船员岗位的技术培训。总公司决定"从1987年初开始,对技术岗位上的工人船员进行岗位技术培训。争取到1990年底完成工人船员的岗位技术培训、考核和发证工作。从1991年1月1日起对技术岗位上的工人船员实行岗位技术等级证书制度"。机关职工教育以岗位专业培训为主,本着"缺什么补什么,干什么学什么"的原则培训和考核。

与此同时,根据《中华人民共和国海船船员考试发证规则》及国际海事组织、中国港务监督部门的有关规定,各公司进行技术干部船员考证前培训和提职培训,所有驾驶员参加"雷达观测与雷达模拟器""自动雷达标绘仪""船舶无线电通信"等培训考证。油轮船员开展以防火、防爆、防污染、防毒的"四防"培训,以及船舶消防、救生艇筏操纵、海上求生、海上急救的全员培训(即"四小证"培训)。1984年6月南京海校开办首期"四小证"培训班,并经全国七大港监部门验收通过,成为全国首家开展"四小证"培训的学校,开始对全国开展"四小证"师资培训。大连海校在1979—1992年间,为中远及地方船公司举办各类技术培训和"四小证"培训班,培训人员达11000多人。1991年底,中远"四小证"的培训任务全部完成。

除上述培训外,中远总公司在船员、职工中开展技能和专业知识竞赛活动,激发大家的学习热情。1988年,首届水手、技工操作技能竞赛在大连海校举行,广州远洋、青岛远洋、天津远洋分获团体前三名;首届轮机员、电机员专业知识竞赛于1989年,在青岛船院举办,大连远洋、上海远洋分别获团体第一、第二名,青岛远洋、中波公司并列第三名;1991年,举办首届船舶报务员、机关电传员专业知识竞赛,天津远洋、广州远洋、青岛远洋获团体前3名。

经过几年努力,"七五"期间,中远职工教育、岗位培训更加规范化、制度化,教师队伍不断扩大,教学设备和训练场地初具规模,广州、上海、天津、青岛、大连远洋和中波公司均建立了培训基地。上海远洋培训中心筹建于 1984 年，主要承担本公司各类专业技术岗位培训和考证培训。上海远洋培训中心教学设施良好、各种培训教材齐备，并拥有一支专、兼职相结合的教师队伍，到 1988 年已培训船员 4400 多人次。

中远职工教育培训工作的加强与深入，提高了船员职工的文化技术水平。到"七五"末期，具有相当中专水平以上的技术干部船员，由 1985 年的 40% 上升到 1989 年的 73%，其中大专以上水平的技术干部船员由 24% 上升到 29%。陆地机关干部基本达到中专（高中）文化水平。至 1991 年底，中远在岗工作船员岗位培训全部完成，从 1992 年 1 月 1 日起，正式实行船员持证上岗制度。

第三节　运用计算机实施企业管理

为了适应无纸贸易、电子商务对航运企业的组织管理提出新的更高的要求，满足企业管理现代化的需求，中远总公司于 1982 年给上海远洋安装了第一台计算机，截止到 1991 年，中远系统已经拥有大批微机和小型计算机 20 多台，个人计算机（PC）200 多台，计算机在中远系统各方面得到广泛的应用。中远加快了远洋运输现代化的进程。

这期间，船舶通信导航技术得到迅速发展，船舶通信技术经历了从人工莫尔斯电报发展到先进的单边带无线电话、窄带直接印字电报以及卫星通信技术，进入 20 世纪 90 年代初，中远船岸通信大部分可以使用卫星通信这一先进的通信方式进行通信联络，运用电传、传真、电话等通信手段可通达世界 100 多个国家和地区的港口和城市。为使中远船队适应"全球海上遇险与安全系统（GMDSS）"的要求，中远总公司自 1986 年开始引进 GMDSS 系统的设备，到 1992 年 2 月 1 日 GMDSS 开始实施时，中远船队的大部分船舶已经安装了全套的 GMDSS 设备，实现了通信现代化，确保了各种通信的畅通。新型雷达和 GPS 等先进的导航和定位设备在中远船舶上也得到广泛的应用。先进的通信导航设备的使用，确保船舶运输安全和船员职工的生命安全。

一、引进计算机

1979 年 5 月，交通部批准中远总公司建立远洋电子计算机管理系统。中远总公司成立了计算机工作领导小组，在天津、上海、广州公司设专业小组，各公司科技办负责筹建工作。经过多家考察比较，中远总公司于 1980 年 7 月 27 日，与日本三菱商事签订了购置一套日本富士通 M-140F 型电子计算机系统设备的合同。1982 年，这套电子计算机安装于上海远洋。计算机的两部智能终端 2740F，一部安装在北京总公司，一部安装在上海外代公司。并利用租用的 3 条电话专线，作为北京与天津、上海、广州远洋公司之间数据传输的通信手段。此外，广州、上海、青岛、天津、大连 5 个公司均有电传设备，昼夜不间断地与世界贸易中心、租船市场、主要港口代理，以及航行船舶保持联系，为计算机系统搜集信息创造了条件。

1985—1986 年，中远总公司及天津远洋、青岛远洋、大连远洋分别引进富士通 M-140F 计算机各 1 套。广州远洋在此之前引进了性能更为先进、价格较为便宜的美国 IBM4361-05 中型计算机系统。

1987 年后，计算机的应用更加广泛，中远总公司原有的计算机设备存在机型不统一、系统功能不足，以及设备规模偏小等问题。在计算机应用方面，还不能全面满足各业务部门对于信息处理的需要。为此，总公司确定用 5—7 年时间，配合管理体制改革，建立一个具有中远特色的上下布局合理、分工明确、互联成网的远洋运输管理信息系统。1988 年，中远总公司投资近 80 万美元，全系统投资约 2500 万美元，更新和添置设备，使中远计算机主流机型转为 IBM 系列机。

1989 年 6 月 24—27 日，中远系统第六次通信导航工作会议在大连召开（图 6-2）。交通部通信中心、香港海通通信仪器公司、招商局国际船贸公司、中远总公司所属五大远洋公司、中波公司、中远 5 个省合营公司、直属院校的各级领导以及船舶报务员代表共 18 个单位、63 名代表参加了会议。会议明确了通信设备的管理原则和通信导航工作的指导方针，研究并解决了各单位存在的共性问题。

图 6-2　中远系统第六次通信导航工作会议在大连召开。

至 1991 年，中远已拥有大批微机和中小型计算机 22 台，其中 M-140F 机型 5 台，IBM4361 机 2 台、IBM9370 机 4 台、IBMAS/400 机 6 台、IBMS/38 机 5 台，以及 PC 200 多台。

二、开发应用软件

早在 20 世纪 70 年代初，中远总公司航运处就与交通部水运科研所合作，利用水运所购置并安装在中远总公司的两台国产 DJ-130 型和 C_4 型小型计算机，从 1973 年底到 1979 年共开发了"货名字典""世界港口里程表""船舶动态管理""船舶技术参数存储与选调""运费计算""船舶国外港口代理人查询""船舶营运指标统计分析""运量统计"等应用程序。随着时代的发展和科学技术的快速应用，中远总公司的两种计算机硬件设备容量小、功能不配套、数据输入手段落后的问题日渐凸显出来，原投入大量的人力财力编出的应用程序难以在实际工作中长期应用。

中远总公司在计算机应用程序编制上的投入效果虽然不尽理想，但为中远后来引进计算机设备，建立计算机管理系统，进一步开发新的市场化流程等积累了一些经验，而更为重要的是为中远系统大面积地全面推进计算机的应用培养和准备了一定数量的专业化人才。

经过几年在计算机应用方面的摸索、同国外船公司在计算机应用方面的合作以及通过厂家培训等，中远总公司推动了计算机应用人才队伍的建设。至1982年安装富士通M–140F系统前，中远已有计算机专业大学毕业生12人（软、硬件专业各半），经专业培训的高中毕业生8人，经计算机知识培训的业务人员36人，为开展计算机应用奠定了基础。

1981年3月，上海远洋使用从日本进口的NECS100–8011小型电子计算机，与上海海运学院协作，完成集装箱跟踪管理应用系统的总体设计和54个系统程序的开发制作。10月，在程度移交航运部门投入应用后，航运部门可随时了解和查询分散在世界各地港口和各远洋船上的集装箱类型、数量及动态，对当时分布在世界各地港口6700只集装箱，科学地实施跟踪管理。公司改变了过去费时费力的手工管理方法，集装箱周转加快，堆存费用减少，工作效率大幅度提高。1982年7月，集装箱跟踪管理应用系统获上海市重大科技成果奖。同期，广州远洋进口1台美国小型机ANTARES–400，试验开发了若干应用系统。其中"会计总分类账系统"应用良好，受到用户欢迎，并于1982年2月获交通部科技成果奖。

中远总公司在1980年签订购买计算机合同后，即着手组织开发应用软件。采用"走出去、请进来"引进技术的方法，选派上海远洋、天津远洋、青岛远洋、大连远洋以及总公司的12名计算机人员，于1981年分批前往日本学习，培养自己的开发队伍。同时，公司聘请日本邮船、富士通和三菱事务软件公司的航运专家和计算机系统设计专家，汇集上海以指导"航运调度系统"和"财会管理系统"应用软件的开发。软件于1984年5月完成，总公司和青岛、天津、大连等远洋运输公司先后移植应用。

与此同时，各远洋公司加快应用软件开发，大力推进信息系统建设，相继开发了多种应用项目。1984—1986年，广州远洋使用IBM计算机以"航运调度管理系统"为开发中心，完成"航运调度管理""集装箱跟踪管理""计划与统计分析"3大应用软件的开发；1987—1990年又开发出"航运经营管理系统的运费、使费""人事工资与调配管理""船员调配管理""物资管理""财会管理"的应用软件；用于机务管理的"船舶技术资料""轮机技术管理""船舶修理费用""船舶机损事故统计"等应用软件。20世纪80年代后期，中远系统主要靠自己的技术力量，采取内外结合方法，开发出比较大的应用软件有："船舶动态管理""财务会计""船员人事管理""国外代理备用金管理""运输统计""港口使费和运费统计分析""航次估算及船舶技术参数资料查询"等项目。其中广州远洋"航运管理信息系统首期工程"获1989年交通部授予的科技进步二等奖；上海远洋"航运调度管理系统"获1985年上海市授予的优秀软件二等奖；"远洋运输企业会计系统"获1989年交通部授予的科技进步三等奖；总公司"国外代理备用金管理系统"获北京地区优秀软件二等奖。

为进一步加强船舶运输管理信息系统的建设，从20世纪90年代起，中远总公司加大了硬件设备的投入及应用软件开发。摆在第一位就是逐步统一机型，强化联机功能，有计划地开发了一系列中远通用航运调度信息系统、通用财会管理系统、通用船技管理信息系统、箱管系统及外轮代理公司通用的电传自动处理系统等，并开始向数据通信和网络化建设方向发展。

三、扩展计算机应用范围

计算机起初只作为计算工具，之后逐渐发展，广泛应用于信息处理、辅助管理、实验数据处理等多种领域。中远多种应用软件的开发成功，不同程度地满足了各公司有关业务数据处理的要求，在80年代已广泛应用于船岸企业管理的生产、安全、技术、人事、财务、统计、市场调研等各个方面，如"航运调度管理系统"，可以对船舶航运调度全面实施管理，尤其是应用于船舶防台抗台风中，可随时显示台风的动态和参数，克服了人工管理准确性低、速度慢且易漏船的弊端，及时提供距台风中心查询半径的船舶，有效地帮助调度、安监部门指导船舶防台、抗台和避台作业。当时远洋运输港口使费一般占运输成本的40%，其中包括预付的国外代理备用金。以往这部分资金时常出现预付过多，或较长时间积压，造成一定损失。在开发应用"国外代理备用金管理系统"后，加速了外汇流动资金的周转，减少了银行资金信贷和利息支出，提高了国外代理资金的利用率，起到了降低运输成本的作用。1987年1月，广州远洋在全国率先运用计算机指挥船舶运输生产，仅应用"集装箱跟踪管理系统"1年，失控箱数就由1987年前占全部箱位的22.4%减少至0.89%，加快了集装箱盘存速度，仅此一项就相当于找回价值500万美元的财产；应用"租费审核系统"在几个月内就追回多收租金达40万美元。上海远洋应用"财务管理信息系统"后，人工成本核算由每年核算1次可做到按月、按航次核算成本，及时汇总盈亏情况，提供控制成本的有效信息。在使用计算机操作的当年，就发现租用集装箱费用支出太大，第2年退租9880只箱，平均每月减少支出2万美元；总公司除使用微机与国外数据通信外，还将国内各远洋公司、香港远洋公司及总公司IBM系列机，通过x.25分组交接网，实现了相互之间查询和交换数据文件的信息共享功能。

计算机的广泛使用，为中远提供了现代化管理和信息传递手段，对提高业务管理水平、加强船舶安全生产、减轻事务性劳动、提高工作效率和企业经济效益起到了良好的作用。

第四节　推广先进的船岸通导技术

船舶通信导航工作是搞好船舶安全航行一系列工作中重要组成部分之一。它包括通信导航的业务技术管理、设备维修、设备配备、人员培训、维修代理、电子高精技术的应用等，在远洋船队的全面建设中属综合性管理工作。

一、通信导航管理机构的变革

进入20世纪80年代，窄带直接印字电报和单边带技术开始应用。80年代末，卫星通信开始运用于远洋运输船舶。20世纪90年代末卫星通信成为远洋船舶通信的主流。随着GMDSS系统的实施，主导了一个世纪以来的莫尔斯通讯模式逐步被窄带直接印字电报和海事卫星通信所替代。报务员所特长的莫尔斯通讯技能成为过去，开始重新学习新的技术和业务，学会使用计算机操控海事卫星通信设备，实现船岸通信。在这个时期，机要通信业务也成为历史，陆地的船舶通信导航管理和设备修理开始分离，中远各分公司开始成立自己的专业修理公司，并逐步使机关通信（电话与电传）与船舶通信的管理分离，通信业务和设备管理等合并在一起。各远洋公司的通导管理人员开始减少，但对管理人员综合业务与技术的要求却越来越高，通导管理人员既要懂通信业务又要懂技术，随之通信导航管理机构有较大的缩减。这个时期，需要解决的通导问题是很多的，如所有船舶的通信设备需要进行GMDSS改造，所有报务员需要培训等，应对港口国检查（PSC）对船舶通信人员及机关管理人员的压力也越来越大。

1979年10月，交通部对部机关机构编制进行了调整，行政机构中设置通信导航处。1980年，中远总公司的电信处随后更名为通信导航处。1981年7月，中远总公司建立了无线电监督管理体制，任命了第一批无线电监督员，监督成员由总公司、各分公司的通信导航处有关人员组成，按区域代表总公司行使无线电监督指导职责。

从1979年起，国务院批准中远总公司以"中远海上电子设备工程公司"的名义对国外设备开展修理与代理工作，但在中远内部"中远海上电子设备工程公司"为非独立建制单位，中远总公司通信导航处和各分公司的通信导航处，以及各公司的通信导航公司为中远海上电子设备工程公司的成员单位，共同参与对国外设备的修理与代理工作。到1992年全国清理办批准中远海上电子设备工程公司与中远总公司分离，并办理公司的工商登记注册手续。

1987年，在中远总公司机构调整中，通信导航处编制30人，下设通导科、报话科和机要科。科技处编制30人，下设电子计算机室。中远总公司在广州成立"中国远洋运输总公司通导设备备件中心"（简称"备件中心"），隶属中远总公司，由广州远洋代管，业务归口中远总公司通导处。"备件中心"编制12人，人员从广州远洋内部聘任。"备件中心"主要是为中远系统船队提供通导设备及备件的购买、调剂，并提供相应的服务工作。1988年，中远总公司通导设备备件中心管理委员会召开第一次会议，会议制定了《中国远洋运输总公司广州通信导航设备备件中心章程》，确定了备件中心初期的任务和业务范围，以中远公司所属船舶为主，兼顾其他用户，将"中国远洋运输总公司通导设备备件中心领导小组"改名为"中国远洋运输总公司广州通信导航设备备件中心管理委员会"。随着形势和政策的变化，中远总公司广州通信导航设备备件中心整建制移交广州远洋，各出资人不再享有中心的权益，亦不再承担任何债务；停止使用中远广州通导设备备件中心名称。

1989年2月，中远总公司机关机构进行调整，设置为3部18个处室，成立的企划部为副局级建制。通信导航处仍保留为处级单位，并入企划部，编制确定为30人，下设管理科、报话科和机要科。计算机中心也并入企划部，为副处级建制，企划部还设有计划处、企业管理处、信息调研处。

1992年12月，中远总公司筹建中远集团，总公司机关新机构的设置按照国家经济体制改革的精神，贯彻了党政分开、政企分开和精简、统一、高效及在宏观上加强控制，微观上放开搞活等一系列原则。这次调整将中远总公司通信导航处改为中远集团通信导航中心，编制25人，下设通导管理科、报话科，机要科划归经理办公室；成立了计算机中心，编制33人，均为副处级单位，由技术部归口管理，并兼有一定的行政管理职能，明确其工作人员不属集团本部编制。在技术部除设有通信导航中心、计算机中心外，还设有机务处和科技处。1992年9月成立的中远海上电子设备公司面向市场独立经营，业务归口为中远集团通信导航中心（图6-3）。

图6-3　1992年9月8日，中远海上电子设备公司在北京成立，中远总公司总经理陈忠表（右三）出席开业庆典活动。

二、船岸通信导航的发展

船岸无线电通信是通过设在江、海岸的电台和船舶电台相联系。20世纪70年代初，中远船舶开始配备当时较先进的由晶体管和集成电路组成的全频率合成单边带收、发报机，这种设备具有频率稳定度高、占用频带窄等优点。1978年，中远广州分公司船队已全面普及全频率合成单边带收发报机。此时，天津、广州、上海海岸电台正式开通高频单边带无线电话业务，广州分公司与广州岸台在"明华""建华"轮试验单边带无线电话业务，经反复试验，通过有线转接，接通广州与北京的往返路线。1979年，广州、天津、上海3座海岸电台正式开放此项业务，全时开通话路4条，可通达波罗的海、地中海、印度洋、太平洋和巴拿马运河西端等海域。为了及时中转远洋船舶电报，还同时开通了3座岸台相互间的远洋船舶辅助电路。

1985年，上海、广州和天津海岸电台又开放了16条远洋船舶电报电路，通信距离可达太平洋、印度洋、大西洋以及波罗的海和地中海海区。为了弥补海岸电台的不足，1978—1985年间，中远总公司同国家海洋局协商，又租用了几条高频电路，沟通了北京总公司直接同船舶的通信联系。此后，中远总公司还开通了天津、青岛、大连3个地区远洋公司和上海、广州、青岛、天津、大连、湛江6个地区外代公司的甚高频无线电话业务，为部分船舶装备船岸无线电报通信的先进设备——窄带直接印字报（电传报），较好地满足了港口、船岸间的通信联系。上海、广州、青岛和天津等远洋运输公司还投入使用程控电话机，改善了自动电话的传输质量。

海事卫星通信是船岸全球通信的最新手段，兴起于20世纪70年代。1979年12月，广州远洋在"明华"轮上安装了一台卫星通信终端机。因当时卫星通信需通过外国岸站中转，使用不便，费用较高，而卫星通信设备价格昂贵，所以中远只在少数重点船舶安装卫星通信设备。

1987年后，中远船岸通信有了进步。经申请，中远总公司获得国际海事卫星组织的批准，建立了L波段海岸地面站通信系统（在公司安装一台Inmarsat船站）和业务，组成了中远船岸间卫星通信交换网络。这个系统有效地解决了陆地机关与船舶之间进行全球、全时、全天候的卫通电传、电话和传真方式的通信，为进一步开拓和利用卫星通信的多功能，建立船岸间数据自动交换系统奠定了基础。

国际海事组织（IMO）制订的"全球海上遇险安全系统"（GMDSS），是海上遇险安全通信的重大变革。这个系统采用了最先进的通信技术。为使中远船队适应GMDSS系统在世界范围内逐步发展的形势，根据"全球海上遇险安全系统"于1992年2月1日在全世界实施的要求，中远总公司自1986年即开始对引入GMDSS系统，进行有关人员技术培训和考证、设备改造配备等工作的准备，并改装和新建通信系统。在原有的无线电通信设备上，逐渐加强和配备了大量的卫星通信船站，数字选呼设备，窄带直接印字电报终端、气象传真机、航行警告资料接收机、搜救雷达应答器、卫星应急示位标等设备。1990年，中远有5艘船舶装备了全套GMDSS设备，50余艘船舶装备了部分GMDSS设备，1991年已在船舶安装GMDSS设备649台，卫星通信仪器1094台。

进入20世纪90年代，中远船岸通信多已运用卫星通信方式，可电传、传真、电话、电传电报，可通达世界100多个国家和地区的港口及城市。1991年3月，在"全国工业企业十年科技进步成就展览会"上，中共中央总书记江泽民、国务院总理李鹏、全国政协主席李瑞环等中央领导，利用卫星通信分别与正在海上航行的青岛远洋"泰康海"轮和上海远洋"辽河"轮通话。

通达的海上通信以及船岸间调度指挥的畅通无阻，有力地保证了船舶的航行安全。1980年9月2日，广州远洋"嘉陵江""阳春""牡丹江""开平"轮4艘船舶在两伊战争中受到炮火突然袭击，受困于交战区的霍拉姆沙赫尔港、巴士拉港和阿拉伯河，中远的广大船员们临危不惧，奋力抢险护船，"嘉陵江"轮二厨共产党员莘留生[①]中弹牺牲。当时，4艘船舶与国内通信中断，人船危急。广州远洋通信导航处日夜值班，指挥在阿拉伯河口待命的"桂阳"轮，协助中转通信，及时转发来自受困船舶及公司的电报，工作人员连续值班15个昼夜，收发电报240份，准确迅速地完成了中转电报任务。船、岸电台的密切配合，为这次抢险护船和船员安全撤离提供了可靠的通信保障。

---

① 莘留生（1951—1980），江苏金坛县（今金坛市）人，中共党员。1971年参加中国人民解放军海军，任战士、班长。1973年2月退伍后到广远远洋，历任水手、三厨、二厨。生前是"嘉陵江"轮二厨。1980年10月两伊战争中，在生命受到严重威胁的情况下，坚守工作岗位。因船舶遭受炮击起火，为保护国家财产不幸中弹身负重伤。在被迫弃船撤离时，他关切地对同志们说："你们都走吧，不要管我了。……请转告公司，我没有给祖国丢脸。"后经医院抢救无效，于1980年10月16日光荣牺牲。1980年被广东省人民政府批准为革命烈士。

三、建立通信导航专业队伍

随着远洋船舶新技术、新设备的不断采用,中远在建立船岸通导网络的过程中,逐渐培养和建立起一支通信导航设备维修、安装的技术队伍。

(一)在船培训

中远各分公司船员在船培训主要采用以老带新、互教互学、包教保学、边干边学和传帮带的培训形式,提出"船舶就是学校,生产现场就是课堂,能者为师,船员就是学员"的学习理念。培训教学的内容密切结合船舶生产实际和各岗位的操作技能需求,并把船舶规章制度、操作规程、常用的业务技术科目等作为主要课题。中远先后在"铜川""育华"和"明华"轮举办多期在职报务员英文机务短训班,学员按"船来船去"的原则,请老报务员和院校教员担任老师,学制为半年。

为使船员在船培训工作逐步走向规范化,中远总公司转发了广州远洋颁发的《远洋船员应知应会技术业务标准》组织培训,要求各船公司按其中对船舶29种职务的要求,在船员培训和岗位练兵时参照使用;并要求各公司经常组织技术表演和技术经验交流活动,使不同职务的船员逐步达到应知应会的要求。同时,中远总公司党委发出了《加强船员培训,掀起群众性技术练兵热潮》的通知。中远广州、天津、青岛等远洋公司和中波公司相继召开了在港船舶的基本功演练现场会,交通部叶飞部长、彭德清副部长亲自到船上观看船员们的表演,对中远船员苦练基本功取得的成绩给予了肯定。

中远总公司组织的类似在船培训和技术练兵活动,从20世纪70年代中期到90年代初期,共举办了29期,不仅解决岸上培训设备缺乏的问题,而且把理论与技术搬到课堂,与生产实际密切结合,收到了较好的效果。中远船员在船培训具有三个特点:一是普及面广,包括中远所有船舶及代管、合营的船舶;二是在远洋船队中形成了在船培训的好传统;三是方法比较贴近实际,学习内容主要是实际工作中最常用、最需要的知识和技能。

(二)在岸短训

进入20世纪80年代后,在岸短训是一种普遍采用的培训方式,每期培训时间不超过一年。中远公司曾先后委托北方交大举办了单边带技术短训班;由北京大学举办了通信英语训练班;委托上海海运局"七二一"工人大学举办了机务维修和船用电话总机学习班;委托大连海运学院举办了船舶在职报务员英文和机务轮训班;在上海海运学院组织了两次卫星导航技术讲座等。

为了加速远洋业务干部的培训和出国人员的培养,经交通部批准,中远总公司在北京开办了远洋干部训练班。为了推动船员培训工作进一步开展远洋局下发了《关于船员培训工作的基本情况和进一步加强船员培训工作的意见》,要求中远各海校充分发挥潜力,通过在岸短训为在船培训打下良好基础。

(三)以会代训

以会代训也是这一时期比较常用的一种培训方式。1982年8月20—24日,中远总公司在青岛组织召开了卫星导航技术交流会,各分公司负责这项技术工作的员工参加了此次会议。1982年11月12—30日，中远总公司在大连海运学院举办了避碰雷达技术讲座。参加本次讲座的中远50人来自12个单位，中远以外的代表25人来自19个单位，参加听课的还有大连海校、大连海运学院的老师，听课的人数最高达101人。1989年9月18—28日，根据总公司的工作安排，委托上海市航海学会和上海远洋主办的"海事卫星与船舶技术讲座"在上海举办，参加这次学习班的有广州、上海、青岛、天津、大连远洋公司，中波公司，江苏、浙江、安徽省远洋公司和青岛船院，大连海运学校的47名工程技术人员以及上海海运局、救捞局、汕头安监局等单位的17名工程技术人员。这次讲座重点介绍了"国际海事卫星系统的概况和业务""海事卫星船站的工作原理、性能标准、启用和申请程序、安装调试和操作使用"，以日本JRC公司的JUE-35A船站为例，进行讲解和操作示范，取得良好效果。

（四）履约培训

GMDSS履约培训工作是在现代无线电通信技术的基础上，为适应海上搜救与安全通信，满足海上通信的需要而建立起来的遇险和安全通信系统。多年来，在相关国际组织和专家的努力下，海上通信系统进行了多次变革，新技术、新系统不断运用在海上通信系统中。从20世纪70年代末开始，由于现代通信与导航技术的发展，特别是卫星通信、卫星导航，以及大规模集成电路和微处理技术的发展，新型的海上通信系统的建立逐渐成为可能。

多种形式培训的开展，使员工基本上适应了中远船队发展壮大对通信导航技术干部船员在数量和质量上的需要，保证了船舶通导工作的开展和运输生产的顺利进行。这一时期，由于中远所处行业的特殊性，举办国际性的技术培训与交流活动较多，通导技术人员和报务员学习提高的机会很多，还得到交通部和国家相关部门审批、办理设备入境等方面的大力支持，同行业其他部委和兄弟单位的技术人员对此颇为羡慕。

四、专业化队伍不断壮大

20世纪70年代末，中远总公司远洋船舶报务人员达1200人，拥有各类通信导航设备5600余台和大批陆地管理和检修人员。仅上海远洋通信站的人数就超过了1974年中远公司的总和，基本结束了依靠国外和其他单位修理、安装通导设备的局面。

1979年12月，中远总公司应美国美乐华公司要求，为该公司的通信导航设备做维修代理，成立了"中远海上电子设备工程公司"，在中远广州、上海、天津公司内设立修理代理站。各公司的通信导航修理所，依靠自己的人员、技术和设备，在保证国轮通导设备正常修理的同时，积极开展修理代理业务。1980年，开展代修业务的第一年，就修理外轮150艘次，获得人民币29.4万元、外汇人民币8万余元的收益。

随着各公司通信导航维修业务的发展，一些公司的通信导航修理所逐渐发展成为公司。1979年，上海远洋通信导航修理所成立，于1984年扩建成立"中远上海海上电子设备工程公司"，是直属上海远洋的全民所有制企业。3年后，这家公司发展到有职工75人，其中雷达、罗经、电信等专业技术人员占76%，可以为国内外客户提供卫星通信、避碰雷达、各种系列罗经、自动舵、多普勒计程仪等的修理和安装业务，以及录像机、电视机等家用电器的修理,故障修复率达99%。1987年公司利润比上年增长了20.07%。

为了及时、准确地给中远船队提供通导设备备件,承接各公司及用户委托的各项服务性工作,1987年12月,中远总公司在广州成立"中远总公司通导设备备件中心",由广州远洋代管,业务归口中远总公司通导处。备件中心负责统一订购、供应和调剂各公司所需的通导备件。

经过10多年的发展,中远的通导设备维修安装业务,与国外多家专业公司建立了广泛的联系和协作关系。先后与日本的日本无线电公司、东京计器公司,美国的美乐华公司、雷松公司,联邦德国的安修斯、迪北公司签订了维修协议,既为国家、企业增加了外汇收入,又极大地提高了维修人员的技术水平。

第五节　船舶自动化建设

船舶自动化程度主要显示在船舶机舱管理自动化上,由于船舶机舱自动化可增加船舶设备的安全可靠性,改善船员的劳动工作条件,减少修理费用、时间,提高营运率等综合性的经济效益,为各船公司所广泛认同和采用。20世纪60年代末,中远广州分公司虽有集中控制室或驾驶台控制室等局部自动化系统船舶6艘,但因当时船员技术水平较低,对自动化船舶操纵不熟悉,集控和驾控设备大多没有正常使用。

一、船舶自动化建设的早期尝试

20世纪70年代,船舶机舱管理自动化有了发展。1973年,中远船队从新造"大城""大田"轮开始拥有自动化船舶。广州分公司接进9艘机舱设有集中控制室的船舶。其中,在联邦德国建造的"广河"轮为广州分公司第一艘具备无人机舱船级的船舶[①]。

为使船员掌握和管理好自动化船舶及其设备,中远总公司即以"广河"轮的自动化设备作教材,组织培训船员、技术干部,为自动化船舶的发展打下了基础。天津远洋邀请了大连海运学院、上海船舶研究所的专家们到"大城""大田""大虹桥"轮,随船工作1年,整理、总结船舶自动化设备的原理、操作方法及维修保养原则,举办了4期随船自动化培训班,培训自动化专业骨干80人。

20世纪80年代初期,中远总公司加强了对自动化船舶的管理,各船公司都做了不少努力,不同程度地建立了各自的管理制度,并帮助船舶制定巡回检查路线、自动化装置定期检测表。在有关科研单位和院校的帮助下,总公司对部分自动化船舶进行了调查,翻译了不少技术资料,帮助船舶排除了许多故障,恢复功能并培训了一部分船员,提高了船员对管理自动化船的信心和能力,保证了一部分自动化程度较高的船舶能正常营运。

---

① 无人机舱船舶:主机由驾驶台遥控,航行中轮机人员可在一定时间内不下机舱,船舶定员比同吨位船少约40%,可大大提高劳动生产率。

二、船舶自动化建设存在的薄弱环节

船舶自动化是一个快速发展、不断升级的现代技术应用体系，在有些情况下，坐在课堂里刚刚学到的有关自动化方面的知识，到了新接船上就已落后了一到两个等级。尽管中远的船员队伍素质在全国范围内都是比较过硬的，但由于普遍对自动化装置的管理特点还不很熟悉，管理制度也未能适应这一新的情况，以致持有无人机舱船级的船舶有一半没有实行无人值班，没有发挥出现代化设备应有的经济效益。有的船舶虽已实行了无人值班，但随时有被弃置不用的危险。这种落后现象主要表现在以下几个方面：

（一）双重"瓶颈"阻碍了船员的技能更新

船员的业务技术水平低，文化水平也偏低。尤其是船舶自动化设备的说明，大都是用英语标注的，毫无英语基础的船员，学习起来难度非常大。而另一方面，有关船舶自动化方面的教学设施和教学方法也不适合当前的需求。学与教的两大"瓶颈"均未能突破。

（二）先进的设备被落后的管理所制约

已实行无人机舱的船舶主要依靠定船的轮机长、电机员，由于部门之间配合不够，轮机长、电机员调动缺乏联系，造成一部分比较熟悉自动化原理和设备的轮机长、电机员在船上时，则实行了自动化，换了一批干部，自动化系统即可能被停用，或管理不当使设备遭受损害。

（三）利益驱动原则没有向高技术岗位倾斜

船舶自动化对轮机长、电机员的要求，不论在技术水平、文化水平、管理水平都较非自动化船舶要高，经济待遇应有所区别，在这方面特别是电机员普遍反映强烈。自动化船舶对轮机长、电机员要求高、责任重、劳动强度大，但在待遇标准上却没有向他们倾斜，以致相当多的轮机长、电机员不愿意上自动化船上工作或不愿实行无人机舱。

（四）岸基指挥系统未能与自动化程度相匹配

陆上领导机关缺乏专业干部，尤其缺少具有较高计算机应用水准的领导和部门人员，没有做好专业技术指导、监督工作。针对船舶自动化的相关管理制度也不健全。

从远洋船队技术构成看，属自动化机舱增长较快，如果上述问题不能及时地、富有成效地加以解决，将会严重影响远洋船队发展和保持正常运营。

三、成立广州希云自动化有限公司

随着广州地区现代化船舶的日益增多，自动化控制系统的修理任务越来越繁重，而广州地区却没有一家维修保养船舶自动化系统的单位，这些船舶不得不到国外修理。这样，不但损失大量外汇，而且使自己的专业人员得不到培养和锻炼。据统计，仅广州远洋一家就有自动化船舶30多条，每年到国外修理的费用多达30多万元。

本着从国外引进技术和设备，培养一支维修保养船舶自动化系统的技术队伍，扩大修船项目，开辟自动化修理的国际业务的目标，总公司对广州远洋、文冲船厂与英国希云自动化技术公司合资成立广州希云自动化有限公司的可行性进行了研究，厂址设在广州黄埔文冲船厂。

文冲船厂是交通部在华南地区最大的一家船厂，拥有职工6000多人，有20多年的修造船经验，能修理除自动化外的各种类型船舶及万吨以下船舶的造船能力。该厂地处珠江下游，江面宽阔，邻近港澳，位于黄埔港与新港之间。离广州25公里，距香港100多公里，交通运输方便，加上该厂拥有万吨以上船坞两座、长约1公里的修船码头以及优良的起重设备，给修船带来了极大便利。

1982年6月2日，交通部批复了"广州希云自动化有限公司"（以下简称"希云公司"）的合营项目。希云公司成立后，中远总公司有了自己的自动化船舶维修基地，该公司还为四航局、广州航道局船舶服务，为停泊在中国南方港口和航行在中国海域的外轮服务，为国内外陆用工程如石油化工、大气监测、污水处理、机械的程序控制以及近海工程如海上石油钻探平台等自动化系统服务。更为重要的是，希云公司充分利用自身的有利条件，源源不断地为中远各船公司培训高、中、低端自动化人才，实现了公司成立认证的各种经济效益和人才培养目标。

四、多管齐下推进船舶自动化建设

（一）打牢自动化建设基础

1. 建立健全自动化船舶管理制度。由总公司牵头分公司派人参与的集中编写"自动化船舶（无人值班或一人值班）机舱守则""分工明细表""值班制度""白天工作制度""自修与厂修范围""动力设备维修制度""自动化设备性能的检测、模拟、调试维修周期表"等一系列制度规范，为中远系统船舶自动化建设奠定制度基础。

2. 建立公司自动化专业小组。各公司挑选较为年轻的人员，设置专职自动化小组，负责监督船舶自动化设备的管理，帮助船舶制订切实可行的自动化系统的管理细则，有针对性地解决船舶存在的常见问题。

3. 建立自动化维修点。组织专业为人员到相关科研所、设计院和院校进行自动化业务技术学习与咨询。同时，充分利用现有的广州希云公司技术资源，开展船舶自动化机器设备修理工作。

4. 组织机关及船员培训。各船公司创造条件培训自动化管理人员，实施脱产到院校进修，参加短期培训班，组织机关管理人员跟船实习等。到1989年底，总公司统一组织的船舶自动化培训班已举办了11期，仅这一期参加培训的机关及船员就有219人。通过大面积培训，船岸自动化人才队伍无论在质量上还是在数量都得到了巩固和加强。

（二）加快船舶自动化建设步伐

到了20世纪80年代中期，中远船舶机舱自动化发展较快。这一时期，中远总公司几次召开买造船会议，确立了船舶自动化建设的发展的方向，规定"六五"期间购造船舶机舱自动化的技术要求：除6万吨油轮设无人机舱外，其余均设置集中控制室及驾驶台遥控设备。1983年4月，中远总公司召开第一次自动化机舱管理经验交流会，讨论全自动化机舱的管理制度，组织自动化装置的专业维修队和加速船岸自动化设备管理人员的培训方法等。截至

1985年8月，中远直属公司有自动化船舶129艘，占船舶总数的27.3%（表6-4）。随着造船技术的进步，船舶自动化程度越来越高。"七五"期间，中远购造的船舶多为设备良好，有不同程度的自动装置。1988年，自动化船舶艘数已提高到占整个船队的30%。仅广州远洋1990年有112艘船舶装有不同程度的自动化设备，占船舶总数的77%；上海远洋拥有驾驶台遥控的无人机舱船舶59艘，占船舶总数的40%。

1985年8月中远自动化船概况表 表6-4

公司	船数（艘）	自动化船数		占船队比例（%）	实行无人机舱		备注
		无人机舱	一人值班		船数（艘）	比例（%）	
广州远洋	150	33	25	38.7	16	48.5	
上海远洋	145	35	5	27.6	34	97	
天津远洋	102	7	7	13.7	0	0	
青岛远洋	48	7	4	23	6	85.7	
大连远洋	26	4	2	23.1	4	100	
合计	471	86 / 129	48	27.3	60	69.8	

（三）成立STL自动化设备服务中心

为确保船舶安全，加强自动化设备维修管理，减少外汇流失、增加收入并培养自己的技术骨干，更好地为中外船舶服务，中远总公司决定在上海成立丹麦STL自动化设备公司上海服务中心。

丹麦自动化设备公司（以下简称STL）与B&W主机制造厂合作生产的主机遥控配套设备及监测报警系统被许多国家船舶所使用，在中远的船舶上也已有20多套，并将不断增加。为了适应这些设备在华维修需要，STL公司一年前就提出了在中国建立服务中心的要求。

1986年4月15日，中远总公司下发了《关于丹麦STL自动化设备公司上海服务中心正式成立的通知》，该服务中心体制上属总公司设在上海并由上海远洋负责管理和经营，其主要负责维修保养中远船上自动化设备，培训自动化管理人员，以确保航行安全。中心成立后，充分发挥出了自身的优势，为中远总公司船舶自动化建设做出了积极的贡献。

1988年11月21日，中远总公司做出了《关于中远自动化服务中心归上远公司管理和同意成立合资企业的决定》，进一步顺了服务中心隶属关系，更大限度地发挥了服务中心在推进中远船舶自动化建设的作用。

进入20世纪90年代，随着世界经济和技术的飞速发展，信息化已成为一个国家经济和社会发展的关键环节，成为衡量国家现代化和综合国力的重要标志，国际社会为了争取生存和发展主动权，掀起了全球的信息化浪潮。这场信息化浪潮，不仅推动着世界经济的调整和发展，也在引发人们生活习惯、工作方式、价值观念，以及思维方式等诸多方面的深刻变革，从而进一步促进人类社会的巨大进步。作为航运企业，谁率先掌握并合理利用了信息资源和技术，谁就会在新的市场竞争中占领制高点，掌握主动权。中远总公司正是在这样一种背景下，加大了船舶自动化改造的力度，而且从造船端开始发力，构建完整的船舶自动化系统，一步步成为引领远洋运输潮流的新型企业集团。

第六节　开展科技研究工作

中远重视科技研究工作的开展，在经济航线的探索、节油降耗以及第三代集装箱研究等方面都取得了重要成绩，有些成果获得国家级奖励，有些成果的技术指标达到国际先进水平。中远还利用计算机设备，开发多种应用软件，不同程度地满足了公司有关业务数据处理的要求，广泛应用到船岸企业管理的生产、安全、人事、财务、统计、市场调研等各方面，提高了工作效率和企业的经济效益。

一、研究机构的变革

20世纪80年代初，中远系统的组织机构主要是远洋科技办公室，这是在1978年召开全国和交通部科学技术大会的形势下建立起来的。对远洋企业来讲，这是一项新的工作。因此，在科技办公室建立后，它的工作方向、任务是在实践中进行探索，逐步明确的。而各公司的体制也根据各自的实际情况而确定。主要存在着三种组织形式：一种如总公司、上海远洋、大连远洋成立了科技办公室；另一种是广州远洋与教育处合并在一起，第三种是天津远洋、青岛远洋，与船技处合并在一起。由于科技办公室本身机构尚不够健全，人员不够齐备等原因，在开展工作中也遇到了一些困难，两年多来基本上处于摸索阶段。

实践中，广大职工一致认为，科技办公室是企业中科技工作的组织管理部门；它的工作方针是使科学技术走在运输生产建设的前面，紧密围绕运输生产，为运输生产服务。远洋科技工作要从远洋运输的现状与实际需要出发，围绕远景发展、技术政策以及日常的增产节约、安全生产等方面，为改善和提高运输管理水平，为建设一支现代化的远洋运输船队服务。在这样一种远洋科研思想的指导下，中远的科技研究机构先后进行了几次调整。

1985年7月27日，中远总公司对下设的部分机构的名称进行更改，其中把原资料室改为政策法律处，1989年2月1日，中远总公司机构改革，在总经理办公室设置信息调研处和法律处，以取代原政策法律处的职能，企业经营研究方面主要由信息调研处承担。9月，中远总公司机构又进行改革，总经理办公室下设政策研究室取代原信息调研处的职能。1992年12月30日，中远总公司总经理办公会研究决定，中远集团成立后，总裁事务部下设政策调研处。

1985年7月27日，中远总公司对下设的部分机构的名称进行更改，原科技办公室更改为科技处，1989年2月1日，中远总公司机构改革，撤销科技处，9月，中远总公司机构又进行改革，在本次改革中又恢复了科技处。科技处隶属于技术部下面的一个处室。

二、科研工作的开展

中远总公司重组后,在远洋科技研究上作了不少有益的探索。1978年"耀华"轮船长王光祯探索的横渡印度洋经济航线获全国科学大会成果奖。

1978年,中远总公司科技办公室成立后,中远结合远洋运输的专业特点,开展了大量的科技研究工作。大力推广新技术,更新船舶技术装备,搞好船队技术管理和节能、安全的技术改造工作。

为适应航运市场的需要,中远参与了第三代大型集装箱船的研究开发工作,依靠技术进步选择最佳船型,优化主机机型,采用先进的副机和通信设备,使中远第三代集装箱船(2700TEU)具有阻力小、装箱量大、稳性好、振动小等优点,而且节省了大量费用,仅主机优化一项就节约75万美元,船舶技术指标达到国际先进水平。

燃油费用是中远船队经营中开支比重较大的一项。积极组织推广节能先进技术、制订和落实节能措施,向节能要效益被列为中远科技研究的重要课题之一。1982年,上海远洋和上海船舶运输科研所共同完成大功率柴油机船减速运行技术研究。实践表明,大功率柴油机减功50%运行时,可节省大量燃油。1983年,天津远洋又与上海船舶运输科研所合作,针对柴油机船因船壳污底等原因,引起螺旋桨与主机不相匹配而使油耗提高,共同研究出螺旋桨削边技术。中远各公司还先后研制采用了主机优化调整、使用小油头、增压器透平改造、防腐蚀油漆(SPC油漆)、船舶最佳纵倾调整、气象导航等20余项节能技术,使中远船舶燃油费用,由1980年前占运输成本的28%,降为1992年的11.3%,共节油84万吨,合人民币近3.5亿元。在历年全国节油评比中,中远总公司及所属公司多次被评为节能先进企业。其中,1983年,广州远洋获交通部授予的国家三级节能先进企业,上海远洋、天津远洋、青岛远洋获交通部交通运输节能先进企业;1986年,上海远洋、广州远洋、天津远洋分获交通部授予的全国交通系统节能一、二、三级先进企业;1987年,天津远洋船技处热工科获交通部最佳纵倾节能技术科学进步奖;青岛远洋获山东省"节能先进单位"称号;1988年,青岛远洋获交通部授予的国家节能一级企业、上海远洋和大连远洋为国家节能二级企业。1988年、1990年中远总公司获交通部授予的国家节能二级企业;1991年青岛远洋获国家经委授予的全国节能先进企业、交通部交通系统样板企业。

依靠技术进步,推广和采用新技术、新设备,加强船队技术管理和船舶维修保养,确保船舶安全航行,是中远科技常抓不懈的一项工作。这一时期,中远船队平均船龄为14年,其中老龄、超龄船占1/3。从1988年起,中远科技人员狠抓船舶状态监测、故障诊断和插板管理(CWBT),在实船试点的基础上,推广应用CWBT技术。CWBT是上海远洋在吸取国外先进经验的基础上,与有关单位合作编制的插板式船舶维修保养系统,是一种比较先进的船舶机务管理制度。到1992年,已有100多艘船舶应用这项技术,它对加强计划维修,保证设备完好起到重要作用。

三、科研成果的应用

远洋科技工作在各级党委和公司领导的支持下,在科技办公室同志们的努力下得以顺利展开。各公司结合各自的实际情况,在制订远洋科技规划,组织交通部重点科研项目的落实方面，在船舶自动化设备的技术管理及其资料的翻译、编辑和出版成册方面，在节约能源的技术措施、防污染的技术措施方面，在航海符号标准化的研究方面，在科普讲座和学术交流方面，在电子计算机系统的筹建和应用程序的开发及人员的培训方面，在工程技术人员的技术职称评定方面等，都做了大量的组织工作和实际工作，并取得了一定的成绩。

在广大科研工作者的共同努力下，中远科技工作取得好成绩，多次获国家、部、市级科技奖。其中，中远总公司荣获1986—1990年度国家级企业技术进步奖；中远信息系统获第二届全国电子信息应用展览会优秀项目奖；上海远洋的"主机优化调整"荣获全国科技大会成果发明三等奖；大连远洋"高黏度原油洗舱工艺的研究"获交通部科技成果奖；1988年3月2日广州远洋戎嘉隆设计的尾翼式中远六型锚（zy-6）获国家专利，1989年被定为国家标准锚。广州远洋研制的不易倾斜的系船浮筒和青岛远洋研制的防腐防护装置也分别获国家专利。1992年，中远在全国科技进步评奖活动中被授予科技进步先进单位。

第七章
国家间合作经营的公司

1978年12月,党的十一届三中全会召开,中国进入了改革开放年代,经济开始迅速发展,全国各地基础建设和技术革新如火如荼地进行,国内对各种物资及对国外先进技术设备的需求大幅度增加。而这一时期的国际形势随着国内政治经济形势持续好转,也发生了深刻的变化,中国相继与欧美等发达国家建立了正常的邦交关系,国际上对中国的制裁逐步被加强合作所代替。中国与世界各国的贸易量迅速提升,为航运市场的繁荣提供了难得的历史性机遇。

第一节 稳步发展的中波轮船股份公司

中波轮船股份公司是新中国最早的中外合资的远洋运输企业。在长期的发展中迈入改革开放的新时期。1979—1992年,中波公司经营状况良好,货源稳定,收入稳定,利润稳定,远洋运输事业稳步发展(图7-1)。

一、公司的基本概况

20世纪50年代初,新中国进入了新民主主义向社会主义的过渡阶段,亟须各种生产建设物资,寻求国际社会主义阵营的大力支持,打破对华海上禁运和封锁,打通海上

图7-1 1991年初,中波公司波兰分公司搬迁至格丁尼亚西里西亚大街17号,图为公司办公大楼。

经济航路迫在眉睫。面对反华势力对华禁运及军事封锁的极度困难局面,毛泽东主席发出了建设"海上铁路"的号召,中央领导和政府相关部门全力以赴谋划海上运输事业。1951年6月15日,在毛泽东、周恩来、邓小平、陈云和李富春等老一辈无产阶级革命家亲切关怀和直接指导下,中国和波兰两国政府经过一年多商谈酝酿,本着合作互利、股权对等的原则,合资组建了中波轮船股份公司,开辟了第一条沟通亚欧的国际远洋航线,开启了新中国远洋运输事业新的篇章。

20世纪60—70年代,中远总公司在发挥和巩固中波公司传统航线优势的同时,根据业务发展需要,不断开辟新航线,全力以赴加强与主要货主中租公司的合作,公司业务量不断扩大,并逐步把航线扩大到北非和黑海港口。1978年12月19日,中波公司"普鲁斯"轮用集装箱承运拖拉机,开始了公司集装箱运输业务。

中波公司坚持以安全优质服务吸引货主,提高服务质量。改革开放以来,中波公司船舶运输了大量大型、超大型、精密成套设备。如葛洲坝电站发电机组、上海地铁一号线、二号线的全部车厢、中国出口叙利亚的电站设备等,均安全优质运抵目的港,受到货主的好评。中波公司在中欧航线竞争十分激烈的情况下,仍较好地巩固了在国际航运市场中的份额,1984—1989年,货运量持续在百万吨以上,每年实现利润率在10%左右,也是公

司历史上获得利润最好的时期之一。

自1989年下半年起,东欧局势的动荡开始影响中波公司。中国与东欧贸易的锐减,使中波航线两端基本港,尤其是波中航向的货源严重不足。中波航向的FOB(离岸价格)货载由1983年的20余万吨减至2万吨,波中航向的FOB货载由1983年的50万吨减至15万吨,公司的航运生产,从原来的"给米下锅"变成了"找米下锅",有时甚至"无米下锅"。中国与波兰及东欧各国间也由易货贸易改为现汇贸易,结算方法由清算外汇改为自由外汇结算,这标志着社会主义阵营内计划经济体制下的贸易方式的彻底结束。这一年,中波公司16艘次船舶因波兰无货只好中途转向第三国港口,有的不得不改为期租。公司的航运经营从1989年的顶峰一下子跌到了低谷,中波公司面临自成立以来最为严峻的困难和挑战。

面对严峻的局面,中波公司在交通部,中远总公司,上海市委、市府和交通党委的正确领导下,冷静地分析公司各种有利和不利因素,如实地把公司在经营方面遇到的困难告诉全体职工,依靠和动员全体船岸职工,群策群力,为战胜困难付出了艰苦的努力。

二、主营业务发展

(一)抢抓机遇扩大船队规模

1978年9月23日,交通部副部长彭德清会见了波兰外贸和海洋经济部代表团,并陪同中、波双方代表团出席了上海船厂为公司建造的"绍兴"轮(图7-2)交接酒会。中波公司在上海船厂建造的"绍兴"轮的投入营运,这是中国出口的第一艘船舶,也是公司拥有的第一艘中国建造的新船。

1978年9月16—25日,公司股东会第十四次会议在北京召开,批准了公司1978—1982年购买4—6艘新船的企业发展计划,并力争超过这一目标。到1978年底,公司拥有的船舶数量增至21艘,载重量达26.5万吨。

图7-2 1978年底加入中波公司船队的"绍兴"轮,是中国出口的第一艘万吨货轮,也是中波公司拥有的第一艘中国建造的船舶。

1979年7月6日,公司与中国机械进出口公司在上海签订了为公司建造3艘多用途干杂货船"鲁班""张衡""华佗"轮,合同船价每船为2219.4万瑞士法郎。同日,公司与波兰船舶进出口公司在上海签订了购买3艘16000载重吨多用途干杂货船"派兰道夫斯基"①、"卡罗维奇"和"柴诺瓦"轮,合同船价每船为1371.8万美元。

1980年,股东会双方股东认为,公司1983年以后的船舶基建计划应根据公司基建资金积累情况以及中波航线海上货物运输现代化的要求,即装卸技术的新发展、货源结构的

---

① 波方船名一般重复使用,旧船退役后,新造船启用旧船名。船名多取自波兰著名人物,有艺术家、政治人物、诗人等。

变化等因素考虑安排，并要求公司经理部门提出方案，提交下次股东会议讨论。

1984年9月4—14日，公司股东会第十七次会议在波兰举行。中方股东代表交通部副部长郑光迪和波方股东代表海洋经济局第一副部长波斯彼欣斯基出席了会议。股东会指出面对世界航运持续艰难和竞争激烈的现实，公司应进一步减少开支，降低成本，改善管理，提高经营能力。在会议上，波方股东多次对以中波公司为中心的两国航运合作给予高度评价，称这个唯一的政府级合营企业是"中波人民友谊的桥梁"，是"国际合作的榜样"。

1986年6月27日，公司与香港华夏公司签订了购买"TERRIER"轮和"BARBER-TSU"轮，改名为"波库依""布拉卡"轮和"大禹""蔡伦"轮，船价各为385万美元。

1988年12月21日，公司与南斯拉夫里耶卡五·三船厂签订建造4艘载重量各为22000吨、单船造价196万瑞士法郎的合同。1989年11月3日，第一艘新造船开始铺设龙骨。4艘新船分别是"西蒙诺夫斯基""维尼亚夫斯基""崇明""嘉兴"轮。

随着中国实行改革和对外开放政策，公司的船队也加快了现代化建设的步伐。到1992年底，公司1974年以前建造的旧船全部退出营运，公司拥有23艘万吨以上多用途杂货船，平均船龄为8.9年，绝大多数为无人机舱自动化船，成为中国远洋最年轻、自动化程度最高的船队之一（表7-1）。

中波轮船股份公司1979—1992年船队发展统计　　表7-1

序号	船　名	建造年份	建造国家	投入营运（年月）	载重吨（吨）	备　注
1	弗莱特洛	1979	波兰	1979.5.25	16698	1993年1月8日退出营运，售予海南环岛公司
2	鲁班	1981	中国	1981.12.13	16152	2010年2月23日退出营运，售予中方。3月3日在江苏靖江举行退役仪式。是公司第一次举行此项仪式
3	派兰道夫斯基	1982	波兰	1982.2.10	15754	1997年7月11日退出营运
4	张衡	1982	中国	1982.6.28	16078	1997年4月23日退出营运，售予波美航运公司
5	卡洛维奇	1982	中国	1982.9.22	15754	1997年10月17日退出营运
6	柴依诺瓦	1983	波兰	1982.12.31	15623	2010年4月9日退出营运
7	华佗	1983	中国	1983.6.16	15753	2010年2月1日退出营运，售予中方
8	屈原	1983	中国	1983.12.23	15753	1997年5月27日退出营运，售予波美航运公司
9	德乌果士	1984	波兰	1984.3.30	15622	2010年8月16日退出营运
10	帕拉查	1977	日本	1985.10	22050	2003年6月9日退出营运
11	蔡伦	1977	日本	1986.2	27739	1991年11月改名为卡尼弗尔，改挂塞浦路斯旗。2008年6月23日退出营运，售予中方
12	波库依	1977	日本	1986.10	27817	2008年9月11日退出营运

续上表

序号	船 名	建造		投入营运（年月）	载重吨（吨）	备 注
		年份	国家			
13	大禹	1977	日本	1986.10	27817	1991年11月改名为埃佛哈佩，改挂塞浦路斯旗。2006年4月26日退出公司营运，售予中方
14	普鲁斯	1979	挪威	1987.8	24230	2009年1月29日退出营运
15	李白	1988	中国	1988.6.24	18144	
16	鲁迅	1988	中国	1988.11.16	18144	
17	肖邦	1989	中国	1989.1.27	18144	
18	莫纽斯克	1989	中国	1989.8.15	18144	
19	西蒙诺夫斯基	1991	南斯拉夫	1991.6.26	22130	2009年上半年进行重吊改造，使中间一对船吊的起吊能力达到2×150吨
20	维尼亚夫斯基	1992	克罗地亚	1992.5.19	22130	2009年上半年进行重吊改造，使中间一对船吊的起吊能力达到2×150吨
21	嘉兴	1992	克罗地亚	1992.9.30	22109	2008年下半年进行重吊改造，使中间一对船吊的起吊能力达到2×150吨

（二）不失时机开辟远洋航线

在这期间，中波公司除了继续发挥和巩固传统航线的优势以外，也根据业务发展需要，不断开辟新航线。20世纪70年代末，中波公司加强了与主要货主中租公司的合作，公司业务量不断扩大，并逐步把航线扩大到北非和黑海港口。1978年12月19日，中波公司"普鲁斯"轮用集装箱承运拖拉机，开始了公司集装箱运输业务。1980年，公司还与中租公司签订了协议，开辟了中国至北欧的定期班轮航线。20世纪80年代初，由于波中航线货源奇缺，运力严重过剩，为改善公司经营状况，1981年8月1日，经与中租公司洽商并报远洋运输局同意，公司首次派中国旗船"永兴"轮自波兰赴美国南部港口查尔斯顿（Charleston）装运化纤来华北港口，该美国港口是中波公司船舶第一次挂靠。从1982年开始，中波公司的船舶每月一次定期挂靠香港；80年代后期，又陆续开辟了上海至新加坡、新加坡至达尔贝达、科伦坡至利比亚的茶叶航线，以及大连至香港航线。

1987年，中波公司进行了捎带集装箱班轮运输的试点，并取得成功。集装箱运输的发展，不仅稳住了原来的传统货载，同时还吸收了不少新的货载，也获得了良好的效益。1989年挂波兰旗的船舶首次挂靠韩国港口。这些新航线的开辟，对于巩固和发展中波公司业务，扩大中波公司影响力和知名度，提高公司经营效益，均起到了非常积极的作用。这一时期，中波公司除了上海总公司和格丁尼亚分公司有揽货部门负责货源安排运输外，仅有北京代表处承揽少量货载。

1990年5月17日，"莫纽斯克"轮首次挂靠台湾基隆港；9月22日，"德乌果士"轮靠泊胡志明市和岘港，这是中波公司船舶中断12年之后重新靠泊越南港口。这些新航线的开辟，对于巩固和发展中波公司业务，扩大中波公司影响力和知名度，提高公司经营效益，均起到了非常积极的作用。

这一时期，中波公司在坚持传统航线的基础上，还开启了两条散杂货捎带集装箱班轮航线，一条从天津新港、上海、新加坡—鹿特丹、汉堡、赫尔辛堡、格丁尼亚；另一条从青岛、韩国、香港—安特卫普、鹿特丹、格丁尼亚；把原有的上海至摩洛哥的茶叶航班扩展为大连、上海、新加坡—达尔贝达、欧洲；根据货源流向，随时安排不定期航班，如：大连、青岛—欧洲航班扩展为大连、青岛、新加坡或马来西亚、曼谷—欧洲港口；黄埔、湛江、科伦坡—利比亚、欧洲航班等。1990年2月9日，中波公司"蔡伦"轮承运从联邦德国出口用于葛洲坝的50万伏直流输电工程两台各重245吨的换流变压器安全抵达上海，转运葛洲坝。公司承运特大件高精尖生产设备获得了一次性成功。这一胜利大大鼓舞了中波公司战胜困难的信心，也提升了中波公司的影响力。

（三）加大力度揽取优质货源

这一时期，随着业务的发展，中波公司的业务范围不断扩大。公司从创建初期只停靠少数国家与港口的单一航线，至20世纪80年代末已逐步发展为挂靠50多个国家、250多个港口的复杂航线，货运装载也由刚开始的机器设备、矿物、粮食等少数品种发展到集装箱、冷藏、超大超宽超重等技术要求较高的多品种货物。为适应航运发展的需求，为船舶提供更加合理周到的服务并加强船舶的现场管理和达到速遣的效果，中波公司根据业务的需要在班轮航线到达和公司船舶经常挂靠的港口，均有比较固定的代理，并建立长期代理关系，密切了与货主等有关方面的联系和合作，提高了公司的服务质量，扩大了揽货网点。

1990年，面对货源严重缺乏的不利形势，中波公司开始走出家门，派员参加了"广交会""上海小交会""哈交会"和"大连交易会"；参加了天富公司举办的业务洽谈会；在无锡举办了中波公司与上海各主要货主"业务恳谈会"。通过这些活动，总公司积极主动地向货主介绍经营的航线、航班和扩展的港口，扩大和密切与货主的联系。9月，总公司经理会议又决定在1991年更换鹿特丹、安特卫普的代理，作为强化国外代理，揽取市场货载的又一措施。同时，要求香港、新加坡、西欧港口代理除了积极揽取市场货载外，还要与当地货运公司建立联系。12月，总公司分别又在香港、天津派驻了航运代表。

（四）加强运营管理

这一时期，为了适应货源、货种、货物流向的变化，公司在中欧向主要以搞好3艘集装箱捎带班轮航线为重点、适当安排剩余运力期租相结合的办法，来稳定传统航线上的货运工作。欧中向当年正式对外宣布开启每月两班的西北欧—中国远东件杂货定期班轮航线，中波公司件杂货定期班轮航线由此诞生。同时积极开拓欧洲至印度尼西亚、中国台湾、日本、韩国的航线，取得良好的经济效果。为适应进出中国台湾、韩国港口的特定要求，经股东会批准，公司将"蔡伦"和"大禹"两艘中国旗船改为方便旗，并分别改名为"卡尼佛尔""埃佛·哈佩"轮。为了克服货源紧张、国内港口拥挤的问题，航运部门加强现场调度，积极协商各方，合理调度，选调船舶，对加快船舶周转、降低成本产生了积极的作用。此外，针对货源格外紧缺的问题，及时安排剩余运力期租。

1991年，共期租12艘次，期租费用盈利182.5万瑞士法郎，不仅缓解了货源不足的矛盾，而且对公司全面完成年度货运财务计划起了积极的作用。这一年在船舶减少两艘的情况下共完成货运量130多万吨，是中波公司有史以来的第二高位。

1992年，公司在总结了前几年面向市场、改善经营的经验基础上，适应市场经济的特点，进一步发挥中波公司货运质量好、服务好、信誉好的优势，努力在激烈的竞争中打开新局面。面对欧亚航线船舶增多、竞争激烈的情况，公司及时采取措施，稳定这一传统航线上的经营。除一般货运之外，公司保证了西行每月有受载班期，主要是：新港、青岛、上海至欧洲的班轮和上海至摩洛哥的茶叶班轮；东行每月二班的船期。同时根据货源情况和货主的要求，安排加班船，为货主提供服务。针对欧洲回程集装箱货少、空箱返回困难的情况，公司除对自备箱和租箱加强跟踪管理、加快周转外，1992年，还租用了部分单程箱，为集装箱运输节省了不少费用。为缩短船期，船岸职工密切配合，争分夺秒早开航。1992年单航次平均时间缩短到了70.94天。

在货物装卸及中途管理上，船岸职工克服人员少、任务重的情况，航运调度经常到装卸现场了解情况，船舶值班人员坚守岗位、严格把关，发现问题及时与有关方面交涉，把住了装卸关。各船也积极行动，配合公司认真开展货运管理的QC活动，加强绑扎加固和途中检查，确保货运质量。1992年，公司承运的各类设备均完好无损地交到货主手中，得到货主和有关方面的好评。中波公司1979—1992年运输生产、财务情况见表7-2。

中波公司1979—1992年运输生产、财务情况表　　　　表7-2

年度	船舶艘数	货运量（吨）		货物周转量（千吨海里）		营运利润率	营运利润为计划%
		完成	为计划%	完成	为计划%		
1979	21	690379	100.04	7904014	100.69	11.92%	135.98
1980	20	706981	118.16	8192437	132.14	23.36%	203.65
1981	20	657441	111.43	7606854	118.85	19.79%	203.18
1982	21	835166	136.91	9316340	137.01	12.11%	150.75
1983	23	942301	116.77	10835020	119.07	6.25%	119.01
1984	24	1094402	117.05	12023553	119.35	7.40%	167.47
1985	23	1029229	105.02	11443907	102.8	10.36%	298.1
1986	23	1071239	116.44	12052650	120.9	10.02%	196.91
1987	21	1228964	133.58	13509094	134.28	10.69%	163.28
1988	21	1128078	112.81	12422406	109.26	11.39%	166.16
1989	23	1141284	114.18	12455609	109.56	8.84%	159.05
1990	21	1374266	171.7	14088255	195.67	3.52%	248.11
1991	19	1312306	136.7	13405138	164.5	0.73%	89.76
1992	21	1327007	120.64	13271065	102.3	1.75%	116.37

三、拓展新的利润增长点

（一）兴办陆上产业

中波公司陆上产业起步于20世纪80年代。党的十一届三中全会后，中国实行改革开放的政策，各行各业百废俱兴。20世纪80年代初，随着中国改革开放政策的深入实施，全国投身经济建设的热情高涨，新办企业如雨后春笋般在全国各地兴起，也给中波公司注入了新的活力。中波两国股东批准公司积极推行"航运为主，多种经营"的经营方针。1984年，中远总公司确定了"以航运为主，在发挥航运优势的原则下积极开展多种经营"的方针，制定了《中远总公司关于多种经营工作的暂行办法》。中波公司作为两国政府间合资企业，由于一直都是在计划体制下经营，受到两国政府的政策扶持，货源稳定，旱涝保收。正因为有体制作保障，公司航运主业利润丰厚，所以发展陆上产业的内生动力不足，兴办陆上产业起步较晚，直到1984年6月，才由中波公司中方投资注册，成立了首家"三产"企业——"华兰船舶服务社"，后更名为"上海华兰船舶服务公司"，于1996年重新注册为"上海汇利船务公司"。成立"华兰船舶服务社"的初衷是依托航运主业，发展多元化产业，安置部分因各种原因不能上船工作的船员以及家属工作，解决就业问题。公司仅通过部分业务从外包转给华兰船务，赢得一些利润后用以增加职工福利，在逢年过节时发放给职工部分农副产品。由于中波公司对发展三产要求不高，缺乏长期发展目标，因此在邓小平同志南方谈话前，中波公司的"三产"企业仅此一家，且一直处于维持状态，错失了许多发展机遇，陆上产业处于投入少、地位低、规模小的境地。

20世纪90年代初期，航运主业受苏联解体和东欧剧变的影响，中国与波兰等国家的易货贸易形式不复存在，取而代之的是市场经济环境下的现汇贸易，中波公司长期以来依托计划经济下的传统货源急剧下降。中波传统航线上有多家中外航运公司相继进入，偏偏又恰逢国际航运市场进入萧条期，市场竞争愈加激烈，原来对中波有利的政策保护成为过去，企业面临着有史以来最为严峻的挑战。发展陆上产业，增加新的效益增长点逐渐提上了议事日程。

邓小平同志南方谈话以后，面对市场经济的冲击和改革开放的大潮，为适应市场的变化，提高自身竞争优势，公司提出了用全新思维，解放思想，以现代企业制度为标准，把中波公司建成一个有一定规模的多元化的现代企业的设想。在1991年的工作会上，公司号召全体职工要变压力为动力，树立信心，眼睛向内，挖掘潜力。每一个职工要为中波公司走出低谷、重振雄风献计献策、努力工作。要清除任何因循守旧、悲观失望、无所作为、消极等待的思想。要跟上深化改革、扩大开放的形势，深刻领会并贯彻邓小平南方谈话精神，实施中波公司的二次创业，并首先从机构改革入手，精简企业人员，改变机构臃肿、人浮于事的不利局面，以提高效率和效益。

（二）拓展外代业务

1992年，国务院颁发了《国务院关于进一步改革国际海洋运输管理工作的通知》，指出放开货代、船代，允许多家经营，鼓励竞争，以提高服务质量，凡符合开业条件、合法经营的企业，经批准都可以从事货代、船代业务。国务院的通知，为中波公司从事货代、船代业务创造了有利条件。1992年2月下旬,波兰交通运输和海洋经济部部长和第一副部长在会见中波公司波兰分公司中方经理时,多次提到中波公司要扩大业务工作范围,发展其他方面的合作和发挥中波公司的特殊作用。3月中旬,中波公司向交通部请示有关扩大公司业务合作范围的问题,交通部批示:"设想很好,请提出扩展业务的方案。"4月14日,中波公司向中远总公司合作处提出了扩展经营范围的报告。1992年,中波公司修改了公司章程,进一步拓展了经营范围:为船舶提供代理服务,为其他公司办理总代理或监督代理业务,订舱、货运。自此,中波公司的陆上产业有了依据和基础,开始进入快速兴办阶段,先后成立了4家中波双方投资创办的企业、6家中方内部投资创办的企业和8家合营、租赁经营的企业。

(三) 开展多种经营

中波公司上上下下积极开动脑筋,寻找新的利益增长点。公司依据国家、市政府颁发的有关法规、法令,加快住宅旧区改造和新区建设,促进住宅商品化,发展中波房地产事业。1992年7月,上海华新房地产开发公司成立。其中中波公司投资400万元人民币,占投资总额26.7%;海口新海进出口公司投资450万元人民币,占比30%;上海电视进出口公司投资300万元人民币,占比20%;上海港务局申港商店投资250万元人民币,占比16.65%;中国外轮代理公司上海分公司投资100万元人民币,占比6.65%。该公司总投资额为1500万元人民币。公司性质为全民所有制企业,该公司主要经营范围为:房地产开发、代理买卖、调剂;兼营:建筑装潢材料、房屋出租、装修、业务咨询等。翌年5月,中波公司投资150万人民币,参与成立了华盛空运有限公司,占股40%。该公司主要经营国际航空货物进出口运输代理及仓储等业务。

1993年6月1日,中波公司利用中方内部的资金,又投资成立了华兰出租汽车公司,注册资本为50万人民币,后增资为630万人民币。公司主要经营范围:出租汽车客运、车辆修理、汽车零配件供应、代购代销等。该公司在经营活动中,严格按照"规范服务标准"经商,服务做到"文明礼貌、热情周到、经律严明、注重信誉",是上海市公用事业管理局"规范服务"的首批达标单位。

(四) 强化陆产管理

随着中波公司陆上产业的经营范围和规模的不断扩大,陆上企业管理松懈逐渐暴露出来,出现了不少问题。为规范企业管理,保证企业健康发展,中波公司在1992年10月批准成立了华兰实业总公司,投资额500万人民币,对所有陆上产业进行集中管理。1993年,中波公司下发了《关于加强和理顺中波公司三产企业管理的意见》,规定了华兰实业总公司对陆上产业实施管理的基本原则、开发新项目的原则要求和对陆上产业主要领导实施考核和培训工作要求,形成最初的中波公司陆上产业管理模式。

四、中波双方友好合作

在中波两国船员混编的过程中,由于管理体制、生活、语言等方面存在差异,两国人员经常会产生一些矛盾,对公司的安全生产直接产生影响。为此,在船员管理过程中,中波公司特别强调加强中波双方船员间的友好合作。

（一）维护船长、政委权威

在中波公司成立后相当长的一段时间里，中方船员的职位一般都不高，担任高级船员职务的也比较少，船长基本都是由波方船员担任的。因此与船长合作的好坏是双方船员能否搞好合作的关键。根据中波船员同船工作的特点，中波公司制定了有关规则，明确规定政委在船上的领导地位和两国船员之间的基本合作原则，以确保船舶生产的统一领导并充分发挥中方政委的领导作用。中波公司明确规定：

1. 船长是船上生产和行政的最高领导者，全体船员必须尊重并服从其指挥。

2. 政委是中方党组织在船上的代表，是负责处理中国船员内部事务的领导，是船长在生产工作中的助手，是负责处理双方船员合作问题的中方代表。

3. 为了更好地发挥船长的领导作用，船长有责任对较重大问题，特别是有关政治或中国船员的问题经常与中方政委协商，中方政委亦有责任对中方船员执行的生产任务、船员教育和生活等问题及时向船长汇报并提出改进工作的建议。

4. 关于中国船员的一般奖惩、提升等，船长应与政委共同研究决定，并在可能情况下报总公司或分公司批准。

5. 中波双方船员在海上或第三国港口发生纠纷时，船长和政委应从团结出发，本着友好合作、互信互谅精神，以适当方式求得在内部解决，防止事态扩大，以免被别有用心分子利用破坏中波两国的友谊和合作。

6. 中波船员的团结合作，不仅是船舶顺利生产的保证，而且会加强两国人民的友谊。船长与政委负有共同搞好合作的责任并应将船上合作情况作为航次报告的内容之一。

7. 公司行政部门对在合作中有显著成绩的船长、政委或其他船员给以表扬或物质奖励，对在合作中有缺点或错误者根据具体情况给以适当的批评或处分。

同时，中波公司党委注重加强船舶政治工作。政工部门定期召开政工会议，加强与波方管理人员的沟通，及时收集有关船员管理中的思想问题和遇到的矛盾，加强对船舶双方船员合作问题的教育，及时化解矛盾。

（二）结合实际提出严格要求

对中波公司中方船员，公司党委还提出了更高的要求：全体船员在业务、技术和行政工作中，应以身作则，积极完成工作任务，以模范行动影响对方。纯属船舶业务和技术工作应按海上惯例认真执行，无保留地服从船长领导，听从指挥。对出现的问题分清性质，分别以不同态度和方法对待，一切以友好团结为重，提高警惕，严防被敌人利用。针对工作生活最容易出现的问题，公司旗帜鲜明地做出"约法三章"，即"三防""四反""六个提倡"。

1. "三防"：防止态度急躁，方法简单；防止不分场合地公开议论对方是非；防止拉帮结伙搞小团体。

2. "四反"：反对硬碰硬顶，不服从领导；反对极端民主化，犯个人主义错误；反对斤斤计较工作上和生活上的细节；反对不顾大局，闹无原则纠纷。

3. "六个提倡"：提倡态度和蔼；提倡谦虚谨慎；提倡互谅互让；提倡注意礼节；提倡团结互助；提倡亲密合作。

（三）上下同心维护团结

公司党委高度重视中波双方的团结协作，不放过任何影响团结协作的问题和苗头，逢会必讲团结，发现问题及时解决，不绕弯子，不兜圈子，不回避矛盾，不遮掩问题，给基层做出榜样。公司党委在实施一系列有效措施的同时，还注意充分发挥船舶党支部的战斗堡垒作用，加强了中波双方船员的沟通和理解。船舶党团和工会组织也通过开展文体活动和组织到港船员旅游，消除彼此的一些误解和成见，有效地促进了双方的友好合作，保证了中波公司船舶的安全生产经营。

长期以来，中波公司船岸之间、船舶之间、船舶内部没有发生因双方不团结而造成不良影响的事件。

五、党建工作独具特色

中波公司党的建设、思想政治工作具有鲜明的特色。党组织从1951年4月到10月公司筹建时成立党小组，从1951年10月到1957年4月期间，成立了党支部，再从1957年4月到1992年12月成立公司党委，中波公司党组织从来都没有间断过党对企业的领导。无论在企业发展的哪一个历史时期，中波公司党组织都是坚定不移地在思想上、政治上、行动上同党中央保持高度一致，旗帜鲜明地学习贯彻落实党的一系列路线、方针、政策，一以贯之地执行上级党组织的决议决定和各项指示要求，坚持不懈地带领工团组织围绕公司中心任务开展多种行之有效的思想政治工作，团结动员和带领广大职工群众完成公司经营创效安全生产各项任务指标，为企业的建设发展提供了强有力智力支持和政治保证。

中波公司的发展史就是一部完整的贯穿企业发展全过程的中波党建史。

中共中波轮船股份公司委员会共经历了3任党委书记：徐文耀书记（1978年12月—1985年2）、赵继德书记（1985年2月—1990年9月）、张佑诚书记（1990年9月—1994年9月）。

（一）党的建设与机构调整

这一时期，中波公司党委面临的任务十分艰巨。国际上东欧剧变，苏联解体，波兰所处的国际环境异常复杂，国内也不安宁，对船员的思想产生了强烈冲击。中波员工和船员之间在合作上也出现了一些不和谐的情况。公司党委面对严峻的政治形势，审时度势，紧紧抓住船岸职工的思想波动、中波两国船员的友好合作等重点，加大了开展思想政治工作的力度，为两国贸易运输提供了可靠的安全保障。

1983年10月，中波公司党委根据上海市委指示和上海市交通党委的部署，总公司党委及机关开始整党，到1986年12月止，历时3年2个月，参加整党的党员530名。通过整党，党员的思想认识普遍得到提高，从理论上、思想上进一步肃清了"左"的思想，提高了广大党员的政治素养，较好地发挥了党员的先锋模范作用，为中波公司的发展做出了贡献。

1988年，中波公司贯彻中远总公司《远洋运输公司试行经理负责制的实施办法》等文件精神，中波公司对组织机构进行了改革调整，党委工作部门设党委办公室、组织处、纪检、工会和团委。中波公司党建思想政治工作在新的组织机构下开始运转。

（二）船舶党建思想政治工作

长期以来，中波公司船舶政治思想工作一直得到中国交通部政治部和波兰航运部政治部的指示和帮助。公司政治工作从一开始就确定了"面向生产，面向船舶"的原则，长期以来，始终如一实行"支部建在船上"的组织制度。船舶党支部处在运输生产的第一线，是党组织建在船上的战斗堡垒，是船舶的政治核心，也是向船员开展思想政治工作的主要阵地。但由于公司成立初期，船员党员数量较少，很难达到建立支部的人数要求，船舶党组织也是不对外公开的，主要是在每船派选合适的政治代表（后称为政委）辅助船舶安全生产，对船员开展思想政治工作。

20世纪80—90年代，中波公司党委加强了对船舶党支部的领导，在船舶思想政治工作方面出台了6项制度，即"三会一课"制度、民主生活会制度、党员汇报和联系群众制度、定期分析营运生产情况和思想动态制度、总结评比制度、请示报告制度，进一步加强了船舶党建中的制度建设。

这一时期，公司党委通过上船调研、问卷调查等形式，对船舶思想政治工作整体情况进行摸底，掌握了船舶思想政治工作薄弱环节，加强了对思想政治工作的规范和管理。1985年5月，中波公司党委制定下发了《船舶思想政治工作实施细则》，对船舶思想政治工作任务、原则、方法、基本内容等进行了更加清晰的规范，制定了更加明确的标准，使船舶思想政治工作逐步适应经济体制改革的需要，走上了系统化、制度化、正规化的轨道。

（三）涌现一批先进集体和英模人物

这一时期，中波公司涌现出一大批艰苦奋斗、发奋进取、业绩突出、勇于奉献的先进集体楷模和先进个人标兵。"华佗"轮荣获交通部1984年度"部级优质运输先进集体"称号，1988年"华佗"轮再次荣获交通部"1987—1988年质量安全优质先进船"荣誉称号。1987年，中波公司荣获上海市颁发的"安全航行一千天"锦旗。荣获交通部以上荣誉称号的先进个人：顾富生先后荣获1989年"全国劳动模范"荣誉称号、1987年全国海员工会颁发的"金锚奖"荣誉称号；夏玉书、吴建中分别荣获1980年、1987—1988年"全国交通系统劳动模范"荣誉称号；吴炳源、陈建军、申金昌分别荣获1991、1992年中国海员工会颁发的"金锚奖"荣誉称号。

（四）中波公司的成功运作成为国家间合作典范

1951—1992年，中国与波兰两国政府和人民共同缔造的中波轮船股份公司，历经42年风风雨雨，不断成长壮大，成为中波两国友谊的见证。

中波的历史，连接着昨天与今天，定义着过去和现在。在关键的时间节点回望历史，是拥抱未来的最好姿态。在1979—1992年这段历程中，中波公司共经历了3个重要的时间节点：1981年、1986年、1991年——它们是中波成立以来的30周年、40周年、50周年纪念日。

在中波公司成立30周年、35周年（图7-3、图7-4）、40周年时，公司均举行了隆重的庆典活动。在这些庆典活动上，两国政府领导、公司董事会、广大船岸职工济济一堂、共襄海事，既享受海运丰收的快乐，又在回望历史中得到启迪与汲取力量。如在中波公司成立40周年庆祝活动中，中、波两国多家新闻媒体对"新中国第一家中外合资企业不断发展壮大"为主题做了广泛深入的宣传报道。上海各大报纸、电台、电视台和中央驻沪新闻单位,以及中国香港、日本驻沪新闻记者在境内外报刊、电台共登载播发消息45篇,扩大了中波公司的对外影响。活动中,中波两国总理分别发来贺信,波兰总理别莱茨基赞扬"中波公司在长期合作中不仅为双方经济关系的发展做出了重要贡献,同时也为相距遥远的中波两国人民树立了和谐的有利于双方合作的典范";中国国务院总理李鹏赞扬中波公司40年来"为中波两国的经济建设做出了重要贡献","堪称中波两国友好合作的典范"。

图7-3　1986年9月5日,中波轮船股份公司举行成立35周年庆典活动。图为交通部部长钱永昌(前排左五)、副部长林祖乙(前排右四)波兰海洋经济部副部长波斯彼欣斯基(左六)等领导同中波公司代表合影。

图7-4　1986年9月6日,交通部副部长林祖乙(右四)、中远总公司副总经理卓东明(右一)陪同波兰海洋经济部副部长波斯彼欣斯基(左五)参观上海海运学院。

第二节　中坦联合海运公司的发展

1967年6月22日，在周恩来总理的亲切关怀和指导下，中国－坦桑尼亚联合海运公司（以下简称"中坦公司"）正式成立，中坦公司总部设在坦桑尼亚首都达累斯萨拉姆，在北京和新加坡设有办事处。中坦公司成立初期有"亚非""合作"两艘万吨货轮。"亚非"号挂中国国旗，配中国船员；"合作"号挂坦桑尼亚国旗，高级船员由中方选配，普通船员由坦方配备。为了帮助中坦公司发展生产经营，中远总公司、中国租船公司给中坦公司极大的支持和帮助，为中坦公司提供货源，特别是高运价的货源。中国各港口和外轮代理公司为中坦公司船舶提供各种方便，从而加速了该公司船舶的周转，提高了经济效益。

一、中坦公司的运营与发展

1979—1992年，是中坦公司平稳发展的时期。公司在这一时期中方总经理共经历4任：吕臻总经理（1977年8月—1984年6月）、方强功总经理（1984年6月—1989年5月）、陆鸿飞总经理（1989年5月—1992年6月）、魏家福总经理（1992年6月—1993年4月）。

中坦公司成立以后，共更新过2次船舶，第一代船舶共4艘："亚非""合作""遵化""恰姆维诺"轮；第二代船舶也是4艘，6.1万载重吨，其中中方船舶"平谷""顺义"轮挂中国旗；坦方船舶"鲁瓦哈""鲁伏"轮挂坦桑旗。主要经营中国—东非；红海—地中海—中国航线。

1986年12月，中坦公司总结了近一个阶段经营状况，概括为"一增""一软""一少"三种情况。"一增"是港口使费增加。1985年2月，中国港口使费上涨了40%，坦桑尼亚港口使费也于同月提高了40%，其他港口的费用也有不同程度的提高，对中坦公司的财政支出产生较大的影响。到了1986年，中国港口使费又上涨了15%，经营压力一年比一年大，而中坦公司几年来的经营情况也是一年比一年差，1986年，公司出现亏损。除了货源不足、运价偏低，外汇升值及经营管理上存在着一些问题外，港口使费过高是一个重要原因。"一软"是人民币软化。中坦公司使用中远运价本。在中坦公司经营的中国—东非—红海航线上，也有侨资班轮新加坡太平公司的船舶在营运，两家公司在航线、货物、船期等方面均一致，但太平公司的运价高出30%左右，对这个不合理的情况，中坦公司同外运公司协商，用中租公司2号运价本，该运价本以港元计价，这样就解决了人民币软化问题。"一少"是货源缺少。

二、多方协力解决经营难题

当中坦公司面临困境的时候，坦桑尼亚政府为了帮助中坦公司摆脱困难，给予中坦公司船舶在坦港口使费20%的优惠。为了体现对等原则，交通部海洋局也同样给予中坦公司船舶在中国港口的使费20%的优惠，中国外轮代理公司给予中坦公司在国内港口船舶代理费30%的优惠。1988年9月30日期满后，又下发了通知，为中坦公司提供延展2年的30%的优惠。这对公司摆脱生产经营困境、提振经营信心起到了一定的助推作用，基本解决了中坦公司面临的"一增"问题。在解决"一软"问题时，董事会积极协调外运公司等单位，研究解决方案。在召开中坦公司第二十届董事会期间，双方总经理拜会了外运公司，经过多次努力，运价问题也得到了解决。在解决"一少"问题时，中远总公司、中波公司董事会对近几年公司经营情况进行了客观分析，认为中国向东非、红海地区出口的货物大部分从上海、天津新港装运，近几年来这条航线上的运量较为稳定，没有大幅度的增减。中坦公司能够积极揽取第三国货载是一个很好的现象，应向此方向继续发展，但在目前没有稳定、长期、充足的第三国货源时，应保持传统航线的运输。同时，还要看到在调配船舶方面要根据实际货载情况出发，不应再出现因船舶技术状态不适航而停航两次的事故，这同样是影响经营效益的重要因素。通过对经营情况的准确分析，中坦公司不仅找到了市场不利的客观因素，还找到了部分主观因素，很快解决了公司的经营难题。通过努力，中坦公司逐步打开了生产经营的有利局面。

三、两国高层领导支持合营合作

中坦两国政府高度重视中坦公司的合作与发展。中国政府把帮助坦桑尼亚经济发展视为支持非洲争取和维护民族独立运动、尽国际主义义务的高度来认识，全力以赴支持合营公司的经营与发展。与中坦公司有关的重大事件，党和国家领导同志都亲自过问，公司经营遇到困难，交通部领导亲自帮助解决。坦桑尼亚政府也非常关注中坦公司的发展，有时船舶停泊国内港口，国家领导人亲自上船视察和慰问。1985年10月12日，坦桑尼亚总统尼雷尔在中国驻坦大使刘庆有的陪同下，参观了停泊在达港的中坦公司"鲁瓦哈"轮。尼雷尔总统在了解了中坦公司成立18年来的一些情况后说："中坦公司在中国政府的全力支持下取得了很大的成就，它是坦中经济合作的范例，也是中国诚意的明证。现在人们在谈论'合营企业'，而坦中两国在这个词出现以前实际上就已建立了中坦公司这一合营企业。"尼雷尔还说，坦桑政府过去没有给中坦公司以更多的帮助，以后一定要做好，并当场责成陪同参观的坦方交通部首秘翁加腊（中坦航董事长）今后应采取措施，优先向中坦公司提供货源，以增加中坦公司的货运量[1]。

中坦公司两国政府派出的总经理和双方其他工作人员之间总的情况是好的，相处的较为融洽，团结协作意向明显，遇有问题能够互相通气，协商解决问题，确保了中坦公司的经营与发展。中坦公司总的发展趋势一直保持稳定，各项规章制度不断完善，企业在国际航运市场上的竞争能力在不断地提高。图7-5为中坦公司成立20周年纪念活动。

---

[1] 摘自1985年10月12日中国驻坦桑尼亚大使馆呈送交通部并外交部的《尼雷尔总统参观"鲁瓦哈"号货轮的情况》报告，同时抄报李先念、万里等党和国家领导人，见中远档案号1985-C-305。

四、"支部建在船上"得到较好落实

中坦公司在船员派遣上一直得到广州远洋的全力支持,广州远洋党委高度重视船员选派工作,尤其在船舶党支部建设、船舶领导班子配备上,始终坚持中远总公司确立的"支部建在船上"的原则不动摇。如1991年1月为"平谷"轮配备领导班子时,换班船员共34人,其中党员15人,占总人数的将近一半,船长、政委、轮

图7-5 1986年6月22日,中坦公司举行庆祝公司成立20周年纪念活动。

机长、大副都是党员,为船舶充分发挥党支部的战斗堡垒作用和党员先锋模范作用奠定了坚实的基础。尽管船舶曾发生过个别违纪现象,但无一名中方船员参与,相关船员受到上级领导和机关的肯定与表扬。

第三节 重新组建中捷合营海运公司

这一时期,中国与其他国家政府间的航运合作略有变化。中远总公司除继续代交通部管理中波公司和中坦公司外,曾中断了十几年的中国与捷克斯洛伐克航运合作重新恢复,开始了两国企业间新的合营合作。

一、中捷合营海运公司的建立

自1984年,捷克斯洛伐克政府多次向中国政府表示建立中捷海运合作关系和成立中捷合营海运公司的意向。国务院口岸办公室在1986年5月23日、6月7日,两次召集外交部、经贸部、铁道部、交通部和中远总公司、外运总公司开会,商讨捷克斯洛伐克提出成立中捷两国合营海运公司的建议,认为已具备成立中捷合营海运公司的条件。交通部也提出了企业间合营、政府认可的意见。9月,中捷两国政府签订了《中华人民共和国政府和捷克斯洛伐克共和国政府1986—1990年对外贸易货物运输协定》。根据协定关于组建中捷海运合营公司的原则,1987年1月3日,国务院口岸领导小组批复同意中远总公司和捷方合营。4月,中远总公司同捷克斯洛伐克海运公司签署《关于成立中捷海运公司的协议书》和《中国—捷克斯洛伐克海运公司章程》。1987年4月26日,中捷海运公司(简称"中捷公司")正式成立。

中捷公司作为经营人,以期租船形式向协议双方租用船舶,合作经营中捷两国间的海上货物运输。董事会为公司的最高权力机构,总公司设在捷克斯洛伐克首都布拉格,在中国北京设分公司。1988年2月,在布拉格召开了中捷公司第一届董事会,正式任命了双方经理。

中捷公司成立后，双方各投入了1艘干货船，即捷海运公司的"ORAVA"轮和天津远洋的"伏牛山"轮。公司经营之初略有盈利，后尚能维持，但至1990年，公司出现严重亏损，3月，捷方擅自撤走船舶。捷方撤走船舶的原因，据《中远总公司关于中捷海运公司第四次董事会情况报告》记载，捷方认为撤销"ORAVA"轮同中捷公司的租船合同，是因为租金水平不能接近同类船舶的国际市场水平，而中捷公司要求享受低租金的做法是违反互利原则的。

二、中捷合营海运公司的解散

中捷公司自1990年起，经营面临严重亏损，3月，捷方将其船舶撤回后，公司经营维持更加困难。5月，捷克斯洛伐克宣布新合营规定，在捷克斯洛伐克境内的一切外资或外资合营企业须将其外汇毛收入的30%由捷克国家银行强制兑换成捷克克朗。此强制规定使中捷公司商业经营活动终于无法维持。6月，中远总公司被迫撤回"伏牛山"轮。

1990年11月7日，中捷公司第五届董事会在捷克斯洛伐克召开。会上捷方提出，捷克的政治、经济的重大变化导致中捷公司已不能再享受免税待遇，同时捷中之间贸易额及货运量的下降使中捷公司财务状况日趋恶化，故提出终止中捷公司。中远总公司虽然对捷方的做法持不同看法，但仍接受了捷方提出解散公司的意见，并同意从1991年1月1日起，按照捷克斯洛伐克法律理算公司财产，理算结束后，宣布中捷公司正式解散。

第八章
党建思想政治工作

1979—1992年,是中国从计划经济向市场经济转变的非常时期,也是中远发展最为关键的一个历史时期。这一时期,中远总公司同全国人民一道,经历了多次重大的历史事件。

1978年12月18日,在中华民族历史上,在中国共产党历史上,在中华人民共和国历史上,都必将是载入史册的重要日子。这一天,中国共产党召开十一届三中全会,实现新中国成立以来党的历史上具有深远意义的伟大转折。当时,世界经济快速发展,科技进步日新月异,而"文化大革命"十年内乱导致中国经济濒临崩溃的边缘,人民温饱都成问题,国家建设百业待兴。邓小平同志坚定地指出:"如果现在再不实行改革,我们的现代化事业和社会主义事业就会被葬送。"① 在邓小平等老一辈革命家的支持下,中国共产党冲破长期"左"的错误的严重束缚,充分肯定了毛泽东思想的科学体系,在全国范围内大力开展关于真理标准问题的大讨论,果断结束"以阶级斗争为纲",重新确立了马克思主义的思想路线、政治路线、组织路线。从此,国家开启了改革开放和社会主义现代化建设的伟大征程。

1982年9月和1987年10月,中国共产党召开了第十二、十三次全国代表大会,两次大会承上启下,进一步坚定了走建设有中国特色社会主义道路的信心,加快了改革开放的步伐,开创了全面推进社会主义现代化建设的新局面。

"1992年,又是一个春天,有一位老人在中国的南海边写下诗篇。"一曲《春天的故事》传唱的是邓小平南方谈话对中国改革发展方向和历史进程做出的贡献。此后,以"三个有利于"为代表的新的"思想大解放"形成的共识,成为20世纪90年代后中国社会主义市场经济发展的重要价值取向和标准,全社会充溢着改革创新、大干快上的生动景象。

这一时期,中远总公司所面临的国内外市场环境错综复杂,国际航运市场运力供大于求的矛盾依然没有得到缓解,竞争更加激烈。中国改革开放、经济发展、进出口贸易增长,成为世界海运业最活跃的区域,给航运企业既带来了新的发展机遇,同时也带来了严峻挑战。外国商船大量涌入中国海运市场,千方百计争抢货源,国内货运秩序混乱,不公平竞争加剧。

中远总公司这一时期的党建思想政治工作,正是在上述党和国家的重大改革决策中一路走来的。总公司党委立场坚定、旗帜鲜明,始终在思想上、政治上同党中央保持高度一致,经受了多次斗争的考验;坚持在党的十一届三中全会精神指引下,以"解放思想、转变观念、参与竞争、走向市场"为思想政治工作的主基调,围绕企业改革发展稳定大局开展卓有成效的思想政治工作;按照党中央、国务院部署和交通部党组的具体安排,采取先陆地后船舶的步骤,分期分批地展开整党工作;在推进厂长(船长)负责制重大改革中,党群部门广大政工干部服从大局、支持改革,积极争当改革的促进派;1987年,在社会上资产阶级自由化不断泛滥之际,中远总公司在全系统旗帜鲜明地组织开展党的四项基本原则教

---

① 摘自1978年12月邓小平在中央工作会议闭幕会上的讲话。这篇讲话发表时,中国正面临着何去何从的重大历史关头。人们急切地盼望从困境中摆脱出来,但又因僵化的思想尚未得到彻底转变,中国在前进中徘徊。1978年11月10日至12月15日,持续36天之久的中央工作会议召开。邓小平亲自拟定了讲话提纲,决定就一些重大问题谈谈他的看法。在讲话的第四部分,邓小平指出了改革开放的迫切性,他认为:"政治的空谈往往淹没一切。这并不是哪一些同志的责任,责任在于我们过去没有及时提出改革。但是如果现在再不实行改革,我们的现代化事业和社会主义事业就会被葬送。"邓小平同志的这段精辟论述,强调了党作出实行改革开放的历史性决策,是基于对党和国家前途命运的深刻把握,是基于对社会主义革命和建设实践的深刻总结,是基于对时代潮流的深刻洞察,是基于对人民群众期盼和需要的深刻体悟。

育，与资产阶级自由化思潮做坚决的斗争，提高了船员职工的思想觉悟，保证了中远各单位始终坚持正确的政治方向；积极开展以"学雷锋、学严力宾，树立行业新风"为主要内容的精神文明创建活动，在全系统树立了叶龙文等"十大标兵"；扎实推进中远企业文化建设，着力培育中远精神，大力宣传"眉山""嘉陵江""广水""银河"轮等船舶上涌现出来的英雄人物和先进事迹，促进中远精神在火与血的洗礼、生与死的考验中不断发扬光大；强化各级领导班子建设，注重以船舶政委为主体的政工队伍建设，确保中远在每一次经历重大变革的时期，都能以坚强的党建思想政治工作为保障，扫清思想观念上的障碍，一次次地把握住了时代为中远创造的发展契机，在日益激烈而残酷的国际市场竞争中，为企业做大做优做强提供了有力的思想政治保证。

第一节 在改革大潮中推进党的建设

一、贯彻落实党的十一届三中全会精神

（一）召开中远系统宣传工作会议

1979年1月4—8日，中远总公司召开了中远宣传工作会议。这次会议共有两大议题，一是研究讨论中远宣传工作着重点转移的问题。明确了宣传工作的根本任务是以马列主义、毛泽东思想作为实现远洋运输现代化的根本指导思想，宣传群众，动员群众，调动广大船员、职工的社会主义积极性，把一切力量集中到现代化建设上来；二是重点研究贯彻落实十一届三中全会精神，明确了要传达贯彻落实好十一届三中全会精神，为新的历史时期到来做了充分的准备，为开创中远思想政治工作新局面创造了良好的氛围。

（二）宣传贯彻十一届三中全会精神

党的十一届三中全会，在正确总结历史经验和教训，科学分析国际、国内形势的基础上，重新标定党和国家所处的历史方位，果断做出实行改革开放的历史性决策，实现了党和国家工作中心的转移。中远总公司在宣传贯彻党的十一届三中全会精神时，具体把握了以下几个要点：第一，全会实现了思想路线的拨乱反正。第二，全会恢复了党的民主集中制的传统。第三，全会做出了实行改革开放的新决策，启动了农村改革的新进程。第四，全会系统地对重大历史是非施以拨乱反正。

中远总公司牢牢把握党的十一届三中全会主要精神进行宣传贯彻，具体做了以下四个方面的工作：①教育和引导广大船岸职工彻底肃清"两个凡是"的"左"的思想障碍，重新确立解放思想、实事求是的思想路线。②坚持把思想转移到社会主义现代化建设上来，积极投身到企业改革发展的实践中，做改革的促进派。③牢固树立市场意识、竞争意识，尽最大努力做好本职工作，为中远发展建功立业。④教育和引导广大船岸职工理解改革、支持改革，正确对待企业在改革中做出的决策和部署，以实际行动为企业改革发展做贡献。

中远各单位以及所属船舶认真贯彻党的十一届三中全会精神、贯彻公司宣传工作会议精

神,加强思想政治工作,涌现出许多先进事迹。1979年1月,"湘江""梁湖""明华"轮临危受命,冒着炮火,接回中国援助柬埔寨工程技术人员1156人。12月,"广水"轮装运近千吨电石,在土耳其海峡被撞进水,电石遇水,随时都有爆炸的危险,广大船员发扬大无畏精神,历经生死考验,拼搏20多天,自救成功,被业界称为"世界航海史上的奇迹"。

二、加强领导班子建设

交通部党组高度重视中远党政领导班子建设,1979—1992年,交通部党组根据国家相关干部政策、中远发展需要和班子建设情况,对中远总公司党政领导班子共进行了四次调整。

1979年6月,交通部党组对中远党政领导班子作出调整,交通部副部长李清兼任中远总公司总经理、党委书记,班子成员由钱永昌、林默之等15人组成。

1983年7月,交通部党组再一次调整了中远党政领导班子,林祖乙任中远总公司党委书记兼总经理,班子成员由陈忠表、郑宗远等8人组成,叶伯善[①]等10名老领导退居二线,陆续办理了离(退)职休养手续。

1986年12月,交通部党组第三次对中远领导班子进行了调整,刘松金任中远总公司总经理,刘世文任党委副书记主持党委工作。新一届领导班子由10人组成。

1992年7月,交通部党组再一次对中远领导班子进行了调整,陈忠表任中远总公司总经理,宫尚竺任党委副书记,同年11月,主持党委工作。这届领导班子由13人组成。8月5日,交通部部长黄镇东在副部长刘松金陪同下,到中远总部宣布中远总公司新一届领导班子,总经理陈忠表代表班子作表态发言(图8-1,图8-2)。

图8-1　交通部部长黄镇东(右一)、副部长刘松金(右二)宣布中远总公司新一届领导班子成立。

图8-2　中远总公司新任总经理陈忠表代表新一届领导班子作表态发言。

---

① 叶伯善,1917年2月生于浙江余姚,1938年11月加入中国共产党。1942年7月,任中共嵊西县工委书记。1945年9月,叶伯善随军北撤。1945年11月至1964年12月,先后在华东野战军一纵队、中国人民解放军二十军工作,曾任团政治处主任、师干部部部长、九十四师副政委、军干部部副部长等职。期间,参加了解放战争华东战场历次战役和抗美援朝的第二次、第五次战役。先后获华东野战军三级人民英雄奖章、朝鲜民主主义人民共和国三级国旗勋章、国防部三级解放勋章。1964年12月,转业至交通部任远洋运输局(中远公司)政治部主任。1965年6月,任中远公司党委副书记兼政治部主任。1974年10月,任中远总公司(远洋运输局)党委书记兼政治部副主任。1980年5月,任中远总公司党委副书记、政治部主任兼纪委书记。1983年离休。

交通部党组不失时机地对中远总公司领导班子的调整,充实了班子的新鲜血液,增强了班子活力,距离中央提出的各级领导干部逐步实现"革命化、年轻化、知识化、专业化"的要求,又迈进了一大步。

中远总公司党委根据中央和交通部党组的指示精神,把领导班子建设作为做好各项工作的"龙头"来抓,各级领导班子建设逐步得到加强。

(一)注重理论学习

各公司党委把思想建设作为领导班子建设的基础,集中精力抓班子成员的马克思主义理论和党的路线、方针、政策学习,党委中心组学习制度普遍坚持得比较好,收效也比较明显。如广州远洋党委建立了处以上干部参加的每星期三下午中心组学习制度,坚持8年不间断。广州远洋还有一套相应的保证制度。一是登记制度,每次学习由考勤员逐个登记,每月公布一次;二是补课制度,对因公不能参加学习的同志,事后由宣传处处长或考勤员组织他们补课;三是"会诊"制度,对学习的难点,或由班子成员作中心发言解答,或出题集体讨论;四是检查、评比制度,这项制度坚持得也特别好,定期对学习成果、指导实践的应用成果进行检查和评比,收到了比较好的效果。中共广东省委推广了广州远洋的经验。由于各公司党委重视了自身的学习,增强了班子成员的思想革命化建设,促进了党风和廉政建设。

(二)注重班子整体功能的发挥

各公司党委领导班子组织生活制度都比较健全,能正常坚持党委会、党委民主生活会和党委领导过双重组织生活等制度,贯彻了党的民主集中制原则。由于党委领导班子能按照正常、健全的组织生活制度运行,给领导班子建设带来了两点好处:一是有利于增强领导班子的合力。对重要的工作和重大的问题,能通过党的会议,通过发扬民主作风来解决。如青岛远洋党委坚持做到了"四讲四不",即:讲原则,互相学习,不背后议论;讲支援,互相帮助,不背后拆台;讲谅解,互相信任,不闹无原则纠纷;讲友谊,互相尊重,不争功诿过。领导班子成员之间互相支持,密切配合,保证了对两个文明建设的坚强领导。二是有利于提高领导班子解决自身问题的能力。各单位领导班子自身的问题和领导成员个人的不足,都能通过开展批评与自我批评来解决,通过进行思想作风整顿来提高。各公司针对船舶管理中发现的问题和某些不良倾向,党委领导都能引咎自责,认真分析教训,举一反三,积极提出对策。如大连远洋在处理"江西关"轮部分船员走私案后,公司党政领导对自己的思想和工作作风进行了深刻检查,决定从班子入手解决问题,在增进班子团结、改进领导作风和加强理论学习三个方面采取了相应措施,使班子领导作风有了显著的转变。

(三)注重党风廉政建设

各公司党委把端正党风、搞好廉政建设放在班子建设的突出位置。各级领导班子成员普遍重视了党风党纪、廉政建设和端正党风的教育,提高了遵章守纪的自觉性。如广州远洋按照广东省纪委和省府纪委的部署,作为先行单位分阶段、分层次开展了党内法规教育,每个阶段都有动员,有考核,有总结讲评,声势大,效果好,他们的做法受到了省委的表扬和推广。各公司党委普遍建立了党风和廉政建设的制度、措施。如青岛远洋党委先后制定了《关于进一步加强廉政建设，纠正行业不正之风的决定》，同时制定了具体实施意见等五项措施和规定，并成立了加强廉政建设、纠正行业不正之风领导小组和办公室，坚持督导落实。各公司普遍建立了"两公开一监督"制度，对诸如住房分配、农转非等群众关心的热点工作，增加办事的透明度，主动接受群众监督。在此基础上，各公司还普遍建立健全了党风、廉政建设的约束机制，主要是坚持定期召开党委民主生活会，谈心会，发挥纪委监督职能作用。如广州远洋党委建立了处以上干部廉政对照检查制度，要求处以上干部每半年对照《约法十章》进行自查，并在支部大会上宣读，广泛征求职工意见后，送交纪委考查和存档。一个时期以来，由于各公司党委坚持不懈地抓了党风廉政建设，各级领导班子的威信有了较大提高。

（四）注重班子勤政建设

在抓党风廉政建设的同时，总公司党委还十分注意领导班子的勤政建设，积极推广"三个坚持"的好作风和好传统，即：坚持到困难多的单位去排忧解难，坚持到群众意见多的地方去理顺情绪，坚持到工作阻力大的单位去帮助打开局面。这一时期，主要抓了五项重点工作。

（1）每周四定为无会日，党政领导下基层帮助解决问题。

上海远洋在推进无会日方面坚持雷打不动，每到无会日必下基层，以致基层单位每到周四赶上有事，都不往机关跑，直接等着领导到基层单位时解决。

（2）党政领导坚持定期跟船调查，了解船舶安全生产、精神文明建设，支部工作和船员思想状况等，帮助解决问题。

（3）党政领导分别建立联系点，指导工作。

这种带有承包性质的联系点工作模式，直接表现出三大好处。一是增强了领导干部抓基层工作的责任心，建立了抓基层的联系点，相当于有了自己的"责任田"，形成了一荣俱荣、一损俱损的连带关系；二是增强了领导干部抓基层工作的主动性，有了自己的联系点，就意味着包干单位的工作业绩和发生问题与包干的领导挂起了钩，主动性陡然上升；三是增强了领导干部抓基层的紧迫感，联系点需要解决的问题包干领导大都盯着去落实，很少出现"挂空挡""闲扯皮"等推诿现象。

（4）坚持现场办公制度，当场解决问题。

总公司党委把推行现场办公当成制度和好的传统进行坚持和发扬，对现场办公做得好的领导班子和典型案例进行及时宣传和推广，广州远洋、上海远洋、天津远洋、青岛远洋和大连远洋等单位的好做法、好经验都曾先后受到总公司领导的表扬和肯定。天津远洋党政领导每人建立了2艘船舶的联系点，10位党政领导每年深入船舶约620天，人均62天。

（5）制定深入基层调查研究制度。

各公司扎实改进工作作风，对远航回来的船舶，领导上船宣传国内形势、公司动态、布置工作任务，解决船舶存在的问题；每逢节假日坚持慰问生产第一线职工；各公司均设立领导干部接待日制度，坚持接待到公司上访人员等。大连远洋党委制定了《党政领导深入基层调查研究制度》,规定凡对抵大连港的船舶党政领导至少一人带领工作组登轮听取汇报,布置工作。随着勤政制度和措施的完善和落实,各公司领导班子依照职责,敢抓善管,增强了职能作用。

(五)坚持民主生活会制度

1980年2月,党的十一届五中全会通过《关于党内政治生活的若干准则》,明确要求各级党委或常委都应定期召开民主生活会,交流思想,开展批评和自我批评,党的组织生活和民主生活逐步走向正常。中远最早的民主生活会是在下属公司党委召开的。1984年1月21日,广州远洋运输公司党委召开了第一次民主生活会,随即,上海远洋、大连远洋等公司党委相继召开民主生活会。

1990年5月29日,中共中央颁发《关于县以上党和国家机关党员领导干部民主生活会的若干规定》(以下简称《规定》),总公司党委深入学习贯彻《规定》精神,研究了具体落实意见。7月28日,中远总公司召开了年度第一次党员领导干部民主生活会。会前一周,党委向各位应到会的党员领导干部发出了通知,提出民主生活会的内容,重点是检查近期以来贯彻《中共中央关于加强党同人民群众联系的决定》的情况。会议由党委副书记(主持党委工作)刘世文主持。刘世文首先发言,对照党委关于贯彻中央决定的报告进行检查、回顾、总结党委的基本情况及自身的情况,作了自我批评,并对到会的各位领导班子成员开展了批评。6名与会党委委员围绕民主生活的主题交流了各自的学习和思想状况,相互间开展了批评和自我批评。会上,刘世文通报了检查出来的主要问题:①党委中心组的学习坚持得不够经常。主要原因是在时间安排上没能与机关的学习同步;②总公司党委对机关内部的思想教育和管理还不够严格,以致使机关内部出现了个别人利用工作之便,达到个人出国留学目的,产生了不好的影响等问题;③总公司上半年的生产经营形势较好,但安全生产方面出现了青岛远洋船舶全损事故。对此,负责安全工作的党委成员再一次作了自我批评。会上,总公司党委研究了整改措施。

中远总公司党委在抓好自身民主生活会的同时,注重抓所属二级公司党委对中央文件的贯彻落实,并先后对广州、上海、天津、青岛、大连远洋公司,中波轮船股份总公司(中方),青岛船员学院等单位党委召开的民主生活会情况进行了指导和检查。各公司党委对贯彻中央7号文件是重视的,均按要求召开了党员领导干部民主生活会,并取得了较好的效果。

(六)注重驻外机构党的建设

1981年2月13日,中远总公司第一次驻外工作会议在北京召开。交通部领导对这次会议非常重视,彭德清部长、李清副部长参加了会议,勉励大家戒骄戒躁,再接再厉,为发展祖国远洋运输事业多做贡献。会上,领导听取了驻外人员的工作汇报,组织学习了中共中央(1981)第一、二、四号文件,对驻外人员提出了四点要求:①要有一股事业心和创业精神,要把中国对外工作的基础打好,树立良好作风;②坚持社会主义原则,学会西方经营管理方法;③加强内部团结,增强组织纪律性,坚持民主集中制;④认真工作、刻苦学习。此外,交通部领导还对加强驻外人员的思想政治工作提出了原则要求。

1985年10月12日,总公司召开了第二次驻外工作会议。1987年12月22日,总公司在北京召开了第三次驻外工作会议,并颁发了《中国远洋运输总公司驻外人员工作章则》,对驻外人员的党组织生活、思想政治工作等做了明确,总公司对驻外机构及人员的管理逐步走向规范化、制度化。

1990年4月27日,总公司颁发了《关于加强驻外机构思想政治工作的意见》,对驻外机构设立党支部或党小组做出明确要求,对加强政治理论学习、严格组织生活、积极开展思想政治工作、落实廉政建设制度等做出了详细的规定。自此,中远驻外机构党的建设、思想政治工作、精神文明建设有了遵循的文件。

1992年1月25日,中远总公司召开第5次驻外工作会议,党委副书记刘世文在会上作了讲话,对2年来驻外机构党的建设作了总结,结合党和国家新的方针、政策和中远总公司新的发展战略,对驻外机构重点工作作了部署,驻外机构党建、思想政治工作、精神文明建设步入常态化轨道。

三、全面推进整党工作

遵照中共中央关于整党工作的决定和中指委关于整党工作的部署,在交通部党组、总公司党委和地方有关省市党委的领导下,中远系统各单位的整党工作从1983年10月开始,采取先陆地后船舶的步骤,分期分批地展开。

(一)整党工作的历史背景

中国共产党是久经考验的马克思主义政党。尽管十年内乱使党的建设受到削弱,党的队伍的主流仍然是纯洁的和具有强大战斗力的。十一届三中全会后,党中央重新确立了马克思主义政治路线、思想路线,实现了党和国家工作重点的转移,开展了以经济建设为中心的社会主义现代化建设,妥善地处理了历史上遗留下来的诸多重大问题,党的建设有了明显的改善,健康力量在党内已占一定优势。但是,这一时期,党中央还来不及针对党在思想、作风、组织各方面存在的许多问题进行全面、系统的整顿,对党员的教育还进行得不普遍、不充分。实行对外开放、对内搞活经济的政策是完全正确的,但在这种新的历史条件下,西方腐朽思想和封建主义残余思想的影响和侵蚀依然存在,有些党员对拨乱反正的重大意义缺乏正确的认识,对社会主义制度的基本原则和共产主义的光明前途认识模糊,对新时期改革开放的伟大实践思想上还比较混乱。有些党员和党员干部个人主义严重,为谋求个人和小团体的利益,不惜采取各种手段损害国家和人民的利益。有些党员和党员干部组织观念淡薄,纪律松弛,精神不振,无所作为,没有起到先锋模范作用。有些党组织软弱涣散,甚至处于瘫痪状态,丧失战斗堡垒作用。在党内,"三种人"(即追随林彪、江青反革命集团造反起家的人,帮派思想严重的人,打砸抢分子)还没有被完全清理。这种思想、作风、组织上的严重不纯,对党的危害极大,需要坚决有效地加以整顿。

这次整党的根本任务是统一思想,整顿作风,加强纪律,纯洁组织。

(二)整党工作有条不紊展开

中远系统各级党委对这次整党工作是高度重视的,领导也非常得力。各单位在组织党员反复认真学习整党文件,提高对整党必要性和紧迫性的认识,明确整党总的目的和要求的基础上,进行了彻底否定"文化大革命"的教育,结合本单位和个人在"文化大革命"中的实际,大家从理论和实践的结合上,认清了"文化大革命"的路线、理论、方针、政策和方法等都是错误的。同时,党组织也进一步清理了形形色色的"左"的思想,清查了"三种人"。

在整党中,各单位党委认真搞好对照检查,找到了本单位存在的一些主要问题并进行了整改。特别是端正了业务工作指导思想,进一步明确了远洋运输生产必须为党的总任务、总目标服务,为外贸服务、为货主服务,贯彻交通部钱永昌部长提出的"安全就是生命,时间就是金钱,舱容就是财富,服务就是竞争力"的号召,做到以良好的信誉、周到的服务、准确的船期、优惠的运价来吸引货主,增强竞争能力,提高经济效益。

在整党中,各单位加强了党风建设和党的纪律检查工作,充实了纪委的力量,健全了纪委的工作制度,清理了积案,查处了违法乱纪和以权谋私等问题,对党员进行了党性教育,制定了端正党风的责任制,采取措施纠正在招工、分房、安排子女就业方面的不正之风。各级领导班子的作风有了明显的改进。

中远总公司党委在搞好机关整党的前提下,深入到船舶进行调查研究,于1984年3月下发了《关于船舶整党的几点意见》。为加强对船舶整党工作的领导,总公司和各分公司均成立了整党工作指导小组。为保证整党、生产两不误,船舶整党采取船舶和陆地相结合,以船为主、以正面教育为主的原则组织实施。中远各公司共派出了136名能力较强的党员干部担任整党联络员,深入各港和随船帮助船舶抓整党。为搞好整党,总公司还培训了船舶政工干部和党员船长、轮机长等骨干,选择了不同航线,不同类型的船舶进行整党试点,总结摸索经验,统一了《船舶整党验收标准》。中远船舶的整党经过了学习文件、对照检查、党员登记、总结提高四个阶段,贯彻了边整边改的方针。

(三)全面加强了党的建设

中远的整党,在统一思想、整顿作风、加强纪律和纯洁组织等四个方面取得了显著成绩,基本上达到了《中共中央关于整党工作的决定》的要求。

1. 通过整党,党员的思想认识普遍得到了提高

认识到十一届三中全会以来党中央的路线、方针、政策是来自实践、来自群众的,是马克思主义的,是符合中国国情的,从而澄清了一些党员对党的政策的模糊认识,在思想上、政治上、行动上与党中央保持一致。

2. 通过整党,从理论上、思想上彻底否定了"文化大革命",进一步肃清了"左"的思想影响

中远各单位在整党中,联系"文化大革命"对国家建设和对远洋运输事业的严重破坏,对人们思想的腐蚀和影响,教育广大党员充分认识"文化大革命"的路线、理论、方针、政策和方法都是错误的,不可能是任何意义上的革命和社会进步。对"文化大革命"必须彻底否定。

3. 通过整党，进行了共产主义理论教育，提高了广大党员的政治素质，较好地发挥了共产党员的先锋模范作用

广州远洋在各轮普遍运用"五讲"进行党性教育，即：讲党的性质、纲领和任务；讲党的组织原则和纪律；讲党员的义务和标准；讲党的优良传统和作风；讲党员应具备的理想、道德和情操。"五讲"教育收到了较好效果。天津远洋在教育中结合学习老山英雄[①]和杨怀远、贝汉廷[②]的英模事迹，启发大家学习他们的崇高精神，做好本职工作。"凌云"轮在船期长、装卸难度大，拿不到船期包干奖的情况下，党支部带领全体船员急国家所急，两次安全优质地承运成套设备，受到有关部门的好评。共产党员、船长王继仁修船拒收厂方送的外币，以实际行动维护了国家尊严和党的声誉，为大家树立了榜样。

4. 通过整党，改变了业务工作中的官商作风

整党过程中，总公司机关和各单位均建立健全了有关管理制度和工作人员守则，端正了业务工作的指导思想，克服了官商作风，树立了为客户服务的理念，改善经营管理，提高服务质量，以良好的信誉、周到的服务、准确的船期、优惠的运价吸引货主等经营理念。1984年在世界性航运萧条、竞争激烈、运价降低的困难情况下，中远船员、职工奋力拼搏，打破了自1979年以来货物运输量停留在420万吨至430万吨之间的徘徊局面，一举完成年货运量4936万吨的水平，提高了经济效益，增强了竞争能力。

5. 通过整党，加强了各级领导班子建设

各级党组织进一步加强了组织建设。①建立民主评议党员的制度。在民主评议党员中，各单位注意发现和表扬积极因素，正确开展批评与自我批评。②加强船舶党支部建设。中远总公司和各下属公司党委，定期调查分析船舶党支部的状况，党员队伍的情况，努力探索加强党的建设的途径和方法，总结交流经验，并抓好船舶领导体制改革的完善、巩固和提高工作。③在治理整顿中加强了党风建设。中远各级党组织，坚持党性、党风、党纪教育，广大党员特别是党员领导干部以身作则，发扬党的全心全意为人民服务、艰苦奋斗、廉洁奉公的优良传统，加强组织性、纪律性，自觉接受党员和群众的监督，作廉洁的表率。④认真开好党委民主生活会。各级党组织每年两次民主生活会，事先由纪检、组织部门征求群众意见，会上积极认真地开展批评与自我批评，达到增强团结的目的。

中远系统的整党工作，从1983年10月第一批开始，到1987年7月最后一个单位验

---

① 老山英雄：1984年7月，越南军队以师规模的兵力向我云南省麻栗坡县老山地区发动大规模武装进攻。中国边防部队奋勇还击来犯之敌，胜利地固守着边防阵地，1984年9月，中华人民共和国中央军事委员会主席邓小平发布命令，授予在老山、者阴山地区对越自卫还击作战中战功卓著的中国人民解放军云南边防部队六个英雄单位和10名个人荣誉称号。

② 贝汉廷（1926—1985），浙江镇海（今宁波）人。1949年6月毕业于吴淞商船专科学校航海系。历任船舶三副、二副、大副，1962年6月担任远洋船长，1979年3月加入中国共产党，1982年12月晋升为船舶高级工程师。长期从事远洋运输事业，先后到过世界上40多个国家和地区的80多个港口。1978年任"汉川"轮船长时，在联邦德国汉堡港经过精密计算，充分利用甲板和容积，将原需要一船半容量的成套设备用一船装完。1979年驾驶"柳林海"轮首航美国西雅图港获得成功，获"全国劳动模范"称号，1983年当选为第六届全国人大代表。

收结束,历时3年10个月。参加整党的党员22612人,占党员总数的98.1%。其中,按时登记的党员,有22226名,占参加整党党员总数的98.3%。因各种问题被开除党籍的18名,党内除名的13名,自动退党的4名,暂缓登记24名。经有关部门检查,参加整党的24个基层党委、15个总支、794个党支部全部通过验收。根据广州远洋、上海远洋、天津远洋、青岛远洋、大连远洋5个公司的验收情况,整党效果好的单位占27.88%、比较好的占40.1%、一般的占28.6%、较差的占3.38%。在整党过程中,培养、发展了1106名新党员,为党组织输入了新鲜血液。

四、颁发远洋船舶政治工作三个条例

早在1975年12月19日,中远总公司党委下发了《远洋船舶政治委员工作条例》,经过几年的试行,效果很好。1979年10月9日,中远总公司党委向交通部政治部送审了经修改的《远洋船舶政治委员工作条例》,同时送审的还有《远洋船舶党支部工作条例》《远洋船舶政治工作条例》。1980年1月16日,获交通部政治部批准之后,1月22日,中远总公司党委正式颁发。从此,中远有了一套比较完整的政治工作制度。这对加强中远党的建设和思想政治工作有着重要的意义。三个条例主要内容如下:

(一)《远洋船舶政治工作条例》

此条例共四条十款,分别对党支部坚决贯彻执行党的路线、方针、政策及国家的法律法规法令、政治委员和船长在船舶政治工作的职责分工、建立健全政治思想工作骨干队伍、船舶政治工作的主要内容、船员思想状况分析、做好经常性政治思想工作、经常不断地开展安全生产教育、加强党支部建设发挥群众组织作用等进行了规范。

(二)《远洋船舶政治委员工作条例》

此条例共四条十款,分别对船舶政治委员必须具备的政治条件、在船必须履行的基本职责,尤其船舶在复杂航区、恶劣天气以及遇险、遇难和遇敌等特殊情况下,如何做出正确判断、果断处置和充分发挥党支部的战斗堡垒作用、做好船员政治思想工作等做出了详细的规范。

(三)《远洋船舶党支部工作条例》

此条例共八条二十一款,明确规定了船舶党支部的9项主要任务、支部书记和各委员的工作职责、分工,党支部委员会的集体领导、党内民主和党的组织生活、如何发挥共产党员的先锋模范作用、如何密切联系群众、与船员同甘共苦、搞好党内外团结、坚决完成党交给的各项任务等。

三个条例的颁发,对船舶党的建设和政治思想工作进行了全面、完整、系统的规范,从根本上推动了船舶党支部战斗堡垒作用和船舶党员先锋模范作用的发挥,进而推进了船舶的全面建设。

此外,总公司还注重船舶精神文明方面的制度建设。1985年12月16—19日远洋系统政工会议在北京召开。会议研究了《船舶两个文明建设标准》《船舶思想政治工作岗位责

任和工作标准》的实施方案，表彰了 12 名优秀政工干部和 28 名先进政工干部，交通部副部长林祖乙在会上作讲话。这是船舶精神文明建设早期较全面的制度规范。

第二节　围绕中心任务开展思想政治工作

一、开展四项基本原则教育

1987 年，社会上少数人鼓吹资产阶级自由化，这种思潮毒害青年，危害社会安定团结，干扰改革开放，阻碍现代化建设进程。中远总公司在全系统的政工会上，明确提出各单位要对船员、职工进行坚持四项基本原则的教育，提高船员职工的思想觉悟，旗帜鲜明地反对资产阶级自由化，各单位坚决落实政工会议精神，深入开展了坚持四项基本原则的教育，保证了中远各单位坚持正确的政治方向。

中远总公司党委排除动乱干扰，坚决完成上级赋予的艰巨任务。1989 年初，资产阶级自由化愈演愈烈，在关系党和国家生死存亡的重要时刻，中远各级党政领导带头学习中央的有关指示精神，带领广大船员、职工旗帜鲜明地反对动乱，坚定不移地稳定局势，坚持生产，坚守岗位，经受住了严峻的考验。从总公司到各远洋公司、中波公司、外代、燃供以及院校、工厂等单位自觉与党中央保持高度一致。总公司和各公司及时向驻外机构和远洋船舶发出了指示，讲形势，提要求，使广大干部、船员自觉地按照中央的精神办事，整个中远保持了队伍的稳定，保证了船舶运输任务的完成和各项工作的正常进行。在动乱期间，有一批出口货堆放在上海港，社会上有人造谣中伤说是要用来对付群众的。为了不被坏人利用，有关部门指示中远立即将这批货运走。当时承担这一运输任务的广州远洋克服困难，宁肯企业受损失，也不影响大局，圆满地完成了任务，受到了中共上海市委的表扬。在动乱中，中远所属各院校的秩序没有乱，基本上坚持了正常上课。其中南京海校表现尤为突出，在整个动乱期间，全校 196 名教职工、404 名学生没有一人上街游行和参加串联等活动，校园内没有张贴一张大小字报，外校学生来学校张贴的大小字报也被学校立即撕去；学生均安心上课，教师安心教课，没有一个旷工旷课，日常的早操、课间操均未间断一次，学校教学秩序井然有序，受到了南京市教委和中远总公司的表扬。

这一时期，各船公司加强对船员派出前的思想政治教育和引导工作，增加坚持"四项基本原则"教育内容，引导船员坚信共产主义理想、坚定社会主义信念，坚持改革开放信心，取得了较好效果，2000 余名船员在船工作时停泊 50 多个国家和地区，在复杂的国际环境下，未发生一起政治事故，《中国交通报》等新闻媒体分别刊载了他们的事迹。

二、开展主人翁责任感教育

为了稳妥、扎实地推行经理（厂长、院校长、船长）负责制和承包经营责任制，中远总公司提出了"统一思想，稳定情绪，维护团结，确保安全"的工作方针。各级党委加强思想领导，周密地进行组织，制定实施办法，保证了推行经理负责制的平稳过渡。

中远各级党组织在企业推行经济责任制，工效挂钩等改革中，针对职工的思想反映，反复认真地进行正确处理国家、企业、个人三者利益关系的教育，激发船员职工的主人翁精神，增强了责任感，企业风气转变，出现了"四多"的良好局面。即：从全局、从整体围绕中心任务考虑和处理问题的多了；积极投身于双增双节活动，当家理财，增产节约的好人好事的多了；克服困难、自觉地服从调配的多了；临危不惧，英勇向前，维护国家财产的多了。

1989年4月26日18时50分，"安庆江"轮在伊朗阿巴斯港靠泊作业，挂利比亚旗的"MIMAH4"号油轮在港卸汽油时管道破裂，油气迷漫港池，后被引爆，一瞬间港池一片火海，该轮与2艘万吨级油轮及几十条大小船舶同时起火，各种各样的爆炸声此起彼伏。在"安庆江"轮一舱起火、船身3面被大火包围的危难时刻，船长程荣生、政委辛乐园带领全体船员临危不惧，冒着生命危险，灭火救船。船员们一边控制住火势，一边迅即砍缆冲出火海。这场灾难造成25艘船舶烧毁或炸沉，126人烧死，200多人烧伤。而"安庆江"轮全体船员经过殊死搏斗，船保住了、货保住了、人保住了，只有6人烧伤。9月22日，"安庆江"轮回国靠泊大连香炉礁码头，广州远洋经理、党委书记叶广威带队登船召开表彰会，授予船舶"火海无情何所惧，留得豪情在天涯"锦旗。"安庆江"轮的英雄壮举，不仅保护了国家财产，也保护了船员的生命安全，同时也保护了码头，受到阿巴斯港口官员和码头工人的称颂。

三、开展爱祖国、爱远洋教育

从1984年起，中远总公司每年都召开远洋系统政治工作会议。各远洋运输公司结合运输生产实际加强思想政治工作。在思想教育方面，采取各种形式和方法，向全体船员、职工进行热爱祖国、热爱远洋的教育，引导船员、职工立足本职，为实现党的总任务、总目标贡献力量（图8-3）。为搞好教育，天津远洋组织力量编写了《远洋船员政治常识读本》。

图8-3 船舶举行庄严的升旗仪式。

青岛远洋在青年船员中开展了"立我志向、爱我岗位、强我素质、兴我企业"的活动。广州远洋坚持用爱国主义和国际主义思想教育船员。通过各种形式的教育，中远广大船员的荣誉感和主人翁责任感增强。1989年4月，广州远洋"红河口"轮配合海军赴南沙执行特殊任务，船员们发扬连续作战，顽强拼搏精神，克服重重困难，提前圆满地完成任务，为建设南沙、巩固国防做出了贡献，受到海军的嘉奖。

四、开展"双基"教育

根据中宣部、国家计委、全国总工会《关于在企业职工中进行基本国情与基本路线教育的通知》精神和交通部的部署，中远系统各单位从1990—1992年底，利用两年多的时间，对所属单位的职工特别是35岁以下的青年职工开展了"双基"教育。各级党组织把"双基"教育作为工作的重要内容常抓不懈，在组织形式上做到了"五有"：有组织、有规划、有措施、有考核、有检查。在教育的内容上紧密联系国内外政治、经济形势，做到了"四结合"：学习中央领导在建党七十周年大会上的讲话和《关于社会主义若干问题学习纲要》相结合；把分析、研究东欧剧变和苏联解体的原因、后果、影响相结合；把中远发展实际与爱国主义、集体主义、社会主义教育相结合；把企业深化改革教育与做好改革中的思想政治工作相结合。联系职工思想实际开展教育，收到了实实在在的效果。通过教育坚定了广大职工的社会主义信念，增强了贯彻党的基本路线的自觉性，激发了职工的主人翁意识和大干社会主义的积极性，促进了两个文明建设。主要表现在，一是发扬爱国主义精神，自觉维护祖国尊严。大连远洋2000余名船员途经50多个国家和地区，在复杂的国际环境中未发生一起政治事故，《中国交通报》《大连日报》分别刊载了他们的事迹。二是树立良好的船风船貌，违纪现象大幅下降。天津远洋"紫云"轮过去曾发生过船员购买和拾捡旧货的问题，通过教育这一问题已得到杜绝，该轮在连云港港停靠期间，海关曾3次突然抄关，均未发现任何问题，被誉为"信得过"船舶。三是自觉发扬艰苦奋斗、吃苦耐劳精神，为企业多做贡献。上海远洋"丰城"轮有一个航次，为货主承运活兔5000多只，船长雷海非常重视这批货载，动员和组织船员按照货主提出的建议，每天喂近千斤饲料，风雨天还要搭上帐篷，安排船舶值班员按时进行巡视，由于全体船员精心照料和护理，兔子成活率在99.5%以上，受到货主的称赞。

在这次教育中，全系统共有36000多名职工参加了培训，其中35岁以下青工培训占应训职工的69%，经考试合格的青工有24000多名，合格率为99%。

五、利用反面典型抓船舶安全

在安全生产方面，中远1984年、1985年进行了一系列的"安全就是生命"的教育，以"西江"轮的倾覆沉没、"龙溪口"轮的起火爆炸、"惠泉"轮的火灾全损等严重事故作为沉痛教训，教育船员、职工牢固树立"安全第一"的思想。1987—1989年，中远总公司和各公司在安全工作上狠抓了综合治理，把安全工作同加强法制教育相结合，同加强治安保卫工作相结合，坚决执行了各项规章制度，每年组织两次安全大检查，全系统的安全情况保持了平稳的局面，船舶安全生产、保卫工作取得良好成绩，实现了1988年总公司提出的"通过大抓安全纪律两年，力争船岸安全纪律情况有根本好转"的目标。

六、加强驻外人员的思想政治工作

随着中远事业的不断发展壮大，中远驻外机构逐年增多，为加强驻外人员的管理，中远总公司政治部颁发了《中国远洋运输总公司关于驻外人员政治生活的几项规定》的通知，规定共6条，其中要求驻外单位的领导要以高度负责的精神做好本单位人员的思想政治工作，教育职工要遵守涉外纪律，搞好内外团结，做好本职工作。同时要求驻外机构的党员应在当地使领馆党委的领导下，参加党的组织生活。驻外人员要加强自身的政治学习，每周要安排不少于 2 个小时的政治理论学习时间,学习有关文件、《人民日报》重要文章等。规定分布后,公司各有关党组织加强了对驻外人员的管理,定期研究驻外人员的思想动态,积极开展培养和发展新党员工作。

七、开展抵制精神污染教育引导工作

20 世纪 80 年代中期,正是党的十一届三中全会后国家开创中国特色社会主义的开创时期,思想战线上"左"的思想和右倾思想残余未烬,资产阶级腐朽思想死灰复燃,以致在人们的价值判断、是非认知上出现了混乱,精神领域出现的良莠不分、是非不辨等倾向日渐抬头。在这样的背景下,总体来看,中远系统船员队伍的主流是好的。绝大多数船员能够坚决抵制国内外形形色色的资产阶级和其他剥削阶级腐朽思想的侵蚀,在各自岗位上努力工作,为社会主义祖国赢得了荣誉。但是也需看到,在一部分船员中,精神污染的情况还是比较突出的,其表现是:①受资产阶级自由化思潮的影响,对理想信念产生动摇。盲目崇拜西方生活方式,认为共产主义"渺茫"等。②受西方社会的影响和腐蚀,羡慕和追求资产阶级的生活方式。收集和购买淫秽物品,在国外码头出入不健康娱乐场所,有的"向往欧美生活方式"而离船不回。③受资产阶级个人主义人生哲学的污染,滋长了形形色色的个人主义。有"一切向钱看"的倾向,在国外港口下地捡拾旧货自用或带回国内交易,违反海关规定走私漏税等。

(一)联系实际开展教育

1984 年 2 月 7 日,总公司针对船员队伍存在的问题,下发了《中远总公司党委关于在远洋船员中开展抵制精神污染教育的通知》,同时把《向船员进行宣传教育的讲课材料》作为参考材料发给各公司,组织船岸开展教育活动,学懂弄通精神污染的实质。各公司结合船舶的具体情况,就"什么是精神污染""船员中精神污染有哪些表现""精神污染的危害性表现在哪些方面""怎样抵制精神污染"等问题组织船员讨论,提高对抵制精神污染的必要性和重大意义的认识,把大家的思想认识统一到正确的方向上,即:精神污染的实质就是散布形形色色的资产阶级腐朽没落的思想,散布对社会主义、共产主义事业和共产党领导的不信任情绪;以西方思想为核心的精神污染,同社会主义精神文明是根本对立的;精神污染的最大危害,就是冲击社会主义中国的立国之本——四项基本原则。通过教育,广大船岸职工在抵制精神污染上基本达成了共识。

(二)引导船员争做"四有"新人

在教育中,船舶党支部充分发挥战斗堡垒作用,旗帜鲜明地教育和引导船员正确地对待历史和认识现实,坚信社会主义和党的领导,鼓舞广大船员职工奋发努力,积极向上,做有理想、有道德、有文化、有纪律的"四有"船员。各船舶还把船员中的党员组织起来,给他们"开小灶",引导他们要发挥党员的先锋模范作用,带头抵制精神污染,以自己的模范行动投入到清除精神污染的斗争中,掌握船员思想动向和现实表现,发现苗头、迹象和倾向性问题,及时开展工作,协助党支部深入细致地做好船员思想转化工作。

（三）严格清查淫秽物品

教育中，各公司组织力量在远洋船上彻底清查反动、淫秽录音、录像、书画和其他淫秽物品。①引导船员以自我清理为主，自觉清除和销毁反动、淫秽物品。②要求船员房间要保持整洁、文明，没有不健康的书画报刊。③对外国工人散失在船上的不健康书刊报纸，值班人员均随时集中送交政委销毁，不许在船上流传。④要求船员及其家属自觉地检查家中存放的录音带、录像带、书报、画刊、图片等有无反动和不健康的内容，一经发现，即行消磁或销毁。⑤各公司均成立清查小组，对到港船舶进行教育和检查。通过教育和采取多种办法，使远洋船舶成为中国社会主义精神文明的窗口，而不是传播精神污染的渠道。

（四）制定和重申相关规章制度

为突出教育效果，实现船舶在抵制精神污染方面的彻底治理，总公司和各船公司有针对性地制定和重申了有关涉外守则、纪律和规定。在国外和香港等地看电视一定要严格执行不得超过晚上10时的规定，到时应由船舶领导或指定专人关闭电视；船员个人房间一律不准收看电视，违者要严肃批评教育；船员下地至少3人同行，指定带队，互相照顾；绝对不准捡拾、偷拿任何东西；绝对不准进入妓院、按摩院、夜总会、酒吧间、舞厅、太阳浴场、黄色淫秽书店等不健康场所；绝对不准收集、进口和扩散淫秽物品，违者给予严厉惩处。要求共产党员、船舶干部以身作则，带动全体船员严格遵守各项规章制度。

（五）开展健康有益的业余文化娱乐活动

坚持用工人阶级的先进思想去克服资产阶级和其他剥削阶级的反动腐朽思想，用社会主义精神文明去扫除各种剥削阶级的精神垃圾。总公司高度重视在船上用无产阶级思想占领业余阵地，组织各轮充分发挥工会、共青团组织的积极作用，从实际出发建立阅览室、乒乓球室等文娱活动场所；不断扩充图书，开展形式多样、生动活泼的文体活动；组织船员听好国内广播，做好国内报纸寄送工作。

（六）牢固树立常抓不懈的思想

总公司指导所属船公司在指导思想上要把抵制和清除精神污染教育作为一项长期任务来抓，时刻保持清醒的头脑，进行坚持不懈的斗争。中远在1975年和1981年先后两次大张旗鼓地进行反腐蚀斗争教育和遵纪守法教育，取得了较好的效果。这次教育更要有长期作战准备，不断加强对船员的爱国主义、集体主义、社会主义、共产主义的教育和遵纪守法教育，深入开展"五讲四美三热爱"活动，巩固抵制精神污染教育成果，警钟长鸣，持之以恒。

八、开展思想政治工作研究

（一）成立思想政治工作研究会

为深入探索新时期远洋思想政治工作的新途径、新方法，促进思想政治工作的改革与创新，1985年11月18日，中远在北京成立了中国远洋运输系统思想政治工作研究会，并召开了第一次理事会，通过了《中国远洋运输系统思想政治工作研究会章程（试行）》。政研会是在中远总公司党委领导下,加强远洋系统思想政治工作的群众性研究团体,是各级政工部门的参谋和顾问机构。

政研会的主要任务是:研究远洋运输企业如何贯彻执行党的路线、方针、政策,搞好"两个文明"建设;研究船员和职工思想政治工作的特点和规律;研究新形势下船员和职工思想政治工作的基本任务和主要内容;探讨在新时期搞好船员和职工思想政治工作的方法和手段;研究如何在经济体制改革中,加强船员和职工思想政治工作,保证改革和运输生产任务完成的方法和经验;研究探讨加强政工人员队伍建设,提高政工人员素质,以及培养后备力量的措施和步骤。

首届政研会会长由中远总公司党委副书记刘松金担任。副会长、秘书长由各大公司和青岛船院党委书记兼任。政研会会员由中远各单位思想政治工作研究会为团体会员。政研会会刊定名《远洋政工研究》。

1986年2月,政研会秘书处在北京召开工作会议。会议进一步明确了当年的中心工作,并围绕一个中心,拟订了坚持四项基本原则为主要内容的11个研究课题。1987年7月27日至31日,中远首届理论研讨会在青岛召开。政研会按照以"基层为主、运用为主、当前为主"的原则,紧密结合企业改革和两个文明建设,积极开展新形势下思想政治工作的理论研究,在改进和加强思想政治工作,提高政工队伍素质,建设"有理想、有道德、有文化、有纪律"的船员和职工队伍,推动企业两个文明建设。1990年5月16—19日,中远系统政工会议暨政研会第四届年会在北京召开(图8-4)。党委副书记刘世文、政研会副会长戴淇泉分别作了政工会和政研会的工作报告。会议讨论通过了《中远系统"八五"精神文明建设实施规划》及船舶建设等4个文件。表彰了1989年度双文明建设先进船舶26艘、先进单位(部门)20个、先进生产(工作)者26名和优秀政工干部5名,推动了政研工作的深入开展。

图8-4　中远系统政治工作会议暨政研会第四届年会会场。

(二)初步形成远洋思想政治工作研究体系

中远系统各二级公司经过认真筹备,按照总公司政研会的要求,全部成立了政研会,并积极投入研究工作。有的研究会已基本形成了船岸结合,上下贯通的思想政治工作研究网络,为理论研究活动的开展奠定了组织基础。各远洋公司的研究会能定期召开研究会年会或理事会,总结工作,健全组织和有关制度。如青岛远洋公司,根据不同时期的形势发展,研究会注意结合公司各项实际工作的要求,及时调整工作侧重点,掌握研究活动的主动权,成立后已经有计划地召开了3次常务理事会,保证了对研究活动的组织和领导。江苏远洋公司和南京海校研究会分别召开了规模不等、内容不同的专题研究会和经验交流会。上海远洋公司还通过举办的 6 期政委岗位培训和科以上干部轮训班，发动每个学员根据本单位实际选题研讨，撰写论文，先后在近 400 名干部中写出论文 340 篇。在此基础上，筛选出有一定质量的论文 56 篇，召开研讨会进行交流。这些做法，促进了群众性研究活动的开展。

（三）密切联系企业实际开展研究工作

各研究会积极探索新形势下思想政治工作的规律、特点和方法。围绕如何坚持四项基本原则；如何坚持改革开放；如何深入开展正面教育；如何保证经理负责制的实行；如何建设"四有"船员职工队伍；如何培养企业精神、纠正不正之风、树立良好的职业道德，以及加强党的建设等方面的问题，积极开展研究和探索。上海远洋公司政研会成立后，高效率开展研究工作，很快组织撰写论文近 200 篇，出版了 4 期《政工研究》，发表各种文章 100 多篇，其中有 8 篇论文分别被全国职工思想政治工作研究会和远洋运输系统研究会以及上海市有关单位主办的理论刊物上发表。青岛远洋公司研究会，发挥其群众参与、舆论宣传和理论先行等方面的优势，一年组织撰写论文 59 篇，其中 37 篇论文先后被全国、交通、远洋系统及青岛市研究会的刊物采用，还有两篇被评为优秀论文。天津远洋、广州远洋、大连远洋均取得较为丰富的研究成果。

（四）政研工作不断取得新成果

1988 年 6 月 7 日，总公司召开了远洋运输系统思想政治工作研究会第 3 届年会，总公司党委副书记刘世文作了题为《深入贯彻党的十三大精神，积极探索思想政治工作的新格局》的工作报告。政研会成立以来，做了大量深入细致的调查研究工作，取得了可喜成绩。先后编印出版会刊 4 期：选登各种论文、典型经验，调查报告等 10 多篇，并编印出版了首届理论研讨会专辑。1988—1990 年，《远洋政工研究》共出版 18 期，刊登理论研究文章 50 篇，总计 140 多万字，在加强思想政治工作方面起到了正确引导和宣传教育的作用。由于会刊的方向正确、质量较高，1989 年 3 月，该刊在青岛地区企业内部刊物的评比会上荣获综合二等奖，会刊的编辑负责人陈树铭被评为青岛市优秀宣传干部。1991—1992 年，中远政研会的团体会员达到 39 个，在全系统形成了船岸结合、上下贯通的思想政治工作研究体系，其中一些研究成果具有中远特点和较强的应用价值，有些论文被中国交通职工政研会航运分会和地方政研会评为优秀论文，刊登在各种媒体上进行宣传推广。1992 年，编印了《中国远洋政工论文选编》。有的公司政研会还被所在省市评为先进团体。经过 8 年持续不断的努力，中远系统各级政研会已逐渐成为新时期思想政治工作的一个重要组织形式。

（五）政工研究队伍逐步壮大

总公司政研会及会员单位对政研队伍的建设比较重视，通过多种途径培养锻炼政研人才，推动会员认真学习思想政治工作理论和党的路线、方针和政策，努力提高会员的思想政治素质和业务素质。会员们还利用业余时间，自学了教育学、管理学、政治学、心理学和行为学等思想政治工作的基础理论，利用例会时间举办思想政治工作研究辅导讲座，逐步提高会员的业务素质，为开展高质量的研究工作奠定了基础。

第三节　船舶党建在曲折中前行

一、实施船舶领导体制改革

（一）成立船舶领导体制改革小组

党的十三大之后，国家加大了企业改革的推进力度，1986年9月15日，中共中央、国务院下发了《关于颁发全民所有制工业企业"三个条例"的通知》。之后，交通部下发了《关于部属企业全面推行和完善厂长（经理）负责制工作的通知》，总公司党委深入学习理解上级文件精神，成立了船舶体制改革领导小组，具体负责实行船长负责制工作的宣传教育、方案制定、文件起草、组织落实等项工作。总公司副总经理戴淇泉任组长，党委副书记刘世文、刘安禄、虞国伟任副组长，领导小组下设办公室，焦克通兼主任，组员共11人，办公地点设在船员处，负责各公司有关船舶体制改革的相关事务。6月20日，副组长刘世文主持召开了领导小组会议，对船舶改制工作做了全面布置。

（二）扎实开展先期准备工作

总公司在推进船舶体制改革中，自始至终坚持"统一思想、稳定情绪、平稳过渡、确保安全"的工作方针和"积极、稳妥、扎实"的原则，组成3个调研小组，于7月中旬分赴各公司听取意见，调查研究。各单位党政领导对体制改革极为重视，均派出工作组，深入船舶一线抓试点，总结交流船舶试点经验，修改完善各种试行文件，为全面铺开做专题研究等。上海远洋每到改制的重要时间节点，都有先行计划、培训方案、宣传提纲，船舶体制改革有条不紊向前推进。1988年11月，改制准备工作基本完成，中远总公司正式颁发《关于在远洋运输船舶实行船长负责制若干问题的规定》《中国共产党远洋运输船舶支部工作条例（试行）》《远洋运输船舶民主管理工作条例（试行）》、远洋船员职务规则《总则（试行）》《船长职责（试行）》《副船长职责（试行）》等规定。

（三）政委改任副船长工作全面铺开

1988年3月，青岛远洋"谷海"轮率先实行船长负责制，成为中远第一艘实行船长负责制的试点船舶。随后，各公司工作组先后深入20条船舶抓试点，其中广州远洋、上海远洋试点船舶各5条，天津远洋、青岛远洋试点船舶各4条，大连远洋和中波公司试点船舶各1条。经过试验、总结、调整和推广，到1989年3月，中远600多艘船舶全部实行了船长负责制。

船长负责制规定船长对船舶的整个运输生产经营拥有决策指挥权，处于船舶运输生产指挥系统的中心位置，对安全、优质、全面完成运输生产及其他各项任务负责。船舶政委改为副船长，在船长领导下，负责船舶党的工作和思想政治工作，协助船长做全船的行政管理工作（图8-5）。这次改革从准备阶段、实施阶段再到验收阶段，均做到有计划安排、有时间进度、有具体要求、有专人负责。船长负责制改革的顺利完成，是中远总公司成立26年来，船舶领导体制的一次重大变化。中远船舶运行了26年的"党支部领导下的船长政委分工负责制"的船舶领导体制，在举国上下全面推进厂长（经理）负责制的改革大潮中宣告结束。

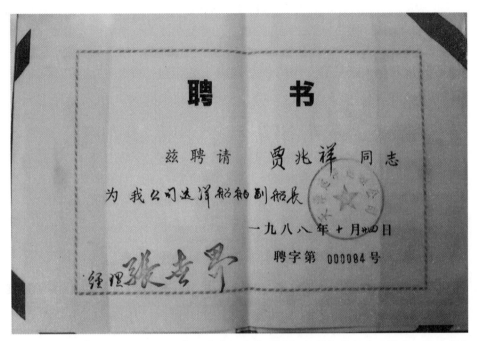

图8-5　1988年10月24日，天津远洋为公司聘用的船舶副船长颁发了聘书。图为原船舶政委贾兆祥领取的公司远洋船舶副船长聘书。

（四）正常推进船舶领导体制改革

1988年10月26—29日，中远系统船舶领导体制改革工作会议在北京召开，参加会议的有上海远洋、广州远洋、天津远洋、青岛远洋、大连远洋及中波轮船股份公司（中方）、江苏、浙江、河北、江西和安徽省合营公司及中远总公司的同志。会上，戴淇泉副总经理作了题为"总结经验，积极探索，深化船舶体制改革"的工作报告，党委副书记刘世文做了总结讲话。这次会议对全系统推进船舶领导体制改革进行了总结。船舶领导体制改革推行以来，各单位都做了大量周密细致的工作，其共同特点是领导重视，组织健全，态度积极，步骤稳妥，部署周密，工作扎实，船舶领导体制改革的基础比较牢靠。在推进改革的具体方法上各单位都各有特色。如青岛远洋在试点工作的同时，注重船舶领导体制改革中的理论研究工作，有针对性地专门组织召开研讨会，并把研讨会发表的15篇论文整理成册，发至各轮，加强了改革的理论指导，对克服改革中的盲目性、随意性，增强改革的规范化、系统化，起到了一定的促进作用。上海远洋在抓好面上的宣传教育中，注意分层次抓各方面人员的观念转变工作，并把重点放在船舶领导身上，他们对船长、副船长分别提出"两个强化"等明确、具体的要求。天津远洋为保证船长负责制推进工作的高质量，把推进改革与企业达标结合起来，利用TQC原理和方法，探索出规范化、程序化改革的新路子。广州远洋在推进改革中，把精神文明建设、思想政治工作、船员管理都纳入经济责任制中，促进改革，强化落实。大连远洋在如何解决船长负责制和实行民主管理方面建立了船长决策程序，把个人负责与发挥集体智慧结合起来，保证决策的科学性和准确性。天津远洋推进船舶领导体制改革驻船工作组总结出"一三一工作法"，即：抓住一条主线——确保船舶安全生产；摸清三大要素——摸清船长、副船长素质，摸清船长、副船长、轮机长团结协作情况，摸清船舶管理现状，把握一个动态——实行船长负责制后牢牢把握船舶不稳定因素，有针对性提出预防措施和解决方法。

二、新体制运行喜忧参半

喜的方面是：船舶实行船长负责制，理顺了公司与船舶之间的领导关系，确立了船长在船舶的中心地位，强化了生产指挥系统的高度集中统一，保证了船岸政令畅通，增强了船长的责任感，维护了船长的权威，对加强船舶管理工作起到了一定的作用。

忧的方面是：党建、思想政治工作以及政工干部队伍建设出现了一些情况，暴露出一些问题。

一是出现责任真空。部分船长由于工作特点、能力、精力等原因，很难对两个文明建设全面负责，"有些船舶出现了船长'不到位'、副船长'怕越位'的现象，削弱了思想政治工作"①。船舶党建、思想政治工作处于"挂空挡"状态。二是管理层级不顺。船舶政委改为副船长后，隶属于船长领导，已处于从属位置，而党支部工作向船长负责，地位、作用、隶属关系交织一起，党支部作用难以发挥。三是政工队伍不稳。政工干部普遍对自己的前途感到担忧，思想情绪极不稳定。有的单位出现了"老年政委等退休，中年政委想不通，年轻政委盼改行"的现象，政工干部的积极性受到一定影响。四是矛盾日益凸显。在船舶，反对政委改任副船长的部门是轮机部。轮机部和甲板部是船上一对天然的矛盾体，过去有了矛盾，小事碰个头，大事开个会，政委调和调和，就什么矛盾都化解了。轮机部的同志说，现在政委取消了，连"评理"的人都没了，出了矛盾和问题只能"死抗硬顶"。五是案件有所上升。广州远洋"汉中河"轮、大连远洋"江西关"轮、江西远洋"新安"轮船员集体走私、违关，仅此3起案件涉案达51人之多。总公司保卫部门在《关于转发上远〈公司召开防外逃、防留外不归会议总结"顺河"轮在防留外不归工作中的教训〉的通知》中指出："中远系统船员外逃人数上升幅度较大，今年以来共发生多起多人，与去年同期相比上升32%。"各单位在剖析案发原因时，均把党支部战斗堡垒作用不强、思想政治工作不到位、放松遵纪守法教育等当成主要因素。

---

① 引自中远总公司呈送交通部的《关于完善船长负责制有关问题建议的报告》（〔89〕中远办2483号）。

三、实事求是向上反映存在问题

1989年，中共中央召开了第十三届四中全会，接连发出了七号、九号文件，对于加强党的建设和思想政治工作提出了更高的标准和要求，同时做出新的规范。各单位在学习贯彻中普遍反映，在坚持实行船长负责制的条件下，有关副船长职务的设置、隶属关系与当前中央文件精神不相符合，一年多来的实践证明也确实存在一些问题。为此，中远总公司立即组织相关人员深入船舶一线开展调查研究，同时也指导各公司深入船舶，搞好调研，以专题报告形式上报。总公司通过对本级和所属船公司的调研情况进行深入的分析研究，最终形成了《关于完善船长负责制有关问题建议的报告》，上报交通部党组。报告主要内容如下：

（一）局部改革有悖中央精神

中远总公司党委在贯彻中共中央七号、九号文件时，密切联系中远船舶党建实际，提出在推进船长负责制过程中，将政委改为副船长与中央文件精神不符，与船舶党的建设实际不符，副船长是船舶党支部书记，党支部工作在船长领导下，客观上削弱了党支部的地位和作用，"事实上有的公司已经出现非党船长限制支委人数，干涉支部活动的现象[①]"。

（二）政委改任副船长不符合远洋船舶实际

《报告》认为，远洋船舶是祖国的"浮动国土"，远离领导，涉外频繁，流动分散，独立作战，需要党支部加强组织领导。副船长作为支部书记名不副实，活动形式和内容受到限制。而政委职务从1967年公之于世后，已被外界所熟悉和认可，有利于涉外工作的开展。设政委同设副船长不一样的是：政委主持支部工作，在领导和组织思想政治工作、精神文明建设、开展党的建设方面，与船长不是领导与被领导之间的关系。这样，可以强化约束机制，有利于发挥党支部的保证监督作用，也便于协调船长与轮机长等方面的关系。今后政委还应该协助船长担负一部分行政管理工作，这项工作仍对船长负责。

（三）坚定支持船长负责制改革方向

中远总公司坚定不移地贯彻落实厂长经理负责制这一重大改革举措，坚定支持船长负责制改革方向，改革中确立党支部的政治核心地位与坚定不移地推进船长负责制不是矛盾的或对立的，是可以统一起来、一致起来的。在船长负责制前提下，设置政委职务，并不影响领导体制的变化，更不是回到过去领导体制的老路上。副船长改为政委后，船长仍然是处于船舶中心地位；党支部在思想政治工作、精神文明建设中发挥政治核心作用，可以更好地维护船长在船舶的中心地位，支持船长在船舶发挥中心作用。

四、恢复船舶政委职能

（一）交通部下发"改职"通知

中远总公司上报交通部的报告引起部党组的高度重视，经过认真研究，交通部党组下

---

① 摘自《关于完善船长负责制有关问题建议的报告》（〔89〕中远办第2483号）。

发了《关于完善船舶领导体制的通知》，明确指出："航运企业和拥有船舶的单位，其船舶继续实行船长负责制，为了更好地发挥船舶党支部的政治核心作用和加强船舶的思想政治工作，船舶专职政工干部的职务名称，由副船长改为政委。政委是船舶领导人之一，受公司党委和行政双重领导，以党委领导为主，其主要职责是负责船舶的思想政治工作，并兼管部分行政管理工作。"

（二）重新修订有关文件规则

总公司依据交通部通知精神，立即组织力量修订完善船长负责制的有关条例、规定、职责等文件，形成完善船舶领导体制的《实施办法》和《宣传提纲》。并按照"党委制订方案，党政领导共同研究，党委负责组织实施"的原则，深入组织落实。上海远洋党委为解决跑美西、美东航线和其他航线长期不能回国内的问题，派出公司领导带工作组去日本、中国香港逐条船布置工作，督导落实。

（三）开办船长、副船长轮训班

为做好改制工作，各公司陆续开办了船长、副船长轮训班。广州远洋、上海远洋、青岛远洋开办了四期，天津远洋、大连远洋开办二期，中波公司开办一期。参加轮训的共494人，其中船长105人，副船长389人。有的船公司通过函授的形式，将新的文件和规则邮到船上，组织船员学习，每条船舶都将学习理解文件精神和思想认识情况反馈给船公司，从一线反映的情况看，船长、副船长和船员都对副船长改为政委工作表示理解和支持。

（四）有序推进副船长"改职"政委工作

各公司党委按照交通部和总公司下发的文件精神，立即组织力量对副船长进行综合素质考核。中远所属6个船公司共有副船长1096名，从政治素质、工作能力、作风表现等方面综合考察分析，表现突出的有192人，占总数的17.7%；称职的有627人，占总数的57.2%；基本职称的256人，占总数的23.4%；不称职的21人，占总数的1.9%。总的看来，船舶政工干部整体素质基本表现是好的。经过一年多时间的努力，副船长改职船舶政委工作顺利完成。

五、船舶党建逐步走向正轨

副船长"改职"政委工作完成后，总公司党委依照"船舶是航运企业的主体，船舶党支部工作是企业党的建设的基础"这一工作指导思想，加强船舶党建工作。各单位普遍重视了抓基层、打基础工作，采取措施加强船舶党的建设，中远船舶党支部建设走过了一个"从乱到治"的艰苦历程。

（一）加强了对船舶党建的规范和管理

为了加强对船舶党支部工作的规范和管理，各公司都摸索了一些行之有效的做法。中波公司党委下发《党支部目标管理任务书》，包括6大类、34条项目，涉及党支部班子、党员先锋模范作用、党员教育和管理、党员发展工作、党组织政治核心作用的发挥和完善党务工作制度等内容，要求船舶党支部根据《任务书》要求和航次具体任务，拟定党支部航次工作计划，在返航时进行自查，并将落实情况列为评比先进党支部、评价党支部工作的重要依据。青岛远洋党委采取5种形式加强对船舶党支部的管理和指导：一是每月召开一次政委例会；二是下发指导性文件，并及时通报情况；三是坚持对船舶政委进行考评；四是半年分析一次党建情况，研究加强党建工作的具体措施；五是对问题较多或工作性质特殊的船舶重点考核了解，帮助解决问题。

（二）重建船舶党支部工作制度

总公司党委清醒地认识到，经过2次船舶政委改制的冲击后，其负面影响不是短时期就会彻底消除的，尤其在制度上对党支部建设造成的影响既不能低估，更不能任其自然发展，必须有针对性地加以重建。各公司党委利用完善船舶领导体制这一时机，结合贯彻执行总公司颁发的《远洋运输船舶党支部建设的几项制度和有关规定（试行）》，进一步健全和落实了船舶党支部各项工作制度。上海远洋下属各船舶管理处在公司统一规范的"两册两表"的基础上，结合各自的实际，试行了各种表册登记制度，促进了船舶党支部工作的制度化、规范化。中波公司党委明确规定：船舶每往返一个航次召开支部大会一次，支委会二次，上党课一次，还拟定了航次支部工作报表。天津远洋为加强思想政治工作的基础建设，重新建立了8本船舶政工台账，恢复了《船舶思想政治工作航次汇报表》，船舶党建工作逐步走上正轨。

（三）强化船舶党建工作责任心

总公司党委抓船舶党的建设，着眼点放在提高政委、船长的工作责任心上。如广州远洋党委要求船舶党支部领导班子做到"五个敢于"，即：敢于贯彻执行党的方针政策和公司各项规章制度；敢于严格组织生活、抓好党员教育和管理；敢于理直气壮地开展思想政治工作；敢于大胆管理、扶持正气、同歪风邪气做斗争；敢于严于律己，做好表率。广州远洋将这"五个敢于"作为主要工作要求，大会小会反复强调，并坚持不懈抓检查落实。大连远洋组织部门凡政委上船前，均组织政委谈话，交任务，提要求，下船后到公司述职，有关部门予以鉴定，根据工作情况打分，给予奖励或批评直至处罚。各单位普遍反映，通过几年来的努力，船舶部门长以上干部的工作责任心有了较大提高。

六、坚持变与不变的辩证统一

沧海横流，人间正道。历史的辩证法教会了中远人：应该变的，必须改变，不变则衰；不该变的，决不能变，变则自我瓦解。在这里，打破"党支部领导下的船长政委分工负责制"，坚定不移地推行船长负责制，就是该变的。但在变革中将政委改为"副船长"，动摇船舶党建根基，就是不该变的。对此，中远总公司党委顺应大势，该变的，坚决做出改变；不该变的，即便变错了，知错就改。坚定不移地坚持正确的政治方向，实现变与不变的辩证统一，为中远这艘巨轮乘风破浪、勇往直前提供了可靠的政治思想保障。

第四节　开展"学雷锋、学严力宾，树立行业新风"活动

烈焰无情，壮士何惧，熊熊大火挡不住男儿义举；
浩气长存，英魂永驻，滔滔大海唱不尽英雄颂歌。

图 8-6　严力宾

20 世纪 90 年代初，中国远洋运输总公司所属青岛远洋运输公司涌现出一位英雄人物——严力宾（图 8-6），其事迹传遍大江南北，颂歌响彻长城内外……

党和国家领导人江泽民、杨尚昆、李鹏分别题词，号召全国人民向雷锋式的好船员严力宾学习……

一、英雄人物的出现与宣传

1990 年 3 月 13 日，中远总公司党委、中远总公司、中远总公司工会联合发出《关于开展学习雷锋活动的通知》，中远各单位学雷锋活动深入展开。正当此时，在中远出现了一位雷锋式的人物严力宾。

1989 年 11 月 18 日，青岛远洋"武胜海"轮在香港合兴船厂修船，由于船厂工人盲目地使用气焊，引起机舱火灾。共产党员、机工严力宾在危急关头，奋不顾身冲了上去，用自己的生命保护了国家财产，保护了全体船员的生命。严力宾的英雄行为，展示了改革开放时期社会主义一代新人的崭新面貌，表现出共产党员的优秀品德和中国海员的高尚情操。青岛远洋党委以高度的政治敏锐性，深入挖掘严力宾这一闪耀共产主义光辉的时代典型，并立即做出了《关于追认严力宾同志为优秀共产党员的决定》，青岛远洋同时做出了《关于给严力宾同志记大功的决定》。与此同时，公司组织力量对严力宾的事迹做了深入细致的挖掘整理工作。从严力宾的学生时代到远洋生涯，对严力宾的亲人、朋友、同学、老师、领导和与他同舟共济的船员进行了大量采访，并整理了严力宾的日记，利用多种媒体宣传严力宾的英雄事迹。

在严力宾事迹挖掘与宣传的初期，这项工作得到了交通部党组、山东省委、青岛市委自始至终的热情支持与充分肯定，1990 年 3 月 24 日，中共青岛市委做出了《关于追授严力宾优秀共产党员光荣称号的决定》，3 月 29 日，中国远洋运输总公司党、政、工联合做出了《关于在中远系统弘扬雷锋精神、学习严力宾同志模范事迹的决定》，使学习严力宾活动在中远系统全面铺开。

严力宾牺牲后，《人民日报》《中国青年报》《中国水运报》等报纸相继报道了他的英雄事迹，山东省委、省政府、省军区分别做出了关于开展向严力宾学习的决定。中共山东省委做出决定，追授严力宾为优秀共产党员。为弘扬雷锋精神，学习严力宾先进事迹，中共青岛市委、市政府、青岛警备区于 1990 年 3 月 27 日，在青岛召开了"弘扬雷锋精

神,学习严力宾事迹动员大会"。1990年3月29日,中远总公司党、政、工联合做出关于在中远系统弘扬雷锋精神,学习严力宾同志模范事迹的决定,号召远洋广大职工向严力宾学习。

二、党和国家领导人为严力宾题词

严力宾事迹在社会广泛传播后,引起中央领导的高度重视。1990年6月19日,党和国家领导人陆续为严力宾题词。

中共中央总书记江泽民的题词是"学习严力宾同志,做坚定的共产主义战士"。

国家主席杨尚昆的题词是"学习严力宾同志忠于党、忠于祖国、忠于人民"。

国务院总理李鹏的题词是"远洋深处留下他的航迹,海员心中树起他的丰碑"。

党和国家领导人为严力宾题词,极大地推动了全社会深入开展向严力宾学习的热潮。1990年10月21日至27日,中宣部在京组织了严力宾同志先进事迹报告活动,由中直和国家机关、总政、教委、北京市委、全国总工会、妇联、团中央及清华、北大等单位组织,共做了6场报告,引起了社会的强烈反响。

1990—1991年,中远以雷锋精神和严力宾事迹为教材,以党和国家领导人关于学习雷锋、学习严力宾的题词精神为动力,广泛深入地开展"学雷锋、学严力宾、树立行业新风"活动。中远总公司先后16次下发文件,召开各种会议进行专题部署,组织严力宾事迹巡回报告会,汇集了严力宾的事迹材料,出版了15万字的专刊分发给系统各单位,同时向全系统转发了山东省、青岛市委编印的严力宾事迹专集——《碧海丹心》《潇洒人生》,累计印刷650套下发船舶。

三、严力宾同志先进事迹

(一)少年立志,二十入党

严力宾,1957年10月7日出身于河北省易县一个革命军人家庭。"不娇、不惯、不特殊"是其家规。1963年,严力宾进入小学读书,在小学里,严力宾读的第一本课外读物是《欧阳海之歌》,之后又读了《钢铁是怎样炼成的》。他首先能背诵的是毛主席的《为人民服务》《纪念白求恩》和《愚公移山》3篇著作。中学时代,严力宾开始涉猎马列著作,成为父亲书橱旁的忠实读者。后来参加了工作,他把家里的《资本论》《共产党宣言》以及毛主席和陈毅的诗词带在身边,利用业余时间研读。

1974年夏,严力宾在胶县一中高中毕业后上山下乡。在前店口村,他生活了近3年。在这段时间里,他先后被推选为知青组长、团支部书记。这期间,严力宾带领几个知青,承包管理村南50亩苹果园,为前店村增收做出了积极的贡献。1977年1月,严力宾光荣地加入了中国共产党。

(二)热爱大海,选职海员

严力宾虽生在内陆,但从小就喜欢大海。当广州远洋运输公司到他家乡招工时,他毅然应招,不久被组织派往厦门集美航校学习。在两年的航校学习期间,他以共产党员的标准严格要求自己，担任校学生会委员、班党支部书记。严力宾学习刻苦，学业优异，关心集体，助人为乐。他天天早起，先给同学打好洗脸水，然后叫醒大家，再一同出早操。严力宾还热情地辅导那些学习吃力的同学。班里的同学病了，他买来补养品，送到床头，并精心护理。下水道堵了，污水横溢，他主动去疏通。

1978年8月，严力宾从厦门集美航校结业后，来到青岛远洋运输公司，在远洋运输线上一直战斗了12个春秋。他先后在青岛远洋"福海"轮、"星宿海"轮、"武胜海"轮上工作。从1985年起，还3次被公司选派到外籍船上执行外派任务。

（三）爱岗敬业，刻苦钻研

1986年8月，一封通知严力宾上"武胜海"轮的电报飞来，可再过几个月，爱人就要生产了，面对调令，他毅然选择了上船。政委了解到此事后，关切地要为其调整休假，严力宾婉言谢绝了，当他第二年4月休假时，儿子已经出生半年了。

严力宾对工作一丝不苟，严格要求，从不马虎。一次，他和一位机工对压载泵进口管灭漏，当船友将卡码、胶垫装上后，严力宾反复检查，发现卡码装得稍偏了点，有微小水珠渗漏，不细看很难发现。于是，他翻身钻到滑铁板下面，把卡码松开，重新调正位置。管内喷出的水溅到热管上，升腾起股股热气，呛得严力宾难以睁眼，他却全然不顾，十分认真地逐一修好。

严力宾对工作满腔热情，对业务精益求精，遇到什么险情能够挺身而出，赢得了外派同事和外籍船员的信任。一天，船舶停在荷兰福利森根港卸木材，五号起重机突然失灵。英籍大管轮、二管轮、轮机长，轮流修了多半天，都未能修好。时值中午，外籍专家垂头丧气地就餐去了。严力宾顾不得吃饭，约了位机工，修了一个中午，起重机终于修好了。英籍轮机长高兴地连声说："好样的，了不起！"

（四）关键时刻，挺身而出

严力宾常说："共产党员是24小时的身份，随时都要在行动上体现出来。"严力宾是这样说的，也是这样做的。一次，船舶在航行中遇上了大风浪，船体剧烈颠簸，左右摇晃，英籍船长要求甲板部立即固定舱内不断滚动的油桶。如果这些油桶滚到一侧，船体就会失去平衡，甚至会造成事故。但甲板部人手不够，严力宾听说后，便约了另一个机工一起来帮忙。滚动的油桶不断撞击着，发出震耳欲聋的响声。严力宾毫无惧色，瞅准两只碰撞的油桶滚开的瞬间，飞步跃上去，用撬杠固定住油桶，并一个个地集中到一起，然后再用钢丝绳把它们牢牢地固定在船体上，从而排除了险情，保证了船舶的安全航行。严力宾受到英籍船长表扬。

党员的先锋模范作用怎样体现出来？就是平常时候看得出来，关键时刻站得出来，危急关头豁得出来。这是对严力宾时刻注意发挥党员先锋模范作用最生动的写照。

1989年11月18日，严力宾所在的"武胜海"轮在香港合兴船厂维修，因修理工人电焊作业不慎，将焊渣进入物料间，引起火灾，船员们听到警报，迅速来到救火现场。严力宾首先到达，当他发现没有消防水管，火势得不到控制时，十分着急。严力宾心想，现在只有一个办法，就是进入火场探明火势，并启动舱机房下层的应急消防泵救火。他从船友张宏伟手中抢过防毒面具,果断地说:"现在下面很危险,拖延一分钟,危险就会增大一分,你们不熟悉情况,让我来!"说罢便系好安全绳,戴好防毒面具,奋不顾身地冲进了物料间……

时间在一分一秒地过去,火场外边的船友心急如焚,经过全体船员数小时的奋力扑救,终于扑灭了火灾,人民财产保住了,可当船友们从舵机房找到严力宾时,他已停止呼吸,光荣牺牲了,年仅32岁。

四、严力宾被评为全国交通系统"十大感动人物"

严力宾的英雄事迹在香港和内地各界引起了强烈反响。交通部、全国总工会、中远集团、青岛市政府合力组织了严力宾事迹报告团,在全国22个大中城市作巡回报告。严力宾被授予全国五一劳动奖章、雷锋式优秀船员、优秀共产党员等荣誉称号,山东省人民政府批准严力宾为革命烈士。

在严力宾被评为新中国成立以来交通系统十大感动人物后,《中国水运报》发布的感动词这样写道:

"面对熊熊烈火,这个远洋货轮上的普通机工,用血肉之躯扑了上去。这一刻,信念,体现出惊心动魄的价值;青春,浓缩成无惧无悔的责任。这个年轻的生命,化作了茫茫大海上一只不朽的凤凰,向着祖国的方向,永远在翱翔、欢唱!"

五、严力宾烈士纪念室列为爱国主义教育基地

为弘扬严力宾的英雄主义精神,展示改革开放时期社会主义一代新人的崭新面貌,青岛远洋专门建立了严力宾烈士纪念室(图8-7),组织广大党员干部和船员参观学习,推进学雷锋、学严力宾活动不断走向深入。1995年,山东省青岛市准备建立爱国主义教育基地,严力宾烈士纪念室被确定为山东省青岛市首批爱国主义教育基地。爱国主义教育基地是青少年学习了解历史知识、革命传统的重要课堂,是增强爱国情感、培养民族精神的重要载体,是陶冶情操、提高道德修养的重要场所,是青少年思想道德建设的重要阵地,基地记录着历史沧桑、文化遗产、先辈足迹、建设成就的爱国主义教育基地,是爱国主义精神的有形体现。

严力宾的精神和情怀在爱国主义教育基地熠熠生辉,不仅教育和影响着一代又一代青少年,也教育和影响着一代又一代中远人,每一位中远人都为自己的身边成长出严力宾这样的英雄人物感到自豪和荣耀,因为严力宾不仅属于中远,更属于伟大的祖国。

一个把自己的信念融入共产主义崇高理想的人,他的生命是不朽的。

图8-7 坐落在青岛远洋党校的严力宾烈士纪念室,被确定为山东省青岛市首批爱国主义教育基地。

六、"双学一树"活动硕果累累

中远总公司由于涌现出了严力宾这位雷锋式的英雄人物，公司上下在开展"学雷锋、学严力宾、树行业新风"活动方面，更加有声有色，卓有成效。广州远洋以船舶为重点，大力培养树立本公司学习雷锋、学严力宾的先进典型，涌现了以老典型叶龙文①和"活着的严力宾"陈培生②为代表的一批先进人物。1992年4月19日，"赤峰口"轮执行中国首次参加的联合国维持和平行动任务，运载物资150多吨去柬埔寨磅逊港，全船开展学雷锋、学严力宾活动，圆满完成任务。

1990年8月，上海远洋"清水"轮水手蔡如生③在船靠泊菲律宾宿务港与深夜闯入房间两名抢劫歹徒展开激烈搏斗，英勇地保护了船舶和其他船员的生命，却不幸被歹徒枪杀而光荣牺牲。1993年4月17日，上海市人民政府批准蔡如生为革命烈士。

1991年初，索马里发生政变，在中国使馆和援外人员的生命和财产遭到严重威胁的关键时刻，天津远洋"永门"轮全体船员坚决执行命令，从1月3日到11日，冒着被炮火袭击的危险，克服重重困难，连续奋战7昼夜，2次进入战火纷飞的索马里摩加迪沙港和基斯马尤港，营救出驻索使馆和援索人员24人，并安全转移到肯尼亚蒙巴萨港，圆满完成上级交给的营救接运任务，受到外交部、经贸部、交通部、天津市和中远总公司的高度赞扬和大力表彰。

在"双学一树"活动中，大连远洋抓教育、抓骨干，积极探索，做深入组织发动群众的工作，结合油轮运输的特点和各项具体工作，在机关开展面向基层争当文明窗口的活动。中波公司注重开展岗位学习，领导带头，形式多样，及时挖掘宣传先进事迹，树立身边的严力宾，使公司出现了学英雄、做英雄的新热潮。1990年、1991年是中远有史以来少有的

---

① 叶龙文，1937年11月生，浙江慈溪县（今慈溪市）人。1958年5月，参加中国人民解放军，1961年5月，加入中国共产党，第一海军学校航海专业毕业，1965年3月，转业到中远广州分公司，曾任船舶驾助、政干、政委等职，1975年任船长。1992年9月，派驻德国中远欧洲公司工作，1996年1月，外派中远乌克兰代表处工作。叶龙文是广州远洋的高级船长，是船长的先进典型。他以雷锋为榜样，忠于党，忠于人民，有一个为国争光，做"争气"船长的坚定信念，30多年来，为远洋运输事业作出重要贡献。他在称为"中国出租船舶一面旗帜"的"华铜海"轮船长8年的时间里，安全航行56万海里，运货271万吨，创利779万美元，全体成员人均创利22万美元；他锐意改革，科学管理，培养人才，在抓两个文明建设上取得丰硕成果。"华铜海"轮16次获交通部、广东省、中远总公司及广远公司授予的荣誉称号。叶龙文连续8年被评为广远公司先进生产者，1987年被评为广东省先进生产者，1988年被评为中远系统双文明建设先进个人，同年荣获全国劳动模范称号，1990年被评为广东省优秀共产党员，1991年被评为中远十大标兵人物。叶龙文于1998年12月光荣退休。

② 陈培生，1962年5月生。1990年4月1日，广州远洋"天岭"轮在广州文冲船厂修船。由于船厂工人操作失误引起船舶舱底起火，严重威胁船舶、船厂的安全。船长组织全体船员灭火救灾。三副陈培生第一个冲下机舱，奋勇灭火，直到在现场晕倒，被船员4次冲入机舱救出，送医院治疗，不久康复。陈培生为灭火护船作出了重要贡献。中远广州分公司授予陈培生"雷锋式好船员"光荣称号，并被中远总公司评为中远十大标兵人物之一，广大船员称陈培生为"活着的严力宾"。陈培生后来担任船长职务。

③ 蔡如生（1959—1990），江苏海门人。1977年10月，在上海市南海中学高中毕业，分配到中远上海分公司任水手。1990年8月12日，蔡如生所在的"清水"轮靠泊菲律宾宿务港。当晚深夜，两名当地歹徒持枪闯入蔡如生房间实施暴力抢劫。为保护船舶和其他船员的生命安全，蔡如生英勇地与歹徒展开激烈搏斗，被枪杀身亡，年仅31岁。1993年4月17日，上海市人民政府批准其为革命烈士。

争先创优"丰收年",上海远洋接连获得"优秀企业管理金马奖""五一劳动奖状"和"全国优秀政工企业"等国家级荣誉称号;青岛远洋政研会获得"全国优秀职工思想政治工作研究会"称号。广州、上海、青岛、天津、大连 5 个远洋运输公司和大连外代等许多单位还分别获得省、部级综合性荣誉称号;青岛远洋党委副书记赵云保被评为全国企业优秀思想政治工作者。全系统还涌现出一大批省、部级劳动模范。由这些先进集体和先进个人组成的先进群体,集中体现了中远职工的精神风貌,极大地增强了中远职工的自豪感和上进心。

第五节　深入开展精神文明创建活动

20 世纪 80 年代初期,党中央明确提出要发扬党的优良传统和作风,建设高度的社会主义精神文明。全国立即开展起了以"五讲四美三热爱"为载体的社会主义精神文明建设热潮,并不断向纵深发展。

一、开展"五讲四美三热爱"活动

交通系统积极响应党中央号召,认真开展"五讲四美三热爱"(讲文明、讲礼貌、讲卫生、讲秩序、讲道德;心灵美、语言美、行为美、环境美;热爱祖国、热爱党、热爱社会主义)活动,促进了全系统服务质量的提升和生产任务的完成。1984 年 2 月,交通部下发了开展"五讲四美三热爱"活动的通知,中远总公司在组织全系统积极开展活动中,密切联系远洋船舶实际,把开展"五讲四美三热爱"活动同提高经济效益相结合,同改善经营管理相结合,同提升服务质量相结合,同船岸精神文明建设相结合,很快就为广大船岸职工群众所接受。同时,总公司又提出领导干部要起模范带头作用,各单位和船舶要开展竞赛活动,要扎扎实实建成一批文明单位、文明船舶。各单位按照总公司的统一部署,积极开展活动。有的单位以加强思想建设为切入点,把"五讲四美三热爱"的内容划分若干单元进行系列的思想教育;有的单位把"五讲四美三热爱"的具体内容编成船员文明手册,人手一册,组织学习和落实。

为推进"五讲四美三热爱"活动等精神文明建设不断向纵深发展,中远在远洋船员中开展了抵制精神污染的教育。各公司参考总公司编印的《向船员进行宣传教育的讲课材料》,结合各轮具体情况进行宣讲。在船舶大力开展健康有益的业余文化娱乐活动,清除反动、淫秽录音、录像、书画和其他淫秽物品,重新学习中远制定的有关涉外守则、纪律和规定,使远洋船舶不仅成为精神文明建设的前沿阵地,还成为宣传社会主义精神文明建设的明亮窗口。

二、颁布精神文明建设系列文件

为了加强船舶思想政治工作,1986 年 2 月 17 日,中远总公司下发了《船舶两个文明建设标准(试行)》,提出了提高经济效益,加强船舶管理,加强精神文明建设,加强领导班子建设及发挥党支部的战斗堡垒作用,加强船舶工会建设,搞好职工民主管理等六个方面三十条标准。同时下发了《关于开展创建文明船舶竞赛活动的实施办法》和《船舶思想政治工作岗位责任和工作标准(试行)》。对船舶党、团员、各种职务人员的政治思想工作责任与工作标准作了明确的规定,并提出远洋船员、职工的文明公约。与此同时,船舶还建立了《政工日志(试行)》,作为远洋船舶政治工作的原始记录。1987年1月,中远总公司党委又制订颁发了《远洋系统社会主义精神文明建设的实施规划》,组织船岸一一落实。

三、船舶文明创建活动方兴未艾

这一时期,中远的社会主义精神文明建设中较为突出的是开展了创建文明单位、文明船舶的活动。许多单位对文明船舶标准作了责任分解,大多数船舶制订了实施计划,各远洋公司作了检查评比。

上海远洋的"丰城""宝安"和"清河城"轮,分别与上海港九区、十区、五区签订了"同建共创双文明单位公约",双方通过加强对职工和船员的教育,搞好党风、港风、船风。中远各公司机关创建文明处室的活动,重点是抓与货主和船员接触最多的处室。有些单位还开展了"爱我船员""全心全意为船员服务"活动,制订了《为船员服务公约》,实行挂牌服务,讲究文明用语,机关作风有了好转。

广州远洋"耀华"轮、上海远洋"风涛"轮,荣获全国交通系统两个文明建设先进集体称号;1986年上海远洋船长鲍浩贤和广州远洋"耀华"轮业务部主任姜阿南荣获全国总工会颁发的五一劳动奖章。

天津远洋"石景山"轮和上海远洋"潍河"轮发扬忘我的革命精神,冒着生命危险,克服重重困难,胜利完成接运因民主也门发生内战、安全受到威胁的中国援也专家和工人撤离的艰巨任务,受到外交部、经贸部等部委的表扬。

1987年,上海远洋"鉴真"轮、大连远洋"洪泽湖"轮被国家经委授予"国家级质量管理先进船舶"。

四、先进模范人物层出不穷

由于深入开展了创建文明单位活动,这个时期中远的先进集体和先进模范人物接连涌现。1985年8月13日,中远总公司党委作出了向上海远洋贝汉廷船长学习的决定。贝汉廷船长强烈的事业心和主人翁精神,高度的爱国主义和国际主义精神,精益求精、顽强进取的精神,为理想而献身的革命精神,深深地打动了广大船员和职工的心,在中远引起了强烈的反响。各单位在开展学先进活动中涌现了一批富有时代精神的先进人物和集体。青岛远洋张铁军船长、大连远洋张德恒船长,荣获全国五一劳动奖章。

1988—1990年,中远在深入开展创建社会主义精神文明先进单位活动中,将社会主义精神文明建设目标纳入经理任期目标,与承包经营责任制挂钩,使创建社会主义精神文明先进单位的活动更加活跃,好人好事、先进单位、模范人物不断涌现。1989年,广州远洋船长叶龙文、青岛远洋政委陈洪璋、上海远洋总经理李克麟、中波公司轮机长顾富生4人被授予全国劳动模范。1988年,青岛远洋被国家授予"第三届设备管理优秀单位"荣誉称号；中波公司荣获 1990 年全国先进企业五一劳动奖状。天津远洋的"登云"轮、上海远洋"鉴真"轮进入全国先进班组行列，获得 1990 年五一劳动奖状。

五、树立全系统"十大标兵人物"

1991 年 4 月 27 日，正值中国远洋运输总公司成立 30 周年之际，中远总公司党政工联合下发了《关于表彰中远系统先进船员十大标兵人物的决定》（简称《决定》），对全系统十大标兵人物进行了表彰，他们是：

广州远洋船长叶龙文、三副陈培生、水手长陈云生；

上海远洋轮机长黄凤德、大厨张新军；

天津远洋政委付品杰、轮机长韩青；

青岛远洋政委陈洪璋；

大连远洋船长门文彬；

中波公司轮机长顾富生。

叶龙文等十大标兵人物不仅以其卓越的成绩为中远公司的发展做出了重大贡献，更重要的是他们能在广大职工中起带头作用、模范作用，影响和带动群众一起前进（图 8-8）。他们的精神和事迹，集中而生动地反映了中远系统船员职工队伍的整体形象和风貌，是中远系统的骄傲和全体船员职工学习的楷模。《决定》号召中远系统全体船员职工，要认真学习叶龙文等十大标兵人物忠于祖国，热爱远洋，艰苦奋斗，奉献为先，刻苦学习，努力工作，勇于开拓，奋发向上的精神品格，并把学习十大标兵人物同学雷锋、学严力宾和树立行业新风结合起来，继承和发扬中远的优良传统和作风，振奋建设社会主义现代化事业的巨大热情和创造精神，为发展中国远洋运输事业做出更大的贡献。

图 8-8　1991 年 5 月 10 日，"十大标兵"代表在"中远系统十大标兵先进事迹巡回报告会"上做报告。

各单位把学习十大标兵人物同"双学一树"活动结合起来，同培养企业精神结合起来，同传统教育结合起来，促进了企业的精神文明建设。

通过开展多种形式的创建文明单位活动，中远从上到下，从陆地到海上的各个单位和远洋船舶，逐步建成了组织严密、思想统一、行动一致的社会主义基层阵地。这片基层阵地在改革开放中，在国内政治风波中，在航运市场的激烈竞争中，经受了锻炼，接受了考验。实践证明，中远各级党组织和各个单位是坚强有力的，中远广大干部和群众是可以信赖的，中远的思想政治工作和社会主义精神文明建设是切实有效的。

六、隆重举行中远成立 30 周年庆典活动

伴随着伟大祖国改革开放的强劲步伐,中远迎来了 30 周年华诞。30 年巨变,弹指一挥间。30 年是一个企业的发展节点,也是一个企业的历史驿站。30 年大海航行,不能只是埋头开船,还要抬头看路,更要回头凝望——中远的发展历程是新中国综合国力不断增长的光辉缩影,是新中国波澜壮阔的航运事业大步前行的生动写照,是新中国发奋图强、由弱走强、逆境崛起的历史见证。为更好地回顾和总结 30 年来的发展历程,对外进一步扩大影响,提高企业的知名度和市场竞争力,对内激发广大船岸职工热爱远洋、奉献远洋的高涨热情,增强企业的凝聚力,总公司领导决定将 1991 年 4 月定为中远系统"纪念中远成立 30 周年活动月",把以"热爱远洋"为主题的纪念活动不断推向新的高潮。

(一)先期活动紧凑严谨

在整个活动月的开展过程中,从总公司到各下属远洋公司,各船舶和主要驻外网点开展了内容丰富、形式多样的活动。总公司从 3 月 25 日、26 日开始,中央电视台文艺部《人与人》剧组为庆典活动组织了"蓝色的乐章"专场文艺节目;4 月 17 日,总公司召开了"庆祝中远公司成立 30 周年老干部座谈会""船员和船员家属座谈会";4 月 25 日,系统工会在革命博物馆举办了中远系统书画摄影展览。总公司组织编印的《中远三十年》大型纪念画册和中远船舶照片明信片于 4 月 15 日出版发行,并寄送到各直属远洋公司和各主要驻外机构,受到远洋职工和国内外客户的称赞和好评。

(二)庆典活动丰富多彩

4 月 27 日,总公司在北京首都剧场举行了隆重的庆祝大会,应邀出席大会的贵宾有:交通部、中国海员工会、经贸部、国家计委、中国银行、海关总署等国家机关离退休老同志和在职领导;中国粮油、纺织品、化工、机械、五矿进出口总公司及外运总公司等单位的领导,中远总公司第一任总经理冯于九及离退休老领导参加了庆典。会上宣读了中央和国务院领导同志为庆祝中远公司成立三十周年的题词;离退休老干部代表袁之平、船员代表杨河江分别讲话,黄镇东部长致贺词。全系统关注的中远十大标兵叶龙文、陈云生、陈培生、黄凤德、张新军、顾富生、门文彬、韩青、付品杰、陈洪璋及其家属出席了大会并受到表彰,标兵代表叶龙文船长在会上讲了话。在中远上下欢庆成立 30 周年之际,中远总公司又荣获 1986—1990 年度"国家级企业技术进步奖"称号。

为表示祝贺,有 200 多个单位从世界各地发来贺电、贺信,90 个单位赠送了礼品或花篮。4 月 29 日,机关工会和机关团委为总公司全体职工组织了一场题为"远洋之歌"的别开生面的文艺联欢会,为大家表演了丰富多彩又独具远洋特色的文艺节目,受到全体职工的广泛欢迎。

(三)多家媒体宣传中远

为配合中远成立 30 周年纪念活动,多家新闻媒体进行了系列宣传报道。4 月 25 日,人民日报海外版发表了专版文章,4 月 25 日,《中国日报》刊登了图片专版。4 月 26 日,

人民日报刊登了同贺专版,有300多家单位参加了同贺。4月28日,中央电视台新闻联播头条节目播放了中远30年发展成就的新闻,此外在《新华社》《经济日报》《中国日报》《中国交通报》《北京晚报》《国际商报》《经济参考报》,中央人民广播电台、中国国际广播电台、中国新闻社、北京人民广播电台等媒体,分别刊登和播发了有关中远发展取得优异成就的新闻报道。

(四)基层庆典百花争妍

总公司所属二、三级公司在庆典活动中,集思广益,各显身手。广州远洋的庆典活动有着双重意义,既是庆祝中远诞辰30周年,又是广州远洋本公司30周年生日,他们以双倍的热情,周密布置,逐项落实,共开展了13个大项庆祝活动;上海远洋每项活动都做详细方案,张灯结彩,悬挂庆祝标语与彩旗,公司走廊内布置纪念橱窗,公司大院一派节日气象;天津远洋集中精力将"30周年活动月",办成了"热爱远洋30周年献礼月"活动,将广大职工的心紧紧地凝聚在企业发展大目标上;青岛远洋举办劳动模范、先进人物事迹报告会,举办中远30周年摄影、绘画、集邮展,向船舶发放"中远成立30周年庆典系列活动"录像集锦等多个项目;大连远洋在《大连远洋》杂志等公司媒体上开办"中远30年"专栏,组织"中远十大标兵人物事迹报告会",团委组成庆祝中远成立30周年"说学做唱"小分队,深入船舶同船员同庆祝、同联欢;青岛船员学院把中远成立30年同本院成立十五周年合并开展系列庆典活动,"双庆"活动主题突出,寓教于乐,收到较好效果。

同时,中远驻外和驻港机构与中远全系统同步组织庆典活动。中远驻香港代表处(图8-9)、中远驻日本东京办事处、中远驻新加坡航运代表处、中远欧洲有限公司、中远(英国)有限公司、中远北美公司等驻外和驻港机构,均开展了独具特色的庆典活动,充分体现出中远总公司30年来的艰苦创业史、爱国奉献史、开拓创新史和辉煌业绩史。

图8-9 1991年4月26日,中远驻香港航运代表处举行庆祝中远成立三十周年招待会。

第六节 中远企业文化建设

一、中远名称的变化

1979年3月7日,交通部《关于更改各远洋分公司名称的通知》,指出:为了适应远洋运输事业发展的需要,便于对内对外开展工作,决定自1979年5月1日起,将中国远洋运输公司广州分公司更名为广州远洋运输公司、中国远洋运输公司上海分公司更名为上海远洋运输公司、中国远洋运输公司天津分公司更名为天津远洋运输公司、中国远洋运输公司大连分公司更名为大连远洋、中国远洋运输公司青岛分公司更名为青岛远洋运输公司。上述机构管理体制不变，仍由中国远洋运输总公司统一领导。广州、大连、上海、青岛、天津远洋对外英文简称分别为 GOSCO、DOSCO、SOSCO、QOSCO、TOSCO；8 家省合营远洋公司也循此做法，如河北远洋称 HOSCO、江苏远洋称 JOSCO。

二、服务理念的提出

中远企业文化的建设，是一个从不自觉到自觉、从初步认识到深刻认识的自然而然形成的过程。1986 年 4 月 27 日，是中远成立 25 周年的日子，总公司下发了《关于举行纪念中国远洋运输总公司成立二十五周年活动的通知》。其中指出，为发扬中国海员光荣的革命传统和不屈不挠的斗争精神，为激励全体船员和职工在两个文明建设中发挥主人翁精神，各远洋公司都要举行各种形式的庆祝活动。其中，第一次印发了对外介绍中远公司的宣传册，多方面宣传了中远公司作为国轮主力军所拥有的影响力。同时，中远总公司正式向外界公布了中远"货主至上、信誉至上、安全可靠、快速经济"的服务宗旨。这一服务宗旨的提出，得到了各船公司的积极响应，各公司都把总公司明确的服务宗旨印发到每一艘船上，由船舶党支部负责宣传贯彻和落实，提高了中远服务货主、服务客户的标准和质量。

三、中远精神的涵育

感受精神的力量，要到使命开始的地方。

中远精神的形成与凝聚，是从 1961 年 4 月 27 日中国远洋运输公司成立，同时又是新中国成立后第一艘高扬五星红旗接受国家赋予的赴印度尼西亚接侨使命的"光华"轮开始的。1962 年 5 月 1 日，悬挂五星红旗的"国际"轮开启了首航欧洲的胜利航程。1964 年 6 月 4 日，中国政府将只有 5 年船龄的"曙光"轮赠予友好的阿尔及利亚民主人民共和国。1968 年 4 月 25 日，"黎明"轮从湛江起航，经南海、绕台湾，胜利完成了开辟南北航线的历史性任务。1977 年 3 月 1 日，"大安"轮装运广州石化重达 350 吨超大型尿素合成塔，首创了新中国远洋运输史上安全装运大重件最高吨位纪录……

凡是过去，皆为序章。中远精神在一代一代中远人的艰苦奋斗中创造，又在一代一代中远人的无私奉献中传承。

"眉山"轮——国旗下迸发铮铮誓言，"广水"轮——海难中彰显爱国情怀，"嘉陵江"等轮——战火中锤炼英雄本色，"东明"轮——飓风里展现崇高境界[①]，以上多艘船舶的爱国情怀、英雄本色、崇高境界，是中远船舶的典型代表，是中远精神的集中体现，是中远文化的鲜亮底色。

---

① 上述 4 艘轮船创造的光辉业绩详见附录《重大历史事件》。

四、中远的早期媒体

（一）政研会创刊《远洋政工研究》

1985年11月18日，中远在北京成立了"中国远洋运输系统思想政治工作研究会"（简称"政研会"），并召开了第一次理事会，通过了《中国远洋运输系统思想政治工作研究会章程（试行）》，政研会决定办会刊，定名为《远洋政工研究》，这是中远较早的媒体刊物。《远洋政工研究》按照总公司党委确立的"研究课题以当前为主，研究活动以基层为主，研究目的以应用为主"的原则，明确了办刊方向，并集思广益，在刊物上开辟了《领导同志论坛》《研究与探索》《经验与体会》《一事一议》等十几个栏目，刊物越办越红火。

1988年6月，政研会召开第三届年会，对《远洋政工研究》的工作专门做了总结，对于刊物针对远洋特点，紧密结合企业两个文明建设，积极组织和编辑和撰写稿件、推广研究成果、交流研究信息等，总公司领导给予了表扬和鼓励。如广州远洋的《试谈远洋运输企业思想政治工作的改进》、上海远洋的《加强与改进船舶思想政治工作的体会》、大连远洋的《提倡身教重于言教》《抓住特点，掌握规律》、中波公司的《如何开创远洋思想政治工作新格局》、大连外代的《少发牢骚，多提意见》和大连海校的《如何做好学生的管理和思想教育工作》等经验和论文，都为加强和改进船队和基层的思想政治工作提出了不少真知灼见。当时，刊物刚刚发刊10期，就已刊登了340多篇优质的政研文章，在加强思想政治工作方面起到了正确的引导和宣传作用，受到中远系统政研会所属的39个会员单位的充分肯定。

随着中远规模的扩大和改革发展的不断进步，刊物在形式和内容上已不能满足广大船岸职工日益增长的文化与精神需求。为加强舆论引导，加大宣传力度，集团总公司决定，将《远洋政工研究》更名为《中国远洋》，其原有职能转由《中远宣传》来接替，《远洋政工研究》完成了一次"华丽转身"。

（二）肩负多项使命的《中远宣传》

1989年8月，党和国家经历了一场政治风波后，中共中央发出《关于加强党的建设的通知》，按照中央和交通部党组的系列部署，中远总公司恢复了宣传处编制，由党委直接领导。为了加大宣传工作的力度，经总公司党委批准，于1989年底创办了《中远宣传》（双月刊），此刊物由宣传处主办。《中远宣传》承担着总公司党委赋予的宣传党的方针政策、理论研讨、舆论引导、经验交流、成果展示、工作指导等任务，负责中远系统党的建设的宣传鼓动工作，后又承接了《远洋政工研究》的全部职能。

《中远宣传》创刊后，克服专业人员少、时事变化快、宣传任务重等困难，根据宣传工作的需要，开辟了《本刊特稿》《本刊专稿》《封面人物》《党建园地》《来自一线的报道》《一线采风》《宣传干部园地》《企业文化》《专题报道》《调查与思考》《班组建设》《他山之石》《读编往来》《读书园地》《经济广角》《中心组学习园地》《经营之道》《各司动态》《信息台》等栏目，以实用可读的风格，宽广开阔的视野，质优文美的品位和鲜明的远洋特色，收获了大量的读者。2002年1月起，《中远宣传》改为月刊，每月初出版，进一步明确办刊的定位和作用，紧紧围绕中远的中心工作，提高采、编、印的水平和质量，不断改进，持续创新，取得了一定成绩。

《中远宣传》承接《远洋政工研究》职能后，作为中远系统思想政治工作研究会的会刊，主要面向基层单位、船舶，是政研会开展思想政治工作研究的重要载体和主要阵地。《中远宣传》优先为 39 家会员单位刊发有价值、有分量的文章和理论研究成果，并优先推荐参加集团政研会优秀研究成果评选，优先推荐参加上级政研会优秀研究成果评选。这一时期，各会员单位积极支持《中远宣传》编辑部的工作，同时充分利用自办的宣传阵地开展理论研讨，交流研究成果，指导工作开展。

《中远宣传》作为总公司党委在思想政治工作和精神文明建设方面的喉舌，坚持"三贴近"原则①按照党委年度工作部署，从中远改革发展稳定的实际出发，紧紧围绕中心，服务大局来开展工作，积极宣传、报道中远系统加强与改进党的建设、思想政治工作和精神文明建设、企业文化建设等方面的成功经验。

第七节　建立纪检机构，注重廉政建设

1980 年 5 月 31 日，中共中远总公司纪律检查委员会成立。自此，中远纪检监察工作走上了中远发展的历史舞台。

一、建立健全组织机构

中国远洋运输总公司党的纪律检查委员会和各公司党的纪律检查组织得到逐步的建立和健全。1980 年 5 月 31 日，交通部政治部批准叶伯善同志兼任中远总公司纪律检查委员会书记，盛桂荣同志任专职副书记，叶伯善、盛桂荣、刘炳焕、孙昭荣、李文、高明、刘安禄 7 名同志为纪律检查委员会委员。新成立的纪委机构不健全，人员缺少。关于加强党的纪检机关的组织建设问题，党中央十分重视，1984 年，下发了中办 33 号文件，10 月，交通部党组下发了《关于加强纪律检查机关组织建设几个问题的通知》。随即，中纪委和交通部纪检组又联合下文，对落实中央文件精神提出了具体要求。1984 年 10 月，交通部党组下发了《关于加强纪律检查机关组织建设几个问题的通知》，对交通系统纪律检查机关的组织建设情况及存在的问题进行了分析，并针对纪检机构不健全、纪检领导班子不齐、纪检干部不足等问题提出了具体解决的方法与措施。文件明确五大远洋公司的纪律检查委员会设专职书记（副局级）1 人和

---

① "三贴近"是指：贴近实际、贴近生活、贴近群众。"三贴近"贯穿了马克思主义的世界观和方法论，体现了实践第一的观点、人民群众是历史创造者的观点、以人为本的观点。党的宣传思想工作在实践中产生，又推动实践的发展；反映社会生活，又服务社会生活；是人民群众的创造，又满足人民群众的需求。落实"三贴近"，就是在深入实际、深入生活的过程中反映实际、反映生活，在了解职工群众、引导职工群众的过程中，进一步做好服务群众、教育群众的工作。

专职副书记（正处级）1—2 人；专职委员的人数按编制选优配齐；纪律检查干部凡未明确职级的，均明确职级。自此，广州、上海、天津、青岛、大连远洋 5 个远洋公司党的纪律检查委员会，设专职书记 1 人和专职副书记 1—2 人；在委员会中，专职委员的人数不少于 2/3；并按编制配齐了专职纪检干部。中波公司、青院、大连和南京海校、广州、上海、大连、青岛外代分公司党的纪律检查委员会设专职书记或副书记 1 人。1989 年 7 月，中远总公司成立了监察室，第一任监察室主任由中远总公司纪委书记宫尚竺兼任。

1990 年 3 月 6 日，中远总公司下发《关于远洋系统设立行政监察室机构的通知》，各单位认真抓落实工作，到年底，已有 94% 的单位建立了监察机构并配备了监察员。

二、持续推进制度建设

（一）相继出台各种规定细则

中远各级党委十分重视这一时期的纪检工作，从 1981—1991 年的 10 年间，根据各个时期的不同情况和特点颁发了一系列有关规定。如 1984 年 2 月 15 日的《关于远洋船舶涉外活动的几项补充规定》、1985 年 10 月 2 日的《关于颁布〈中国远洋运输总公司关于驻外人员政治生活的几项规定〉的通知》、1986 年 6 月 18 日的《远洋运输系统船舶党风根本好转的规划》、1987 年 1 月 19 日的《关于中远船员近期在国外国内违法违纪情况的通报》、1988 年 1 月 12 日的《关于实行党政分开以后继续加强纪检工作的意见》、1989 年 6 月 30 日的《关于中远系统廉政建设的规定》、1991 年 6 月 7 日的《中共中远总公司纪委处理检举、控告和申诉工作细则》等，这些文件的贯彻执行，对促进中远各级领导班子和广大干部的廉政建设，推动远洋运输生产经营起了重要的作用。

（二）针对生产经营出台意见规范

各级党委、纪委始终坚持"一个中心，两个基本点"，积极支持改革，促进生产任务的顺利完成。为适应中远深化改革，发展经济的需要，中远总公司、总公司党委下发了《中远纪检、监察工作为生产经营服务的若干意见》。在实际工作中，中远各级纪委把严肃党纪同开放搞活结合起来，把监督检查同指导服务结合起来，把查处案件同整顿治理结合起来，把端正党风同促进改革结合起来，以实际行动支持和促进改革和发展的顺利进行。各级纪检组织根据各单位的具体情况同样制订了若干支持和保证改革和发展顺利进行的规定。上海远洋纪委制订了《关于支持经济搞活的若干意见》，广州远洋纪委制订了《关于纪检工作支持保护改革的一些现行尺度》，青岛远洋纪委制订了关于搞好党风党纪的《十个不准》，等等。这些措施表明了中远的纪检工作服从和服务于企业的改革，服从和服务于企业的经济发展，对企业的改革和生产经营起到了重要的促进作用。

（三）服务和保障企业改革发展

这一时期，中远各级党委把党风廉政建设工作纳入党委工作的重要议事日程，坚持民主生活会制度，开展批评与自我批评；针对党风及廉政建设方面存在的问题，提出加强和改进的措施；从总公司到各单位纪委，根据党中央和中央纪委有关精神，密切联系本单位的实际，制定了党政领导班子加强廉政建设的规章制度，修订了党风责任制。各级党组织和领导干部能够认真贯彻落实这些规章制度，并为职工办了大量的好事和实事，进一步密切了同职工的联系，增强了企业的凝聚力。在加强党风和廉政建设工作中，各级党委重视了纪委和监察部门的建设，使全系统的党风、廉政建设和行业风气不断改善，取得了较好的成绩。上海远洋、广州远洋、青岛远洋的纪委都先后多次受到交通部党组、纪检组，省市纪委的表彰。上海远洋纪委书记傅雷彪同志等一批纪检干部，多次被交通部和当地省市委评为优秀纪检干部。

三、深入开展反腐教育

（一）开展领导人员反腐倡廉教育

1. 把握教育的重点内容

重点是开展马克思主义世界观、人生观、价值观教育；正确的权力观、地位观、利益观教育；科学发展观、政绩观教育；开展党内监督条例和纪律处分条例以及中远集团企业纪律、"三重一大"和规范用权等法律、党规教育；企业法人治理与内部监管知识教育等。

2. 组织党委中心组学习

集团党组把党的反腐倡廉理论作为重要的学习内容，从思想认识、理论体系、实际案例等多方面，科学安排学习内容，每年在年初和民主生活会之前，分别安排专题学习。

3. 强化各级干部诫勉教育

对新提拔的领导人员要进行任前廉洁从业谈话；发现领导人员有不廉洁行为及时进行诫勉谈话；对有信访举报和群众有反映的，视情况进行警示谈话，将述廉议廉列为领导人员述职和民主生活会的重要内容。

（二）面向全体党员和员工开展反腐倡廉教育

1. 开展反腐倡廉主题教育活动

每年集中一段时间对全体员工进行反腐倡廉主题教育，并将廉洁从业教育与社会公德、职业道德、家庭美德教育有机结合。在教育中，将传统的教育方法与运用科技手段相结合，力求反腐倡廉教育活动生动活泼，富有感染力、影响力和说服力。

2. 加强理想信念、党的宗旨、作风纪律教育

结合不同时期企业中心工作和生产经营形势，对党员、员工进行深入的理想信念、党的宗旨、作风纪律教育，夯实党员和员工反腐倡廉的思想基础。各单位纪委还结合本单位生产经营实际，对关键岗位人员和有业务审批权、处置权的重要岗位人员进行反腐倡廉教育，加强忠于企业、诚信守法、遵章守纪、职业道德、廉洁从业、预防职务犯罪、严守业务操作程序等教育，增强党员和职工群众的法纪观念、规则意识和程序意识，进一步规范业务经营活动。

3. 严格贯彻执行企业管理制度，预防在业务操作中发生违规违纪行为

(三) 加强对船员队伍的反腐倡廉教育

各航运公司把反腐倡廉教育列为船舶思想政治工作的重要内容，每年制定船舶反腐倡廉教育计划并责成船舶执行，重点是理想信念、爱国主义和遵纪守法教育。通过下发反腐倡廉教育提纲、政委上船前携带反腐倡廉学习资料等形式，实施教育，提高船员思想道德素质和廉洁守法意识。各航运公司利用毕业生入职前培训、派前教育、干部船员谈话、上船考核等机会开展教育。同时，还要对掌握船舶物料采购、废料废油处理和伙食管理等的重点人员进行廉洁从业教育和提醒。

(四) 对控股、非控股公司人员开展反腐倡廉教育

1. 加强对控股公司、上市公司领导人员的反腐倡廉教育

各控股公司、股份有限公司和上市公司的党委和经营管理班子，每年都结合年度重点工作制定领导人员反腐倡廉教育计划，开展各种有效的教育，增强领导人员的法纪观念和责任感，依法管理公司，确保规范运作，维护中远股东权益。

2. 加强对委派到非控股公司的经营管理人员的反腐倡廉教育

被委派人员积极参加所在单位的各项反腐倡廉教育活动，派出单位定期召回被委派人员参加反腐倡廉教育活动。

四、严肃查处违纪案件

中远各级纪委认真抓了群众举报、控告和申诉的接待和处理工作。在接待处理群众来信、来访、举报、控告和申诉中，做到了认真负责，件件有着落。据统计，1990—1992年，纪委共接待处理群众来信来访等1188件，已办结1076件，占接待处理总件数的90.6%。

中远党的各级纪检机关坚持从严治党的方针。据统计，1990年1月—1992年6月，中远党的各级纪检机关，共受理党员违纪案件186件，到1992年11月已结案177件，结案率达95.2%，有153名党员受到党纪处分。

五、抓好建强纪检队伍

(一) 纪检干部队伍建设渐成规模

1980—1992年，中远所属国内31个单位均建立健全了党的纪检机关，共有纪检干部137人，其中专职82人，兼职5人。制定和完善了各纪检部门的职责，纪检干部的自身素质有了明显的提高，涌现出许多先进纪检单位和优秀纪检干部。1987—1992年，上海远洋连续5次获得"上海市交通邮电系统党风建设先进单位"的光荣称号。广州远洋纪委被授予"广东省纪检系统先进单位"的光荣称号。青岛市纪委授予青岛远洋纪委"纪检信访先进单位"光荣称号。大连远洋纪委被评为大连市纪委"纪检信访工作先进单位"。中共中远总公司纪委被交通部党组评为"1992年度先进纪检组织"。另外还有许多纪检干部受到上级的表彰，上海远洋纪委书记傅雷彪被评为上海市委、交通部党组和全国的优秀纪检干部。广州远洋监察处处长陈文被评为全国监察系统先进工作者；青岛远洋纪委副书记刘仁贤被评为交通部和青岛市优秀纪检干部；大连远洋纪委办公室主任靳

图 8-10 1991年4月15—20日，中远总公司举办直属党支部书记、纪检委员和处以上干部党纪学习班。

长春和纪委委员胡振起被评为大连市优秀纪检干部；天津远洋纪委委员李建忠被评为天津市优秀纪检干部。

中远总公司党委大力抓好全系统纪检干部队伍建设，坚持全面推进、平衡发展的原则，注重抓总部机关和直属纪检干部的组织建设、思想建设、作风建设，要求下面做到的，总部机关首先做到，严格按照上级的要求和部署，做好纪检队伍的全面建设（图8-10）。

（二）建立远洋系统纪检干部守则

为了加强远洋系统纪检干部自身的革命化建设，中共远洋运输总公司纪律检查委员会于1986年6月3日印发了《远洋系统纪检干部守则》，共十条。

1. 坚持四项基本原则，全心全意为人民服务。
2. 模范遵守和维护党纪国法，踏实履行党的纪检工作职责。
3. 敢于同党内外各种不正之风和违法乱纪行为做斗争。
4. 坚持实事求是，注重调查研究。
5. 不吃请、不受礼，刚直不阿、不徇私情、廉洁奉公。
6. 依靠群众、热爱人民、保护党员和群众的民主权利。
7. 提高警惕，保守党和国家的机密，不泄露案情和工作机密。
8. 坚持真理，执行政策，谦虚谨慎，勇于负责。
9. 大公无私，不计较个人得失，严格按照党章、准则办事。
10. 努力学习马列主义和党的方针政策，学习科学文化知识，钻研纪检工作业务。

这一时期的纪检干部队伍建设，主要依据上述十条守则展开，各公司纪检部门均按照十条守则加强自身建设。

（三）构建学习和警示平台

为了推进集团纪检监察工作不断攀登新台阶，集团纪委于1991年开办了内部刊物《纪检简讯》，成为集团经验交流、案情通报、服务中心、培养队伍的信息互动窗口和平台。如《纪检简讯》第一期刊登的《加强廉政建设纠正行业不正之风的措施》，是大连远洋航运处制订的，措施直接切中行业不正之风要害，非常具有现实指导意义；第十七期刊登的《闯过万重风浪，败于一千美金——记上海远洋一船长犯错误的教训》，这位船长所犯错误令人扼腕叹息，个中教训极其深刻，具有很好的警示作用。各公司也先后开办了自己的简报。如上海远洋的《上远纪检》、青岛远洋的《纪检简报》等，对深入开展纪检监察工作构筑了又一块红色阵地。

第八节　结合中心任务开展工会、共青团工作

一、企业工会得到中央领导高度重视

党中央、国务院历来十分重视中国远洋运输事业的发展，深切关怀远洋船员的思想、工作和生活。1982年12月26日，中共中央总书记胡耀邦对新华社《国内动态清样》刊登的《中国远洋船员期望得到祖国的关怀和照顾》一文作了批示，提出全国总工会要为工人办几件事。12月25日，国务院副总理万里对全国总工会《工会动态》登载的《远洋船员的呼声》一文作了批示，提出交通部要关心职工生活和加强政治思想工作。1983年4月，中华全国总工会党组向党中央提出了《关于解决我国远洋船员若干问题的请示报告》，并得到批准。5月18日，中华全国总工会转发了《请示报告》，其中提到的六个问题，就有建立中国远洋运输总公司系统工会的问题，并且明确指出：

"目前，远洋运输总公司没有建立工会组织，其所属的5个公司工会也只管本公司所属的船员工作。这种分割体制与远洋船员工作必须打破公司界限的要求不相适应。为了使远洋运输公司工会组织有力地配合企业行政打破公司界限，面向船舶、面向船员开展工作，总公司和交通部党组商定，建立了远洋运输总公司工会，在接受总公司党委领导的同时，受中国海员工会全国委员会的领导，各地远洋公司工会在同级党委领导下开展工作，在工会系统接受总公司工会领导的同时接受地方工会的领导，总公司工会的干部编制和配备由公司党委解决。"

这个《请示报告》对于成立中远总公司工会和进一步加强工会工作是一个重要的指导性文件。

二、中国海员工会中远总公司工会成立

在中远总公司党委和中国海员工会全国委员会的领导下，1984年5月16日至20日，在北京召开了中远总公司第一次工会会员代表会议，选举成立了中国海员工会中国远洋运输总公司委员会。刘世文当选为中远总公司工会第一任主席。

为加强工会组织建设，发挥工会组织的作用，中远总公司工会在1984年8月《关于加强工会组织建设的请示报告》中，对工会干部的配备和管理、工会的建制和定员定编、基层工会组织整顿和建设等问题，提出了建设性意见。10月，中远总公司党委同意了这份报告书。中国海员工会全国委员会向全国交通系统各单位转发了这份报告。中远各级党委按中远总公司党委的要求，进一步加强了对工会工作的领导，调整基层工会领导班子，支持本公司工会搞好基层工会组织的整顿。1991年10月，根据中国海员工会全国委员会关于"凡以交通部管理为主的企事业，其工会均实行产业工会与地方工会双重领导，以海员

工会领导为主的体制"的要求,中远总公司工会理顺了中远直属单位工会的组织关系。从此,中燃总公司、各外代分公司、大连海校、南京海校、南通中远船厂、南京航修配件厂、秦皇岛船舶物资供应公司、湛江船舶物资供应公司等单位的工会组织,实行以中远总公司工会领导为主的组织体制。

三、坚持正确的工会工作方向

中远总公司系统工会成立后,坚持以"四化"建设为中心,全心全意依靠工人阶级的指导思想,面向基层、面向船舶、面向船岸职工,自觉服从、服务于改革大局。系统工会在企业整顿工作和推进两个文明建设过程中,在加强企业民主管理、维护船员职工利益和发挥广大船岸职工的社会主义生产积极性、保证安全生产等方面,做了大量深入细致的工作,发挥了应有的作用。

(一)推进企业民主管理

中远各级工会把依靠广大船员职工民主管理企业作为工会工作的重要任务。认真执行《企业法》,在坚持实行经理负责制的同时,建立职工代表大会制度,企业工会负责组织职工参加民主管理和民主监督,推进了企业民主管理的发展。中远各级工会坚持每年召开一次职代会制度,职工代表参与企业经营管理重大决策的讨论和审议。各公司工会还设立了民主管理部,加强职代会闭会期间的日常民主参与和管理工作。中远各级工会特别强调加强民主管理工作。广州远洋工会抓了"怀远河"轮等6艘船舶作为船舶民主管理试点船,实行跟踪管理,并在认真总结经验的基础上,在船舶上普遍推广了他们的做法。天津远洋工会认真总结推广"紫云"轮船舶民主管理的经验,提出《船舶民主管理意见》,在船舶推行民主管理工作。青岛远洋工会将民主管理工作作为船舶领导述职报告的重要内容,并作为年终评先选优的依据。中远各级工会推行民主管理制度后,全员民主管理意识和职工参政议政能力明显增强。

1991年5月,中远总公司召开系统工会第三次会员代表大会(图8-11),同时召开第一届二次职工代表大会。会议听取、审议并通过了刘松金总经理和系统工会孙文权主席作的工作报告;听取和审议通过了《中远系统"八五"计划》(图8-12);会议表彰了一批在"双文明"建设、工会工作等方面取得优异成绩的先进集团和优秀个人;选举产生了由33人组成的远洋系统工会第三届委员会;通过了《在中远系统开展"安全、质量、效益年"活动的倡议书》及其他有关决议。在职工代表提案中,有关经营管理、安全生产、队伍建设方面的提案,由过去的15%增加到70%以上,这一数字的变化标志着职工代表的提案质量在大幅上升,职工代表参政议政的水平在快速提高。代表们一致认为,这次会议是一次提振信心、团结进取的会议,对促进中远总公司各项事业的发展具有重要的意义。

(二)联系职工实际开展思想教育

紧密围绕党的中心工作,密切联系职工实际,开展职工思想教育,促进企业社会主义精神文明建设,是这一时期工会的重点任务。各级工会充分利用自身密切联系群众的优势,采取多种形式宣传党的路线、方针、政策,宣传中远和本单位的模范人物和先进事迹,举办英模事迹报告会,引导职工树立远大理想、遵守组织纪律,养成良好的职业道德风尚。

中远各级工会还将思想教育工作同形式多样的、群众喜闻乐见、易于接受的文体活动结合起来。上海远洋、天津远洋等公司针对20世纪80年代职工尤其是青年职工思维敏捷,善于动脑的特点,在职工群众中广泛地开展读书会、演讲比赛、知识竞赛等活动,启发职工爱祖国、爱远洋、爱企业的热情,深受职工群众的欢迎。

图8-11 中远系统第一届二次职工代表大会暨远洋系统工会第三次会员代表大会。

图8-12 会议代表审议通过了《中远系统"八五"计划》。

(三)组织职工开展读书活动

系统工会成立后,集团工会积极组织所属工会大力开展读书活动,公司上下多读书、读好书活动蓬蓬勃勃开展起来。广州远洋工会从1979至1992年,共购买图书近10万册,在公司机关、基层、船舶建立图书室,开展形式多样的读书活动。上海远洋工会自1982年开展"振兴中华"读书活动,到1984年底已有300余人参加,船舶和各陆地基层共成立了170多个读书小组,"清河城"轮被评为1984年底上海市读书活动先进集体。青岛远洋工会创办的《青岛远洋职工报》、上海远洋工会主办的《海员之友》杂志,成为广大船员职工爱不释手的读物。大连远洋自1988年起,先后为120多名外派船员家属摄制了录像片《家》发到船上,使船员思亲之情得到及时的慰藉,对稳定船员思想起到积极作用。《大连日报》为这种产生特殊效果的思想工作作了《情系大海》的专题报道。中央电视台播出《家》的录像后,在社会上和船员中反响很大,上级领导也给予了很高评价。

(四)广泛开展"双增双节"活动

紧紧围绕运输生产中心,发动职工群众大力开展以"双增双节"为主要内容的社会主义劳动竞赛。大连远洋工会将劳动竞赛和"立功创先"活动相结合,开展"节百、创千、争万"活动;天津远洋工会在组织劳动竞赛中,总结推广船舶劳动保护工作好的典型;青岛远洋工会把开展合理化建议,为企业献计献策作为劳动竞赛的重要内容。1989年青岛远洋采纳了职工提出的8项合理化建议,共节约开支26.72万元。1990年青岛远洋获全国交通水运系统"合理化建议活动"优秀组织奖。社会主义劳动竞赛的开展,充分调动了广大船员职工的生产热情,促进了安全生产,提高了企业的经济效益。

(五)着力解决职工生活难题

中远各级工会还主动深入群众,开展调查研究,积极了解和反映职工群众的意愿和呼声,维护职工的正当利益,尽心尽力为职工排忧解难。为解决船员家属"农转非"问题,中远总公司与各公司工会先后组织人员分赴7省26县作调查,积极向政府有关部门反映船员的困难,得到有关部门的大力支持,从1982年3月到1987年10月,先后解决船员家属"农转非"1039户。1993年,全系统办理"农转非"手续6872户,合计20034人,完成"农转非"全部计划的80%,到1995年,办理"农转非"手续达到8917户、25618人。至此,长期困扰企业和船员的"农转非"问题得到了基本解决,鼓舞了广大船员,调动了农村籍船员的生产积极性。

各级工会努力为船员、职工、家属办实事。大连远洋工会自筹资金买汽车,为职工买煤、买冬菜、送病人;天津远洋工会每年坚持为塘沽地区船员送冬菜,哪里有灾情有困难,工会干部就及时送去救济款、救生衣物、食品。各公司定期开展慰问船员及家属的活动,各公司举办的春节茶话会、慰问会、团拜会等,均收到较好的效果。中波公司长年坚持开家属联谊会,深受家属们的欢迎;青岛远洋领导先后对福建、浙江、山东平度等受灾地区的船员家庭240余户进行了走访慰问;大连远洋的船员居住地区遭受雹灾和旱灾的袭击,公司领导带领工会和人事部门立即对灾区船员家属及时慰问和安抚,使船员时刻体会到企业的温暖。公司组成慰问组,用一周时间,乘车行程千余里,走访了偏僻灾区的20多户船员家庭,根据不同情况,给予经济上的补助和精神上的安慰,使家属很受感动;公司还组织船员家属游览海滨并拍成录像发到船上,使家属的点滴生活映现在船员眼前,船员为之感动;开展法律咨询,给船员家属提供法律服务;为农忙期间不能休假农村船员支付农忙补贴,弥补其因劳力不足而造成的经济损失。

这一时期,各船公司还开展为船员办实事、解难事活动。广州远洋仅家属委员会就为船员家属办好事、实事700余件。全系统各单位平均每年为家属提供多种服务达400多次,通过为船员家属办好事、办实事,把"大家庭"的温暖送到"小家庭"中,涌现一批省市级和公司级家属工作的先进单位和个人。

(六)高度重视船员家属工作

中远运输生产迅速发展,船队快速壮大,取得了巨大的经济效益和社会效益。这些成就的取得,原因是多方面的,但一个被普遍认同的重要原因是船员家属们给予的有力支持和配合,船员家属是中远企业的坚强后盾。这一时期,总公司和各公司加大了船员家属工作的力度,注意选派工作责任心强,思想作风正派,待人接物热情,办事耐心细致的同志从事船员家属工作。通过工会、人事、船员管理等部门积极开展家属工作(图8-13),在各地建立家属委员会或家属联络站,从政治上、生活上帮助家属解决各种家庭困难和问题,减少船

图8-13 1991年春节前夕,中远总公司总经理刘松金(左三)看望慰问船员。

员的后顾之忧[①]。

四、丰富和活跃职工文化生活

开展经常性的文娱体育活动，成为这一时期工会的常规性工作。从1985年下半年开始，中远各公司工会陆续在远洋船舶配置录像设备。广州远洋工会从1985年起成立慰问文艺小分队，每年元旦、春节前后对靠港船舶进行慰问演出，并与专业文艺单位一起录制了《海员之歌》录音带，发到船上，深受欢迎。各公司船舶工会也因地制宜地组织小型多样、丰富多彩的船舶文体活动。中远总公司于1985—1991年组织了4次中远系统美术、书法、摄影展览和优秀作品评选活动。各远洋公司、院校还适时举办运动会、文艺汇演等活动。这些活动有益于丰富职工生活，增进职工的身心健康，提高职工的精神境界，弘扬企业文化精神。

五、共青团建设在曲折中前行

共青团各级组织深入贯彻团的"十二大"精神，配合党组织开展了适合青年特点的教育活动，先后开展了"热门话题讲座""为远洋建功立业""为远洋勤奋学习"等活动，组织"家乡专题社会调查"，召开"做'四有'新人演讲"，为发挥青年突击队的作用，开展了"操作技术比赛""在我身边无事故"等活动。

同时各级团组织还配合工会在寓教于乐、寓教于文等方面，组织各种文娱体育比赛，举办书法、摄影、美术展览，组织"赏月联欢""趣味运动会"等，为企业创造良好的政治环境做出了应有的贡献。

1986年5月24日，中远总公司政治部下发了《关于加强共青团工作的通知》，要求各单位建立、健全团组织机构，设专职团委书记等，并明确各远洋公司应由一名党委或政治部负责同志主管共青团的工作（图8-14）。1986年12月4日，中共中国远洋运输总公司政治部下发了《远洋系统各单位共青团工作暂行条例》，至此，中远系统共青团工作有了新的可遵循的文本。

图8-14 1986年7月10日，大连远洋团委召开共青团大连远洋运输公司第三届代表大会。

1992年4月21日，共青团中远总公司机关委员会成立（图8-15）。本届委员会经团员投票选举并报请交通部团委批准产生，张峰任团委书记（图8-16），林红华任副书记，李力任组织委员，王斌任宣传委员，刘建国任文体委员。下设航运部等七个团支部。

---

① 详情见第五章第八节"开展形式多样的船员家属工作"。

图 8-15　1992 年 4 月 21 日，中远总公司机关团委召开成立大会，中远总公司党委副书记虞国伟（左四）参会并讲话。

图 8-16　总公司机关团委书记张峰在会上（左二）讲话。

各下属公司团委注重组织建设，逐步建立、完善"三会一课制度""组织发展制度""团费缴纳制度""团日制度""请示汇报制度"等相关规章制度，健全基层团支部，发展青年入团。通过评选先进团支部、优秀团员、优秀团干部等活动，团支部工作逐步走向正规，使团员的组织观念也得到加强，在生产实践中争当模范带头人。

附录

附录一 大 事 记

1979年

1月4—8日 中远总公司政治部在北京召开宣传工作座谈会。会议传达了党的十一届三中全会文件,交流了工作情况和经验,重点讨论了远洋宣传工作着重点转移的问题。

1月8日 远洋局发出《关于1979年远洋客货运输生产计划安排的通知》。《通知》指出,1979年是新中国成立30周年,要认真贯彻落实中央工作会议精神,把工作重点转移到抓运输生产上来。

1月15日 中远总公司党委向交通部党组上报《关于实现远洋运输现代化初步设想的报告》。

1月17日 中远总公司发出《关于在船员中进行技术考核的通知》。

1月 中远广州分公司"湘江""梁湖""明华"轮临危受命,冒险接运中国援助柬埔寨1156名工程技术人员回国。

2月5日 中远系统落实干部政策工作基本结束。

2月15—20日 中远总公司在北京召开远洋运输工作会议。传达学习李先念副主席在国家经委、国家计委《关于改进外贸海运分工的报告》上对远洋运输工作的批示,着重研究了改善企业经营管理、提高经济效益和改变体制机构等问题。交通部副部长彭德清于2月19日到会听取汇报并讲了话。

2月15—21日 日本东京计器公司在大连举办雷达、陀螺罗经和自动驾驶仪等船用设备技术讲座,中远总公司和所属各公司的有关领导、技术人员和大连海运学院的专业教师参加了讲座,并进行了技术交流。

2月24日 中共交通部党组决定将干部船员出国报批权限下放至远洋局党委。

3月1日 国务院批准交通部《关于我商船拟正常通行台湾海峡的请示》,交通部5月17日由副部长彭德清主持召开会议进行了部署。

3月9日 远洋局报交通部《丹麦宝隆洋行专家在中远上海分公司四个月来工作小结》。

3月15日 中远总公司下发《关于大连海运学院开办通信导航专业,各司应暂借给通信导航设备事》的文件。要求广远提供ST1600发信机、上远提供R500L收信机、天远提供STR24SVHF设备和LR—747、罗兰和青远提供TAIYO气象传真机等设备,用于通信导航专业教学。

3月18日 中美建交后,美国"莱克斯兄弟轮船公司"所属美籍商船"利·莱克斯"轮靠泊上海港,码头上举行了隆重的欢迎仪式。

3月29日 交通部政治部颁发《关于远洋船舶外事工作中几个问题的规定》。

4月1日 远洋局颁发《远洋运输船舶综合奖励暂行办法》《陆地职工综合奖励办法》《船员绑扎车辆、大件货物报酬规定》和《特殊扫舱报酬规定》。

4月3日 远洋局发出《关于立即开展以防火、防爆和避碰为中心的安全生产大检查的通知》,要求各单位要贯彻"团结"轮火灾事故现场会议的精神和有关防火措施,并请港口消防人员协助检查和指导。

4月13日 国务院批复同意交通部、外交部《关于同外国航运企业组建合营代理公司的请示》。

4月3—13日 由交通部通信导航局组织美国COMSAT公司和日本日商岩井株式会社的专家在北京举办海事卫星通信技术交流讲座。交通部和中远各相关单位派技术人员参会。

4月18日 中远上海分公司"柳林海"轮悬挂中华人民共和国国旗,首航美国西雅图港,成为新中国成立后第一艘悬挂中国国旗抵达美国的中国货船,从此掀开了中美外贸运输新的一页。

4月20—25日 中远总公司召开第3次电信工作会议。会议通过了修订的《远洋船舶通信、导航实施细则》和《远洋船舶通信导航设备技术管理规程》。

5月1日 经交通部批准,将中远各分公司改称为所在地区的远洋运输公司。如"中国远洋运输公司广州分公司"改称"广州远洋运输公司",并明确"上述机构管理体制不变,仍由中远总公司统一领导,开展工作"。

5月3日—7月19日 天远分公司在天津海校举办报务员培训班,有27人参加培训学习。主要学习内容为通信导航设备的操作与维护保养、报务英语、报务中文明码收发报和业务等知识。

5月7日 中远广州分公司"明华"轮承运"中日友好之船"访日团从上海港起航,赴日本进行为期一个月的访问。该访日团团长为全国人大常委会副委员长、中日友好协会会长廖承志,最高顾问为全国人大常委会委员粟裕。

5月19日 交通部批准远洋局《关于使用电子计算机问题的请示》,从国外引进小型设备,投资约130—150万美元,争取1980年投入使用。

5月23日 交通部发布《关于部署我商船通过台湾海峡试航的通知》。

5月23日 中远总公司政治部发出《关于通过台湾海峡船舶必须加强政治思想工作的意见》。

5月27日 广州远洋运输公司"眉山"轮、上海远洋运输公司"江城"轮和天津远洋运输公司"天门"轮先后通过台湾海峡试航成功。这是新中国成立后中国商船第一次通过台湾海峡,此后,中国商船正常通行。

6月4—6日 中远总公司在北京召开计算机工作会议。着重研究了引进设备谈判前后急需进行的几项工作。

6月11日 交通部上报国务院《关于中止丹麦宝隆洋行向我提供技术帮助协议的请示》："准备通过双方商谈，多做解释工作，求得友好解决。"

6月15日 交通部决定买船工作由党组直接抓，恢复买船领导小组，由副部长郭建任组长，程望、江波为副组长，下设办公室，负责具体工作。并决定到1982年再贷款买船400万吨（包括批准为上海宝山钢铁总厂买的船），远洋船舶总数达到1200—1300万吨，即报国务院审批。

6月22日 中远总公司下发《关于"黎城""首阳山""连江"等十三艘船舶电台设备事宜》文件。对购买船舶装备的通信设备不适应远洋通信要求的进行换装或加装，以达到远洋通信的要求。

6月25日 外代总公司与日本饭野海运株式会社在北京签订雇佣中国船员协议，规定由天津远洋运输公司派出29名船员到饭野海运株式会社所属6万吨级"睦邦丸"号油轮工作，合同期为一年。这标志着中远总公司劳务输出的开始。

6月 交通部决定副部长李清兼任中远总公司党委书记、总经理。

7月6日 交通部颁发《关于我商船通行台湾海峡的暂行规定》。

7月25日 中远总公司发出《关于航次经济核算工作的意见》。

7月24—28日 中远总公司在北京召开远洋通信导航机务工作会议。会议主要研究落实交通部相关文件的要求。涉及"船舶无线电通信导航设备选型意见""建立远洋通信导航机务管理规程与管理范围""设备技术管理要求""船舶无线电通信导航设备定额标准、配件配备标准和报废标准"以及"远洋船舶通信导航设备维修保养规程"等相关文件下发前的意见讨论。

7月28日—8月20日 经交通部批准，美国Sperry雷达公司的代表和其代理商在广州举办雷达技术与设备维护讲座。中远总公司、广远、上远、天远、青远等技术人员10多人到会参加技术培训。

8月3日 美国远东香港亚太地区ITT（国际电报电话公司）与中远海上电子设备工程公司友好谈判后改名为顺通公司（Trans Electronics Limited，简称TE），并与其签订了在中国港口的维修代理协议。

8月4日 中远总公司决定将"育华"轮交大连海校作为实习船。

8月9日 全国无线电管理委员会下发《关于水上移动业务甚高频无线电话频率分配有关问题的规定》。

8月18日 交通部决定并经国务院批准，中远总公司接受"国际电报电话公司"（简称ITT）在中国口岸的修理代理业务。

8月28日—9月15日 美国锐森雷达公司代表来华为上海和广州两地免费安装、调试和修理其生产的雷达，洽谈技术问题解决方案并在上远公司和广远公司举办技术人员的培训。

9月15—25日 经交通部批准，上远公司邀请日本东京计器公司、协立公司、共同贸易公司、大洋株式会社、海上电子设备公司和瑞典Jungner公司的共13位技术员到上海为新造"高阳"轮免费安装通信导航设备并举办技术讲座。

9月20—26日 中远总公司邀请挪威EB公司在广州举办船舶通信设备的技术讲座与交流。

9月27日—12月6日 世界无线电行政大会在日内瓦举行,全国无线电管理委员会、邮电部、交通部等有关部门共28位代表参加了会议。会议重点讨论了以下问题:频率划分,关于国际标准时间UTC的规定,关于受1949年日内瓦公约保护的医疗运输工具的标志、定位和通信的技术规定,电台执照,关于船舶电台数码识别系统,船、岸(包括所有电台)呼号重新组成方式,关于水上移动业务公众通信问题,发射机的频率容限表,最大允许杂散发射功率电平表,发射标志,无线电规则的重新编排等。

9月28日 广州远洋运输公司第一批22名船员劳务输出香港益丰船务公司,为广州远洋劳务输出的开始。

10月5日 交通部决定集美航海专科学校改由部直接领导。

10月11日 交通部港监局颁发《船舶报务员、话务员考试大纲》(试行)文件。

10月22日 上海远洋运输公司"南口"轮首次承运上海宝山钢铁总厂从日本引进的栈桥钢桁梁设备,共50件,每件重128吨,长39.9米,宽11.36米,高2.15米。至1980年3月8日,历时138天,12个航次,圆满完成该设备的运输任务。

11月5日 交通部向国务院上报《关于继续发展远洋船队问题的请示报告》。

11月7日 交通部印发《关于海岸电台通信费用收费办法的补充通知》。

11月10—30日 经交通部批准同意,中远总公司邀请美国斯卑锐公司在香港咖咪咕有限公司的经理和相关部门负责人来北京、天津、青岛、大连和上海访问,并进行业务洽谈。

11月11—25日 经交通部批准同意,中远总公司邀请英国KH雷达公司3名代表来中远访问并进行业务洽谈。

11月16日 交通部批复同意将天津远洋运输公司代管的远洋宣传队改由中远总公司直接领导。

11月27日 中远总公司发出《关于进一步搞好远洋节油工作的通知》,要求通过开展"节能月"活动,把远洋的节油工作大大提高一步。

11月29日 远洋局发出《关于防止患有严重疾病船员上船工作的通知》。

11月 广州远洋运输公司"玉林""陆丰"两轮实行经济承包责任制,得到交通部、国家计委和国家经委的肯定,并在全国交通运输系统全面推广。

12月14日 交通部印发《关于"1974年国际海上人命安全公约"船用无线电通信设备技术要求的通知》。

12月19日 中远总公司转发了青岛远洋运输公司搞"航贴包干"试点的经验,要求各公司在散装船、油轮和班轮航线上参照试行。

12月21日 23时54分,"广水"轮在土耳其马尔马拉海雾中航行,被西班牙籍"BENCE-NO"轮碰撞,右舷三、四舱之间水线下被撞出5米高、3米余宽的大洞。报务员黄冠明同志于22日零点受令发出了"SOS"信号,并向伊斯坦布尔救助公司发送求救电报。在抢险自救的一个月中，在保证气象、航警的同时，黄冠明同志收发中外电报 13000 多组，并且第一个跳下翻滚热气的电石货舱疏货，被公司授予二等功。

12 月 28 日 交通部决定并经国务院批复同意中远总公司作为美国美乐华公司在中国口岸的修理代理。

12 月 30 日 根据联合国教科文组织的要求，南京海校副校长任锦泓被中国向该组织推荐为中国 10 名中等专业教育专家之一。

12 月 广州远洋运输公司"明华"轮开辟南太平洋旅游航线，成为新中国最早的国际旅游船。

本年 共有营运船舶 521 艘，905.83 万载重吨；完成货运量 4249.53 万吨，货物周转量 1713.73 亿吨海里。劳动安全形势比较严峻，共死亡 6 人，重伤 24 人。

1980 年

1 月 1 日 根据交通部决定，大连海运管理局按原建制分开。属于远洋部分的称大连远洋，由中远总公司领导；属海运部分的仍称上海海运局大连分局。

1 月 1 日 中远总公司与荷兰"派克船斯"集团在鹿特丹成立荷兰跨洋公司，经营代理业务。这是中远总公司在境外创建的第一家合营公司。

1 月 8—12 日 远洋系统第一次卫生工作座谈会在北京召开。会议重点研究了卫生机构的设置、职掌、船员在船工作健康标准、船员体检、油轮船员职业病普查等事项。

1 月 16 日 交通部政治部批准中远总公司党委上报的远洋船舶政治工作 3 个条例。22 日，条例正式试行。

1 月 26 日 远洋运输局向中坦公司（中方）和广州远洋发出通知，明确合营船舶混配船员的中方船员的航行补贴全部改发外币。

1 月 上海远洋运输公司首次派出 26 名船员到联邦德国"约瑟夫·罗斯"轮工作，这是中远系统继天津、广州远洋运输公司之后第 3 家开展船员外派工作的公司。

2 月 1 日 交通部发布《关于远洋船员航行补贴外币部分标准的通知》。

2 月 6 日 交通部党组决定，招商局的体制恢复到 1977 年前的管理体制，属部建制，由远洋局代管。

2 月 6 日 交通部、江苏省人民政府联合批复同意：中远总公司和江苏省交通局组织合营轮船公司。公司定名为中国远洋运输总公司江苏省公司（县团级）。并同意外代总公司在江苏省的南京、张家港、南通分别设立分公司。

2 月 22 日 中远总公司颁发《燃油规格节约奖励办法（试行）》。

3 月 1 日 中远总公司与比利时菲纳斯航运代理公司合资经营的考斯非尔航运代理公司正式成立。

3 月 11—17 日 买船接船工作会议在北京召开。中远总公司副经理、部买船办公室主任江波做工作报告；交通部副部长彭德清、李清参加会议，并就远洋船队现代化建设问题讲了话。会议落实了 1980、1981 年买船、造船和接船任务。

3月17日　国务院批准交通部《关于中国远洋船员受雇到外国船上工作的请示》。

3月19日　交通部和浙江省人民政府批复同意由中远总公司和浙江省交通局组织合营轮船公司，定名为中国远洋运输总公司浙江省公司（县团级）。

3月　中远总公司政治部编发《远洋船舶外事工作政策、规定汇编》。

4月1日　中远总公司与荷兰中荷贸易公司合资组织的船舶供应公司在荷兰鹿特丹开业。

4月8日　交通部、外交部联合向驻外使馆发出《关于请对雇到外轮上工作的中国船员予以领导的函》。

4月10日　中远总公司在全国交通工作会议期间穿插召开了远洋运输工作会议。交通部副部长兼总公司党委书记、总经理李清作了工作报告，部署了1980年主要工作任务。

5月4日　中远总公司发出《关于船舶出租期间船员待遇的通知》。

5月8—27日　联合国国际货物多式联运公约会议在日内瓦召开。与会84个贸发会议成员国一致通过该公约。中远总公司派出庄岩、朱曾杰作为代表参加。

5月10日　总公司颁发《废旧物料回收奖励试行办法》和《船舶物料节约奖励试行办法》。

5月13日　远洋局为发展大连远洋船队，决定将广州远洋运输公司的13艘油轮分三批移交给大连远洋。

5月13日　青岛远洋运输公司"明海"轮首航美国加尔维斯顿港。

5月26—31日　交通部科学技术局、通信导航局组织有关部门专家在大连召开了由大连海运学院承担的部科技重点项目100瓦单边带发射机技术鉴定会议。鉴定会认为：该机电气性能能满足交通部水运局1974年下达的"船用100瓦单边带发射机技术要求"和其他有关规定，为中国航运事业作出了贡献。会议同时提出了改进意见。

5月26日　中远总公司决定将青岛海运学校实习船"鲁海50号"轮（原名"延河"）调拨给南京海员学校使用。

5月31日　中远总公司纪律检查委员会成立，党委副书记、政治部主任叶伯善兼任纪委书记。

5月31日　中远总公司开辟香港至欧洲的集装箱航线，"嫩江"轮为此航线的首航船舶。招商局为新航线提供代理业务。

6月　国家副主席李先念在澳大利亚访问期间，接见了"明华"轮船员。

6月3日　中远租船"欢庆"轮首航台湾归来。该轮于5月23日驶离烟台，中途湾靠日本那霸港，26日，开往台湾基隆，28日，开始在基隆港装锦纶丝等货物1851吨，直接由基隆驶上海，于6月3日驶抵上海并卸货。这是新中国成立以来第一次由台湾直接装货开来大陆的船舶。

6月4日　交通部通信导航局下发《关于有我外派船员的外籍船舶和外租的我国船舶的通信问题的通知》。通知规定：各海岸电台凡与有我外派船员的外籍船舶和外租的我国船舶通信时，其电报格式和处理程序统一按国际公众船舶电报办理。

6月19日　交通部、河北省人民政府联合批复同意中远总公司和河北省交通局组织合营轮船公司，定名为中国远洋运输总公司河北省公司（县团级）。

6月23日 中远总公司党委制订贯彻执行中央《关于党内政治生活的若干准则》的六条要求。

6月24—28日 中远总公司在北京召开外派船员工作会议，安排1980—1982年外派船员计划和1980年各海校承担培训外派船员任务。交通部副部长彭德清、李清到会作了指示。

6月25—27日 中远总公司在北京召开通信导航工作增收节支会议。与会同志根据中央关于增产节约和增收节支指示精神，结合远洋通信导航工作的实际进行了讨论，拟定了今后增收节支的具体方案。

7月1日 中远总公司与新加坡海峰公司共同组织的合营供应公司——新远（私人）有限公司在新加坡成立。

7月3日 中远总公司党委下发《关于远洋各公司党委会组成的通知》。

7月4日 上海远洋运输公司"德阴"轮首航日本酒田港。

7月5日 青远公司电信处更名为通信导航处，并成立其下属的通信导航设备修理所，对外名称为：青岛海上电子设备工程公司。公司经理由青远公司通信导航处处长兼任，副经理由通导设备修理所所长担任。其主要任务是在分片包干区内为中远各公司船舶提供通导设备安装和技术指导服务，同时为外轮提供适当服务。该公司除担负中远系统船舶通导设备的修理任务外，还承担国外十几家通导设备厂商在中国口岸的专业维修代理。

7月31日 远洋局颁发《关于试行远洋船员若干疾病不适在船工作的规定》。

8月5日 中远总公司纪委召开各远洋公司纪委专职副书记会议，研究贯彻落实交通部纪检工作座谈会精神和当前重点抓的工作。

8月14日 交通部政治部批复同意中远总公司政治部《关于部分干部落实政策工作的报告》，认为符合中央五条标准，落实政策的工作可予结束。

8月22日 交通部党组决定，副部长李清兼远洋局党委书记，钱永昌任远洋局党委副书记、局长。

9月1日 交通部决定将青岛海运学校改为青岛远洋船员进修学院。确定学院培训对象主要是干部船员，办学规模暂定800人，教职工编制暂定385人。

9月22日 广州远洋运输公司"嘉陵江""阳春""开平""牡丹江"4轮在两伊战争中受到炮火突然袭击，船员临危不惧，奋力抢险救船。其中"嘉陵江"轮二厨、共产党员莘留生中弹牺牲，后经广东省人民政府批准为革命烈士。总公司指令在阿拉伯河口的"桂阳"轮担负受困船与公司之间的通信联络和中转任务。有关的船舶之间组织了VHF、中频、4兆赫SSB和救生艇电台协同通信网。"桂阳"轮用高频电报电路和SSB向公司报告险情及传达指令，他们采用了巧妙的隐蔽通信手段进行不间断的通信，直到10月25日最后一批船员安全撤离，通信联络始终保持畅通无阻。他们昼夜值班，密切配合，冒着生命危险抢救设备，圆满完成了战争状态下的船舶通信任务。

9月17日—10月8日 应日本东京计器公司和共同通商株式会社等五家厂商的联合邀请，中远边同凯、王立恕、王志海、傅庄怀、王天西、高永建六人电信小组和香港海通通信仪器有限公司两人赴日本进行考察并就修理代理协议的技术等问题进行协商。于 9 月 30 日在日本东京签订《中远总公司与日本东京计器公司通信导航设备维修代理协议》。

9 月 29 日 中远总公司发出《关于加强劳动保护工作的通知》,对防止和减少职工伤亡事故的发生,提出具体要求。

10 月 1 日 中远总公司与澳大利亚布恩斯·菲利浦公司共同组织的五星航运代理公司在澳大利亚悉尼开业。此前,由布恩斯·菲利浦公司代租船人经营的广州远洋期租船"明华"轮为国际旅游船,开创了中国国际海上旅游业务的先河。

10 月 7—10 日 第三次远洋系统节油经验交流会在上海召开。会上制订了 1981 年节油指标和措施,全国政协委员、中远总公司总工程师周延瑾出席会议并讲了话。

11 月 1 日 中波公司(中方)船员职工实行职务津贴制度。

11 月 10—22 日 中远总公司在上海举办雷达技术座谈会,RAYTHEON 雷达公司代表 3 人与中远总公司、各分公司、大连海运学院、青岛远洋船员进修学院、大连海运学校共 17 人参加了座谈会。

11 月 15 日 远洋局发出《关于中、外合资企业职工实行职务津贴的通知》。

11 月 25 日 中远总公司发出《关于船舶试行编制定员配备的通知》。

11 月 26 日 中远总公司与日本铃江组仓库株式会社共同组织的中铃海运服务有限公司在日本横滨开业。

12 月 1—6 日 交通部召开航海技术人员代表大会。会上,中远的贝汉廷、许鸿章、茅秀松和上海远洋航运处分别以"重大件货物的装卸运输""滚装船操纵体会""加强油轮管理、挖掘油轮潜力""当前开展集装箱运输的情况"为题交流了经验材料。

12 月 23—25 日 中远总公司在北京召开远洋系统买造接船会议,对 1981 年贷款买船接船工作进行了部署。

本年 共有营运船舶 527.1 艘,963.10 万载重吨;共完成货运量 4280.95 万吨,比 1979 年增长 0.07%;货物周转量 1906.22 亿吨海里,与 1979 年持平。安全生产形势不容乐观,造成死亡 3 人、重伤 12 人的劳动安全及其他航行事故。

1981 年

1 月 1 日 经广州分公司批准,先后将由船技处负责的导航工作、由行政科负责的有线通信工作和航修站的电信电航车间交由通信导航处领导,组建通信导航设备修理所。至此,该处成为管理通信导航、有线和无线的通信导航处。

1 月 1 日 中远总公司在外派船员中实行职务津贴制度。

1 月 13 日 经交通部批准,中远总公司决定将大连海运学校的"育海"轮作报废处理后,调给南京海员学校作为现场教学船。

1 月 17 日 交通部批准外代企业实行全额利润留成办法。

2 月 交通部颁发《关于国际海事卫星组织船舶地球站启用申请的通知》。《通知》决定,以我国参加国际海事卫星组织的实体——北京船舶通信导航公司作为我国向国际海事卫星组织进行启用申请的"经办组织"。

2月10日 上海远洋运输公司滚装船"张家口"轮从上海起航，首航美国西海岸旧金山港，开辟了中美集装箱班轮航线。

2月13—20日 中远总公司在北京召开国外航运代表及国外合营公司工作的中方人员负责人会议。会上明确了今后任务，讨论并通过了《航运代表工作章则》和《合营公司中方人员守则》。交通部部长彭德清、副部长李清到会讲话。

2月20日—3月3日 中日民间海运会议第四次会谈在日本东京举行，会议重点研究了开辟中日间班轮航线问题。

3月6—12日 中远总公司在广州召开远洋通信导航专业会议。中远各分公司及香港海通、海信公司、驻外监造组的代表参加了会议，会议由中远总公司贾力平副经理主持。会议研究了1981年通信导航工作的主要任务，审定了1981年通信导航设备订购计划，总结了1980年开展代理工作的经验和存在的问题以及今后的工作任务，并制订了修理报告单和备件供应标准。

3月11日 交通部印发《关于颁发"水运无线电通信管理规则"和"水运无线电电话规则"的通知》。新文件于1981年4月1日起开始执行，原1972年颁发的《水运无线电管理暂行条例》和1974年颁发的《水运无线电话规则》同时作废。

3月14日 中远总公司就委托上海船舶运输研究所提供远洋船队构成的技术经济咨询与上海船舶运输研究所签订了协议书。

3月23—27日 中远总公司在北京召开各远洋公司、中波公司海监室负责人参加的座谈会。会议重点就加强对船舶技术监督和指导、对船员的技术管理、整顿船舶秩序、恢复优良传统作风等问题进行了讨论。

3月28日 万里副总理和铁道兵政委吕正操及中央六个部委领导在交通部部长彭德清、山东省委第一书记白如冰等陪同下视察了青岛远洋运输公司"武胜海"轮。

4月15日 交通部批复浙江省交通厅同意成立中国外轮代理公司沈家门分公司。

5月9日 交通部向驻外有关使、领馆发出《关于寄送〈中国远洋运输总公司航运代表工作章则〉及〈合营公司中方人员守则〉的函》。

5月11—15日 "政府间海事协商组织"（简称"海协"）无线电通信小组委员会在伦敦召开了第23次会议，交通部派员参加了会议。会议期间成立安全系统工作组、技术工作组、技术职责工作组和修改安全公约第Ⅳ章起草工作组。会议就安全系统概况、执行安全系统的协调工作、国际海事卫星的进展情况等问题进行了重点讨论。

6月12日 上远公司在"风庆"轮安装了利用导航卫星获得精度定位及在二次卫星定位间隔中连续定位的"MX1105"型卫星和奥米加导航仪。

6月13日 中远总公司下发《中远定线去美国船舶的通信导航设备有关规定》文件，要求定线去美国的船舶的通信导航设备必须符合美国海岸警卫队对进入美国海域船舶通信导航设备的有关规定。

6月17日 中远总公司党委召开电话会议，对在远洋系统开展以加强船员遵纪守法为主要内容的教育活动提出了要求。6月19日印发了交通部副部长贺崇陛、远洋局局长钱永昌、党委副书记兼政治部主任叶伯善在会议上的讲话材料。

6月23日　国家计划委员会复函交通部和中国银行，同意关于贷款向国外买船的艘数、品种的意见。并提出在保证吨位的情况下，对具体船舶品种、艘数可由交通部掌握调整。

7月1日　中远总公司与联邦德国哈姆斯托夫集团、香港海通公司三方合营的汉远船舶服务中心在汉堡正式成立。

7月15—17日　中远总公司召开远洋运输工作会议，就关于改善经营、加强管理、搞好思想政治工作专题进行研究，并部署了下半年重点工作。钱永昌总经理作会议小结，交通部部长彭德清到会作了指示。

7月16—22日　中远总公司在青岛召开国外造船工作会议，制订了《关于国外造船工作的若干规定》以及《关于国外造船有关财务问题的规定》。

7月25日　中远总公司颁发《船舶货运全面质量管理暂行办法》。

7月27日　远洋局发出《关于在远洋系统贯彻落实胡耀邦同志对货运质量问题的批示的通知》。

7月29日　交通部部长彭德清在上海远洋"和田"轮召开上海港在港船舶船长、政委座谈会，了解远洋船员生活。

8月26日　中远总公司颁发《供应远洋船员外汇物品的暂行办法》。

8月28日　中远总公司发出《关于检查船员伙食管理、食用情况的通知》，强调要刹住分伙食的不正之风，使伙食费全部用于船员在船食用。

9月4—7日　中远总公司在北京召开外派船员工作会议，会议明确了今后工作方针，制订了到1982年底派出2450名船员的计划。

9月22—28日　中远总公司在北京召开船员管理工作会议，研究修订总公司起草的《远洋船员守则》《船员管理部门工作人员十条规定》和《远洋船员管理工作暂行条例》。

9月26日　上海远洋运输公司"莲花城"轮于6时03分在新加坡西锚地突然发生货舱爆炸起火，船货全损。43名船员全部脱险，于10月底前分3批返归上海。

10月1日　经交通部批准，广州远洋运输公司试行在航船员岗位职务津贴制。

10月15日　中远总公司下发《为进一步加强"无线电监督员"工作事宜》文件，要求各公司加强对"无线电监督员"工作的领导，把该项工作认真地抓起来，以不断总结经验，提高工作效率。

10月19日　远洋局向各远洋运输公司、中波公司（中方）颁发《远洋船员管理工作暂行条例》。

10月20日　远洋局颁发《远洋船员守则》和《船员管理部门工作人员十条规定》。

10月20日　中远总公司党委发出《关于贯彻〈国务院关于在对外活动中赠送和接受礼品的几项内部规定〉的通知》，重申了4条规定要求。

10月15日　为深入贯彻党的十一届三中全会精神，加强船舶政工干部队伍建设，中远总公司政治部在北京连续举办了10期船舶政委学习班，每期一个月左右，重点学习《关于建国以来党的若干历史问题的决议》，交流船舶政治工作经验等，先后参加学习的船舶政委达 230 人。

11月14日 大连海运学校的"育才"轮移交大连远洋经营,并将船名改为"平型关"轮。新接的实习船名仍为"育才"轮。

11月19日 交通部颁发《关于船舶船员伙食津贴支付问题的若干规定》,自 1981 年 12 月 1 日起执行。

12月5日 "银山海"轮在南海航行时,报务员梁文芳同志认真值守,在 500 千赫频率上听到"M/S SENGKONG"(巴拿马籍)发出的遇险信号,并抄到了遇险报告,迅速报告船长,及时采取了救助措施,使遇难船的 24 名船员全部获救,受到遇难船东和船员的赞扬。

12月27日 当晚 8 时左右,在拉塔基地锚地一艘希腊籍船"M/V BRAVONEK"将"武门"轮船艄碰坏,当时在锚地的"永门"轮、"大龙田"轮马上用 VHF 沟通联络,利用有效的通信时间和频率将"武门"轮的 7 份遇险电报转发出去,及时向国内报告了情况,对这次海事营救工作的顺利进行有很好的助益。

12月 上远公司集装箱跟踪管理计算机系统开发完成,经国家科委和上海市科委鉴定验收通过,并获上海市重大科技成果三等奖。

12月 上海远洋运输公司集装箱跟踪管理电子计算机系统开发完成,经国家科委和上海市科委鉴定验收通过。

本年 共有营运船舶 536.9 艘,984.83 万载重吨;完成货运量 4153.3 万吨,比 1980 年增长 -3.0%;货物周转量 1955.58 亿吨海里,比 1980 年增长 2.6%。安全生产形势严峻,造成死亡 11 人、重伤 22 人的劳动安全事故,是中远成立后劳动安全形势最为严峻的一年。

1982 年

1月6—12日 中远总公司在北京召开通信导航专业会议,参加会议的有中远总公司,五大分公司,浙江、江苏、河北合营公司,中波公司,香港海通,海信公司的 25 名代表。会议就 1982 年通信导航工作要点、加强技术业务培训、贯彻落实第三次电信会议精神、组织好对新设备的选型和试验工作等问题进行了讨论。

1月8日 上海远洋"红明"轮在叙利亚拉塔基亚港外座礁,船舶定为全损。

1月12日 中远总公司发出《关于做好船员职工教育"六五"规划,落实 1982 年教育计划,加强职工队伍建设的意见》的通知。

1月18日 中远总公司发出《关于继续做好船舶技术干部与工程技术干部对应为高级工程师工作的通知》,对评定工作提出 6 条要求。

2月2日 中远总公司发出《关于 1981 年工伤事故情况的通报》。

2月9日 远洋局向各远洋公司、外代分公司发出《公布一批暂行特价、议价货物费率的通知》。

2月22日 中远总公司政治部发出《关于进一步改善船员精神生活问题的通知》,要求各远洋公司、中波公司向船员提供更多的精神食粮。

2月28日 中远总公司颁发《关于进一步开展揽货工作的暂行办法》。

2月29日 根据国务院关于精简机构精神，交通部决定远洋文艺演出队（宣传队）解散。

3月15—18日 中远总公司在上海召开第一次无线电监督员代表大会，各公司通导处负责同志共12人出席了会议。各公司代表汇报了一年来对80多条船舶（仅指各公司监督员对兄弟公司船舶进行检查的总和）进行监督检查的情况，交流了工作经验，找出了今后工作中应注意的问题。

3月23日 交通部向国务院报送《关于吸取"红明""莲花城"轮事故教训的报告》。

3月26日—4月28日 中远总公司分别在广州、上海、大连召开安全工作现场会，座谈讨论和分组检查了船舶安全工作。

4月2日 交通部、安徽省人民政府联合批准中远总公司和安徽省交通厅组织合营轮船公司，定名为"中国远洋运输总公司安徽省公司"（县团级）。

5月27日 中远总公司党委发文给上海远洋运输公司党委《关于"莲花城""红明"两轮事故的批复》。经交通部批准并征得上海市交通办同意，对两轮事故的责任者给予了撤职、降薪、记大过等行政处分，对公司领导给予通报批评。

5月29日 青岛分公司对通信导航设备修理所试行经济责任制。从此，通信导航设备修理所担负起安装、修理世界各国来青岛港的船舶通导设备的任务，也负责保证青岛分公司船舶通导设备的正常运转。

5月 广州远洋运输公司"耀华"轮租给瑞典赛林公司并投入营业。这是继"明华"轮之后的第二艘国际旅游船。

6月1日 中波公司广州办事处中止工作。

6月1—5日 中远总公司在北京召开在职船员的培训专业会议，各远洋公司教育、船员、船技、通信、海监等部门负责同志及管理经理参加了会议。会议确定从1983年1月1日起至1985年在船实行"统一计划和进度、统一教材、统一考试登记"的"三统一"船员在职培训制度。

6月10日 中远总公司政治部发出《做好船员在职培训中思想政治工作的意见》。

7月26日 中远总公司向驻外机构和航运代表发出《关于我公司驻外人员对到达当地港口的我远洋船舶要切实进行安全质量监督检查的通知》。

8月6日 交通部发布《关于开展对台运输工作几点措施的通知》，对中远及外代总公司就有关工作提出了要求。

8月12日 中远总公司发出《关于加强对各省合营公司经营管理工作的通知》。

8月12日 外代总公司发出《重申严格执行国际海员遣返工作的几项规定的通知》。

8月19日 中远总公司转发交通部《关于按季公布运输等企业主要经济效果指标和建立经济活动分析制度问题的通知》。

9月1日 根据国家体制改革的要求，交通部决定将对中远总公司赋予行政职能的远洋运输局的名义撤销。

9月7日 经交通部党组研究并请示中共中央组织部同意，在贯彻实施《中国共产党工业企业基层组织工作暂行条例》时,远洋船舶继续实行党支部领导下的船长、政委分工负责制。

9月16日 中远总公司和总公司政治部联合发出《关于下达外派政治工作人员上船有关规定的通知》,并附发了《外派政治工作干部条件》和《外派政治工作干部的职责》。

9月17—24日 中远总公司在北京召开通信导航专业会议,结合国防有关新规定及事业发展的需要,修订了《远洋船舶电台工作实施细则》和《通信导航设备技术管理规程》。

9月28日 交通部、江西省人民政府批准中远总公司和江西省交通厅组织合营轮船公司。公司定名为"中国远洋运输总公司江西省公司"(县团级)。

10月7日 广州远洋"西江"轮在日本沿海航行,遇大风浪,倾覆沉没。

10月12日 中远总公司、外运总公司联合行文向各远洋运输公司发出《大型粮船运价调整的通知》。新费率从1982年9月起生效。

10月13—18日 中远总公司在杭州召开第4次机务工作会议,制订《机务监督章程》,并提出建立自动化船舶规章制度的要求。

10月25日 中远总公司发出《关于船员家属来港探亲不准在锚地上船的通知》。

11月16—19日 外代总公司在天津召开集装箱代理业务座谈会。会议集中研究了集装箱的箱子管理,租箱业务中的堆场、修理与费收项目等问题。

11月 中远总公司颁发《机务监督人员职责(试行草案)》。

12月7日 中远总公司颁发《远洋船舶卫生管理暂行规定》《船员职务规则》。

12月21日 经交通部同意,教育部备案,青岛远洋船员进修学院改名为青岛船院。

12月25日 国务院副总理万里对全国总工会《工会动态》登载的《远洋船员的呼声》一文作出批示,提出交通部要关心船员生活和加强政治思想工作。

12月25日 中共中央总书记胡耀邦对新华社《国内动态清样》刊登的《我国远洋船员期望得到祖国的关怀和照顾》一文作了批示,十分关怀远洋船员的工作和生活,指示全国总工会为船员办几件实事。

本年 共有营运船舶547.8艘,1005.08万载重吨;共完成货运量4185万吨,比1981年增长0.8%;货物周转量2018.77亿吨海里,比1981年增长3.2%。安全生产形势相对稳定。

1983年

1月1日 中远总公司颁发执行新的《船员职务规则》。

2月2日 中远总公司颁发《关于调整远洋船员伙食标准的通知》,明确远洋航线伙食标准每人每天调到3.80元,近洋航线每人每天3.30元。新标准自1983年3月1日起执行。

2月24日 中远总公司发出《关于妥善安排船员家属来港探亲有关问题的通知》。

2月25日—3月4日 中远总公司在上海召开海监室主任座谈会,讨论决定了关于加强监督员工作,建立海务监督网,设置指导船长,关于安全生产经常化、制度化等方面问题。陈忠表副总经理出席会议并作了总结讲话。

2月28日 中远总公司向交通部报送《"七五"和后十年远洋技术政策设想》,对中远的未来发展,从战略设计、船队规模、船型配置、船龄政策、船岸自动化建设等方面,做了详细的远景规划。

2月28日—3月18日 世界无线电行政大会在日内瓦召开,我国由交通部、民航总局、邮电部和全国无委会派员组成的电信代表团出席了大会。会议主要处理有关移动业务遇险通信的紧迫问题,修改无线电规则中有关遇险通信的条款,复审1979年世界无线电行政大会有关移动业务方面的决议和建议。

3月4日 中远总公司向各远洋运输公司下发《1982年机损事故总结》。

3月14日 中华全国总工会副主席王崇伦、生产部长王延岚到上海远洋运输公司"风茂"轮视察,向船员转达中共中央总书记胡耀邦对《远洋船员给中央领导一封信》的批示。

3月18—19日 中远总公司在北京召开贷款买、造船计划会议。重点研究落实国务院批准交通部在今后3年内贷款向国外买、造船200—250万吨的落实工作。

3月23日 中远总公司发出《关于加强海务监督工作,充分发挥监督员作用的通知》,对海务监督工作提出了六个方面的意见与要求,同时赋予监督员在海务监督中的一定权力,提升了船岸间协同做好船舶安全管理工作的标准和质量。

3月 上海远洋运输公司"清河城"轮全体船员参加在法国马赛举行的国际海员体育运动会。共参加7个项目比赛,荣获金杯1个、金牌和铜牌各1枚。这是中国首次参加国际海员运动会。

4月9日 上海远洋"龙溪口"轮从上海起航驶往索马里和叙利亚,途中在印度洋爆炸沉没,船货全损。36名船员脱险,随本公司"交城"轮于5月6日返回上海。

4月25—28日 中远总公司在南京召开第一次自动化机舱管理经验交流会。会议着重讨论了健全自动化机舱的管理制度,加强陆上指导监督力量,组织自动化装置的专业维修队和加速船岸自动化设备管理人员的培训办法,以及今后造、买船等机舱轮机自动化程度要求的技术政策。

5月23—28日 全国外轮代理工作会议在北京召开。会议着重贯彻全国交通会议精神,检查总结1981年代理工作会议以来的工作情况,研究利改税和加强对中远船舶现场管理问题。交通部副部长钱永昌到会讲了话。

5月26日 交通部批复广西壮族自治区交通局同意成立"中国外轮公司防城公司"。

6月3—9日 中远总公司在青岛召开通信导航专业会议。会议讨论通过了《无线电监督员条例》《中远通信导航设备年度预防检修工程单》《年检收费标准》和《1983、1984年度预防检修计划》。

6月7—8日 中远总公司在北京召开远洋财务紧急会议,中心议题是确定1983年财务指标及相应的增收节支措施。交通部副部长钱永昌到会听取汇报并作了讲话。

6月8日 中远总公司颁发《远洋运输船舶退役作废暂行办法》和《工作细则》。

6月20日 中远总公司向交通部上报《关于1983年起贷款船已无力再支付建港的×亿美元的申请报告》,对建港开支,建议请求国家从征收的能源交通建设基金中统一安排解决。

7月1日 中远总公司决定上海船员管理处划归广州远洋运输公司领导和管理。

7月5日 交通部政治部发布通知：中央同意林祖乙同志任中远总公司党委书记兼总经理。

7月27日 中远总公司向各远洋运输公司，中波、中坦公司（中方）发出《关于贯彻紧急财务会议情况的通报》。

8月11—13日 中远总公司在北京召开增收节支紧急会议。会议由各单位汇报6月紧急财务会议以来开展增收节支工作情况，交流经验，进一步研究落实增产节约措施。交通部副部长钱永昌到会讲话。

8月12日 中远总公司新的党委组成后，制订了《总公司党委的工作守则》《对总公司处室领导同志工作上的几点要求》和《党委成员外事活动守则》。

8月12日 上海远洋运输公司开辟张家港—香港集装箱班轮支线。

8月27日 广州远洋运输公司"明华"轮价拨给香港招商局蛇口工业区，改称"海上世界"，作为旅游点供参观游览。

9月21日 中远总公司发出《关于认真贯彻全国交通系统企业整顿工作会议精神的通知》。为加强领导，总公司成立了以总经理林祖乙为组长的企业整顿领导小组，设置了企业整顿办公室。

11月1日 中远总公司发出《关于船员家属到港探亲住宿费用问题的通知》。

11月10日 中远总公司向交通部报送《关于1983年第6次"安全质量月"活动的总结报告》。

11月28日—12月2日 中远系统企业整顿工作座谈会在上海召开，对全面开展企业整顿作出部署，提出了要求。会议还审定了《中远总公司企业整顿五项工作验收标准实施细则》，研究了对船舶整顿问题的意见。

11月29日 联合国开发计划署正式签发向中国提供第三期（1982—1986年）拨款，随后交通部发出给青岛船院投入50.614万美元的文件。其中25万美元用于引进轮机模拟器，另25万美元用于教师出国考察、进修和聘请外国专家讲学之用。

12月10日 中远总公司批准成立上海远洋运输公司船员培训中心。

12月23日 中远总公司批准建立大连远洋船员培训中心。

12月23日 中远总公司向各远洋运输公司颁发《远洋船舶船员自修奖励办法》。

12月24日 中远总公司向各远洋公司、中波公司（中方）发出《企业整顿五项工作验收标准实施细则》。

本年 共有营运船舶540.2艘，1009.50万载重吨；共完成货运量4273.8万吨，比1982年增长2.1%；货物周转量2172.23亿吨海里，比1982年增长2.6%。安全生产形势相对平稳。

1984年

1月1日 中远总公司报国家经济委员会批准成立"中国船东互保协会"。

1月5日　中远总公司机关整党工作开始，计划按学习文件、对照检查、进行整改、组织处理和党员登记5个阶段进行。

1月5—20日　中远总公司在北京召开通信导航专业会议，决定从1984年开始，通导方面建立单独开支预算和考核制度。

1月14日　"惠泉"轮在天津塘沽口锚地起火烧毁，报务员没有马上进入岗位启用报路或单边带向公司或就近岸台呼救；全船停电前只工作了6分钟，停电后也没启用应急设备继续工作；遇险通信格式混乱，中文、英文、明码、密码混用；弃船时文件未处理，救生电台、执照、电台日志未带，而且遇险时家属在船。报务员受到公司行政警告处分。

1月20—25日　中远总公司党委在北京召开远洋船舶思想政治工作座谈会，研究开展反对精神污染、加强船员涉外和外派船员管理规定，以及当前船舶思想政治工作中迫切需要解决的一些问题。

1月26日　邓小平同志视察深圳、珠海两经济特区期间，为香港招商局蛇口工业区的"明华"轮（原属广州远洋）题词——"海上世界"。

2月7日　中远总公司党委发出《关于在远洋船员中开展抵制精神污染教育的通知》。

2月15日　中远总公司党委发出《关于远洋船舶涉外活动的几项补充规定》。

3月9日　中远总公司发出《企业整顿验收计划及有关问题的通知》。

3月15日　中远总公司决定调整船员航行津贴及伙食标准。对凡去波斯湾内及黎巴嫩、叙利亚港口，在国外满4个月，从第5个月起津贴为全外汇，伙食费为每人每天人民币6元。

3月12—16日　国际海事组织无线电通信小组委员会第27次会议在伦敦总部召开。来自35个国家、6个国际组织、9个非政府组织的185位代表出席了会议，交通部也派员参加了会议。会议重点讨论了全球海上遇险及安全系统、船用无线电设备的性能标准、发布航行及气象警告的有关问题。

3月22—24日　中远总公司在北京召开远洋船舶备件管理座谈会，就船存备件定额、清仓立账、采用现代化技术管理备件及节约备件开支等问题进行研究，提出了要求。

3月23日　中远总公司发出《关于加强船舶整顿工作的通知》。

3月28日　中远总公司党委向中共交通部党组报送"西江"轮沉没和"惠泉"轮发生火灾事故的报告。

3月　中远总公司颁发《关于船舶整党的几点意见》。

4月3—6日　中远总公司党委决定召开的工会筹备委员会议在北京举行。总公司党委书记林祖乙就成立系统工作问题作了讲话，并成立了由刘世文等7位同志组成的筹备委员会立即开展工作。中国海员工会全国委员会副主席侯星枢、庞家驹到会作了指示。

5月1日　中远总公司决定设立广州远洋录像复制中心，由广州远洋运输公司负责具体领导，并批准了《录像复制中心的章程》。

5月10—12日　中远系统计算机应用技术交流会议在上海召开。研究有关成立领导小组、加强计算机工作人员的培训及推广标准化等方面的工作。

5月16—20日　中国海员工会远洋运输总公司第一次会员代表大会在北京举行。会议选举产生由 21 名同志组成的总公司第一届委员会和由 7 名同志组成的经费审查委员会，选举刘世文为主席、李效国为副主席。

5 月 23 日 交通部批复浙江省交通厅同意成立外代海门分公司，并报外代总公司备案。

5 月 26 日 中远总公司发出《关于加强对中远租箱管理有关问题的通知》。

6 月 23 日 中远总公司颁发《关于加强船员管理工作的若干意见》，同日颁发《驾驶船员管理工作的若干意见》。

7 月 14 日 中远总公司向直属供应站发出《关于供应站全面开展企业整顿工作的通知》。

7 月 30 日 外代总公司发出《关于在外轮代理系统全面开展企业整顿工作的通知》和《中国外轮代理总公司企业整顿五项工作验收标准实施细则》，要求企业整顿验收在 1985 年上半年内完成。

7 月 31 日 中远总公司、总公司党委联合行文向广州远洋运输公司发出《关于做好北京青年"友好之船"访日团运输工作的通知》。

8 月 14 日 中远总公司决定试行总公司总经理、主管安全副总经理及有关处室安全工作责任制。

8 月 16—21 日 全国遇险通信工作会议在北京召开。交通部隶属 70 个单位的代表参加了会议。交通部通信导航处、交通部安全局的领导到会并讲话，各单位交流了通导工作经验、总结了教训，讨论了问题，统一了认识，并重点讨论了对报务员的要求和培训问题。

8 月 25—30 日 中远总公司在北京召开直属单位工作会议，重点研究改革问题，交通部部长钱永昌到会作了指示。

8 月 27 日—9 月 13 日 广州远洋运输公司"耀华"轮圆满完成运送北京青年"友好之船"访日团的任务，获得有关方面的赞扬。

9 月 1 日 中远总公司颁发《远洋船舶指导船长工作职掌》。

9 月 4 日 中远总公司颁发《远洋危险货物运输全面质量管理办法（试行）》。

9 月 7 日—12 月 24 日 交通部与有关省市政府联合组成企业整顿验收团，先后对中波公司、上海、广州、青岛、天津、大连远洋企业整顿 5 项工作进行检查验收，并由交通部颁发文件，宣布上述单位为"企业整顿合格单位"。

9 月 15 日 中远总公司向各远洋公司、中波公司（中方）发出《关于改变现行航行补贴发放办法的通知》和《船员航行津贴计发办法及伙食费标准的通知》。

9 月 19 日 中远总公司政治部颁发《关于加强岸上录像工作管理的意见》。

10 月 2 日 国务委员兼外经贸部长陈慕华率领的中国代表团在出访波兰期间登上停泊港口的"弗莱特洛"轮，参加中波公司波兰分公司举行的欢迎酒会。

10 月 15—20 日 中远总公司在青岛召开远洋职工教育工作座谈会，主要研究落实远洋职工培训"七五"规划制定的原则、措施和要求，安排 1985 年船员培训任务。

10 月 22—24 日 中远总公司在北京召开了船舶技术档案和资料工作座谈会，明确了科学技术档案和技术资料的区分、职责范围以及船舶技术规范的编制与管理等问题。

10月26日 交通部、全国海上安全指挥部联合颁布《关于发布"船舶遇险及安全通信工作的若干规定"的通知》，自此船舶遇险及案例通信工作有了新的遵循。

11月8日 中远总公司党委转发上海远洋运输公司制订的《船舶思想政治工作细则》。

11月9日 中远总公司决定在原供应站的基础上成立中远秦皇岛、湛江船舶物资供应公司，直属总公司领导。

11月17日 中远总公司政治部发出《关于重申不准在国外和香港等地捡拾废弃物品的通知》。

11月20—21日 中远总公司在北京召集各远洋运输公司经理、航运处长参加的会议，就船队经营管理体制的改革和调整，研究确定了方案。决定将各公司划分为专业性和综合性公司，并明确了航区、航线分工和经营管理办法。

11月26日 香港招商局船舶经纪部改为由中远总公司和招商局合营的招商局国际船舶贸易有限公司。

12月5日 中远总公司转发国务院152号文件《关于改革中国国际海洋运输管理工作的通知》，要求深入学习领会文件精神，进一步明确改革的指导思想。

本年 共有营运船舶551.0艘，1045.96万载重吨；共完成货运量4938.2万吨，比1983年增长15.5%；货物周转量2330.62亿吨海里，比1982年增长9.6%。安全生产形势相对稳定。

1985年

1月3日 中远总公司发出《关于进一步在船员中加强遵纪守法教育维护中国船员声誉的通知》。

1月14日 中远总公司决定自1985年1月1日起调整船员伙食标准。即：远航线伙食标准为每人每日人民币5.40元、近航线为4.70元。

1月22日 中远总公司向交通部上报《关于申请企业整顿验收的报告》，经交通部检查验收，2月4日，发出《关于中国远洋运输总公司企业整顿五项工作验收合格的通知》。

1月24日 中远总公司发出《关于远洋船员制服着装规定的通知》。

2月4日 中远总公司党委颁发《关于远洋船舶政工干部培训的意见》，按要求计划安排在3—5年内，把所有的思想政治工作干部轮训一遍。

2月9日 中远总公司颁布实行《远洋船舶指导轮机长的职责》。

2月11日 中远总公司向各远洋公司、外代分公司发出《关于设立审计室或配备审计专业人员的通知》。

3月15日 中远总公司党委向交通部整党指导小组报送《关于整党工作的检查总结》，历时1年3个月总公司机关整党工作结束。

3月25—28日 交通部海洋运输管理局和中国航海学会通信导航专业委员会在北京联合召开"我国实施全球海上遇险安全通信系统（GMDSS）总体方案论证和建议"研讨会。

交通系统、中远总公司及所属各公司、有关院校、设备厂等单位的无线电通信专业人员和专家参加了研讨会。与会代表论证了"未来系统"在中国如何全面实施的方案和措施,并制定了GMDSS在中国实施的总体方案,供国家有关部门做出决策。

4月2日 中远总公司向交通部上报《关于中远总公司机关企业整顿补课情况的报告》。

4月5日 中国首次赴南极考察船完成南极考察任务后返回上海。上海远洋通导处杨志明任考察船报务员,以熟练的业务和出色的工作荣立三等功。

4月11日 中远总公司开始筹建内部审计机构,10月正式成立审计处。

4月15—19日 国际海事组织无线电通信小组委员会第29次会议在伦敦总部召开,来自40个国家的14个政府间和非政府专业组织机构共215名代表出席了会议。国际海事组织无线电通信委员会主席P.E.KENT先生(英国)主持了本次会议。中国驻英使馆派员与国内3位代表组成代表团出席了会议,此外还参加了会前的"操作工作组"和会后的"技术工作组"会议。会上对未来全球海上遇险与安全系统(GMDSS)、船载无线电设备性能和标准、播发航行气象警告等问题进行了重点讨论。

4月19—20日 中远纪检工作会议在北京召开。会议交流了中远系统纪检工作情况,特别是交流了纠正新的不正之风的经验和做法,对贯彻交通部纪检工作会议精神研究了工作部署要求。党委书记、总经理林祖乙就中远系统纪检工作的形势、任务、存在的问题和党委对纪检工作的要求等问题做了讲话。

4月23日 中远总公司向各远洋、合营省公司及中波公司(中方)颁发《船舶防止碰撞紧急措施与规定》。

5月14—16日 中远总公司在北京召开所属船公司调度室主任会议。根据国务院口岸办的规定,制定了中远公司外贸进口船舶的月度到港计划的报告制度。

5月17日 中远总公司向各远洋运输公司、中波、中坦(中方)发出《关于扎扎实实做好防台工作的通知》。

6月1日 中远总公司和日本日中国际轮渡株式会社合资经营的中日国际轮渡有限公司成立。总公司委托上海远洋运输公司代管。

6月15日 中远总公司党委颁发《关于纪律检查机关组织建设的几项具体规定》。

6月24日 中日国际轮渡有限公司客货班轮"鉴真"号从上海起航,首航日本神户、大阪港。

6月29日 交通部党组任命刘松金为中远总公司党委副书记兼政治部主任。

7月 中远总公司决定将上海远洋运输公司"星河"轮等5艘集装箱船调给广州远洋运输公司,并共同经营欧洲线集装箱运输,简称中欧联营体。

8月13日 中远总公司党委做出《关于学习贝汉廷同志先进事迹的决定》。

8月16日 交通部政治部向各省、市、区交通厅(局),部直属各单位下发《关于学习贝汉廷同志先进事迹的决定》。中远总公司政治部于9月2日向所属各单位转发,并提出贯彻的要求。

9月5日　中远总公司发出《关于严禁外派船员私分伙食的通知》。

9月7—12日　中远总公司在上海召开第五次通信导航工作会议。中远五大远洋公司，中波公司，浙江、江苏、河北、安徽合营公司，青岛船院，大连海校，海信电子有限公司等13个单位的35名代表参加了会议。会议总结了1983年第四次通信导航会议以来的工作，并就进一步端正通导工作的业务指导思想，加强管理培训无线电人员、维修、机关通信、机要工作及GMDSS工作进行了研究。

9月14日　中远总公司向交通部上报《中远总公司机关整顿复查情况汇报》。

9月16日　中远总公司就关于加强外派船员工作的管理发出补充通知，提出7个方面的要求。

9月18—23日　中国共产党第十二次全国代表会议在北京召开，上海远洋运输公司经理李克麟作为上海市的代表出席了会议。

9月24日　中远总公司向各远洋公司、外代分公司发出《关于设立审计工作独立建制的通知》。

9月27日　中远总公司再次发出通知，强调进一步重视船员保健工作。

10月8—12日　中远系统第二次驻外人员会议在北京召开。会议就今后努力加强驻外人员的政治思想建设、努力提高业务水平，开创驻外工作新局面等方面作了具体安排。交通部部长钱永昌、副部长林祖乙到会作了讲话。

10月13—16日　中远总公司在北京召开船舶经济责任制工作座谈会。会议经过研究，对一些主要问题的基本观点统一了认识，并明确了一些具体做法。交通部部长钱永昌看望了与会同志，副部长林祖乙发表了讲话。

10月19—22日　中远总公司在北京召开第5次远洋机务会议。会议就进一步完善船舶的技术经济责任制、加强机务监督制和技管工作、安全生产、自动化船舶管理等进行了研究和部署。

10月22日　中远总公司政治部颁发《关于驻外人员政治生活的几项规定》。

10月23日　中远总公司向交通部工资改革领导小组上报《关于将船上政工干部列入船员工资标准序列的报告》。

11月13—18日　中远总公司在广东肇庆召开远洋培训工作会议，明确了到1990年船员职工培训的目标和任务。同时，与会同志对进一步搞好干部船员轮训、青工"双补"、海员专业技能培训以及院校培训工作取得了一致意见。

11月18日　中远系统思想政治工作研究会（以下简称"政研会"）在北京成立，由中远总公司党委副书记刘松金担任政研会会长。会议通过了政研会章程，并决定编印政研会会刊《远洋政工研究》。会址设在青岛船院。

11月18—22日　中远总公司在北京召开了运输统计工作会议，研究增加中远系统内部报表有关事项和统计口径问题。

11月23—25日　中远总公司在广州召开中远系统节能经验交流和节能先进表彰大会。会议总结了1980年以来节能情况，明确了指导思想，提出了今后工作方向。会上表彰了13艘节能先进船舶和14名节能先进个人。

11月25日　中远总公司政治部、纪委联合颁发《关于纪律检查机关组织建设的几项具体规定》。

12月16—19日　远洋系统政工会议在北京召开。会议听取了党委副书记刘松金的工作报告和陈忠表副总经理关于当前远洋航运形势和今后任务的讲话，研究了《船舶两个文明建设标准》《船舶思想政治工作岗位责任和工作标准》的实施方案，表彰了12名优秀政工干部和28名先进政工干部。交通部副部长林祖乙在会上作了讲话。

12月25日　中远总公司发出通知，要求各单位继续抓紧开展以防碰撞为重点的检查整顿驾驶台秩序、纪律和执行航海规章制度。

12月30日　中远总公司党委向中共交通部党组报送《关于解决家住农村的远洋船员家属"农转非"问题的请示报告》。

本年　共有营运船舶614.5艘，1332.55万载重吨；完成货运量5895.4万吨，比1984年增长19.4%；货物周转量2841.05亿吨海里，比1984年增长21.9%。安全生产形势不容乐观。

1986年

1月1日　中远总公司实行经修订后的《远洋船舶机械设备损坏事故处理报告制度》。

1月4日　中远总公司向各远洋直属外代公司发出《关于加强全面质量管理工作的通知》。

2月7日　中远总公司向各院校发出《关于对远洋院校海上专业学生实行半军事化管理的通知》，决定自1986年9月开始实施。

2月17日　中远总公司党政工联合颁发《关于开展创建文明船舶竞赛活动的通知》，并附发《船舶两个文明建设标准（试行）》《关于开展创建文明船舶竞赛活动的实施办法》《船舶思想政治工作岗位责任和工作标准（试行）》《政工日志（试行）》样本，要求各公司迅即布置到船，各轮制定具体措施抓好落实。

2月26日—3月1日　中远总公司在北京召开远洋工作会议。首先传达了全国口岸工作会议和全国交通工作会议精神，交通部副部长林祖乙和国务院口岸领导小组办公室主任梁况白到会作了讲话。会议期间，总公司及各公司的领导还参加了交通部纪检会议。

3月10日　中远总公司决定对广州远洋运输公司1985年度决算进行审计试点，借以促进远洋系统审计机构的建立与健全。

3月11—14日　中远总公司在北京召开普通船员岗位技术培训专业会议。会议草拟了《普通船员实行岗位技术证书制度规定》，明确了"七五"期间普通船员培训的奋斗目标。

3月24日　中远总公司颁发"嘉奖令"表彰天津远洋运输公司"石景山"轮、上海远洋运输公司"潍河"轮全体船员在1986年1月也门民主共和国发生内战时，冒着生命危险，英勇奋斗七昼夜，将中国292名援也专家、医务人员和工人安全撤离送至吉布提，出色地完成了任务。

3月25—27日 中远总公司政治部在北京召开远洋系统船舶整党工作座谈会。研究加强领导、保证质量和进度以及统一验收标准问题。

3月 全国人大常委会副委员长叶飞为青岛船院航海模拟器落成题词祝贺。

4月12日 上海远洋运输公司"运城"轮,自联邦德国汉堡港装运秦山核电站设备3515吨,超大件2件(分别为420吨和472吨)。

4月13日 上海远洋运输公司"项城"轮从联邦德国汉堡港运载葛洲坝电站设备571吨,其中大件有76件。

4月22日 中远总公司决定在中远总公司成立25周年之际,为在远洋系统工作20年以上的同志颁发荣誉证书,以资鼓励。

5月5日 中远总公司颁发《加强管理、防止货物移动的规定》。

5月13日 中远总公司党政联合发出《关于加强安全生产的通知》,就加强纪律教育,严格执行规章制度,充实加强监督力量,加强对船员的培训与考核,完善、健全船舶经济责任制、各级安全岗位责任制,推行全面质量管理和加强思想工作等方面提出要求。

5月20日 交通部下发《关于加强国际定期班轮工作的通知》,进一步提出了建立班轮专人负责制及有关工作的要求。

5月20—22日 中远总公司在上海召开1896年度防台工作会议,研究修订了《公司机关防台组织分工细则》和《船舶防台通则(试行)》。

5月24日 中远总公司政治部发出通知要求各远洋公司和中波公司(中方)加强共青团工作,建立、健全团委机构,设专职团委书记,并由一名党委或政治部负责人主管共青团工作。同时要求各直属县团级单位党委(支部)也要有专人负责这项工作。

5月24日 国务院口岸办将中远总公司37条班轮航线每月89个航班中的5条航线20个航班定为"核心班轮航线"。

6月3—4日 中远、外代系统班轮工作会议在北京召开。国务院口岸领导小组副组长石希玉传达了李鹏副总理对开辟班轮所做的指示。交通部副部长林祖乙就搞好国轮班轮运输作了具体指示,海洋局副局长胡汉湘就港口保证班轮运输工作讲了话。会议对《中远公司班轮管理实施暂行办法》提出了补充修改意见。

6月16—18日 中远总公司党委在上海召开远洋系统局级单位纪检工作座谈会。总公司党委副书记刘松金作题为《切实贯彻"一要坚决,二要持久"的方针,尽快实现远洋系统党风根本好转》的讲话。会议讨论了总公司纪委提出《船舶党风根本好转的规划》等3个文件。总公司纪委副书记宫尚竺作了总结发言。

6月26日 中远总公司党委和外代总公司联合颁发《外轮代理公司两个文明建设标准以及实施办法》。

7月2日 交通部批复同意在丹东、江阴、安庆等3个开放港口成立外代分公司(均为副处级单位)。

7月9日 中远总公司向各省远洋公司颁发《集装箱运输的管理规定》。

7月12日 中远总公司批准中波公司实行船员在航工资和航行津贴分别增加35%,机关在编职工基本工资增加30%。

7月18日 中远总公司颁发《超龄船使用暂行办法》。

7月30日 中远总公司党政联合颁发《关于表彰远洋教育先进教师和先进工作者的决定》，共表彰59位同志。

8月1日 中远总公司颁布执行调整远洋船员伙食暂行标准。

8月1—4日 中远总公司在北京召开了以增收节支为中心内容的经理会议。首先听取了戴淇泉副总经理对上半年工作的小结、副总会计师刘安禄的财务情况报告，组织了专题讨论，提出了1986年后5个月，增产节约目标和增收节支措施。陈忠表副总经理作了会议小结，交通部副部长林祖乙到会作了指示。

8月7—11日 中远总公司党委在青岛召开第3次远洋院校思想政治工作座谈会，总公司党委副书记刘松金作了工作报告，分析了院校思想政治工作的形势，明确了今后任务。

8月10—12日 中远总公司政治部召开远洋系统青年工作会议。总公司政治部副主任邹丹作了题为《为开创远洋系统青年工作的新局面而奋斗》的讲话，在分析总结远洋系统青年工作状况的基础上，提出了远洋系统青年工作的六项任务。

8月13—14日 中远总公司在大连召开中远船舶备件应用微机管理现场会，与会代表对大连远洋与大连理工学院联合开发的备件管理程序表示赞赏。会议决定积极做好该程序的移植工作。

9月7—12日 中远总公司在上海召开第5次通信导航工作会议，就"全球海上遇险安全系统"工作进行了研究，提出了相应措施。

9月13日 国务院办公厅转发国务院口岸领导小组《关于外贸运输充分利用国轮的暂行办法》的通知。中远总公司按要求研究安排了贯彻落实的措施。

10月12日 中远总公司与铁道部运输局签订《国际集装箱海铁联运协议（试行）》。

10月17—19日 中远总公司在北京召开"七五"买、造船计划会议，中心任务是贯彻落实中央领导对买、造船问题的指示。会议研究通过了《中远总公司"七五"买、造船分配计划》和新造船的几个技术文件。

10月27日 中远总公司颁发《远洋船舶遇险紧急处置程序（试行）》。

10月22日 中远总公司向中远各公司、各合营公司颁发《关于进一步做好接船工作的规定》。

12月3日 中远总公司向交通部报送《关于开展税收、财务、物价大检查自查情况的报告》。

12月8日 国务院副总理李鹏在交通部部长钱永昌、副部长林祖乙和山东省省长李长安，青岛市市长郭松年、市委副书记刘镇陪同下，视察了青岛船院，并为学院题词"远洋船员的摇篮"。

12月11—14日 中远总公司在青岛召开节能热工工作会议。会议提出了1987年节能工作要求，讨论修改了《能源管理实施细则》和《燃润油节约奖惩原则》。

12月12日 中远总公司颁发远洋系统《船员工资制度改革的具体实施方案》和《船员工资支付办法》，从当年9月份开始执行。

12月13日 交通部党组决定，刘松金任中远总公司总经理，刘世文任中远总公司党委副书记兼政治部主任，主持党委工作。

12月20日 中远总公司颁发《机务监督细则》并开始施行。1982年颁发的《机务监督人员职责（试行草案）》同时废止。

12月25日 中远总公司颁发《特资船舶机务管理办法》《长期出租船舶机务管理办法》《中速机船舶机务管理办法》。

12月31日 中远总公司向大连远洋发出《油轮明火作业安全规则（试行）》和《油轮运送备件及物料注意事项》的通知。

本年 共有营运船舶599艘，1321.88万载重吨；共完成货运量6376.0万吨，比1985年增长10.8%；货物周转量3168.14亿吨海里，比1985年增长12.9%。安全形势不容乐观。

1987年

1月4日 中远总公司向交通部报送关于落实知识分子政策情况的书面材料。

1月6—22日 中远总公司党委举办第3期（最后1期）驻外人员整党学习班。

1月10日 中远总公司召开中远系统安全电话会议，总结吸取"绵竹海"轮和"漫海"轮碰撞事故的教训，并布置1987年安全工作。

1月15—19日 中远总公司党委在北京召开远洋系统政工座谈会和政研会。党委副书记刘世文代表党委做工作报告；总经理、政研会会长刘松金作政研会工作报告，交通部副部长林祖乙到会作了指示。会议在交流工作情况和经验的基础上，部署了今后工作；提出了1987—1990年远洋运输系统社会主义精神文明建设的实施规划，并举行政研会第一届理事代表会，推选出理事会成员及会长、副会长等。

1月17日 中远总公司党政联合发出《关于认真执行海关规定和加强管理，严守纪律的通知》。

1月 广州远洋运输公司在全国率先利用计算机指挥船舶运输生产。

2月4日 中远总公司颁发《中远直属公司评选优质先进船、标兵船办法》。

2月9日 中远总公司发出《1986年对台宣传工作情况及今后工作意见的通知》。

2月23日 中远总公司党政工联合行文发出《中远船舶物资供应公司两个文明建设标准（试行）》《开展创建文明单位活动的实施办法》《思想政治工作岗位责任和工作标准》等3个文件。

2月26日 广州远洋"吴江"轮在波斯湾遭不明国籍的炮艇发射的炮火袭击，船体多处起火，设备严重损坏。该轮船员奋不顾身、英勇顽强、抢险护船，自救成功。

3月16—20日 远洋、外代工作会议在北京召开。总经理刘松金做工作报告，副总经理陈忠表、董玖丰、刘祝和副总会计师刘安禄分别作专题发言。会议表彰了中远系统两个文明建设的先进单位和先进船舶。会议期间，国务院口岸领导小组副组长石希玉，交通部部长钱永昌、副部长林祖乙到会作指示。

3月30日 中远总公司决定将南京远洋船舶配件厂改名为中远总公司南京航修配件厂。

3月30日 中远总公司印发《关于中远船台在遇险、紧急状态下进入国家海洋局SSB话路的通知》。通知说：为使中远系统船舶在遇险和紧急状态下，能有效地与总公司进行SSB电话通信，确保国家财产和海上人命的安全，经总公司反复试验核实，并征得国家海洋局同意，决定从1987年4月1日起，正式启用国家海洋局SSB话台。今后凡中远系统船舶出现遇险和紧急局面时，船台皆可进入国家海洋局SSB话台网路与总公司直接进行SSB电话通信。

4月22日 交通部、湖南省人民政府批复同意中远总公司、湖南省交通厅组建中远总公司湖南省公司（县团级）。

4月26日 中远总公司同捷克海运公司共同签署了《关于成立中捷海运公司的协议书》和《中捷海运公司章程》。

5月3日 远洋信息管理系统的重要组成部分之一，中远船舶动态计算机管理系统正式投入全面运行。

5月15—16日 中远系统安全工作会议在中远江苏省公司召开。会议对"虎林"轮等4艘船舶发生的火情、火灾事故做了认真分析，总结教训，提出了加强船舶防火的紧急措施。

5月21日 中远总公司发出《关于认真吸取"绵竹海"轮与"漫海"轮碰撞事故教训的通报》。

5月29日 交通部批复同意《中国远洋运输公司章程》。

6月10日 中远总公司向交通部上报《试行承包经营责任制的报告》，就承包范围、期限、方式及任务；考核指标与考核办法；实行"承包制"后企业工资总额与实物量挂钩和需要为实行"承包制"创造一些条件等提出了原则性意见。

6月11日 中远总公司政治部发出修订后的《政工日志》，对有关工作进一步提出了要求。

6月13日 中远总公司颁发经修订后的《船舶废旧物资、设备回收管理办法》。

6月14日 交通部批复同意筹建"上海远洋海员技工学校"，由上海远洋运输公司直接领导管理。

6月19日 中远总公司上报交通部"关于部分远洋船舶参加国内运输"的几点意见。

6月22日 中远总公司政治部颁发《关于完善船舶〈政工日志〉制度的几点要求》。

6月10日—7月初 为贯彻落实国务院《关于大兴安岭特大森林火灾事故处理决定》和《关于加强安全生产管理的紧急通知》的要求，中远总公司领导及各公司领导为组长的检查组分别奔赴大连、天津、青岛、上海、广州五大港口对在港的中远船舶进行了安全纪律大检查，共检查96艘船舶。自此，每年均进行两次大检查，并对有关制度不断健全完善。

7月4日 中远总公司向各院校发出《关于加强院校校风校纪建设的通知》。

7月4日 中远总公司和中国海员工会远洋运输总公司委员会（下简称系统工会）联合做出决定：在全体船员中开展岗位技术学习和岗位技术练兵活动。

7月6日 中远总公司党委向交通部政治部报送《关于各公司企业类型划分和领导班子定员的意见》。

7月6—9日　中远系统船舶保卫工作会议在中远江西省公司召开,党委副书记刘世文主持会议并讲了话。会议研究部署了加强船舶保卫工作的意见,对有关工作提出了要求。

7月7日　中远总公司向交通部报送《远洋船员1968年工资改革工作小结》。

7月7—8日　第二届中远、招商(海通)合作业务管理委员会会议在蛇口工业区召开。中远总公司副总经理董玖丰、副总会计师刘安禄、管委会主任委员白开新、供应处处长农恒佳、通导处调研员颜梅仙、船技处副处长姜进才等参加了会议。会议由本届管委会主任委员白开新主持,中远总公司副总经理董玖丰、招商集团副总经理袁武在会上分别作了总结发言。

7月8日　中远总公司向各远洋运输公司发出《积极采取措施防止发生伤亡事故的通报》。

7月10日　外代总公司安庆分公司正式开业。

7月18日　交通部发出《关于"威海"等4艘远洋船舶参加沿海运输的通知》。

7月20—29日　中远系统工会组织的第二届书画、摄影美术评展工作在北京举行。

7月23日　中远总公司与招商集团就联合经营香港至内地港口的集装箱支线船运输业务,双方代表在香港签署了《联合航线协议书》。

7月27—30日　中远系统政研会在青岛召开理论研讨会,研究贯彻全国交通系统端正行业风气,加强职业道德建设经验交流会的意见。

7月31日　根据中共中央关于整党工作的决定,中远系统采取先陆地后船舶的步骤,分期分批展开。从1983年10月开始到1987年7月,最后一个单位验收结束,参加整党的党员22612人,占党员总数的98.1%。在组织处理和党员登记阶段,有22226名党员按时登记,占参加整党党员总数的98.3%。参加整党的24个基层党委、15个党总支、794个党支部全部通过验收。

8月1日　中远、外代总公司联合发出《关于开展船舶和机关安全、纪律大检查、大整顿的通知》。

8月10—15日　远洋系统计划管理工作座谈会在大连召开。重点研究加强计划、统计管理工作的有关方面的问题。

8月18日　中远总公司向交通部报送《关于企业内部分配情况的总结》。

8月22日　中远总公司向各直属、合营远洋运输公司及中波公司(中方)发出《远洋无线电监督细则》。1980年下发实施的《无线电监督条例》及其补充文件即停止执行。

8月25日　交通部批复同意成立外代总公司镇江分公司。

8月31日　中远总公司决定,各省合营公司名称不再冠以中远总公司,而直接用××省远洋运输公司。

9月1日　中远总公司与招商局集团合营招商局货柜航运有限公司在香港注册成立,经营沿海集装箱支线运输业务及代理中远国际集装箱班轮航线。

9月5—27日　由先进模范人物组成的"中远系统理想、先模事迹报告团"在北京、大连、青岛、上海、南京、广州作巡回报告,共17场。

9月10日　中远总公司颁发《关于统计报表管理的暂行规定》。

9月12日 中远总公司党委发出《关于外代分公司实行经理负责制试点的实施办法》的通知。决定先在广州、上海、青岛、大连、汕头5个分公司试点。

9月14—17日 中远总公司在北京召开远洋使费工作会议。通过了《航运使费管理工作暂行条例》。

9月15—17日 中远总公司在北京召开船员管理工作会议,副总经理戴淇泉做工作报告。会议分析了船员队伍的现状,交流了经验,研究了加强船员管理工作的意见,讨论通过了《关于对中远系统船员违法行为处理的暂行规定》。此规定于9月22日正式颁发。交通部林祖乙副部长到会作了指示。

10月14—18日 中国交通政研会航运组1987年理论研讨会在武汉召开。会上宣读论文18篇,书面发表论文17篇,并安排了今后工作。

10月27—31日 中远后勤工作会议在北京召开。会议肯定了多年来中远后勤工作取得的成绩,明确了今后的任务要求。

10月31日 国家经济委员会、对外经济贸易部、交通部联合行文下发《关于国际集装箱运输有关问题的通知》,对班轮航线实行集装箱运输条款和进口集装箱拆箱问题等提出了要求。

11月13—27日 中远系统工会第二次会员代表大会在北京举行。会议选举产生第二届工会委员会和经费审查委员会,孙文权当选为主席。

11月13日 中远总公司党政联合行文发出《关于禁止中远系统远洋船员在国外购买旧商品的通知》。

11月14日 中远总公司发出《关于严格劳动纪律加强对劳动的质量和数量考核的通知》。

11月15日 上海远洋运输公司"潮河"轮在加勒比海航行途中奋力救出英籍船"费里奥"号遇难船上5个国家的9名船员,并护送至巴拿马,帮助他们平安返回各自的家园。

11月17日 中远总公司下发《关于广远申请安装卫星船站报告的批复》。鉴于波斯湾两伊战争局势紧张的需要,以及考虑到卫星通信是海上通信发展的方向,经研究同意广州远洋先购置10台卫星船站装船,费用列入1987年生产发展基金项下开支。

11月24日 中远总公司发出《远洋院校学生培养规范的通知》就学生的政治素质、文化和专业知识和技能、身体素质等3方面提出具体的培养规范要求。

11月 中远、外代总公司联合颁发《中远、外代系统企业质量管理小组暂行管理办法》和《优秀质量管理小组暂行评比办法》。

11月 应中远总公司邀请,联邦德国安休斯公司(ANSCHUTZ)技术人员在天津举办陀螺罗经技术讲座,中远总公司领导和各公司的导航技术人员15人参加了学习。

11月 上远公司在集装箱船"泰河""普河"两轮首先安装能自动接收航行警告、气象预报和紧急通知的"NAVTEX-2"型气象航行警告接收机(简称NAVTEX)。

12月7日 中远总公司党委发出外代分公司实行经理负责制补充通知,增加湛江外代分公司为第一批试点企业。

12月18日 中远总公司在广州成立"中国远洋运输总公司通导设备备件中心",该中心隶属中远总公司,由广州远洋代管,业务归口总公司通导处。

12月21—26日 中远总公司第3次驻外人员工作会议在北京召开。会议就发展远洋的方针、中远"七五"后三年任务,领导体制改革等重大问题进行了对话谈心活动。

12月23日 交通部批复同意中捷海运公司在北京设立常设代表机构。

12月24日 交通部发布《关于部属企业全面推行和完善厂长(经理)负责制工作的通知》。

12月28日 中远总公司党委决定外代系统第二批实行经理负责制的企业为丹东、石臼、南通、张家港、南京、镇江、安庆、宁波分公司。

12月31日 中远总公司向交通部上报《2000年和"八五"船队发展规划》。

本年 共有营运船舶604.9艘,1338.13万载重吨;共完成货运量7066万吨,比1986年增长10.8%;货物周转量3501.37亿吨海里,比1986年增长9.4%。劳动安全形势较为严峻,死亡5人,重伤4人,其他安全生产亦不容乐观。

1988年

1月1日 开始贯彻实施国家经委、外贸部、交通部联合发布的《关于集装箱运输有关问题的通知》。

1月1日 开始贯彻执行修改后的《国际集装箱海铁联运协议》。

1月5日 中远总公司党政联合颁发《远洋运输公司实行经理负责制的实施办法》,就指导思想、组织领导、实施步骤等提出了明确要求。

1月24日 上海远洋运输公司船长鲍浩贤由上海市人代会第7次会议选为第七届全国人大代表。

1月30日 中远总公司党政工联合发出有关实行船长负责制的有关规定、条例、职责等6份文件,明确船舶政治委员改为副船长,并修订了有关职责。

2月1—3日 中捷海运公司第一次董事会议在捷克斯洛伐克首都布拉格举行。中远总公司副总经理戴淇泉率代表团参加会议。会议任命了双方总经理,提出了经理部门筹建报告和198年运输生产财务计划,并研究了投资问题。

2月8日 中远总公司颁发《中远系统"七五"后三年总体规划设想》,明确提出工作总方针、具体经营策略和规划的意见。

2月23日 交通部决定将中国船舶燃料供应总公司划归中远总公司领导。

2月29日 中远总公司党政工联合行文上报交通部关于实施"三个条例"的细则,总经理任期目标责任书和中远系统干部管理办法。7月23日再次呈报3个文件。

3月2日 广州远洋运输公司高级工程师戎嘉隆设计的尾翼式中远ZY锚获国家专利。

3月6日 上海远洋运输公司高级工程师林万马骆当选为政协第七届全国委员会委员。

3月6日 青岛远洋运输公司"谷海"轮实行船长负责制,是中远系统第一艘实行船长负责制的船舶。

3月7—9日 中远总公司通导设备备件中心管理委员会召开第一次会议。会议制定了

《中国远洋运输总公司广州通信导航设备备件中心章程》；确定了备件中心初期的任务和业务范围：以中远公司所属船舶为主，兼顾其他用户。并决定将"中国远洋运输总公司通导设备备件中心领导小组"更名为"中国远洋运输总公司广州通信导航设备备件中心管理委员会"。

3月8—10日 中远总公司在青岛召开了领导体制改革工作情况交流会。3月9日，总公司总经理刘松金与青岛远洋运输公司经理李寅飞签订为期3年的承包经营合同。

3月12日 外代总公司发出《关于制定外轮代理公司经理任期目标责任书的通知》。

3月13日 中远总公司政治部向交通部报送《关于开展行业风气自查自纠活动的情况报告》。

3月21日 中远总公司向各远洋运输公司发出《1987年中远机损事故总结》。

3月23日—4月3日 外代总公司副总经理陈忠表受刘松金总经理委托，先后与广州外代（3月30日）、湛江外代（4月2日）、汕头外代（4月6日）、湛江供应公司（4月3日）应聘经理签订承包合同，宣布实行经理负责制。

3月30日 大连远洋实行经理负责制，中远总公司总经理刘松金与大连远洋应聘经理李世杰代表甲乙双方签订了为期3年的承包经营合同。

4月1日 中远总公司副总经理董玖丰受刘松金总经理委托，去南京远洋船舶配件厂，宣布实行厂长负责制。

4月4日 广东省海口市复函，同意设立中远总公司驻海口办事处。

4月8—10日 中远系统经理会议在北京召开。中心议题是如何为沿海发展外向型经济提供运输保障。与会同志就船队管理、代理工作、揽货工作、中远内部（直属外代、中燃）加快改革步伐以及积极开展多种经营方面的问题提出了具体实施意见。会议由总经理刘松金主持，交通部部长钱永昌、副部长林祖乙作了讲话。

4月14日 中远总公司总经理刘松金与上海外代公司应聘经理签订承包合同，宣布实行经理负责制。

4月22日 中远总公司纪委发出《关于进一步学习贯彻中纪委二次全会精神的通知》。

4月26日 中远总公司副总经理董玖丰受刘松金总经理的委托，与秦皇岛供应公司应聘经理签订承包经营合同，宣布实行经理负责制。

4月29日 中远总公司安全委员会成立，总经理刘松金任主任委员。

4月30日 广州远洋实行经理负责制。中远总公司总经理刘松金与广州远洋运输公司应聘经理叶广威签订了为期3年的承包经营合同。

5月9日 交通部批复同意中远总公司与英国好华德有限公司在英国伦敦共同组建"中好船务代理有限公司"，负责经营中远公司在英国港口的集装箱代理业务和揽货工作。

5月9日 天津远洋实行经理负责制。中远总公司总经理刘松金与天津远洋运输公司应聘经理张世界签订为期3年的承包经营合同。

5月20—27日 外代总公司副总经理陈忠表受刘松金总经理的委托，先后与安庆外代（5月17日）、南京外代（5月20日）、张家港外代（5月23日）、南通外代（5月25日）和镇江外代（5月27日）应聘经理签订承包经营合同，宣布实行经理负责制。

5月29日 中远总公司颁发《关于对中远系统船员违章违规行为处理的暂行规定》，

自7月1日起执行。

6月1日　中远总公司报经交通部批准，调整远洋船员伙食标准，明确暂在现行标准的基础上提高40%。

6月2日　外代总公司副总经理陈忠表受刘松金总经理的委托，与宁波外代分公司应聘经理签订承包经营合同，宣布实行经理负责制。

6月7—10日　中远总公司党委召开中远系统政研会暨党委书记会。总公司党委副书记刘世文作了工作报告，交通部政治部办公室副主任邹丹，总公司政治部副主任虞国伟、党办主任刘荣光作了发言，总经理刘松金到会讲了话。会议审议通过政研会理事会人选调整充实方案。

6月10日　波兰统一工人党政治局委员、部长会议主席梅斯内尔一行30余人，由中国能源部部长黄毅诚和上海市市长朱镕基陪同参观中波公司。

6月11日　上海远洋运输公司实行经理负责制，中远总公司总经理刘松金与上海远洋运输公司应聘经理李克麟签订了为期3年的承包经营合同。

7月1日　中远总公司党委颁发《总公司党委工作守则》《总公司党员领导干部党风责任制》和《对总公司处室党员领导同志工作上的几点要求》。

7月2日　为加强对推行船长负责制、船员定船制和船舶经济承包责任制等配套改革工作的领导，总公司成立了船舶体制改革领导小组。

7月18日　中远总公司党政工联合行文，同意中波公司（中方）实行经理负责制，任期自1988年1月1日—1990年12月31日。7月23日，总公司党委副书记刘世文受总经理刘松金之委托前往中波公司宣布。

7月21日　中远外代总公司联合行文发出《关于贯彻执行交通部对中远总公司邀请外宾来华和出国团组、人员扩大审批权限的实施办法的通知》。

8月2日　交通部批复中远总公司实行总经理负责制，总经理任期3年。

8月9日　中国交通政研会航运组在哈尔滨黑龙江航运管理局召开第2次理论研讨会，并于8月19日，向中国交通政研会和部领导报送会议情况的报告。

8月24日　中远总公司纪委转发上海远洋和中共上海远洋党委《关于公司纪委和行政有关部门在案件查处中分工协作的暂行规定的通知》。

8月26—27日　中远总公司与南通港务局就南通船厂成建制地划归中远总公司一事经过洽商达成并签署协议，29日，上报交通部获得批准。

9月1日　总公司机关召开全体职工大会，宣布实行总经理负责制。交通部政治部副主任姚明德代表交通部宣布聘任刘松金为总经理。党委副书记刘世文、系统工会主席孙文权在大会上讲话。

9月8日　中远总公司总经理刘松金与中燃供总公司应聘经理何溥湘签订了承包经营合同，宣布实行经理负责制。

9月10—13日　第五次全国外轮代理工作会议在北京举行。外代公司副总经理陈忠表作了题为《在新形势下积极开拓代理工作》的报告，明确了今后任务。会议表彰了1987年双文明建设先进单位。交通部副部长林祖乙到会作了讲话。

9月12日　中远总公司颁发《中远船舶垫舱物料管理办法》。

9月18—22日　中远总公司在大连海运学校举办首届水手、技工操作技能竞赛。广州、青岛、天津远洋运输公司分获团体前三名。青岛远洋运输公司被评为精神文明代表队。

10月7日　中远总公司职称改革领导小组发出《关于中远贯彻执行〈船舶技术人员职务试行条例〉的通知》。

10月8日　中远总公司转发劳动部、卫生部、中华全国总工会、全国妇联《关于认真贯彻执行〈女职工劳动保护规定〉的联合通知》。

10月15日　中远总公司政治部撤销。

10月26—29日　中远总公司在上海召开船舶领导体制改革会议。对实施船舶领导体制、定船制及经济责任制配套改革工作提出安排意见。

11月16日　中远总公司转发交通部《关于报务员、电机员、副船长职务工资的复函》。

11月21日　中远总公司决定将中远自动化服务中心正式归属上海远洋运输公司领导。

11月22日　中远总公司党政工联合颁发实行船长负责制的有关规定、条例和职责。

11月22日　中远、外代总公司联合颁发《承包经营责任制审计试行办法》。

11月25—29日　中远教育工作会议在广州远洋召开。会议重点研究了干部船员、一年轮训、专业证书培训、工人船员岗位技术培训、工人技师评聘、提高院校教学质量和院校学生管理工作，落实了1989年培训工作任务和院校1989年工作要点。

12月3—6日　中远系统首届管事会议在广州召开，研究建立相应的制度、办法。

12月13—14日　中远"七五"计划造买船座谈会在北京召开。会议检查总结了7月份以来造买船工作情况，交流新造船技术谈判经验，重申购买二手船的工作程序，协调买、造船工作。

12月17日　中远总公司颁发《班轮机务管理办法》。

12月20—24日　外代总公司副总经理陈忠表受刘松金总经理的委托，先后与丹东外代（12月20日）、石臼外代（12月24日）应聘经理签订承包经营合同，实行经理负责制。

本年　共有营运船舶610艘，1412.26万载重吨；共完成货运量7618.9万吨，比1987年增长7.8%；货物周转量3714.31亿吨海里，比1987年增长6.1%。安全生产实现了无毁灭性事故的目标。

1989年

1月1日　成立于1979年的中远海信公司，于1989年1月1日起，划归招商局海通公司，并更名为"香港海通通信仪器有限公司"，公司设有贸易部、工程部、门市部、财务总务部4个部门。

1月4日　交通部批复同意成立青岛远洋运输公司职工学校。

1月5—7日　中远经理会议在北京召开，会议就为实现经理任期目标及1989年生产财务奋斗目标以及总公司机关体制改革、改革船舶自保、船队管理体制改革、中远发展战略、企业流动资金考核及贷款船的债务、折差及利息分摊方案等形成贯彻执行的意见。交通部部长钱永昌、副部长林祖乙到会作了讲话。

1月10日　中远欧洲有限公司成立。为主持开业典礼，总经理刘松金率团赴联邦德国出席中远欧洲有限公司举行的成立招待会。事后，顺访荷兰等4国。

1月20日　中远总公司发出成立蛇口办事处的通知。

1月23日　中远总公司颁发《船舶管事职责》和《远洋船舶伙食管理细则》。

2月15日　中远总公司机关成立党委工作部，作为党委的办事机构；行政方面成立政治工作处，分管精神文明建设和思想政治工作。

3月9—11日　外代总公司在上海举行揽货和联运工作会议。会议讨论通过了《货物出运及参加海运出口平衡会的若干规定》及《外代多式联运提单的管理及使用办法（试行草案）》。

3月21日　应中远总公司邀请，国际海事卫星组织（Inmarsat）总部派遣专家温赛姆先生在青岛船院举办了为期二周的GMDSS讲习班。中远各公司通导部门的专业技术人员参加了培训。

3月22日　中远总公司向交通部上报《关于中远系统1989年技术改造完成情况的总结》。

3月28—31日　远洋工作会议暨首届一次职工代表大会在北京召开。总经理刘松金在会上作了工作报告，会上产生了管理委员会，逐步健全了职代会制度。同时表彰了中远系统1988年度双文明建设先进船舶26艘、13个先进单位和28名先进生产工作者。

4月1日　中远总公司发出《关于远洋运输公司实行工资总额同经济效益挂钩办法》的通知。根据交通部的指示，部直属企业从1988年1月起全面推行。

4月3日　中远总公司发出《1989年中远机损事故总结》，对3起责任大事故的原因作了具体分析。在此基础上，为了在1990年减少和避免各种机损事故的发生，总公司向各公司提出了重点应抓好的若干工作要点。

4月26日—6月30日　中远总公司党政领导班子在政治风波期间，政治立场坚定，旗帜鲜明地反对动乱。坚持在复杂的情况下，以"四·二六"社论为指针，遵照交通部党组的指示，在抓好机关各项工作的同时，及时与各公司通电，要求与党中央保持一致。强调各级党委要加强领导，做过细的思想教育和正面引导，抓好安全生产。5月底，向中远直属各单位驻外单位、合营公司（中方）发出《关于拥护党中央、国务院决策，制止动乱，维护安定团结、坚守岗位，搞好运输生产的通知》。在此期间，总公司还采取多项措施，积极领导广大干部职工始终坚守岗位，确保了中远系统和远洋船舶运输生产的正常进行。

5月13—25日　中远总公司直属运输企业企管座谈会在青岛召开，确定至1990年底企业管理工作重点。

5月22日　外代总公司颁发《中国外轮代理公司服务质量检查标准（试行草案）》。

5月23日　中远总公司发出《关于进行船舶维修保养体系CWBT实船试点工作的通知》。对实船试点工作提出了具体安排和要求。并决定组织安排《船舶设备维修指南》的编写工作。

6月1日　中远总公司颁发《关于实行船舶集装箱运输质量管理办法（试行）》。

6月24—27日　中远系统第六次通信导航工作会议在大连召开。交通部通信中心、香港海通通信仪器公司、招商局国际船贸公司、中远总公司所属五大远洋公司、中波公司、中远 5 个省合营公司、直属院校的各级领导以及船舶报务员代表共 18 个单位 63 名代表参加了会议。中远总公司董玖丰副总经理参加了会议并发表了讲话。会议明确了通信设备的管理原则和通信导航工作的指导方针，研究并解决了各单位带有共性的问题。

6 月 28—30 日 中远总公司在北京召开中远系统安全工作专题会议。其中心议题是分析"华山""正阳"两轮重大碰撞事故的原因，划分责任，吸取教训。研究如何更进一步落实国务院、交通部有关安全生产的指示精神，搞好安全工作，防止类似事故的再发生。

6 月 30 日 中远总公司党委颁发《关于加强中远系统廉政建设的规定》和《关于加强总公司机关处以上党政干部廉政建设的规定》。

7 月 1 日 中远总公司在平安保险公司参股 25%，与其转让内部股份达成协议。

7 月 7 日 交通部批复同意由上海远洋运输公司与连云港康华公司合资成立"连云港海洋运输公司"。

7 月 20 日 大连远洋"江西关"轮在大连香炉礁码头被大连海关会同公安局查抄，共查出走私录像机 49 台、彩电 3 台、自行车 7 辆、香烟 253 条，总价值人民币约 25 万元。公安局将 6 名重大涉嫌人员收容审查，其中 4 人后被依法判处 1—10 年徒刑。

7 月 26—27 日 中远总公司在北京召开法律工作座谈会。会议交流了各单位法律工作和经济合同管理工作的情况，并就增强法律意识、加强对经济合同管理等问题进行了讨论。

8 月 14 日 上海、青岛远洋运输公司获"国家二级企业"称号。

8 月 16—18 日 中远总公司在北京召开驻日工作座谈会。围绕中远在日本拓宽业务及对中日民间窗口问题进行讨论，明确了有关工作意见。

8 月 18 日 交通部批复同意"中好船务代理有限公司"更名为"中远（英国）有限公司"。更名后公司的经营范围不变。

8 月 24—26 日 中远院（校）长、书记会议在大连海校召开。会议的中心内容是贯彻党的十三届四中全会精神，进一步明确院校的政治方向，大力加强院校的思想政治工作，严格学校的各项管理。

8 月 30 日 中远总公司发出《关于指定海通远洋部、新远公司、中铃公司为中远船舶在当地供应总代理的通知》。

9 月 8 日 中远总公司颁发《中远船舶集装箱紧固件和绑扎工具定额管理办法（试行）》。

9 月 9 日 中远总公司颁发《中远系统审计人员为政清廉若干规定》。

9 月 9 日 上远公司在"民河"轮开始配备在船舶遇险时能自动或手动接通电源，在规定的频率上发射遇险信息供卫星接收的"TRON-30S"型卫星紧急无线电示位标装置（简称 S-EPIRB）。1992 年，中远总公司所属船舶均安装了该设备。

9 月 16 日 交通部决定将康华连云港开发公司划归中远总公司管理。

9 月 18—20 日 中远总公司在青岛船院举办首届中远系统轮机长、电机员专业知识竞赛。大连远洋、上海远洋分获团体总分第 1、2 名；青岛远洋运输公司和中波公司并列第三名。青岛远洋运输公司被评为精神文明代表队。

9 月 18—28 日 中远总公司委托上海市航海学会和上海远洋主办的"海事卫星船舶技

术讲座"在上海举办。参加此次学习的有五大远洋公司、中波公司、江苏省远洋公司、浙江省远洋公司、安徽省远洋公司及青岛船院、大连海运学校的47名工程技术人员和上海海运局、上海救捞局、汕头安监局等单位的17名工程技术人员。

9月21日 遵照中共中央有关文件指示精神,中远总公司党委决定撤销党委工作部和政治工作处,恢复党委办公室、组织处和宣传处。原党委工作部、政治工作处职责,由新成立的党委工作机构承担。

9月23—25日 中远总公司在大连召开中远货运系统储运工作座谈会,讨论研究了总公司提出的《中远货运系统网点建设(国内)发展规划》。

9月30日 中远、外代总公司联合颁发《关于认真贯彻全国"双增双节"会议精神的意见》。

10月26日 中远总公司颁发《中远船舶进出港安全制度》《中远船舶系泊安全制度》和《中远船舶消防安全制度》。

10月26—29日 中远总公司在北京召开中远系统合营合作工作会议。会议研究对合营合作工作加强领导和加强管理的各项措施,讨论制定《中远系统合作工作管理办法》。

10月30日—11月2日 中远总公司召开中远系统计划管理工作会议。会议认真讨论了中远系统《中长期计划年度生产经营计划管理规定》《固定资产管理暂行规定》等文件草案。

11月18日 青岛远洋运输公司"武胜海"轮在香港修船期间,因船厂工人操作不当起火,该轮机工年仅32岁的严力宾为救火英勇牺牲。

11月21日 中远总公司颁发《中远系统合作工作管理办法(试行)》。

11月25日 中远总公司发出《关于建立健全内部审计机构的通知》,明确要求局处级建制单位分别设审计处、科及审计员的机构设置及编制,于年底前调整完毕。

12月4日 青岛远洋运输公司党政工联合召开严力宾事迹表彰大会,并做出《开展向严力宾同志学习的决定》。

12月5日 交通部批复中远总公司设立监察室。

12月21日 为贯彻落实中央指示精神,中远总公司党政联合上报交通部《关于完善船长负责制的有关问题的建议》。《建议》提出:在坚持实行船长负责制的前提下,加强船舶党支部建设和思想政治工作,船舶设置专职支部书记是必要的,其行政职务名称由副船长改为政治委员,隶属公司党委领导,对公司党委负责。

本年 共有营运船舶620.3艘,1454.13万载重吨;共完成货运量7980.0万吨,比1988年增长1.1%;货物周转量4096.74亿吨海里,比1988年增长6.8%。安全生产实现了无毁灭性事故的目标。

1990年

1月4日 中远总公司党委转发《青岛远洋运输公司船员、优秀共产党员严力宾同志英雄事迹材料》。

1月15—20日 中远总公司在北京召开第4次驻外人员工作会议。会议经过两天政治学习,听取了总经理刘松金关于总公司领导班子上任3年来主要情况、副总经理陈忠表的工作报告及公司其他领导的专题发言。就重点工作专题讨论、制定了措施。会议期间,交通部部长钱永昌、副部长林祖乙参加会议并发表了讲话。

1月20日 交通部党组下发《关于完善船舶领导体制的通知》,明确指出船舶专职政工干部的职务名称,由副船长改为政治委员。

1月22日 中远总公司作出《关于在船失踪人员工资及福利待遇处理的暂行规定》,明确企业的权利、责任以及维护企业和失踪人家属的利益。

1月22日 中远总公司印发《远洋运输工作中密级划分具体范围的规定》,要求各单位参照规定,修订和完善本单位各项保密规章制度。

1月23日 中远总公司颁发《关于实行技师聘任制的实施意见》。2月13日,又发出补充通知。

2月1日 国家船舶检验局下发《关于执行新的船舶无线电发信机频率容差要求的通知》。根据《国际无线电规则》1979年修正案的规定,船上无线电发信机应不迟于1990年1月1日符合新的允许频率容差的要求。

2月2日 中远总公司、总公司党委联合行文向交通部党组报送《关于传达贯彻部政工会议精神的情况简报》,提出了落实措施意见。

2月6—9日 中远系统工会第二届三次全委(扩大)会议在天津远洋宾馆召开。会议讨论修改了《远洋船舶工会工作条例》,并增补了委员、常委名额。

2月9日 中波公司"蔡伦"轮承运从联邦德国进口用于葛洲坝50万伏直流输电工程的2台各重245吨的换流变压器,使其安全抵达上海港。

2月9—12日 中远通信导航专业工作会议在北京召开。中远五家公司通导处处长、技术科长,海通通信仪器公司代表出席了会议。会议期间,中远总公司董玖丰副总经理参加了会议,并对通导工作提出了要求。刘松金总经理看望了与会代表并就通导工作做了重要讲话。会议就GMDSS、加强通导管理工作、加强和完善无线电监督员制度、维修代理和国外网点建设等工作进行了研讨和部署。

2月16日 交通部批复外代总公司的经营范围:代理中外籍从事国际客、货运输和科学考察、水上工程等种类船舶在中国港口及有关水域的服务业务(含对船、货、集装箱、船员等的服务),承揽进出口货物,办理订舱、租船、储运、代运、报关、旅游、海陆空国际多式联运和门到门运输业务。

2月22—24日 中远驻香港机构安全工作会议在蛇口召开。会议讨论制定了《加强中远驻香港机构安全管理工作措施》和《中远总公司在香港地区防抗台风的要求》。

2月24—27日 中远系统承包经营工作座谈会在北京召开。会议较系统地总结了这一时期承包经营工作情况,部署今后一个时期的工作任务。

3月7日 交通部批准将"南京海员学校"更名为"南京海运学校"。

3月12日 交通部党组批复同意中远总公司党政工联合上报《关于送审完善船舶领导体制的有关文件的请示》。

3月13日　中远总公司党政工联合行文发出《关于开展学雷锋活动的通知》,要求中远各单位,积极响应中央号召,进一步广泛、深入地掀起学雷锋活动的高潮。具体提出了6个方面的工作要求。

3月14日　中远总公司党政工联合行文发出《加强船舶党的工作、思想政治工作、完善船长负责制实施办法的通知》和《关于远洋船舶政治委员考核定级的有关问题的通知》。

3月16日　中远总公司成立企业标准委员会,明确了委员会及其常设机构标准化办公室的主要职责,以加强中远系统企业标准化工作。

3月17日　中远总公司向交通部上报《企业承包经营情况工作总结》。汇报1988、1989年的工作情况,并提出下一期承包期应具备4个方面条件的建议。

3月20日　中远总公司党委发出《关于加强船舶党的工作和思想政治工作,完善船舶领导体制的宣传提纲》的通知,供各单位在开展副船长改政委职务名称的工作中参考。

3月28—30日　中远总公司第一届管理委员会第二次扩大会议在北京召开。会议审议赞同总经理刘松金作的《工作报告》,具体安排了1990年工作,讨论了《中远系统"八五"总体规划设想》。

3月29日　中远总公司党政工联合做出《在中远系统开展弘扬雷锋精神,学习严力宾同志模范事迹的决定》。

3月31日　中远总公司发出《关于对中远系统船员违法违纪行为处理的规定》和《关于对中远系统船员违章违纪行为处理的规定》。

4月2日　中远总公司下发《中远"全球海上遇险与安全系统(GMDSS)"实施方案》。该方案主要包括三方面内容,即:中远系统GMDSS船舶通信人员的技术培训、规格要求、状况分析及培训计划,中远系统现有船舶GMDSS设备配备方案和实施计划,以及中远新造船通信导航设备配备要求及设备布局。

4月3日　中远总公司向各远洋运输公司发出《1989年中远机损事故总结》,并对1990年应重点抓好的工作提出了明确要求。

4月9日　中远总公司颁发《计量管理规则》。

4月14日　中远总公司发出《关于"八五"期间延长散货船使用年限的通知》。

4月20日　国务院总理李鹏为严力宾题词"远洋深处留下他的航迹,海员心中树起他的丰碑"。

4月27日　中远总公司党政联合发出《关于加强驻外机构思想政治工作的意见》。

5月1日　中远总公司颁发《劳动安全监察制实施细则(试行)》开始实施。

5月3日　中共中央政治局常委李瑞环视察中远与香港几家公司合营的"北洋集装箱有限公司"。

5月4—6日　中远、中燃总公司在青岛召开燃、润油供管工作会议。明确了燃、润油供管工作的方针是"面向船舶、注重质量、确保船期、降低成本"。国家计委、物资部、交通部派人到会并讲话。

5月10日　中远总公司设立船员外派部,正处级建制,系总公司人事处属下单位,并要求各远洋公司相应设立船员外派部。

5月12日　国务院副总理田纪云在青岛港视察了"泰安海"轮。

5月16—19日　中远系统政工会议暨政研会第4届年会在北京召开。党委副书记刘世文、政研会副会长戴淇泉分别作了政工会和政研会工作报告。会议讨论通过了《中远系统"八五"精神文明建设实施规划》及船舶建设等4个文件，表彰了1989年度双文明建设先进船舶26艘、先进单位（部门）20个、先进生产（工作）者26名和5名优秀政工干部。

5月17日　中远总公司向交通部报送《关于我司清理国外培训工作的报告》。

5月17日　中远总公司通报表彰广州远洋运输公司"天岭"轮。该轮4月1日在文冲船厂岁修期间，舱底起火，全体船员抢灭大火，三副陈培生第一个下到机舱奋勇灭火，直到晕倒现场，被船员们4次冲入机舱救出。

5月22—26日　中远系统保卫工作会议在南昌召开。会上传达了交通部公安局召开港航公安局、处长会议精神，听取各公司汇报，讨论了今后加强船舶保卫工作的意见。

5月24日　交通部批复同意中国外轮代理公司继续经营国际船舶代理业务。

5月27日　青岛远洋出租船"桃源海"轮，自5月19日开始，在印度洋南部遇温带气旋。在狂风巨浪打击下，先是七舱进水，后来左右舷船壳板被撕开裂缝，船舶因大量进水而沉没。船员安全登上一艘赶来救援的日本油轮，未造成人员伤亡。

6月5日　交通部批复同意中远总公司开辟张家港至上海国际集装箱国内支线班轮航线。

6月8日　中远总公司被交通部评为1988年度国家节约能源二级企业。

6月15—20日　中远、外代总公司在天津塘沽召开"1990年度总公司级优秀质量管理小组活动成果评审会"，共评出优秀质量管理小组26个。

6月16日　中远、外代总公司联合颁发《中远系统工资总额同经济效益挂钩实施细则与考核办法》。

6月19日　党和国家领导人为严力宾烈士题词。中共中央总书记江泽民的题词是"向严力宾同志学习，做坚定的共产主义战士"；国家主席杨尚昆的题词是"向严力宾同志学习，忠于党，忠于祖国，忠于人民"；国务院总理李鹏的题词是"远洋深处留下他的航迹，海员心中树起他的丰碑"。

6月19日　中远总公司党委颁发《船舶党支部13项制度和规定（试行）》。

6月20—23日　中远系统修船备件工作会议在大连召开。会议重点研究加强修船和备件管理，开展增收节支活动的措施。正在大连视察工作的交通部部长钱永昌到会作了讲话。

6月21日　交通部授予中远总公司"全国交通系统教育先进单位"称号。

6月23日　中远总公司党政工联合发出《船舶思想政治工作岗位责任和工作标准》与《船舶两个精神文明建设标准》的通知。

6月26—30日　中远总公司船员外派会议在上海召开。总公司副总经理戴淇泉作外派工作报告，会议讨论通过了《中远船员外派发展规划》和《关于建立外派船员专业队伍的决定》，并研究了从农村招收合同工用于外派的有关事项。国家计委、外交部、劳动部、交通部的代表应邀出席会议并发表讲话。

7月12日　中远总公司发出《关于加强大型船、老旧船安全管理的紧急通知》。

7月16日　中远总公司发出《关于进一步抓紧船员定船工作的通知》。

7月24日　中远总公司向交通部上报《中远船队"八五"发展计划》的补充报告。

7月30日　中远总公司党委转发《学习全国企业优秀政工干部付品杰同志模范事迹的通知》。

8月2—4日　中远经理会议在北京召开，会议由总经理刘松金主持。总会计师刘安禄汇报了上半年实现利润情况；总工程师卓东明介绍近期买、造船情况；企划部调研处处长张际庆作了题为《国内外航运市场及中远竞争能力分析》的发言；党委副书记刘世文传达了交通部党组对宣传、学习雷锋式好船员严力宾的决定的意见。与会同志围绕以上问题进行座谈讨论，并安排了下半年的主要工作。

8月3日　交通部批准广州远洋运输公司和青岛、广州、宁波外代分公司为国家二级企业。

8月7—10日　中远总公司在青岛召开第3次远洋货运处长座谈会。会议研究下半年工作重点，讨论中远货运系统今后的发展方向及需要解决的问题。

8月8日　中远总公司党政工联合行文转发《中共交通部党组关于进一步在全国交通系统学习严力宾同志先进事迹的决定》，提出4个方面的要求。

8月10—14日　中远系统办公室主任座谈会暨首届档案工作会议在大连召开。会议讨论了《中远系统档案工作三年规划》和《中远系统档案、文秘、外事工作协作组章程》。表彰了首批9名优秀档案管理工作者。

8月13日　上海远洋"清水"轮一级水手蔡如生在菲律宾宿务港与2名歹徒搏斗被枪击受重伤，经抢救无效英勇牺牲（1993年被批准为革命烈士）。

8月21日　中远总公司颁发《中远船舶雾航安全制度》。

8月22日　中远系统安全工作电话会议在北京召开。会议主要是针对青岛远洋运输公司出租船"桃源海"轮全损事故的沉痛教训，提出改进措施。

8月23—27日　中远、外代党委书记会议在丹东召开。会议传达了中远总公司《向交通部领导汇报工作会议纪要》和8月初经理会议精神，研究落实今后一个时期重点工作意见以及提出做好中远成立30周年宣传思想工作的方案。

8月24日　中远总公司、外代总公司联合行文颁发《中远系统工资总额同经济效益挂钩实施细则与考核办法》，自6月16日起执行。

8月28日　中外合资企业天津北洋集装箱有限公司举行开业典礼。

8月31日　交通部决定陈忠表任中国外轮代理总公司总经理。

9月1日　中国民航总局批准中远总公司经营国际航空运输货运销售代理业务。中远总公司于9月8日和11日，先后发出《中远货运系统全面开展空运业务》和《设立空运机构》的通知。

9月5日　中远总公司颁发《中远系统基本建设、技术改造项目等4个计划管理办法》。

9月7日　中远总公司党委发出"关于远洋船舶政委职务标准方案的补充说明"。

9月14日　中远总公司批准上海远洋运输公司筹建上海国际集装箱工程有限公司。

9月18日　中远总公司颁发《中远船舶机电设备损坏事故管理制度》，对事故的分类和等级、损失计算、处理原则、调查处理以及事故的预防等提出了明确要求。

9月26日　中远总公司颁发《中远系统大型船、老龄船、出租船安全综合管理办法》。

10月4日　中远总公司颁发《中远船舶船员扩大自修管理办法》。

10月6日　中远总公司成立上海浦东开发领导小组。

10月13日　中央顾问委员会常委伍修权视察上海远洋运输公司并题词"振兴上海远洋，为国争光"。

10月16—19日　远洋系统首次表彰优秀船员家属和家属工作者大会在北京召开。会议交流了经验，部署了进一步做好船员家属的工作，表彰了17名优秀船员家属和11名优秀家属工作者。

10月18日　中远总公司下发《关于加速卫通船站装备工作的通知》，决定在核心班轮、大型船舶和部分老龄船舶上加速卫通船站的装备工作。

10月23—26日　根据中共中央宣传部的安排，严力宾事迹报告团在北京向首都各界作报告。

10月31日　中远总公司党政工联合行文向交通部党组报送题为《加强领导，深化认识，扎实工作，把学雷锋、学严力宾活动深入持久地向前推进》的学习活动情况小结的报告。

10月7—9日　中捷海运公司第五届董事会在捷克斯洛伐克召开。会上，捷方提出终止中捷公司，中方对公司经营等问题的观点持不同意见，但接受捷方提出解散公司的意见。经讨论商定，自1991年1月1日开始，按照捷克斯洛伐克法律进入理算，理算结束后，公司正式宣布解散。

11月10—14日　全国代理工作会议在北京召开。会议邀请了19个港务局和口岸办领导出席，交通部有关司局的领导同志到会指导。会上，外代总公司总经理陈忠表和中远总公司党委副书记刘世文分别就外代工作和党建思想政治工作做了报告。会议重点研究"八五"期间代理工作方针、目标和任务，部署今后两年工作。中远总公司总经理刘松金作了会议总结讲话，交通部部长钱永昌、副部长林祖乙到会作了指示。

11月14—15日　中远退役船舶处理工作会议在北京召开。会议交流了近期船舶退役、报废及出售工作中的经验教训，提出了做好有关工作的措施、要求。

11月18日　交通部在青岛召开全国交通系统学雷锋、树新风经验交流会。会上，宣布了中华全国总工会《关于在全国职工中开展学习宣传严力宾模范事迹的决定》。

11月19日　中远总公司根据交通部于1978年发出《关于清理海洋船舶护航武器的通知》精神，经过3年来的努力，已在全系统完成了护航武器的清退工作。

11月20—24日　中远系统第二次后勤工作会议在天津塘沽举行。会议部署了"八五"期间后勤工作的主要任务，提出了建设中远企业达到集团化、国际化、现代化、多元化的"四化"目标，并成为大型综合性航运企业的计划设想。会上还表彰了中远系统后勤工作的18个先进集体和24名优秀工作者。

12月1日　中远总公司党委向交通部党组上报《贯彻全国交通系统学雷锋树新风经验交流会的情况汇报》，提出了具体贯彻意见。

12月2—11日 中远总公司在蛇口召开中远首届造船技术研讨会和远洋造船标准修订会。总公司副总经理董玖丰在讲话中提出"批量造船,简化机型,安全可靠,节约高效"的原则。

12月11—14日 中远系统船员管理工作会议在青岛召开。会议讨论了《关于加强船员定船工作的决定》,议定从1991年起将船员定船工作作为经理任期目标内一项重要的考核内容。

12月13日 国内第一套最完整的GMDSS教学训练设备在青岛船院安装调试完毕,并举行实验室落成典礼。中远总公司副总经理戴淇泉、大连海运学院副院长司玉琢,青岛海关、山东省无线电管理委员会、山东外贸等有关单位的负责同志参加了典礼。

12月14日 外代总公司颁发《关于在外代分公司开展创建文明单位活动的实施办法》和《思想政治工作岗位责任》。

12月15—17日 中远系统第二次省、市合营船公司座谈会在北京召开。会议由合作处金端升处长主持并作中心发言。副总经理陈忠表在讲话中,阐明了中远方对管理合营公司的基本原则。

12月20—21日 交通部考核检查组一行11人来中远总公司考核总经理1988—1990年任期目标和承包任务的完成情况。按要求,刘松金总经理作述职报告,党委副书记刘世文作汇报发言。在此基础上,检查组召开4次座谈会和阅研有关资料,并于25日提出了对总经理刘松金任期目标完成情况的意见,并就工作中存在的不足、改进与加强有关方面的工作作了指示。

12月20—22日 中远、外代系统第二次法律工作会议在上海召开。与会代表学习了交通部1990年18号令《交通企业法律顾问工作管理办法》,总公司办公室主任孙士旺总结了一年多来的工作,明确了1991年法律工作的重点。陈忠表副总经理到会作了讲话。

12月22日 中远总公司、外代总公司联合行文颁发《聘任中远、外代系统法律工作者管理办法》并聘任第一批52名法律工作者。

12月26日 交通部批复"同意原康华连云港开发公司划归连云港远洋船务企业公司",定为副局级,仍实行独立核算,自负盈亏。

本年 共有营运船舶619.7艘;1504万载重吨;共完成货运量8334.42万吨,比1989年增长9.3%;货物周转量4332.51亿吨海里,比1989年增长9.2%。安全生产实现了无毁灭性事故的目标。

1991年

1月1日 交通部发布《关于改变华海公司管理体制有关问题的通知》,明确由中远总公司归口管理,并继续与中国石油天然气总公司联营。

1月3—11日 在索马里发生的政变中,中国驻索使馆和援索人员生命财产受到严重威胁的关键时刻,天津远洋"永门"轮全体船员按照上级指示,2次进入战火纷飞的索马里摩加迪沙港和基斯马尤港,航行2000多海里,冒着炮火袭击的危险,克服重重困难,连续奋战7昼夜，分两批从危机中营救出驻索、援索人员24人，安全转移到肯尼亚蒙巴萨港，胜利完成祖国赋予的任务，受到外交部、经贸部、交通部、天津市各方面的高度赞扬和表彰。

1月4日 对外经济贸易部对中远总公司下达《关于建立中远海上电子设备工程公司塞特公司产品维修站的批复》。同意中远总公司分别在广州、上海、青岛、天津、大连建立中国远洋运输总公司塞特公司产品广州维修站、上海维修站、青岛维修站、天津维修站、大连维修站。维修站一切对外事宜由中远总公司办理，具体维修业务由中远海上电子设备工程公司承办。

1月8—10日 中远总公司在蛇口召开首届信访工作座谈会，讨论通过了《中远系统经理办公室信访工作暂行规定》。

1月9日 中远总公司发出《关于实施工人船员持证上岗工作制度的通知》。至此，中远干部船员和工人船员全部实行了持证上岗制度。

1月14日 中远总公司向交通部报送《中远系统计算机辅助企业管理的现状和"八五"投资设想的报告》。

1月15日 中远总公司向交通部上报《关于中远系统"八五"买造船、基建贷款计划》。

1月15—17日 中远总公司首届空运会议在北京召开。会议总结了前一段工作，表彰了天津远洋、青岛远洋的空运工作，通过了《中远空运业务手册》。

1月16日 中远总公司决定对中国/西欧航线集装箱货物运价调整。新运价自1991年2月1日开装船起实行，原文件同日起废止。

1月18日 广州远洋运输公司"丽河"轮首航台湾基隆港。

1月24—29日 中远经理会议在北京召开。会议回顾了3年来特别是1990年的工作，讨论了进一步完善承包经营责任制和经理负责制、《中远系统"八五"计划》以及安排1991年工作。

1月25日 上海远洋运输公司荣获全国企业管理优秀奖（"金马奖"）。

2月6日 中远总公司发出《关于实行中远集装箱统一管理的通知》，对统一管理的原则、机构设置、箱统管办法等做出具体安排。

3月9日 中远总公司党政联合行文发出《关于加强中远直属各单位的纪检机构组织建设的通知》，要求凡有党委的单位，均要设立党的纪律检查机构，党支部要设纪检委员，对机构设置、编制定员、干部职级等做出明确规定。

3月15日 中远总公司发出《关于做好中远船舶退役管理工作的通知》，就"八五"期间船舶退役的有关事项提出明确要求。

3月22日 党和国家领导人江泽民、宋平、李瑞环等在参观"首届全国工业企业技术进步成就展览会交通馆"时，通过卫星同正在印度洋上航行的青岛远洋运输公司"泰康海"轮船长方瑞东通了电话，对船员同志们表示亲切问候。3月26日，李鹏总理与上海远洋运输公司"辽河"轮船长通了话。

3月27日 总公司党政联合行文发出《关于贯彻中共中央〈关于加强社会治安综合治理的决定〉的通知》。

3月27—28日 中远系统监察工作会议在大连召开。总公司监察室主任宫尚竺作了工作报告，部署了1991年监察工作任务，讨论通过了《中远系统监察干部守则》和信访举报、案件查处、案件审理3个《暂行规则》。6月7日，正式行文下达。

3月28—30日 中远团委书记会议在广州召开。会议汇报交流了近两年的共青团工作情况，讨论通过了《中远系统船舶团支部工作规范》。

4月1—5日 中日民间海运会议在北京举行。以中远总公司副总经理陈忠表为团长的中国民间海运代表团和以日中海运输送协议会会长桦泽正雄为团长的日本民间海运代表团参加了会议。会议讨论了中日间客货班轮有关问题，交换了关于中日间货物运输业务的有关意见等。

4月8日 康华连云港开发公司与连云港远洋船务企业公司合并，沿用"连云港远洋船务企业公司"的名称，经营范围增加了近洋运输和贸易等业务。

4月12日 中远总公司党政工联合做出决定，表彰广州远洋运输公司船长叶龙文等10人为中远系统先进船员十大标兵人物，要求各单位开展向十大标兵人物学习活动。

4月12日 中远总公司党政联合发出《关于认真学习上海远洋运输公司企业管理工作经验的通知》。

4月12日 中远总公司党政工联合发出《关于开展学习"永门"轮英雄事迹活动的通知》。

4月16日 中远总公司、外代总公司联合发出《关于在中远系统开展"安全、质量、效益年"活动的通知》。

4月25日 中远总公司在北京中国革命博物馆举办了"中远系统书画摄影展"，作为纪念中远成立30周年庆祝活动内容之一，展览于29日结束。

4月25—27日 中远总公司外派船员管理工作会议在北京召开。会议着重分析了当前外派船员管理工作中存在的问题，提出了今后加强外派管理的措施和意见。

4月26日 中远总公司发出《关于货运基础设施建设及管理有关问题的规定》。

4月27日 中远总公司在北京召开成立30周年庆祝大会。大会由陈忠表副总经理主持。会上，首先宣读了国家领导人李鹏、余秋里、王首道、叶飞、钱其琛、李岚清及郭洪涛等领导的题词；交通部部长黄镇东到会祝贺并讲话。交通部老领导彭德清、李清、郭建、陶琦、中国海员工会全国委员会主席张士辉及有关部委负责同志作为嘉宾出席大会。会上，刘松金总经理、离退休老干部代表袁之平、船员代表杨河江讲话后，党委副书记刘世文宣读表彰中远系统十大标兵人物的决定，并向十大标兵人物颁发奖章、奖状，并向标兵的夫人献花，标兵人物代表叶龙文做了报告。最后，交通部科技司司长张德洪为中远总公司颁发国家级企业技术奖。

4月28日 交通部批复同意成立中国外轮代理公司湄洲湾分公司和茂名分公司。

5月1日 交通部部长黄镇东通过海事卫星向航行中的青岛远洋运输公司"铜山海"轮全体船员进行节日问候。

5月5—8日 中远系统一届二次职代会和系统工会第三次代表大会在北京举行。总经理刘松金、系统工会主席孙文权分别作行政与工会工作报告，党委副书记刘世文作总结发言。交通部部长黄镇东、中华全国总工会书记处书记方嘉德、中国海员工会全国委员会主席张士辉先后到会作讲话。会议表彰了1990年度中远系统双文明建设先进单位和个人及先进基层工会和个人，通过了开展"安全、质量、效益年活动"的倡议书。

5月9—12日 中远系统基本建设投资工作会议在青岛召开，会议强调"八五"期间，要加强投资计划管理，搞好综合平衡，避免重复建设。

5月12—14日 中远系统工业工作会议在青岛召开，会议讨论了工业系统"八五"规划及有关问题。

6月1日 中远系统十大标兵人物巡回报告团在总公司机关举行首场报告后，由总公司领导带队分赴大连、青岛、上海、南京、广州、蛇口等地做报告。

6月3—15日 由交通部和国际海事组织联合举办的航海教师教学技巧培训班在青岛船院开班。

6月8日 中远总公司向国家审计署驻交通部审计局报送《关于对1989年、1990年贷款船财务收支和决算的审计报告》。

6月12—15日 中远系统首届审计工作会议在北京召开。会议总结了系统审计机构建立以来的工作，布置了今后工作。

6月13日 交通部批准调整中远公司经营范围：在主管范围中增加货运代理业务，在兼营中增加船舶代理业务。

6月26日 中远总公司、外代总公司联合发出"八五"期间加强全面质量管理工作的意见。

6月28日 交通部体改司司长袁耀成代表交通部与中远总公司总经理刘松金签订第二轮承包经营责任制合同，承包期为1年。

7月8日 中远总公司发出《中远系统船舶润滑油供应与管理实施规则》的通知。

7月8—12日 国际海事组织无线电通信分委会第37次会议在英国伦敦召开。45个国家、16个国际组织及联系会员香港的188名代表或观察员出席了本次会议，中国派代表团出席了会议。会议研究了海上遇险和安全系统，成立了GMDSS总计划工作组，发布了海上安全信息，审议了有关公约并对相关问题提出了建议和解决方案。

7月10日 交通部批准天津远洋运输公司、外代湛江分公司和中燃湛江分公司为国家二级企业。

7月12—17日 中远系统干部工作会议在上海召开。会议围绕贯彻全国组织部长会议和交通部干部人事工作会议精神，总结交流了情况。总公司党委副书记刘世文主持会议并作工作报告，部署了干部工作任务，研究和原则通过了总公司拟定的领导班子建设规划和有关干部管理工作制度。交通部人劳司司长姚明德到会并讲话。

7月15—16日 中远首届货运工作会议在北京召开，副总经理刘祝做工作报告，会议讨论通过了《中远货运工作守则》《中远货运工作服务标准》和《中远内陆货运网点工作规范》3个文件。

7月25日 中远总公司在大连召开首届外事工作座谈会。会议就加强领导、统一归口管理，使外事工作程序化、规范化提出了措施和要求。

7月25日 中远总公司发出《1991—1992年远洋系统内审工作规划》等文件。

7月27—30日 中远系统承包经营工作会议在天津召开。总经理刘松金在讲话中回顾总结了第一轮承包经营的情况和今后承包的原则意见。与会各单位与总公司签订了第二轮承包合同。

7月31日 中远系统1991年第2次经理会议在天津召开。会议通报了订造350TEU集装箱船工作情况和中远组建集团公司的进展情况,并布置了下半年重点工作。

8月6日 中远总公司在北京召开中远系统船舶保卫工作座谈会。副总经理陈忠表做工作报告,提出了今后任务和要求。

8月7—11日 中远院校长工作会议在大连召开。会议就贯彻中央召开的高校党建工作会议和国家教委关于加强中等职业技术学校德育工作意见进行了研究,并就继续深化教育改革等方面工作做出了安排。

8月7日 中远总公司发出《关于进一步加强船员定船工作的通知》。

8月13日 中远总公司发出《招收农村合同外派高级船员暂行规定》等7个文件。

8月13—15日 中远系统"七五"节能先进表彰会在青岛召开。8位代表在会上介绍了先进事迹,会议表彰了29艘节能先进船舶、8个先进集体和51名先进个人。

8月14日 中远总公司党政联合上报交通部《关于纠正行业不正之风近期目标和措施意见的报告》。

8月15日 中远总公司召开系统紧急安全电话会议。副总经理戴淇泉作题为《严峻的安全形势和面临的紧迫任务》的讲话,总经理刘松金主持会议并讲话,对安全工作提出了要求。

8月16—17日 中远总公司在蛇口召开6省远洋公司买船工作座谈会,在总结近年来买船工作经验教训的基础上,对今后做好买船工作提出了原则性意见。

8月20日 中远总公司与中国银行信贷一部签署《关于从国外进口7艘二手船的贷款合同》。

8月24日 中远总公司总经理刘松金写信给国务院总理李鹏,汇报了中远现状、存在问题及提出对我国远洋运输事业采取保护政策的建议。

8月25日—9月5日 中远总公司在上海召开中远系统船舶思想政治工作经验交流会,与会同志分组登船了解情况研究问题。党委副书记刘世文作会议总结。14日,总公司党政联合发出会议的有关文件。

9月2日 交通部批复同意中远总公司船舶挂靠台湾港口。

9月5日 海通通信仪器有限公司董事会通过:同意根据《中华人民共和国中外合资经营企业法》,本着平等互利的原则,在上海市浦东与上海远洋、荷兰无线有限公司共同投资合资企业,名为"上海越洋无线电有限公司"。

9月10日 为祝贺中波公司成立40周年,国务院总理李鹏亲笔署名致贺信给双方总经理。贺信说,40年来,中波公司从创建到发展壮大,取得了有目共睹的成就,为中波两国的经济建设做出了重要贡献,在中波两国人民友谊和合作史上写下了光辉的篇章,在国际航运业也享有盛誉,堪称中波两国友好合作的典范。

9月16—18日　首届"中远系统船舶报务员、机关电传员专业知识竞赛"在青岛船院举行。中远系统各公司代表队参加了竞赛,中远系统工会主席孙文权代表总公司领导出席了本次竞赛活动。交通部通信中心、山东省海员工会、青岛海上安全监督局等单位的领导也出席了本次竞赛活动。

9月18日　中远系统首届船舶报务员、机关电传员专业知识竞赛在青岛船院圆满结束。天津、广州、青岛远洋运输公司分获团体总分前三名,上海远洋运输公司代表队被评为精神文明代表队。

9月24—27日　中远财务处长工作会议在蛇口召开。会议重点讨论了《贷款船利息分摊办法》和《流动资金管理办法》。

9月28日　中远总公司发出中远空运工作程序、服务标准及联运费率等工作文件的通知。

9月30日　中远总公司发出《关于对远洋系统直属单位经理、厂长完成任期目标和承包任务予以奖励的通知》。

10月10日　中远系统信息调研工作会议在广州召开。会议就如何落实中远系统信息调研工作的总体规划和设想,建立系统航贸信息数据库等问题进行了研究。

10月11日　中远总公司发出《关于中远总公司航运部设集装箱管理中心的通知》。

10月15—18日　中远总公司在青岛召开远洋计算机工作会议,重点研究了中远信息建设的"八五"规划及有关技术政策问题。

10月17日　中远系统工会发出《关于理顺中远系统直属单位工会组织关系的意见》。

10月31日　中远总公司党委发出《关于贯彻交通部31号部令,进行爱国主义教育的通知》。

11月4日　交通部部长黄镇东到中远总公司召集领导班子成员开会,宣布任命刘松金为交通部副部长兼中远总公司总经理,日常工作由副总经理陈忠表主持。

11月6—9日　中远系统纪检工作座谈会在连云港召开。总公司纪委书记宫尚竺做工作报告,总公司党委副书记刘世文参加会议并讲话。会议表彰了17名优秀纪检干部。

11月12—16日　中远系统教育培训工作会议在上海召开。会议总结了一年来职工培训和院校工作的情况,交流了工作经验,确定了1992年培训任务,并就制订中远系统继续教育规划作了部署。

11月15日　中远总公司发出《关于中远货运系统签发中远海运提单的若干规定》。

11月18—20日　中国交通政研会航运分会首届年会在重庆召开。航运分会会长、中远总公司党委副书记刘世文作年会工作报告。大会交流了论文,讨论通过修改后的《分会章程》。

12月4日　中远、外代总公司联合发出《关于设立承包经营工作领导小组和组织考核工作的通知》。

12月6—9日　中远总公司"GPS导航仪选型试验总结工作会议"在上海召开。中远所属五大公司通导技术科长,GPS导航仪实船试验组成员,中波公司,江苏、浙江远洋公司,香港海通通信仪器有限公司的代表,交通部GPS导航仪研究室方乃正教授应邀出席了会议。总公司通导处华国强处长主持会议。各试验组组长汇报了实船试验情况并对GPS导航仪选型提出了建议,与会代表就 GPS 导航仪在中远船舶装备的技术政策、选型意见及下一步的工作进行了热烈的讨论。

12月7日 中远总公司批复同意成立中国船舶燃料供应总公司丹东分公司。

12月10—12日 中远系统工会常委扩大会议在南京召开。会议讨论修改了《关于理顺中远系统直属单位工会组织关系的实施意见》,以加强基层工会组织建设和改进工会工作。系统工会主席孙文权作了发言,党委副书记刘世文出席会议并讲了话。会议通过的《实施意见》,总公司党委于1992年1月20日转发。

12月11日 交通部批准中远总公司成立北京远洋国际货运公司。

12月11日 中远总公司、外代总公司联合发布《中远系统承包经营责任制实施办法(试行)》。12日,总公司颁发了《中远系统承包经营工作考核暂行规定》。

12月17日 中远总公司党委发出《关于实施中远系统"二五"(1960—1965年)普法规划的通知》。

12月17—19日 外代系统集装箱管理工作会议在湛江召开。会议重点研究部署今后工作,讨论通过了《中国外轮代理总公司集装箱管理工作条例(试行)》。

12月18日 南通中远船厂开业。交通部部长黄镇东、江苏省人民政府秘书长沈振采、南通市市长徐燕、市委副书记戴志良、中远总公司副总经理董玖丰、香港远洋轮船有限公司总经理高志明为开业剪彩。国家计委、交通部、江苏省南通市有关部门的负责人以及中外航运界、修船业近400名来宾应邀参加了开业典礼活动。

12月19日 交通部教育司批复上海远洋运输公司海员技工学校从1992年起试招生。

12月20日 中华人民共和国船舶检验局下发《关于对日本JRC船用函信和航行设备型式认可的函》。经对日本无线株式会社(JRC)生产的46个型号产品的检验和试验,认为该公司申请型号认可的通信设备和航行设备符合我国规范和国际公约及IMO的有关规定,决定给予型式认可。

12月21日 中远总公司发出《关于调整远洋船员工资标准的通知》。调整后的远洋船舶船员的工资标准从1991年5月1日起执行。

12月23日 中远总公司党政联合转发《中共中央办公厅关于认真检查对严禁用公款吃喝送礼等有关规定执行情况的通知》。

本年 共有营运船舶602.1艘,1537.09万载重吨;共完成货运量9224万吨,比1990年增长10.8%;货物周转量4785.60亿吨海里,比1990年增长9.05%。安全生产虽未超过承包指标,但安全形势仍比较严峻。

1992年

1月8日 中远系统1992年安全工作电话会议在北京召开。副总经理戴淇泉布置1992年安全工作重点。陈忠表副总经理在讲话中强调指出,在安全工作中要坚持"严"字当头,落实在全部工作上。

1月9日 中远总公司党委颁发《1992年党委(支部)工作的指导意见》。

1月11日 中远总公司决定实施中远集装箱统一管理计划，明确以中远总公司集装箱管理中心（简称箱管中心）为核心，下设集装箱管理分中心和代理集装箱管理机构，采用一级调度、三级管理，对中远集装箱实施全球跟踪管理。

1月16—17日 中远1992年度经理会议在北京召开，会议主要是贯彻全国交通工作会议精神，部署1992年任务，并通报当前生产经营中的几件大事。

1月18日 中远总公司、外代总公司联合发出《关于中远集装箱实施统一管理的通知》。

1月25—30日 中远第5次驻外工作会议在京召开。陈忠表副总经理做工作报告，并通报了中远组建集团的进展情况。党委副书记刘世文就两年来党建、思想政治工作、精神文明建设和驻外网点、驻外人员加强自身建设问题作了发言。交通部副部长刘松金与代表们座谈；部长黄镇东、副部长林祖乙发表讲话。

1月29—30日 中远总公司通信导航专业会议在上海召开。会议总结了1991年通讯导航工作，布置了1992年工作任务。并决定"全球海上安全遇险系统"（GMDSS系统）于1992年2月1日开始实施。总公司副总经理董玖丰到会并讲话，对加强船岸通信管理、人员培训、实现管理手段的现代化等方面工作提出了要求。

2月18—20日 中远总公司在北京召开农村合同外派船员工作总结会。会议讨论了1992年的招收工作，制订了保证在校培训的农村合同外派高级船员培训质量的措施。

2月19日 中远总公司颁发《中远货运系统车辆机械设备管理规定（试行）》，再次明确各公司用于为货运服务的独资或合资的堆场、车辆机械设备、仓库码头等货运设施应归口各货运公司实行统一管理。

2月20日 中远总公司发出《关于进一步加强对水上专业毕业生培养使用等有关问题的通知》。

2月24日 全国清理整顿公司领导小组办公室下发《关于同意中远海上电子设备工程公司分立事宜的批复》，同意中远海上电子设备工程公司与中远总公司分立；分立后的海上电子工程公司为"独立核算、自主经营、自负盈亏、照章纳税"的具有企业法人资格的经济实体；该公司为中远总公司的全民所有制全资子公司。

2月26日 交通部批复同意开辟营口港（鲅鱼圈港区）至日本的集装箱班轮航线。

2月28日 中远总公司党政工联合发出《关于中远系统在新形势下深入持久地开展"两学一树"活动的通知》。

2月29日 中远总公司向交通部、国家计委、国家体改委、国务院生产办公室上报《关于组建中国远洋运输集团的申请报告》。

3月17—19日 中远系统船员定船工作经验交流会在上海召开。会议对各公司定船工作给予讲评，并就进一步巩固和扩大定船成果，提出了措施和要求。

3月20日 交通部批准大连海运学校为交通系统首批规范化普通中等专业学校。

3月25日 中远总公司颁发《货运仓储业务管理条例（试行）》。《条例》的试行期为一年。

3月26日 中远总公司印发《中远船舶消防、救生演习规定（试行）的通知》。

4月8日 中远总公司向交通部上报《关于搞好国营大中型企业有关措施落实情况的报告》。

4月17日 中远总公司发出《在中远系统开展劳动人事制度、工资分配和社会保障制度改革工作的几点意见的通知》。

4月17日 交通部体制改革司下发《关于同意中远海上电子设备工程公司经营范围的批复》，同意其经营范围为：主营通信导航设备的修理代理业务；通信导航设备的销售、安装、维修及专用电缆的销售；家用电器和办公自动化设备的维修及销售。该公司兼营通信工程及与主营业务相关的技术咨询。

4月19日 广州远洋"赤峰口"轮执行中国首次参加的联合国维持和平行动任务，运载物资1500多吨奔赴柬埔寨磅逊港。

4月21日 国家计划委员会批复同意中远总公司1992年利用中国银行贷款的申报。

4月21日 中远总公司向交通部报送《关于对中远总公司1991年承包经济责任的审计报告》。

4月24日 中远总公司发出《关于船员及各类人员上海远洋洋船出国报批程序和有关办法的通知》。

5月6日 交通部批复同意中燃供总公司与新加坡海峰（私人）有限公司合资在新加坡成立燃油供应公司。

5月9日 对外经济贸易部批复同意中远总公司与新加坡KSH航运私人有限公司在新加坡合资成立远洋咨询私人有限公司。

5月12—13日 中远退役船工作会议在蛇口召开。会议明确退役船处理工作中若干原则意见和研究进一步开拓国内外退役船舶处理渠道等问题。

5月13日 中远总公司党政工联合发出《关于认真学习、宣传、贯彻新〈工会法〉的通知》。

5月15日 交通部向外交部发出《关于默认接受"1978年国际海员培训、发证和值班标准公约"修正案的函》。该修正案于1992年12月1日生效，其中对船舶报务员培训、发证与值班等提出明确的要求。

5月16日 交通部批复同意开辟上海/宁波国内支线航线。

5月25日 中远总公司组成以党委副书记刘世文为组长、总会计师刘安禄为副组长的赴香港业务考察组，进行对干部考察了解和调研，提出加强中远在港单位管理工作的意见。

5月30日—6月3日 中远系统企业管理工作座谈会在上海召开。会议明确了中远系统当前加强企业管理工作的指导思想、原则要求及主要任务。

6月4日 交通部同意中远在越南胡志明市设立代表处。

6月9—12日 中远系统第二届无线电监督工作专业会议在北京召开。会议讨论审定了《中远船舶通信工作实施细则》。

6月12日 中远总公司发出《关于尽快推广船舶维修保养体系（CWBT）的通知》，明确提出措施要求。

6月19日 交通部批复同意中远总公司在日本设立总代表处。

6月19日　中远总公司颁发《中远系统外派船员保卫工作暂行规定》。

6月19日　青岛船院举行GMDSS培训中心落成典礼，这是全国首家GMDSS培训中心。交通部海上安全监督局副局长林玉乃、青岛海监局副监督长刘功臣、山东航海协会秘书长刘世歧等有关领导和专家参加了验收和典礼，中远总公司教育处副处长霍丛林代表总公司向中心的落成表示祝贺。

6月23—24日　中远系统运费收入管理工作会议在天津召开。明确提出中远系统各单位要统一行动，互相配合，采取有效措施，改进运费收取工作。

7月4日　交通部批复同意中燃总公司的"埔油01号"和"津油5号"两轮从事近洋国际油运；"湛油7号"轮从事广东省与港澳间的油运，均为承运中燃总公司进口的成品油。

7月4日　中远总公司颁发《成本控制计划管理办法》。

7月7日　中远总公司向上海市人民政府上报《关于参加浦东开发的报告》，提出主要的设想意见。

7月10日　中远总公司与外代总公司签署《代理协议书》，自1992年4月1日起生效，至1992年12月31日终止。

7月15日　中远总公司批准成立中远大连油轮船员培训中心，隶属大连远洋并负责管理。

7月22日　交通部决定陈忠表任中远总公司总经理。

7月23日　中远总公司颁发《职工工伤保险待遇的暂行办法》和《职工因病或非因工伤亡保险待遇的暂行办法》。

8月3日　中远总公司党政工联合转发广州远洋运输公司"华铜海"轮走勤劳致富之路，杜绝走私倒卖风的经验，要求船公司各级领导和船舶领导学习借鉴"华铜海"轮的经验。

8月6日　中远总公司召开安全工作电话会议，总经理陈忠表在讲话中强调，对安全工作任何时候都不能放松，一是要狠抓，二是要落实。

8月11日　中远总公司颁发《中远外派船员奖惩办法》《现职船员外派协议书》《外派船舶政工、行政带队职责》。

8月20日　中远总公司、上海远洋运输公司、外代上海公司、中波公司和香港远洋轮船有限公司合资筹建的"上海联合远洋发展有限公司"在上海举行签字仪式。该公司主要从事浦东开发和自由贸易工业区进出口货运等业务。

8月20—22日　中远总公司供应工作会议在大连召开。会议回顾了"七五"以来中远系统物资供管工作，安排了今后工作，制订了中远系统供管工作将由单纯对内服务型，发展完善为服务经营型的指导方针。总公司副总经理周祺芳到会并讲话。

8月26日　中远总公司印发《船舶防走私毒品奖励基金管理使用办法》的通知。

8月29日　交通部批复同意中远成建制接收南通市拆船厂，并在此基础上，筹建中远南通拆船厂，作为交通部的定点厂。

9月4日　交通部批准天津、广州海员学校为交通部部级重点技工学校。

9月12日　中远总公司决定将上海远洋"兴城""平安城"轮调拨给大连远洋经营。

9月14日　交通部批复同意中远总公司与日本上海货客船株式会社合资组建"上海国际轮渡有限公司"。

9月18日　中远总公司发出《中远系统宣传报道、新闻出版保密规定的通知》。

9月19日　中远总公司发出《运费收入管理办法（试行）》。

9月25日　交通部批复同意中远总公司与香港远洋轮船有限公司等开办合资远洋发展有限公司，逐步开展以航运为中心的综合业务，积极参与上海浦东开发区的经济开发活动。

10月6日　交通部批复同意中远在韩国设立航运代表处。

10月7日　交通部批复同意中远总公司和日本上海货客船株式会社在日本组建"上海轮渡株式会社"经营公司，经营上海与日本横滨/大阪间客货班轮运输业务，以及与海运有关的业务。

10月8日　中远总公司决定将天津远洋运输公司"天门"轮调给青岛船院作为教学实习船使用，并改名为"育强"轮。

10月23日　中远总公司颁发《基本建设竣工决算审计办法（试行）》。

10月29日　中远总公司党政工联合行文转发《全总组织部工组字（1992）145号〈关于在改革中要依法保证工会组织健全的通知〉的通知》。

11月3日　交通部党组决定，中共中远总公司委员会的工作由副书记宫尚竺主持。

11月3日　交通部决定，中远总公司副总经理雷海兼任外代总公司总经理。

11月3日　交通部批复同意将中远驻苏联敖德萨航运代表处和纳霍德卡航运代表处分别改名为"中远驻乌克兰敖德萨航运代表处"和"中远驻俄罗斯霍纳德卡航运代表处"。

11月3日　交通部批复同意中远总公司成立中远实业公司，并于12月16日开业。

11月4—6日　中远系统经理书记座谈会在北京召开。会议以贯彻党的十四大精神、进一步深化远洋系统改革、加速转换企业经营机制为中心议题，并部署了1993年的主要工作。交通部部长黄镇东、副部长刘松金到会做指示。

11月5日　交通部批复同意中远总公司成立深圳远洋运输股份有限公司。

11月13日　应中国台湾"中华国际文化交流协会"和私立"中国海事专科学校"的邀请，以副总经理张大春为团长的中远总公司代表团一行4人访问了台湾。代表团在台湾先后拜访了24个单位，与台湾航运代理、港口、造船、学术界人士进行了广泛接触，访问于24日结束。

11月16日　根据国家计委、国家体改委和国务院经贸办《试点企业集团审批办法》的规定，中远总公司向三委办及交通部上报《关于组建中国远洋运输集团的申请报告》和《组建方案》。

11月18日　交通部发出《关于中韩两国船舶直接通航的通知》。《通知》明确规定：自1992年1月13日起，中韩任何一方的船舶，除班轮外，均可停靠另一方对外轮开放的任何港口。

11月20日　严力宾纪念室在青岛远洋运输公司后4楼落成，青岛远洋运输公司举行揭幕仪式。

11月21日　交通部批复同意将连云港远洋船务企业公司更名为"连云港远洋运输公司"。

11月24日　中远总公司批复同意天津远洋运输公司自12月中旬起，开辟中国至南非班轮开班。

11月24日 中远总公司发出《关于进一步加强和改进中远系统审计工作的措施意见》。

11月 交通部党组批复同意中国汽车运输总公司作为紧密层企业加入中国远洋运输集团。

12月1日 中远总公司监察室向驻部监察局上报《关于贯彻落实〈全民所有制工业企业转换经营机制条例〉情况的报告》。

12月1—3日 中远教育培训工作会议在青岛召开。会议就进一步改革教育培训进行了探讨，并确定了1993年的主要工作及培训计划。

12月25日 国家计委、国家体改委、国务院经贸办批示复函，同意中国远洋运输总公司更名为中国远洋运输（集团）总公司，同意以中国远洋运输（集团）总公司为核心企业组建中国远洋运输集团（简称中远集团）。

本年 拥有营运船舶578.6艘，1530.35万载重吨；共完成货运量9473.02万吨，比1991年增长2.2%；货物周转量4786.27亿吨海里，与1991年基本持平。安全生产无毁灭性事故发生，劳动安全实现了零死亡的目标。

1979—1992年，是中国远洋运输总公司深化改革、自主创新、开拓进取、快速发展的14年。中远共有固定资产原值186亿人民币，总资产已近250亿人民币，拥有和经营各种类型的远洋运输船舶600多艘，1537万载重吨，约占全国远洋商船队吨位的76%。中远船队航行于世界150多个国家和地区的1100多个港口。中远所属的外代系统的船舶代理量约占中国国际船舶代理总量的90%，中远所属的中燃公司是国内唯一有权经营国际船舶燃料供应业务的企业。中远已拥有国内外独资及合营机构约300余家，其中境内有：中国远洋运输总公司所属船公司13家，中国外轮代理总公司所属分公司48家，中国船舶燃料供应总公司所属公司18家，还有围绕着航运及其有关业务的各类合营公司65家；中远在境外的公司有：独资公司7家，航运代表处28个，合营公司18家。全系统共有职工57997人，其中船员4.1万多人，陆地职工1.6万多人；共有正局级单位8个，副局级单位6个。中远预算内累计向国家上缴利税约22亿元，资产负债率约为40%，处于良性发展水平。中远已经发展为全球屈指可数的大型航运企业之一。

附录二　重要历史文献、重大历史事件、重要历史人物摘编

编者注

在中远发展史编纂及征求意见过程中，中远老一辈领导提出，在中远发展的历史进程中，有关重要历史文献、重大历史事件、重要历史人物等，如若正文不能详尽表述的，可作为附录附在后面，以保证读者能够对某一历史史实有更为全面、准确的了解和把握。故编者从浩繁的史料中，精选出重要内容附录如下。

一、重要历史文献

（一）远洋局发展中远专业化油轮船队的意见

一、根据部领导指示和远洋总公司党委讨论决定，大连远洋公司以经营油轮为主，辅以一定数量的杂货船，以适应国家和东北三省外贸运输发展的需要，便利船员轮休、倒换。

二、今后除了新添置的油轮一律归大远外，广远和天远现有的油轮，全部调拨给大远。杂货船另行研究、拨给。

三、油轮的交接是一件复杂的工作，困难较多。为了使交接工作顺利进行，不耽误生产营运和确保安全，就采取分期分批的稳妥步骤，先接广远的油轮，再接天远的油轮，交接双方应密切配合，做过细的工作，特别是思想工作，做到成熟一条，交接一条。

经大远和广远领导同志商定，广远的13条油轮分三期交给大远。第一期今年6月以前，交5条成品油轮，第二期年底前交5条原油轮，第三期明年4月前交3条原油轮。

四、广远领导同志考虑到大远初创时期的困难，决定按油轮的定员配备好6套班子，随第一期5条油轮移交给大远，作为对大远发展的一种支持。第二期5条油轮，按每船一套班子交给大远，第三期3条油轮船员班子再议。

五、上远、青远、天远和中波公司对大远的建设表示关心，愿意给予力所能及的支援。

经商定，上远、天远各抽调一套班子给大远；青远抽三副、三管轮以下的 30 名船员给大远；中波公司抽调船长、大副、轮机长各 1 名给大远，并于 6 月底前交接完毕。

六、大远应立即着手从各方面物色、招聘适合远洋船工作的三副、三管轮以上的干部船员，以充实自己的船员队伍。

七、关于提高油轮船员的航行津贴或职务津贴，改善油轮的劳保福利条件等问题，总公司拟于 5 月在大连开会研究。

交通部远洋运输局
1980 年 4 月 15 日

（二）对中远发展产生深远影响的"国发 152 号文件"
《关于改革中国国际海洋运输管理工作的通知》

各省、自治区、直辖市人民政府，国务院各部委、各直属机构：

当前，中国国际海洋运输工作面临着新的形势，沿海 14 个港口城市进一步开放，经济体制改革正向全面、深入发展，外贸、交通体制逐步实行政企职责分开、简政放权，船货管理统得过死的局面正在逐步打破。为了使海运事业适应形势的发展，更好地为对外贸易服务，中国的国际海洋运输管理工作必须进行改革。为此，特作如下通知：

一、实行政企职责分开，简政放权，扩大企业自主权，并对船货实行行业归口管理。

中国远洋运输总公司（以下简称"中远"）与对外贸易运输总公司（以下简称"外运"）不再合并成中国国际运输总公司。这两个公司都要办成独立经营的经济实体，不兼行政职能。交通部对中远（包括外轮代理总公司）、经贸部对外运（包括租船公司）只实行行政领导和管理，不干预企业经营。外运总公司、外轮代理总公司（以下简称"外代"）的分支机构隶属关系不变。

交通部要制定办法，对一切从事国际海洋运输的船舶公司（包括在中国注册的中外合营船舶公司）实行归口管理。凡成立从事国际运输的船舶公司，须经交通部审核，并报工商行政部门登记注册，才能正式营业。一切外商（包括华侨和港澳商人）办的船舶公司新开班轮在中国行驶，由交通部会同经贸部审批，已有的班轮也要补办登记手续。

中央和地方各专业外贸公司、工贸公司等外贸企业，其年度进出口货运需要量，由经贸部汇总，提出运输方案。

二、发展海运事业的几项政策。

（一）为了充分发挥国轮的经济效益，发展中国的海运事业，对外经济贸易部门和企业在对外签订贸易协议、合同时，要尽量争取我方派船。在航线、船期（按船货平衡计划）和运价水平同等条件下，要优先使用国轮。今后进出口海运量总额中，我方派船的份额应保持 60%—65%。进口、出口和主要大宗货物的份额要有具体规定（份额附后），并可随货物结构的变化和船队的发展每年作相应的调整。在我方派船的进出口运量中，国轮承运的份额应不低于 80%，租船和侨资班轮作为国轮的补充，其份额应控制在20%以内（中外合营船队按股份比例计算国轮份额）。份额的执行情况由经贸部负责监督检查。

（二）凡经注册的国轮在从事国际海洋运输时，支付国内港口的装卸等费用，仍按现行的优惠办法，费用标准不变，燃油价格按统一标准结算。这些船舶有余力时也可承运内贸货物，其费用均按国内运输费率以人民币结算。

（三）中国国际海洋运输的统一运价由中远、外运会同有关部门共同协商制定，各船舶公司可以按照市场情况，随行就市，在一定幅度内上下浮动。鼓励国轮积极承揽外国货载以及向外出租，打入国际航运市场，其收入可免征营业税。

（四）为了鼓励发展中国的海运事业，保证船舶的不断更新，银行对造船、买船可给予低息贷款，并适当延长还款期限和减免关税。

（五）各开放港口对国际海洋运输船舶的靠泊作业，要严格执行先计划内、后计划外，先重点、后一般的原则。同是计划内船舶，除特殊情况外，应按到港先后顺序排队。

三、从事国际海洋运输的企业，既要实行经营范围的合理分工，又要积极发展经济合作和开展竞争。

（一）各公司的主要分工是：中远公司经营船队，其所属外代公司经营船舶代理业务，外运公司经营货运代理业务和租船。为了搞活经营，允许一定程度的交叉，中远、外代可以承揽部分货物和少量租船，与货主建立直接的承托运关系；外运可以经营部分船队和少量船舶代理业务。至于交叉经营到什么程度，包括揽货佣金按对等原则的处理等问题，由国务院口岸领导小组办公室组织协调，中远、外运两公司签订具体协议后实施。

（二）外运公司和各专业外贸公司要积极为中远公司组织货源，安排货载，中远公司要坚持为外贸服务的方针，提供优质、廉价、迅速、安全、方便的运输。

（三）从事国际海洋运输的各企业之间以及与各外贸企业之间可签订业务合同，相互承担经济责任。并可在自愿互利的基础上，开展各种经济合作，实行合营、联营、开展竞争。

（四）要在国内港口积极发展班轮运输，合理利用香港中转基地。

四、加强国际运输的计划管理，实行中央和省、市"两级平衡、集中管理"制度。

在当前港口综合能力严重不足的情况下，为了保证外贸运输任务的完成，要继续加强计划管理，通过两级平衡，尽可能做到均衡运输，防止发生船舶集中到港，严重堵塞。具体办法由国务院口岸领导小组制定。

五、统一协调船货矛盾，加强监督检查。

各船舶公司之间的矛盾由交通部负责协调，各货主（包括货代理）之间的矛盾由经贸部负责协调。提倡成立船舶公司协会和货主协会一类民间组织，采取经济和协商的办法解决工作中出现的问题。国务院口岸领导小组负责协调、仲裁两部不能解决的船货之间的矛盾，并负责监督检查本通知的贯彻执行情况，其日常工作由国务院口岸领导小组办公室负责处理。

中华人民共和国国务院
1984年11月3日
（来源：中国政府网）

（三）交通部颁布水上运输企业船员定船制度

为了认真贯彻落实中央提出的"安全第一、预防为主"的方针，加强船舶管理和船员队伍建设，保证安全生产，提高经济效益，现对部属航运企业实行船员定船制度，通知如下：

一、部属航运企业对所属各类运输船舶，都要实行船员定船制度，逐步实现船员（包括在公休或轮休、病或事假期的船员）由所在船舶的领导进行管理和调配。已经实行船员定船制度的企业，要进一步巩固和改进。尚未实行船员定船制度的企业，要积极创造条件，分期分批地对所属运输船舶实行船员定船制度。

二、各航运企业实行船员定船制度，要同实行船舶经济承包责任制和船长负责制紧密结合，在签订船员经济合同时，要同时实行船员定船制，建立企业内部的责、权、利相结合的经济责任体系，使国家、企业和船员三方面都从实行船员定船制度和船舶经济承包责任制中得到好处，以调动船舶领导和船员的工作积极性，促进船员定船制度的巩固和发展。

三、各航运企业在实行船员定船制度时，要认真做好船舶的定员工作，严格按照船舶定员标准配备船员，对多余人员，应及时调离本船，另行安排到其他船上工作。缺额船员，也应及时给以补充，做到既有一个精干的船员班子，满负荷的工作效能，又不致因为骨干船员的缺额而影响航行安全。

四、由于各航运企业的航线长短、船舶类型、技术状况和船员人数等情况不尽相同，因此，实行船员定船制度时，应根据不同情况采取不同的船员定船形式。可以实行单船定船，即：一艘船舶定一套船员班子，另加必要的后备船员；或一艘船舶定两套船员班子。也可以实行分船组定船，如：两艘船舶定三套船员班子，或三艘船舶定四、五套船员班子等。还可以采取固定几个主要干部船员（包括船长、轮机长、大副、大管轮、报务员、电机员和管事），其他船员暂不定的办法。

五、各航运企业实行船员定船制，要认真配备好船员班子。要根据船员的政治思想素质和技术业务素质的情况，新老船员的成分，文化水平的高低以及不同地区船员的特点等各种条件进行合理配备，实行优化劳动组合。一般可采取"双向选择、组织决定"的方法，由船长和人事部门商量提出名单，并征求本人意见，经企业领导人审定后执行。

六、实行船员定船制度后，船员定船工作的周期，可根据各企业的具体情况自行确定。一般可定为两至三年，也可从船舶的第一个岁修之日起，至该船的第二或第三个岁修结束之日止。船员定船后，原则上不予变动。但如果由于船员职务升降、外派、培训和船员身体条件等情况发生变化，需要作适当调整时，由船长和人事部门商量提出，经企业领导人审批后，可允许有一定的变动，但船员的年变动率，一般不得超过本船船员人数的百分之十五。

七、实行船员定船制度后，船长有权根据本船安全航行和船员情况变化的需要，对本船船员行使调配权。有权对工作态度差，技术业务水平低，难以胜任本职工作的工人船员，予以免职，并指定符合任职条件的船员顶岗。顶岗期间，享受所顶岗位的职务工资待遇，并及时报企业领导备案，办理有关任免手续。企业领导及人事部门，应积极支持和协助船舶领导做好船员管理工作。

八、实行船员定船制度后,船舶领导要做好船员的建档立卡工作。记载船员的基本情况和通信地地址,在船、公休、轮休、病假、事假、旷工时间,以及在船、在岸的现实表现、主要功过、受到奖励或处分等情况,以此作为考核、使用、培训和提拔船员以及进行船员调配等工作的依据。船员调离该船时,其档案及卡片通过人事部门随船员转送调入船舶,以便继续进行登记工作。

九、为使船员定船制得以顺利实行并加以巩固,企业领导人根据工作需要,可以建立每年一次性的船员定船奖,以奖励那些定船时间长,工作表现好,为船舶安全航行作出了重要贡献的船员。奖励办法由企业自行制定,奖金来源从企业自有资金中解决。

十、实行船员定船制度后,船舶领导要加强思想政治工作和业务培训工作,建立健全各项经济责任制,大胆管理,从严治船,坚持开展安全活动日,避免重大责任事故的发生,把一般事故压缩到最低限度。

十一、企业领导人及人事部门,对实行船员定船制度的船舶,要加强领导,进行跟踪管理,按船舶类型、按航线进行分工管理。要注意总结典型经验,认真加以推广,及时发现问题,认真解决,以保证船员定船制度的顺利实行,取得安全生产的最佳经济效果。

十二、各航运企业可根据本通知要求,结合本单位的实际情况,制订具体实施办法,并抄送我部备案。

1989 年 3 月 14 日

(四)有关部门批复组建中远集团方案的意见

一、鉴于中远集团与港口、通信、陆运之间的联系,从有利于国家宏观调控及有效地保证集团正常运输和必要的后勤服务,行业主管部门有责任按照国家所确定的行业规划,指导和审查企业集团的发展规划和计划。因此,中远集团的运输生产、船舶购置、基建大中型项目和限额以上技改项目、利用外资和技术引进、主要物资和能源分配、科技和教育、劳动工资、财务的计划建议报部,同时报国家综合经济部门,由行业主管部门提出初步审查意见,经国家综合经济部门综合平衡后,由综合部门"戴帽"下达。在综合平衡中既考虑集团的发展,同时又顾及整个行业规划、计划的实现。属于行业主管部门管理的计划,由行业主管部门确定下达。

二、按照《中华人民共和国全民所有制工业企业法》的有关规定和国发〔1991〕71号文件精神,中远集团核心企业政治上享受副部级待遇的主要领导由国务院或中组部管理,企业集团核心企业领导班子的其他成员仍由我部管理。

三、考虑到我部在财务管理上已实行部门总承包,中远集团仍维持现行财务上缴渠道不变。部属企业实行税利分流后,我部对财政部仍实行税后利润定额上交,中远集团对部的财务关系不受影响。

四、中国船舶燃料供应总公司、中国外轮代理总公司、中国汽车运输总公司虽然进入中远集团的紧密层，但由于历史原因及对外开展业务的需要，应保留其现有名称，并以该总公司名称开展对内对外的经营活动。与此同时，允许其他具备条件的企业从事外轮代理、国际货运代理和船舶燃料供应业务。

五、中国—坦桑尼亚联合海运公司、中国—波兰轮船股份总公司，是政府间合资公司，不宜直接进入中远集团的紧密层。考虑到历史和现有实际情况，便于这两家公司开展业务和发展国际合作，部委托中远集团对这两家公司比照紧密层企业代为管理。但这两家公司仍是独立核算的经济实体。其有关财务报表直接报部，利润上缴渠道按中国与波兰、坦桑尼亚两政府签订的协议及两公司《章程》规定上缴股东，即上交两国政府的交通（运输）主管部门。

六、同意中远集团设立财务公司，进一步建立集团的金融机构、参与金融保险业务；赋予中远集团进出口贸易经营权；给予中远一定额度的外汇担保权；请求国家全部免征购置船舶的进口关税和增值税；集团在国内造船时，应享受中国船厂建造出口船完全相同的待遇和财政补贴；希望国家对中远船队的发展，继续给予低息贷款，实行利息补贴；继续支持并给予中远集团买二手船必要的便利，允许中远集团在国家批准的总额度内，自主安排使用，不必逐年逐项报批，以不失时机地适应航运市场瞬息多变的客观情况。

1992 年 12 月 7 日

（五）庆祝"柳林海"轮首航美国西雅图港 20 周年活动

1999 年 4 月 19 日，中远集团与美国西雅图港务局、SSA 装卸公司、加维舒伯特贝尔律师行在美国西雅图市举办了系列活动，以庆祝"柳林海"轮首航美国西雅图港 20 周年，在当地引起了广泛关注和积极的反响。

20 年前，在中美正式建交后不久，中远的"柳林海"轮满载着中国人民对美国人民的友好情意，于 3 月 25 日从上海港出发，4 月 18 日抵达美国西雅图港。这是第一艘悬挂五星红旗的中国船舶挂靠美国港口，"柳林海"轮的首航开辟了中美海运和经贸关系的新纪元。

本次纪念活动在位于中远集装箱船舶挂靠的 P18 码头附近的贝尔港湾国际会议中心举行，内容包括中午举办的 150 多人参加的贵宾午餐会、下午的记者招待会和晚上举办的 400 余人参加的大型招待会。

国际会议中心楼前悬挂着五星红旗、中远集团旗与美国国旗、西雅图港旗。宴会厅外陈列着"柳林海"轮当年首航美国的历史资料照片和介绍中远集团发展现况的图片。宴会厅内花团锦簇，正中的讲台上方悬挂着专门为此次活动设计的纪念标志，在讲台一侧的大型屏幕以及在宴会厅各角落和宴会厅门外走廊上的电视屏幕滚动播放着专为本次活动制作的录像片，画面上不时有中远的巨轮驶过。透过宴会大厅内的玻璃幕墙可以清楚地看到外面的港口和远处辽阔的海面。整个宴会厅洋溢着热烈、友好和喜庆的气氛。

参加两个招待会的主要贵宾有中国驻美大使李肇星、中国驻纽约总领馆总领事邱胜云、中国驻旧金山总领馆总领事王永秋、中国驻美使馆经济参赞施建新、中国驻纽约总领馆经济参赞金立刚、中国驻旧金山总领馆经济参赞何伟文、美国中国商会会长沈被章、美国前国务卿黑格、中远美洲公司高级顾问麦克慕伦、众议员因斯力、众议员麦可德模特、华盛顿州金县县长西姆斯、斯诺何密斯县县长德来维尔、西雅图市长谢尔、美中商务协会主席卡普、西雅图市政委员会主席德拉各等。中远在美国的业务伙伴、货主以及各界朋友也都参加了这一盛典。

中远方面参加这次活动的有：中远（集团）总公司高伟杰副总裁、中远集运金忠明总经理、中远香港集团董玖丰总裁、中远美洲公司张立勇代总裁、中远（集团）总公司总裁事务部张莉总经理、中远加拿大公司刘其民总经理以及来自美国各地的当地雇员代表。

西雅图港务局方面的出席人员有：港务委员会主席戴维丝女士、副主席布洛克、港务委员会秘书长佩吉米勒、港务局总裁丁斯模等。SSA装卸公司董事长施密斯、律师行合伙人贝尔也出席了活动。曾经在1979年派出第一条美国商船首航中国上海港的莱克兄弟公司的前总裁阿莫斯也应邀出席了活动。

午餐会和晚餐会均由张立勇代总裁主持，丁斯模先生代表协办单位协助张立勇主持。在午餐会上，高伟杰副总裁代表中远集团发言，他回顾了20年来中远的发展历程，向来宾们介绍了中远及其在美国业务的现状和"以市场为导向，以客户为中心"的原则，表达了中远加强与当地的合作和以优质服务赢得顾客信任的愿望。西雅图市长表达了对中远的祝贺和对中远成就的钦佩，还表示西雅图是波音公司和微软公司的所在地，在发展飞机制造业、软件制造业之外，西雅图还将致力于拥有世界上最好的交通运输环境。西雅图港务委员会主席戴维丝女士转达了华盛顿州参议员帕蒂穆瑞女士对中远的祝贺和对中远为当地所做贡献的感谢。参议员帕蒂穆瑞还认为中国加入世界贸易组织将有利于美国经济的发展。李肇星大使在午餐会上发表了热情洋溢的讲话，对中远为中美两国友谊所做的贡献作出了很高的评价，呼吁美国各界人士多多支持中远。他还就中国加入世界贸易组织以及中美关系等问题发表了见解。他幽默精彩的演讲不时被雷鸣般的掌声打断，演讲结束后全体起立，为他的出色演讲长时间地鼓掌致敬。在午餐会上演讲的还有中国驻旧金山总领馆总领事王永秋、美国前国务卿黑格、中远美洲公司高级顾问麦克慕伦、众议员因斯力等，他们都对中远作出了很高的评价。

晚餐招待会首先仍由高伟杰副总裁致辞，李肇星大使、王永秋总领事、黑格将军再次到会并讲话。中国驻美使馆经济参赞施建新宣读了中国交通部黄镇东部长的贺信。高伟杰副总裁代表中远集团向西雅图港赠送了大型集装箱船模，西雅图港务局向中远集团赠送了精美的玻璃工艺品。高伟杰副总裁与其他3家协办单位一起，为纪念"柳林海"轮首航美国西雅图港20周年永久性纪念雕塑揭幕，该雕塑将安置在贝尔港湾国际会议中心的大堂内。晚餐招待会后，向来宾赠送了中美两国分别制作的"柳林海"轮首航美国西雅图港20周年纪念首日封和纪念画册。

当天下午，高伟杰副总裁接受了美国一些媒体的采访，就中远对航运市场的预测和中国加入世贸组织等问题阐明了中远的观点和看法。

庆祝活动取得了圆满成功，引起了航运界的广泛关注，西雅图邮报、侨报、商务日报、纽约中文电视台、人民日报等媒体参与了采访和报道。商务日报以整版的篇幅登载了"柳林海"轮的历史照片和祝贺广告。参加活动的贵宾普遍反映这次活动气氛热烈，演讲精彩，对中远的业务开展将会起到一定的促进作用。中远部分的外籍雇员反映，他们体会到了为中远工作的自豪之情。

江泽民主席亲自为庆祝活动题词：

"庆祝柳林海首航美国二十周年"

外经贸部石广生部长也为活动题词：

"为经贸发展服务，发展远洋运输"

交通部黄镇东部长的贺词是：

"值此中远集团'柳林海'轮首航美国西雅图港20周年之际，我谨表示热烈祝贺！愿中美两国航运界继续加强交流与合作，为促进两国经贸发展作出新贡献！"

中国驻美大使李肇星的题词是："航运合作，天涯友邻"

华盛顿州参议员帕蒂穆瑞和华盛顿州州长骆家辉特地为活动写来了贺信。

中远集团将以此为契机，加大力度开拓美国市场，争取创造出更好的业绩。

拟建议交通部将有关情况向中共中央办公厅汇报，以感谢江泽民主席对交通部及中远集团的支持和关心。

中国远洋运输（集团）总公司
1999年4月23日

二、重大历史事件

国旗下迸发铮铮誓言
——"眉山"轮首航南北航线的英雄事迹[①]

（一）神圣使命，秘密执行

台湾海峡属中国神圣领海，是贯通南北海疆的咽喉要道。但由于蒋介石集团及美国等西方国家的封锁，这条海上通道竟然中断了近30年之久。祖国自己的海域，外轮可以通过，国轮却要绕行。这种状况必须改变！这是亿万人民的期待！更是远洋运输战线上所有人的期待！

要改变这种状态，实现台湾海峡通航，有一个先决条件必须具备，那就是中美关系必须改善。1978年12月15日，在中美两国共同努力下，中美签署了《中华人民共和国和美利坚合众国关于建立外交关系的联合公报》，美国承认中华人民共和国中央人民政府是中国

[①] 参见广州远洋运输公司编：《艰难历程　光辉业绩》，广州：广东人民出版社，1991年。

唯一合法政府。1979年1月1日，《中美建交公报》正式生效，中美正式建立外交关系，海峡两岸军事对峙的局势开始缓和，为恢复台湾海峡的正常通航创造了有利条件。同日，全国人大常委会发表了《告台湾同胞书》，希望台湾当局明大义，弃前嫌，尽快实现"三通"。

1979年3月，交通部深入分析了两岸形势，做出了分批组织商船通过台湾海峡的决定。5月17日，批准"眉山"轮等5艘国轮首航台湾海峡，由"眉山"轮担任先行船，代号为"江苏1号"。

鉴于当时的历史条件，首航台湾海峡的筹备工作是秘密进行的。党中央、国务院和中央军委对首航台湾海峡十分关注，明确指示有关部门要认真组织好这次行动。总参谋部和交通部多次召开联席会议，专门研究制定航行方案和海空、海岸、舰船协同配合方案，并成立了首航领导小组。为了保证首航任务的顺利完成，广州远洋给"眉山"轮船长周宗标、政委徐泽煊、报务主任魏南征均增派了2—3名得力助手。副经理叶广威亲自随船担任总指挥，以加强船舶的领导力量和技术力量。海军给船舶支援了一部单边带无线电话和一部军用电台，以保证随时与北京联系。为了防止万一，船舶基干民兵排装备了高射机枪、重机枪等一批自卫武器，以对付敌对势力的军舰、飞机的袭扰。

（二）面向国旗，庄严宣誓

备航期间，船舶党支部组织船员认真学习党的十一届三中全会精神，反复进行了思想动员，使广大船员提高了认识，明确了任务，增强了信心，自觉开展各项备航工作。

交通部副部长贺崇陞、中远总公司副总经理袁之平、广州远洋党委书记朱汉雄等领导同志先后多次上船看望船员，检查备航工作。

起航前，"眉山"轮召开了誓师大会。叶广威副经理带领全体船员向五星红旗庄严宣誓："我们是中华人民共和国的海员，属于祖国，热爱祖国，忠于祖国！我们志愿参加首航，甘为祖国的航运事业而献身！

我们刀山敢上，火海敢闯，越是艰险越向前！

人在船在！

人在旗在！"

5月27日，天高云淡，风和日丽，格外晴朗。

交通部贺副部长和中远总公司、广州远洋的领导同志站在码头边，时而挥挥手，时而点点头，为"眉山"轮全体船员送行。船上船下，没有话语，彼此的心情有些凝重……

尽管海峡两岸军事对峙的紧张局势有所缓和，但敌对势力的心理是难以捉摸的。台湾当局在台湾海峡曾劫夺了大陆和与大陆通航的70多艘商船。"和平""跃进"等数艘国轮遭到过台湾当局飞机的突然袭击。那一宗宗不该发生的事件，船员们仍记忆犹新。

（三）筹备精细，首航成功

根据交通部首航领导小组"筹备要保密，行动要公开"的指示，"眉山"轮在航经台湾海峡时必须大造声势：一是要选能见度高的白天，二是要悬挂五星红旗，三是要使用明语联络，边航行边呼叫。"眉山"轮驶出珠江口后，先在桂山岛锚泊了一个晚上，28日继续北上航行，29日凌晨抵达金门以南的预定海域。

"眉山"轮边走边报告。船舶自进入海峡以来，虽未遇到什么异常情况，但船员们却丝毫不敢有半点大意，头脑中的弦绷得紧紧的，始终保持高度警惕。驾驶员不仅瞭望认真，而且记录详细，及时地把观察到的新情况标注到海图、资料中，做到走一步留下一个清晰的脚印，行一程留下一段永久的航迹。驶过马祖就意味着穿越了台湾海峡，胜利正向着船员们招手。16时25分，"眉山"轮上空突然窜来一架台军飞机。叶广威总指挥立即下达了准备射击的命令。台军机既没有俯冲，也没有投弹，只在上空盘旋了几圈便飞走了。船员们终于松了一口气。

"眉山"轮很快越过马祖岛，穿出台湾海峡，于5月31日安全抵达目的港日本名古屋，而后又从日本满载货物按原航线返回广州黄埔港。

自此，被封锁了近30年之久的台湾海峡航行禁区宣告突破。

1979年6月22日，交通部根据"眉山"轮的首航情况报告，专门召开"恢复台湾海峡正常通航会议"，并颁布了《交通部关于我商船通行台湾海峡的暂行规定》。台湾海峡恢复正常通航，不仅缓和了两岸对峙的形势，而且洗刷了自己的领海外轮可以通行，国轮却要绕航的耻辱。同时，也大大减轻了中国铁路、公路运输的负担，缩短了南北航程，加速了南北货物的交流和周转，提高了海上运输的效率和效益，对推动中国社会主义经济的发展发挥出不可估量的重要作用。经统计：1979年8月至1982年12月，仅广州远洋一家公司通过台湾海峡的船舶就有1217艘次，比原南北航线缩短船期2040天，节约燃油5.7万吨，节约燃油费1672万元。

台湾海峡不愧是一条黄金水道！

海难中彰显爱国情怀
—— "广水"轮在重大事故中冒险救船的英雄事迹[①]

1979年12月20日，马尔马拉海大雾弥漫。广州远洋的"广水"轮满载着大批电石和杂货起航回国，在大雾中小心翼翼地航行。

（一）天降大难，猝不及防

23点50分，值班三副突然发现雷达荧光屏上出现了一个模糊的亮点，且越来越清晰，显然是一艘船直奔"广水"轮而来。三副大吃一惊，立即发出停车命令，然后又命令倒车。然而，已经来不及了，一场灾难不可避免地发生了。"轰"的一声巨响，一艘西班牙籍货船的船艏直插"广水"轮右舷三、四舱之间，将"广水"轮严重撞伤。西班牙货船又无视航海人的职业道德，快速倒车脱开，加速逃跑了。在这艘西班牙货船将消隐在大雾中的瞬间，值班三副看清了它的船名——"宾斯努"号（BEN-CENO）。

"广水"轮右舷三、四舱结合部被撞出两个大洞，海水以每小时1000吨的速度涌进三、四舱，并向邻舱渗漏。机舱上层外走廊的水顷刻间深达一尺多，并开始向机舱门口漫去。配载在三舱的近千吨电石，遇海水迅速分解，产生出大量的乙炔气体。活跃的气体立

---

① 参见广州远洋运输公司编：《艰难历程　光辉业绩》，广州：广东人民出版社，1991年。

即由电风筒大量冒出,霎时间,甲板上浓烟滚滚。"广水"轮上装载的千桶电石,犹如颗颗随时可能爆炸的炸弹,情况万分危急。

船长季雪光眼前不禁浮起一幕幕恐怖的情景:1971年,在康斯坦察港,一艘正在装载电石的英国货船因大雨淋湿电石,不到2小时,一声巨响,船被炸成两截,碎片和船员尸体抛出几百公尺以外;1978年,一艘装载电石的希腊货船触礁进水,不久即爆炸沉没,19名船员不幸遇难……季船长想到这些,深感自己的责任重大,必须将船员迅速撤离。

季船长立即和政委李峰商量,两人当机立断,决定全体船员立即弃船。水手长曾广忠临危不惧,沉着地指挥水手快速放下两艘救生艇,船员们依次下到艇里。最后,甲板上只有船长季雪光、大副胡冠雄和水手长曾广忠。此刻,谁都知道早一点离开,就有可能早一些脱离危险。然而,救生艇的缆绳总得有人去解。在这生死攸关的时刻,季船长大声道:"你们先走,我来解缆!"大副道:"你们先下,我来解缆。"一向沉默寡言的水手长大声道:"都别争了,解缆是我的本职!"说完,硬推着船长、大副下到救生艇。当曾广忠解开缆绳,最后下到救生艇时,"广水"轮已经被浓密的乙炔气体彻底包裹了。两艘救生艇虽然驶离正在下沉的浓烟滚滚的"广水"轮。但是,一颗颗沉重的心蕴藏着一个共同的决心:只要有一线希望,就一定返回船舶,抢救"广水"。

(二)冒死返船,抢险自救

能这样离开遇难的"广水"轮吗?也许它会沉没,也许沉没前就可能炸成碎片。然而,她现在还确确实实地浮在海面上。"不能远离'广水'轮!"这是季船长内心深处的声音,随后他把自己的想法告诉了政委。很快,"广水"轮上召开了党支部扩大会议,会议决定:"守护难船观察,待机抢险救船。"

死神在向船员们招手,船员们毅然向死神走去。

22日凌晨3点钟。船舶没有沉没。但浓烈的乙炔气味依然刺鼻,爆炸的危险一丝一毫也没有减弱。

为了进一步探明险情,船长、政委、大副和十几名船员冒着生命危险重新登船。船员们首先察看了机舱,意外地发现机舱并未进水,主、副机还能正常运转。动力系统的完好无损使船员们增强了抢救"广水"轮的信心和决心。

尽管船上的大量电石仍然泡在水中,货船随时有可能爆炸。季雪光还是传达了党支部扩大会议决定,下令全体船员立即返船,抢救难船。

黎明,寒风渐渐吹散了浓雾。船员们回到船上后,顶着呛人的乙炔气味和脚下冰冷刺骨的海水,有的抬水泵,有的抬管道,有的提水桶,开始排除机舱走廊的积水。经过全体船员的紧张努力,"广水"轮由右倾斜10度恢复到6度。接着,船员们又用帆布和御寒毛毯临时拼成一块块应急堵漏毯,挡住吃水线下5公尺多长、2公尺多宽的大裂口。然后,驾驶着身负重伤的"广水"轮缓缓向马尔马拉海西北方向驶去。航行4小时,船舶驶入土耳其的特基尔达港。

23日,伊斯坦布尔海难救助公司的救助船船长等人登上了"广水"轮,察看了被撞的裂口,看见舱内被海水浸泡的电石仍在反应剧烈地滚沸着,大量的乙炔气体喷薄而出,救助公司的人，脸都吓白了，随即匆匆离船而去。以后的几天，救助公司的人员迫于上级的压力，不得不上船补焊了大裂口上方的一个小洞，便再也不敢登船了。救助船也把锚抛得离"广水"轮远远的，等待着可能发生的爆炸。28日，救助公司的化学检验师登上"广水"轮，用仪器测量了舱里的乙炔气浓度，惊恐地告诉船长，空气中乙炔含量在2.5%—8.2%的范围属于危险状态。现在舱里乙炔含量已高达15%，爆炸随时发生。这位好心的化学检验师劝船长："快领船员逃命吧！"然后，匆匆离船。

（三）舍生忘死，肝胆照人

土耳其当地救助部门停止了对"广水"轮的一切救援，只留下一艘救助拖船抛在附近，专等中国人发出弃船的信号把船员接出来。

外援没有了，"广水"轮船员们那一颗颗坚定的心却丝毫没有动摇。船员们在船舶领导的带领下，以大无畏的英雄主义气魄，开始了艰难而又危险的抢险自救。

当国内海事小组日夜兼程赶到特基尔达港时，"广水"轮船员们已群策群力，完成了一些非常危险的救助工作。首先，船员们打开舱盖，排出乙炔气体，降低气压，减少爆炸可能。为防止盖板擦碰产生火花，船员们用帆布包住吊机马达，并采取用海水冲刷降温等安全措施。水手长曾广忠再一次冒着生命危险，小心翼翼地揭开了第3货舱盖。舱内，电石泡在海水里，像沸腾的火山岩浆般翻滚。当下，必须把浸在水里的电石一桶桶地吊起来搬掉，否则爆炸的危险仍无法解除。可是，电石一桶紧挨一桶，起吊时稍不小心，哪怕发生轻微的碰撞，都会引起爆炸，下舱起吊无疑是非常危险的，季船长安排好救护措施后，第一个跳到舱里，随后，电报员、大管轮、大厨等几位船员争抢着下到船舱里。几个人泡在电石中，在电石桶上打了个"油瓶结"。船长打手势，水手长操纵吊机起吊，1桶、2桶、3桶……，当最后一桶炸弹般的电石吊起来后，船上一片欢呼声，许多人流下了激动的眼泪。

自救到这一步，堵住被撞破的大洞，无疑是最关键的一环。经过计算，堵漏板长6公尺、宽4.5公尺。船上没有这么大的钢板，船员们就冒着寒风和雪雨，苦干了三昼夜，焊成了一块重达2吨多重的大型堵漏钢板。而固定堵漏板又是一项十分艰巨的工作。船员们预先拉好4道过船底的钢丝，把堵漏板放到海面，拉至洞旁，把它绑在洞口。当时没有潜水员指示安放的正确位置，也买不到潜水设备。但是，这些都难不倒英雄的中远海员。大副胡冠雄与海事小组组长杨照和自告奋勇，下到海水中，在堵漏板上拴钢丝。当时，海上有8级大风，天气十分恶劣。大副跪在颠簸的木筏上，在杨照和的协助下，一边呕吐，一边手拿钢丝，摸到已淹在水下的堵漏板钢架端扣，用卸扣将钢丝扣妥。一个多小时过去了，杨照和、胡冠雄二人终于制服了海浪，拴住了堵漏板。当大家含着眼泪把两位勇士拉到甲板上时，二人已浑身湿透，衣领结冰，冻得脸色发紫，在场的船员们全都感动得哭了。

英雄的"广水"轮船员就是凭着这股英勇顽强的气魄和坚忍不拔的毅力，又奋战了20多个昼夜，终于把舱里的水抽干，清除了全部浸水的电石。

"广水"轮脱险了！"广水"轮得救了！

"广水"轮抢险自救的成功，震动了欧洲航运界，并在国内业界引起了较大反响。

中远船员以大无畏的精神挑战险情，舍生忘死；以无比坚强的信念战胜困难，超越极限,创造了看似不可能创造的奇迹,以中远人特有的无比的英勇与顽强,为新中国的海员树立了光辉的榜样。

战火中锤炼英雄本色
——"嘉陵江"等轮在两伊战争中勇敢护船的英雄事迹[①]

中国历来是崇尚和平的国家。多年来远离战争,生活环境祥和美好。但航行在世界各地的中远航船,却经受了一场残酷的战争洗礼。

(一)坚守阵地,视死如归

1980年9月22日,震惊世界的海湾战争爆发了——伊朗和伊拉克两国正式宣战。双方动用了大炮、飞机、装甲车和导弹,向对方发动了疯狂的进攻。顿时,阿拉伯河硝烟弥漫,几十艘外国商船被封锁在炮火连天的港池中,其中有广州远洋的4艘货轮——"嘉陵江"轮、"阳春"轮、"开平"轮和"牡丹江"轮。战火是无情的,停靠在伊朗霍拉姆沙赫尔港的船只都遭到两伊战火的袭击。一艘意大利籍集装箱货轮和一艘巴拿马籍油轮中弹起火,被战火围困的多名外轮船员,大都弃船逃命。

广州远洋的"嘉陵江"轮、"阳春"轮,也停靠在霍拉姆沙赫尔港,经受了这场无端的浩劫。位于战争前沿的"阳春"轮,几乎成了两伊战火的一个靶场。

9月26日,上百发炮弹倾泻在"阳春"轮的船头,冒起的浓烟盖住了船体,30多名船员抱着"人在船在"的坚定信念,冒着中弹的危险,拼死在船头扑火救船。

9月27日,猛烈的炮火轰开了"阳春"轮船体几寸厚的甲板,船长王芝生下令斩断缆绳,准备离开码头,可船员们几次冲向船头,都被炮火压回。

从9月28日起,落在"阳春"轮上的炮弹更为猛烈,船体主要部位已被摧毁,燃起的5次大火都被船员们扑灭,全体船员无一人要求下船求生,在炮火中坚守着这块神圣的国土。

10月8日,当船舶接到上级下达的弃船命令时,全体船员望着被近千发炮弹击坏的"阳春"轮,禁不住放声大哭——船员们多么舍不得与自己生死与共的船舶啊!

(二)战火洗礼,生死考验

与"阳春"轮不同泊位的"嘉陵江"轮,遭遇更为悲壮。

10月2日晚,在霍拉姆沙赫尔港,全体船员奋力与漂近"嘉陵江"轮的伊朗起火船舶搏斗,拼死把"火船"撑开,避免了本船被引燃的危险。

10月4日,两发炮弹命中"嘉陵江"轮,船舶大半个驾驶台、电台被毁坏。在收发机前工作的报务员被爆炸气浪抛出几米远,当场昏厥过去。

10月5日夜,战争更趋激烈。密集的炮火对霍拉姆沙赫尔港发起全面进攻,炮弹铺天盖地直落码头、仓库、货场,港区成了一片火海。"嘉陵江"轮船长曾怀裕急命砍断系泊缆

[①] 参见广州远洋运输公司编:《艰难历程 光辉业绩》,广州:广东人民出版社,1991年。

绳，准备冲出火海。船员们按船长的命令奋力向船头冲去，冒着生命危险砍断大缆。当船调头开进河心时，几十发炮弹击中驾驶台、机舱、船员房间、船艉，霎时燃起大火。全体船员奋力灭火救险。

正在机舱救火的轮机长杨道成、轮助汤有球，被爆炸的气浪掀翻在地。这时，电机爆炸了，无电抽不上水来，灭火已不可能，机舱出口又被大火封死，杨道成只得带领大家从逃生口撤出。而自己却冒着浓烟烈火冲进操纵室，把主机、辅机日志抢救了出来。

管事叶任生和二厨莘留生在餐厅准备早餐，被一枚穿透3层甲板的火箭炮弹炸成重伤。叶任生小腿被打断，莘留生的腰部、臀部被削去两块肉，腹部撕裂。

船舶的上部结构和重要部位被击毁了，灭火保船已不可能。为了保护33名同船兄弟的生命安全，船长曾怀裕忍痛宣布弃船。清点人数时发现少了2人，船员们马上分头寻找。

船长冒着浓烟烈火在右舷水密门附近，找到了满身血迹的叶任生。叶任生的第一句话就是"我不要紧，快去救莘留生"，船员们冲到伙房找到莘留生时，其已生命垂危。莘留生无力地对大家说："管事受伤了，快……快去救他。"船员们抱着莘留生冲出了滚滚浓烟。

当全体船员集中到甲板时，几发炮弹又击中了"嘉陵江"轮，形势越来越严重了。在这关键时刻，曾船长命令船员分两批撤离，而自己留在最后。

由水手长林国强、水手谭启元等6位船员下水护送叶任生上岸。然而在途中，由于遇上激流，护送的船员一个个被冲散，只剩下谭启元紧紧地拉着叶任生。他安慰说："管事，你放心，有我在，就有你在。只要我有一口气，就要把你送上岸去。"在这危难时刻，共产党员谭启元无私无畏，不离不弃，一直拉着叶任生，奋力游了2000多米，终于在一片烂泥滩上了岸。

在护送莘留生下水时，莘留生知道自己伤势很重，不愿再给大家增加危险和负担，语气坚定地对政委黄元奎说："你们快走吧，不要管我了。请转告公司领导，我没有给祖国丢脸。"政委一直鼓励他，安慰他。

夕阳西沉时，由曾怀裕船长、黄元奎政委、陈治国大副护送着莘留生在急流中拼尽全力，终于上了岸。可是这位祖国的忠诚战士在送进伊朗前线的陆军医院时，已经太晚了——这位好党员、好船员、祖国的忠诚战士莘留生因伤势过重，为祖国的远洋运输事业献出了年轻的生命。

（三）中远精神，百炼成钢

被阻滞在阿拉伯河道上的"牡丹江"轮，被战火封在河里。当"嘉陵江"轮被炮火摧毁时，"牡丹江"轮正遭受两伊交战双方飞机的袭击，船体中弹40多发，船员5人受伤。但是，船员们在船长欧阳水平、政委董良谋的指挥下，面对枪林弹雨仍坚守在船上，直至10月17日，奉命撤离。撤离前，船员们对国家财产表现了高度负责的精神，把大舱加固，机房加锁，水密门焊死，贵重仪器和技术资料拿到机舱，又将机舱各门窗全部焊死，将氧气瓶转到船头安全位置，采取了许多保船护货的安全措施。

在伊拉克巴士拉港靠泊的"开平"轮，常受到交战方飞机的骚扰和威胁，但全体船员想到的不仅仅是本船安全,而是3艘被困兄弟船舶的安危。船长王理仁不断为兄弟船拟电报、打电话、传消息、找代理、联系使馆、汇报有关工作。他不顾个人安危,夜以继日,把个人生死置之度外,废寝忘食地在战火中奔波。

两伊交战时,对外通讯全部中断,被困于战火中的外轮被禁止启用电台。但是,两伊战争爆发的次日,4艘中国船被困的消息传到祖国。交通部、中远总公司和广州远洋惦记着处于险境中的船员。当"嘉陵江"轮被迫弃船后,交通部又于10月17日命令身中千余发炮弹的"阳春"轮撤离,同日命令"牡丹江"轮船员弃船。

(四)赴汤蹈火,守望相助

4艘遇难船舶与国内通信全部中断,人船危急。9月22日8时,"桂阳"轮奉命抵达阿拉伯河口锚地,担负为公司联络遇险船舶的中转通信任务。船长夏庆芳、政委周细彬意识到自己所处环境的危险性,但更清楚自己承担的神圣责任。船员们想到是上级交给的任务,想到的是被困兄弟船舶的安危。船员们毅然留在战火纷飞的锚地,勇敢地承担起通讯中转工作,利用高频电话与阿拉伯河内的4艘船联系,再把情况报给国内,然后又把上级指示转告被困船。

电话、电报的频繁来往,引起了交战国双方的注意。

10月10日,一架直升机在"桂阳"轮上空侦察,接着又一艘炮艇开来,转了几圈后,突然发射两发炮弹和30余发机关炮进行威胁和驱赶。

"桂阳"轮一面向对方表明自己是商船,一面坚持工作。为了使通讯联络更清晰,"桂阳"轮4次冒险靠近阿拉伯河口。报务员高云龙一个人承担了4艘船的中转通讯任务,工作量是平时的十几倍,连续15个昼夜值班,以顽强的毅力,保证了联络畅通。

10月13日,两架武装直升机又来到"桂阳"轮上空,绕船一圈,向船的周围发射几发炮弹,企图赶走"桂阳"轮。然而,当直升机盘旋在船艉时,飞机驾驶员看到了一幅令他们怎么也想象不到的画面:两名中国船员正在升起一面鲜艳的五星红旗,并庄重地向着国旗行注目礼……

1980年底,"嘉陵江""阳春""开平""牡丹江"等4艘船舶,共156名英雄船员回到祖国,交通部为他们召开了2次隆重的欢迎会,表扬了船员们临危不惧、英勇抢险、护船护货、同舟共济、危急关头先人后己、舍己为人的精神。广州远洋授予这4艘船舶和"桂阳"轮先进集体称号,并给优秀船员记功,广东省人民政府追认莘留生为革命烈士。

飓风里展现崇高境界
——"东明"轮英勇顽强防抗台风的英雄事迹[①]

1991年4月30日凌晨,一场发生在孟加拉国的特大飓风震惊了全世界。

这场特大飓风以每小时210公里的风速,摧残着该国的吉大港,整整肆虐了7个小时

---

① 本文根据中远档案资料及原广州远洋运输公司职工刘瑞祥供稿整理。

之久，给孟加拉国人民造成了极其严重的灾难：20万人死亡，伤残者不计其数；钢筋混凝土电线杆被拦腰折断，普通民房荡然无存；港内万吨级货轮沉没2艘，军舰沉没6艘，小船沉没的不计其数；所有在港舰艇大缆几乎全部断掉，旧码头的缆桩甚至被连根拔起，港内没有一艘不受伤的船舶；岸边的起重机被掀翻，数吨重的集装箱被吹出数丈远，中小型船舶被吹上岸，大型船舶被推上浅滩搁浅；水面漂浮的灾民和牲畜的尸体比比皆是，其状惨不忍睹；水电供应中断，对外通讯中断，整个吉大港处于瘫痪之中。

吉大港在哭泣，孟加拉在流泪。

就在这罕见的飓风中心，广州远洋"东明"轮的37名勇士们谱写了一曲抗风保船的壮丽诗篇。

（一）扎实备战，做好防抗准备

4月29日，吉大港风平浪静。上午10时，船长倪福琦在黑板上写下："今日下午或晚上有飓风，各部门做好安全检查工作。"

船长的指示就是命令，各部门立即进入战前准备。

轮机部在轮机长翁志刚的带领下，全体出动对轮机进行了反复检查，主机做好了随时可动车的准备，并另启动一台发电机，作为备用。两台主机油泵马达上被严严实实地盖上了油布，以防进水。舵机房水密门已被链条葫芦紧紧拉封死，保证滴水不进。政委吴志法与电助杨金泉直到晚上11时，还在全船巡视电器和各舱室水密情况。值班二管轮李榕峰发现通风机开关箱上面漏水，立即用塑料布包裹上，并把天窗门关紧。

大副王展德带领甲板部的船员们在甲板上突击绑扎，吊杆绑紧了，船艏船艉在已系缆10根的基础上，又加了2根缆绳。零时30分，大副与木匠陆义苏还在甲板上检查各大舱水密门，检查前后缆绳。

业务部人员则分别到仓库和厨房固定物品，收好碗盘壶碟，关紧门窗。

"东明"轮的神经绷紧了，一切都处于高度临战状态。可是，包括孟方在内，谁也不曾料到即将来临的是一场多么恐怖的灾难。

船长和船员们在沉闷的空气中度过了平静的下午。晚上11时，风速开始加大。劲风夹着大雨向船体凶猛地打来。船长早已带领三副姚青生、驾助韩峰在驾驶台严阵以待。丰富的航海阅历使船长百倍小心。

（二）不怕牺牲，勇战多种险情

凌晨1时左右，天老爷像发了疯一般，狂风怒吼着欲将天地翻上一周。15000吨的"东明"轮被搅得左右摇摆不定。船长察觉情况不妙，立即下达"全船船员投入战斗"的命令，早有思想准备的全体船员以最快速度集合在底层生活区走廊里，按照船长的布置，投入到抗风保船的战斗中。

船外漆黑一团，什么也看不见。狂风、暴雨、巨浪的嘶叫震耳欲聋。在驾驶台，为了听清楚高频，船长除了让三副注意收听，又叫驾助拿一副对讲机到海图室收听。

凌晨2时10分，船长命令大副到船头观察，大副立即带领水手长姜宝康和木匠毫不犹豫冒着狂风暴雨冲向船头。2时15分，船长命令备车，轮机员和机工们在10分钟内备车完毕。

冲出舱室外的大副、水手长、木匠正艰难地向船艏挺进。狂怒的大风3次将船员们打回。船员们只好沿着大舱的下风弦，抓紧舱缘和铁链，匍匐前进，到船艏仅87米的距离，竟足足用了10多分钟。单个人站立，随时有被狂风刮到海里的可能。3个人只好一个紧挨着一个，后面的紧搂着前面的腰，才得以站稳。

夜漆黑，风狂雨骤，能见度只有几米。船员们眼睛瞪得圆圆的，注视着四周，不敢有丝毫疏怠：突然，大副发现一艘大船向"东明"轮迎头压来，立即报告船长："有一艘船向我船头撞来！"话音刚落，只听"砰"的一声巨响，船体剧烈地震颤了一下。紧接着，连续发出"绷""绷"的闷响，碗口粗的尼龙缆绳断了10根，另外2根松脱，"东明"轮就像一匹脱缰的野马，横冲直撞。

"我轮被撞，缆绳全断！"大副向船长报告。

"立即抛双锚！"对讲机中立即传来船长果断而有力的命令。

"支援船头！"在听到船长这一命令后，7名船员不顾个人安危，立即向船头冲去。

人多力量大，双锚迅速被抛下。

主机的动力与双锚的拉力稳住了船体。

船长意识到船已被撞，立即拿着电筒冒着狂风暴雨到驾驶台外记下了肇事船"FONESHIN"的船名。

已完全失去控制的"FONESHIN"轮在碰船后擦边而去时又将"东明"轮右舷撞破。

2时32分，正在机舱巡视检查电器的电机员刘文赤只见机舱上层右前近1米处、离二层花铁板高1.5米处出现0.5米长的裂纹。他来不及细细察看，直接向轮机长报告了险情。

机舱是船舶的心脏。轮机长立即带领大管轮黎健潮和全体机工赶去抢险堵漏。

汹涌的海水从机舱的裂口喷涌而入，机工杨俊海、马玉明不顾生命危险，迅速在裂口填充棉纱，又按裂缝大小迅速锯好木板封住裂口，用木栓从不同角度顶住。经一个多小时的激战，漏洞终于堵住了。三管轮陆元兴开动了两台污水泵同时排除积水，几名机工不停地淘水，机舱里的战斗一直持续到天亮。

2时49分，参与救险的大厨黄厚祥在巡逻时，发现4舱起货机配电房照明线路起火，船长立刻发出了火警警报，同时通知机舱切断电源。船员们迅速从不同部位拿来消防器材，将干粉喷向着火点，又一番奋战，火被扑灭了，救火的船员们瘫坐在一起。

双锚抛下后，大副和2名船员留在船头，负责观察锚链受力情况和船头海况。二副孙锡波整个夜晚都坚守在船艉，向船长报告一个又一个险情。报务员梁妃春始终坚守电台，使"东明"轮与外界保持着不间断的联系。

（三）历经磨难，尽显英雄本色

飓风、撞船、进水、起火……险情一个接一个，船员们从一个战场转入另一个战场，神经紧张到了极点。但船员们没有被困难吓倒，没有被危险击溃，而是迎着风浪、迎着火情、迎着死难，以中远船员顽强的意志品质、忘我的牺牲精神、高昂的英雄气概，战胜了一个个困难、闯过了一道道险关、迎来了一场场胜利。

天亮了，老天爷好像折腾累了，风也停了。向外望去，倒灌在码头上的海水开始退下，码头重现。港湾内,一派劫后惨象:所有的船舶不沉即毁,东倒西歪,横七竖八。

显然,港内已找不到代理、引水、拖轮、带缆工。

6时,船长下达指令:"自靠码头。"

6时40分,两名水手一跃上岸,先后将头缆、艉缆和倒缆全部系稳,被飓风折腾了一夜的"东明"轮,又安静了下来。

"东明"轮全体船员英勇抗灾护船的事迹,得到各级领导和机关的高度评价。中远总公司向船舶发来慰问电,祝贺船员们在特大飓风袭击下保住了船、保住了货、保住了主副机,并做到了人员无一伤亡。广州远洋给"东明"轮记集体功一次,并授予一面锦旗,以表彰全体船员在飓风灾害面前所表现出的中远人的英雄本色。

三、重要历史人物

祖国的骄傲,海员的楷模
—— 革命烈士、广州远洋船员莘留生先进事迹 [①]

遥远的阿拉伯河,曾经流淌着中华烈士的鲜血。

广州远洋"嘉陵江"轮在战火中坚守岗位,莘留生烈士临终时说:"请转告公司,我没有给祖国丢脸!"这铿锵有力的心声,成为英雄向祖国交出的最后一份答卷,也成为远洋船员永恒的誓言!

1980年10月,伊拉克和伊朗两国在阿拉伯河一带爆发了激战。伊朗霍拉姆沙赫尔港的码头及附近的炼油厂,都被炮火点燃,整个码头变成了一片火海。停靠在该港的几十艘外轮被封锁在战区之内,有的烈火熊熊,有的弹洞累累,流弹无情地蹂躏着这些浮动的国土。广远公司的"嘉陵江"轮也在炮火交织下颤抖着……

莘留生

10月2日晚上,炮弹在空中穿梭,火焰映红了整个夜空,爆炸声淹没了人们的惊叫声。"嘉陵江"轮全体船员英勇护船,在这战火的炼狱中磨炼着自己的赤胆忠心。一艘货船中弹起火,"火船"蹿向"嘉陵江"轮。共产党员、二厨莘留生和水手林国强,并肩操起消防水龙头对着熊熊燃烧的船舶猛射,又操起长杆和船员们一起合力把火船撑开。火船三次漂近,三次被撑离。船员们经过三个回合的搏斗,终于把火船逼走至河的中心,护住了"嘉陵江"轮。

3日早上,一发炮弹向"嘉陵江"轮呼啸而来,船舱被炸开一个大洞,主甲板被打穿,5个船员房间被摧毁。

---

① 参见广州远洋运输公司编:《艰难历程 光辉业绩》,广州:广东人民出版社,1991年。

4日,又一发炮弹把"嘉陵江"轮的驾驶台、电台炸毁。一枚火箭弹带着凄厉的声音,穿过三层甲板,在餐厅左侧爆炸。正在准备早餐的二厨莘留生、管事叶任生倒下了!莘留生的腰部、臀部、腹部受了重伤……

船舶的上层结构和重要部位已被炮火摧毁,灭火保船已不可能。此时,船长只好噙泪宣布弃船。全船清点人数时,发现少了莘留生、叶任生两位同船弟兄,大家都万分着急。当找到二人时,莘留生还在昏迷之中。莘留生醒来第一句话就说:"管事受伤了,快去救他吧!"说完又昏了过去。船员把管事叶任生送上岸后,又冒着炮火护送莘留生上岸抢救。

大家用救生圈绑上木板,做成"托浮器",驮着成了血人的战友。在河面上,一直昏迷的莘留生醒转过来。

"我……我回不去了,这里危险,你……你们快走吧!请转告公司,我没有给祖国丢脸。"莘留生声音时断时续,句句敲击着大家的心弦。

"好兄弟,你会好的,我们决不丢下你,一定送你上岸抢救。"政委黄元奎热泪盈眶,握紧莘留生的手坚定地说。

硝烟蔽日,火光映天。在这枪林弹雨中,随时都有死亡的危险。船员们推着"托浮器",沉着地紧扶木板,在湍急的河流中艰难地游向岸边。这时,莘留生再次醒来,喃喃地说:"船长,我不行了,你们快走吧!"大家默默无言,继续在炮火中游向岸边。

夕阳西沉时,曾怀裕船长、黄元奎政委、陈治国大副护送着莘留生在急流中拼尽全力,终于上了岸。可是这位祖国的忠诚战士在送进伊朗前线的陆军医院时,已经太晚了——这位好党员、好船员、祖国的忠诚战士莘留生因伤势过重,为祖国的远洋运输事业献出了年轻的生命。

人生自古谁无死,留取丹心照汗青!莘留生对祖国的一片丹心,在弥留之际闪烁出夺目的光辉:"请转告公司,我没有给祖国丢脸!"

烈士的赤子之心,将永远铭刻在中远人的记忆中!

烈士的爱国情怀,将永远熔铸在伟大祖国远洋运输事业的丰碑上!

激情似火闯海路
——全国劳动模范、广州远洋轮机长李婆贵先进事迹[①]

李婆贵,中共党员,1965年毕业于大连海运学院轮机专业。他从普通轮机员起步,一步步成长为轮机长。后又被提拔为广州远洋工会主席、中远驻蛇口办事处主任。李婆贵在平凡的岗位上创造出的不平凡业绩,赢得了广大船员的赞许,也赢得了组织给他的多种荣誉:广东省劳动模范,交通部"航海事业先进个人"等,1979年荣获全国劳动模范荣誉称号。

(一)初生牛犊不怕虎

李婆贵刚上船时,轮机人员无不用审视的眼光打量着这位刚出校门的书生。可谁知,

---
① 摘自中远集团工会编:《中远劳模》,内部印刷,1995年。

这个大学生，活儿一上手，就给人不一样的感觉。主机吊缸，他竟然钻进烟熏火燎的气道，越干越起劲；清洁机舱设备，拖抹印满污泥的地板，他也干得格外卖力。没多久，周围的同事便另眼相看：这个大学生不简单，这个学生娃是好样的。船上有一部辅机，缸头漏气，长期搁在机舱。"我来看看能不能修好。"李婆贵向轮机长请缨。几位同事摇头苦笑，谁也不信他能修好。李婆贵并不介意周围人们怎样看他，他决心用实际行动来改变人们的看法。想不到这台趴窝几年的辅机，给他摆弄了两天，居然吼起了有节律的轰隆声。随后，李婆贵又把另一台配不上电的辅机也给修好了。事实让他的形象在同事们的心中一下亮堂起来了。

李婆贵

1969年，他在"黄石"轮当轮助。有一个航次，"黄石"轮在黄埔港装完货准备开往西欧时，发现主机6个缸的十字头出现裂纹。在轮机部的讨论会上，绝大多数人认为不能开航，必须把装上的货卸下，然后进厂修理，不然的话，途中会出现意想不到的后果。轮机长一时也感到很棘手。如果进厂修理，不但要耽误船期，而且要把装好的货重新卸下，损失太大；如不进厂修理，安全航行又没把握。正当轮机长踌躇不定时，李婆贵坚定地表示，"黄石"轮可以开航，主机运转50天没有问题。李婆贵的理由是：6个十字头裂纹离油槽有一段距离，又没出现脱铅现象，使用寿命还有很长时间。有人提出否定意见，李婆贵据理力争。最后，轮机长同意李婆贵的意见，决定当天开航。从黄埔港开到比利时，航行30天，一路平安无恙。实践证明了李婆贵判断的正确。事后一位好心的船员悄悄地对他说："你是小小的轮助，这样大的事固执己见，如果判断失误，你负得了责？下得了台吗？"李婆贵却憨厚地说："我相信科学技术，想的是对船上工作负责，至于个人得失，我就顾不了那么多了。"

（二）勤奋练就硬功夫

李婆贵深知，航海技术这一行既没有止境，也没有捷径，必须刻苦钻研，才能成为一个真正的行家里手。多年来，他每上一艘船，工余时间不是玩牌、下棋、聊天消遣，而是沉迷于图纸、资料中，虚心地向其他船员学习，把机舱的所有机器设备的原理逐一揣摩，孜孜不倦地在轮机管理的理论与实践中学习提高，再学习再提高。多年的勤学苦练，使他对机器故障的判断形成了自己的独到见解和独特风格。

1973年，新接回的"洪湖"轮在印度洋上航行。这时的李婆贵已经是二管轮了。一天，凌晨两点，李婆贵在机舱值班，他从熟悉的主机轰鸣声中听到一声清脆的"扑通"声。他立刻闪过一种不安的预感："金属物坠地，主机有隐患。"当时，船正全速航行，排除隐患，就得停车。他心想这可是一桩大事，事关船舶安全。但如果提出来弄不好风波四起，自己怎么能承担起这个责任。李婆贵经过一番思想斗争后，感到不能因一己私念而酿成一场机损事故。强烈的责任心驱使他在机舱的黑板上写上"停车检查，排除隐患"8个字。天刚亮，轮机长便急匆匆找他，用不容置信的口气询问："你判断真的准确，绝对没问题?"李婆贵回答:"绝对没问题,一定要停车检查。否则,要出大事故。"轮机长进行了认真的思索,为了船舶安全,他同意了李婆贵停车检查的意见。主机停下来了,轮机人员打开曲拐箱,果然在第3缸的油底壳上找到了从主机十字头上掉下来的3颗断螺丝。倘若发现不及时,油管让螺丝堵住,那一场机损事故就会发生。轮机长不由得吓出一身冷汗,打心底佩服李婆贵。

(三)身先士卒做表率

1975年,李婆贵当上了轮机长。当上了领导的李婆贵,从不和同事摆架子、讲派头,还是和以往一样,一身油污、一头汗水,点点滴滴给同事做出好样子,时时处处给船员当好带头人。这一年,李婆贵上了"芜湖"轮。这是一艘老油轮,机器毛病比较多。哪里的活最苦、最累,他就在哪里带头干,经常是满身油泥、满身汗水地出现在大家的面前。他不仅劳动带头,而且把心血倾注在机器的维修保养上。他带领大家反复试验,首先解决了日本、新加坡、中国香港的厂家未能修好的主机经常烧排气阀问题,接着又排除了一油泵驳不出油和辅机油封漏油故障。

1976年,李婆贵上"菱湖"轮,该轮是一艘6万多吨的油轮,长期担负着运输大庆原油到日本的任务。因大庆原油含蜡量高,黏度大,卸油时加热温度过高,会造成原油汽化,影响排量。反之,黏度大,排量慢,也影响卸油速度。该轮曾有几航次卸油时间不但超过日方规定的36小时,而且余油700多吨,日方对此很不满意。卸油速度不解决,既耽误时间又影响经济效益,甚至有损企业乃至国家的信誉。为解决这个问题,李婆贵根据天气情况,调整设备参数,并用大排量的油泵通过排油阀直接扫舱,从而使卸油速度从原来的50小时降为26小时,解决了这个老大难问题,受到日方好评。

李婆贵不仅干起活来不要命,而且在危险和关键时刻,更是冲在先,抢在前,从不考虑个人的安危,想到的是他人和集体。这种无私奉献的精神给人们留下难忘的印象。

1979年2月,"菱湖"轮在香港友联船厂修船,因辅机调速器失灵引起飞车。高速运转的飞轮与飞轮盖相摩擦产生火花,发出令人胆战心惊的轰响。飞轮一旦脱出,巨大的惯性足可把几寸厚的铁板戳穿。厂方工人、工头吓坏了,纷纷向上层甲板逃避,现场的二管轮也不知所措。在上层甲板的李婆贵,听到辅机运转的声音有异,快步来到现场。这时,每分钟高达一千多转的飞轮,因摩擦而溅出的火花已盖满辅机,巨大的声音令人望而却步。李婆贵见状,急步上前。"轮机长,危险,不能上!"在场的轮助看到这惊人的一幕,关切地阻止李婆贵。可李婆贵已顾不得这些,不到一分钟,他已关闭了辅机的所有高压油泵,切断了辅机的供油管路。随之,飞轮缓缓地减速直至停止。一场机毁人伤的事故终于消弭于无形。厂方工人摇着头说:"你们轮机长这是舍命保机器啊。"

"菱湖"轮在伊朗锚地抛锚时,发现5中舱的舱阀出了故障,加不上油。如强行加油,各油舱分配量就不均,会使船体弯曲,甚至扭断。油舱深19米,尤其是舱里充满可燃的瓦斯毒气,下舱排除阀门故障,凶多吉少。在场的三管轮、轮助都想下舱排除故障。李婆贵感到不能让其他人下去,自己工作多年,经验毕竟比他们多,自己下去也许能化险为夷。于是,他腰系长绳,用湿毛巾捂住脸部,下到黑暗的舱底,强忍着瓦斯气的刺激,在 20 米长的管路上来回多次摸索，终于把本舱阀拆下并换上新的备件。完工时，他感到脑袋沉重，身体乏力。一位轮助不无感叹地说："我们轮机长就像个铁人。"

（四）不恋小家顾大家

李婆贵在船上工作了 19 个年头，在船工作时间最长的一次达 23 个月，短的也达 12 个月。他说："家与事业不能两全。"在集体和家庭的天平上，他总是向集体这边倾斜。每次一接到公司的调派电报，就寝食不安，总想立刻就走。他的妻子不无抱怨地说："你的家在船上，咱们的家是你的旅店。"李婆贵为了远洋运输事业，常常是顾不了家。第一个孩子出生时，他在南海远航，回家时小孩已半岁；第二个孩子出生，他航行在大洋上，公休时踏进家门，小孩会叫"爸爸"了；第三个孩子在他上船后的第二天，就呱呱落地了。1977 年，湛江地区下大雨，他家被水淹，全家只好住进妻子单位的办公室。当时，李婆贵的船远航回来，停在大连。妻子扶老携少，面对空空的四壁，拍电报盼他回来。李婆贵思前想后，还是没有回去，他给妻子写信道："我们的船很快就要开航了，还有大量的准备工作要做，我不能因家事，而影响船舶开航……"每当李婆贵回忆起这些往事时，总觉得对妻儿亏欠很多。因此，李婆贵工作上每取得一点成绩，事业上每获得一份荣誉，都无不激动地说："我的一点成绩，妻子有一大份儿。"深深的情感，是李婆贵对妻子多年来对他事业的理解和支持最无价的回报。

为理想和事业献身的航海家
——全国劳动模范、上海远洋船长贝汉廷先进事迹[①]

贝汉廷，1926 年 3 月出生，浙江镇海人，中共党员，曾任上海远洋公司船长。贝汉廷热爱远洋，事业心极强，以自己娴熟的业务和出色的工作，树立了中国海员的良好形象，维护了公司的利益。他是一位优秀共产党员，优秀航海家，中国航运界知识分子的杰出代表。他为新中国远洋运输事业的发展作出了宝贵的贡献。他被选为全国人大代表，被评为上海市劳动模范，1979 年获得全国劳动模范荣誉称号。

贝汉廷

（一）想方设法，增收节支

贝汉廷 1954 年步入海运界，1959 年在中捷合营公司船上任大副；1962 年任远洋船"友谊"号船长。1974 年，贝船长在"建德"轮工作。1978 年，贝船长上"汉川"轮工作。该轮第 9 航次装了 152 吨滑石粉，其中有一部分装在冷藏舱上层柜。船到伦

---

① 摘自中远集团工会编：《中远劳模》，内部印刷，1995 年。

敦港前3天，接公司电报说伦敦港拒卸滑石粉，要该轮去其他港口中转。船舶领导立即进行研究，感到问题很严重。如果伦敦港拒卸滑石粉，那么压在下面的440吨冷藏货也不能卸，也得中转。冷藏货的中转费用很大，每吨货将增加60—70元的成本开支，这样国家就会增加几万元的外汇开支。贝船长感到，这笔钱不能白白浪费。船抵伦敦港后，贝船长向工头、理货、代理了解情况，并做工头和工会负责人的工作，请他们帮忙卸下滑石粉，经过一番工作，152吨滑石粉终于顺利卸下，节约了中转费9600多元外汇人民币和400多吨冷藏货的中转费数万元。随后，贝船长又趁热打铁，同对方谈判，较好地解决了中远船此后来伦敦港卸滑石粉的问题，受到了中国驻英国使馆的表扬。

过去，国外货主用中远船的大吊，从不付费。贝船长研究了装货条款，觉得应向货主收费。他先与代理商量，提出收费理由，代理觉得有理，贝船长就委托他代表船方向货主交涉，收取大吊使用费。经过有理有节的交涉，货主同意付大吊费的百分之五十。贝船长决心通过此事，在意大利为大吊收费打下好的基础，又对代理作了大量工作。最后，代理决定，今后所有中远船都收大吊使用费。贝船长就是以这种精神对待工作的。他说："这是国家利益，应该收的钱一定要收，不能眼看外汇白白地流掉。"

（二）渴求知识，学而不厌

贝汉廷船长在30多年的航海生涯中，跑了40多个国家、80多个港口，具有丰富的航海理论知识和实践经验。但是，他永不满足，始终保持着一种精益求精、顽强登攀的精神。他总是抓住各种机会，边学习、边实践，孜孜不倦地进行钻研，从而解决许多重大的业务技术问题。

上海远洋的4条"川"字号的冷藏箱，由于外国船厂设计有问题，绝缘不好，造成多次货损。船上及公司对此一直很关心。"江川""汉川"两轮进厂保修时，都提出过这个问题。但厂方拿了很多资料说明不是绝缘不好而是船方管理不善造成货损，厂方不承担保修责任。当时在"铜川"轮担任船长的贝汉廷为了这个问题动了很多脑筋。他想，绝缘不好造成货损是事实，必须让事实讲话。在进厂保修前，他先将冷藏箱货损的情况拍照留查，取得第一手资料；他又请英、法等国的验船师上船，请他们写检验报告，取得国际验船师的证明；随后发电报请厂方工程师到伦敦和汉堡来看现场，向其说明确是绝缘不好造成了货损。进厂保修时，贝船长提出事实与厂方交涉。厂方虽承认事实，但不承认是绝缘问题，拿了很多资料和理论依据，说明设计没有问题。贝汉廷是学航海的，对冷藏缺乏知识，可是不从理论上找出依据，厂方是不会承担责任的。能否在设计上找出毛病呢？贝汉廷思虑再三，认为设计肯定是有问题的。他向厂方索要冷藏箱的资料，整整花了3天时间，终于从图纸里发现了问题。贝汉廷据此与厂方交涉，厂方便派了4个工程师住在船上试测，结果证明贝汉廷的观点是正确的。厂方无可奈何，同意了保修，费用约18万美元，其他3条"川"字号船也都作了保修。4条船的费用为70余万美元，全部由厂方负担。

贝汉廷船长精通英语，还会另外4种外语。他刻苦学习外语知识，经历了无数个含辛茹苦的求学岁月。他的英语基础是在中学读书时打下的，那时他经常在夜间刻苦攻读。法语是晚上去补习班学的。到了远洋船上后，由于工作需要，他又自学了西班牙语、意大利语和德语。贝汉廷船长能够出色地从事航海业务活动,尤其是进行外事交往,广泛结交朋友,正是得益于他那纯熟的英、法、意、德、西班牙5种语言,使他在对外交流中总是那么自信满满,风度翩翩,谈笑风生,洒脱自如。

(三)科学配载,赢得荣光

1978年4—6月,贝汉廷在"汉川"轮甲板空间,精心配载,装了国内急需的化纤成套设备,共44个大件,将近5000立方米。船舶从联邦德国汉堡安全地运到天津新港,创造了高产纪录。在抵汉堡前,他根据代理提供的资料,以科学的态度分析了这批成套化纤设备的特点:积载系数大,有的大件最高4.3米,长37.8米,外形不规则,怕碰怕压。为了装下全部设备,就要把大量的大件装在甲板上。贝汉廷组织驾驶员分析"汉川"轮的技术状况,研究了海上气象条件,形成了初步方案。为了把货安全、合理地装上船,在贝船长的指导下,驾驶员们又在码头堆场上对每件货物都看过量过,同装货单上的尺码一一核对,并用硬纸按全部货物的体积比例制作模型,在甲板布置图上进行模拟配载。经过多次调整排列,使近5000立方米的44个大件都装在了船上的最佳位置。这一成功配载,受到广泛好评,港口方称这次载货的配载达到了非常高的水平,在汉堡港还是第一次。

1981年3月,贝船长在荷兰鹿特丹港,再一次把净体积6000多立方米的34个大件成套设备有条不紊地装在甲板舱盖上,创造了"汉川"轮开航以来装货最高纪录,这次又受到鹿特丹港海运界和新闻界好评。贝汉廷就是用这样的实际行动,为国家争光,为企业作贡献的。

贝船长的国际主义精神和人道主义行为,也同样为祖国赢得了荣誉。1978年12月12日,贝船长驾驶的"汉川"轮在地中海的狂风暴雨中,见义勇为,成功地救助了在地中海遇难、即将沉没的塞浦路斯"艾琳娜斯霍浦"号货轮上的16名船员和一名家属,使他们全部死里逃生。此后,贝汉廷为了其他来往船舶的安全,又以"汉川"轮为标志,把甲板灯全部打开,通宵守候在遇难船近旁,一夜间,用无线电先后警告了6艘驶近的船舶,防止了碰撞事故。贝汉廷及"汉川"轮船员这种国际主义精神和良好的职业道德,获得了国际友人的称赞。

不懈的追求,精彩的人生
——全国劳动模范、广州远洋船长叶龙文先进事迹 [①]

叶龙文是广州远洋船长队伍中的先进典型。他任船长期间,航迹遍及五洲四海,靠泊过500多个(次)港口,安全航行35万多海里,相当于绕地球16圈。一次次出色地完成了运输任务。特别是从1984年5月起,他在长期出租的"华铜海"轮工作,锐意改革,科学管理,取得了"两个文明"建设的丰硕成果。5年中,该轮为国家挣回2988万元租金;坚持边生产边修理,累计节省修理费850余万港元;节省船期135天,将时间换算成租金,为国家多赚取140万元人民币;年营运率达98%以上。叶龙文连续8年被评为广州远洋先进生产者,1987年被评为广东省先进生产者,1988年被评为中远系统双文明建设先进个人,

---

① 摘自中远集团工会编:《中远劳模》,内部印刷,1995年。

叶龙文

同年荣获广东省"劳动模范"称号，1989年被评为交通部"劳动模范"，同年获得全国"劳动模范"荣誉称号，1990年被评为广东省"优秀共产党员"。

（一）"我的事业在船上"

叶龙文从事远洋运输工作30年来，先后在"光华""建华""华铜海"等10几艘船上工作过，还曾劳务输出到香港轮船有限公司船舶工作。无论是在国轮上，还是执行外派、出租任务，他都兢兢业业、勤勤恳恳地工作，放在哪里就在哪里发光。

由于船上多年工作劳累，他患了严重的胃溃疡。1982年3月，他休假回到家乡浙江慈溪，不久因胃出血住院，胃切除三分之二。出院时，医生嘱咐他休养半年。他一直没有把这件事告诉公司。出院不久，他便接到公司派他上"华铜海"轮的通知，他二话没说，愉快地赶到广州接受任务。广州远洋领导得知实情后，决定让他下船休息，但他怎么也不依。领导只好同意他的要求，但一再叮嘱他，上船后注意休息，不要干重活，如果身体吃不消，立马把他换下船。叶龙文上船后，立即投入了紧张的工作。

1983年3月中旬，"华铜海"轮在苏联一个港口作业。叶龙文因牙周炎复发到医院做了拔牙手术。手术伤了神经，牙龈化脓发炎，高烧39摄氏度，连续一个星期注射抗生素还不见好。船员们见他病得下不了床，都建议发报给公司换船长，劝他回国住院治疗。他想，船舶远离祖国，换船长不但给公司添麻烦，也浪费大量的经费，现在企业这么困难，作为一个共产党员，更应带头节约。他谢绝了船员们的好意，坚持在船上一面打针吃药，一面忘我地工作，硬是战胜了疾病，挺了过来。

病痛多次折磨着叶龙文，也牵扯着那位与他共患难的妻子的心。妻子担心他再经不起海上的风浪，劝他调上陆地工作。他对妻子说："组织上培养一个船长多不容易啊，咱们考虑问题不能围着'我'字打转转。"他的亲友和同学也都劝他早点回家，并答应为他再选别的工作，既可以干一番事业，又能照顾身体和家庭。但他总是说："国家建设需要发展远洋运输事业，我是党培养多年的船长，我的事业在船上。"

（二）"对国家有利的事，就要豁出去干！"

叶龙文常说："作为一个远洋船长，必须以搞好安全运输生产，努力提高经济效益作为自己的天职。"他把"效益"二字时刻放在心头，在实现企业效益最大化的追寻中实现自己的人生价值。

一艘远洋轮有20几个工作岗位，每个岗位都有严格的职责分工。但由于多种原因，船舶常常出现人满为患的情况，人多了不但没有提高工作效率，有时还会削弱船员的积极性，影响船舶的活力。针对这种状况，叶龙文大胆地提出了"定编减员"的改革方案和一些具体措施，得到了广州远洋领导的支持。

1984年5月，叶龙文船长和房迪坤政委一起，领导"华铜海"轮实施了新的改革方案。叶龙文经过潜心研究和深入思考，提出了船舶改革方案，这个方案就是在确保安全生产的前提下，"华铜海"轮在船人数从定编35人，减到26人，实行多劳多得，保证激励机制的运转。这一改革，调动了船员的积极性，使船舶工作有了新的进展，出现了新的面貌。

修理大舱本来是厂修项目，改革后，船员揽过来自己干。大舱有18米深、32米宽，仅将7个大舱的左右舱壁、肋骨和前后凹凸不平的隔舱壁加起来，就有一公里多长。在航行条件下自修，困难不少。但叶龙文说："只要对公司有利，能省钱，就要豁出去干！"他和房政委一道，合力推进船舶各项工作深入开展。一方面，动员大家发扬艰苦奋斗精神，拧成一股劲儿朝着船舶制定的目标不懈努力；另一方面，严密组织，精细分工，将船员分成上高组、地面组和安全组，把全船力量统一调整使用。全体船员起早贪黑，加班加点，单是敲铲下来的铁锈，就有10多吨，船员们仅用两个航次时间，就拿下了这个庞大工程，为国家节约100万元修理费和20天修期。受到公司领导的充分肯定和表扬。

（三）"出租船舶的一面旗帜"

船舶出租，乍看起来是换了个主，船舶的一切都是为租家服务。但叶龙文心里有个"底数"：出租船舶营运好了，不仅政治上可以提高中国远洋运输船队的知名度，扩大中国的国际影响，而且经济上在为租家增加效益的同时，也为国家、为企业多创外汇收入，实现双赢。

叶龙文船长始终把安全生产放在重要位置，做安全工作的有心人。不论船舶是离靠码头还是过狭窄航道，是复杂航区还是气象状况欠佳，他都坚守在驾驶台上，往往一站就是十几个钟头，有时都顾不上吃饭，顾不上睡觉。一次，有位驾驶员见他因为太疲劳，眼睑浮肿，眼圈发黑，劝他回房歇一歇。他说："我们是出租船，安全上更是马虎不得。没有安全，哪里谈得上经济效益和声誉。"

效益是个综合概念，而船期就是效益。1988年，叶龙文上"华铜海"轮任船长。该轮每分钟租金达8.5美元。叶船长不仅驾驶着船舶，而且还驾驭着船期。每个航次，他都精心组织，抢抓船期，做到不管白天黑夜，无论刮风下雨，保证每次在装妥或卸完货一小时左右开航离港，从不浪费租家的船期，令租家称心满意。

一次，"华铜海"轮在美国康福特港卸完矿砂后，租家电示开往新奥尔良港装粮。两港航程只有36个小时，有6个大舱需彻底清洗。叶船长和房政委一道，带领全体船员在航行中开始洗舱，抵港前硬是把6个大舱洗得干干净净，并一次性通过验舱。租家从纽约派来的代表上船检查，听说船舱已清洗完成，并已通过验舱，怎么也不相信，后来亲眼看了现场，顿时肃然起敬，他用手指比画出一个"OK"的姿势，说："中国船员真行！"当场奖给船舶5000美元。

对租方提出的装货水尺、用油、港口使用等方面的工作，叶龙文总是精心计算，挖掘潜力，千方百计地予以合作。"华铜海"轮每个航次除了装到最大水尺外，还在打净压载水和少装淡水上挖潜。叶龙文动员全体船员控制用水，每天用水从20吨减少到10吨以内，使每个航次为租家多装400余吨货，增加收入15000多美元。

主机用油也有文章可做。叶龙文和轮机长经过反复分析测算，决定进出河道港口，主机由烧轻油改烧重油，以节约燃油费的开支。"华铜海"轮常去美国新奥尔良，在逆行密西西比河180海里处下锚，也常去委内瑞拉的奥里诺科河里的港口装货，需要2天的航程。主机改烧重油，一天可节约油费差价2500多美元。

聚沙成塔，集腋成裘。叶龙文在为租家节支增收的同时，也为国家多赚取了一笔笔外汇。

合作赢得了信任。由于叶龙文主动多装货和节约开支，租家干脆破了例，不再下达具体装货量了，叫船长自己计算装载。租家说："有叶船长在，我们放心！""华铜海"轮在国际航运市场上创出了品牌，被誉为"中国出租船舶的一面旗帜"。

（四）"船长身上有强大的磁场"

在"华铜海"轮能见到其他船舶不多见的现象：在船船员一般都能坚持十七八个月以上才换班，公休船员也都迫切要求返回该轮工作。船员们普遍反映"跟着叶船长苦是苦，累是累，但苦得舒心，累得值得！"

叶龙文认为，一个人就是浑身是铁也打不了多少钉，船舶要安全优质地完成运输生产任务，就必须发挥党支部的战斗堡垒作用，充分调动每个船员的积极性。这不能光靠行政管理，更重要的是靠思想政治工作，这样外聚内敛，才能形成一种整体力量。

在船舶管理中，叶龙文坚持"两个文明"建设一起抓。他不仅是安全生产的行家，而且还是思想政治工作的行家里手。他不仅积极支持政委开展思想政治工作，并且亲自带头去做。船员们说：咱们叶船长既是个好船长，也是个好政委。

1988年，"华铜海"轮在日本自修大舱时，有些船员认为劳动强度大、危险，担心劳务报酬不能兑现，想打退堂鼓。叶龙文及时觉察了这一情况，和政委商量，提议召开支部扩大会、干部会。首先在骨干中统一认识，接着召开全船动员大会，叶龙文用算账对比的方法对船员进行国家、集体、个人"三兼顾"的教育，引导大家认识"水涨船高"的道理，只有多做维修，为国家多节约，个人才能增加收入。船员的思想疙瘩解除了，工作热情又高涨起来。在叶龙文和政委带领下，经过两个航次的辛勤劳动，顺利地完成了自修大舱的任务，机关给"华铜海"轮4.5万元劳务费的奖励，使多劳多得的原则得到了兑现。

叶龙文结合运输生产、经营管理做思想政治工作，既抓倾向性问题，又做到关心、理解、尊重船员，坚持将解决思想问题与力所能及地帮助船员解决实际困难结合起来。

有的船员长时间没收到家信，情绪低落。经了解，是家里闹了矛盾，很想回家处理。叶龙文一面做劝慰工作，给予亲切的关怀；一面积极向广州远洋有关部门反映情况，争取尽早安排公休。船员凡父母病故，叶龙文都一一悼念；船员妻儿病重，叶龙文都一一致电慰问，并询问船员有什么困难，尽可能给予帮助。船员家庭有困难，如子女入学就业、本人要求深造，凡是正当的要求，叶龙文和政委都尽力帮助联系，或出函或推荐，只要能做到都不遗余力地帮助解决。船员的生日到了，叶龙文和政委为他加菜祝贺。船员工作上做出了成绩，船上立即表扬给予奖励。

通过许许多多的小事，叶龙文把思想政治工作化作春风细雨，点点滴滴地浸入船员心中。"华铜海"轮充满了人情和友爱，充满了健康进取的氛围。叶龙文认为，严于律己，率先垂范，这是无声的命令，也是最好的思想政治工作。他时时处处注意为人表率，做思想政治工作有感召力，部署工作抓落实有执行力。

远洋船舶常年进出外国港口和香港，经常与外商和港商打交道，但叶龙文坚持做到两袖清风，一尘不染。一次，船在香港修理，一个物料商想趁修船之机多推销残次物品，诡秘地对叶龙文说："船长，你如能多购我的物料、备件，我会'关照'你的。"说着乘旁无他人，掏出一叠港币放在桌子上。叶龙文严肃地说："要我慷国家之慨，捞个人私利，你打错了算盘！"物料商见势不好，收回港币悻悻地走了。

像这样的事情，在叶龙文身上不胜枚举。他在生活上不搞特殊化，外国朋友赠送的礼品如数公开，按规定处理；工作上苦活重活抢着干，如掏污水井、清扫气道、高空作业、扫舱、敲锈，他样样参加，每天工作十几个小时；劳务费却不是拿最低一档，就是拿平均数；作风上平易近人，宽宏大量，深受船员的爱戴。他就是这样处处以模范作用去影响和带动船员。

叶龙文用自己的实际行动塑造了一个共产党员的良好形象。

思想工作的辛勤耕耘者
——全国"劳动模范"、青岛远洋政委陈洪璋先进事迹[①]

陈洪璋，1941年8月出生，山东人，中共党员，初中文化。1969年由部队转业到远洋船舶工作，由一名普通水手成长为船舶政委。多年来，他所领导工作过的船舶都出色地完成了上级交给的各项任务。1985年，被中远总公司党委授予"优秀政工干部"称号，1985—1986年，连续2年被青岛市委授予"优秀政工干部"称号，1986年被交通部授予全国交通系统"文明标兵"称号，1988年，被中国海员工会授予"最佳政委"称号，并荣获"金锚奖"；同年，被山东省评为劳动模范；1989年，荣获全国劳动模范荣誉称号。

陈洪璋

（一）改革的排头兵

1983年初，公司决定学习"首钢"经验，全面推广经济责任制，对部分船舶进行定船承包试点。这是船舶管理上的一项重大改革。当时，有些同志持怀疑态度，认为定船承包困难多、风险大，不如大轮班保险。陈洪璋面对新情况、新形势、新任务，认真学习党的有关改革的方针、政策，联系过去有的人在工作中只重生产，忽视经营的状况，进行认真的思索。他决心以实际行动积极支持公司的这一改革。4月24日，他和船长一起，第一个与公司正式签订了为期4年的经济责任制承包合同，使"胶州海"轮在公司的船舶管理改革中走在前列，起到示范

---

① 摘自中远集团工会编：《中远劳模》，内部印刷，1995年。

引领作用。

定船承包合同签订后,陈洪璋组织支部一班人就如何落实责任制进行了认真的研究。首先,从思想上统一认识。他通过调查研究,联系思想实际,反复学习党的方针政策和先进单位的经验,在全船进行了"要当改革的促进派""发扬主人翁精神,树立以船为家的思想"和"正确处理国家、集体、个人三者利益"的思想教育。引导大家认清形势,明确改革的意义和目的。通过较系统的思想教育,为落实承包责任制打下了思想基础,在较短的时间内统一了大家的认识,稳定了船员的思想情绪,激发了全体船员搞好承包、大干四化的热情。通过深入的思想政治工作,全船上下、部门之间展开了一场你追我赶的社会主义劳动竞赛。承包后的第一航次,甲板部利用船靠泰国码头等货机会,头顶烈日,集中精力,仅用6天时间就对多年失修的甲板上1000多米长的油、水、气管路进行了除锈、油漆。"胶州海"轮是一条自动化船舶,但过去由于技术和管理上的原因,机舱一直是人工值班。定船承包后,轮机部的同志对机舱有计划地进行了维修保养,经过一年的努力,恢复了机舱操纵系统自动化,实行了无人机舱,原打算使"胶州海"轮两年变新颜,结果提前一年就实现了。

陈洪璋同志在运输生产和行政管理中,积极支持船长的工作。几年来,"胶州海"轮装卸完货后,没有因为船上的原因而影响开航。他在生产上不当"门外汉",协助船长出主意、想办法,搞好增收节支。1983年,"胶州海"轮第10航次在罗马尼亚的康斯坦察港装化肥和汽车,由于船舶人员少、工作多、船期紧,要完成垫舱绑扎任务确实困难很大。如让港口方承担,要花一大笔外汇。为了节约开支,船长提出了"用化肥塞垫汽车"的建议,陈洪璋同志积极支持,立即召开船员大会进行动员,讲清这样做的道理。在船长、政委、部门长的带领下,全船人人参战,一鼓作气,搬动了一千多吨化肥,塞牢了386辆汽车,不仅比原计划多装化肥一千多吨,且节省绑扎、物料费6万多元。

几年来,陈洪璋在定船承包中就是这样以自己的实际行动,一步一个脚印地为改革做工作、献力量,成为船舶当之无愧的改革排头兵。

(二)船员的贴心人

如何做好船员的思想政治工作,陈洪璋政委有一条很重要的经验,就是"以情感人"。他认为,思想政治工作不能搞空洞说教,要把思想教育与关心船员生活,实实在在地帮助船员解决一些实际问题结合起来。船员在苦闷时,他以热情的笑语,帮助驱散脸上的愁容;船员遇到伤心的事,他以火一般的情感化开心灵上的坚冰。1985年冬季,"胶州海"轮在罗马尼亚装货期间,陈政委发现服务员王金山情绪不高。晚上,陈政委来到他的房间,了解到老王接到家里来信,爱人患了重病,很是惦念。陈政委除了对老王进行安慰外,第二天,在船长给国内挂电话请示工作时,政委便在电话上讲了三句话:"王金山同志家属病了,请转告工会派人询问一下病情,帮助解决些困难。"短短几句话,传到王金山同志的耳朵里,深深打动了他的心。水手李国华是个独生子,上船时间不长父亲就病故了。陈政委从妻子的来信中得知了这一消息,心里琢磨着如何做好小李的思想工作。考虑到船到国内装货还需要一段时间,小李知道这一消息精神上肯定受不了,无论是对工作,还是对小李的身心都会产生影响。陈政委一方面给李国华家属写信,代表船舶领导对小李父亲的去世表示深切哀悼，劝其在来信中不要把这不幸的消息过早告诉自己的亲人；另一方面，经常到小李的房间问寒问暖。船将到国内前，陈政委才逐渐地把实情告诉了他，小李恸哭了一阵之后，慢慢擦干了眼泪，望着政委久久说不出话来。

陈政委在定船实践中体会到："要让船员树立以船为家的思想，首先要把船舶营造出'家'的氛围。"为了使船员安心工作，真正做到人定船，心也定船。他经常深入船员房间，与大家促膝谈心，对生病的同志他更是关心呵护。船员休假了，他经常写信保持联系。1986年5月，仅一个欧洲往返航次，他就给本船休假船员写信22封。他在公休期间，经常牺牲休息时间走访家住青岛附近的船员，了解船员家属及子女和老人的身体状况和生活情况。

陈洪璋同志在工作实践中坚持把党的关怀、思想开导和严格规章制度有机地结合起来，在坚持思想教育的同时，通过自己的行动使船员感到党的关怀和温暖。1983年11月初，"胶州海"轮第11航次，经过环球航行由美国回驶大连港。当时船上有几位同志由于家中有实际困难，正酝酿着靠码头后请假回家处理一下，但卸货时间短，下航次备航工作任务又重，陈洪璋考虑到船舶工作的具体情况和这几位船员的实际困难，在征得船长、部门长和船员本人的同意后，在船抵大连港一个星期前发报给公司和公司驻大连工作组，让其通知这几位船员的家属到大连港探亲。船到大连后，这些同志都及时在船员基地见到了家人，既妥善地解决了家中的问题，又保证了船期。船员们普遍反映，政委真是把思想工作做到了我们心坎上，我们一定要在实际工作中为国家和企业多做贡献。

陈洪璋经常与业务部同志一起动脑筋、想办法，研究如何改善船员生活，搞好船舶的伙食管理。为了活跃船员的业余文化生活，他经常指导工会、团支部利用业余时间开展有意义的文体活动。在他倡导下，以团员青年为主，组织了读书会，建立了阅览室，开展了在甲板上50公里月累计赛跑比赛。逢年过节，还组织办专刊、板报、宣传栏以及各种游戏和比赛活动。陈政委通过这一桩桩、一件件，点点滴滴、平平常常的小事把党的温暖、组织的关怀，送到每个船员的心里，从而拴住了"胶州海"轮船员的心，调动了船员们的积极性，促进了船舶各项工作的完成。

（三）支部的好班长

"胶州海"轮党支部是一个坚强的战斗集体，陈洪璋作为党支部书记，在领导班子建设中起着重要的作用，船舶班子成员都夸他是"我们的好班长"。首先，定船承包后，船舶建立了党支部委员和三副、三管轮以上干部每周学习制度，组织大家学习马列主义、毛泽东思想和党的路线、方针、政策，统一党支部委员和干部的思想认识，不断提高干部和支部成员的思想水平和政策水平。其次，陈洪璋自觉坚持执行党的民主集中制原则，他在支部工作中作风民主，谦虚谨慎，注意维护一班人的团结，正确处理个人和组织、书记和副书记及与委员之间的关系，尊重和维护集体领导，不把个人凌驾于组织之上，不搞一人说了算，船上一切重大问题，坚持集体讨论决定。在处理与副书记之间的关系时，坚持互相学习，取长补短，工作分工不分家，配合默契。"胶州海"轮的船员说："我们的政委和船长，真是一对好搭档，船长生产行政管理严，政委思想工作做得细，二人取长补短，配合默契，跟这样的领导干，心里踏实。"陈洪璋在开展船舶政治工作中注意严格要求自己，带头端正党风。他常讲:"群雁需要头雁领,打铁需要本身硬。"他在支部成员中处处以身作则,工作上坚持高标准、严要求,在生活上不搞特殊化;他吃苦在前,享受在后,船上哪里有脏活、累活,就在哪出现。装货时,他与船员一起理货,绑扎大件;航行中他抽出时间参加甲板、机舱维修保养工作;分配奖金时,他主动提出按低标准给自己发。每航次要比公司规定的系数少拿60–70元钱。陈洪璋以自己的实际行动抵制了"一切向钱看"的思想,树立了一个政工干部在群众中应有的形象。

远洋船上的实干家
——全国劳动模范、中波公司轮机长顾富生先进事迹[①]

顾富生

顾富生,1938年8月出生,1959年参加远洋工作,1965年加入中国共产党,曾任中波公司船舶轮机长、中波公司分公司机务处长、公司第六届工会委员等职务。他坚持四项基本原则,热爱远洋事业,先后在近40条船上兢兢业业工作,为远洋运输和合资企业的发展,洒下了辛勤的汗水。多次被评为公司先进生产者和安全标兵,并获1986年度上海邮电交通系统"优秀共产党员"称号,1987年度全国水运系统"最佳轮机长"和全国海员工会颁发的"金锚奖",1987年被授予上海市"劳动模范"称号,1989年,荣获全国劳动模范荣誉称号。

(一)埋头苦干,尽职尽责,船舶优秀实干家

船舶轮机是一条船的"心脏",机器正常运转是航行安全的关键。多年来,顾富生坚持实干,亲临第一线。通常,轮机长只需原则指导,进行必要的检查、指导工作就行了,但他坚持在船舱巡视检查,一丝不苟,重要事项亲力亲为,从不粗心大意。他说:"蝼蚁之穴可溃千里之堤,搞机器来不得半点马虎。"高度的责任感和丰富的经验使他始终掌握驾驭机器的主动权。

在"嘉兴"轮工作时,他发现废气透平油泵出口压力比平常略低一些,拆检后发现,由于油柜玻璃管堵塞出现了假油位现象,柜内实际油位早低于正常值[②],他立即清管、补油,避免了烧坏透平、停机停航的恶性事故发生。还有一次,船抵苏伊士运河抛锚待编时,为了保证机器正常运转,顺利过河,他不顾航行疲劳,放弃休息到机舱检查,发现主机排烟管底部考克内有水流,即刻组织力量打开废气锅炉,发现一根盘管已烂掉,经采取紧急措施后,保证了船舶安全过河。他认为主动出击查出隐患,是确保船舶安全的第一要义,更是提高经济效益的最好办法。把事故消灭在萌芽状态,是对企业最大的节约。

---

① 摘自中远集团工会编:《中远劳模》,内部印刷,1995年。
② "嘉兴"轮此前曾发生过此类重大事故,损失达5万余元。

顾富生在工作中，身体力行，以主人翁态度从节约每一块铜板出发，开展修旧利废，推动自修返新活动。他说："机舱的每个零部件，大则几万、十几万，小则几百、几千元，我们无权大手大脚。"他提倡：凡是加工修复后能用的或可自行制作的就坚决不用新的，能自己修理的也绝不到船厂修理。

1984年，"张衡"轮到达欧洲某港前，发现一台起重吊油管橡皮膨胀接头破裂，如不及时修理，势必到港后影响卸货作业。公司来电同意安排到欧洲厂修。顾富生接电后算了一笔账，如在国外修理，不但要停航2天，而且费用高达2万多瑞士法郎（4万多人民币）。他毅然决定自己动手在海上航行时试修，经过他与三管轮反复研究、实验，利用废旧材料制成橡皮膨胀接头代替，获得成功，使起重机在到港前恢复了正常，为公司节约了一大笔外汇人民币。

根据公司有关部门测算，仅1978年以来，顾富生在他任职的十几艘船上组织轮机部的人员开展自修、整新、排除故障和事故隐患共100多起，加上节约船期成本费、少支外汇修理费、节支购买备件费等，为公司增加经济效益50余万元外汇人民币。

（二）身先士卒，敬业务本，同心协力创效益

顾富生的另一个特点，就是能最大限度地发挥自身的影响力和号召力，组织带动船员为船舶安全和降低成本努力工作。公司为节约成本开支，鼓励各轮开展增收节支、双增双节活动，并对一些应由船厂修理的项目，船舶自修的适当给予报酬。一段时间后，在个别船员中产生了"钱多多干，钱少少干，无钱不干"的错误想法。对此顾富生反复进行说服教育，还十分注意以身作则。他不在办公室里当"指挥者"，而是坚持在机舱和现场作"带头羊"。从主副机吊缸到一般的清洁工作，他放下工程师和"长"字辈的架子，和普通机工一起摸爬滚打。清洁主机扫气箱，不但又脏又累，还十分闷热，年轻人钻在里面尚且受不了，但他不顾自己的高血压病，轮着往里钻。大家看到领导如此身体力行，再也不好意思计较报酬了。他在"张衡"轮工作时，有的维修项目公司不给奖励，有的同志主张不修。如造水机喷射泵油封严重漏水，前几航次由于无法解决额外工作费而无人修理。顾富生说："我们是中国海员，干活不仅是为了钱，还要讲革命精神，讲社会主义劳动态度。有钱的活我们要干，没钱的活也要干，况且使造水机恢复正常关系到船员能否用上充足的淡水问题，我们更应该主动修理。"顾富生不仅以理服人，还干在头里，船员们感动得没有话说，一起动手将造水机拆检，换新了已烂完的轴封，使几年未解决的故障排除了。还有一次船在大连港时，大连电工学会来船更换气荷，3、4个人忙了5天，雾笛就是不响，电气工程师急得满头大汗，工人们互相埋怨，眼看就要影响开航。顾富生看在眼里，争在心上。强烈的责任心促使他主动帮助检查，发现气压压力太低，经增大气压后，汽笛就"嘟嘟"地响了起来。仅在"张衡"轮这个航次，轮机部在顾富生的指挥下，共完成了修理生活舱室空调机、燃油自滤器、解决副机负荷不正常问题、更换液压仓盖软管等十多个项目。为"张衡"轮评为远洋系统"双文明"生产先进船舶做出了贡献。

1987年，顾富生被派到外轮工作，由于该船船龄长，设备达到使用极限，且几易其主，许多设备已坏透锈死。轮机部人员认为，只要凑合保证航行就可，没必要为资本

家卖力气。顾富生却解释说:"我们是代表公司、代表中国海员来完成外派任务的,为了中国海员的声誉,为了完成上级交给我们的任务,保证航运安全,应该把坏了的设备修复,让外国人看看中国海员的技术和管理水平。"在他的带领下,修复了冷冻冰库间;整修了燃油、滑油分油机齿轮泵泵壳,使该泵恢复了自吸能力;从根本上解决了起重吊失灵的问题;解决燃油锅炉不能使用重油的问题。同时还为甲板部修复、更新设备近十个项目。

(三)胸有全局,矢志不渝,以船为家作贡献

30多年来,顾富生在国家与个人、公司与个人之间总是把国家和公司利益放在第一位。老顾家住苏北农村,爱人先后患肝炎、阑尾炎、胆囊炎、肾炎等疾病,往往不是住院就是卧病在床,无人照顾。当时3个孩子都未成年。1965年以来,他每次公休几乎都得陪着爱人求医看病无法休息。家里地里、妻子孩子,又当爹又当娘,十分辛苦,但他从不给组织找麻烦。一次,他在国外某港,爱人急性阑尾炎手术后创口化脓,病情严重,孩子来信要他立即回家照料,但他收信后只字不提,仅写信请亲戚代为照顾。还有一次,公司借调他到机关工作,安排住招待所,自己负责部分费用和三餐支出。每月的实际收入还不如在家拿待派工资,对此他毫无怨言,反而向为他抱不平的同志做工作。

1987年初,上级机关批准了他全家调迁上海,他刚把家搬好,公司就派他到外轮工作。当时家属的工作未安排,孩子读书的学校未落实,需要他留下处理的事情很多,而外派至少一年以上。家属、孩子都主张他留下来,但他接到通知后,二话不说把家事稍作安排就走了。

顾富生主动协助支部做思想政治工作。由于他平易近人、为人正直,船员要求进步或家中有事都愿意找他。在他的帮助下,有的船员入了党,有的船员提升为轮机员,大家都称赞他是一个坚持原则的标杆,是船舶"两个文明"建设的带头人。

坚韧的意志,闪光的业绩
——全国劳动模范、上海远洋公司经理李克麟先进事迹[①]

李克麟,1942年9月生,浙江镇海人,中共党员,大专文化,高级经济师,曾先后担任船长、上海远洋航运处副处长、上海远洋公司总经理等职务。李克麟工作刻苦,敢于创新,决策果断,作风扎实,他用科学决策的引领力、坚忍不拔的执行力、言行一致的影响力、严管厚爱的感召力,推动上海远洋在管理、安全、规模和效益等方面年年都有新起色,各项经济指标持续稳定上升,公司"两个文明"建设取得较好成果。公司先后被评为上海市先进企业、交通部经济效益先进企业,并荣获国家二级企业("金马奖")的光荣称号。李克麟同志也先后被评为上海市劳动模范、交通部劳动模范,1989年,荣获全国劳动模范荣誉称号,并光荣当选上海市第八、第九届人大代表和人大常委。

---

① 摘自中远集团工会编:《中远劳模》,内部印刷,1995年。

（一）审时度势，制订正确的经营思想和方针

面对国内外航运市场的激烈竞争，李克麟认为首要的是确立正确的经营指导思想。他按照上级精神，提出必须克服坐等货源、服务不良的"官商"作风，树立经营的观念、优质服务的观念和讲究效益的观念，用准确的船期、低廉的运价、周到的服务吸引货主，大力提高远洋运输信誉度。经过长期实践，李克麟为上海远洋确立了"安全、可靠、快速"的经营方针。为统一思想，他在公司党委的支持下，于1984年专门召开各级干部会议，反复宣传和强化公司的经营指导思想和经营方针。之后，还在机关进行"假如我是货主"的讨论，在公司进行了为货主服务的思想教育，并采取了一系列措施，贯彻和实施这一方针，取得了明显的成效。

李克麟

（二）开拓思路，揽取长期稳定的货源

货源是运输之本。李克麟深知在改革开放的形势下，已不可能完全依靠国家分配货源，必须主动找米下锅。为此，他从1985年起，开始组建货运服务部，在国内腹地设立揽货服务网点，开拓揽货和代运业务。经过几年的艰苦创业，使公司的揽货能力不断提高。公司除与国外各大公司、代理和货主单位保持和发展业务外，还与国内十几个省市的40多家专业公司、200多家货主单位建立了较为长期、稳定的业务联系，确保了基本货源的稳定。1988年，又在货运服务部的基础上建立了"上海远洋国际货运公司"，进一步开拓揽货和代运业务，加强和充实揽货力量，发展了江海联运和海铁联运，密切了货、港、船的衔接，初步形成了船舶与陆地相结合、专业与兼职相结合、点与面相配套的揽货网络。这一年，仅货运公司就揽取了各种货物80多万吨，全年创利280多万元。此外，他还组织召开了香港地区代理及中美航线代理会议，十分重视揽取第三国货源，由于经营指导思想正确，措施得当，据统计，仅1988年，公司自揽货物共达到614.9万吨，占全年运量的34.3%。

（三）抢抓机遇，开辟和发展定期班轮运输

李克麟从国家外贸进出口发展的需要和货主利益出发，总结公司成立以来的营运经验，引进和吸收国外先进的运输方式，积极开辟和发展定航线、定船舶、定货种、定泊位、定时间的"五定"班轮运输，组织有关部门在大量调查研究和反复论证的基础上，根据货源流向不断调整运力，组织干支线运输网络。1983年，上海远洋仅有中日、中欧和地中海3条杂货班轮航线和中日集装箱班轮航线的雏形。到1985年，已先后调整开辟了内地各港至日本、中国香港、东南亚、大洋洲、地中海、西北欧及美国等国家和地区的杂货和集装箱班轮航线，到1988年，班轮航线已发展到29条，每月开出52个班次，航线遍及100多个国家和地区的600多个港口。由于班轮船期准，交货及时，深受国内外广大货主的欢迎。

（四）持续改革，追求公司效益最大化

李克麟同志自始至终把改革放在首位，通过不断深化改革，努力发展生产力。在他任职初期，国内港口和陆上运输还跟不上集装箱运输需要，集装箱运输的优越性还不能充分发挥，公司每年亏损达 3000 多万元。但他还是预见到以后几年，中国的集装箱运输将有较大的发展，于是他认真调查研究，总结经验教训，抓住主要矛盾，对集装箱航线采取了一系列的调整、改革措施。

首先，从 1984 年 3 月起，对中日航线的"熊岳城"轮进行"2 改 3"试点，即将每月航行的 2 班改为 3 班，缩短了航次周期，提高了营运效率。同时，将管理重点从船舶移到陆地，从船舶调度指挥到人事、安全技术、后勤保障，都进行了相应的配套改革，从而保证了船舶的正常营运，取得了集装箱航线改革的初步经验。

其次，于 1985 年对中欧集装箱班轮航线进行了"6 改 5"的改革，即将原来中澳航线营运的 6 艘船改为 5 艘船，使往返周期从原来的 90 天缩短到 75 天，虽减少了一条船，但由于准班正点、班次加密，货运量反而增加，经济效益也明显提高。这样，节省下来的一条船的成本开支，每年高达 445 万多元。

第三，从 1985 年起，又对当时亏损最严重、风险最大、投入集装箱船舶最多的中美航线进行改革。随着中美关系的改善和贸易的发展，中国—美东航线重要性越来越突出，加之该航线船队规模大、投资大、亏损多，改革势在必行。中国—美东航线实行了"6 改 5"方案。这条航线虽然减下一艘船，但航次周期由原来最长的 124 天缩短为 75 天，并达到了加密班次、增加运力、提高经济效益和扭亏为盈的目的，从根本上改变了中美航线不景气的状况。

第四，从 1987 年起，增辟中国香港—美西航线。中国—美东航线改革初步成功后，货源增多，并在美东出现甩货现象，为了改变这种状况，1987 年，开辟了由 3 艘可装 1140只标准集装箱的船舶组成的香港—美西航线，每月 2 日从香港开出一班，使美国货物及时得到承运，较好的消除了在货主中的不良影响，增强了企业的竞争能力。1988 年 4 月，对中国香港—美西集装箱班轮实施了"3 改 4"方案，这一大胆改革，使中国首次实现了每周开出一班的"星期班"集装箱班轮运输，而往返周期由原来的 49 天缩短为 42 天，运力提高了 36%。上述一系列的深刻变革与成功实践，引领中国集装箱船队进入世界先进集装箱运输管理行列。

（五）强化管理，完善企业内部经营机制

为了适应经营发展的需要，李克麟打破传统的管理体制，逐步缩小船舶管理幅度，强化对船舶的现场管理。1986 年 4 月，公司成立了集装箱管理处，实行集中、统一管理。在经过一年多试验的基础上，1989 年 5 月，又设立了投资船、贷款船和散装船 3 个管理处，将所有的船舶划到 4 个管理处管理。初步形成了一个集中高效的船舶管理体制，缩小了管理幅度，加强了现场管理，提高了办事效率，改善了服务态度。与此同时，李克麟集中精力抓企业的整顿和上等级工作。他坚持从基础工作入手，从机关到船舶建立健全了一整套完整的规章制度、工作流程和检验标准。通过改革领导体制、调整内部机构、强化目标管

理,确保了经济承包责任制的步步推行和层层落实。这种多种形式的经济承包责任制,调动了全体职工的生产积极性,有力地促进了安全生产和经济效益的提高。

1988年,上海远洋实行经理负责制,李克麟与中远总公司签订了3年经营承包协议。在他的带领下,公司全面兑现了与总公司签订的承包合同各项条款,在生产发展、提高效益的基础上,职工的收益也逐年有了增加,进一步增强了企业的凝聚力。

(六)精打细算,持久开展"双增双节"活动

李克麟就任上海远洋公司经理后,他的"善于经营会算账"的突出特点,得到了淋漓尽致的发挥。他旗帜鲜明地坚持勤俭办企业的原则,处处精打细算,每年年初,他都通过精心测算,制订全年的增收节支计划,经过职工代表大会讨论通过后,变成全体员工的意志。在这样的基础上,再把任务指标层层分解到各部门、各单位组织实施。李克麟还非常重视发挥"智囊团"的作用,组成以自己为组长的经济活动分析小组,每季度对公司的经营情况和航运信息进行分析,发现亏损情况及时采取措施,及早扭转不利局面。如1988年,除制订公司的总收入、总成本和各项主要开支计划外,还制订了各条航线的收支计划,同时制订了10项保证措施,使总收入和总成本都较好地完成了年度计划。

李克麟在实施一系列改革过程中,表现了他对远洋事业的热爱和对党、对人民的高度负责精神。多年来,他一心扑在工作上,不知疲倦、兢兢业业地辛劳着,面对激烈的国际航运市场的竞争,认真研究对策,为国家的"四化"建设和振兴远洋运输事业作出了贡献。他的工作得到了公司党委和广大干部、职工的支持和拥护,得到了上级领导和兄弟单位的肯定和认可。在他的领导下,上海远洋的物质文明和精神文明建设双双取得了丰硕成果。

附录三　中国远洋运输总公司历届党政领导班子成员名录（1979—1992）

总公司党政领导班子组织沿革（1978年1月—1979年6月）

序号	姓名	职　务	任职时间（年.月—年.月）
1	陈新丰	主持中远总公司（远洋运输局）党委工作	1978.1—1979.6
2	张公忱	中远总公司经理（远洋运输局局长）、党委书记（1978年1月后不主持党委工作）	1978.1—1979.6
3	林默之	远洋运输局（中远总公司）党委副书记	1978.1—1979.6
4	朱诚烈	中远总公司副经理（远洋运输局副局长）、党委副书记	1978.1—1979.6（1980年离任）
5	叶伯善	中远总公司（远洋运输局）党委副书记兼政治部主任	1978.1—1979.6
6	袁之平	中远总公司副经理（远洋运输局副局长）	1978.1—1979.6
7	周秋岩	远洋运输局（中远总公司）负责人、远洋运输局副局长（中远总公司副经理）	1978.1—1979.2　1978.3—1979.6
8	江波	中远总公司副经理（远洋运输局副局长）	1978.1—1979.6
9	陈梦琦	中远总公司副经理（远洋运输局副局长）	1978.1—1979.6
10	陈忠表	中远总公司副经理（远洋运输局副局长）	1978.1—1979.6
11	郑宗远	中远总公司副经理（远洋运输局副局长）	1978.9—1979.6
12	贾力平	中远总公司（远洋运输局）负责人	1978.9—1979.6
13	高亚行	中远总公司副经理（远洋运输局副局长）	1979.6—1979.6
14	周延瑾	远洋运输局（中远总公司）总工程师	1978.1—1979.6
15	马骏	中远总公司（远洋运输局）政治部副主任	1978.1—1979.6
16	许文洋	中远总公司（远洋运输局）政治部副主任	1978.1—1979.6
17	詹尖锋	中远总公司（远洋运输局）政治部副主任	1979.6—1979.6

总公司党政领导班子组织沿革（1979年6月—1983年6月）

序号	姓名	职务	任职时间（年.月—年.月）
1	李 清	交通部副部长兼中远总公司总经理、党委书记（远洋运输局局长、党委书记） 交通部副部长兼中远总公司党委书记	1979.6—1980.8 1980.8—1983.6
2	钱永昌	远洋运输局局长、党委副书记（中远总公司总经理、党委副书记）中远总公司总经理、党委副书记	1980.8—1982.8 1980.8—1982.8
3	林默之	远洋运输局（中远总公司）党委副书记 中远总公司党委副书记	1979.6—1982.8 1982.9—1983.6
4	叶伯善	远洋运输局（中远总公司）党委副书记、政治部主任 中远总公司党委副书记、政治部主任 中远总公司党委副书记、政治部主任兼纪委书记	1979.6—1982.8 1982.9—1983.6 1980.5—1983.6
5	袁之平	远洋运输局副局长（中远总公司副总经理） 中远总公司副总经理	1979.6—1982.8 1982.9—1983.6
6	贾力平	中远总公司（远洋运输局）负责人 远洋运输局副局长（中远总公司副总经理） 中远总公司副总经理	1979.6—1980.7 1980.8—1982.8 1982.9—1983.6
7	周秋岩	远洋运输局副局长（中远总公司副总经理） 中远总公司副总经理	1979.6—1982.8 1982.9—1983.6
8	江 波	远洋运输局副局长（中远总公司副总经理） 中远总公司副总经理	1979.6—1982.8 1982.9—1983.9
9	陈忠表	远洋运输局副局长（中远总公司副总经理） 中远总公司副总经理	1979.6—1982.8 1982.9—1983.6
10	高亚行	远洋运输局副局长（中远总公司副总经理） 中远总公司副总经理	1979.6—1982.8 1982.9—1983.6
11	郑宗远	远洋运输局副局长（中远总公司副总经理） 中远总公司副总经理	1979.6—1982.8 1982.9—1983.6
12	高 明	远洋运输局副局长（中远总公司副总经理）	1979.6—1980.9
13	周延瑾	远洋运输局（中远总公司）总工程师 中远总公司总工程师	1979.6—1982.8 1982.9—1983.6
14	詹尖锋	远洋运输局（中远总公司）政治部副主任 中远总公司政治部副主任	1979.6—1982.8 1982.9—1983.6
15	陈其谔	中远总公司（远洋运输局）副总工程师 中远总公司副总工程师	1980.7—1982.8 1982.9—1983.6

总公司党政领导班子组织沿革（1983年7月—1986年12月）

序号	姓名	职务	任职时间（年.月—年.月）
1	林祖乙	中远总公司党委书记兼总经理	1983.7—1986.12
2	陈忠表	中远总公司副总经理	1983.7—1986.12
3	郑宗远	中远总公司副总经理	1983.7—1984.2
4	卓东明	中远总公司负责人、副总经理	1983.7—1986.12
5	邬 丹	中远总公司政治部负责人 中远总公司政治部副主任	1983.7—1984.10 1984.10—1986.12
6	刘世文	中远总公司工会主席	1984.2—1986.12
7	刘松金	中远总公司党委副书记兼政治部主任	1985.6—1986.12
8	戴淇泉	中远总公司副总经理	1985.6—1986.12

下列同志在此届期未予任命，亦未免职，实为退居二线。1983年10月之后，陆续离（退）职休养。

序号	姓名	职务	任职时间
1	林默之	中远总公司党委副书记	1983.7—1983.12
2	叶伯善	中远总公司党委副书记、政治部主任兼纪委书记	1983.7—1983.12
3	袁之平	中远总公司副总经理	1983.7—1983.12
4	贾力平	中远总公司副总经理	1983.7—1983.12
5	周秋岩	中远总公司副总经理	1983.7—1983.12
6	高亚行	中远总公司副总经理	1983.7—1983.12
7	詹尖锋	中远总公司政治部副主任	1983.7—1983.12
8	许文泮	中远总公司政治部副主任	1983.7—1983.10
9	周延瑾	中远总公司总工程师	1983.7—1985.3
10	陈其谔	中远总公司副总工程师	1983.7—1988.9
		下列同志因病休养，未再任命	
1	陈梦琦	中远总公司副经理（远洋运输局副局长） 中远总公司副经理	1979.06—1982.08 1982.09—1982.11
2	许文泮	中远总公司（远洋运输局）政治部副主任 中远总公司政治部副主任	1979.06—1982.08 1982.09—1983.06

总公司党政领导班子组织沿革（1986年12月—1992年7月）

序号	姓名	职务	任职时间（年.月—年.月）
1	刘松金	中远总公司总经理 外代总公司总经理（兼）	1986.12—1992.7 1988.11—1990.8
2	刘世文	中远总公司党委副书记（主持党委工作）兼政治部主任 中远总公司党委副书记（主持党委工作）	1986.12—1988.10 1988.11—1992.7

续上表

序号	姓名	职　务	任职时间（年.月—年.月）
3	陈忠表	中远总公司副总经理 外代总公司总经理（兼）	1986.12—1992.7 1990.8—1992.7
4	戴淇泉	中远总公司副总经理	1986.12—1992.7
5	刘　祝	中远总公司副总经理	1986.12—1992.1
6	董玖丰	中远总公司副总经理	1986.12—1992.5
7	卓东明	中远总公司总工程师	1986.12—1989.11
8	刘安禄	中远总公司总会计师	1987.9—1989.10
9	宫尚竺	中远总公司纪委书记、监察室主任	1986.12—1992.7
10	孙文权	中远总公司工会主席	1987.9—1992.7

总公司党政领导班子组织沿革（1992年7月—1992年12月）

序号	姓名	职　务	任职时间（年.月—年.月）
1	陈忠表	中远总公司总经理 外代总公司总经理（兼）	1992.7—1992.12 1992.7—1992.11
2	刘世文	中远总公司党委副书记（主持党委工作）	1992.7—1992.11
3	宫尚竺	中远总公司党委副书记 中远总公司党委副书记（主持党委工作）	1992.7—1992.10 1992.11—1992.12
4	戴淇泉	中远总公司副总经理	1992.7—1992.12
5	雷　海	中远总公司副总经理 外代总公司总经理（兼）	1992.7—1992.12 1992.11—1992.12
6	陈学坤	中远总公司副总经理	1992.7—1992.11
7	周祺芳	中远总公司副总经理	1992.7—1992.12
8	张大春	中远总公司副总经理	1992.7—1992.12
9	刘国元	中远总公司总经济师	1992.7—1992.12
10	陆治明	中远总公司总会计师	1992.7—1992.12
11	虞国伟	中远总公司党委副书记	1992.7—1992.12
12	金端升	中远总公司纪委书记、监察室主任	1992.7—1992.12
13	王富田	中远总公司工会主席	1992.7—1992.12

注：1. 名录中任、离职时间原则上以上级发出的任免通知文件或机构调整变化的时间为准，不以实际到、离任时间计算。

2. 1969年1月机构调整变化后，部分领导成员担任交通部军管会生产组或政工组工作的未予录入。

3. 1961年4月—1982年9月前兼任远洋运输局或中远总公司职务的，其兼职机构及职务名称，加以括号示别。

4. 名录中少数同志离职时间跨出该届上限年度的，则加括号予以区别。

5. 名录中的排列顺序，基本上以上级发出的任命通知文件为准。

附录四　中远系统荣获国家表彰的劳动模范、全国五一劳动奖章、先进生产者

中国海员工会"金锚奖"和省（部）级表彰的劳动模范、先进生产者（1979—1992年）

全国劳动模范

年份	姓名	单位职务	荣誉称号	授予机关
1979	李婆贵	广州远洋"菱湖"轮轮机长	全国劳动模范	国务院
	贝汉廷	上海远洋"汉川"轮船长	全国劳动模范	国务院
1989	叶龙文	广州远洋"华铜海"轮船长	全国劳动模范部级劳动模范	国务院交通部
	陈洪璋	青岛远洋船舶政委	全国劳动模范	国务院
	顾富生	中波公司轮机长	全国劳动模范	国务院
	李克麟	上海远洋经理	全国劳动模范	国务院

全国"五一劳动奖章"

年份	姓名	单位职务	荣誉称号	授予机关
1985	张铁军	青岛远洋船长	全国五一劳动奖章	中华全国总工会
	张德恒	大连远洋船长		中华全国总工会
	鲍浩贤	上海远洋"清河城"轮船长		中华全国总工会
1986	鲍浩贤	上海远洋船长		中华全国总工会
	姜阿南	广州远洋"耀华"轮业务主任		中华全国总工会
1986	葛　目	天津远洋船长		中华全国总工会
1990	黄凤德	上海远洋"盐城"轮轮机长		中华全国总工会
	严力宾	青岛远洋"武胜海"轮机工		中华全国总工会
1991	陈云生	广州远洋水手长	全国五一劳动奖章 全国交通系统劳动模范	中华全国总工会 交通部

省（部）级劳动模范

年份	姓名	单位职务	荣誉称号	授予机关
1979	徐以杰	上海远洋轮机长	市级劳动模范	上海市
	李克麟	上海远洋"盐城"轮船长		
	夏玉书	中波公司轮机长		
	朱洪勤	天津远洋"天门"轮轮机长	市级劳动模范	天津市
	张是海	中燃大连公司"连油2号"轮轮机长	市级劳动模范	旅大市
	王贵森	天津远洋"祁门"轮水手长	全国交通战线劳动模范	交通部
1980	朱洪勤	天津远洋轮机长	市级劳动模范	天津市
	罗正明	天津远洋轮机长		
	王树奎	天津远洋大厨		
	赖春国	大连远洋"金刚岭"轮大副	市级劳动模范	旅大市
	李贞国	天津远洋招待所所长	市级劳动模范 全国交通战线劳动模范	天津市 交通部
	石耕书	广州远洋"常熟"轮船长	全国交通战线劳动模范	交通部
	曹贤鹏	广州远洋"耀华"轮轮机长		
	曾广忠	广州远洋"广水"轮水手长		
	綦太和	青岛远洋"广海"轮轮机长		
	夏玉书	中波公司轮机长		
	李克麟	上海远洋"盐城"轮船长		
	徐以杰	上海远洋"丰城"轮轮机长		
1981	刘经昌	中波公司轮机长	市级劳动模范	上海市
	贝汉廷	上海远洋"汉川"轮船长		
	彭建年	上海远洋"白河口"轮轮机长		
	蔡正荣	上海远洋"风茂"轮轮机长		
	张浩	大连海校教师	市级劳动模范	大连市
1982	茅秀松	广州远洋船长	省级劳动模范	广东省
	葛目	天津远洋大副	市级劳动模范	天津市
	张永年	天津远洋船舶政委		
	龚坤佑	天津远洋船医		
	王贵森	天津远洋水手长		
	李贞国	天津远洋招待所所长		

续上表

年份	姓名	单位职务	荣誉称号	授予机关
1982	綦太和	青岛远洋轮机长	省级劳动模范	山东省
	罗连法	青岛远洋水手长		
	张浩	大连海校教师	市级劳动模范	大连市
	尹相柱	大连远洋轮机长	省级劳动模范	辽宁省
			市级劳动模范	大连市
	张仁举	大连远洋船长	市级劳动模范	大连市
1983	鲍浩贤	上海远洋船长	市级劳动模范	上海市
	王德祥	上海远洋轮机长		
	施祖康	上海远洋电机员		
	张德恒	大连远洋船长	市级劳动模范	大连市
	丁富	大连远洋船舶政委		
	杨树义	大连远洋轮机长		
1984	马德义	天津远洋水手长	市级劳动模范	天津市
	张德恒	大连远洋船长	市级劳动模范	大连市
	许运旭	大连远洋轮机长		
	沈国华	大连海校教师		
1985	李婆贵	广州远洋工会主席	省级劳动模范	广东省
	茅秀松	广州远洋船长		
	史美思	上海远洋船长	市级劳动模范	上海市
	王德祥	上海远洋轮机长		
	李树村	青岛船院总务处长	市级劳动模范	青岛市
	丁富	大连远洋船舶政委	市级劳动模范	大连市
	许运旭	大连远洋轮机长	市级劳动模范	大连市
1986	张铁军	青岛远洋船长	省级劳动模范	山东省
	梁国栋	天津远洋船舶政委	市级劳动模范	天津市
	朱洪勤	天津远洋轮机长		
	周德伦	天津远洋驻大连办事处主任		
1987	顾富生	中波公司轮机长	市级劳动模范	上海市
	史美思	上海远洋"汉江河"轮船长		
	黄凤德	上海远洋"盐城"轮轮机长		
	门文彬	大连远洋"洪泽湖"轮船长	市级劳动模范	大连市
	殷文连	大连公司"洪泽湖"轮轮机长		
	许运旭	大连远洋公司轮机长		

续上表

年份	姓名	单位职务	荣誉称号	授予机关
1988	李明君	青岛船院教师	市级劳动模范	青岛市
	叶龙文	广州远洋"华铜海"轮船长	省级劳动模范 1987—1988年全国交通系统劳动模范	交通部 广东省 交通部
	付品杰	天津远洋船舶政委	市级劳动模范	天津市
	韩青	天津远洋轮机长		
	陈洪璋	青岛远洋船舶政委	省级劳动模范	山东省
	门文彬	大连远洋船长	全国交通系统劳动模范	交通部
	吴健忠	中波公司电机员		
	马喜臣	大连海校校长		
	施教忍	中远浙江省公司船长		
	李成水	中远江西省公司船长		
1989	严力宾	青岛远洋"武胜海"轮机工	省级劳动模范	山东省
1989	黄凤德	上海远洋"盐城"轮轮机长	市级劳动模范	上海市
	焦金铎	上海远洋"鉴真"轮客运主任		
	李恩民	上海远洋"益河"轮船长		
	庄茂奎	青岛远洋船长	省级劳动模范	山东省
	门文彬	大连远洋船长	省级劳动模范 市级劳动模范	辽宁省 大连市
1990	褚一骅	中波公司轮机长	市级劳动模范	上海市
	付品杰	天津远洋船舶政委	市级劳动模范	天津市
	李君恕	天津远洋轮机长		
	姜国信	天津海员学校党委书记	部级劳动模范	交通部
	陈云生	广州远洋水手长		
	张福康	大连远洋船舶政委		
	韩福林	中汽运天津公司一车队队长		
1991	陈培生	广州远洋三副	全国交通系统劳动模范	交通部
	许立荣	上海远洋"东安"轮船长	市级劳动模范	上海市
	张良保	上海远洋"康海"轮轮机长		
	杨德华	上海远洋"潞城"轮水手长		

续上表

年份	姓名	单位职务	荣誉称号	授予机关
1991	张常鸣	青岛船院教师	市级劳动模范	青岛市
	杨树义	大连远洋外派"进步湖"轮轮机长	市级劳动模范	大连市
	矫永凯	大连远洋水手长		
1992	沙明宗	青岛远洋船长	省级劳动模范	山东省
	杨树义	大连远洋轮机长	省级劳动模范	辽宁省
	李树松	大连远洋船长	市级劳动模范	大连市
	张启泰	大连远洋轮机长		
	李慎余	天津远洋轮机长	市级劳动模范	天津市
	任允琪	天津远洋船长		

中国海员工会"金锚奖"

年份	姓名	单位职务	金锚奖	授予机关
1988	郭 军	广州远洋水手		
1988	姜阿南	广州远洋船舶业务部主任		
	鲍浩贤	上海远洋船长		
	陈洪璋	青岛远洋船长		
	顾富生	中波公司轮机长		
1990	陈培生	广州远洋三副	金锚奖	中国海员工会
	李 敏	上海远洋工会主席		
	李悦江	上海远洋船舶政委		
	李克亮	青岛远洋党委书记		
	刘跃祥	天津远洋大厨		
	刘思林	天津远洋水手		
	陈宗举	青岛远洋船舶政委		
	彭守建	青岛远洋水手长		
	张 弘	大连远洋船员家属		
	吴炳源	中波公司工程师		
	张立法	大连远洋科长		
	王正福	大连远洋泵四		
	张 弘	大连远洋船员家属		
	蔡映庭	中远船务公司党委书记		
	郭 岭	青岛船院副教授		

续上表

年份	姓名	单位职务	金锚奖	授予机关
1992	孙凤羽	广州远洋主任	金锚奖	中国海员工会
	赵小林	广州远洋工会主席		
	杨党	广州远洋大厨		
	王德祥	上海远洋轮机长		
	李庆伍	上海远洋党委书记		
	朱毅夫	上海远洋船长		
	肖建英	上海远洋亚太部		
	赵富业	天津远洋船舶政委		
	刘必茂	天津远洋船长		
	王京伟	青岛远洋水手长		
	陈常庆	青岛远洋家委主任		
	周正华	大连远洋管事		
	矫永凯	大连远洋水手长		
	刘世文	中远总公司党委书记		

中远系统荣获国家、省（市）部级表彰的先进集体名录

年份	单位、部门、船舶名	荣誉称号	授予机关
1979年	上海远洋"盐城"轮	全面质量管理标兵 市质量管理先进集体	交通部 上海市
	上海远洋"丰城"轮	市质量管理先进集体	上海市
	上海远洋"汉川"轮		
	上海远洋"康定"轮		
	天津远洋"镇江"轮	市模范集体	天津市
	天津远洋"文登海"轮		
	天津远洋"文登海"轮	部先进集体	交通部
	天津远洋"镇江"轮	部先进集体	
	中汽总云南大型车队	全国交通战线先进单位	
	中汽总第一分公司	部安全生产先进单位	
	中汽总第二分公司二队		
	中汽总第三分公司六队		
	中汽总天津车队大车分队		

续上表

年份	单位、部门、船舶名	荣誉称号	授予机关
1980年	广州远洋"耀华"轮	全国交通战线先进单位 部航海事业先进单位	交通部
	广州远洋"松林"轮		
	上海远洋"丰城"轮		
	上海远洋"盐城"轮		
	广州远洋"杭州"轮	部航海事业先进集体	交通部
	广州远洋上海航修队		
	广州远洋海监室		
	上海远洋"康定"轮		
	上海远洋"宝清海"轮		
	上海远洋"宝安"轮		
	上海远洋"汉川"轮		
	上海远洋"东安"轮		
	上海远洋"大石寨"轮		
	天津远洋"永门"轮		
	天津远洋"宁都"轮		
	天津远洋"银湖"轮		
	天津远洋"天门"轮		
	青岛远洋"明海"轮		
	青岛远洋"登隆海"轮		
	大连远洋"金刚岭"轮		
	天津远洋"文登海"轮	全国交通战线先进单位	
	天津远洋"镇江"轮	市模范集体	天津市
	青岛远洋"智海"轮	全国交通战线先进单位	交通部
	中汽总昆明分公司		
1981年	大连远洋教育处文教组	先进单位	大连市
	大连远洋教育处		
	大连远洋"梁湖"轮		
	大连远洋"金刚岭"轮		

续上表

年份	单位、部门、船舶名	荣誉称号	授予机关
1982年	上海远洋"熊岳城"轮	先进集体	上海市
	上海远洋"凤鸣"轮		
	天津远洋"镇江"轮	模范集体	天津市
	天津远洋"天门"轮		
	大连远洋运输公司	职工教育先进单位	大连市
	大连远洋教育处	先进集体	
	广州远洋"松林"轮	优质运输先进集体	
	广州远洋"龙山"轮		
	上海远洋"丰城"轮		
	大连远洋"金刚岭"轮		
	广州远洋计管处	"发展交通,当好先行"奖	
1983年	广州远洋"松林"轮	优质运输先进集体	交通部
	广州远洋"龙山"轮		
	上海远洋"丰城"轮		
	上海远洋"汉川"轮		
	天津远洋"贺兰山"轮		
	青岛远洋"琥珀海"轮		
	中波公司"宝兴"轮		
	广州远洋运输公司	交通运输节能先进企业	
	上海远洋运输公司		
	天津远洋运输公司		
	青岛远洋运输公司		
1984年	天津远洋"登云"轮	模范集体	天津市
	大连远洋"金刚岭"轮	先进集体	大连市
	广州远洋"松林"轮	优质运输先进单位	交通部
	上海远洋"丰城"轮		
	天津远洋"妙峰山"轮		
	青岛远洋"胶州海"轮		
	大连远洋"南关岭"轮		
	中波公司"华佗"轮		
	青岛远洋运输公司	全国交通系统经济效益先进单位 全国交通系统二级节能先进企业	

续上表

年份	单位、部门、船舶名	荣誉称号	授予机关
1984年	大连远洋运输公司	全国交通系统三级节能先进单位	交通部
	中汽总昆明分公司	全国交通系统经济效益先进单位	
	中汽总天津分公司		
1985年	青岛远洋运输公司	全国工交商业系统经济效益先进单位 全国设备管理优秀单位	国家经委
	广州远洋"松林"轮	省先进集体	广东省
	上海远洋"汉江河"轮	模范集体	上海市
	中燃上海公司"供油24号"轮	文明班组	
	天津远洋"登云"轮	模范集体	天津市
	天津远洋"登云"轮党支部	先进党支部	中共天津市委
	大连海运学校	省文明单位	中共辽宁省委 辽宁省政府
	广州远洋"耀华"轮	全国交通系统"两个文明"建设先进集体	交通部
	上海远洋"风涛"轮		
	大连远洋"洪泽湖"轮	优质运输先进单位	
	大连远洋"金刚岭"轮		
	天津远洋"登云"轮	"QC"优秀小组	
	青岛远洋安监室QC小组	优秀质量管理小组	
	广州远洋通导中心电传班	全国交通系统"巾帼建功"先进集体	
1986年	广州远洋"耀华"轮	五一劳动奖状 全国先进班组	全国总工会 国家经委
	上海远洋"普安海"轮	市双文明建设先进单位	上海市
	上海远洋"风涛"轮		
	上海远洋"汉江河"轮		
	上海远洋"鉴真"轮		
	天津远洋"天门"轮	模范集体	天津市
	青岛远洋运输公司	全国交通系统经济效益先进企业	交通部
	大连远洋运输公司		
	天津远洋运输公司		
	中汽总北方公司		

续上表

年份	单位、部门、船舶名	荣 誉 称 号	授予机关
1986 年	中远江西省公司	全国交通系统"两个文明"建设先进单位	交通部
	外代上海分公司		
	中汽总青岛国际集装箱中转站		
	广州远洋"吴江"轮		
	上海远洋"鉴真"轮		
	天津远洋"登云"轮	市"QC"优秀小组	天津市
		1984—1986 质量年度安全优质标兵船	交通部
	上海远洋运输公司	全国交通系统节能一级先进企业	
	广州远洋运输公司	全国交通系统节能二级先进企业	
	天津远洋运输公司	全国交通系统节能三级先进企业	
	广州远洋"蒲江"轮	1984—1986 质量年度安全优质标兵船	交通部
	广州远洋"吴江"轮		
	广州远洋"虎林"轮		
	上海远洋"丰城"轮		
	上海远洋"汉川"轮		
	上海远洋"宝安"轮		
	青岛远洋"胶州海"轮		
	大连远洋"洪泽湖"轮		
	中波公司"张衡"轮		
	中燃上海公司"供油 301"轮	部先进集体	
1987 年	青岛远洋运输公司	交通系统设备管理优秀单位	
	上海远洋"鉴真"轮	国家级质量管理先进船舶	国家经委
		市双文明建设单位	上海市
		市模范集体	
	大连远洋"洪泽湖"轮	国家级质量管理先进船舶	国家经委
		交通系统全面质量管理先进船	交通部
	上海远洋运输公司	全国交通系统经济效益先进单位	
	天津远洋运输公司		
	大连远洋运输公司		
	中汽总青岛中转站		

续上表

年份	单位、部门、船舶名	荣誉称号	授予机关
1987年	广州远洋"蒲江"轮	部优质运输先进集体	交通部
	上海远洋"丰城"轮		
	上海远洋"盐城"轮		
	上海远洋"宝安"轮		
	广州远洋航运处货监科QC小组	部优秀质量管理小组	
	天津远洋"登云"轮QC小组		
	上海远洋"风涛"轮	部安全运输先进集体	
		市双文明建设先进单位	上海市
	天津远洋船技处热工科	部节能先进集体	交通部
	天津远洋通导处电话班	全国交通系统通信服务先进单位	
	大连海运学校	交通系统两个文明建设先进单位	
	中国船舶燃料供应总公司	部计量工作先进单位	
1988年	广州远洋"东方公主"号	省模范集体	广东省
	上海远洋"鉴真"轮	市模范集体	上海市
		市双文明建设先进单位	
	上海远洋"盐城"轮	市先进集体	
	上海远洋"风涛"轮	市双文明建设先进单位	
	上海远洋"汉江河"轮		
	天津远洋"登云"轮	市模范集体	天津市
	天津远洋"紫云"轮	市"QC"优秀小组	
	青岛远洋运输公司	省先进企业	山东省
	青岛远洋"胶州海"轮	省文明单位	
	大连远洋运输公司	省先进企业	辽宁省
	外代大连公司		
	中燃大连公司	省先进企业	辽宁省

续上表

年份	单位、部门、船舶名	荣誉称号	授予机关
1988年	中远江西省公司	1987—1988年度全国交通系统"两个文明"建设先进单位	交通部
	上海远洋"风涛"轮		
	中汽总廊坊公司第三车队		
	中汽总青岛中转站		
	中燃上海公司供水船队		
	天津远洋"登云"轮		
	青岛远洋"胶州海"轮	1988年度部级优质运输先进集体	
	广州远洋"金昌"轮		
	广州远洋"吴江"轮		
	上海远洋"丰城"轮		
	上海远洋"秦岭"轮		
	大连远洋"洪泽湖"轮		
	大连远洋"武昌湖"轮		
	中波公司"华佗"轮		
	中汽总廊坊公司三队		
	中燃大连分公司		
	中燃青岛分公司		
	上海远洋运输公司	1988年度全国交通系统经济效益先进企业	
	天津远洋运输公司		
	青岛远洋运输公司		
	中远江西省公司		
	中远河北省公司		
	中汽总廊坊公司		
	上海远洋防疫QC小组	1988年度部级优秀质量管理小组	
	大连远洋"洪泽湖"轮节能QC小组		
	青岛远洋船技处热工科QC小组		
	中波公司"鲁班"轮QC小组		
	中汽总武汉公司奇风坝大件运输QC小组		
	青岛远洋人事处劳保科		

续上表

年份	单位、部门、船舶名	荣 誉 称 号	授予机关
1989年	广州远洋通导处机要科	全国党政系统机要工作先进单位	中共中央办公厅机要局
	广州远洋运输公司	省先进企业	广东省
	天津远洋"沱海"轮党支部	先进党组织	中共天津市委
	天津远洋"天门"轮	市文明单位	天津市
	中燃青岛分公司	省级先进企业	山东省
	青岛远洋运输公司	1989年度全国交通系统经济效益先进企业	
	大连远洋运输公司		
	中燃黄埔分公司		
	中燃上海分公司		
	中远河北省公司		
	广州远洋"雅江"轮	1989年度部级优质运输先进单位	交通部
	广州远洋"涵江"轮		
	上海远洋"丰城"轮		
	上海远洋"盐城"轮		
	天津远洋"妙峰山"轮		
	天津远洋"登云"轮		
	青岛远洋"胶州海"轮		
	大连远洋"阳澄湖"轮		
	中波公司"李白"轮		
	中远江苏省公司"苏鹤"轮		
	中汽总廊坊公司		
	广州远洋集装箱电传QC小组	部级优秀质量管理小组	
	上海远洋"宝安"轮		
	上海远洋"风涛"轮		
	上海远洋"秦岭"轮		
	上海远洋"鉴真"轮		
1990年	中波轮船股份公司（中方）	全国先进企业（五一劳动奖章）	中华全国总工会
	天津远洋"登云"轮		
	上海远洋"鉴真"轮		
	广州远洋运输公司		
	上海远洋运输公司		

续上表

年份	单位、部门、船舶名	荣 誉 称 号	授 予 机 关
1990年	上海远洋运输公司	国家一级档案管理企业	国家档案局
	广州远洋运输公司		
	上海远洋航运处营业科	市模范集体	上海市
	天津远洋运输公司	市文明单位	天津市
	天津远洋"沱海"轮	思想政治工作先进单位	中共天津市委
	天津远洋"永门"轮		
	天津远洋"华宁河"轮		
	天津远洋海员学校		
	中汽总天津公司第一车队	1989—1990年度全国交通系统两个文明建设先进集体	交通部
	青岛远洋"谷海"轮		
	中燃上海分公司"海供油301"轮		
	中波公司"李白"轮		
	外代大连分公司		
	天津远洋运输公司	1990年度全国交通系统经济效益先进单位	
	中汽总北方公司		
	青岛远洋运输公司		
	中燃青岛分公司		
	中燃上海分公司		
	广州远洋"安泰江"轮	1990年度部优质运输先进集体	
	上海远洋"丰城"轮		
	上海远洋"宝安"轮		
	上海远洋"盐城"轮		
	青岛远洋"胶州海"轮		
	大连远洋"洪泽湖"轮		
	中远江苏省公司"苏鹤"轮		
	中汽总廊坊公司第三车队		
	广州远洋"安达江"轮QC小组	1990年度部级优秀质量管理小组	
	广州远洋"雅江"轮		
	上海远洋"丰城"轮		
	上海远洋"宝安"轮		
	上海远洋"盐城"轮		

续上表

年份	单位、部门、船舶名	荣誉称号	授予机关
1990年	青岛远洋"胶州轮"轮	1990年度部级优秀质量管理小组	交通部
	大连远洋"洪泽湖"轮		
	中远江苏省公司"苏鹤"轮		
	中汽总廊坊公司第三车队		
	青岛远洋计财处对外结算科QC小组		
	广州远洋基建处工程管理小组		
	天津远洋"丰顺山"轮QC小组		
	天津远洋船务公司"津远一号"QC小组		
	青岛远洋人事处劳动保护科QC小组		
	大连远洋航运处成品油货损预控QC小组		
	中燃连云港公司业务调度科QC小组		
	外代宁波公司北仑办事处QC小组		
1991年	上海远洋"盐城"轮	全国先进班组（五一劳动奖状）	中华全国总工会
	上海远洋运输公司	全国企业管理优秀奖（"金马奖"）	国家计委
		全国思想政治工作先进企业	国家经委、中华全国总工会
	大连远洋运输公司	国家一级企业档案管理	国家档案局
	中国远洋运输总公司	1991年度全国职工教育先进单位	国务院生产委、中华全国总工会
	大连海运学校	全国职业技术教育先进单位	国家教委
	青岛远洋运输公司	全国节能先进企业	国家计委
		交通系统节能样板企业	交通部
	广州远洋防疫站QC小组	部级优秀质量管理小组	交通部
	青岛远洋财务处美元资金管理QC小组		
	青岛远洋通导处电传室第一QC小组		
	青岛远洋经济分析QC小组		

续上表

年份	单位、部门、船舶名	荣 誉 称 号	授予机关
1991年	天津远洋"永门"轮	思想政治工作优秀单位	中共天津市委工交委
	天津远洋"紫云"轮	先进党组织	
	青岛远洋运输公司	省文明单位 省思想政治工作优秀单位	山东省
	大连远洋"嘉荫关"轮	部级优质运输先进集体	交通部
	外代宁波公司	省级文明单位	江苏省
	外代大连公司	全国交通系统"两个文明"建设先进单位	交通部
1992年	天津远洋运输公司	市文明单位标兵	天津市
	天津远洋货运公司	市模范集体	
	天津远洋"登云"轮	思想政治工作优秀单位	中共天津市委交工委
	天津远洋"紫云"轮		
	青岛远洋运输公司	思想政治工作优秀企业	中共山东省委
	大连远洋运输公司	思想政治工作优秀企业	中共辽宁省委
	青岛远洋航运处港口使费QC小组	国家级优秀质量管理小组	中国科技、中华全国总工会
	青岛远洋财务处对外结算科QC小组		
	广州远洋安监室劳保科QC小组	1992年度部级优秀质量管理小组	交通部
	天津远洋"丰顺山"轮QC小组		
	上海远洋"丰城"轮QC小组		
	上海远洋"盐城"轮QC小组		
	青岛远洋船技处船舶修理单QC小组		
	青岛远洋资金管理QC小组		
	外代青岛公司货运出口一科QC小组	1992年度部级优秀质量管理小组	
	外代广州公司船务科QC小组		
	中燃上海分公司三号码头搬迁工程QC小组		
	中燃上海分公司粉料站QC小组		
	中汽总中原公司洛阳站调度室QC小组		

续上表

年份	单位、部门、船舶名	荣誉称号	授予机关
1992年	广州远洋"华铜海"轮	1992年度安全生产竞赛先进船舶	中国海员工会全国委员会、交通部交通安全委员会
	广州远洋"星河"轮		
	上海远洋"东安"轮		
	上海远洋"普河"轮		
	上海远洋"喜峰口"轮		
	天津远洋"沂海"轮		
	天津远洋"富平山"轮		
	青岛远洋"胶州海"轮		
	大连远洋"海皇后"轮		
	中波公司"华佗"轮		
	中汽总天津公司310大型车组	全国红旗车	中国公路运输工会全国委员会、交通部安全监督局
	中汽总天津公司集装箱牵引车		
	中汽总廊坊公司集装箱牵引车		
	中汽总中原公司集装箱牵引车		

荣获中远、外代总公司表彰的先进个人名录（1988—1992）

年度	姓名	单位职务	荣誉称号	授予机关
1988年	肖佑卿	广州远洋副船长	中远系统先进生产（工作）者	中远总公司，总公司党委、工会
	郭军	广州远洋水手		
	黎铁	广州远洋科长		
	张余江	广州远洋轮机长		
	叶龙文	广州远洋船长		
	林月平	广州远洋修船厂航修队党支部书记		
	沈曾柯	上海远洋船长		
	王德祥	上海远洋轮机长		
	吴志明	上海远洋副船长		
	黄凤德	上海远洋轮机长		
	张新军	上海远洋大厨		
	杜民元	上海远洋航修站电工		
	杨凤鸾	天津远洋指导船长		
	付品杰	天津远洋副船长		

续上表

年度	姓名	单位职务	荣誉称号	授予机关
1988年	韩青	天津远洋轮机长	中远系统先进生产（工作）者	中远总公司，总公司党委、工会
	赵家玉	天津远洋大厨		
	门文彬	大连远洋船长		
	许运旭	大连远洋轮机长		
	顾富生	中波公司轮机长		
	刘选民	中波公司驻广州代表处主任		
	钱栋建	中燃青岛分公司船长		
	李志良	中燃大连分公司业务科长		
	康齐凯	南京中远航修配件厂副厂长		
	李成水	中远江西省公司船长		
	易信谊	中远江苏省公司轮机长		
1989年	叶龙文	广州远洋船长	中远系统双文明建设先进生产（工作）者	中远总公司，总公司党委、工会
	匡升荣	广州远洋船长		
	吴月亭	广州远洋轮机长		
	陈云生	广州远洋水手		
	彭创松	广州远洋经理办公室科长		
	颜军	上海远洋船长		
	于琦	上海远洋船长		
	张良保	上海远洋轮机长		
	史官安	上海远洋水手长		
	李耘	上海远洋修船厂		
	庄茂奎	青岛远洋船长		
	周祖新	青岛远洋船长		
	丰金华	青岛远洋计财处财务科长		
	杨凤鸾	天津远洋指导船长		
	周德伦	天津远洋驻大连办事处主任		
	韩青	天津远洋轮机长		
	许运旭	大连远洋轮机长		
	陶成斌	大连远洋轮机长		
	陈勇	中波公司船长		
	刘选民	中波公司驻广州办事处主任		

续上表

年度	姓名	单位职务	荣誉称号	授予机关
1989年	张永立	南通船厂船体车间班长	中远系统双文明建设先进生产（工作）者	中远总公司，总公司党委、工会
	杨安成	中燃湛江公司轮机长		
	钱栋建	中燃青岛分公司船长		
	李成水	中远江西省公司船长		
	邵义成	中远河北省公司		
	尹秀春	外代大连分公司经理	外代系统双文明建设先进生产（工作）者	外代总公司
	陈洁生	外代安庆分公司经理		
	陈海平	外代三亚分公司总经理		
	赵高璋	外代上海分公司业务员		
	应洪寿	外代上海分公司业务员		
	段旭辉	外代天津分公司业务员		
	兰绍斌	外代天津分公司业务员		
	詹家哲	外代广州分公司审计员		
	余代娣	外代深圳分公司电传室文印员		
	郑方碧	外代秦皇岛分公司业务员		
	王宝成	外代青岛分公司电传业务员		
	滕怀海	外代连云港分公司调度员		
	施通义	外代宁波分公司员工		
	徐晓宁	外代南京分公司业务员		
	曹玉海	外代石臼分公司员工		
	王勇	外代镇江分公司船务科业务员		
1990年	叶龙文	广州远洋船长	中远系统双文明建设先进生产（工作）者	中远总公司，总公司党委、工会
	陈培生	广州远洋三副		
	王永武	广州远洋三副		
	陈云生	广州远洋水手长		
	余玉冰	广州远洋水手长		
	肖佑卿	广州远洋船舶政委		
	王学勤	广州远洋船舶政委		
	易日昌	广州远洋船舶政委		
	李肇明	广州远洋船舶政委		
	陈伦展	广州远洋船舶政委		

续上表

年度	姓名	单位职务	荣誉称号	授予机关
1990年	杨世文	广州远洋科长	中远系统双文明建设先进生产（工作）者	中远总公司，总公司党委、工会
	成锦初	广州远洋科长		
	潘富春	上海远洋大副		
	陈希俊	上海远洋轮机长		
	张新军	上海远洋大厨		
	王立余	上海远洋船舶政委		
	朱 平	上海远洋船舶政委		
	张 增	上海远洋电机员		
	王继东	上海远洋船长		
	焦金铎	上海远洋客运主任		
	沈焕云	上海远洋船长		
	蒋成喜	上海远洋陆地员工		
	姚孟舟	上海远洋船舶政委		
	殷根生	上海远洋陆地员工		
	束长禄	上海远洋东虹大厦总经理		
	孙德江	天津远洋机关干部		
	姜国信	天津远洋海校党委书记		
	孙昌明	天津远洋三副		
	韩 青	天津远洋轮机长		
	王树璋	天津远洋船舶政委		
	付品杰	天津远洋船舶政委		
	周爱成	天津远洋船舶政委		
	肖荣林	天津远洋船长		
	杨凤鸾	天津远洋船长		
	庄茂奎	青岛远洋船长		
	郭建堤	青岛远洋轮机长		
	徐际和	青岛远洋船舶管事		
	刘崇诺	青岛修船厂烟台站站长		
	宋凤珍（女）	青岛远洋工会女工委主任		
	高 峰	大连远洋船长		
	张福康	大连远洋船舶政委		

续上表

年度	姓名	单位职务	荣誉称号	授予机关
1990年	杨树义	大连远洋轮机长	中远系统双文明建设先进生产（工作）者	中远总公司，总公司党委、工会
	吴炳源	中波公司船长		
	陈建军	中波公司轮机长		
	梅长安	中远浙江省公司		
	许世民	中远江西省公司		
	葛恩华	中远河北省公司轮机长		
	张永立	南通中远船厂船体车间班长		
	所善华	南通中远船厂车队队长		
	黄永林	中远南京航修配件厂		
	陈鸿宾	中远秦皇岛物供公司经理		
	王宝成	外代青岛公司电传业务员	"两个文明"建设先进工作者	外代总公司
	汪金生	外代秦皇岛公司业务员		
	王玉芬	外代烟台公司集装箱科副科长		
	曹苏琴	外代镇江公司货运业务员		
	杨爱群	外代南京公司会计		
	陈家鑫	外代安庆公司业务部经理		
	滕怀海	外代连云港公司调度员		
	魏玉山	外代青岛公司船务业务员		
	张 颖	外代深圳公司船务科副科长		
1991年	王更生	广州远洋船长	中远系统"两个文明"建设先进生产（工作）者	中远总公司，总公司党委、工会
	吴如松	广州远洋船长		
	钟子双	广州远洋船长		
	肖佑卿	广州远洋船舶政委		
	吴惊才	广州远洋船舶政委		
	张余江	广州远洋轮机长		
	朱明集	广州远洋轮机长		
	方汉忠	广州远洋水手长		
	郭 军	广州远洋水手长		
	卢章先	广州远洋水手长		
	林祝彩	广州远洋大厨		
	孙凤羽	广州远洋安监室主任		

续上表

年度	姓名	单位职务	荣誉称号	授予机关
1991年	周琪	广州远洋驻上海办事处主任	中远系统"两个文明"建设先进生产（工作）者	中远总公司，总公司党委、工会
	熊方国	广州远洋干部		
	王连业	广州远洋航运处调度室副主任		
	黄泽	上海远洋船长		
	王继东	上海远洋船长		
	沈焕云	上海远洋船长		
	冷凤麟	上海远洋船舶政委		
	王立余	上海远洋船舶政委		
	姚孟舟	上海远洋船舶政委		
	徐何平	上海远洋轮机长		
	王日恒	上海远洋轮机长		
	史官安	上海远洋水手长		
	蔡维章	上海远洋水手长		
	张增胜	上海远洋水手长		
	王秋祥	上海远洋水手长		
	刘金霞	上海远洋水手长		
	陈烈敏	上海远洋船舶修理厂船体车间副主任		
	华福俊	上海远洋航运处箱运科副科长		
	熊胜勇	天津远洋船长		
	邢锡庆	天津远洋船长		
	黄汉泉	天津远洋船长		
	张永年	天津远洋船舶政委		
	赵富业	天津远洋船舶政委		
	王树璋	天津远洋船舶政委		
	谢毓明	天津远洋轮机长		
	宋乐芳	天津远洋轮机长		
	孙德江	天津远洋驻津办事处科长		
	李洪生	天津远洋团委干部		
	沙明宗	青岛远洋船长		
	倪国柱	青岛远洋船舶政委		
	郭建堤	青岛远洋轮机长		
	王京伟	青岛远洋机工		

续上表

年度	姓名	单位职务	荣誉称号	授予机关
1991年	解培奇	青岛远洋行管处处长	中远系统"两个文明"建设先进生产（工作）者	中远总公司，总公司党委、工会
	吕世敏	大连远洋经理办公室主任		
	孙万寿	大连远洋船长		
	杨树义	大连远洋轮机长		
	周正华	大连远洋管事		
	陈建军	中波公司轮机长		
	姜启成	中燃大连分公司船长		
	阎荣光	中燃天津分公司大副		
	李 华	中燃青岛分公司副经理		
	吴瑞林	中燃上海分公司技术设备科工程师		
	颜怀贤	连云港远洋船务企业公司货运仓储部主任		
	李世田	连云港远洋船务企业公司驾驶员		
	许世民	中远江西省公司船技科科长		
	徐传光	中远江苏省公司轮机长		
	秦章源	中远浙江省公司大副		
	葛恩华	中远河北省公司轮机长		
	魏自华	中远湖南省公司水手长		
	赵吉通	中远秦皇岛物供公司副经理		
	张永立	南通中远船厂船体车间班长		
	尹克智	南通中远船厂驾驶员		
	刘歧顺	南京中远航修配件厂南京国际船舶配件公司领班		
	郑芳碧	外代秦皇岛公司业务员	外代系统双文明建设先进工作者	外代总公司
	段旭辉	外代天津公司外勤业务员		
	冯军起	外代天津公司外勤业务员		
	曹玉海	外代日照公司职工		
	王跃华	外代镇江公司货运科业务员		
	常宝荷	外代南京公司驾驶员		
	张 明	外代湛江公司科长		
	陈继伟	外代深圳公司船务科调度员		
	蔡雄文	外代安庆公司货运部经理		
	滕怀海	外代连云港公司调度员		

续上表

年度	姓名	单位职务	荣誉称号	授予机关
1992年	余玉冰	广州远洋船长	中远系统"两个文明"建设先进（生产）者	中远总公司，总公司党委、工会
	胡冠雄	广州远洋船长		
	王更生	广州远洋船长		
	吴克刚	广州远洋船长		
	古当兴	广州远洋轮机长		
	廖大超	广州远洋船舶政委		
	刁世福	广州远洋大副		
	魏仕良	广州远洋水手长		
	段 祥	广州远洋电助		
	孙凤羽	广州远洋安监室主任		
	杜俊明	广州远洋杂运部业务科科长		
	黄熙义	广州远洋驻湛江办事处主任		
	成锦初	广远船修厂轮机车间主任		
	徐祖远	广州远洋海南船务企业有限公司经理		
	朱泽禄	上海远洋船长		
	金惠德	上海远洋船长		
	乔归民	上海远洋船长		
	黄碧璋	上海远洋船长		
	张克厚	上海远洋船舶政委		
	时国权	上海远洋船舶政委		
	王 清	上海远洋船舶政委		
	邵志仁	上海远洋轮机长		
	阳建凯	上海远洋轮机长		
	许国荣	上海远洋电机员		
	卢仁德	上海远洋水手长		
	姚法生	上海远洋水手		
	王芷衡	上海远洋船修厂轮机车间副主任		
	徐克俭	上海远洋供应公司驾驶员		
	龚伟龙	上海远洋航运处调度员		

续上表

年度	姓名	单位职务	荣誉称号	授予机关
1992年	任允琪	天津远洋船长	中远系统"两个文明"建设先进（生产）者	中远总公司，总公司党委、工会
	熊胜勇	天津远洋船长		
	张武进	天津远洋船舶政委		
	李慎余	天津远洋轮机长		
	张国永	天津远洋轮机长		
	曹绍发	天津远洋船舶事务员		
	孙昌明	天津远洋二副		
	侯文钦	天津远洋水手长		
	邹永政	天津远洋货运公司经理		
	张金珠（女）	天津远洋招待所服务员		
	王文池	天津远洋机关干部		
	沙明宗	青岛远洋船长		
	倪国柱	青岛远洋船舶政委		
	宋兆连	青岛远洋轮机长		
	余吉利	青岛远洋机工长		
	陈高荣	青岛远洋船管二处处长		
	李勇锰	青岛远洋沙发厂厂长		
	孙万寿	大连远洋船长		
	李树松	大连远洋船长		
	阎凤贤	大连远洋船舶政委		
	孙吉善	大连远洋轮机长		
	秦绍华	连远公司轮机长		
	李世田	连远公司轮机长		
	董庆如	中波公司船长		
	李一平	中波公司调度科科长		
	韩香斌	中燃青岛分公司副经理		
	杨安成	中燃湛江分公司船长		
	周秦生	中燃秦皇岛分公司机务科科长		
	徐兆楼	中燃连云港分公司轮机长		
	黄永祖	中燃广州分公司船长		
	姜启成	中燃大连分公司船长		

续上表

年度	姓名	单位职务	荣誉称号	授予机关
1992年	刘歧顺	中远南京航修配件厂调度员	中远系统"两个文明"建设先进（生产）者	中远总公司，总公司党委、工会
	张惠明	南通中远船厂船体车间主任		
	徐金山	南通中远船厂坞修车间主任		
	忻国良	南通中远船厂驻沪办事处主任		
	姜念成	中远秦皇岛物供公司工人		
	王明生	中远江苏省公司船舶政委		
	扈国庆	中远安徽省公司船长		
	葛恩华	中远河北省公司轮机长		
	许世民	中远江西省公司船技科科长		
	张跃新	中远湖南省公司大管轮		
	吴松涛	外代深圳公司集装箱科业务员	外代系统双文明建设先进工作者	外代总公司
	吴远征	外代珠海公司电脑管理员		
	张明	外代湛江公司科长		
	邓书彦	外代青岛公司业务员		
	李智新	外代烟台公司副科长		
	王跃华	外代镇江公司货运业务员		
	綦文成	外代大连公司科长		
	赵玲	外代日照公司职工		
	黄忠杰	外代汕头公司职工		
	瞿伟敏	外代汕头公司船务科科长		
	汪金生	外代秦皇岛公司业务员		
	陈洁生	外代安庆公司经理		

中波公司荣获国际国内社会团体授予的荣誉称号人员名录（1986年）

姓名	职务	所在单位	荣誉称号	授予机关（方面）
钱永昌	中国交通部部长、中方股东代表	中波轮船股份公司	波兰人民共和国星饰高级国家勋章	波兰人民共和国国务委员会
邬福肇	中方总经理	中波轮船股份公司波兰分公司	波兰人民共和国金质国家勋章	
孟广钜	中方总经理			
徐文耀	中方总经理党委书记	中波轮船股份公司		
弗·贝尔纳特	船技处波方处长	中波轮船股份公司船技处	波兰复兴骑士十字勋章	

续上表

姓　　名	职　　务	所在单位	荣誉称号	授予机关（方面）
兹·柯瓦尔契克	波方主任委员	中波轮船股份公司管理委员会	中华人民共和国交通部荣誉证书和银盾	中华人民共和国交通部
斯·葛瑞秀克	波方主任委员	中波轮船股份公司管理委员会		
维·斯台利戈	波方科长	中波轮船股份公司航运处		
朱·赫山	经济分析科科长	中波轮船股份公司波兰分公司经济分析科科长		
吴其勇	中方总经理	中波轮船股份公司	海洋荣誉工作者金质奖章	波兰人民共和国海洋经济局
赵继德	中方党委书记			
戚盛官	中方处长			
耶日·考莱茨基	波方总经理			
王得足	船长			
李廷芬	轮机长			
斯·马耶夫斯基	波方机务监督长	中波轮船股份公司船技处		
王金栋	中方处长	中波轮船股份公司财务处	海洋荣誉工作者银质奖章	
冯缵统	中心总经理	中远驻汉堡汉远技术服务		
埃·乌契凯夫	波方处长	中波轮船股份公司财务处		
张来茂	船长	中波轮船股份公司		
陆文达	船长			
杨驰	科长	中波轮船股份公司对外人事科	波兰格但斯克地区荣誉奖章	波兰格但斯克省人民委员会
顾明悌	科长	中波轮船股份公司总经理办公室外事科		
王才秀	科长	中波轮船股份公司保险科		
耶日·考莱茨基	波方总经理	中波轮船股份公司		
维·斯台利戈	波方科长	中波轮船股份公司航运处		

荣获中远系统先进船员"十大标兵人物"名录（1991年）

姓　名	单 位 职 务	荣 誉 称 号	授予机关（部门）
叶龙文	广州远洋船长	中远系统先进船员十大标兵人物	中远总公司，总公司党委、工会
陈培生	广州远洋三副		
陈云生	广州远洋水手长		
黄凤德	上海远洋轮机长		
张新军	上海远洋大厨		
付品杰	天津远洋船舶政委		
韩　青	天津远洋轮机长		
陈洪璋	青岛远洋船舶政委		
门文彬	大连远洋船长		
顾富生	中波公司轮机长		

注：1.本《名录》的资料来源，为1998年3月中国远洋运输（集团）总公司编印的《建国以来中远系统荣获国家、省（市）、部级和总公司表彰的先进个人、先进集体名录》。
2.《名录》中对原单位名称均作简称。
3."授予机关"一栏中，凡是几个单位联合表彰的，只列1—2个主要机关名称；被省、市人民政府授予称号的均简化为省市名称。
4.从1988年起，总公司以中远总公司、总公司党委、总公司工会联合发文进行系统、持续表彰的双文明建设先进生产（工作）者奖项，纳入此名录，此前或此后表彰的各类单项奖励，未纳入此名录。
5.从1988年开始，外代总公司表彰奖励项目并列中远系统。中远集团成立后，并入中远系统。
6.荣获波兰政府、部委表彰的人员纳入此名录。
7.中远所属企业的旅大市、大连市、青岛市劳模视同省部级劳模。

附录五　中远名称的演变

在中远五十余年的发展进程中，中远名称历经数次变更，反映出新中国海洋运输事业的发展壮大和对外贸易运输的沧桑巨变。

中远名称的变化经历了四个阶段，即成立初期的政企一体化时期——交通远洋运输局和中国远洋运输公司合署办公阶段；"文化大革命"期间的铁、交、邮合并期——交通部水运组主管阶段；国营企业转型期——中国远洋运输总公司自主经营阶段；改革开放大发展期——中国远洋运输集团市场化经营阶段。

1961年4月27日，交通部以发文知会外交部、商业部、石油部、中侨委、人民银行、人保公司等有关单位：经国务院外办批准，我国自营船队挂国旗开航，并在北京设立中国远洋运输公司，在广州设立中国远洋运输公司广州分公司，经营管理中国远洋运输业务。公司在北京地址：北京北兵马司1号，电报挂号：COSCO，PEKING。

中国远洋运输公司简称"中远"，中国远洋运输公司广州分公司以及后续成立的中国远洋运输公司上海分公司以及中国远洋运输公司天津分公司分别简称为"中远广州分公司""中远上海分公司"和"中远天津分公司"。

"文化大革命"期间，是交通部实行军事管制时期。1967年6月—1970年6月，中央派驻军管小组对交通口实行领导。1970年6月，交通部、铁道部和邮电部合并成交通部，将远洋运输局（对外称中国远洋运输公司，包括中国外轮代理总公司）与水运局、港务监督局、船舶检验局合并，成立水运组，统一管理沿海、内河和远洋运输业务。但是，中远各分公司的名称及简称没有变化[①]。

1972年2月22日，交通部向国务院呈递报告，拟重新组建中国远洋运输总公司，作为部直属企业单位，总部仍设在北京。中远广州、上海、天津分公司和对外开放港口的外代分公司的业务由中国远洋运输总公司统一领导和管理。

1972年9月12日，交通部发出通知：经国务院批准，组建中国远洋运输总公司，作为交通部直属企业单位，也同时作为中国外轮代理总公司。从1972年10月1日起正式办公。

自此开始，中国远洋运输总公司简称"中远总公司"或"中远"，直属中国远洋运输总

---

① 1969年1月1日，中远广州分公司与广州海运局、广东省航运厅合并组成华南水运公司革命委员会。华南水运公司仅存在13个月，于1970年2月20日由广东省革委会下令撤销，恢复中远广州分公司建制。

公司的广州、上海和天津分公司，简称"中远总公司广州分公司、中远总公司上海分公司、天津分公司"或"中远广州分公司""中远上海分公司""天津分公司"。后续成立的青岛、大连分公司以此类推。

1979年3月7日，交通部发出通知称：为了适应远洋运输事业发展的需要，便于对内对外开展工作，决定自1979年5月1日起，将中国远洋运输公司广州分公司更名为广州远洋运输公司（上海、天津、大连、青岛分公司同）。上述机构管理体制不变，仍由中国远洋运输总公司统一领导，开展工作。中国远洋运输总公司名称和简称没有变化，各分公司则简称为广州、上海、天津、大连、青岛远洋。

中远集团组建后的名称变更：根据国务院批转三部委《关于选择一批企业集团进行试点的请示》的通知精神，以中远总公司、中国外轮代理总公司、中国船舶燃料供应总公司和中国汽车运输总公司及4家所属企业单位为主体，于1993年初完成集团组建的各项筹备工作。

国家计委、体改委和国务院经贸办于1992年12月25日发出"计规划〔1992〕2583号复函"，同意成立中国远洋运输集团，"同意中国远洋运输总公司更名为中国远洋运输（集团）总公司。同意以中国远洋运输（集团）总公司为核心企业组建中国远洋运输集团（简称中远集团）。"国家工商行政管理局于1993年2月16日予以核准登记。

1993年2月16日，中国远洋运输（集团）总公司以此日为中远集团成立日，并以"中远办〔1993〕1号文"下发通知，明确：集团全称为"中国远洋运输集团"，简称"中远集团"。英文名称为"China Ocean Shipping Companies Group"，简称COSCOGROUP。中国远洋运输总公司更名为"中国远洋运输（集团）总公司"，英文名称为"China Ocean Shipping（Group）Company"，简称COSCO。

1995年7月26日，中国远洋运输（集团）总公司呈文《关于改革中远散装船队管理体制，成立中远散货运输有限公司的请示》。1995年9月8日，交通部发文《关于组建中远散货运输有限公司的批复》表示同意。1995年12月18日，"中远散货运输有限公司"简称"中散公司"，英文为"COSCOBULKCARRIERLTD."在北京正式开业。

1997年10月8日，中国远洋运输（集团）总公司呈文《关于申请成立"中远集装箱运输有限公司"的请示》，1997年10月21日，交通部以水路运输批件形式发文《关于同意成立中远集装箱运输有限公司的批复》表示同意。公司名称为"中远集装箱运输有限公司"，英文名称为"COSCO Container Liner Co., Ltd."，简称为"中远集运"。

1998年1月28日，中远集运举行成立揭牌仪式。

中远及所属公司名称演变表

年　份	中　远	简称	分　公　司	简　称
1961.4—1972.9	中国远洋运输公司	中远	中国远洋运输公司广州（上海、天津）分公司	中远广州（上海、天津）分公司
1972.10—1979.2	中国远洋运输总公司	中远/中远总公司	中国远洋运输总公司广州（上海、天津）分公司	中远总公司广州（上海、天津）分公司或中远广州（上海、天津）分公司
1979.3—1993.2	中国远洋运输总公司	中远/中远总公司	广州（上海、天津、大连、青岛）远洋运输公司	广州（上海、天津、大连、青岛）远洋
1993.2—2015.2	中国远洋运输（集团）总公司 中国远洋运输集团	中远集团总公司/中远集团	广州（上海、天津、大连、青岛）远洋运输公司 1995年9月8日，中远散货运输有限公司成立 1997年10月21日，中远集装箱运输有限公司成立	广州（上海、天津、大连、青岛）远洋 中远散运 中远集运

附录六　历史文件文号索引

1.《关于改革我国国际海洋管理工作的通知》(国发〔1984〕第152号)
2.《关于总公司党委、机关的机构设置和人员编制的通知》(〔87〕中远人字第431号)
3.《关于调整大连海运管理局管理体制的通知》(〔1979〕交人字1673号)
4.《关于同意你公司成立连云港办事处的回复》(〔81〕交人字1837号)
5.《关于连云港办事处有关问题的通知》(〔82〕中远人字第1038号)
6.《关于远洋办事处起名注册的报告》(〔88〕云远办第040号)
7.《关于改变连云港办事处机制的报告》(〔88〕中远人字第1350号)
8.《关于同意连云港办事处改为企业单位的批复》(〔89〕中远人字第114号)
9.《关于连云港远洋实业公司名称的报告》(〔89〕云远办字第004号)
10.《关于改变连云港远洋实业公司名称的批复》(〔89〕中远人字第273号)
11.《关于更改连云港远洋船舶服务公司名称的批复》(〔89〕中远人字第426号)
12.《关于同意成立合营轮船公司的批复》(〔89〕中远合字第651号)
13.《关于要求批准成立连云港海洋运输公司的请示》(连政发〔1989〕79号)
14.《关于同意组建连云港海洋运输公司的批复》(〔89〕交运字373号)
15.《关于将康华连云港开发公司归属中远总公司领导的请示》(〔89〕中远办字第1463号)
16.《关于同意将康华连云港开发公司划归中国远洋运输总公司的批复》(〔89〕交人劳字537号)
17.《关于调整连云港远洋船务企业公司机构编制、经营范围的批复》(〔90〕交人劳字712号)
18.《关于连云港远洋船务企业公司更名的请示》(〔92〕中远人字第2230号)
19.《关于同意连云港远洋船务企业公司更名为连云港远洋运输公司的批复》(交人劳发〔1992〕1081号)
20.《关于同意组织合营轮船公司的批复》(苏政复〔1980〕11号,〔80〕交远字292号)
21.《关于同意组织合营轮船公司的批复》(〔80〕交远字587号,浙政发〔1980〕字第27号)
22.《关于同意组织合营轮船公司的批复》(冀政〔1980〕80号,〔80〕交远字1205号)
23.《关于同意组织合营轮船公司的批复》(〔82〕皖政字44号,〔82〕交远字675号)

24.《关于同意组织合营轮船公司的批复》(赣政字〔1982〕149号,〔82〕交海字第1922号)

25.《关于同意组建中远湖南省公司的批复》(〔87〕交海字第254号)

26.《关于同意成立南京远洋运输公司的批复》(〔88〕交函海字708号)

27.《海关对进出口集装箱及所装货物监管试行办法》(〔78〕贸关货字第88号)

28.《关于明确对国际集装箱装拆箱理货问题的通知》(〔82〕交水运字862号)

29.《集装箱理货座谈会纪要》(〔84〕交海字232号)

30.《关于中远船舶参加国内沿海运输统一由外理公司代船方理货的通知》(〔79〕中外理总字第07号、中远商字第905号)

31.《关于改革中国国际海洋运输管理工作的通知》(〔84〕交海字第2383号)

32.《关于沿海地区发展外向型经济的若干补充规定》(国发〔1988〕第22号)

33.《中国外轮代理总公司服务质量检查标准》(〔89〕中外代字第815号)

34.《关于中国船舶燃料供应总公司上海燃料供应机构管理体制问题的通知》(〔88〕交劳字57号)

35.《关于改革中国船舶燃料供应总公司管理体制问题的通知》(〔86〕交劳字876号)

36.《关于将中国船舶燃料供应总公司划归中国远洋运输总公司的通知》(〔88〕交劳字118号)

37.《关于继续进口船用燃料油和为外商代销船用燃料油的请示》(〔80〕交水运字1050号)

38.《关于中国船舶燃料供应总公司实行总经理负责制的批复》(〔88〕交企字406号)

39.《关于改革我国国际海洋运输管理工作的通知》(国发〔1984〕第152号)

40.《关于更改各远洋分公司名称的通知》(〔79〕交远字385号)

41.《关于我商船通行台湾海峡的暂行规定》(〔79〕交远字1200号)

42.《关于发展国际定期班轮的通知》(〔84〕交海字2381号)

43.《关于集联办自有集装箱财务处理的暂行规定》(〔91〕中远财字第1423号)

44.《关于印发"关于发展大连远洋公司船队的讨论纪要"的通知》(〔80〕交远计字第471号)

45.《关于广远五艘成品油轮接船工作的报告》(〔80〕连远字109号)

46.《关于国外造船工作的若干规定》(〔81〕中远造字第824号)

47.《关于国外造船有关财务问题的规定》(〔81〕中远造字第824号)

48.《关于与招商局签订选调干部协议的请示》(〔90〕中远党干字776号)

49.《关于同意中远总公司、香港招商局〈选调干部协议书〉的批复》(〔90〕人劳企干字884号)

50.《关于拟借调马泽宗等18名同志来港工作的请示》(〔90〕招人字第067号)

51.《关于拟派李英文等24人赴香港招商局工作的请示》(〔91〕中远党干字759号)

52.《关于"明华"轮价拨香港招商局的通知》(〔83〕中远计字第877号)

53.《关于建立香港第二船队的经过及当前二船队经营情况的报告》(中远档案号:1984-C-024)

54.《关于国营工业企业进行全面整顿的决定》(中发〔1982〕2 号)

55.《中远总公司关于加强船舶整顿工作的通知》(〔1984〕中远企字第 272 号)

56.《中远系统承包经营责任制实施办法(试行)》(〔91〕中远/外代企管字第 2804 号)

57.《全民所有制工业企业承包经营责任制暂行条例》(国发〔1988〕第 13 号)

58.《关于部属航运企业实行船员定船制度的通知》(〔89〕交人劳字 158 号)

59.《关于继续深入抓好船员定船工作的通知》(中远人〔1993〕第 650 号)

60.《关于当前加强企业管理工作的几点意见》(国生企业〔1992〕108 号)

61.《关于在中远系统开展劳动人事制度、工资分配和社会保障制度改革工作的几点意见》(〔1992〕中远人字第 797 号)

62.《中远纪检、监察工作为生产经营服务的若干意见》(〔1992〕中远监字第 1115 号/中远党纪字第 048 号)

63.《关于集体企业实行内部集资和股份制有关财务问题的规定》(〔1989〕财综字 111 号)

64.《股份制企业试点办法》(〔1992〕30 号)

65.《关于颁布执行〈杂货船队计划调度管理细则〉的通知》(〔89〕中远航字第 880 号)

66.《关于执行第三号运价本有关问题的通知》(〔1980〕交远字 1556 号)

67.《关于重申中远系统实行统一运价管理的通知》(〔92〕中远航字 1211 号)

68.《中国人民保险公司、中远总公司关于国轮索赔暂行办法》(〔73〕保出字第 34 号/〔73〕中远航字第 090 号)

69.《中远货运监督人员工作细则(试行)的通知》(〔87〕中远保赔字第 1320 号)

70.《〈交通部水运、工程船舶预防检修制度〉等六项机务管理制度的通知》(〔80〕交水运字 1028 号)

71.《关于开展"安全月"活动的通知》(〔82〕劳总护字第 15 号)

72.《关于"扎扎实实搞好安全月活动"的通知》(〔84〕中远字第 360 号)

73.《交通部油船安全生产管理规则》的通知(交通部〔75〕交安监字 1583 号)

74.《中华人民共和国防止沿海水域污染暂行规定》(〔74〕国发 11 号)

75.《交通部关于切实做好油运防污,制止海域继续污染的紧急通知》(〔75〕交增字 793 号)

76.《中共远洋运输总公司委员会从最近几次事故的教训中提出的几条具体规定》(摘自 1975 年 10 月 6 日呈交通部领导小组的报告)

77.《关于防止海面污染的通知》(〔74〕中远船技字第 071 号)

78.《关于设立交通部审计局及部属单位设立审计机构的通知》(〔1984〕交办字第 1151 号)

79.《关于报送一九八九年审计工作总结的通知》(〔89〕审综字第 60 号)

80.《中远基本建设竣工决算审计办法(试行)》(〔92〕中远审字第 2240 号)

81.《关于加强预算外资金管理的通知》(国发〔1986〕第 44 号)

82.《按季公布运输等企业主要经济效果指标和建立经济活动分析制度问题的通知》(〔82〕中远计字第969号)

83.《对上半年经济活动分析的一些意见》(〔82〕中远财字第926号)

84.《关于内部发行的财政制度请注意保密的通知》(财办字〔79〕第20号)

85.《科学技术保密条例》(国发〔1981〕第165号)

86.《交通工作保密规定》(〔85〕交办字2208号)

87.《中华人民共和国保守国家秘密法》(由中华人民共和国七届全国人民代表大会常务委员会第三次会议通过)

88.《国家秘密文件、资料和其他物品标志的规定(第3号令)》(国家保密局、国家技术监督局1990年10月6日发布)

89.《关于做好保密要害部门(部位)保密工作的意见》(国保〔1991〕第57号)

90.《中远系统保密工作目标管理标准(试行)》(〔91〕中远办字第1348号)

91.《技术档案管理试行办法和技术档案保管期限表》(远办〔63〕字第1700号)

92.《关于选择一批大型企业集团进行试点的请示》(国发〔1991〕第71号)

93.《关于印发〈试点企业集团审批办法〉的通知》(计规划〔1991〕第2223号)

94.《中国远洋运输总公司经济活动分析工作管理规定》(〔91〕中远企字第792号)

95.《关于中远组建集团方案的审查意见的函》(交体发〔1992〕1184号)

96.《关于中远贯彻执行〈船舶技术人员职务试行条例〉的通知》(〔1988〕中远职改字第1222号)

97.《关于实行技师聘任制的实施意见》《中远系统实行技师聘任制工种范围(试行)》(〔1990〕中远人字第2143号)

98.《企业职工奖惩条例》(国发〔1982〕59号)

99.《关于加强船员管理工作的若干意见》(〔84〕中远船字第653号)

100.《远洋船员职务规则(试行)》(〔1990〕中远人字第1603号)

101.《远洋船员管理工作条例》(中远档案号1991-Y-066)

102.《职工因病、非因工负伤保险待遇的暂行办法》(〔92〕中远人字第1530号)

103.《转发上海远洋运输公司外事、保卫工作会议情况的简报》(〔79〕中远宣字第363号)

104.《中远系统船舶防毒工作暂行规定》(〔1991〕中远保字第862号)

105.《批转劳动人事部、国家经委、全国总工会关于加强安全生产和劳动安全监察工作的报告的通知》(国发〔1983〕第85号)

106.《关于对远洋船员普遍进行体格检查的通知》(〔78〕交远人字第171号)

107.《远洋船员若干疾病不适合在船工作的规定》(〔80〕交远人字第196号)

108.《关于提高油轮船员待遇的报告》(〔87〕中远人字第627号)

109.《关于油轮船员特殊工种待遇几点意见的报告》(〔92〕中远人字第1190号)

110.《关于下达奔驰大客车分配方案的通知》(〔88〕中远供字265号)

111.《关于调查船员家庭承包责任田情况的通知》(〔85〕中远党字第60号)

112.《关于表彰远洋系统优秀船员家属、优秀家属工作者的决定》(〔90〕中远党字第106号/办字第2166号/工字第034号）

113.《将青岛海运学校改为青岛远洋船员进修学院的通知》(交教字〔80〕1310号）

114.《关于南京海员学校使用"南京海运学校"校名的请示报告》(〔90〕中远教字第339号）

115.《关于同意将南京海员学校更名为"南京海运学校"批复》(〔90〕交教字第133号）

116.《关于丹麦STL自动化设备公司上海服务中心正式成立的通知》(〔86〕中远造字第406号）

117.《关于中远自动化服务中心归上远公司管理和同意成立合资企业的决定》(〔88〕中远技字第1489号）

118.《中远总公司关于多种经营工作的暂行办法》(中远档案号：1984-C-023）

119.《关于县以上党和国家机关党员领导干部民主生活会的若干规定》(〔90〕中发第7号）

120.《关于加强驻外机构思想政治工作的意见》(〔90〕中远办字第965号/中远党宣字第046号）

121.《关于船舶整党的几点意见》(〔1984〕中远党字第16号）

122.《船舶整党验收标准》(〔1986〕中远政组字第113号）

123.《中远总公司党委关于在远洋船员中开展抵制精神污染教育的通知》(中远档案号：1984-C-415）

124.《中国远洋运输系统思想政治工作研究会》(〔86〕中远政宣字第32号）

125.《关于颁发全民所有制工业企业"三个条例"的通知》(中发〔1986〕21号）

126.《关于部属企业全面推行和完善厂长（经理）负责制工作的通知》(〔87〕交企字920号）

127.《关于转发上远〈公司召开防外逃、防留外不归会议总结"顺河"轮在防留外不归工作中的教训〉的通知》(〔90〕中远保字第2055号）

128.《关于完善船长负责制有关问题建议的报告》(〔89〕中远办2483号）

129.《关于完善船舶领导体制的通知》(〔90〕交党字第2号）

130.《远洋运输船舶党支部建设的几项制度和有关规定（试行）》(〔90〕中远党组字第058号）

131.《关于一九八四年在全国公路、水路交通部门开展"五讲四美三热爱"活动的通知》(〔84〕交政字347号）

132.《关于举行纪念中国远洋运输总公司成立二十五周年活动的通知》(〔86〕中远办字第447号）

133.《关于加强纪律检查机关组织建设几个问题的通知》(〔84〕交党字35号）

134.《远洋系统各单位共青团工作暂行条例》(中远政组字〔86〕第376号）

135.《中国远洋运输总公司经济活动分析工作管理规定》(〔91〕中远企字第792号）

136.《中远系统运价统一管理暂行办法》(中远档案号：1986-C-001)

137.《中远总公司关于参加保赔协会事》(〔79〕中远商字第 102 号)

138.《工业企业全面质量管理办法》(〔86〕交生字第 776 号)

139.《关于内部发行的财政制度请注意保密的通知》(财办字〔79〕第 20 号)

140.《关于整顿档案管理工作的通知》(〔79〕交办字第 558 号)

141.《机关文书档案保管期限参考表》(〔64〕档局字第 87 号)

142.《关于落实劳动保护措施经费的通知》(〔90〕中远财字第 1445 号)

143.《关于庆祝"柳林海"轮首航西雅图港二十周年活动的报告》(中远总〔1999〕第 0232 号)

144.《中共中央国务院批转国家档案局关于在全国档案工作会议的报告》

145.《关于转发〈班轮座谈会纪要〉的通知》(〔84〕交海字第 1876 号)

146.《关于统一外轮理货工作的通知》(交运商〔61〕于第 160 号)

147.《关于加强外轮理货的通知》(〔78〕交港字 502 号)

148.《关于明确外理公司对中远公司船舶参加国内沿海运输不需理货的函》(〔78〕水运商字 28 号)

149.《关于同意成立中国远洋运输集团的复函》(计规划〔1992〕2583 号)

150.《关于进一步加强国际班轮运输工作的通知》(国口字〔1986〕19 号)

151.《远洋船舶机械设备损坏事故处理报告制度》(〔85〕中远技字第 1520 号)

152.《公司"三五"(1966—1970 年)期间远洋船舶发展和人员培训规划》(中远档案号 1966-Y-009 号)

153.《远洋系统"七五"职工教育规划》(〔87〕中远教字第 1564 号)

154.《关于职工大学备案的复函》(教职字〔83〕3 号文)

155.《国务院关于进一步改革国际海洋运输管理工作的通知》(国发〔1992〕64 号)

156.《远洋运输公司试行经理负责制的实施办法》和交通部(〔87〕交企字第 920 号)

附录七　航运业常见专业名词解释

远洋运输（Ocean Shipping）：我国与其他国家（地区）间，经过一个或数个大洋的海上运输。如我国至东、西非洲，红海，地中海，欧洲和南、北美洲，澳大利亚等地区所进行的旅客和货物的运送。

近洋运输（Short-range Ocean Shipping）：我国根据船舶航程较短，并以船舶周转的快慢和管理上的具体情况为出发点，与其他国家（地区）间，只经过沿海或太平洋（或印度洋）的部分水域的海上运输。如我国至朝鲜、日本、越南、印度尼西亚等地区所进行的旅客和货物的运送。

沿海运输（Coastwise Shipping）：利用船舶在我国沿海区域各港之间的客货运输，其范围包括自辽宁鸭绿江口起至广西北仑河口止的大陆沿海运输；我国沿海省、自治区、直辖市所属诸岛屿沿海及其与大陆间的全部水域内的运输。

班轮运输（Carriage of Goods by Liner）：船舶在固定航线按照预先公布的船期表定期停靠若干固定的港口，经营班轮业务的船公司按颁布的运价本（Freight Tariff）所列的运价费率收取运费。

三角航线（Triangular Route）：又称三角形组合航线，是一种环行的货运航线。当三个以上港口间的货运规模最低能保证一艘船舶在营运期内有效航行，则可组织该环行的货运航线，以便充分利用船舶运输能力，减少空载，提高运输效率与效益。

多式联运（intermodality）：由两种及其以上的交通工具相互衔接、转运而共同完成的运输过程统称为复合运输，我国习惯上称之为多式联运。《联合国国际货物多式联运公约》对国际多式联运的定义是：按照国际多式联运合同，以至少两种不同的运输方式，由多式联运经营人把货物从一国境内接管地点运至另一国境内指定交付地点的货物运输。而《中华人民共和国海商法》对于多式联运的运输方式的规定是，两种以上的不同运输方式，其中一种是海上运输方式。

货物周转量（Turnover Volume of Freight Traffic）：该指标反映运输机构一定时期内货物运输的工作量，系指实际运送的货物吨数与其到、发港间的里程之乘积，即：货运量（吨）× 运距（海里）= 货物周转量（吨海里）；海运企业用吨海里表示其计算单位，其运距 1 海里 = 1.852 公里。

货物中转（Transhipment）：货物装上船后，不能直接运达目的港，而须在中途港转装，由另一艘船舶接运。中转（转运）在国际海上运输中是经常发生的。有的是由于货载零星、目的港分散，考虑船舶在经济上的合理性而不能一一运达，便安排在中途港口进行中转；也有的因原卸货港或本船发生特殊意外，无法按运输契约将货物运往目的港，承运人可根据提单上的自由转运条款，将货物卸在其他方便的港口，安排转运。

包运租船合同（Contract of Affreightment，COA）：不规定船名或船数，按照同一运价和条款一次签订合同包运较大数量货物的订租方式。合同规定在一定期限内，船舶所有人将一定数量的同类货物，由指定的装运港运往指定的目的地。这种方式适合于货运量大，又可分批、分期装运的货物。COA 一般签订的合同期较长，船方在租船期间解决了货源问题；还可根据合同量和时间，获得稳定收益。而货方把运价锁定在一定水平上，可规避货物运输成本变动的风险。签订 COA 可以让船货双方以双赢的方式，共同抵御市场风险。

船舶载重量（Deadweight Tonnage）：船舶所允许装载的重量。有总载重量和净载重量之分。使船舶达到允许最大的吃水所能装载的各种重量的总和，称为船舶总载重量。从总载重量中除去船员及装备重量，以及燃油、淡水、供应品等重量后，所允许装载的货物或旅客，包括其行李和携带品在内的最大重量，称为船舶净载重量，也即能用于装载货物的最大重量，一般称为载货量。

总吨位（Gross Tonnage）：根据船舶吨位丈量规范的有关规定，丈量确定的船舶总容积，以吨位来表示。总吨位一般用于：表示船舶大小；表示一个国家或一家船公司拥有船舶的数量；计算造船费用、船舶保险费用；在有关国际公约和船舶规范中用来区别船舶的等级以衡量对技术管理和设备要求的标准；以及作为船舶登记、检验和丈量的收费标准等。

净吨位（Net Tonnage）：根据船舶吨位丈量规范的有关规定，从总吨位中减除不适于载运旅客、货物处所而得到的船舶有效容积。以吨位来表示。净吨位一般用于交付港口费、引航费、灯塔费和停泊费的计算基准。

TEU（Twenty-foot Equivalent Unit）：是以长度为 20 英尺的集装箱为国际计量单位，也称国际标准箱单位。通常用来表示船舶装载集装箱的能力，也是集装箱和港口吞吐量的重要统计、换算单位。它的尺寸规格为：长 20 英尺 × 宽 8 英尺 × 高 8 英尺 6 英寸。

FEU（Forty-foot Equivalent Unit）：是以长度为 40 英尺的集装箱为国际计量单位，通常用来表示船舶装载集装箱的能力，也是集装箱和港口吞吐量的重要统计、换算单位。它的尺寸规格为：长 40 英尺 × 宽 8 英尺 × 高 8 英尺 6 英寸。

干散货船型分类：从船队结构上看，干散货代表船型可分为五大类：

小灵便型（Handysize）：1 万—3.9 万吨，船舶吃水控制在 9—10 米之间，主要行使于受特定航区航道水深限制的航线及水域，如劳伦斯水道，我国的长江口、珠江口等。

大灵便型（Handymax）：4 万—5.9 万吨，船舶吃水一般在 11 米左右，符合大部分大中型港口满载进出的需要。

巴拿马型（Panamax）：6 万—8 万吨，该类型船是指可以通过巴拿马运河、吃水在 13 米的干散货船；主要运输煤炭、谷物等大宗物资。该类型船舶是由大西洋通过巴拿马运河到太平洋的最佳船型，是世界船队中很有代表性的船舶，在煤炭、矿石、粮食、化肥等干散货运输中得到广泛的应用。

好望角型（Capesize）：10万—19万吨，该类型船是指在远洋航行中可以通过好望角或者南美洲海角最恶劣天气的大型干散货船；主要运输铁矿砂、煤炭等工业原料。常规船型吨位逐步由12万载重吨发展到14万载重吨和19万载重吨。

超大型散货船（Very Large Ore Carrier，VLOC）：20万吨以上，用于煤炭和铁矿石的远距离运输，主要为北美、澳大利亚、远东航线提供煤炭运输服务，主要为南美、澳大利亚—日本、远东、地中海和欧洲地区提供铁矿石运输服务。

油轮船型分类：通常，按油轮的吨位，可将其划分为以下几个类别：

中程（Medium Range，MR）成品油轮：从事中程运输的成品油轮，承运载重吨为3万—5.5万吨。

远程（Large Range，LR）成品油轮：从事远程运输的成品油轮，其中LR1型为5万—10万吨，LR2型为10万吨以上。

巴拿马型（Panamax）：5.5万—8万吨，船宽尺寸以通过巴拿马运河为上限。

阿芙拉型（Aframax）：8万—12万吨，即平均运费指数（Average Freight Rate Assessment）经济适用性最佳船型，也是适合白令海（Baltic Sea）冰区航行油船的最佳船型。

苏伊士型（Suezmax）：12万—20万吨，该型船的上限为在满载中东原油情况下，可经由苏伊士运河运至欧洲，其常规的船型是15万—16万吨。

超大型油轮（Very Large Crude Carrier，VLCC）：20万—32万吨，主要用于远距离的原油运输。

超巨型油轮（Ultra Large Crude Carrier，ULCC）：32万吨以上，按照载重吨衡量，人类曾经建造过的最大船舶是1979年日本建造的"海上巨人"号，其载重吨是56万吨。

集装箱船船型分类：集装箱船型以装载集装箱的箱量划分为以下几个类别：

支线集装箱船（Feeder）：所载箱量在500TEU以内的支线集装箱船。

大支线集装箱船（Feedmax）：所载箱量为500—1000TEU的大支线集装箱船。

灵便型集装箱船（Handy）：所载箱量为1000—2000TEU的灵便型集装箱船。

次巴拿马型集装箱船（Sub-panamax）：所载箱量为2000—3000TEU的中型集装箱船。

巴拿马型集装箱船（Panamax）：所载箱量为3000—5000TEU的大型集装箱船。

超巴拿马型集装箱船（Post-panamax）：所载箱量超过5000TEU的超大型集装箱船，最大超巴拿马型集装箱船已经突破10000TEU。

超大型集装箱船：超过10000TEU的巨型集装箱船。截至2019年年底，世界最大超大型集装箱船载箱量达21000TEU；该型船的船长约为400米，船宽约为58.8米。

BDI（Baltic Dry Index）：波罗的海干散货运价指数。该指数是由若干条传统干散货船航线的运价，按照各自在航运市场上的重要程度和所占比重构成的综合性指数。自2018年3月1日，BDI航线权重调整为：海岬型占40%，巴拿马型和超灵便型各占30%。灵便型期租平均值不再涵盖在内。计算公式中系数变更为0.1。

BCI（Baltic Capesize Index）：波罗的海好望角型船运价指数。该指数反映10万载重吨以上的好望角型散货船市场租金变化情况。2014年5月6日其标准船型和典型航线进行了调整。

BPI（Baltic Panamax Index）：波罗的海巴拿马型船运价指数。该指数反映6万—8万载重吨巴拿马型散货船的市场租金变化情况。

BSI（Baltic Supramax Index）：波罗的海大灵便型船运价指数。该指数反映5.83万载重吨大灵便型船的市场租金变化情况。主要运输货物有粮食、磷肥、碳酸钾、木屑、水泥。

BHSI（Baltic Handysize Index）：波罗的海小灵便型船运价指数。该指数反映2.8万载重吨小灵便型船的市场租金变化情况，主要运输货物有粮食、钢材、磷肥、碳酸钾、木屑、水泥。

CCFI（China Containerized Freight Index）：中国出口集装箱运价指数。由交通部（现交通运输部）主持、上海航运交易所编制的CCFI于1998年4月13日首次发布。CCFI编制与发布方式：第一，以1998年1月1日为基期，基期指数1000点。第二，根据典型性、地区分布性、相关性三大基本原则，筛选出14条航线作为样本航线，分别为中国香港、韩国、日本、东南亚、澳新、地中海、欧洲、东西非、美西、美东、南非、南美、波红、中国台湾航线，其国内出发港口包括大连、天津、青岛、上海、南京、宁波、厦门、福州、深圳、广州十大港口。第三，由包括中远集运在内的18家商誉卓著、航线市场份额大的中外船公司按照自愿原则，组成运价指数编制委员会，提供运价信息。

SCFI（Shanghai Containerized Freight Index）：上海出口集装箱运价指数。上海航运交易所改革并推出的新版SCFI，于2009年10月16日正式对外发布，取代2005年12月7日发布的原SCFI。新版SCFI是反映上海出口集装箱即期运输市场运价变化的指数，包括15条分航线市场运价（指数）和综合指数。航线覆盖上海出口集装箱运输的主要贸易流向及出口地区，分别为欧洲、地中海、美西、美东、波斯湾、澳新、西非、南非、南美、日本关西、日本关东、东南亚、韩国、中国台湾和中国香港航线。

国际油轮运价指数（World Tanker Nominal Freight Scale，WS）：即新世界油轮名义运费指数。WS运费指数其实是一个百分数，指某种类型的油轮在某条航线的运费水平与基准费率的比值（用百分数表示）。例如，如果某日VLCC在海湾东行航线的运费指数是WS110点，表明其运费与基准费率的比值为1.1，用百分数表示就是110点；如果运费指数是WS70点，表明其运费与基准费率的比值为0.7，用百分数表示就是70点。而某航线的基准费率是由"Worldscale协会"根据上一年度（前一年的10月1日至当年9月30日）的港口使费、燃油费和运河费等营运费用水平，计算出一艘航速为14.5节、载货量为7.5万吨的油轮，在该航线上完成一个标准航次（指满载到港、空载返回）的基准费率即WS100（或日租金12000美元）的费率，以美元／吨为单位。因此每年该航线的基准费率都不一样，每年1月1日由分别位于伦敦和纽约的"Worldscale协会"向其收费会员公布新年度60000多种不同油运航线涉及1000多个港口的《新世界油轮（基本）费率表》以用作油轮租船中船货双方商谈运价的基础。历史上，该费率表的计算标准几经修改，最新一次修改自1989年1月1日，从生效之日起一直沿用至今。

远期运费协议（Forward Freight Agreement，FFA）：买卖双方达成的一种远期运费协议，协议规定了具体的航线、价格、数量等等，且双方约定在未来某一时点，某一方收取或支付依据波罗的海的官方运费指数价格与现在成交价格的差额。由于国际干散货市场运价波动频繁且波幅巨大，传统经营模式很难获得稳健发展。而科学合理地运用 FFA 这一金融衍生工具，通过对冲功能和套期保值功能，则可平抑市场波动，实现稳健发展。

港口吞吐量（Port Throughput）：是指一段时期内经水运输出、输入港区并经过装卸作业的货物总量，计量单位为"吨"或集装箱"标准箱（TEU）"。港口吞吐量是衡量港口规模大小的最重要的指标，反映在一定的技术装备和劳动组织条件下，一定时间内港口为船舶装卸货物的数量。影响港口吞吐量的因素十分复杂。综合起来看，大体可以分为两种类型，一种是客观的区域因素，如腹地的大小、生产发展水平的高低、外向型经济发展状况和进出口商品的数量等等；另一种是港口本身的建港条件，包括自然条件和社会经济因素。在上述条件一定的情况下，劳动组织与管理水平、装卸机械数量和技术水平、船型、车型、水文气象条件、工农业生产的季节性、车船到港的均衡性，以及经由港口装卸的货物品种与数量，均可能成为影响港口吞吐能力的重要因素，但最直接最关键的要素是泊位能力的大小。

港口吞吐能力（Port Throughput Capacity）：又称港口通过能力。广义上是指在一定时期内和一定的工作条件下，港口所具有的办理旅客到发、货物装卸以及为船舶提供技术服务能力的总和。狭义上是指港口在一定时期内，以现有设备能为船舶装卸货物的最大数量，即最大吞吐量。以"吨"来表示。

港口使费（Port Charges）：船舶在港口发生的各种费用和其他支出款项的总称，大致分为三类，一是有关船舶的费用，如船舶吨税、船舶港务费、引航费、灯塔费、拖轮费、船舶报关费、船舶检验费、船舶代理费等；二是有关货物的费用，如装卸费、堆存保管费、货物检验费、货物监装费、理货费等；三是其他支出款项，如在港口发生的船舶修理费、垫舱物料费、船员借支等。

LPG（Liquefied Petroleum Gas）：液化石油气，是由炼厂气体或天然气（包括油田伴生气）加压、降温、液化得到的一种无色、挥发性气体。该气体主要含丙烷、丁烷、丙烯、丁烯和异丁烷等成分。

LNG（Liquefied Natural Gas）：液化天然气，是通过井下开采的天然气经过净化后，被制冷到其沸点温度零下 165 摄氏度，这种呈液体状态纯净天然气即成为 LNG。该气体主要含甲烷，或少量的乙烷、丙烷、丁烷以及氮类的其他杂质。

船舶租赁（Chartering）：租船人为了获得运输工具来运输货物或承担运输任务，以支付运费或租金的方式，从所有人那里将船舶的整船或部分舱位租入的一项业务。船舶租赁方式主要有航次租船、定期租船、光船租赁。

航次租船（Voyage Charter）：又称程租船，其租金计算以航次为单位。由船舶所有人按双方事先议定的费率与条件，将船舶全部或一部分租与租船人，该船按租船人意愿自某一港口或者若干港口装运整船货物或部分货物至指定的目的港，或某一地区的若干港口。

定期租船（Time Charter）：又称期租船，其租金计算以时间为单位。船舶所有人根据双方签订的租船合同将船舶在一段较长的期限内（数月到几年不等）租与租船人调度和使用。由租船人根据船舶每一夏季载重吨为计算单位在一定时间内（按月或按天）向船舶所有人支付租金，以预付方式支付租金。租金一经议定，在租赁期内，不论租船市场租金涨落情况如何，都不得变更。

光船租赁（Bareboat or Demise Charter）：又称过户租赁或船壳租赁。船舶由船舶所有人按夏季载重吨每例月或30天向租船人收取租金，将"光船"（不配备船员的船舶）在一规定的期限内交与租船人自由使用。光船租赁的船舶由租船人聘用船长、轮机长和船员。光船租赁实际也是定期租船的一种，与一般定期租船的相同之处是两者均按时间计算租金，不同之处是光船租赁的船舶占有权在租船期内由船舶所有人转移至租船人手中。

PSC（Port State Control）：港口国监督。港口国的政府机构或其授权机构（我国为中华人民共和国海事局）对到达本国港口的外国籍船舶的技术状况和船员能力（特别是有关船舶航行安全与防污染方面）进行检查，以保证船舶在海上人命和财产安全，防止海洋环境污染。

FSC（Flag State Control）：船旗国检查。它是一国政府对悬挂本国国旗船舶实施的安全检查。

SMS（Safety Management System）：安全管理体系。它是一个系统的、清晰的和全面的安全风险管理方法，综合了运行、技术系统、财务和人力资源管理，融入公司的整个组织机构和管理活动中，包括目标设定、计划和绩效评估等。

O2O（Online To Offline）：是指将线下的商务机会与互联网结合，让互联网成为线下交易的平台。

IPO（Initial Public Offering）：首次公开募股，是指一家企业或公司（股份有限公司）第一次将它的股份向公众出售。

BOT（Build-Operate-Transfer）：建设—经营—转让，本质上是一种基础设施投资、建设和运营的方式。在政府与民间机构达成协议的前提下，政府向民间机构发放特许权，允许民间机构在一定时期内筹集资金建设基础设施，管理和运营设施及其相应的产品和服务。

附录八　重要国际规则及公约

一、《海牙规则》（Hague Rules）

《海牙规则》(Hague Rules) 全称为《统一提单的若干法律规定的国际公约》，是关于提单法律规定的第一部国际公约。1924年关于统一提单若干法律规定的国际公约 (International Convention for the Unification of Certain Rules of Law Relating to Bills of Lading，1924)，简称《海牙规则》(Hague Rules：H.R.)，1924年8月25日在比利时首都布鲁塞尔签订，1931年6月2日起生效，为统一世界各国关于提单的不同法律规定，并确定承运人与托运人在海上货物运输中的权利和义务而制定的国际协议。

《海牙规则》共十六条，其中第一至第十条是实质性条款，第十一至第十六条是程序性条款，主要是有关公约的批准、加入和修改程序性条款，实质性条款主要包括以下内容：

《海牙规则》第三条第一款规定："承运人必须在开航前和开航当时，谨慎处理，使航船处于适航状态，妥善配备合格船员，装备船舶和配备供应品；使货舱、冷藏舱和该船其他载货处所能适当而安全地接受、载运和保管货物。"该条第二款规定："承运人应妥善地和谨慎地装载、操作、积载、运送、保管、照料与卸载。"即提供适航船舶，妥善管理货物，否则将承担赔偿责任。

《海牙规则》对"承运人运输货物的责任期间"进行了明确，其中对"货物运输"的定义，货物运输的期间为从货物装上船至卸完船为止的期间。所谓"装上船起至卸完船止"可分为两种情况：一是在使用船上吊杆装卸货物时，装货时货物挂上船舶吊杆的吊钩时起至卸货时货物脱离吊钩时为止，即"钩至钩"期间。二是使用岸上起重机装卸，则以货物越过船舷为界，即"舷至舷"期间承运人应对货物负责。至于货物装船以前，即承运人在码头仓库接管货物至装上船这一段期间，以及货物卸船后到向收货人交付货物这一段时间，按《海牙规则》第七条规定，可由承运人与托运人就承运人在上述两段发生的货物灭失或损坏所应承担的责任和义务订立任何协议、规定、条件、保留或免责条款。

《海牙规则》对"承运人的赔偿责任限额"做了规定，这一制度安排实际上是对承运人造成货物灭失或损害的赔偿责任的部分免除，充分体现了对承运人利益的维护。《海牙规则》第四条第五款规定："不论承运人或船舶，在任何情况下，对货物或与货物有关的灭失或损坏，每件或每单位超过100英镑或与其等值的其他货币时，任意情况下都不负责；但托运人于装货前已就该项货物的性质和价值提出声明，并已在提单中注明的，不在此限。"

关于承运人的免责条款，《海牙规则》第四条第二款作了十七项具体规定，分为两类：

一类是过失免责;另一类是无过失免责。国际海上货物运输中争论最大的问题是《海牙规则》的过失免责条款,《海牙规则》第四条第二款第一项规定:"由于船长、船员、引航员或承运人的雇用人在航行或管理船舶中的行为、疏忽或过失所引起的货物灭失或损坏,承运人可以免除赔偿责任。"这种过失免责条款是其他运输方式责任制度中所没有的。很明显,《海牙规则》偏袒了船方的利益。

另一类是承运人无过失免责,主要有以下几种:

(1)不可抗力或承运人无法控制的免责有八项:海上或其他通航水域的灾难、危险或意外事故;天灾;战争行为;公敌行为;君主、当权者或人民的扣留或拘禁,或依法扣押;检疫限制;不论由于任何原因所引起的局部或全面罢工、关厂、停工或劳动力受到限制;暴力和骚乱。

(2)货方的行为或过失免责有四项:货物托运人或货主、其代理人或代表的行为;由于货物的固有缺点、质量或缺陷所造成的容积或重量的损失,或任何其他灭失或损害;包装不固;标志不清或不当。

(3)特殊免责条款有三项:一是火灾,即使是承运人和雇用人的过失,承运人也不负责,只有承运人本人的实际过失或私谋所造成者才不能免责;二是在海上救助人命或财产,这一点是对船舶的特殊要求;三是谨慎处理,克尽职责所不能发现的潜在缺陷。

(4)承运人免责条款的第十六项:"不是由于承运人的实际过失或私谋,或是承运人的代理人或雇用人员的过失或疏忽所引起的其他任何原因。"这是一项概括性条款,既不是像前述十六项那样具体,又不是对它们的衬托,而是对它们之外的其他原因规定一般条件。

关于索赔与诉讼时效问题,《海牙规则》第三条第六款规定:承运人将货物交付给收货人时,如果收货人未将索赔通知用书面形式提交承运人或其代理人,则这种交付应视为承运人已按提单规定交付货物的初步证据。如果货物的灭失和损坏不明显,则收货人应在收到货物之日起 3 日内将索赔通知提交承运人。

二、《国际海上人命安全公约》(SOLAS 公约)

《国际海上人命安全公约》(International Convention for Safety of Life at Sea),简称《安全公约》或《SOLAS 公约》。1974 年 11 月 1 日,国际海事组织海上安全委员会在伦敦签订,1980 年 5 月 25 日生效。该公约经过 1978 年、1981 年、1983 年、1988 年、1989 年、1990 年、1991 年等多次修正。

《安全公约》正文十三条、一个附则(共八章)和一个附录。正文其主要内容包括:公约的一般义务;适用范围;法律、规则;不可抗力情况;紧急情况下载运人员;以前的条约和公约;经协议订立的特殊规则;修正;签字、批准、接受、认可和加入;生效;退出;保存和登记。

《安全公约》附则和附录的主要包括:第 1 章,总则,即适用范围、定义等;检验与证书;事故。第二章甲,构造(分舱与稳性、机电设备),即通则;分舱与稳性;机电设备。第二章乙,构造(防火、探火和灭火),即通则;载客超过 36 人客船的消防措施;载客不超过 36 人客船的消防措施;货船的消防措施;油船的消防措施;现有客船的特殊消防措施。第三章，救生设备等，即通则；限客船适用；仅适用于货船。第四章，无线电报与无线电话，即适用范围与定义；值班；技术要求；无线电日志。第五章，航行安全。第六章，谷物装运，即通则；假定倾侧力矩的计算；谷物装置及其固定。第七章，危险货物装运。第八章，核能船舶。附录，证书格式。

《安全公约》适用于经授权悬挂缔约国政府国旗的船舶。各缔约国政府承担义务实施公约及其附则的各项规定。凡引用公约时，同时也就是引用该附则，附则是公约的组成部分。各缔约国政府要承担义务，颁布必要的法律、法令、命令和规则，并采取一切必要的其他措施，使公约充分和完全生效，以便从人命安全的观点出发，保证船舶适合其预定的用途。

三、《海员培训、发证和值班标准国际公约》（STCW 公约）

《海员培训、发证和值班标准国际公约》（International Convention on Standards of Training, Certification and Watchkeeping for Seafarers）简称《STCW 公约》。

此公约是国际海事组织(IMO)约 50 个公约中最重要的公约之一。最初通过时间为 1978 年 7 月 7 日，生效日期为 1984 年 4 月 28 日，公约从通过至生效历经近六年的时间。《STCW 公约》正文共有十七条，阐述和规定了制订公约的宗旨、缔约国义务、公约所用名词解释、适用范围、资料交流、与其他条约关系、证书、特免证明、过渡办法、等效办法、监督、技术合作、修正程序、加入公约形式、生效条件、退出方式、保管以及文本文字。公约适用范围限于有权悬挂缔约国国旗的在海船上工作的海员。在此，"海船"系指除了在内陆水域或者遮蔽水域或港章所适用的区域以内或者与此两者紧邻的水域中航行的船舶以外的船舶。

《STCW 公约》第一章的总则中有四个规则，规定了证书的内容和签证的格式以及证书应有英语译文；对从事过本航行服务的海员要求有所放宽的原则；规定了行使监督的范围以及允许船旗国当局通过执行监督的缔约国等方式，采取适当的措施来消除缺陷。第二章为船长—甲板部分，共有八个规则和三个附录，规定了航行值班和在港值班中应遵守的基本原则；规定了对船长、大副以及负责航行值班的驾驶员发证的法定最低要求与最低知识要求；规定了对组成航行值班部分的一般船员的法定最低要求；规定了为确保船长和驾驶员不断精通业务和掌握最新知识的法定最低要求以及在运载危险货物船舶上在港值班的法定最低要求。第三章为轮机部分，共有六个规定和二个附录，规定了轮机值班中应遵守的基本原则；规定了对主推进动力装置为 3000 千瓦或以上和 750—3000 千瓦之间的船舶的轮机长和大管轮发证的法定最低要求与最低知识要求，规定了对传统的有人看守机舱负责值班的轮机员或定期无人看守机舱指派的值班轮机员发证的法定最低要求；规定了保证轮机员不断精通业务并掌握最新知识的法定最低要求；规定了对组成机舱值班部分的一般船员的法定最低要求。第四章为无线电部分，共有三个规则和二个附录，规定了无线电报员发证的法定最低要求；规定了保证无线电报员不断精通业务和掌握最新知识的法定最低要求；规定了无线电报员发证的法定最低要求。第五章为对槽管轮的特别要求部分，共有三个规则，规定了对油船、化学品船、液化气体船船长、高级船员和一般船员的培训和资格的法定最低要求。第六章为精通救生艇业务部分，有一个规则和一个附录，规定了关于颁发精通救生艇业务证书的法定最低要求。

四、《国际防止船舶造成污染公约》（MARPOL 公约）

国际防止船舶造成污染公约（International Convention for the Prevention of Pollution from Ships；MARPOL；International Convention for the prevention Pollution from Ships），简称《MARPOL 公约》，是为保护海洋环境，由国际海事组织制定的有关防止和限制船舶排放油类和其他有害物质污染海洋方面的安全规定的国际公约。

1973 年《国际防止船舶造成污染公约》（简称《MARPOL 1973》）及 1978 年《国际防止船舶造成污染公约的 1978 年议定书》（简称 MARPOL 1978) 是国际社会为保护海洋环境而签订的两个重要国际协定。两者合称《MARPOL 1973/1978》。此公约旨在防止船舶排放的废水、废油等物质污染海洋的公约和议定书，1973 年订于伦敦。中国于 1983 年 7 月 1 日加入"73/78 防污公约"，同时声明不受公约附则三（关于预防包装中的有害物质的污染）、附则四（关于预防污水污染）、附则五（关于预防船舶垃圾污染）的约束。中国于 1988 年加入公约的附则五。公约适用于除军舰、海军辅助船舶和用于政府非商业性服务的国有或国营船舶以外的船舶，禁止这些船舶对海洋以任何形式排放有害物质，并规定了违章处理程序。

《MARPOL 1973》的基本内容是一个庞杂、技术性强及具有多层次结构的国际环境保护协定。有正文条文二十条，还有许多附则、附件、议定书等。由于 1978 年议定书对 1973 年公约作了重要的修订与补充，该议定书构成公约不可分离的组成部分。1978 年议定书第一条第一款即明确要求，凡加入 1978 年议定书的国家，自然地应当遵守 1973 年防污公约，而不必对公约另行签字或履行专门的批准手续。修正后的公约要求：①船舶使用前或颁发国际防油污证书前应对船舶进行初检；②在每 5 年期间内进行定期检验；③在国际防油污证书有效期至少进行一次中级检验；④进行计划外检验或义务性年度检验。

跋

1979—1992 年，是中国远洋运输总公司深化改革、自主创新、开拓进取、快速发展的 14 年。

中远崛起的乐章和弦于中华民族伟大复兴的恢宏旋律，已成为 20 世纪下半叶世界航运史上最让人铭记的重大历史事件之一。从历史的峰巅回望，若干年后，中远人写入历史的那些业绩，一定被后人驻足仰止，注目以敬。

回望过往，中远坚决贯彻党的十一届三中全会精神，解放思想，转变观念，抢抓机遇，奋力拼搏，航运主业快速发展，陆地产业初具规模，海外事业逐步拓展，科技教育兴旺发达，党的建设坚强有力，"两个文明"建设卓有成效。

中远经过 30 多年的发展，已经成为拥有中国最大的远洋运输船队、国内最完善的国际船舶代理体系及国际船舶燃料供应体系的大型国际海洋运输联合企业。

中远共有固定资产原值 186 亿人民币，总资产已近 250 亿人民币，拥有和经营各种类型的远洋运输船舶 600 多艘，1537 万载重吨，约占全国远洋商船队吨位的 76%。中远船队航行于世界 150 多个国家和地区的 1100 多个港口，开辟了中国至世界的班轮航线多达 49 条，每月开出 160 个航班。不定期航班根据需要可通达世界所有主要港口。代表现代化航运发展标志的集装箱船队和班轮运输跻身于国际航运市场，集装箱箱位量跃居国际集装箱船公司的第 4 位。企业的实力大幅度上升，每年承担国家对外贸易货运量的 60% 以上，粮食、矿石、石油、钢材、煤炭、化肥、木材、水泥、成套设备、特殊货物等大宗货物的运输任务多由中远承运，充分发挥出国家远洋运输主力船队的作用。中远船队曾多次冒着危险，进出战区，运送援外物资。在一些国家和地区发生动乱时，中远船舶接受上级指令，驶往出事港接运国家外交人员与华侨。作为国家的骨干远洋船队，中远在确立中国国际航运大国地位、摆脱国家外贸运输对外轮的依赖和稳定外贸货运市场的价格、保证国家外贸重点物资、特殊物资和急需物资的运输、减少国家外汇支出和创汇方面做出了一定贡献。中远所属的外代系统的船舶代理量约占中国国际船舶代理总量的 90%，中远所属的中燃公司是国内唯一有权经营国际船舶燃料供应业务的企业。除此之外，中远在货运仓储、多式联运、航空货运、劳务输出、金融保险等方面均有稳步的发展。以航运为主的工业体系和专业人才培训体系已基本形成。

截至 1992 年底，中远已拥有境内外独资及合营机构约 300 余家，其中境内有：中国远洋运输总公司所属船公司 13 家，中国外轮代理总公司所属分公司 48 家，中国船舶燃料供应总公司所属公司 18 家，还有围绕着航运及其有关业务成立的各类合营公司 65 家；中远在境外的公司有：独资公司 7 家，航运代表处 28 个，合营公司 18 家。全系统拥有职工 5.7 万多人，其中船员 4.1 万多人，陆地职工 1.6 万多人；共有正局级单位 8 个，副局级单位 6 个，另有配备副局级干部的单位 4 个。

1979—1992 年，中远预算内部分累计向国家上缴利税约 22 亿元，预算外部分为国家增置了可观的固定资产。中远的资产负债率约为 40%，与国际国内其他航运企业相比，资产负债率处于良性发展水平。中远已经发展成为世界上屈指可数的大型航运企业之一。

中远的崛起，曾被业内人士称为"中国现代航运史上最激动人心的事件"。然而，中远的改革发展并非一路凯歌，中远曾驱散阴霾，信心百倍；也曾经受考验，艰辛探索。即便从 1979 年以来的 14 年艰苦历程，同样遭遇了众多的急流险滩，艰难险阻，但无论前进的道路多么坎坷，中远总公司都能做到贯彻落实党的路线方针政策坚定不移，坚持走改革创新、持续发展的道路坚定不移，执行依靠职工办企业的根本方针坚定不移。

穿越岁月沧桑，道路在脚下延伸；历经风雨考验，命运在手中掌握。那些在企业艰苦创业中战胜的危机、抢抓的机遇、赢得的荣誉以及熬过的低谷、走过的弯路、汲取的教训，经过岁月的磨砺与沉淀，不仅积累出企业生产实践不可多得的宝贵精神财富，同时也转化成企业全面建设上的厚积薄发与无尽力量！

这一时期，是中远发展的一个特殊历史时期。由于自主发展的特殊性，给广州、上海、天津、青岛、大连远洋公司自主驰骋以广阔天地，给陆、海、空物流自由翱翔以宽广空间，给新中国的航运事业实现集团化运营以无限想象。

1991 年 4 月 4 日，中远总公司在下发的《中国远洋运输总公司经济活动分析工作管理规定》中指出："为实现'八五'计划的各项目标，把中远建成'结构集团化、经营国际化、业务多元化、管理现代化'的大型骨干运输企业，进一步提高企业的全面计划管理和经营管理水平。"这是中远总公司给中远的未来"量身订制"的集团化发展最具前瞻性、最具权威性以及最宏大、最清晰的表述。中远总公司为企业长远发展确立的"小四化"发展目标，为 1993 年中远集团的成立奠定了坚实的思想基础和物质基础。

在中远的发展历史上，海外接侨创造的奇迹，改革发展谱写的壮举，全球战略筑就的伟业，可歌可泣，永载史册。周恩来总理曾经说过："我们爱我们的民族，这是我们自信心的源泉。"将中远发展史的光辉业绩放到世界范围内，就可以从相互比较中认识其价值，从而提高中远人的民族自尊心和自豪感。

中远人站在高山之巅向远方眺望，信念如铁，目光如炬。迎着新时代进一步改革开放的潮流，中远人必将迈出更加坚实的步履，创造出更加开阔的格局，开辟出更加全新的境界。

昨天的努力成就了今天的业绩，今天的创造昭示出美好的明天。

记住历史，中远就拥有未来。

参考文献

[1]《邓小平文选》（第三卷），北京：人民出版社，1993年。

[2]《李先念传》编写组编：《李先念传（1949—1992）》，北京：中央文献出版社，2009年。

[3] 中共中央党史研究室编：《中国共产党的九十年》，北京：中共党史出版社，党建读物出版社，2016年。

[4] 当代中国研究所著：《中华人民共和国简史（1949–2019）》，北京：当代中国出版社，2019年。

[5] 当代中国研究所著：《新中国70年》，北京：当代中国出版社，2019年。

[6] 中共上海市委编辑部、中共上海市委党史研究室编著：《从党的诞生地出发》，上海：上海人民出版社，上海书店出版社，2018年。

[7] 中共厦门市委党史研究室编：《彭德清纪念文集》，北京：中央文献出版社，2001年。

[8] 钱永昌著：《轻舟已过万重山——前交通部部长钱永昌往事回想》，北京：人民交通出版社，2008年。

[9] 黄镇东著：《求实奋进 探索交通发展之路》，北京：中共中央党校出版社，1997年。

[10]《交通部行政史》编写组编：《交通部行政史》，人民交通出版社，2008年。

[11]《全国水运运价手册》编写组编：《全国水运运价手册》，北京：人民交通出版社，1985年。

[12]《当代中国》丛书编辑部编：《当代中国的水运事业》，北京：中国社会科学出版社，1989年。

[13] 彭德清主编：《中国航海史（现代航海史）》，北京：人民交通出版社，1989年。

[14] 广州远洋运输公司编：《艰难历程 光辉业绩》，广州：广东人民出版社，1991年。

[15] 汤照连主编：《招商局与中国近现代史》，广州：广东人民出版社，1994年。

[16] 中国航海史研究会编：《招商局史》，北京：人民交通出版社，1995年。

[17] 王旻编著：《一代船王董建华》，北京：中华工商联合出版社，1996年。

[18] 上海远洋运输公司党委办公室编：《船舶政委手册》，北京：人民交通出版社，1997年。

[19] 董玖丰著：《海上的最后防线》，北京：人民交通出版社，1997年。

[20]《上海远洋运输志》编委会编:《上海远洋运输志》,上海:上海社会科学出版社,1999年。

[21]中远(集团)总公司编:《中远发展史/中国远洋运输公司史》,北京:人民交通出版社,2000年。

[22]陆俊山主编:《航运旗舰》,北京:企业管理出版社,2004年。

[23]中远集装箱运输有限公司史编纂委员会编:《中远集装箱运输有限公司(上海远洋运输公司)史》,上海:上海人民出版社出版,2004年。

[24]王建平主编:《英汉航海大词典》,北京:人民交通出版社,2004年。

[25]江波著:《江海波涛——情系招商局》,北京:中国大地出版社,2008年。

[26]魏家福著:《十年磨一剑》,北京:人民交通出版社,2008年。

[27]席龙飞、宋颖著:《船文化》,北京:人民交通出版社,2008年。

[28]李宗琦主编:《交通企业文化》北京:人民交通出版社,2008年。

[29]辛加和主编:《航海文化》,北京:人民交通出版社,2009年。

[30]蔡桂林著:《大航海时代》,保定:河北大学出版社,2009年。

[31]中远(集团)总公司编:《中远通信导航发展史》,北京:人民交通出版社,2010年。

[32]杜渊泉主编:《中央企业价值理念集粹》,北京:光明日报出版社,2010年。

[33]《中国交通六十年》编委会编:《中国交通六十年》,北京:交通运输部科学研究院,2010年。

[34]洪振权、桑史良主编:《百年风涛》,上海:上海交通大学出版社,2010年。

[35]《红色华润》编委会编:《红色华润》,北京:中华书局,2010年。

[36]广州远洋运输公司编:《光辉的航程——广远成立50周年巡礼》,广州:广东人民出版社,2011年。

[37]中波轮船股份公司编:《中波轮船股份公司发展史(1951—2011)》上海:上海古籍出版社,2011年。

[38]中波轮船股份公司编:《我与中波》,上海:上海古籍出版社,2011年。

[39]佟成权著:《海之思》,上海:上海交通大学出版社,2012年。

[40]石广生主编:《中国对外经济贸易改革和发展史》,北京:人民出版社,2013年。

[41]涂俏著:《袁庚传》,深圳:海天出版社,2016年。

[42]吴长荣著:《上海船长》,上海:上海交通大学出版社,2016年。

[43]中远船务党委编:《追梦蓝海——中远船务工程集团有限公司发展简史》,大连:大连海事大学出版社,2016年。

[44]张涛著:《大海的见证》,北京:人民交通出版社股份有限公司,2017年。

[45]交通运输部海事局编:《中国海员史(现代部分)》,北京:人民交通出版社股份有限公司,2017年。

[46]中华人民共和国交通运输部编:《中国交通运输年鉴》,北京:人民交通出版社股份有限公司,2018年。

[47]《大连远洋运输公司发展史》编审委员会编:《大连远洋运输公司发展史(上、下

册）》，大连：大连出版社，2018年。

［48］中国航海日主题活动上海组委会编：《图说中国航运文化地标》，上海：复旦大学出版社，2019年。

［49］交通运输部海事局编：《中国海员史（现代部分）》，北京：人民交通出版社股份有限公司，2019年。

［50］中国船舶工业行业协会编：《强船报国——新中国船舶工业七十年大事记》，北京：人民交通出版社股份有限公司，2019年。

［51］中远集团工会编：《中远劳模》，内部印刷，1995年、2004年。

［52］中共上海海运（集团）公司委员会编：《船舶政治工作史》，内部印刷，1996年。

［53］中远（集团）总公司编：《中远历史资料汇编（第1—9册）》，内部印刷，1997年。

［54］于耀文主编：《中国船舶燃料供应总公司简史（1972—1997）》，内部印刷，1997年。

［55］中国外轮代理公司编：《中国外轮代理公司发展史（1953—1998）》，内部印刷，1999年。

［56］中远(集团)总公司编：《中远集团"十五"发展规划》《中远集团"十一五"发展规划》《中远集团"十二五"发展规划》，内部印刷，2001年、2006年、2011年。

［57］中远集运企业文化之旅编写组编：《你我同舟》，内部印刷，2002年。

［58］中远（集团）总公司编：《弘扬民族精神——走向国际化的中远集团新闻报道集锦》，内部印刷，2004年。

［59］《中远香港》编辑部编：《聚焦中远香港——新闻报道篇》，内部印刷，2007年。

［60］中国远洋控股有限公司编：《中国远洋安全规章制度汇编（机务部分）》，内部印刷，2008年。

［61］中远散货运输有限公司编：《破解"新盛海"轮管理密码》，内部印刷，2009年。

［62］中海发展股份有限公司货轮公司编：《中海货运船舶文化》，内部印刷，2010年。

［63］中海集运《转型》编写组编：《转型》，内部印刷，2011年。

［64］中国海运统计年鉴编写组编：《中国海运统计年鉴（2011）》，内部印刷，2011年。

［65］《驰向蔚蓝的辉煌》编委会编：《驰向蔚蓝的辉煌（中远五十年）》，内部印刷，2011年。

［66］陈大鸣著：《历程——中远船贸纪事》，内部印刷，2012年。

［67］交通运输部公安局编：《中国港航公安史（1949—2014年）》，内部印刷，2016年。

［68］中海国际《海员风采》编辑部编：《海员风采》，内部印刷，2019年。

［69］《中国远洋报》《中国远洋海运报》，1993—2020年。

［70］中远集团档案室：中远集团OA系统《文书档案库电子文档》，1949—2020年。

结 束 语

公元 1961 年 4 月 27 日，中国远洋运输公司成立。由此追溯到 1948 年华夏企业有限公司的成立，拉开了新中国远洋运输事业的序幕。截至 2015 年底，历经 68 年的飞速发展，中远已稳步跨入世界优秀企业之林，创造出领航国际海运潮流的 COSCO 时代。

一路风风雨雨，曲曲折折；一路浩浩荡荡，轰轰烈烈；一路大风大浪，大开大合；一路高歌猛进，从未停歇。

半个多世纪的航程，经历了太多的风浪，中远的历史长卷，总能在回望中意味深长——

有"山重水复疑无路"的忧虑与迷惘，有"直挂云帆济沧海"的责任与担当；有"路漫漫其修远兮"的寻觅与探索，有"轻舟已过万重山"的惬意与畅想；有"雄关漫道真如铁"的砥砺与洗礼，有"人间正道是沧桑"的格局与气象；有"一舞剑器动四方"的大气与豪迈，有"天下谁人不识君"的繁荣与辉煌……

只要太阳照耀的地方，就有五星红旗和 COSCO 旗帜在飞扬……

在这光辉的岁月里，中远所突破的历史性困局，走出的国际化道路，创造的决定性成就，完成的全球化布局，实现的跨越式发展，无不昭示其在中华人民共和国的航运史上发挥出的重要作用与价值。

历史，总是在一些特殊年份给人们以汲取智慧、继续前行的力量。1948，1961，1993，2015，这一组组再自然不过的普通年份，串连起的却是中远从无到有、从小到大、从弱到强的峥嵘岁月与光辉历程。

中远的发展历程，是中国综合国力蒸蒸日上的辉煌缩影；是中国航运业波澜壮阔、砥砺前行的生动写照。在这一发展历程中，中远不仅书写着中国航运的历史，而且正在创造新的航运记录；不仅弘扬了民族精神，而且已成为连接世界的桥梁；不仅奠定了坚实的物质基础，而且积淀了宝贵的精神财富。

在这浩如烟海的历史事件中，人们如何梳理和珍存在那激情燃烧的岁月里凝成的"中远记忆"？历史又给后人留下了怎样的启迪？

长子情结，爱国情怀——中远最具传承力的红色根脉

"共和国长子"这一亲切的称谓，是赞许，是责任，更是标杆。1950 年 2 月 27 日，毛泽东主席称赞为建立新中国做出贡献的哈尔滨为"共和国长子"。此后，又特指新中国成立后大力支援国家建设事业的城市或地区和为国家承担重大责任与做出突出贡献的带"中国"字头的大型国有企业,如"中国一汽""中国远洋"。

"共和国长子"的称谓对中远来说,不仅是一份荣誉与信任,更是一份沉甸甸的使命与担当。在长期的生产斗争实践中,中远人的"长子"情结主要体现在:对党忠诚,听党指挥;服从外交,服务外贸;独立作战,敢打必胜;勇挑重担,责重如山。这既是中远人的"长子"情结,更是中国远洋运输公司永不改变的企业定位。

新中国成立之初,敌对势力的经济封锁,国家建设的百业待兴,对外交往的艰难窘迫,强烈地呼唤着中国必须拥有一支强大的远洋船队,肩负起振兴民族航运事业的重任。这就决定了新中国建立的这支远洋船队,不仅仅是一般意义上的商船队,她必须肩负起极其特殊的使命。中远的船队就拥有这种使命感、责任感和不怕牺牲、勇于担当的精神,无论船舶航行在大洋的什么位置,只要祖国一声令下,都能坚决做到招之即来,来之能战,战之必胜,胜之报国。

在中远发展的历程中,每当祖国需要,中远人都会毫不犹豫地把祖国的召唤当作冲锋陷阵的号角,一次次地履行着党和国家所交付的神圣使命,一次次地为祖国赢得荣誉。这种充满强烈的爱国主义激情凝成的"艰苦奋斗,爱国奉献"的中远精神,成为中远文化最纯粹、最厚重的底色。

这就是"长子"情结和爱国情怀凝成的中远最具传承力的文化根脉。

改革创新,变法创制——中远最具爆发力的制胜法宝

穿越岁月沧桑,改革创新永远在路上;历经风雨考验,变法创制持续开新篇。这是中远在漫长的发展历程中不断从辉煌走向辉煌的生动写照。

改革创新出生产力、出战斗力、出发展力。中远成立之初,国家拿不出更多的钱来发展远洋船队。中远打破陈规旧制,硬是闯出一条"贷款买船、负债经营、赢利还贷、滚动发展"的经营之路,船队规模从1961年的2.26万载重吨,发展到1978年的700多万载重吨,实现了井喷式309倍的强势增长,创造了世界远洋船队发展的奇迹。

中远又以"借壳上市"开路,角逐资本市场,推动企业实现双轮驱动;以"创新谋变"推行引资引智,推动企业实现新的腾飞;企业规模扩大后,中远总公司又针对市场竞争、盈利能力弱化的倾向,实施市场化改革,推进专业化经营,春潮涌动,春雷浩荡,一场史无前例的"百船大腾挪、千日大交接、万人大调整"的改革大剧,在中远系统内蓬勃上演。正是这种持续的改革,推动了中远一次次实现阶梯式攀升和跨越式发展。

企业创新是中远不断发展壮大的助推器。在激烈的市场竞争环境里,中远集团坚持站在时代发展的高度,充分运用创新创制这一法宝,在历史前进的逻辑中前进,在时代发展的潮流中发展,推进企业体制创新,突出经营机制转换,成功走出了一条具有中远特色的"国有市营"的改革发展之路;推进企业经营创新,实现了从单一注重生产经营向生产经营、资本经营和品牌经营并重的根本性转变;推进管理创新,积极推行对标管理、精益管理、机遇管理、战略管理,构建成现代企业管理体系;推进技术创新,构建科技中远,中远船务"超深海高稳性圆筒型钻探储油平台的关键制造技术"成果获得2011年度国家科技进步一等奖,将中远推上创新驱动发展的新平台。

百年基业,百岁基因——中远最具成长力的物质基础

建设"百年老店"的艰难,在于"百年老店"只属于"金字塔尖"上的少数几家企业。在通往成功的征途上,往往要在辉煌中保持定力,在喧嚣中静守初心,在逆境中寻找希望,在低谷中坚守信念,在煎熬中积蓄力量,在力量的迸发中一步步攀上"金字塔尖",这几乎是成就"百年老店"的基因图谱和内在规律。打造"百年中远"是老一辈中远人的奋斗初心和共同夙愿,经过半个多世纪的艰苦创业与励精图治,那些流淌的汗水、经历的挫折、熬过的低谷、坚守的信念,经过岁月的磨砺与沉淀,不仅化作中远在国际航运市场上的厚积薄发,更演化出中远人经营企业的哲思慧悟。

"百年中远"的世纪愿景,正是全体中远人全新发展理念的生动写照和精神诉求。打造"百年中远"的战略目标,是中远集团不断实现科学发展的历史坐标,是凝聚和激励全系统13万员工奋勇争先的嘹亮号角,是实现中远集团在国际化竞争中不断发展壮大的宏伟蓝图。

中远经过长期艰苦经营,形成了可持续发展的崭新格局:党的领导统揽全局,班子建设团结坚强,航运主业国际一流,全球发展蒸蒸日上,物流服务全面升级,码头业务稳步增长,海工造船国际领先,中燃船供通达万方,金融产业稳中求进,海外事业快速扩张,安全管理基础平稳,党政工团合力护航,惩防体系扎实构建,人才队伍健康成长,慈善事业普惠社会,三大责任全面担当,综合实力日益强劲,中远文化全程引航……

百年信念,百年格局,百年人脉,百年气象……一代又一代中远人为国家、为后人奠定的百年基业,积淀的长寿基因,成为中远最具成长力的雄厚基础,成为后人无价的精神与物质财富。

英雄辈出,人才荟萃——中远最具引领力的厚重底蕴

中远发展史证明,企业无论发展到什么程度,形成多么大的格局,都不能取代英雄主义的熏陶,民族精神的养育,历史文化的传承。它不仅是在时代变迁过程中迎接思想文化挑战的一道拦洪堤坝,更是通过历史认同、价值认同实现企业高度集中统一的坚实基础。

在中远的历史长卷中,对爱国精神的培育,对英雄主义的弘扬,对优秀文化的传承,形成了中远人一代接续一代的价值认同,英雄模范人物辈出,先进集体楷模涌现已成为自然,成为必然:

——方枕流、贝汉廷、鲍浩贤、陈宏泽、严力宾……一串串响亮的名字,闪耀着一代又一代中远人书写出的豪情壮志;

——"光华"轮、"柳林海"轮、"银河"轮、"华铜海"轮、"新盛海"轮、"希望一号"……一个个光辉的坐标,凝结着一代又一代中远人创造出的宏图伟业。

中远发展史说到底是一部创业史、创优史、人才史、英雄史。中远历史上涌现的"全国劳模"、选树的"十大标兵"、组织的"三学一创"、推进的"三个三百"人才工程以及共青团持续开展的"十大杰出青年"选树等,塑造出一批又一批先进英模人物,培养出一批又一批高素质、复合型人才群体。

沧海横流显砥柱，万山磅礴看主峰。英雄辈出，人才荟萃，凝聚成中远最具引领力的厚重底蕴。

坚持真理，修正错误——中远最具震撼力的企业生态

中远集团比任何一个企业都更能体会"坚持真理与修正错误"所拥有的企业力量的强大，更加懂得"知错就改与轻装上阵"所修炼成的企业品质的可贵。

中远人始终敢于面对挫折、直面错误、珍视教训；从不畏惧自我反省、自我否定、自我超越。中远人深谙"祸兮福所倚，福兮祸所伏"的自然法则，对每一次错误、教训都做出深刻的反思、反省，举一反三，勇于担责，坚持真理，修正错误，变坏事为好事，化腐朽为神奇。

经过深入反思，在战略执行不力、内控机制缺失、风险防控薄弱、干部监管不严、应急反应失效等方面增建规章，完善机制；中远散运"FFA"套期保值业务、散货船队"高租金船"问题，直接影响了企业经营效益。集团领导带头自责、严肃问责、依法追责，并从领导干部的业绩观念、经营理念、市场研判、管理架构、利润指标设定等多方面吸取教训，又从完善决策机制、创新经营模式、重构行业信誉等多层面进行诊治，将经营风险的篱笆越扎越紧……

走一条从未有人走过的路，注定不可能一帆风顺。在中远前进的道路上，历经坎坷与赢得荣光一样值得尊重，修正错误同坚持真理一样弥足珍贵。虽经一次次挫折，都能一次次奋起。集团党组每一次的深刻反省，都能从负面的案例中汲取宝贵的营养；每一次的痛定思痛，都能从错误的教训中积蓄真理的力量。

中远集团在经营风险防控上正朝着止于未萌，治于未病的健康生态迈进。

全球思维，战略引领——中远最具创造力的发展方略

正确的发展战略是一个企业的生命线。中远是最早制定企业发展战略的大型国企之一。早在1991年，就提出了要把中远建成"结构集团化、经营国际化、业务多元化、管理现代化"的"小四化"战略目标，这是中远总公司给自己的未来"量身订制"的集团化发展最具前瞻性和权威性的战略表述。集团成立后，根据市场形势变化和企业发展需要，集团决策层审时度势，登高望远，坚定地提出了"下海、登陆、上天"的多元化发展战略，打开了一片全方位、多领域发展企业的新天地。

随着国际国内政治经济形势的变化和航运市场日趋变暖，中远集团又对企业发展战略进行调整，提出了"从全球航运承运人向以航运为依托的全球物流经营人转变，从跨国经营企业向国际级跨国公司转变"的"两个转变"发展战略。这一战略的确立，使中远在发展中第一次明确了科学的发展方向和定位，从根本上提高了航运主业的核心竞争力。2006年，集团又在此基础上，提出了"从周期性发展向可持续发展转变"等"四个转变"的发展策略。这种经营战略的坚定性和经营策略的灵活性，推动企业一步一个脚印向前跨越，一步一个台阶向上攀升。

中远一路走来，虽煌煌四卷史书，不过冰山一角；虽洋洋三百余万字，不过沧海一粟。中远给自己的祖国、给这个世界留下的财富实在太多太多……

站在国际航运市场的潮头，吸吮着五千年中华文化的养分，拥有13万中远人聚合的磅礴之力，中远集团具有无比深厚的历史底蕴，具有无比广阔的时代舞台，具有无比强大的前进定力。

客观地书写历史，坚定地捍卫历史，深刻地把握历史，是因为历史不仅能够激发人们情感的力量，更能赋予人们理性的启迪。如今，中远人之所以虔诚地守望着自己的历史，正是为了守护这部奋斗的历史带给中远人的那份理性与尊严。

2015年12月11日，国务院批复中远集团、中海集团进行重组。看似一次极普通的国企改革，但在世界航运史上却是惊天动地的大事件。

中远中海两大集团从"划江而治"，到"战略重组"，这正是：时与我顺，势与我应——时者已拥豪情万丈之时，势者已成风雷磅礴之势。正如毛泽东诗云："独有豪情，天际悬明月，风雷磅礴。"

人间万象，无一永恒，运动发展，自然天成；新的阶段，新的使命，挑战虽巨，希望尤盛。两大航运集团实现了真正意义上的强强联合。

编　后　语

中远海运集团按照交通运输部关于编纂《中国水运史（1949—2015）》和《中国水运工程建设实录（1978—2015）》（以下简称"一史一录"）的要求，自2017年9月开始，全面梳理集团的历史资料，在组织编纂"一史一录"的同时，着手编纂中国远洋海运发展史。

历史是一个民族安身立命的基础，也是一个企业基业长青的源泉。编纂中国远洋海运发展史，无论对于国家、行业还是企业自身，都具有存史、资政、育人的重大意义。新中国成立后，特别是改革开放以来，我国海上运输业取得了跨越式发展，这其中，中远、中海两大集团发挥了中流砥柱的作用。

一部中国远洋海运发展史，就是一部新中国的远洋航运史。完整准确地书写好这段波澜壮阔的历史，为后人留下一份珍贵记忆与启示，是当代航运人的神圣职责和光荣使命。

组织机构方面，集团成立了史志编审委员会，由集团董事长、党组书记许立荣担任委员会主任。委员会负责审定中国远洋海运发展史的工作方案、编纂大纲等重要事项。

协调机制方面，集团成立了由党组工作部牵头的综合协调组，负责落实编委会工作要求，协调相关单位，组织专题调研，史料收集汇总，召集相关会议，推进编纂工作，安排编印出版等，做了大量繁杂的服务保障工作。

史稿编纂方面，集团成立了专业编纂组，具体负责调查、研究和梳理集团历史起源、发展脉络、重大发展阶段划分、重大历史事件记述以及历史文稿编纂和统筹工作。集团充分调动全系统资源，按照专家顾问指导、专职人员执笔、相关部门协同、各级公司配合的操作流程，稳步推进集团发展史的编纂工作。

编写出版一部史书，是一项浩繁的系统工程。仅中远集团的电子档案就多达12.72万份，影像图片多达2.35万部（幅）。编纂人员虽不能通读这些文件，但在记述某些重大历史事件时，对相关文件基本做到无一遗漏地苦读、细品、阅透，以确保历史事件的完整性和准确性。编纂组的同志们本着写史必先阅史、写史重在悟史、写史更要敬史的思路，潜心研读浩如烟海的历史文献和资料，坚持用辩证唯物主义、历史唯物主义的观点和态度领悟、理解和梳理历史；以敬畏之心尊重历史人物，尊重历史事件，尊重历史时空，尊重历史逻辑，丝毫不带个人的私情杂感，坚持实事求是、求真务实的原则，客观、真实地编纂历史。通过访谈知情人物，破解历史疑点；解密尘封文献，揭秘焦点事件；突破认知局限，厘清历史脉络；剖析内在联系，展示历史规律，基本达到存史、资政、育人的目的。

2018年12月24日，集团党组工作部召开《中国远洋海运发展史》初稿完成发布会，并将首印初稿呈送编审委员会审批，同时送相关部门审核。2019年2月21日，第二次修改稿完成，印制500卷（征求意见稿），呈送编委会委员、顾问委员会委员、所属各公司广泛征求意见。5月，编纂组的同志分别到上海、广州、北京、天津、青岛、大连、深圳等地，同离退休老领导和有关专家开展座谈，征求意见，丰富了书稿的历史背景，增强了书稿内容的准确性、权威性。2019年8月18日，《中国远洋海运发展史 第1卷》书稿送人民交通出版社股份有限公司编辑，之后七卷陆续提交，直至6月付梓出版。

《中国远洋海运发展史》全书分为中远发展史、中海发展史两部，共八卷，合计628万字。其中中远发展史历时66年，分为四个历史时期，共四卷，即：《中远发展史（1949—1978）》《中远发展史（1979—1992）》《中远发展史（1993—2004）》《中远发展史（2005—2015）》；中海发展史历时66年，共四卷，分为《上海海运发展史（1949—1997）》《广州海运发展史（1949—1997）》《大连海运发展史（1949—1997）》《中国海运集团发展史（1997—2015）》。

为编纂好《中国远洋海运发展史》，交通（运输）部、集团相关部室和所属公司给予了鼎力支持。交通（运输）部、集团业已退休的老领导、老前辈、老同志，大多年事已高，有的还在医院，抱病修改史稿，给予我们多方面的热心指导。在此，我们衷心感谢钱永昌、黄镇东、李盛霖、徐祖远等交通（运输）部老领导、老前辈；衷心感谢宫尚竺、江波、卓东明、虞国伟、雷海、周祺芳、高伟杰、陈洪生、刘国元等集团离、退休老领导；衷心感谢高志明、刘锐祥、张际庆、肖亮涌、闵希侯、贾兆祥、白金泉、骆九连、辛加和、吴仁华等老领导；我们还要特别感谢毛永芳、潘群、陈连涛、梁振兴、马洪进、赵中博、葛军、夏文杰、江茜、刘建强、徐维锋、王蓬、蔡小华、白昌中、郑钟宇、吴晓、王庆华、柯成钢、王雷、刘清卿、宋涛、张磊、李永生、孙明霞、袁绪龙、孙梅、刘文喆、张波、柳芳、张鹏、韩波、戴燕、姜玲、张浙苏、金鑫、何峰、祁蹟、傅勤勇、张叶龙、钱江、周斌、陆英祥、陈晓波、曹敏、刘楠、张楠、王冉、姚兆羽、邢艳、赵乃康、李达、郭静、朱月芳、范路遥、侯景妙、张进、付晓力、孙轶、纪委、刘炳花等同志对史书编纂工作付出的辛勤努力。

本书在编写过程中，特别在一些史料的取舍上，难免会有疏漏之处。敬请广大读者不吝赐教，多提宝贵意见。

2020年1月

总 审 校 / 谭 鸿
策划编辑 / 张征宇　韩亚楠
责任编辑 / 陈　鹏
封面设计 / USUN 昱上

定价：300.00元